孙文（一八六六——一九二五）

鸣　谢

本书由中山市人民政府资助出版

孙文全集

黄彦 主编

代表作四种（上）

第一册

SPM
南方出版传媒
广东人民出版社
· 广州 ·

广东省香山县翠亨村。孙文在这里诞生并度过童年，然后走向全国，走向世界。

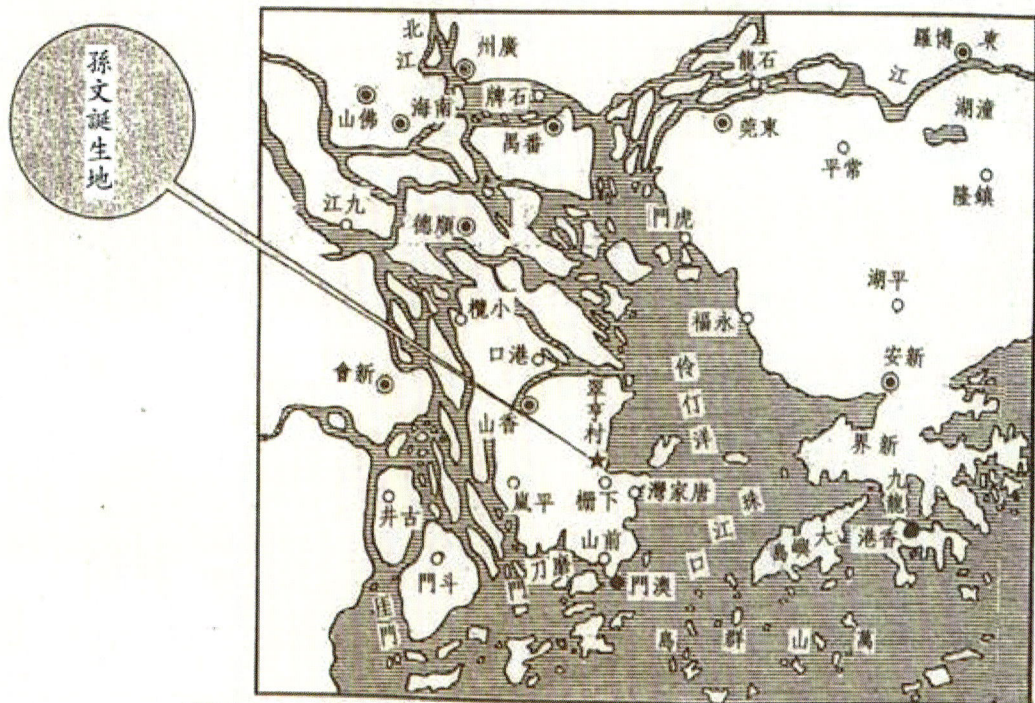

一九一八年夏，孙文辞去广东护法政府海陆军大元帅的职务，这是他来到上海后不久拍摄的照片。在上海期间，相继写成《孙文学说》、《实业计画》等名著。

上海法租界莫利爱路二十九号孙文寓所的外观。

寓所二楼书房是孙文从事写作的地方。

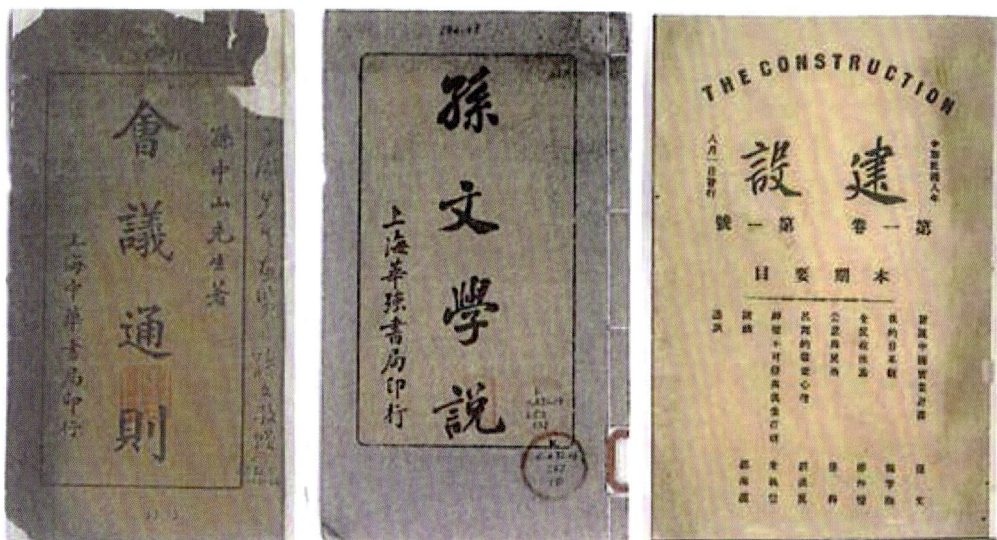

一九二二年汇编成《建国方略》出版的三种著作封面：《会议通则》（《民权初步》原名）、《孙文学说》及最先刊载《实业计画》中译文的上海《建设》第一卷第一号。

一九二〇年上海发行的《实业计画》英文版封面，上有孙文亲签英文名。（广东翠亨孙中山故居纪念馆藏）

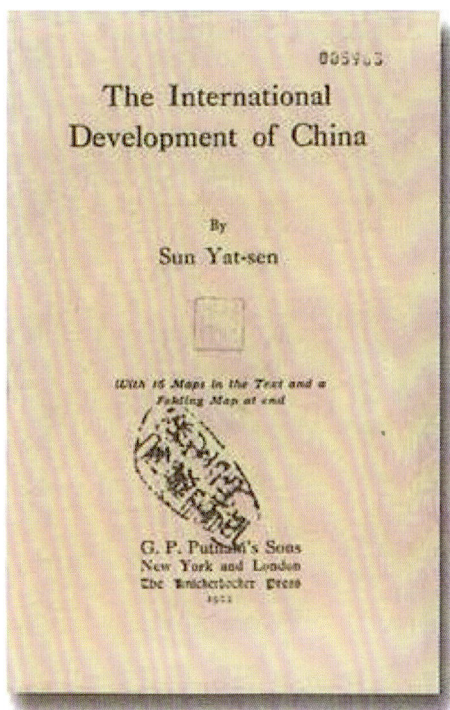

一九二二年纽约发行的《实业计画》英文版封面。

本页及下页各图为孙文草拟《会议通则自序》原稿标题、首页和末页。（台北中国国民党文化传播委员会党史馆藏）

會議通則自序

中華民族世界之至大也亦世界之至優
也中華土地世界之至廣也亦世界之至
富也然而以此至大至優之民族據此至
廣至富之土地會此世運進化之時人
文薈萃之際猶未能先我東鄰西改造
一富殊之國家者其故何也人心渙散民
力不舉也
中國四萬萬眾萃於一盤散沙此宣天生而
然即實異族之專制有以致之也在滿清
人民之集會有禁文字成獄偶語棄市是
之世集會自由出版自由思想自由皆已前
奪淨盡至二百六十餘年之久種族

下图及后面六图为孙文草拟《孙文学说序》原稿全文。（台北中国国民党文化传播委员会党史馆藏）

則人心自結民力自擴圖如是以我四萬萬

眾優秀文明之民族而握有世界最良

美之土地最博大之富源以圖富強什年之

後必能駕歐美而上之也四萬萬同胞

行哉勉之

民國八年二月二十一日　孫文自序於上海

孫文學說序

文奔走國事三十餘年畢生學力盡萃於斯精誠

無間至折而不回滿清之威力所不能屈窮達之困苦所不能

撓吾志所向一往無前愈挫愈奮再接再勵用能鼓動風

潮造成時勢辛賴全國人心之傾向仁人志士之贊襄得

推覆專制創建共和本可使此徔進實行革命方略所規定

之程序建設宏模則必能乘時一躍而登中國於富

所北將之三民主義五權憲法一夭革命初成黨人則

孫之域躋斯民於安樂之天也不圖革命初成黨人則

起異圖謂予所主張者理想太高不適中國之用眾

中國自一時風靡同志之士亦甚感為是予為民國像

統將之主張反不若為革命領神時之有敗而覺之疏

行矣此革命之建設始以無成而破壞之後國事更

因之以日非也夫去一滿洲之專制轉生出無數之

專制其為毒之烈較前尤甚於是而民愈不聊生矣

溯夫吾黨革命之初心本以救國救種為志欲出斯國

民於水火之中而躋之袵席之上此念方反令之隔水益深

踞天益熱與其革命初衷大相違背者此固予之德薄
也歟

無以化格同儕能解不足駕馭羣衆有以致此者

黨之士於革命宗旨革命方畧赤難免有信仰不

竊幸行不力之咎也而所以故者非盡國乎力戒剋達

而穩心實多以思想錯誤而懈老也此思想之錯為

何即知之非艱行之惟艱之說也此說始於傳說對武

丁之言由是數千年來深中於中國之人心已成牢不可破矣

故予之建設計畫一二為此說所打消也嗚呼此說

書生年壯遇之最大敵也其威力當萬倍於滿清

夫滿清之威力不過祇能毀吾人之身而不能奪吾人

之志也方此威力剝不惟能奪吾人之志且足以迷

億兆人之心也是故當滿清之世予手創革命也猶能

日起有功進行不已惟革命成立以後曾
日民國成立

國之建設者此心歟之也夫革命電之心理於成功之
夫心也者萬事之本源也滿清之顛覆者此心成之也民
行則反掌折枝之易亦無此致之期也心之為用大矣哉
可行則移山填海之難俟有成功之日吾心信其不可
象也覺故政治之隆汙則係乎人心之振靡吾心信其
國者人之積也人者心之器也而國事者一人群心理之現
有所改易為上是吾黨之訓畫則受此心中之折挫手者也天
為之福不死灰者此心也可畏哉此欲可恨或此欲手者也
十年精誠無間之心幾為之冰消瓦解百折不曲之志錢

始則被知之非艱行之惟艱之說所夭而視吾策為空
言遂放棄建設之責任如是則以後之建設責任
非革命黨所得而專矣迨夫民國成立之後則建設
之責任當為國民所共負矣然七年以來猶未規建
設事業之進行國事日形紛紜人民日
增痛苦午夜思維不勝痛心疾首民國建設之進行
一刻視若緩圖也國民對於民國建設事業不行也不
心不能行不行手不知手非不能也不行也亦不行也
知也他能知之則建設事業不匱如反掌而
也觀當年才所開提而命而傳援於革命黨員而

禄河漢為理想空言者畧舉今觀之適為世界潮

流之需要而亦當為民建設之資材也方擬華之於

書名曰建國方畧以為國民所取法焉然尚有時

臨審顧書則退今日國人社會心理猶是七年前

之黨人社會心理也依然有此知之非艱行之惟艱

之大敵橫梗於其中則其以吾之計畫為理想空

書而見拒也亦著星而已矣故先 作學說以破此

心理之大敵而出國人之思想於迷津庶幾建

國方畧或不致再被我國人視為理想空談也夫知之

方能萬眾一心急起直追以我五千年文明優秀

之民族應世界之潮流而建設一政治最修明人民

最安樂之國家為民所有為民所治為民所享者

則其成功必報革命破壞事業為尤速尤易也時

民國七年十二月三十日孫文自序於上海

孙文在撰写《实业计画》时曾广泛查阅文献和进行社会调查。此为致邵元冲函。

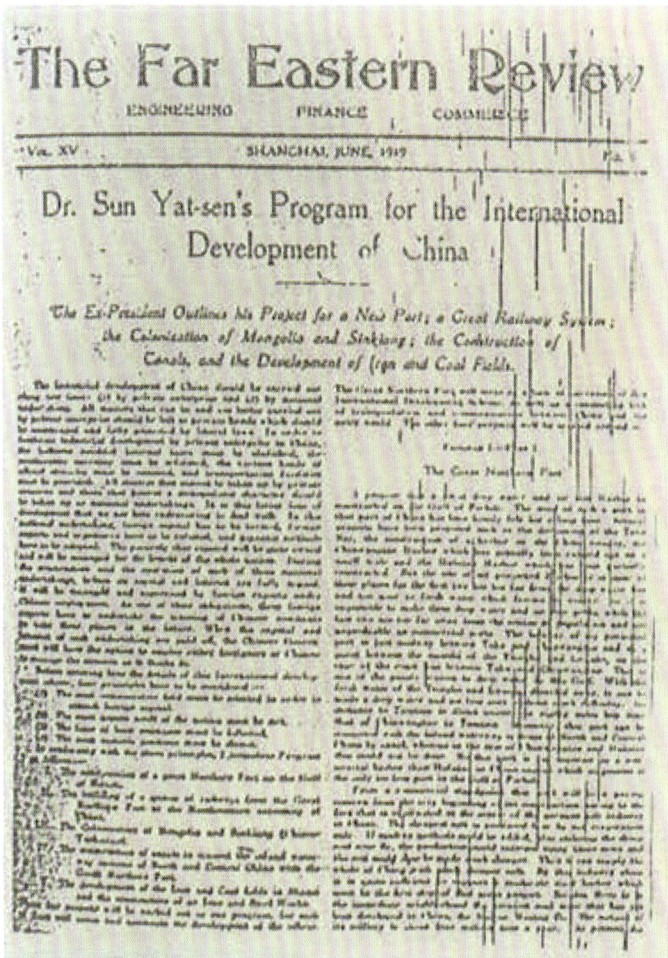

本图为最先发表《实业计画》第一计画的上海英文杂志《远东时报》第十五卷第六号，一九一九年六月发行。

上海《建设》杂志第一卷第一号刊载《实业计画》中译文的前三页。

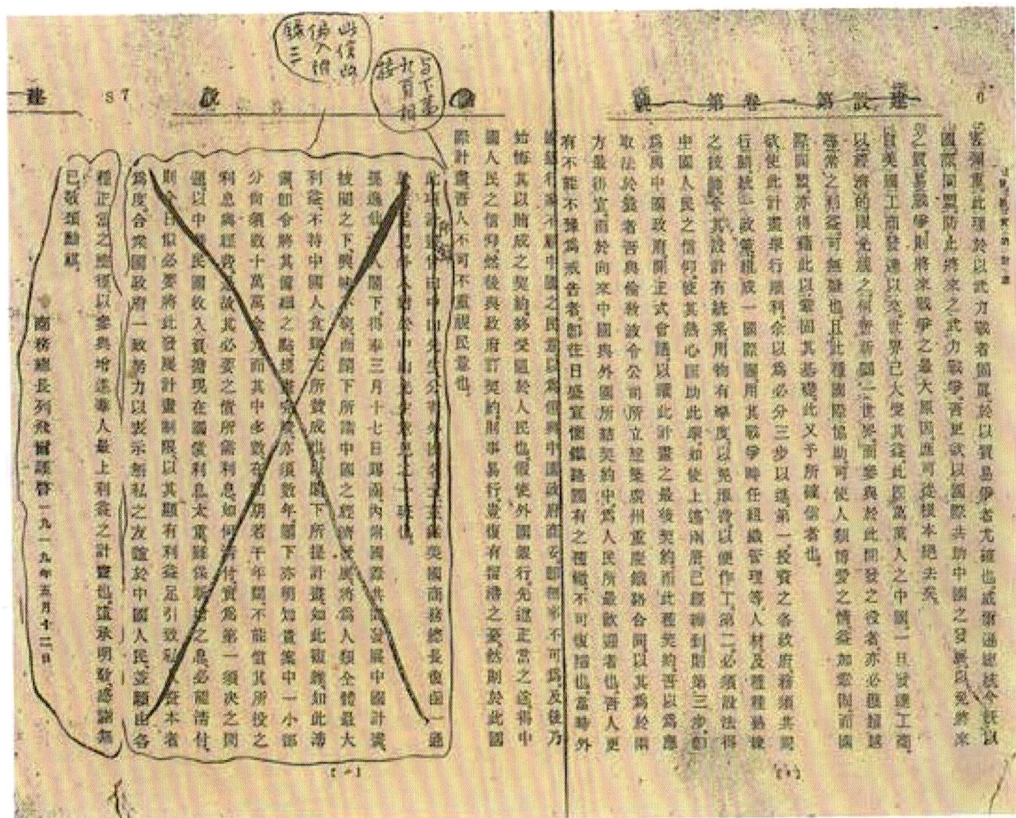

孙文为出版《实业计画》中文单行本，亲自对《建设》杂志载文进行修改编排。本图是其中两页。（台北中国国民党文化传播委员会党史馆藏）

《建国方略》出版后，孙文曾数次亲自修订。这是改动最多的一次，订正文字共八十九处。（上海孙中山故居纪念馆藏）

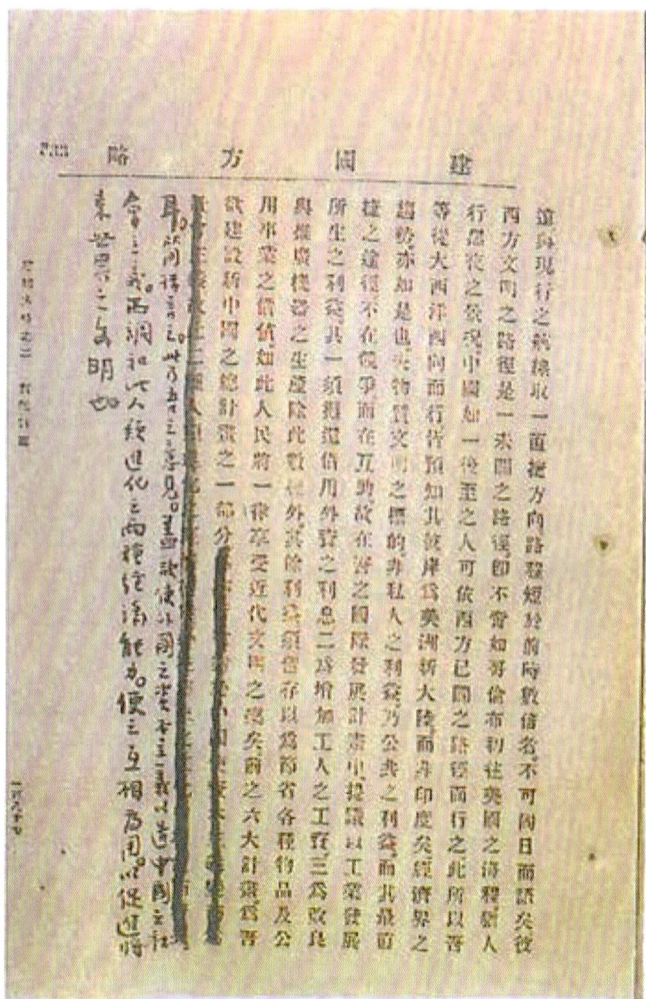

弁　言

　　孙文先生是近代中国民主革命运动的杰出领袖，中华儿女追求民族独立、国家富强、民主自由的神圣事业的卓越先驱，为振兴中华、推动历史进程而建立丰功伟绩的伟大民族英雄。他留下来的许多著述，是中国人民极为珍贵的精神财富，值得我们认真学习、研究、继承、借鉴和发扬光大。他的思想和实践植根于距今一百年前后的中国社会土壤，具有当时那个时代的鲜明特色。像众多优秀的历史人物一样，孙文对事物的认识能力不可能不受到历史条件及各种社会因素所制约，掌握真知具有一定的限度，这是不可避免的，也是不可苛求于前人的。如果用今日的眼光审视，这些著述中有的用词或观点也许欠妥，但按照向来编纂历史人物全集的惯例和对历史文献客观性的尊重，本书均未予删改。

　　孙文号中山，又号逸仙，还有其他不少别名。本书为避免与以往多种孙中山全集版本相混同，故定名《孙文全集》。"孙文"是其正名，他的著述绝大多数以此署名。封面书名乃集孙文本人墨迹而成。

　　自从一九二五年孙文逝世以来，编辑出版他的全集、选集及其他各种形式的著作集不可胜数，仅就全集版本而言便有近百种之多，但其辑录数量和编辑质量能特别引起社会高度重视的却寥寥无几。如吴拯寰编《孙中山全集》和《孙中山全集续集》（上海一九二五年、一九二八年版）、胡汉民编《总理全集》（上海一九三〇年版）、黄季陆编《总理全集》（重庆一九四三年版）、广东省社会科学院历史研究室等三家单位合编《孙中山全集》（北京一九八一——一九八六年版）、秦孝仪编《国父全集》增订本（台北一九八九年版），这五种便是其中的佼佼者，都得力于为增添资料下了不小功夫。但如今看来，即使是篇幅最大的后面两种版本，在收集资料方面依然存在着很大空间。这是因为，孙文长期为革命而颠沛流离，到过亚、美、欧各洲不少国家，又担任过国家元首和军事统帅，备受国内外媒体和各国政府的关注，许多中外文报刊都有关于他各种著述的报道，一些国家的公私档案机构也收藏有他的著作资料。这些资料数量庞大而又分散各地，联系渠道也未必通畅，所以往往不容易被发掘出来。正因如此，就使得重编全集成为可能。

二十世纪九十年代，广东人民出版社邀约我主持《孙文全集》编纂工作。那时，上面提及的北京、台北两种全集版本才问世不久，如果做不到增补数量可观的著述资料，便没有充足的理由来重编全集。因此之故，当时聘请刘望龄、莫世祥、丁旭光、马庆忠、倪俊明、李振武、张军民等先生和刘路生女士编出一部分基础性初稿，既为重编全集探路，又以之作为增补新资料的参照物。后因增补资料的艰巨及筹措经费的艰难，才使编书工作一延再延。

增补资料包含两方面：一是补入以往全集版本未收的著述，二是以上佳底本替换已收著述的欠佳底本。后一方面之所以重要，是因为欠佳底本存在着诸如资料来源不可靠、内容残缺不全、文字颇多讹脱误植等弊病，故我们特别属意于第一手资料的搜集。第一手资料之中，尤以公私档案（如日本外务省所藏外交文档）和中外文早期报刊的数量最多，也最值得重视。由于我在承接编书任务不久就已退休，比别人有更多自由支配的时间，多年来便得以把主要精力投入到搜集资料的活动中。我和工作伙伴多次赴各省市、港澳台及国外发掘资料，或者函请国内外学者、友人帮忙。这样经过二十余年的不懈努力，收获颇丰，终于可在《孙文全集》中较大幅度地增收孙文的中外文著述资料。

这里要着重指出的是，国内外不少机构和各方人士在我们搜集资料的工作过程中做出了重大贡献。仅举数例：在殷一璀、缪国琴、孙娟娟、李丽等女士的帮助下，上海图书馆毫无保留地提供了珍藏的大量早期报刊（甚至有部分未编目的报刊）以及一部分原始文件，上海孙中山故居纪念馆提供了珍藏的孙文著《建国方略》及《民族主义》手书改正本（皆为未对外开放图书）。在陈鹏仁、乔宝泰、邵铭煌等先生的帮助下，中国国民党文化传播委员会党史馆（台北）毫无保留地提供了珍藏的大量原始档案，还为我本人到该馆查阅影印资料支付往返机票及食宿费用。许多年来，狭间直树、久保田文次、安井三吉等先生先后馈赠了不少珍贵的日文资料，并协助我在日本组织翻译班子。旅美的黄俊威先生经过长期寻访而影印了数百篇英文原始报刊资料，令人诧异的是当年美国各州几乎都有报纸登载孙文的言论活动，仅印第安纳（Indiana）一州这样的报纸竟达二十八种之多（除美国外，他还收集有加拿大、牙买加、墨西哥、英国、爱尔兰、澳大利亚、新加坡等国家和我国香港地区报刊）。在新发掘出来的孙文著述资料中，有些思想观点是前所未闻的。如一九一二年三月孙文曾撰一文载于《旧金山呼声报半月刊》（*The Semi-monthly Magazine Section*, *The San Francisco Call*）上，他在其中写道："中国人对史诗一无所知，中国文学中也没有真正意义上的戏剧性诗歌……我们的戏剧反映人生，但并不关注人的心理状态，也不去刻画作品中的角色。俄国和法国文学在心理刻画方面优于其他国家，我们可以向他们学习……我们要吸收西方艺术中精华的精华，以此来启迪我们的天分。"显然，这些论述从不同侧面丰富了孙文原有的形象，全集版本增补这类著述资料必将能够拓宽人们的研究视野。本书还接受一些外国学者的建议，把有中译文的一部分外文著述资料附印在同册后面，我们认为，这种做法可有助于促进孙文研究国际化。

在搜索资料的过程中，我们曾经出版了《孙文全集》的一些阶段性成果，其中包括刘望龄辑注《孙中山题词遗墨汇编》、黄彦编《孙文选集》三大册、黄彦与萧润君合编"孙中山著作丛书"十多册等。在后两种收录的各篇孙文著述中，对于选择底本、考订著述时间以及校勘、标题、注释、标点等方面都较以往有不小改进，同时也编入少数新发现、新翻译的著述。而刘望龄先生多年苦心搜求的大量题词遗墨影印件及其出处注释、受文者介绍，等等，原系作为《孙文全集》的初稿之一，此次经我们修订后，仍将其收入集中。

《孙文全集》被列入"十一五"国家重点图书出版规划项目。本书的经费，前期编辑费用主要是得自中山市翠亨孙中山故居纪念馆、广东省社会科学院、孙中山基金会（设址广州者）和香港杨庚霖先生的热心赞助，虽然数额比较有限，仍须在这里深切致谢。而在四年前，中山市人民政府慨然资助本书全部编辑出版经费，使编书工作得以纳入正轨顺利进行。在对该市领导层的远见卓识深表敬意的同时，还特别对促成此事起关键作用的丘树宏、萧润君两位先生表示由衷的谢忱。

《孙文全集》各册在众同仁通力合作之下，由各位编辑委员分工负责编纂，最后经主编定稿；在出版前，还由广东人民出版社编辑负责审阅全稿。我们学力有限，错误在所难免，尚祈读者不吝赐教。

黄　彦

二〇一六年九月

凡　例

一、全书结构与编排次序

（一）孙文著述大致按其性质及表现形式分成十四类，依次编排于本书各册。分类如下：

（1）代表作四种：即孙文遗嘱中所着重提及的《建国方略》、《建国大纲》、《三民主义》与《中国国民党第一次全国代表大会宣言》。

（2）论著：专著、论文、论说文等。一部分专论性的重要函电、演说及序言等属之。

（3）杂著：多种属性的短文、序跋、书面祝词、书面训词、书面证词、启事、广告、讣告、悼词、祭文、碑记、追赠、给恤、证券、诗词、答卷、请帖等。类似启事的通知或声明，各色名目的讣文，以及抵离某地的简短公告属之。

（4）译著：英译中《红十字会救伤第一法》一种。

（5）遗嘱：专指临终前用文字表达者。

（6）文告：以机关团体及其领导者名义和以个人的领袖身份发表的宣言、檄文、通告、布告，以及发布范围广泛的通电、通函、通令等。类似宣言的声明、具有通告性质的重要会议决议、国家元首任职誓词属之。

（7）规章：以机关团体及其领导者名义制订的方略、章程、法规、条例、守则、盟书、誓约，以及与他方共同草拟或签署的合同、契约、规约、备忘录等。

（8）书信：快递代电的书信、便函、留简等属之。

（9）电报：各种电文。电码电报属之。

（10）演说：各种集会的报告、讲演、讲话、致词、祝词、训词，主持会议时的专题性长篇发言，以及录音讲话等。

（11）谈话：在各种场合与人交谈、答问、口谕、训示、证词，以及在会议上的程序性发言、讨论、对话、插话等。笔谈、临终遗言属之。

（12）公牍：以机关团体及其领导者名义发布的政令、军令、指令、训令、手谕、通知、咨文、照会，在公文、函电上的批示，以及财务单据、证书、会议提案和决议等。褒奖、通缉、减刑、赦免等内容属之。

（13）人事任免：有关任命、委派、聘任、升补、调职、兼职、代职、就职、离职、辞职、挽留、卸职、免职、复职等内容的文牍。

（14）题词：题联、题额、题签、题褒、纪念性题字等属之。

以上各类，部分著述因同时含有多种性质，或性质与表现形式不尽一致，而不易划分。对此，尽可能据其主要倾向及具体情况酌定。

（二）同类著述，按其著述时间先后编次。说明如下：

（1）各篇著述时间，通常采用所据底本有正确标示或说明者。如底本所记时间失实或付诸阙如，则通过考证，力求准确判定各篇著述具体日期，纠正以往编集者误判，并填补空缺时间。暂难确定具体日期的著述，尽可能估定其写于某几日内或某旬、某月、某季，或某年初、某年底；如一时难以判断，仅知其属于何月、何年，则分置于月末、年末。年份不详者，酌情置于同时期某年之后，或同类著述末尾。上述情况均须在注释中说明，但直接根据底本者不注。

（2）印刷出版的专书，采用初版本出版或发行时间；如初版时间不详，据该书序跋标出的日期，或成书、完稿的日期。由数种专书修订合编而成如《建国方略》，采用合编本出版时间。各种单篇著述，根据文内标明的时间；未标明时间者，采用初次发表的日期。初次发表时间不详者，可采用早期报刊登载的日期（但标题下著述日期之后加“刊载”字样），或据撰稿、签发等日期而定。批示日期不详者，据收到批件或依批示作复的日期。上述异常情况均须在注释中说明。

（3）全书著述时间均用公历编排，在各篇标题下面圆括号（）内标出。资料来源如以清代、中华民国、外国年号及干支、阴历等纪时，电文内以韵目代日，一律折算为公历。所标出的季度，以公历二月至四月为春，五月至七月为夏，八月至十月为秋，十一月至翌年一月为冬；又以各年开始一段时日为年初，各年最后一段时日为年底。

（三）本书各类著述之后，另编附录三种：

（1）孙文著述年表；

（2）索引：含人名索引、地名索引和主题索引三种；

（3）韵目代日电码表。

二、收录范围与取舍标准

（一）本书收录由孙文执笔的一切中外文著述，包括为机关团体起草而本人不署名的文件。凡由别人执笔，经他署名或联署，经他以机关团体领导者身份主持制订或核准而本人未署名的各类著述，亦予收录。假借孙文之名的伪托文字不收，经孙文声明不承认的著述不收（个别可作为"附载"录供参考），存在争议而未能确证为孙文著述者亦不收。

（二）孙文的演说、谈话，凡由亲闻者当时记录整理，或在当时报刊书籍及内部报告中加以报道、援引而又来源可靠者，均予收录。若亲闻者的记录仅叙其言论大意而非直接援引原话，及为亲闻者事后忆述，则视其可信度和重要性决定是否收录。如果亲闻者当时仅叙及其只言片语或纯属日常生活琐谈，事后忆述与事实有明显出入，以及非亲闻者得自传闻或经后人加工渲染等，一概不收。

（三）孙文的书信、电报内容不完整者，当视其详略程度和重要性决定取舍。

（四）孙文的题词，主要收录其亲笔书写者；同时兼收个别由他人代笔而由其本人亲笔签名的题词。保存至今的题词原件或其复制品（影印件、照片等），予以印出。

三、底本选择与附文

（一）收入本书的每篇著述，尽可能选择翔实可信的初始底本校勘排印。

（二）印刷出版的专书，采用初版本为底本；经孙文本人亲笔校改或修订再版者，采用校改本、再版本。公开发表的单篇著述，优先采用最初登载该篇的政府公报或报刊为底本。一些单篇著述差不多同时登载于当时众多的出版物，优先选用孙文所在政府、政党、团体主办发行的报刊书籍，或其居留地最早登载的报刊为底本；但如内容不够完整，则采用其他出版物。较为晚出的报刊书籍，所载者比早出版本的内容更翔实、来源更可靠，则采用晚出版本。

（三）孙文手书原稿、签发原件及其复制品，或公私档案中的原始资料（如政府始发文件等），亦为底本的重要来源。凡当时未经印刷出版或公开发表的各种著述，以此为首选底本。同篇著述的手稿有草稿、定稿之分，采用定稿。为保证底本质量并尊重收藏者意愿，本书尽量采用原件而不用社会上复制品为底本。

（四）同篇著述的不同版本，如内容文字出入较大，或同时具有相当价值者，即以其一种为主文，另选一种或数种附于篇后；或将其他版本的重要歧异文字在注释中录出。演说词的衍生著述（如改写或节译成文者），附于篇后。

（五）孙文将规章送国会核议的咨文或予颁布的命令，如其内容未录规章部分，凡能找到者均附于篇后（倘该规章亦属孙文著述，则列为主文）。

（六）孙文批示，如需借助所批之件以弄清含意，可在注释中介绍，必要时将其全文或摘要附录。倘批示在被批件中以眉批、夹注形式出现，则将被批件列入主文。

（七）孙文的外文著述，尚无中译文者予以译出；孙文在世时虽有译文而与原意出入较大者，予以重译；部分经后人翻译而质量未臻理想者，予以重译或校译。同篇著述若存在多种译文，以孙文在世时的一种译作为主文，其他译作内容文字出入较大者，另选一种或两种附后。

（八）本书以"附载"形式酌收少量的非孙文著述，如受其委托或命意、口授要点而撰写、发布的文字言论，以及非由其主持制订或核准而关系密切的重要文件等。

（九）将一部分据以译成中文或与中文外交文书同时发布的各语种外文版本，分别附刊于本书各册末后。其中一些含有孙文言论文字的外文资料，附刊内容的篇幅较经过删节的中译文稍大。

四、标题与注释

（一）孙文自拟或文件原有的标题，基本予以保留。大多数著述原无标题，均由编者新拟，其中一部分参酌采纳底本或其他版本所加的题目。编者所拟标题，通常以内容提要方式标出。标题中出现的外国地名、人名译称，为与众多著述的正文保持一致，取自孙文常用者或时人通用名。部分演说、谈话类另加副标题；在演说的副标题中，到会千人以上者统称"大会"。

（二）文内酌加脚注。主要包括：简介部分篇目的有关背景史实；考释著述时间；必需的校勘说明；注释部分人名、地名、生僻名词、罕见史实或典故、代称、隐语、方言、韵目代日电码等。

（三）脚注中，一部分外国人名、地名及专有名词在同类著述初次出现时附以原文，并视需要加注当时流行的其他译名及当今中国大陆通行译名。所注的外国人名原文，尽可能根据不同国家和民族原来使用的拼写法，列出其姓名全称，但不录附加成分如职务、爵位、学位、军衔等。所注的外国地名原文，根据国际通例，凡以罗马字母为通用文字的国家采用各该国法定的拼写法，凡以非罗马字母为通用文字的国家采用各该国法定的或国际上公认的罗马字母转写法。此外，将夹杂在中文著述中的外国文字，如通讯地址、专有名词及短语等译成中文。又把部分底本的原编译者夹注移至脚注。

（四）各篇末一律加底本注。每次注释均列所据底本的编著译者姓名、篇名、书刊报章名称及出版地点、单位、时间，或资料收藏处。书刊标明册、集、编、辑、卷、号、期次；报章标明版、页次或（ ）内序数。所据底本若另有资料来源说明，如录自某处所藏原件、译自某种外文著述等，亦一并列出。

（五）本书据为底本频次较密的南方政府公报，如《临时政府公报》、《军政府公报》及《陆海军大元帅大本营公报》等，因其背景繁复多变，故于同著述类底本首次提及时注明不同发行机构及创办年月，再次提及时从略。

五、校勘、标点分段与排印

（一）校勘文字以各篇底本为依据，另选若干较佳版本及近人校本，逐一比勘，从中发现讹、脱字及衍文并加以纠正。所纠正者以明显讹误为限，史实正误或文字通顺与否通常不在校勘之列。其他版本如对底本有重要订正或增补，注出所据版本。

（二）纠正讹字置于〔 〕内，增补脱字置于〈 〉内，情况较为特殊的以及删除衍文则在脚注中说明。字句残缺或难以辨认，确知字数者每字用□表示，字数不明者用□□□□表示。底本原空缺的字，通常用○表示。一些访谈录底本夹杂有记者所写与谈话内容关系不大的文字，需删略时用"……"表示，整段删略则用"…………"表示（西文著作的删略用"［…］"表示）。

（三）各篇著述中孙文的原注，文末印章文字，中文底本原有所附专名外文，外文底本经翻译后保留的专名原文，以及底本加于著述的"中略"、"下略"等，均置于（ ）内。而为使格式划一，对于部分演说词底本在（ ）内的"鼓掌"、"笑声"等则予删除。

（四）被本书列为主文的批件，将孙文批示置于（ ）内，用黑体字显示；在著述中援引他人作品或孙文本人部分作品片段，用楷体字显示。

（五）各篇文字均按当今通行习惯标点分段。书信类参照孙文的行文习惯统一格式，并废弃文内用抬头表示对他人尊敬的旧款式。

（六）本书以中国大陆颁行的通用字和简化字排印。由于距今百年前后的用字习惯与现时甚为不同，孙文著述中文言文所占比重极大，章炳麟访谈笔录成文及其他执笔者各种骈体祭文尤显古奥，故本书参照整理古籍部分规则，对当年流行的通假字、古今字、同义字、专用字以及易于混淆的歧义字适当予以保留。

六、其他

（一）本书编纂工作系在继承前人成果的基础上进行，从中获益匪浅且多有吸收，而对其舛误失当之处亦多所匡正，书中不一一说明。

（二）本书出版后如续有发现孙文著述资料，待再版时增补。

本　册　目　录

附：英文版本

代表作四种（上）

建 国 方 略①

（一九二二年四五月间）②

建国方略之一

孙文学说——行易知难（心理建设）

自　序

　　文奔走国事三十余年，毕生学力尽萃于斯，精诚无间，百折不回，满清之威力所不能屈，穷途之困苦所不能挠。吾志所向，一往无前，愈挫愈奋，再接再励，用能鼓动风潮，造成时势。卒赖全国人心之倾向，仁人志士之赞襄，乃得推覆专制，创建共和。本可从此继进，实行革命党所抱持之三民主义、五权宪法，与夫《革命方略》③所规定之种种建设宏模，则必能乘时一跃而登中国于富强之域，跻

---

　　① 此书系孙文于一九二二年春在广州将其三种著作汇编而成，付刊时曾作个别文字订正及局部内容调整。《民权初步》原名《会议通则》，上海、中华书局一九一七年四月初版发行，后编为《建国方略》之三"社会建设"。《孙文学说》（卷一"行易知难"）于一九一九年五月发行初版本，今见最早版本为上海、华强印书局一九一九年六月五日出版（该书目次原列有卷二"三民主义"、卷三"五权宪法"，嗣因变更计划未续出），后编为《建国方略》之一"心理建设"。《实业计画》系用英文写成，原名 The International Development of China，一九一九年初以其开篇总论分寄一些西方国家政府及有关人士，随后在中外报纸上发表（中译文最早见诸三月七日上海《民国日报》），六月将其第一计画发表于上海英文杂志《远东时报》（The Far Eastern Review）第十五卷第六号，八月将全书内容译成中文以《建国方略之一——发展实业计画》为题于上海《建设》创刊号开始连载（至第四计画第四部停载），一九二〇年夏由上海、商务印书馆初版发行全书英文本，一九二一年十月上海、民智书局出版中文全译本，后编为《建国方略》之二"物质建设"。

　　② 《建国方略》于一九二二年六月由上海、民智书局再版，初版本迄今未见，当在四五月间，兹据此标出。

　　③ 此指一九〇六年秋孙文在日本东京主持制订的中国同盟会《革命方略》。

斯民于安乐之天也。不图革命初成，党人即起异议，谓予所主张者理想太高，不适中国之用；众口铄金，一时风靡，同志之士亦悉惑焉。是以予为民国总统时之主张，反不若为革命领袖时之有效而见之施行矣。此革命之建设所以无成，而破坏之后国事更因之以日非也。夫去一满洲之专制，转生出无数强盗之专制，其为毒之烈较前尤甚，于是而民愈不聊生矣！溯夫吾党革命之初心，本以救国救种为志，欲出斯民于水火之中，而登之衽席之上也。今乃反令之陷水益深，蹈火益热，与革命初衷大相违背者，此固予之德薄无以化格同侪，予之能鲜不足驾驭群众，有以致之也。然而吾党之士，于革命宗旨、革命方略亦难免有信仰不笃、奉行不力之咎也。而其所以然者，非尽关乎功成利达而移心，实多以思想错误而懈志也。

此思想之错误为何？即"知之非艰，行之惟艰"之说也。此说始于傅说对武丁之言①，由是数千年来深中于中国之人心，已成牢不可破矣。故予之建设计画，一一皆为此说所打消也。呜呼！此说者予生平之最大敌也，其威力当万倍于满清。夫满清之威力不过只能杀吾人之身耳，而不能夺吾人之志也，乃此敌之威力则不惟能夺吾人之志，且足以迷亿兆人之心也。是故当满清之世，予之主张革命也，犹能日起有功，进行不已；惟自民国成立之日，则予之主张建设反致半筹莫展，一败涂地矣②。吾三十年来精诚无间之心几为之冰消瓦解，百折不回之志几为之槁木死灰者，此也。可畏哉此敌！可恨哉此敌！兵法有云"攻心为上"，是吾党之建国计画，即受此心中之打击者也。

夫国者人之积也，人者心之器也，而国事者，一人群心理之现象也。是故政治之隆污，系乎人心之振靡。吾心信其可行，则移山填海之难，终有成功之日；吾心信其不可行，则反掌折枝之易，亦无收效之期也。心之为用大矣哉！夫心也者，万事之本源也。满清之颠覆者，此心成之也；民国之建设者，此心败之也。夫革命党之心理，于成功之始则被"知之非艰，行之惟艰"之说所奴，而视吾策为空言，遂放弃建设之责任。如是则以后之建设责任，非革命党所得而专也。迨

① 武丁为殷商国王（庙号高宗），以傅说辅佐国政。据《尚书》"说命中"所载，傅说曾对武丁献言，内有"非知之艰，行之惟艰"一语，原指必须重行轻言，后人则多从知行关系加以诠释。另据明清学者考证，认定收有该篇的《古文尚书》乃魏晋伪书，但至今仍存争议。

② 此处据《孙文学说序》手稿增一"矣"字（原件藏台北、中国国民党文化传播委员会党史馆）。

夫民国成立之后，则建设之责任当为国民所共负矣。然七年以来，犹未睹建设事业之进行，而国事则日形纠纷，人民则日增痛苦。午夜思维，不胜痛心疾首！夫民国之建设事业，实不容一刻视为缓图者也。

国民！国民！究成何心？不能乎？不行乎？不知乎？吾知其非不能也，不行也；亦非不行也，不知也。倘能知之，则建设事业亦不过如反掌折枝耳。回顾当年，予所耳提面命而传授于革命党员，而被河汉①为理想空言者，至今观之，适为世界潮流之需要，而亦当为民国建设之资材也。乃拟笔之于书，名曰《建国方略》，以为国民所取法焉。然尚有踌躇审顾者，则恐今日国人社会心理，犹是七年前之党人社会心理也，依然有此"知之非艰，行之惟艰"之大敌横梗于其中，则其以吾之计画为理想空言而见拒也，亦若是而已矣。故先作学说以破此心理之大敌，而出国人之思想于迷津，庶几吾之建国方略或不致再被国人视为理想空谈也。夫如是，乃能万众一心，急起直追，以我五千年文明优秀之民族，应世界之潮流，而建设一政治最修明、人民最安乐之国家，为民所有、为民所治、为民所享者也。则其成功，必较革命之破坏事业为尤速尤易也。

时民国七年十二月三十日　孙文自序于上海

第一章　以饮食为证

当革命破坏告成之际，建设发端之始，予乃不禁兴高采烈，欲以予生平之抱负与积年研究之所得，定为建国计画举而行之，以冀一跃而登中国于富强隆盛之地焉。乃有难予者曰："先生之志高矣远矣，先生之策闳矣深矣，其奈'知之非艰，行之惟艰'何？"予初闻是言也，为之惶然若失。盖"行之惟艰"一说，吾心亦信而无疑，以为古人不我欺也。继思有以打破此难关，以达吾建设之目的，于是以阳明②"知行合一"之说，以励同人。惟久而久之，终觉奋勉之气不胜畏难之心，举国趋势皆如是也。予乃废然而返，专从事于"知易行难"一问题，以

---

①　河汉，即天河，亦称银河。《庄子》"逍遥游第一"以"河汉"比喻大而无当的空话；后人又有用作动词者，如"河汉斯言"，即视为空话而不信。

②　王守仁，明朝人，因筑室阳明洞，世称阳明先生。

研求其究竟。几费年月，始恍然悟于古人之所传、今人之所信者，实似是而非也。乃为之豁然有得，欣然而喜，知中国事向来之不振者，非坐于不能行也，实坐于不能知也；及其既知之而又不行者，则误于以知为易、以行为难也。倘能证明知非易而行非难也，使中国人无所畏而乐于行，则中国之事大有可为矣。于是以予构思所得之十事，以证明行之非艰而知之惟艰，以供学者之研究，而破世人之迷惑焉。

夫"知之非艰，行之惟艰"一语，传之数千年，习之遍全国四万万人心理中，久已认为天经地义而不可移易者矣。今一旦对之曰"此为似是而非之说，实与真理相背驰"，则人必难遽信。无已，请以一至寻常、至易行之事以证明之。

夫饮食者，至寻常、至易行之事也，亦人生至重要之事而不可一日或缺者也。凡一切人类、物类皆能行之，婴孩一出母胎则能之，雏鸡一脱蛋壳则能之，无待于教者也。然吾人试以饮食一事反躬自问，究能知其底蕴者乎？不独普通一般人不能知之，即近代之科学已大有发明，而专门之生理学家、医药学家、卫生学家、物理家、化学家，有专心致志以研究于饮食一道者，至今已数百年来亦尚未能穷其究竟者也。

我中国近代文明进化，事事皆落人之后，惟饮食一道之进步至今尚为文明各国所不及。中国所发明之食物，固大盛于欧美；而中国烹调法之精良，又非欧美所可并驾。至于中国人饮食之习尚，则比之今日欧美最高明之医学卫生家所发明最新之学理，亦不过如是而已。何以言之？夫中国食品之发明，如古所称之"八珍"①，非日用寻常所需，固无论矣。即如日用寻常之品，如金针、木耳、豆腐、豆芽等品，实素食之良者，而欧美各国并不知其为食品者也。至于肉食，六畜之脏腑②，中国人以为美味，而英美人往时不之食也，而近年亦以美味视之矣。吾往在粤垣，曾见有西人鄙中国人食猪血，以为粗恶野蛮者。而今经医学卫生家所研究而得者，则猪血涵铁质独多，为补身之无上品。凡病后、产后及一切血薄症

① 即八种珍贵食品，古籍记载各有不同，后所指通常为龙肝、凤髓、豹胎、鲤尾、鸮炙、猩唇、熊掌、酥酪蝉。

② 六畜为牛、羊、马、猪、狗、鸡，亦泛指各种家畜、家禽；脏腑为体内器官之总称，细分则中医有所谓"五脏六腑"者，五脏即心、肝、脾、肺、肾，六腑即胃、胆、大肠、小肠、膀胱、三焦（位于胸膈部、上腹部、脐腹部三处）。

之人，往时多以化炼之铁剂治之者，今皆用猪血以治之矣。盖猪血所涵之铁，为有机体之铁，较之无机体之炼化铁剂，尤为适宜于人之身体。故猪血之为食品，有病之人食之固可以补身，而无病之人食之亦可以益体。而中国人食之，不特不为粗恶野蛮，且极合于科学卫生也。此不过食品之一耳，其余种种食物，中国自古有之，而西人所未知者不可胜数也。如鱼翅、燕窝，中国人以为上品，而西人见华人食之，则以为奇怪之事也。

夫悦目之画、悦耳之音皆为美术，而悦口之味何独不然？是烹调者，亦美术之一道也。西国烹调之术莫善于法国，而西国文明亦莫高于法国。是烹调之术本于文明而生，非深孕乎文明之种族，则辨味不精；辨味不精，则烹调之术不妙。中国烹调之妙，亦足表文明进化之深也。昔者中西未通市以前，西人只知烹调一道，法国为世界之冠；及一尝中国之味，莫不以中国为冠矣。近代西人之游中国内地者以赫氏为最先，当清季道光年间，彼曾潜行各省而达西藏，彼所著之游记，称道中国之文明者不一端，而尤以中国调味为世界之冠①。近年华侨所到之地，则中国饮食之风盛传。在美国纽约一城，中国菜馆多至数百家。凡美国城市，几无一无中国菜馆者。美人之嗜中国味者，举国若狂。遂至令土人之操同业者大生妒忌，于是造出谣言，谓中国人所用之酱油涵有毒质，伤害卫生，致的他睐②市政厅有议禁止华人用酱油之事。后经医学卫生家严为考验，所得结果，即酱油不独不涵毒物，且多涵肉精，其质与牛肉汁无异，不独无碍乎卫生，且大有益于身体，于是禁令乃止。中国烹调之术不独遍传于美洲，而欧洲各国之大都会亦渐有中国菜馆矣。日本自维新以后，习尚多采西风，而独于烹调一道犹嗜中国之味，故东京中国菜馆亦林立焉。是知口之于味，人所同也。

中国不独食品发明之多，烹调方法之美，为各国所不及；而中国人之饮食习

---

①　以上记述，当指法国天主教遣使会（Lazaristes）会士古伯察游历中国之事。古伯察为汉名，音译"额窪哩斯塔"（Evariste-Regis Huc），即文中所称"赫氏"，"赫"与"额"谐音。道光二十三年即一八四三年，他在中国神甫陪同下至各省及蒙古、西藏游览，此为近代西方人之最早者。五十年代初在巴黎出版法文游记三种，并在伦敦、纽约发行英译本，即《蒙古、西藏、中国游记》（*Souvenirs d'un Voyage dans la Tartarie，le Thibet et la Chine*）、《中华帝国——"蒙古和西藏游记"续编》及《基督教在中国、蒙古和西藏》（后二种原文从略）。

②　的他睐（Detroit），今译底特律，属美国密歇根（亦译密执安）州（Michigan）。

尚暗合于科学卫生，尤为各国一般人所望尘不及也。中国常人所饮者为清茶，所食者为淡饭，而加以菜蔬豆腐，此等之食料为今日卫生家所考得为最有益于养生者也。故中国穷乡僻壤之人，饮食不及酒肉者，常多上寿。又中国人口之繁昌，与乎中国人拒疾疫之力常大者，亦未尝非饮食之暗合卫生有以致之也。倘能更从科学卫生上再做工夫，以求其知而改良进步，则中国人种之强必更驾乎今日也。西人之倡素食者，本于科学卫生之知识，以求延年益寿之功夫。然其素食之品无中国之美备，其调味之方无中国之精巧，故其热心素食家多有太过于菜蔬之食，而致滋养料之不足，反致伤生者。如此，则素食之风断难普遍全国也。中国素食者必食豆腐。夫豆腐者，实植物中之肉料也，此物有肉料之功，而无肉料之毒。故中国全国皆素食，已习惯为常，而不待学者之提倡矣。欧美之人所饮者浊酒，所食者腥膻，亦相习成风。故虽在前有科学之提倡，在后有重法之厉禁，如近时俄、美等国之厉行酒禁，而一时亦不能转移之也。单就饮食一道论之，中国之习尚当超乎各国之上。此人生最重之事，而中国人已无待于利诱势迫，而能习之成自然，实为一大幸事。吾人当保守之而勿失，以为世界人类之师导也可。

古人有言，"人为一小天地"，良有以也。然而以之为一小天地，无宁谓之为一小国家也。盖体内各脏腑分司全体之功用，无异于国家各职司分理全国之政事。惟人身之各机关，其组织之完备，运用之灵巧，迥非今世国家之组织所能及。而人身之奥妙，尚非人类今日知识所能穷也。据最近科学家所考得者，则造成人类及动植物者，乃生物之元子为之也。生物之元子，学者多译之为"细胞"①，而作者今特创名之曰"生元"，盖取生物元始之意也。生元者何物也？曰：其为物也，精矣、微矣、神矣、妙矣，不可思议者矣！按今日科学所能窥者，则生元之为物也，乃有知觉灵明者也，乃有动作思为者也，乃有主意计画者也。人身结构之精妙神奇者，生元为之也；人性之聪明知觉者，生元发之也；动植物状态之奇奇怪怪不可思议者，生元之构造物也。生元之构造人类及万物也，亦犹乎人类之构造屋宇、舟车、城市、桥梁等物也。空中之飞鸟，即生元所造之飞行机也；水中之鳞介，即生元所造之潜航艇也。孟子所谓"良知良能"者非他，即生元之知、生

---

① 英文 cell。

元之能而已。自圭哇里氏①发明"生元有知"之理而后，则前时之哲学家所不能明者，科学家所不能解者，进化论所不能通者，心理学所不能道者，今皆可由此而豁然贯通，另辟一新天地为学问之试验场矣。人身既为生元所构造之国家，则身内之饮食机关，直为生元之粮食制造厂耳；人所饮食之物品，即生元之供养料及需用料也。生元之依人身为生活，犹人类之依地球为生活；生元之结聚于人身各部，犹人之居住于各城市也。

人之生活以温饱为先，而生元亦然。故其需要以燃料为最急，而材料次之。吾人所食之物，八九成为用之于燃料，一二成乃用之于材料。燃料之用有二：其一为煖体，是犹人之升火以御寒；二为工作，是犹工厂之烧煤以发力也。是以作工之人，需燃料多而食量大；不作工之人，需燃料少，食量亦少。倘食物足以供身内之燃料而有余，而其所余者乃化成脂肪而蓄之体内，以备不时之需。倘不足以供身内之燃料，则生元必取身内所蓄之脂肪以供燃料，脂肪既尽，则取及肌肉。故饮食不充之人，立形消瘦者此也。材料乃生元之供养料及身体之建筑料，材料若有多余，则悉化为燃料，而不蓄留于体内。此犹之城市之内，建筑之材木过多，反成无用，而以之代薪也。故材料不可过多，过多则费体内机关之力以化之为燃料。而其质若不适为燃料，则燃后所遗渣滓于体中，又须费肾脏多少工夫，将渣滓清除，则司其事之脏腑有过劳之患，而损害随之，非所宜也。食物之用分为两种：一为燃料，素食为多；一为材料，肉食为多。材料过多，可变为燃料之用，而燃料过多，材料欠缺，则燃料不能变为材料之用。是故材料不能欠缺，倘有欠缺，必立损元气；材料又不可过多，倘过多则有伤脏腑。世之人倘能知此理，则养生益寿之道，思过半矣。

近年生理学家之言食物分量者，不言其物质之多少，而言其所生热力之多少以为准。其法用器测量，以物质燃化后，能令一格廉②（中国二分六厘）水热至百度表一度为一热率③，故称"食物有多少热率"，或谓"人当食多少热率"等

---

① 圭哇里（Nels Quevli），今译奎弗利，美国人；其著作《生元有知论》（*Cell Intelligence：the Cause of Growth，Heredity and Instinctive Actions*），亦可译作《细胞的灵性：生长、遗传及本能行为的成因》。

② 格廉（gramme），重量单位和质量单位，今译克。

③ 热率（calorie），热量单位，今音译为"卡路里"，或称卡。

语。此已成为生理学之一通用术语矣，以后当用此以言食量也。食物之重要种类有三，即淡气类、炭轻类、脂肪类，此外更有水、盐、铁、磷、铗①、锰各质并生机质（此质化学家尚未考确为何元素），皆为人生所不可少也。淡气类一格廉有四零一热率，炭轻类一格廉有四零一热率，脂肪类一格廉有九零三热率。淡气质以蛋白为最纯，而各种畜肉及鱼类皆涵大部分淡气，植物中亦涵有淡气质，而以黄豆、青豆为最多。每人每日养身材料之多少，生理学家之主张各有不同，有以需蛋白质一百格廉为度者，有主张五十格廉便足者。至于所用热率多少，奥国那典氏所考得凡人身之重，每一基罗②（中国二十四两）轻工作时当需三十四至四十热率，重工作时当需四十至六十热率。如是其人为七十基罗重者，于轻工作时当需食料二千八百热率，于重工作时当需食料三千五百至四千热率。有奥国学者佛列查氏曾亲自试验，彼身重八十六基罗，而每日所食蛋白质四十五格廉（中国一两一钱七分），燃料一千六百热率，其后体质虽减少十三基罗有奇，然其康健较前尤胜。后再减少食料至三十八格廉蛋白，一千五百八十热率，而其身体康健继续如常。各生理学家为饮食度量之试验者多矣，而其为身体材料所需之淡气质，总不外由五十格廉至一百格廉，即中国衡一两三钱至二两六钱之蛋白质也；其为身体之燃料所需者，不外三四千热率之间耳。其间有极重之工作，有需热率至五六千者，此则不常见也。

人间之疾病，多半从饮食不节而来。所有动物皆顺其自然之性，即纯听生元之节制，故于饮食之量一足其度，则断不多食。而上古之人与今之野蛮人种，文化未开，天性未漓，饮食亦多顺其自然，故少受饮食过量之病。今日进化之人，文明程度愈高，则去自然亦愈远，而自作之孽亦多。如酒也、烟也、鸦片也、鹄肩也，种种戕生之物，日出日繁，而人之嗜好邪僻亦以文明进化而加增，则近代文明人类受饮食之患者，实不可胜量也。

作者曾得饮食之病，即胃不消化之症。原起甚微，尝以事忙忽略，渐成重症，于是自行医治稍愈，仍复从事奔走而忽略之。如是者数次。其后则药石无灵，只得慎讲卫生，凡坚硬难化之物皆不入口，所食不出牛奶、粥糜、肉汁等物。初颇

---

① 铗（kalium 或 potassium），今译钾。

② 基罗（kilo），此处作重量单位，今译千克，与公斤等量。

觉效，继而食之至半年以后，则此等食物亦归无效，而病则日甚，胃痛频来，几无法可治。乃变方法施以外治，用按摩手术以助胃之消化。此法初施，亦生奇效，而数月后旧病仍发，每发一次，比前更重。于是更觅按摩手术而兼明医学者，乃得东京高野太吉先生。先生之手术固超越寻常，而又著有《抵抗养生论》一书，其饮食之法与寻常迥异。寻常西医饮食之方，皆令病者食易消化之物，而戒坚硬之质。而高野先生之方，则令病者戒除一切肉类及溶化流动之物，如粥糜、牛奶、鸡蛋、肉汁等，而食坚硬之蔬菜、鲜果，务取筋多难化者，以抵抗肠胃，使自发力，以复其自然之本能。吾初不之信，乃继思吾之服粥糜、牛奶等物已一连半年，而病终不愈，乃有一试其法之意。又见高野先生之手术已能愈我顽病，意更决焉。而先生则曰："手术者乃一时之治法，若欲病根断绝，长享康健，非遵我抵抗养生之法不可。"遂从之而行，果得奇效。惟愈后数月，偶一食肉或牛奶、鸡蛋、汤水、茶、酒等物，病又复发。始以为或有他因，不独关于所食也。其后三四次皆如此，于是不得不如高野先生之法，戒除一切肉类、牛奶、鸡蛋、汤水、茶、酒，与夫一切辛辣之品；而每日所食，则硬饭与蔬菜及少许鱼类，而以鲜果代茶水。从此旧病若失，至今两年，食量有加，身体康健胜常，食后不觉积滞而觉畅快。此则十年以来所未有，而近两年始复见之者。余曩时曾肄业医科，于生理卫生之学自谓颇有心得，乃反于一己之饮食养生，则忽于微渐，遂生胃病，几于不治。幸得高野先生之抵抗养生术，而积年旧症一旦消除，是实医道中之一大革命也。于此可见饮食一事之难知有如此。且人之禀赋各有不同，故饮食之物宜于此者不尽宜于彼，治饮食之病亦各异其术，不能一概论也。

惟通常饮食养生之大要，则不外乎有节而已，不为过量之食，即为养生第一要诀也。又肉食本为构成身体之材料及补充身体之材料，元气所赖以存，为物至要，而不可稍为亏缺者也，然其所需之量，与身体之大小有一定之比例。如上所述者，所食不可过多，多则损多益少。故食肉过量而伤生者，独多于他病也。夫肉食之度，老少当有不同，青年待长之人肉食可以稍多，壮年生长已定之人肉食宜减，老年之人则更宜大减。夫素食为延年益寿之妙术，已为今日科学家、卫生家、生理学家、医学家所共认矣。而中国人之素食，尤为适宜。惟豆腐一物当与肉食同视，不宜过于身体所需材料之量，则于卫生之道其庶几矣。

　　虽然，饮食之物审择精矣，而其分量亦适合乎身体之需要矣，而于饮食之奥义，犹未能谓为知也。饮食入口之后作如何变化？及既消化之，而由肠胃收吸入血之后，又如何变化？其奥妙，比之未入口之物品更为难知也。食物入口之后，首经舌官试验之，若其不适于胃肠之物，即立吐而出之；若其适合于胃肠之消化也，舌官则滋其味而欢纳之。由是牙齿咀嚼之，口津调和溶化之，粉质之物则化之为糖，其他之物则牙齿磨碎之，舌尖卷而送之以入食管，食管申舒而送之下胃脏。食物入胃之后，则胃之下口立即紧闭，而收蓄食物于胃中，至足度之时，则胃之生元报告于脑，而脑则发令止食，而吾人觉之，名之曰"饱"。此胃脏作用之一，所以定全体每度所应需物料之多寡也。食饱之后，当立停止，如再多食则伤生矣。食物蓄满于胃之后，胃津则和化肉质，如口津之化粉质焉。而胃肌则申缩摇磨，将食物化为细糜，始开下口而送之入于小肠。到小肠上部时，则细糜与甜肉汁和合，凡口津、胃津所不能化之物，而甜肉汁可以补而化之，令之悉成为糜浆。而经过二十余尺之小肠，辗转迴旋，而为小肠之机关收吸之，由迴管而入于肝。其适于养生之料，则由肝管而导入心脏，由心脏鼓之而出脉管，以分配于百体，为生元之养料及燃料也。其不适于身体之物，则由肝脏淘汰之，不使入血，而导之入胆囊，再由胆管导之出小肠，而为利大便之津液。其小肠所吸余之物，则为渣滓而入于大肠。在大肠时，仍有收吸机关补吸小肠所遗余之养料，遂由大肠而推入直肠，则纯为渣滓不适于身体之用矣。直肠积满渣滓之后，则送之出肛门，而为大便。此饮食之终始也。

　　惟食物既入血之后，尚多种种之变化，此非专从事于生理学者则不能知之，而虽从事于生理学者亦不能尽知之也。此饮食之事之关于体内之组织者，为天然之性，吾人本属难知；则就饮食之未入人身之前之各种问题，如粮食之生产、粮食之运输、粮食之分配及饥馑之防备等问题，纯属人为者，亦正不易知之也。

　　近代国家之行民生政策者，以德国之组织为最进步。而此次欧战一开，则德国海面被英封禁，粮食时虞竭乏，社会忽起恐慌，人民备受种种之痛苦。至两年以后，乃始任巴特基氏为全国粮食总监。巴氏乃用科学之法以经理粮食，而竭乏之事始得无虞，恐慌之事渐息，而人民之痛苦亦渐减。由是德国乃能再支持二年之久，否则早已绝粮而降服矣。按巴氏未经理粮食之前，民间之买食物者常千百候于店门之外，须费多少警察之约束，始能维持秩序。店伙按序分配，先到者先得，及至卖尽，则后至者常至空手而回矣。故欲得食物者，多有通宵不睡，先一夕而至，候于粮食店之门外，以待黎明买物者。当时德国有医学博士讽之云："使买油之妇在家多睡六小时，则身体中所涵蓄之油，较之彼从油店所买得者多矣。"此可想见其当时困苦情形也。而巴氏之法，亦不外乎平均、节用而已。考德国未战以前，其自产之粮食可足全国八成以上之用，其输入之粮食不过二成左右耳。然而民家厨中及饭店厨中，每日所虚耗者已不止二成；而个人所食不需要于养生之品及过食需要之品，亦不止二成。故巴氏于厨中则止绝虚耗，于个人则限口给粮，而每人以若干热率为准。如是一出入之间，粮不加多，而食则绰有余矣。其后更从事于推广生产，凡园庭、花圃、游场与及一切余地荒土，悉垦为农田，并多制各种之化学田料，从此粮食无竭矣。前此两年之久，人民备受多少之痛苦，视为无可挽救者，而巴氏之法一行，则能使家给人足，贫而能均，各取所需，无人向隅者，非行之艰，实知之艰也。

括而言之，食物入口之后，其消化工夫、收吸工夫、淘汰工夫、建筑工夫、燃烧工夫，种种作为，谁实为之？譬有人见原料之入工厂，经机器之动作，而变成精美之货物以供世用者，谓为机器为之，可乎？不可也。盖必有人工以司理机器，而精美之货物乃可成也。身内饮食机关有如此之妙用者，亦非机关自为之也，乃身内之生元为之司理者也。由此观之，身内饮食之事，人人行之，而终身不知其道者，既如此；而身外食货问题，人人习之，而全国不明其理者，又如彼。此足以证明行之非艰，知之实惟艰也。

或曰："饮食之事乃天性使然，故有终身行之而不知其道者。至于其他人为之事，则非可与此同日而语也。"今作者更请以人为之事于下章证之。

第二章　以用钱为证

今再以用钱一事，为"行易知难"之证。

夫人生用钱一事，非先天之良能，乃后天之习尚，凡文明之人自少行之以至终身，而无日或间者也。饮食也，非用钱不可；衣服也，非用钱不可；居家也，非用钱不可；行路也，非用钱不可。吾人日日行之，视为自然，惟知有钱用则事事如意，左右逢源，无钱用则万般棘手，进退维谷，故莫不孜孜然惟钱是求，惟钱是赖矣。社会愈文明，工商愈发达，则用钱之事愈多，用钱之途愈广，人之生死、祸福、悲喜、忧乐，几悉为钱所裁制，于是"金钱万能"之观念深中乎人心矣。人之于钱也，既如此其切要，人之用钱也，又如此其惯熟，然则钱究为何物、究属何用，世能知之者有几人乎？吾今欲与读者先从金钱之为物而研究之。

古人有言："钱币者，所以易货物、通有无者也。"泰西之经济学家亦曰："钱币者，亦货物之属，而具有二种重要功用，一能为百货交易之中介，二能为百货价格之标准者也。"作者统此两用而名之曰"中準"，故为一简明之定义曰："钱币者，百货之中準也。"中国上古之钱币，初以龟贝、布帛、珠玉为之，继以金、银、铜、锡为之。今日文化未开之种族，其钱币多有与我上古初期相同者。而游牧之国，有以牛羊为钱币者；渔猎之乡，有以皮、贝为钱币者；耕种之民，有以果、粟为钱币者；今之蒙古、西藏，亦尚有以盐、茶为钱币者。要之，能为钱币者固不止一物，而各种族则就其利便之物，而采之为钱币而已。专门之钱币学者论之曰："凡物能为百货之'中準'者，尤贵有七种重要之性质，方适为钱币之上选：其一，适用而值价者；其二，便于携带者；其三，不能毁灭者；其四，体质纯净者；其五，价值有定者；其六，容易分开者；其七，容易识别者。凡物具此七种之性质者，乃为优良之钱币也。"周制以黄金为上币，白金为中币，赤金为下币①。秦并天下，统一币制，以金镒、铜钱为币，而废珠玉、龟贝、布帛、银锡之属，不以为币。周秦而后虽屡有变更，然总不外乎金、银、铜三种之物以为币。而今文明各国亦采用此三金为钱币，有以黄金为正币而银、铜为辅币者，有以银为正币而铜为辅币者。古今中外，皆采用金、银、铜为钱币者，以其物适于为百货之"中準"也。

然则凡物适合于为百货"中準"者，皆可为钱币，而金钱亦不过货物中之一耳，何以今日独具此万能之作用也？曰：金钱本无能力，金钱之能力乃由货物之买卖而生也。倘无货物，则金钱等于泥沙矣；倘有货物而无买卖之事，则金钱亦

---

① 古代称银为白金，铜为赤金。

无力量矣。今举两事以明之。数十年前，山、陕两省大饥，人相食，死者千余万。夫此两省，古称"沃野千里，天府之国"也，物产丰富，金钱至多。各省为钱业票号者，皆山、陕人也，无不获厚利，年年运各省之金钱归家而藏之者不可胜数也。乃连年大旱，五谷不登，物产日竭，百货耗尽，惟其金钱仍无减也。而饥死者之中，家资千百万者比比皆是，乃以万金易斗粟而不可得，卒至同归于尽也。盖无货物，则金钱之能力全失矣。又读者有曾读《罗宾逊克鲁梳漂流记》① 者乎？试拟设身其地，而携有多金，漂流至无人之岛。挟金登陆，寻见岛中风光明媚，花鸟可人，林中果实，石上清泉，皆可飡可掬。此时岛中之百物惟彼所有，岛中之货财惟彼所需，可以取之无禁，用之不竭矣。然而其饥也，必须自行摘果以充饥，其渴也，必须自行汲泉以止渴，事事无不自食其力，乃能生活。在此孤岛，货物繁殖矣，而无买卖之事，则金钱亦等于无用耳。而其人之依以生活者，非彼金钱也，乃一己之劳力耳。此时此境，金钱万能乎？劳力万能乎？然则金钱在文明社会中能生如此万能之效力者，其源委可得而穷求矣。吾今欲与读者再从金钱之为用而研究之。

　　夫金钱之力虽赖买卖而宏，而买卖之事原由金钱而起，故金钱未出之前，则世固无买卖之事也。然当此之时，何物为金钱之先河，何事为买卖之导线，不可不详求确凿，方能得金钱为用之奥蕴也。欲知金钱之先河、买卖之导线者，必当从人文进化之起源着眼观察，乃有所得也。按今日未开化之种族，大都各成小部落，居于深山穷谷之中，自耕而食，自织而衣，鸡犬相闻，老死不相往来，其风气与吾古籍所记载世质民淳者相若。其稍开化者，则居于河流、原野之间，土地肥沃，物产丰富，交通利便，于是部落与部落始有交易之事矣。由今以证古，可知古代未开化之时，其人无不各成部落，自耕而食，自织而衣，足以自给，无待外求者也。及其稍开化也，则无不从事于交易，虽守古如许行②者，亦不能不以粟易冠、以粟易器矣。是交易者，实为买卖之导线也。或曰："交易与买卖有何分别？"曰：交易者，以货易货也；买卖者，以钱易货也。钱币未发生以前，世

---

① 今译《鲁滨孙漂流记》（*Robinson Crusoe*），作者笛福（Daniel Defoe），英国人。
② 许行，战国楚人，他及其门徒生活简朴，编履织席为生，主张君民同耕，务农者当以粟易帽、食器、农具等物，交换时价码划一，即"市贾不二"。

间只有交易之事耳。盖自耕而食，自织而衣，以一人或一部落而兼数业者，其必有害于耕，有害于织，断不若通工分劳之为利大也。即耕者专耕，而织者专织，既无费时失事之虞，又有事半功倍之效，由是则生产增加，而各以有余而交易也。此交易之所以较自耕自织为进化也。

惟自交易既兴之后，人渐可免为兼工，而仍不免于兼商也。何以言之？即耕者有余粟，不得不携其粟出而求交易也；织者有余布，亦不得不携其布出而求交易也。由此类推，则为渔、为猎、为牧、为樵、为工、为冶者，皆不得不各自携其有余，出而求交易也。否则，其有余者必有货弃于地之虞，而不足者必无由取得也。以一人而兼农、工两业，其妨碍固大，然而农、工仍各不免于兼商，其缺憾亦非少也。且交易之事，困难殊多。近年倭理思氏之《南洋游记》有云，彼到未开化之乡，常有终日不得一食者。盖土番既无买卖，不识用钱，而彼所备之交易品，间有不适其地之需者，则不能易食物矣。古人与野番所受之困难，常有如下所述之事者。即耕者有余粟而欲得布，携之以就有余布者以求交易，无如有余布者不欲得粟而欲得羊，则有余粟者困矣。有余布者携其布以向牧者易羊，而有余羊者不欲得布而欲得器，则有余布者又困矣。有余羊者牵其羊以向工者求易器，而工者不欲得羊而欲得粟，则有余羊者又困矣。有余器者携其器以向耕者求易粟，乃耕者不欲得器而欲得布，则有余器者亦困矣。此四人者各有所余，皆为其余三人中一人所需者，而以所需所有不相当，则四者皆受其困矣。此皆由古人、野番无交易之机关，所以劳多而获少，而文化不能进步者也。

神农氏有见于此，所以有教民"日中为市"，致天下之民，聚天下之货，交易而退，各得其所也。有此日中为市之制，则交易之困难可以悉免矣。如上所述之四人者，可以同时赴市，集合一地，各出所余，以求所需，彼此转接，错综交易，而各得其所矣。此利用时间、空间为交易之机关者也。自有日中为市为交易之机关，于是易货物，通有无，乃能畅行无阻矣。其为物虽异乎钱币，而功效则同也。故作者于此创言曰："日中为市之制者，实今日金钱之先河也。"乃世之经济学家，多以为金钱之先天〔河〕即交易也，不知交易时代之有中介机关，亦犹乎买卖时代之有中介机关也。买卖时代以金钱为百货之中介，而交易时代则以日中为市，为百货之中介也。人类用之者，则能受交易而退、各得其所之利，不用之者则必受种种之困难也。未有金钱之前，则其便利于人类之交易者，无过于日中为市矣。故曰：日中为市者，金钱之先河也。

自日中为市之制兴，则交易通而百货出，人类之劳力渐省，故其欲望亦渐开。于是前之只交易需要之物者，今渐进而交易非需要之文饰玩好等物矣。渐而好之者愈多，成为普通之风尚，则凡有货物以交易者，必先易之，而后以之易他货物。如是则此等文饰玩好之物，如龟贝、珠玉者，转成为百货之"中準"矣。此钱币之起源也。是故钱币者，初本不急之物也，惟渐变交易而为买卖之后，则钱币之为用大矣。自有钱币以易货物，通有无，则凡以有余而求不足者，只就专业之商贾以买卖而已，不必人人为商矣。是钱币之出世，更减少人之劳力，而增益人之生产，较之日中为市之利更大百十倍矣。人类自得钱币之利用，则进步加速，文明发达，物质繁昌，骎骎乎有一日千里之势矣。

考中国钱币之兴，当在神农日中为市之后，而至于成周，则文物之盛已称大备矣。前后不过二千年耳，而文化不特超越前古，且为我国后代所不及，此实为钱币发生后之一大进步也。由此观之，钱币者，文明之一重要利器也。世界人类自有钱币之后，乃能由野蛮一跃而进文明也。

钱币发生数千年而后，乃始有近代机器之发明。自机器发明后，人文之进步更高更速，而物质之发达更超越于前矣。盖机器者，羁勒天地自然之力以代人工，前时人力所不能为之事，机器皆能优为之。任重也，一指可当万人之负；致远也，一日可达数千里之程。以之耕，则一人可获数百人之食；以之织，则一人可成千人之衣。经此一进步也，工业为之革命，天地为之更新，而金钱之力至此已失其效矣。何以言之？夫机器未出以前，世界之生产全赖人工为之，则买卖之量，亦无出乎金钱范围以外者。今日世界之生产，则合人工与自然力为之，其出量加至万千倍，而买卖之量亦加至万千倍，则今日之商业已出乎金钱范围之外矣。所以大宗买卖多不用金钱，而用契券矣。譬如有川商运货百万元至沪，分十起而售之，每起获其十一之利，而得十一万元，皆收现钱。以银元计之，每起已四千九百五十斤，一一收之藏之，而后往市以求他货而买之，又分十起而买入，则运货往来之外，又须运钱往来。若一人分十起售其货，又当分十起而收其钱，继又买入他货十宗，又分十起以付钱，其费时费力，已不胜其烦矣。倘同时所到之商不止一路，则合数十百人而各有货百数十万以买卖，每人皆需数日之时间以执行其事，则每人所过手之金钱，一人百数十万元，十人千数百万元，百人万数千万元，则一市中之金钱断无此数，故大宗买卖早非金钱之力所能为矣。金钱之力有所穷，则不期然而然渐流入于用契券以代金钱，而人类且不之觉也。

契券之用为何？此非商贾中人，自不能一闻则了解也。如上述之川客，贩货百万元至沪，分十起售之，获其十一之利，每起所收十一万元，惟此十一万元非四千九百五十斤之银元，乃一张之字纸，列有此数目耳。此等字纸，或为银行之支票，或为钱庄之庄票，或为货客本店之期单，或为约束之欠据者是也。售十起之货，则彼此授受十张之字纸而已，交收货物之外，再不用交收银元矣。川客在沪所采买之货，亦以此等字纸兑换之。如是一买一卖，其百余万元之货物，已省却主客彼此交收四万九千五百斤银元四次运送之劳矣，且免却运送时之种种盗窃、遗失、意外等危险矣。其节时省事，并得安全无虞，为利之大，以一人计已如此矣，若以社会而言，则其为利实有不可思议者矣。

是以在今日之文明社会中，实非用契券为买卖不可矣。"金钱万能"云乎哉？而世人犹迷信之者，是无异周末之时，犹有许行之徒守自耕而食、自织而衣之旧习者也。不知自日中为市之制兴，则自耕而食、自织而衣之兼业可以废；至金钱出，则日中为市之制可以废；至契券出，而金钱之用亦可以废矣。乃民国元年时，作者曾提议废金银、行钞券，以纾国困而振工商，而闻者哗然，以为必不可能之事。乃今次大战，世界各国多废金钱而行纸币，悉如作者七年前所主张之法。盖行之得其法，则纸币与金钱等耳。

或曰："元、明两朝皆发行钞票，乃渐致民穷国困，而卒至于亡者，美国南北战争之时亦发行纸币，而亦受纸币之害者，何也？"曰：以其发之无度，遂至钱币多而货物少故也。又曰："北京去年发不兑现之令，岂非废金钱行纸币票乎？何以不见其效，而反生出市面恐慌、人民困苦也？"曰：北京政府之效人颦而发不兑现之令也，只学人一半而违其半。夫人之不兑现，同时亦不收现也。而北京政府之不兑现，同时又收现，此非废金钱而行纸币，乃直以空头票而骗金钱耳。此北京政府之所以失败也。英国之不兑现也，同时亦不收现，凡政府之赋税、借债种种收入，皆非纸币不收。是以其战费之支出，每日六七千万元，皆给发纸票，而市面流通无滞，人人乐为之用者，何也？以政府每数月必发行一次公债，每次所募之额在数十万万元者，亦皆悉收纸币，不收现金。有现金之人或买货或纳税者，必须将其金钱向银行换成纸票乃能通用，否则其金钱等于废物耳。此英国不兑现之法也。而北京则政府自发之纸票亦不收，是何异自行宣告其破产乎？天下岂有不自信用之券，而能令他人信用之者乎？奸商市侩尚且不为此，而堂堂政府为之，其愚孰甚！此皆不知钱之为用之过也。

世之能用钱而不知钱之为用者，古今中外，比比皆是。昔汉兴，承秦之敝，丈夫从军旅，老弱转粮饷，作业剧而财匮。初以为钱少而困也，乃令民铸钱，后钱多而又困也，乃禁民铸钱，皆不得其当也。夫国之贫富不在钱之多少，而在货之多少，并货之流通耳。汉初则以货少而困，其后则以货不能流通而又困。于是桑弘羊起而行均输平準之法，尽笼天下之货，卖贵买贱，以均民用而利国家，卒收国饶民足之效。若弘羊者，可谓知钱之为用者也。惜弘羊而后，其法不行，遂至中国今日受金钱之困较昔尤甚也。方当欧战大作，举国从军，生产停滞，金钱低落，而交战各国之政府乃悉收全国工商事业而经营之，以益军资而均民用。德、奥行之于先，各国效之于后。此亦弘羊之遗意也。

欧美学者有言："人类之生活程度分为三级：其一曰需要程度，在此级所用之货物若有欠缺，则不能生活也；其二曰安适程度，在此级所用之货物若有欠缺，则不得安适也；其三曰繁华程度，在此级所用之货物乃可有可无者，有之则加其快乐，无之亦不碍于安适也。"然以同时之人类而论，则此等程度实属极无界限者也。有此一人以为需要者，彼一人或以为安适，而他一人或以为快乐者也。惟以时代论之，则其界限颇属分明矣。作者故曰：钱币未发生之前可称为需要时代，盖当时之人最大之欲望无过饱暖而已，此外无所求，亦不能求也。钱币既发生之后可称为安适时代，盖此时人类之欲望始生，亦此时而人类始得有致安适之具也。自机器发明之后可称为繁华时代，盖此时始有生产过盛，不患贫而患不均者，工业发达之国有汲汲推广市场输货于外之政策，而文明社会亦有以奢侈为利世之谬见矣。由此三时期之进化，可以知货物"中準"之变迁也。故曰：需要时代以日中为市为金钱也，安适时代以金钱为金钱也，繁华时代以契券为金钱也。此三时代之交易"中準"，各于其时皆能为人类造最大之幸福，非用之不可也，然同时又非绝不可用其他之制度也。如日中为市既行之后，自耕而食、自织而衣亦有行之者。而金钱出世之后，日中为市亦有相并而行者，我国城厢之外，今之三日一趁圩者是也。且未至繁华之时代，世界人类已有先之而用契券者矣，如唐之飞券①、钞引②，宋之交子、会子③是也。但在今日，则非用契券，工商事业必不能活动也；而同时兼用金钱亦无不可也，不过不如用契券之便而利大耳。此又用钱者所当知也。

我中国今日之生活程度尚在第二级，盖我农工事业犹赖人力以生产，而尚未普用机器以羁勒自然力，如蒸汽、电汽、煤汽、水力等以助人工也。故开港通商之后我商业则立见失败者，非洋商之金钱胜于我也，实外洋入口之货物多于我出口者每年在二万万元以上也。即中国金钱出口亦当在二万万以上，一年二万万，十年则二十万万矣。若长此终古，则虽有铜山金穴亦难抵此漏卮，而必有民穷财尽之日也。必也我亦用机器以生产，方能有济也。按工业发达之国，其年中出息，以全国人口通计，每年每人可得七八百元。而吾国纯用人工以生产，按全国人口男女老少通计，每年每人出息当不过七八元耳。倘我国能知用机器以助生产，当亦能收同等之效，则今日每人出息七八元者可加至七八百元，即富力加于今日百倍矣。如是，则我亦可立进于繁华之程度矣。

近世欧美各国之工业革命，物质发达突如其来，生活程度遂忽由安适地位而骤进至繁华地位。社会之受其影响者，诚有如佐治亨利氏之《进步与贫乏》④一书所云："现代之文明进步，仿如以一尖锥从社会上下阶级之间突然插进。其在尖锥之上者，即资本家极少数人，则由尖锥推之上升；其在尖锥之下者，即劳动者大多数人，则由尖锥推之下降。此所以有富者愈富，贫者愈贫也。"是工业革命之结果，其施福惠于人群者为极少之数，而加痛苦于人群者为极大多数

---

① 飞券，即飞钱，唐朝用于异地汇兑之票券。

② 钞引的使用始于南宋初年。钞引为官府发给经营茶、盐、香货等商人，用以兑换货物的证券。南宋时，北方金国仿效中原发行一种名为"交钞"的纸币，亦称钞引。

③ 交子，北宋发行的纸币名称，宋真宗为四川商人所创行，后由官家制印通行各地，为我国有纸币之始；会子，南宋发行的纸币名称。

④ 佐治亨利（Henry George），后篇亦作亨利佐治，今译亨利·乔治，美国人；其著作《进步与贫乏》（Progress and Poverty），今译《进步与贫困》。

也。所以一经工业革命之后，则社会革命之风潮因之大作矣。盖不平则鸣，大多数人不能长为极少数人之牺牲者，公理之自然也。人群所以受此极大之痛苦者，即不知变计以应时势之故也。因在人工生产之时代，所以制豪强之垄断者，莫善于放任商人，使之自由竞争，而人民因以受其利也。此事已行之于世数千年矣。乃自斯密亚当①始发明其理，遂从而鼓吹之。当十八世纪之季，其《富国》一书出世，举世惊倒，奉之为圣经明训。盖其事既为世所通行，又为人所习而不察者，乃忽由斯密氏所道破，是直言人之所欲言，而言人之所不能言者，宜其为世所欢迎，至今犹有奉为神圣者也。不料斯密氏之书出世不满百年，而工业革命作矣。经此革命之后，世界已用机器以生产，而有机器者，其财力足以鞭笞天下，宰制四海矣。是时而犹守自由竞争之训者，是无异以跛足而与自动车②竞走也，容有幸乎？此丕斯麦克③之所以行国家社会主义于德意志，而各国后先〔先后〕效法者也。如丕斯麦克者，可谓知金钱之为用矣，其殆近代之桑弘羊乎？

　　由此观之，非综览人文之进化，详考财货之源流，不能知金钱之为用也。又非研究经济之学，详考工商历史、银行制度、币制沿革，不能知金钱之现状也。要之，今日欧美普通之人，其所知于金钱者，亦不过如中国人士只识金钱万能而已，他无所知也。其经济学者仅知金钱本于货物，而社会主义家（作者名之曰民生学者）乃始知金钱实本于人工也（此统指劳心劳力者言也）。是以万能者人工也，非金钱也。故曰：世人只能用钱，而不能知钱者也。此足为"行之非艰，知之惟艰"之一证也。

---

①　斯密亚当（Adam Smith），后文亦作司密亚丹，今译亚当·斯密，英国人；其著作《富国》（*An Inquiry into the Nature and Causes of the Wealth of Nations*），严复中译本名为《原富》，今译《国富论》或《国民财富的性质和原因的研究》。

②　自动车源于英文 automobile，即汽车。后文《实业计画》（物质建设）又提及"自动车即摩托"，其英文本作 motor car，仍指汽车。

③　丕斯麦克（Otto Eduard Leopold von Bismarck），于《三民主义》中亦作丕士麦、俾士麦，今译俾斯麦，普鲁士王国、德意志帝国宰相。

第三章　以作文为证

今更以中国人之作文为"行易知难"之证。

中国数千年来以文为尚，上自帝王，下逮黎庶，乃至山贼海盗，无不羡仰文艺。其弊也，乃至以能文为万能，多数才俊之士废弃百艺，惟文是务，此国势所以弱，而民事所以不进也。然以其文论，终不能不谓为富丽殊绝。夫自庖羲画卦①以迄于今，文字递进，逾五千年。今日中国人口四万万众，其间虽不尽能读能书，而率受中国文字直接间接之淘〔陶〕冶；外至日本、高丽②、安南交趾③之族，亦皆号曰"同文"。以文字实用久远言，则远胜于巴比伦、埃及、希腊、罗马之死语。以文字传布流用言，则虽以今日之英语号称流布最广，而用之者不过二万万人，曾未及用中国文字者之半也。盖一民族之进化，至能有文字，良非易事；而其文字之势力能旁及邻围，吸收而同化之。所以五千年前，不过黄河流域之小区，今乃进展成兹世界无两之巨国。虽以积弱屡遭异族吞灭，而侵入之族不特不能同化中华民族，反为中国所同化，则文字之功为伟矣。虽今日新学之士，间有倡废中国文字之议，而以作者观之，则中国文字决不当废也。

夫前章所述机器与钱币之用，在物质文明方面所以使人类安适繁华，而文字之用，则以助人类心性文明之发达。实际则物质文明与心性文明亦相待，而后能进步。中国近代物质文明不进步，因之心性文明之进步亦为之稽迟。顾古来之研究，非可埋没。持中国近代之文明以比欧美，在物质方面不逮固甚远，其在心性方面虽不如彼者亦多，而能与彼颉颃者正不少，即胜彼者亦间有之。彼于中国文明一概抹杀者，殆未之思耳。且中国人之心性理想无非古人所模铸，欲图进步改良，亦须从远祖之心性理想，究其源流，考其利病，始知补偏救弊之方。夫文字

---

① 庖羲，亦作庖牺，即伏羲氏，相传由其作八卦，以诸符号象征阴阳、天地等事物，后亦用为占卜。

② 朝鲜古称高丽，一九一〇年沦为日本殖民地。

③ 越南古称安南，又曾以交趾、越南为国名。此时越南已被划分成交趾支那（南圻）、安南（中圻）、东京（北圻）三部，为法属印度支那（Indo-Chine française）的主体。而越、中民间仍习称越南为安南，后文提及安南者多指越南。

为思想传授之中介，与钱币为货物交换之中介，其用正相类。必废去中国文字，又何由得古代思想而研究之？抑自人类有史以来，能纪四五千年之事翔实无间断者，亦惟中国文字所独有，则在学者正当宝贵此资料，思所以利用之。如能用古人而不为古人所惑，能役古人而不为古人所奴，则载籍皆似为我调查，而使古人为我书记，多多益善矣。彼欧美学者于埃及、巴比伦之文字，国亡种灭，久不适于用者，犹不惮蒐求破碎，复其旧观，亦以古人之思想足资今人学问故耳。而我中国文字，讵反可废去乎？

但中国文、言殊非一致。文字之源本出于言语，而言语每随时代以变迁。至于为文，虽体制亦有古今之殊，要不能随言语而俱化。故在三代以前，文字初成，文化限于黄河流域一区，其时言语与文字当然一致，可无疑也。至于周代，文化四播，则黄河流域以外之民，巴、庸、荆楚、吴、越、江、淮①之族，受中国之文字所感化，而各习之以方言，于是言、文始分。及乎周衰，戎狄四侵，外来言语羼入中原；降及五胡，乃至五代、辽、夏、金、元，各以其力蚕食中国，其言语亦不无遗留于朔北，而文字、语言益以殊矣。汉后文字踵事增华，而言语则各随所便，于是始所歧者甚仅，而分道各驰，久且相距愈远。顾言语有变迁而无进化，而文字则虽仍古昔，其使用之技术实日见精研。所以中国言语为世界中之粗劣者，往往文字可达之意，言语不得而传。是则中国人非不善为文，而拙于用语者也。亦惟文字可传久远，故古人所作，模仿匪难。至于言语，非无杰出之士妙于修辞，而流风余韵无所寄托，随时代而俱湮，故学者无所继承。然则文字有进化，而言语转见退步者，非无故矣。抑欧洲文字基于音韵，音韵即表言语，言语有变，文字即可随之。中华制字以象形、会意为主，所以言语虽殊，而文字不能与之俱变。要之，此不过为言语之不进步，而中国人民非有所阙于文字。历代能文之士，其所创作突过外人，则公论所归也。盖中国文字成为一种美术，能文者

① 周初封土建藩，大小诸侯国林立，且有各少数民族聚居地，上面所列者为：巴国，故城在今重庆市巴南区；庸国，故城在今湖北竹山县西南；荆楚即楚国，故都丹阳在今湖北秭归县东南，春秋时奄有今湘、鄂、皖、豫、陕诸省之地；吴国，故都蕃离在今江苏无锡市东南，春秋时延及今江、浙、皖诸省之地；越国，故都会稽在今浙江绍兴市，春秋末延及今江、浙、皖、赣、鲁诸省之地；江国，故地在今河南正阳县南；淮指淮夷，古代乌夷之一，居于淮河中下游一带。

直美术专门名家，既有天才，复以其终身之精力赴之，其造诣自不易及。惟举全国人士而范以一种美术，变本加厉，废绝他途，如上所述，斯其弊为世诟病耳。

　　然虽以中国文字势力之大，与历代能文之士之多，试一问此超越欧美之中国文学家中，果有能心知作文之法则而后含毫命简者乎？则将应之曰：否。中国自古以来，无文法、文理之学。为文者穷年揣摩，久而忽通，暗合于文法则有之；能自解析文章，穷其字句之所当然，与用此字句之所以然者，未之见也。至其穷无所遁，乃以"神而明之，存乎其人"自解，谓非无学而何？夫学者贵知其当然与所以然，若偶能然，不得谓为学也。欲知文章之所当然，则必自文法之学始；欲知其所以然，则必自文理之学始。文法之学为何？即西人之"葛郎玛"① 也，教人分字类词，联词造句，以成言文而达意志者也。泰西各国皆有文法之学，各以本国言语文字而成书，为初学必由之径。故西国学童至十岁左右者，多已通晓文法，而能运用其所识之字以为浅显之文矣。故学童之造就无论深浅，而执笔为文，则深者能深，浅者能浅，无不达意，鲜有不通之弊也。中国向无文法之学，故学作文者非多用功于咿唔咕哔，熟读前人之文章而尽得其格调，不能下笔为文也。故通者则全通，而不通者虽十年窗下，仍有不能联词造句以成文，殆无造就深浅之别也。若只教学童日识十字，而悉解其训诂，年识三千余字，而欲其能运用之，而作成浅显之文章者，盖无有也。以无文法之学，故不能率由捷径以达速成，此犹渡水之无津梁舟楫，必当绕百十倍之道路也。中国之文人亦良苦矣！

　　自《马氏文通》② 出后，中国学者乃始知有是学。马氏自称积十余年勤求探讨之功，而后成此书。然审其为用，不过证明中国古人之文章无不暗合于文法，而文法之学为中国学者求速成、图进步不可少者而已，虽足为通文者之参考印证，而不能为初学者之津梁也。继马氏之后所出之文法书，虽为初学而作，惜作者于此多犹未窥三昧，讹误不免，且全引古人文章为证，而不及今时通用语言，仍非通晓作文者不能领略也。然既通晓作文，又何所用乎文法？是犹已绕道而渡水矣，更何事乎津梁？所贵乎津梁者，在未渡之前也。故所需乎文法者，多在十龄以下之幼童及不能执笔为文之人耳。所望吾国好学深思之士，广搜各国最近文法之书，

---

　　① "葛郎玛"为英文 grammar 译音，即文法，亦称语法。
　　② 该书为清末马建忠所著，上海商务印书馆一八九八年出版。

择取精义，为一中国文法，以演明今日通用之言语，而改良之也。夫有文法以规正言语，使全国习为普通知识，则由言语以知文法，由文法而进窥古人之文章，则升堂入室有如反掌，而言、文一致亦可由此而恢复也。

文理为何？即西人之逻辑①也。作者于此姑偶用"文理"二字以翻逻辑者，非以此为适当也，乃以逻辑之施用于文章者，即为文理而已。近人有以此学用于推论特多，故翻为"论理学"者，有翻为"辨学"者，有翻为"名学"者，皆未得其至当也。夫推论者乃逻辑之一部，而辨者又不过推论之一端，而其范围尤小，更不足以括逻辑矣。至于严又陵氏②所翻之《名学》，则更为辽东白豕③也。夫名学者，乃"那曼尼利森"④ 也，而非"逻辑"也。此学为欧洲中世纪时理学二大思潮之一，其他之一名曰"实学"。此两大思潮，当十一世纪时大起争论，至十二世纪之中叶乃止，从此名学之传习亦因之而息。近代间有复倡斯学者，穆勒氏⑤即其健将也，然穆勒氏亦不过以名理而演逻辑耳，而未尝名其书为"名学"也。其书之原名为《逻辑之统系》。严又陵氏翻之为《名学》者，无乃以穆氏之书言名理之事独多，遂以名学而统逻辑乎？夫名学者，亦为逻辑之一端耳。凡以"论理学"、"辨学"、"名学"而译逻辑者，皆如华侨之称西斑雅⑥为吕宋⑦也。夫吕宋者，南洋群岛⑧之一也，与中国最接近，千数百年以来中国航海之客常有

---

① "逻辑"为英文 logic 音译，今译名与此同。

② 严复，字又陵。

③ 辽东豕的典故出自《后汉书》卷六十三"列传第二十三·朱浮传"，喻少见多怪。

④ 名学（nominalism），"那曼尼利森"为其音译，今译唯名论；下面提及的实学（realism），今译唯实论。

⑤ 穆勒（John Stuart Mill），于《三民主义》中亦作弥勒，今又译密尔，英国人；其著作《逻辑之统系》（A System of Logic：Ratiocinative and Inductive, being a Connected View of the Principles of Evidence and the Methods of Scientific Investigation），今译《逻辑学体系》，全称亦可译作《演绎和归纳的逻辑体系：证据的原理和科学研究方法的系统考察》，严复的中译本原称《穆勒名学》。

⑥ 西斑雅（Spain），今译西班牙。

⑦ 吕宋（Luzon），菲律宾群岛中的最大岛屿。菲律宾受西班牙统治三百余年，一八九八年以后又沦为美国殖民地。

⑧ 南洋群岛，即后文叙及的马来群岛（Malay Archipelago），位于亚洲东南部，诸岛散布在太平洋与印度洋之间，南洋群岛为马来群岛旧称。

至其地者，故华人习知其名。而近代吕宋为西斑雅所占领，其后华侨至其地者，则称西斑雅人为吕宋人。后至墨西哥、比鲁、芝利①等国，所见多西斑雅人为政，亦呼之为吕宋人。寻而知所谓吕宋者，尚有其所来之祖国，于是呼西斑雅为大吕宋，而南洋群岛之本吕宋为小吕宋，至今因之。夫以学者之眼光观之，则言西斑雅以括吕宋可也，而言吕宋以括西斑雅不可也。乃华侨初不知有西斑雅，而只知有吕宋，故以称之。今之译逻辑以一偏之名者，无乃类是乎？

然则逻辑究为何物？当译以何名而后妥？作者于此，盖欲有所商榷也。凡稍涉猎乎逻辑者，莫不知此为诸学诸事之规则，为思想云为之门径也。人类由之而不知其道者众矣，而中国则至今尚未有其名。吾以为当译之为"理则"者也。夫斯学至今尚未大为发明，故专治此学者，所持之说亦莫衷一是。而此外学者之对于理则之学，则大都如陶渊明之读书，不求甚解而已。惟人类之禀赋，其方寸自具有理则之感觉。故能文之士，研精构思，而作成不朽之文章，则无不暗合于理则者；而叩其造诣之道，则彼亦不自知其何由也。

是故不知文法之学者，不能知文章之所当然也。如曾国藩者，晚清之宿学文豪也，彼之与人论文，有"春风风人，夏雨雨人，解衣衣我，推食食我"，"入其门而无人门焉者，入其闺而无人闺焉者"。其于风风、雨雨、衣衣、食食、门门、闺闺等叠用之字，而解之以上一字为实字实用，下一字为实字虚用，则以为发前人所未发，而探得千古文章之秘奥矣。然以文法解之，则上一字为名词，下一字为动词也，此文义当然之事，而宿学文豪有所不知，故强而解之为实字虚用也。

又不知理则之学者，不能知文章之所以然也。如近人所著《文法要略》②，其第三章第二节曰：

> 本名字者，人物独有之名称，而非其他所公有。如侯方域《王猛论》③曰："亮④始终心乎汉者也，猛始终心乎晋者也。"孔稚圭⑤《北山移文》曰：

---

① 比鲁（Peru），今译秘鲁；芝利（Chile），今译智利。

② 该书由庄庆祥编纂，上海商务印书馆一九一六年出版。

③ 侯方域，明末清初人；所论之王猛，晋朝人，被前秦（十六国之一，氐族所建）苻坚聘为丞相，临终时劝其勿攻晋而未被接纳。

④ 指诸葛亮，三国蜀汉人。

⑤ 即孔稚珪，南朝齐人。

"蕙帐空兮夜鹄怨，山人去兮晓猨惊。"亮与猛虽同为人类，鹄虽同为鸟类，猨虽同为兽类，曰亮、曰猛、曰鹄、曰猨即为本名。不能人人皆谓之亮、猛，亦不能见鸟即谓之鹄，见兽即谓之猨也，故曰本名字。

此以亮、猛、鹄、猨视同一律，不待曾涉猎理则学之书者，一见而知其谬。即稍留意于理则之感觉者，亦能知其不当也。世界古今人类，只有一亮一猛其人者耳，而世界古今之鸟兽，岂独一鹄一猨耶？此不待辨而明也。然著书者何以有此大错？则以中国向来未有理则学之书，而人未惯用其理则之感觉故也。

夫中国之文章富矣丽矣，中国之文人多矣能矣，其所为文，诚有如扬雄所云"深者入黄泉，高者出苍天，大者含元气，细者入无间"者矣。然而数千年以来，中国文人只能作文章，而不能知文章，所以无人发明文法之学与理则之学，必待外人输来，而乃始知吾文学向来之缺憾。此足证明行之非艰，而知之惟艰也。

第四章　以七事为证

前三章所引以为"知难行易"之证者，其一为饮食，则人类全部行之者；其二为用钱，则人类之文明部分行之者；其三为作文，则文明部分中之士人行之者。此三事也，人类之行之不为不久矣，不为不习矣，然考其实，则只能行之，而不能知之。而间有好学深思之士，专从事于研求其理者，每毕生穷年累月，亦有所不能知。是则行之非艰而知之实艰，以此三事证之，已成为铁案不移矣。或曰："此三事则然矣，而其他之事未必皆然也。"今更举建屋、造船、筑城、开河、电学、化学、进化等事为证，以观其然否。

夫人类能造屋宇以安居，不知几何年代，而后始有建筑之学。中国则至今犹未有其学。故中国之屋宇多不本于建筑学以造成，是行而不知者也。而外国今日之屋宇，则无不本于建筑学，先绘图设计，而后从事于建筑，是知而后行者也。上海租界之洋房，其绘图设计者为外国之工师，而结垣架栋者为中国之苦力。是知之者为外国工师，而行之者为中国苦力，此知行分任而造成一屋者也。至表面观之，设计者指摇笔画，而施工者胼手胝足，似乎工师易而苦力难矣，然而细考其详，则大有天壤之别。设有人欲以万金而建一家宅，以其所好及其所需种种内容，就工师以请设计。而工师从而进行，则必先以万金为范围，算其能购置何种与若干之材料，此实践之经济学所必需知也。次则计其面积之广狭，立体之高低，地基之压力如何，梁架之支持几重，务要求得精确，此实验之物理学所必需知也。再而家宅之形式如何结构，使之勾心斗角，以适观瞻，此应用之美术学所必需知也。又再而宅内之光线如何引接，空气如何流通，寒暑如何防御，秽浊如何去除，此居住之卫生学所必需知也。终而客厅如何陈设，饭堂如何布置，书房如何间格，寝室如何安排，方适时流之好尚，此社会心理学所必需知也。工师者，必根据于以上各科学而设计，方得称为建筑学之名家也。今上海新建之崇楼高阁与及洋房家宅，其设计多出于有此种知识之工师也，而实行建筑者皆华工也。由此观之，知之易乎？行之易乎？此建筑事业可为"知难行易"之铁证者四也。

民国七年十月，上海有华厂造成一艘三千顿①大之汽船下水，西报大为之称扬，谓从来华人所造之船，其大以此为首屈一指。然华厂之造此船也，乃效法泰西，藉近代科学知识，用外国机器而成之也。按近日在上海、香港及南洋各地之外人船厂，其工匠几尽数华人，只一二工师及督理为西人耳。所造之船，其大至万数千顿者，不可胜数也。要之，在东方西人各船厂所造之船，皆谓之华人所造者亦无不可，盖其施工建造悉属华人也。作者往尝游观数厂，每向华匠叩以造船之道，皆答以施工建造并不为难，所难者绘图设计耳，倘计画既定，按图施工，则成效可指日而待矣。

去年美国与德宣战，其第一之需要者为船只之补充，于是不得不为破天荒之计画以扩张造船厂，期一年造成四百万顿之船。此说一出，举世为之惊倒。若在平时有为此说者，莫不目之为狂妄。乃自计画既定之后，则美厂有数十日而造成一艘一万顿以上之船者。全国船厂百数十，其大者同时落造数十船，小者同时落造十余船。如是各厂一致施工，万弩齐发，及时所成，则结果已过于期望之上。近日日本川崎船厂，竟有以二十三日造成一艘九千顿之船者，其迅速为世界第一也。此皆为科学大明之后，本所知以定进行，其成效既如此矣。

---

① 顿（ton），重量单位，后文亦作噸，今通译吨（噸之简化字）。

今就科学未发达以前，举一同等之事业与之比较，一观知行之难易也。当明初之世，成祖以搜索建文①，命太监郑和七下西洋②。其第一次自永乐三年六月始受命巡洋，至永乐五年九月而返中国，此二十八个月之间，已航巡南洋各地，至三佛齐③而止。计其往返水程以及沿途留驻之时日，当非十余个月不办；今姑为之折半，则郑和自奉命以至启程之日，不过十四个月耳。在此十四个月中，为彼筹备二万八千余人之粮食、武器及各种需要，而又同时造成六十四艘之大海舶。据《明史》所载，其长四十四丈，宽十八丈。吃水深浅未明，然以意推之，当在一丈以上，如是则其积量总在四五千顿，其长度则等于今日外国头等之邮船矣。当时无科学知识以助计画也，无外国机器以代人工也，而郑和又非专门之造船学家也，当时世界亦无如此巨大之海舶也。乃郑和竟能于十四个月之中，而造成六十四艘之大舶，载运二万八千人巡游南洋，示威海外，为中国超前轶后之奇举。至今南洋土人犹有怀想当年三保之雄风遗烈者，可谓壮矣。然今之中国人藉科学之知识、外国之机器而造成一艘三千顿之船，则以为难能，其视郑和之成绩为何如？此"行之非艰，知之惟艰"，造船事业可为铁证者五也。

中国最有名之陆地工程者，万里长城也。秦始皇令蒙恬北筑长城，以御匈奴。东起辽瀋，西迄临洮④，陵山越谷五千余里，工程之大，古无其匹，为世界独一之奇观。当秦之时代，科学未发明也，机器未创造也，人工无今日之多也，物力

---

① 指明惠帝朱允炆，年号建文。其叔朱棣以"清君侧"为名强夺帝位，年号永乐（庙号成祖），惠帝出逃不知去向，故有命郑和下西洋寻找惠帝之一说。

② 郑和，原姓马，小名三宝（亦作三保），世称"三宝太监"或"三保太监"，自一四○五年（永乐三年）起受命率船队及大批人员七次出使西洋，前后二十八年，历遍南洋各地，远及非洲东海岸，共三十余国。明初通海外诸国，分其航路为东洋、西洋，西洋指亚洲东南海域及其沿岸地区，止于婆罗洲（Borneo）即加里曼丹岛（Pulau Kalimantan）；至明末又以欧洲为西洋，乃改称原西洋为南洋。

③ 南海古国，唐代称室利佛逝（梵文 Srivijaya 音译），唐末至明初称三佛齐王国（爪哇文 Samboja kingdom），鼎盛其势力范围及于马来半岛（Malay Peninsula）与巽他群岛（Sunda Islands）大部，长期朝贡中国不辍。其都城在苏门答腊岛（Pulau Sumatera）东南岸，名为浡淋邦（Palembang），亦译巴粦旁、巴邻旁，十四世纪末三佛齐亡于爪哇岛（Pulau Jawa）之满者伯夷王国（Madjapahit kingdom）后改称旧港，闽南语以其谐音又讹成巨港（沿用至今）。至郑和航海时三佛齐已不复存在，其所到之地即旧港。

④ "辽瀋"，疑为"辽东"之误；临洮，今甘肃岷县。

无今日之宏也，工程之学不及今日之深造也，然竟能成此伟大之建筑者，其道安在？曰：为需要所迫不得不行而已。西彦有云："需要者，创造之母也。"秦始皇虽以一世之雄，并吞六国，统一中原，然彼自度扫大漠而灭匈奴，有所未能也，而设边戍〔戌〕以防飘忽无定之游骑，又有不胜其烦也，为一劳永逸之计，莫善于设长城以御之。始皇虽无道，而长城之有功于后世，实与大禹之治水等。由今观之，倘无长城之捍卫，则中国之亡于北狄，不待宋明而在楚汉之时代矣。如是则中国民族必无汉唐之发展昌大，而同化南方之种族也。及我民族同化力强固之后，虽一亡于蒙古，而蒙古为我所同化；再亡于满洲，而满洲亦为我所同化。其初能保存搴大此同化之力，不为北狄之侵凌夭折者，长城之功为不少也。而当时之筑长城者，只为保其一姓之私、子孙帝皇万世之业耳，而未尝知其收效之广且远也。彼迫于需要，只有毅然力行以成之耳，初固不计其工程之大、费力之多也，殆亦行之而不知其道也。而今日科学虽明，机器虽备，人工物力亦超越往昔，工程之学皆远驾当时矣，然试就一积学经验之工师，叩以万里长城之计画：材料几何？人工几何？所需经费若干？时间若干可以造成？吾思彼之所答，必曰："此非易知之事也。"即使有不惮烦之工师费数年之力，为一详细测量而定有精确计画，而呈之今之人，今之人必曰："知之非艰，行之惟艰。"今欲效秦始皇而再筑一万里长城，为必不可能之事也。

　　吾今欲请学者一观近日欧洲之战场。当德军第一次攻巴黎之失败也，立即反攻为守，为需要所迫，数月之间筑就长濠①，由北海之滨至于瑞士山麓，长一千五百余里。有第一、第二、第三线各重之防御，每重之工程，有阴沟，有地窖，有甬道，有栈房。工程之巩固繁复，每线每里比较，当过于万里长城之工程也。三线合计，长约不下五千余里。而英法联军方面所筑长濠亦如之。二者合计，长约万余里，比之中国之长城其长倍之。此万余里之工程，其初并未预定计画，皆要临时随地施工，而其工程之大，成立之速，真所谓鬼斧神工、不可思议者也。而欧洲东方之战线，由波罗的海横亘欧洲大陆而至于黑海，长约三倍于西方战场，彼此各筑长濠以抵御亦若西方，其工程时间皆相等。此等浩大迅速之工程，倘无

---

　　①　濠通壕，长濠与长壕、战濠与战壕同义。

事实当前，则言之殊难见信。然欧洲东西两战场合计约有四万里之战濠，今已成为历史之陈迹矣。而专门之工程家，恐亦尚难测其涯略也。由此观之，"行之非艰，知之惟艰"，始皇之长城、欧洲之战濠可为铁证者六也。

中国更有一浩大工程可与长城相伯仲者，运河①是也。运河南起杭州，贯江苏、山东、直隶②三省，经长江、大河、白河而至通州③，长三千余里，为世界第一长之运河，成南北交通之要道，其利于国计民生，有不可胜量也。自中西通市之后，汽船出现，海运大通，则漕河日就淤塞，渐成水患。近有议修浚江淮一节以兴水利者，聘请洋匠测量计画，已觉工程之大，为我财力所不能办，而必谋借洋债方敢从事。夫修浚必较创凿为易也，一节必较全河为易也，而今人于筹谋设计之始已觉不胜其难，多有闻而生畏，乃古人则竟有举三千里之长河疏凿而贯通之，若行所无事者，何也？曰：其难不在进行之后，而在筹画之初也。古人无今人之学问知识，凡兴大工，举大事，多不事筹画，只图进行。为需要所迫，莫之为而为，莫之致而致，其成功多出于不觉。是中国运河开凿之初，原无预定之计画也。

近代世界新成之运河，不一而足，其最著而为吾国人耳熟能详者，为苏伊士与巴拿马④是也。苏伊士地颈处于红海、地中海之间，隔绝东西洋海道之交通，自古以来，已尝有人议开运河于此矣。当一千七百九十八年拿波伦⑤占领埃及，已立意开苏伊士运河，命工师实行测量其地，而结果之报告，为地中海与红海高低之差约二十九英尺，因而停止。至五十余年再有法人从事测量，知前所谓高低差异为不确，其后地拉涉氏⑥乃提倡创立公司以开之。当时世人多以为难，而英人则举国非之，以为万不可能之事。而地拉涉氏苦心孤诣，费多年之唇舌，乃得法国资本家及埃及总督之赞助，遂于一千八百五十八年成立公司，翌年开凿，至

---

① 即大运河，今亦名京杭运河。清代以后有称该河北段为北运河、南段为南运河者，后文叙及的北运河自北京达天津，南运河自天津达杭州（南运河通常另指自山东临清至天津一段）。

② 直隶省于一九二八年改名河北省，其辖区与今不尽相同。

③ 通州，于《三民主义》中亦称北通州，在清代原属顺天府，民国初属京兆尹，旋改置通县，今为北京市通州区。此处指当时的通县。

④ 苏伊士运河（Suez Canal），后文亦作苏彝士运河；巴拿马运河（Canal de Panamá），后文亦作巴拿玛运河。

⑤ 拿波伦（Napoléon Bonaparte），今译拿破仑，即拿破仑·波拿巴，法兰西帝国皇帝。

⑥ 地拉涉（Ferdinand Lesseps），今译莱塞普，或雷塞布。

一千八百六十九年告厥成功。英人乃大为震惊，于是英相地士刺厘①用千方百计而收买埃及总督之股票归于英政府，后且将埃及并为英国领土，盖所以保运河以握东西洋之咽喉，而连络印度之交通也。地拉涉开凿苏伊士既告成功之后，声名大著，为世所重，乃更进而提倡开凿巴拿马运河，以联络大西洋与太平洋之交通，而招股集资，咄嗟立办。遂于一千八百八十二年动工，至八十九年则一败涂地，而地拉涉氏竟至破产被刑，末路穷途，情殊可悯。其所以致此之原因，半由预算过差，半由疾疫流行，死亡过众，难以施工。夫预算过差尚可挽也，疾疫流行不可救也。盖当时科学无今日之进步，多以为地气恶厉，非人事所能为力，而不留意卫生。乃近年科学进步，始知一切疾疫皆由微生物所致，而巴拿马之黄热疫则由蚊子所传染。其后美国政府决议继续开凿巴拿马运河也，由千九百零四年起，先从事于除灭蚊子，改良卫生。此事既竣，由千九百零七年起始行施工，至千九百十五年则完全告成，而大西洋、太平洋之联络通矣。由此观之，地拉涉氏失败之大原因者，在不知蚊子之为害而忽略之也；美国政府之成功者，在知蚊子之为害而先除灭之也。此"行之非艰，知之惟艰"，中外运河之工程可为铁证者七也。

自古制器尚象，开物成务，中国实在各国之先。而创作之物大有助于世界文明之进步者，不一而足，如印版也，火药也，瓷器也，丝茶也，皆为人类所需要者也。更有一物，实开今日世界交通之盛运，成今日环球一家之局者，厥为罗经。古籍所载指南车，有谓创于黄帝者，有谓创于周公者，莫衷一是。然中国发明磁石性质而制为指南针，由来甚古，可无疑义。后西人仿而用之，航海事业于以发达。倘无罗经以定方向，则汪洋巨浸，水天一色，四顾无涯，谁敢冒险远离海岸，深蹈迷途，而赴不可知之地哉？若无罗经为航海之指导，则航业无由发达，而世界文明必不能臻于今日之地位。罗经之为用，诚大矣哉！然则罗经者何物也？曰：是一简单之电机也。人类之用电气者，以指南针为始也。

自指南针用后，人类乃从而注意于研究磁针之指南、磁石之引铁，经千百年之时间，竭无穷之心思学力，而后发明电气之理。乃知电者，无质之物也，其性与光热通，可互相变易者也。其为物弥漫六合②，无所不入，无所不包。而其运

①　英国首相地士刺厘（Benjamin Disraeli），今译迪斯累里。
②　六合于此指天地及东西南北四方，亦泛指宇宙或世界。

行于地面也，有一定之方向，自南而北，磁铁受电之感，遂成为南北向之性。如定风针之为风所感，而从风向之所之者，同一理也。往昔电学不明之时，人类视雷电为神明而敬拜之者，今则视之若牛马而役使之矣。今日人类之文明已进于电气时代矣，从此人之于电，将有不可须臾离者矣。观于通都大邑之地，其用电之事以日加增，点灯也用电，行路也用电，讲话也用电，传信也用电，作工也用电，治病也用电，炊爨也用电，御寒也用电。以后电学更明，则用电之事更多矣。

以今日而论，世界用电之人已不为少，然能知电者有几人乎？每遇新创制一电机，则举世从而用之，如最近之大发明为无线电报，不数年则已风行全世。然当研究之时代，费百十年之工夫，竭无数学者之才智，各贡一知，而后得成全此无线电之知识。及其知识真确，学理充满，而乃本之以制器，则无所难矣。器成而以之施用，则更无难矣。是今日用无线电以通信者，人人能之也。而司无线电之机生，以应人之通信者，亦不费苦学而能也。至于制无线电机之工匠，亦不过按图配置，无所难也。其最难能可贵者，则为研求无线电知识之人，学识之难关一过，则其他之进行有如反掌矣。以用电一事观之，人类毫无电学知识之时，已能用磁针而制罗经，为航海指南之用；而及其电学知识一发达，则本此知识而制出奇奇怪怪、层出不穷之电机，以为世界百业之用。此"行之非艰，知之惟艰"，电学可为铁证者八也。

近世科学之发达，非一学之造诣，必同时众学皆有进步，互相资助，彼此乃得以发明。与电学最有密切之关系者为化学，倘化学不进步，则电学必难以发达，亦惟有电学之发明而化学乃能进步也。然为化学之元祖者，即道家之烧炼术也。古人欲得不死之药，于是方士创烧炼之术以求之。虽不死之药不能骤得，而种种之化学工业则由之以兴，如制造硃砂、火药、瓷器、豆腐等事业其最著者。其他之工业与化学有关系，由烧炼之术而致者，不可胜数也。中国之有化学制造事业已数千年于兹，然行之而不知其道，并不知其名，比比皆是也。

吾国学者今多震惊于泰西之科学矣。而科学之最神奇奥妙者，莫化学若；而化学之最难研究者，又莫有机体之物质若；有机体之物质之最重要者，莫粮食若。近日泰西生理学家，考出六畜之肉中涵有伤生之物甚多，故食肉之人多有因之而伤生促寿者。然人身所需之滋养料以肉食为最多，若舍肉食而他求滋养之料，则苦无其道。此食料之卫生问题，为泰西学士所欲解决者非一日矣。近年生物科学进步甚速，法国化学家多伟大之发明，如裴在辂氏[1]创有机化学，以化合之法制有机之质，且有以化学制养料之理想；巴斯德氏[2]发明微生物学，以成生物化学；高第业氏以生物化学研究食品，明肉食之毒质，定素食之优长。吾友李石曾留学法国，并游于巴氏、高氏之门[3]，以研究农学而注意大豆，以与开"万国乳会"而主张豆乳，由豆乳代牛乳之推广而主张以豆食代肉食，远引化学诸家之理，近应素食卫生之需，此巴黎豆腐公司之所由起也。夫中国人之食豆腐尚矣，中国人之造豆腐多矣，甚至穷乡僻壤三家村中亦必有一豆腐店，吾人无不以末技微业视之，岂知此即为最奇妙之有机体化学制造耶？岂知此即为最合卫生、最适经济之食料耶？又岂知此等末技微业，即为泰西今日最著名科学家之所苦心孤诣研求而不可得者耶？

又夫陶器之制造由来甚古。巴比伦、埃及则有以瓦为书，以瓦为郭；而墨西哥、比鲁等地，于西人未发见美洲以前，亦已有陶器。而近代文明之国，其先祖皆各能自造陶器。是知烧土成器，凡人类文明一进至火食时代则能为之。惟瓷器一物，则独为中国之创制，而至今亦犹以中国为最精。当一千五百四十年之时，有法人白里思[4]者，见法贵族中有中国瓷器，视为异宝，而决志仿制之，务使民间家家皆能享此异宝。于是苦心孤诣，从事于研究，费十六年之心思，始制出一种似瓷之陶器。此为欧洲仿制中国瓷器之始。至近代泰西化学大明，各种工业从而发达，而其制瓷事业亦本化学之知识而施工，始能与中国之瓷质相伯仲。惟如明朝之景泰[5]、永乐，清朝之康熙、乾隆等时代所制之各种美术瓷器，其彩色、质地则至今仍不能仿效也。夫近时化学之进步可谓登峰造极矣，其神妙固非吾古代烧炼之术可比，则二十年前之化学家亦梦想所不到也。前者之化学，有有机体

---

① 裴在辂（Pierre Eugène Marcelin Berthelot），今译贝特洛。
② 巴斯德（Louis Pasteur），后文亦作柏斯多，今译巴斯德。
③ 此说疑讹。按李石曾于一九〇六年进入巴斯德学院（Institut Pasteur）学习，而巴斯德早在一八九五年去世；他入学后师从生物化学家柏尔唐（Gabriel Emile Bertrand，今译贝特朗）教授研究大豆，该教授同时是设于巴斯德学院的巴黎大学生物化学部主持人。
④ 白里思（Bernard Palissy），今译帕利西。
⑤ 景泰为明代宗年号。

与无机体之分，今则已无界限之可别，因化学之技术已能使无机体变为有机体矣。又前之所谓元素、所谓元子者，今亦推翻矣。因至镭质发明之后，则知前之所谓元素者，更有元素以成之；元子者，更有元子以成之。从此化学界当另辟一新天地也。西人之仿造中国瓷器，专赖化学以分析，而瓷之体质、瓷之色料一以化学验之，无微不释。然其烧炼之技术则属夫人工与物理之关系，此等技术今已失传，遂成为绝艺，故仿效无由。此欧美各国所以贵中国明清两代之瓷，有出数十万金而求一器者。今藏于法、英、美等国之博物院中者，则直视为希世之异宝也。然当时吾国工匠之制是物者，并不知物理、化学为何物者也。此"行之非艰，知之惟艰"，化学可为铁证者九也。

进化论乃十九世纪后半期，达文氏之《物种来由》①出现而后始大发明者也，由是乃知世界万物皆由进化而成。然而古今来聪明睿知之士，欲穷天地万物何由而成者众矣，而卒莫能知其道也。二千年前，希腊之哲奄比多加利氏及地摩忌里特氏②，已有见及天地万物当由进化而成者。无如继述无人，至梳格底、巴列多③二氏之学兴后，则进化之说反因之而晦。至欧洲维新以后，思想渐复自由，而德之哲学家史宾那沙氏及礼尼诗氏④二人，穷理格物，再开进化论之阶梯；达文之祖则宗述礼尼诗者也。嗣后科学日昌，学者多有发明，其最著者，于天文学则有拉巴剌氏，于地质学则有利里氏，于动物学则有拉麦氏⑤，此皆各从其学而推得进化之理者，洵可称为进化论之先河也。至达文氏则从事于动物之实察，费二十年勤求探讨之功，而始成其《物种来由》一书，以发明物竞天择之理。自达文之书出后，则进化之学，一旦豁然开朗，大放光明，而世界思想为之一变，从此各种学术皆依归于进化矣。

---

① 达文（Charles Robert Darwin），今译达尔文，英国人；其著作《物种来由》（*The Origin of Species*），今译《物种起源》；他的物种进化学说被称为达尔文主义（Darwinism），即进化论。

② 奄比多加利（Empedocles），今译恩培多克勒；地摩忌里特（Democritus），今译德谟克利特。

③ 梳格底（Socrates），今译苏格拉底；巴列多（Plato），今译柏拉图。

④ 史宾那沙（Benedict de Spinoza），今译斯宾诺莎，应为荷兰人；礼尼诗（Gottfried Wilhelm von Leibnitz），今译莱布尼茨，德国人。

⑤ 拉巴剌（Pierre Simon Laplace），今译拉普拉斯，法国人；利里（Charles Lyell），今译赖尔，英国人；拉麦（Jean Baptisete Lamarck），今译拉马克，法国人。

　　夫进化者，自然之道也。而物竞天择，适者生存，不适者淘汰，此物种进化之原则也。此种原则，人类自石器时代以来，已能用之以改良物种，如化野草为五谷，化野兽为家畜，以利用厚生者是也。然用之万千年，而莫由知其道，必待至科学昌明之世，达文氏二十年苦心孤诣之功而始知之，其难也如此。夫进化者，时间之作用也，故自达文氏发明物种进化之理，而学者多称之为时间之大发明，与奈端氏之摄力①为空间之大发明相媲美。

　　而作者则以为进化之时期有三，其一为物质进化之时期，其二为物种进化之时期，其三则为人类进化之时期。元始之时，太极（此用以译西名"伊太"②也）动而生电子，电子凝而成元素，元素合而成物质，物质聚而成地球，此世界进化之第一时期也。今太空诸天体多尚在此期进化之中。而物质之进化，以成地球为目的。吾人之地球，其进化几何年代而始成，不可得而知也。地球成后以至于今，按科学家据地层之变动而推算，已有二千万年矣。由生元之始生而至于成人，则为第二期之进化。物种由微而显，由简而繁，本物竞天择之原则，经几许优胜劣败，生存淘汰，新陈代谢，千百万年而人类乃成。人类初出之时亦与禽兽无异，再经几许万年之进化，而始长成人性，而人类之进化于是乎起源。此期之进化原则，则与物种之进化原则不同：物种以竞争为原则，人类则以互助为原则。社会国家者，互助之体也；道德仁义者，互助之用也。人类顺此原则则昌，不顺此原则则亡。此原则行之于人类当已数十万年矣。然而人类今日犹未能尽守此原则者，则以人类本从物种而来，其入于第三期之进化为时尚浅，而一切物种遗传之性尚未能悉行化除也。然而人类自入文明之后，则天性所趋，已莫之为而为，莫之致而致，向于互助之原则，以求达人类进化之目的矣。人类进化之目的为何？即孔子所谓"大道之行也，天下为公"，耶苏③所谓"尔旨得成，在地若天"，此人类所希望，化现在之痛苦世界而为极乐之天堂者是也。近代文明进步以日加速，最后之百年已胜于以前之千年，而最后之十年又胜已往之百年，如此递推，太平

---

　　①　奈端（Isaac Newton），于《三民主义》中亦作纽顿、牛顿，今译牛顿，英国人；摄力（gravitation），指万有引力（universal gravitation）。

　　②　伊太（ether），今译以太。

　　③　耶苏（'Iesoûs），今译耶稣，亦称耶稣基督。

之世当在不远。乃至达文氏发明物种进化之物竞天择原则后，而学者多以为仁义道德皆属虚无，而争竞生存乃为实际，凡欲以物种之原则而施之于人类之进化，而不知此为人类已过之阶级，而人类今日之进化已超出物种原则之上矣。此"行之非艰，而知之惟艰"，进化论可为铁证者十也。

倘仍有不信吾"行易知难"之说者，请细味孔子"民可使由之，不可使知之"，此"可"字当作"能"解。可知古之圣人亦尝见及，惜其语焉不详，故后人忽之，遂致渐入迷途，一往不返，深信"知之非艰，行之惟艰"之说，其流毒之烈有致亡国灭种者，可不惧哉！中国、印度、安南、高丽等国之人，即信此说最笃者也。日本人亦信之，惟尚未深，故犹能维新改制而致富强也。欧美之人，则吾向未闻有信此说者。当此书第一版付梓之夕，适杜威博士至沪①，予特以此质证之。博士曰："吾欧美之人只知'知之为难'耳，未闻'行之为难'也。"又有某工学博士为予言曰，彼初进工学校，有教师引一事实以教"知难行易"，谓有某家水管偶生窒碍，家主即雇工匠为之修理，工匠一至，不过举手之劳，而水管即复回原状。而家主叩以工值几何，工匠曰："五十元零四角。"家主曰："此举手之劳，我亦能为之，何索值之奢而零星也？何以不五十元，不五十一元，而独五十元零四角何为者？"工匠曰："五十元者，我知识之值也；四角者，我劳力之值也。如君今欲自为之，我可取消我劳力之值，而只索知识之值耳。"家主哑然失笑，而照索给之。此足见"行易知难"，欧美已成为常识矣。

第五章　知行总论

总而论之，有此十证以为"行易知难"之铁案，则"知之非艰，行之惟艰"之古说与阳明"知行合一"之格言，皆可从根本上而推翻之矣。

或曰："行易知难之十证，于事功上诚无间言，而于心性上之知行，恐非尽然也。"吾于此请以孟子之说证之。《孟子》"尽心"章曰："行之而不著焉，习矣而不察焉，终身由之而不知其道者，众也。"此正指心性而言也。由是而知"行

---

① 杜威（John Dewey），美国人，一九一九年四月三十日至上海，曾两次会晤孙文探讨知行关系问题，五月十五日离沪北上。

易知难”实为宇宙间之真理，施之于事功，施之于心性，莫不皆然也。若夫阳明“知行合一”之说，即所以勉人为善者也。推其意，彼亦以为“知之非艰”而“行之惟艰”也，惟以人之上进，必当努力实行，虽难有所不畏，既知之则当行之，故勉人以为其难。遂倡为“知行合一”之说曰：“即知即行，知而不行，是为不知。”其勉人为善之心，诚为良苦。无如其说与真理背驰，以难为易，以易为难，勉人以难实与人性相反。是前之能“行之而不著焉，习矣而不察焉，终身由之而不知其道者”，今反为此说所误，而顿生畏难之心，而不敢行矣。此阳明之说虽为学者传诵一时，而究无补于世道人心也。

或曰：“日本维新之业，全得阳明学说之功，而东邦人士咸信为然，故推尊阳明极为隆重。”不知日本维新之前犹是封建时代，其俗去古未远，朝气尚存，忽遇外患凭凌，幕府无措，有志之士激于义愤，于是倡尊王攘夷之说以鼓动国人。是犹义和团之倡扶清灭洋，同一步调也。所异者，则时势有幸有不幸耳。及其攘夷不就，则转而师夷，而维新之业乃全得师夷之功。是日本之维新，皆成于行之而不知其道者，与阳明“知行合一”之说实风马牛之不相及也。倘“知行合一”之说果有功于日本之维新，则亦必能救中国之积弱，何以中国学者同是尊重阳明，而效果异趣也。此由于中国习俗去古已远，暮气太深，顾虑之念、畏难之心较新进文明之人为尤甚。故日本之维新，不求知而便行。中国之变法，则非先知而不肯行，及其既知也，而犹畏难而不敢行，盖误于以行之较知之为尤难故也。夫维新变法，国之大事也，多有不能前知者，必待行之成之而后乃能知之也。是故日本之维新多赖冒险精神，不先求知而行之，及其成功也，乃名之曰维新而已。中国之变法必先求知而后行，而知永不能得，则行永无其期也。由是观之，阳明“知行合一”之说，不过不能阻朝气方新之日本耳，未尝有以助之也；而施之暮气既深之中国，则适足以害之矣。夫“知行合一”之说，若于科学既发明之世，指一时代一事业而言，则甚为适当；然阳明乃合知行于一人之身，则殊不通于今日矣。以科学愈明，则一人之知行相去愈远，不独知者不必自行，行者不必自知，即同为一知一行，而以经济学分工专职之理施之，亦有分知分行者也。然则阳明“知行合一”之说，不合于实践之科学也。

予之所以不惮其烦，连篇累牍以求发明“行易知难”之理者，盖以此为救中国必由之道也。夫中国近代之积弱不振、奄奄待毙者，实为"知之非艰，行之惟艰"一说误之也。此说深中于学者之心理，由学者而传于群众，则以难为易，以易为难，遂使暮气畏难之中国，畏其所不当畏，而不畏其所当畏。由是易者则避而远之，而难者又趋而近之。始则欲求知而后行，及其知之不可得也，则惟有望洋兴叹，而放去一切而已。间有不屈不挠之士，费尽生平之力以求得一知者，而又以行之为尤难，则虽知之而仍不敢行之。如是不知固不欲行，而知之又不敢行，则天下事无可为者矣。此中国积弱衰败之原因也。夫畏难本无害也，正以有畏难之心，乃适足导人于节劳省事，以取效呈功。此为经济之原理，亦人生之利便也。惟有难易倒置，使欲趋避者无所适从，斯为害矣。

旷观中国有史以来，文明发达之迹，其事昭然若揭也。唐虞三代甫由草昧而入文明，乃至成周则文物已臻盛轨，其时之政治制度、道德文章、学术工艺几与近代之欧美并驾齐驱，其进步之速，大非秦汉以后所能望尘追迹也。中国由草昧初开之世以至于今，可分为两时期：周以前为一进步时期，周以后为一退步时期。夫人类之进化，当然踵事增华，变本加厉，而后来居上也。乃中国之历史适与此例相反者，其故何也？此实"知之非艰，行之惟艰"一说有以致之也。三代以前，人类混混噩噩，不识不知，行之而不知其道，是以日起有功，而卒底于成周之治化，此所谓"不知而行"之时期也。由周而后，人类之觉悟渐生，知识日长，于是渐进而入于"欲知而后行"之时期矣。适于此时也，"知之非艰，行之惟艰"之说渐中于人心，而中国人几尽忘其远祖所得之知识皆从冒险猛进而来，其始则不知而行之，其继则行之而后知之，其终则因已知而更进于行。古人之得其知也，初或费千百年之时间以行之，而后乃能知之；或费千万人之苦心孤诣，经历试验而后知之。而后人之受之前人也，似于无意中得之。故有以知为易，而以行为难，此直不思而已矣。当此"欲知而后行"之时代，适中于"知易行难"之说，遂不复以行而求知，因知以进行。此三代而后，中国文化之所以有退无进也。

夫以今人之眼光，以考世界人类之进化，当分为三时期：第一由草昧进文明，为"不知而行"之时期；第二由文明再进文明，为"行而后知"之时期；第三自科学发明而后，为"知而后行"之时期。欧美幸而无"知易行难"之说为其文明之障碍，故能由草昧而进文明，由文明而进于科学。其近代之进化也，不知固行之，而知之更乐行之，此其进行不息，所以得有今日突飞之进步也。当元代时有意大利人马可波罗①者，曾游仕中国，致仕后回国著书，述中国当时社会之文明，工商之发达，艺术之进步，欧人见之尚惊为奇绝，以为世界未必有如此文明进化之国也。是犹中国人士于三十年前见张德彝之《四述奇》②一书，所志欧洲文明景象，而以为荒唐无稽者同一例也。是知欧洲六百年前之文物，尚不及中国当时远甚。而彼近一二百年来之进步，其突飞速率，有非我梦想所能及也。日本自维新以后五十年来，其社会之文明，学术之发达，工商之进步，不独超过于彼数千年前之进化，且较之欧洲为尤速，此皆科学为之也。自科学发明之后，人类乃始能有具以求其知，故始能进于"知而后行"之第三时期之进化也。

夫科学者，统系之学也，条理之学也。凡真知特识，必从科学而来也。舍科学而外之所谓知识者，多非真知识也。如中国之习闻，有谓天圆而地方、天动而地静者，此数千〈年〉来之思想见识，习为自然，无复有知其非者，然若以科学按之以考其实，则有大谬不然者也。又吾俗呼养子为螟蛉，盖有取于蜾蠃变螟蛉之义。古籍所传，螟蛉桑虫也，蜾蠃蜂虫也，蜂虫无子，取桑虫蔽而瘗之，幽而养之，祝曰"类我，类我"，久则化而成蜂虫云。吾人以肉眼骤察之，亦必得同等之判决也。惟以科学之统系考之，物类之变化未有若是其突然者也。若加以理则之视察，将蜾蠃之取螟蛉蔽而瘗之、幽而养之之事，集其数起，别其日数，而同时考验之，又以其一起分日考验之，以观其变态。则知蜾蠃之取螟蛉，蔽而瘗之是也，幽而养之非也。蔽而瘗之之后，蜾蠃则生卵于螟蛉之体中，及蜾蠃之子长，则以螟蛉之体为粮。所谓幽而养之者，即幽螟蛉以养蜾蠃之子也。是蜾蠃并未变螟蛉为己子也，不过以螟蛉之肉为己子之粮耳。由此事之发明，令吾人证明一医学之妙术，为蜾蠃行之在人类之先，即用蒙药是也。夫蜾蠃之蔽螟蛉于泥窝之中，即用其蜂螫以灌其毒于螟蛉之脑髓而蒙之，使之醉而不死，活而不动也。

---

① 马可波罗（Marco Polo），所著《东方见闻录》（*Il Milione*）一书，原系他人用法文笔录其口述，欧美各国竞相传抄出版，被译成英文时改名《马可波罗游记》（*The Trevels of Marco Polo*），有中译本。

② 《四述奇》于一八八三年由北京之京师同文馆出版，今人重印时冠名《随使英俄记》。张德彝为清末外交官，每次出访时均笔录在国外见闻，共著为八"述奇"。

若螺蛉立死，则其体即成腐败，不适于为粮矣。若尚生而能动，则必破泥窝而出，而蜾蠃之卵亦必因而破坏，难以保存以待长矣。是故为蜾蠃者，为需要所迫，而创蒙药之术以施之于螺蛉。夫蒙药之术，西医用之以治病者尚不满百年，而不期蜾蠃之用之已不知几何年代矣。由此观之，凡为需要所迫，不独人类能应运而出，创造发明，即物类亦有此良能也。是行之易，知之难，人类有之，物类亦然。惟人类则终有觉悟之希望，而物类则永无能知之期也。吾国人所谓"知之非艰"，其所知者大都类于天圆地方、天动地静、螺蛉为子之事耳。

夫人群之进化，以时考之，则分为三时期，如上所述曰"不知而行"之时期，曰"行而后知"之时期，曰"知而后行"之时期。而以人言之，则有三系焉：其一先知先觉者，为创造发明；其二后知后觉者，为仿效推行；其三不知不觉者，为竭力乐成。有此三系人相需为用，则大禹之九河可疏①，秦皇之长城能筑也。乃后世之人误于"知之非艰"之说，虽有先知先觉者之发明，而后知后觉者每以为知之易而忽略之，不独不为之仿效推行，且目之为理想难行，于是不知不觉者则无由为之竭力乐成矣。所以秦汉以后之事功，无一能比于大禹之九河与始皇之长城者，此也。岂不可慨哉！

方今革命造端之始，开吾国数千年来未有之局，又适为科学昌明之时，知之则必能行之，知之则更易行之。以我四万万优秀文明之民族，据有四百二十七万方咪②之土地（较之日本前有土地不过十四万余方咪，今有土地亦不过二十六万方咪耳），为世界独一广大之富源，正所谓以有为之人，据有为之地，而遇有为之时者也。倘使我国之后知后觉者，能毅然打破"知之非艰，行之惟艰"之迷信，而奋起以仿效，推行革命之三民主义、五权宪法，而建设一世界最文明进步之中华民国，诚有如反掌之易也。如有河汉予言者，即请以美国之革命与日本之维新以证之。

夫美国之革命，以三百万人据大西洋沿岸十三州之地，与英国苦战八年，乃

---

①　大禹治水事迹见《尚书》"禹贡"记载。其疏导之九河属黄河下游支流，当时名为徒骇、大史、马颊、覆釜、胡苏、简、絜、钩盘、鬲津，在今河北、山东境内；九河故道于春秋时湮废或迁徙，已失考。

②　咪（mile），此指英制长度单位，今译哩，即英里；方咪（square mile），后文亦作"英方里"，即平方英里。

得脱英之羁厄而独立。其地为蛮荒大陆，内有红番①之抵拒，外有强敌之侵凌，荜路蓝缕，开始经营，其时科学尚未大明，其地位、其时机则万不如我今日之优美也。其建国之资，可为之具，又万不如我今日之丰富也。其人数则不及我今日百分之一也。然其三百万之众，皆具冒险之精神、远大之壮志，奋发有为，积极猛进，故自一千七百七十六年七月四日宣布独立，至今民国八年，为时不过一百四十三年耳，而美国已成为世界第一富强之国矣。日本维新之初，人口不及我十分之一，其土地则不及我四川一省之大，其当时之知识学问尚远不如我之今日也。然能翻然觉悟，知锁国之非计，立变攘夷为师夷，聘用各国人才，采取欧美良法，力图改革。美国需百余年而达于强盛之地位者，日本不过五十年，直三分一之时间耳。準此以推，中国欲达于富强之地位，不过十年已足矣。

或犹不信者，请观于暹罗②之维新。暹罗向本中国藩属之一，土地约等于四川一省，人口不过八百万，其中为华侨子孙者约二三百万，余皆半开化之蛮族耳。论其人民之知识，则万不及中国，其全国之工商事业悉操于华侨之手。论其国势，则界于英、法两强领土之间，疆土日削，二十年前几岌岌可危，朝不保夕。其王室亲近乃骤然发奋为雄，仿日本之维新，聘用外才，采行西法，至今不过十余年，则全国景象为之一新，文化蒸蒸日上，今则居然亚东一完全独立国，而国际之地位竟驾乎中国之上矣。今日亚东之独立国只有日本与暹罗耳，中国尚未得称为完全之独立国也，只得谓之为半独立国而已。盖吾国之境内尚有他国之租界，有他国之治权，吾之海关犹握于外人之手，日本、暹罗则完全脱离此羁厄也。是知暹罗之维新比之日本更速，暹罗能之，则中国更无不能矣，道在行之而已。

学者至此，想当了然于行之易而知之难矣。故天下事惟患于不能知耳，倘能由科学之理则以求得其真知，则行之决无所难，此已十数回翻覆证明，无可疑义矣。然则行之之道为何？即全在后知后觉者之不自惑以惑人而已。上所谓文明之进化，成于三系之人：其一先知先觉者即发明家也，其二后知后觉者即鼓吹家也，其三不知不觉者即实行家也。由此观之，中国不患无实行家，盖林林总总者皆是

---

① 红番，英文作 Red Indian，即美洲印第安人（American Indian）。

② 暹罗（Siam），亦作遏逻，十六世纪起遭西方列强入侵，一八九六年英、法订约使其成为缓冲国，一九三九年改名泰国（Thailand）。

也。乃吾党之士有言曰：某也理想家也，某也实行家也①。其以二三人可为改革国事之实行家，真谬误之甚也。不观今之外人在上海所建设之宏大工厂、繁盛市街、崇伟楼阁，其实行家皆中国之工人也，而外人不过为理想家、计画家而已，并未有躬亲实行其建设之事也。故为一国之经营建设所难得者，非实行家也，乃理想家、计画家也。而中国之后知后觉者皆重实行而轻理想矣，是犹治化学而崇拜三家村之豆腐公，而忽于裴在辂、巴斯德等宿学也；是犹治医学而崇拜蜂虫之螺蠃，而忽于发明蒙药之名医也。盖豆腐公为生物化学之实行家，而螺蠃为蒙药之实行家也，有是理乎？乃今之后知后觉者悉中此病，所以不能鼓吹舆论、倡导文明，而反足混乱是非、阻碍进化也。是故革命以来而建设事业不能进行者，此也。予于是乎不得不彻底详辟，欲使后知后觉者了然于向来之迷误，而翻然改图，不再为似是而非之说以惑世，而阻挠吾林林总总之实行家，则建设前途大有希望矣。

第六章　能知必能行

当今科学昌明之世，凡造作事物者，必先求知而后乃敢从事于行。所以然者，盖欲免错误而防费时失事，以冀收事半功倍之效也。是故凡能从知识而构成意像，从意像而生出条理，本条理而筹备计画，按计画而用工夫，则无论其事物如何精妙，工程如何浩大，无不指日可以乐成者也。近日之无线电、飞行机，事物之至精妙者也，美国之一百二十余万里铁路（当一千九百十六年十二月三十一日美国收其全国铁路归政府管理时，其路线共长三十九万七千零十四英里，成本一百九十六万万余元美金，合中国洋银三百九十二万万元）与夫苏伊士、巴拿马两运河，工程之至浩大者也，然于科学之原理既知，四周之情势皆悉，由工师筹定计画，则按计画而实行之，已为无难之事矣。此事实俱在，彰彰可考，吾国人当可一按而知也。

予之于革命建设也，本世界进化之潮流，循各国已行之先例，鉴其利弊得失，

---

① 此言乃指孙文为理想家，黄兴为实行家，对孙含有贬意。可参阅下章附录《陈英士致黄克强书》。

思之稔熟，筹之有素，而后订为《革命方略》，规定革命进行之时期为三：第一军政时期，第二训政时期，第三宪政时期。第一为破坏时期，拟在此时期内施行军法，以革命军担任打破满清之专制、扫除官僚之腐败、改革风俗之恶习、解脱奴婢之不平、洗净鸦片之流毒、破灭风水之迷信、废去厘卡之阻碍等事。第二为过渡时期，拟在此时期内施行约法（非现行者①），建设地方自治，促进民权发达。以一县为自治单位，县之下再分为乡村区域，而统于县。每县于敌兵驱除、战事停止之日，立颁布约法，以之规定人民之权利义务与革命政府之统治权。以三年为限，三年期满，则由人民选举其县官。或于三年之内，该县自治局已能将其县之积弊扫除如上所述者，及能得过半数人民能了解三民主义而归顺民国者，能将人口清查、户籍厘定、警察、卫生、教育、道路各事照约法所定之低限程度而充分办就者，亦可立行自选其县官，而成完全之自治团体。革命政府之对于此自治团体，只能照约法所规定而行其训政之权。俟全国平定之后六年，各县之已达完全自治者，皆得选举代表一人，组织国民大会，以制定五权宪法。以五院制为中央政府：一曰行政院，二曰立法院，三曰司法院，四曰考试院，五曰监察院。宪法制定之后，由各县人民投票选举总统以组织行政院，选举代议士以组织立法院，其余三院之院长由总统得立法院之同意而委任之，但不对总统、〈立〉法院负责，而五院皆对于国民大会负责。各院人员失职，由监察院向国民大会弹劾之；而监察院人员失职，则国民大会自行弹劾而罢黜之。国民大会职权，专司宪法之修改及制裁公仆之失职。国民大会及五院职员与夫全国大小官吏，其资格皆由考试院定之。此五权宪法也。宪法制定，总统、议员举出后，革命政府当归政于民选之总统，而训政时期于以告终。第三为建设完成时期，拟在此时期始施行宪政，此时一县之自治团体当实行直接民权。人民对于本县之政治，当有普通选举之权、创制之权、复决之权、罢官之权；而对于一国政治，除选举权之外，其余之同等权则付托于国民大会之代表以行之。此宪政时期，即建设告竣之时，而革命收功之日。此《革命方略》之大要也。

　　乃于民国建元之初，予则极力主张施行《革命方略》，以达革命建设之目的，

---

　　① "现行者"指《中华民国临时约法》，一九一二年三月由南京临时参议院制订通过，孙文以临时大总统名义公布。

实行三民主义，而吾党之士多期期以为不可。经予晓喻再三，辩论再四，卒无成效，莫不以为予之理想太高，"知之非艰，行之惟艰"也。呜呼！是岂予之理想太高哉？毋乃当时党人之知识太低耶？予于是乎不禁为之心灰意冷矣。夫革命之有破坏与革命之有建设，固相因而至，相辅而行者也。今于革命破坏之后而不开革命建设之始，是无革命之建设矣；既无革命之建设，又安用革命之总统为？此予之所以萌退志，而于南京政府成立之后仍继续停战，重开和议也。至今事过情迁，则多有怪予于民国建元之后，不当再允和议、甘让总统者。然假使予仍为总统，而党员于破坏成功之后，已多不守革命之信誓，不从领袖之主张，纵能以革命党而统一中国，亦不能行革命之建设，其效果不过以新官僚而代旧官僚而已。其于国家治化之源、生民根本之计毫无所补，是亦以暴易暴而已。夫如是，则予无为总统之必要也。

或者不察，有以为予当时之势力不及袁世凯，故不得不与之议和，苟且了事者；甚有诬为受袁世凯百万之贿，遂以总统让之者。事至今日，已可不待辩而明矣。苟予果贪也，则必不以百万而去总统之位矣。不观今日一督军一年之聚敛几何，一师长一年之侵吞几何，诬者果视予贪而且愚一至此耶！至谓于民国建元之后，予之势力不及袁世凯，则更拟于不伦也。夫当时民国已有十五省，而山东、河南民党亦蜂起，直隶则军队且内应，稍迟数月，当可全国一律光复，断无疑义也。且舍当时情势不计，而以前后之事较之，当明予非畏袁世凯之势力而议和者。夫革命成功以前，予曾经十次之失败，而奋斗之气犹不少衰。民国二年袁世凯已统一全国，而予已不问政治而从事实业矣，乃以暗杀宋教仁故，予时虽手无寸兵而犹不畏之，而倡议讨袁。惜南方同志持重，不敢先发制人，致遭失败。讨袁军败后，同人皆颓丧不振，无敢主张再行革命者，予知袁氏必将帝制自为，乃组织中华革命党以为之备，散布党员于各省，提倡反对帝制。是故袁氏之帝制未成，而反对之人心已备，帝制一发，全国即起而扑灭之也。由此观之，则予非由畏势力而去总统，乃以不能行革命之建设而去总统，当可以了然于国人之心目中矣。夫如是，然后能明予之志，而领会于予革命建设之微意也。

何谓革命之建设？革命之建设者，非常之建设也，亦速成之建设也。夫建设固有寻常者，即随社会趋势之自然，因势利导而为之，此异乎革命之建设者也。

革命有非常之破坏，如帝统为之斩绝，专制为之推翻；有此非常之破坏，则不可无非常之建设。是革命之破坏与革命之建设必相辅而行，犹人之两足，鸟之双翼也。惟民国开创以来，既经非常之破坏，而无非常之建设以继之。此所以祸乱相寻，江流日下，武人专横，政客捣乱，而无法收拾也。盖际此非常之时，必须非常之建设，乃足以使人民之耳目一新，与国更始也。此《革命方略》之所以为必要也。

试观民国以前之大革命，其最轰轰烈烈者为美与法。美国一经革命而后，所定之国体至今百余年而不变。其国除黑奴问题生出国内南北战争一次而外，余无大变乱，诚可谓一经革命而后，其国体则一成不变，长治久安，文明进步，经济发达，为世界之冠。而法国一经革命之后，则大乱相寻，国体五更，两帝制而三共和；至八十年后，穷兵黩武之帝为外敌所败，身为降虏，而共和之局乃定。较之美国，其治乱得失差若天壤者，其故何也？说者多称华盛顿有仁让之风，所以开国之初，有黄袍之拒①；而拿波伦野心勃勃，有鲸吞天下之志，所以起共和而终帝制。而不知一国之趋势，为万众之心理所造成，若其势已成，则断非一二因利乘便之人之智力所可转移也。夫华、拿二人之于美、法之革命，皆非原动者。美之十三州既发难抗英而后，乃延华盛顿出为之指挥，法则革命起后，乃拔拿波伦于偏裨之间，苟使二人易地而处，想亦皆然。是故华、拿之异趣，不关乎个人之贤否，而在其全国之习尚也。

美国土地向为蛮荒大陆，英人移居于其地者不过二百余年。英人素富于冒险精神、自治能力，至美而后即建设自治团体，随成为十三州。虽归英王统治之下，然鞭长莫及，无异海外扶馀②，英国对之不过羁縻而已。及一旦征税稍苛，十三州则联合以抵抗。此革命之所由起也。血战八年而得独立，遂创立亚美利加③之

---

① 五代末期，后周殿前都点检赵匡胤以率军北上御敌为由，在汴京（今河南开封）东北方发动"陈桥兵变"，被众将黄袍加身拥立为帝，旋即回师灭周而建立宋朝，庙号太祖。黄袍之拒，此指美国独立后华盛顿曾谦辞担任开国总统。

② 扶馀，亦作夫馀、凫臾，古国名，其地在今辽宁、吉林两省境内；另有东扶馀，亦为扶馀人所建古国，地处朝鲜北境。"海外扶馀"乃喻统治力量难及的偏远地区。

③ 亚美利加（America），此指美国，通常译为美利坚；另一义指美洲，即亚美利加洲（Americas），包括北美洲（North America）和南美洲（South America）。

联邦为共和国。其未独立以前，十三州已各自为政，而地方自治已极发达，故其立国之后政治蒸蒸日上，以其政治之基础全恃地方自治之发达也。其余中美、南美之各拉丁人种之殖民地，百十年来亦先后仿美国，而脱离其母国以改建共和。然其政治进步之不如美国而变乱常见者，则全系乎其地方自治之基础不巩固也。然其一脱母国统治而建共和之后，大小十九国，除墨西哥为外兵侵入、强改帝制外，无一推翻共和者。此皆得立国于新天地之赐，故能洗除旧染之污，而永远脱离君政之治也。法国则不然。法虽为欧洲先进文化之邦，人民聪明奋厉，且于革命之前曾受百十年哲理民权之鼓吹，又模范美国之先例，犹不能由革命一跃而几于共和宪政之治者，其故何也？以彼之国体向为君主专制，而其政治向为中央集权，无新天地为之地盘，无自治为之基础也。

我中国缺憾之点悉与法同，而吾人民之知识、政治之能力更远不如法国，而予犹欲由革命一跃而几于共和宪政之治者，其道何由？此予所以创一过渡时期为之补救也。在此时期，行约法之治以训导人民，实行地方自治。惜当时同志不明其故，不行予所主张，而只采予约法之名以定临时宪法；以为共和之治，可不由其道而一跃可几。当时众人之所期者实为妄想，顾反以予之方略计画为难行，抑何不思之甚也！

当予鼓吹革命之时，拟创建共和于中国，欧美学者亦多以为不可，彼等盖有鉴于百年来之历史，而重乎其言之也。民国建元前一年，予过伦敦。有英国名士加尔根①者，曾遍游中土，深悉吾国风土人情，著书言中国事甚多，其《中国变化》一书尤为中肯。彼闻予提倡改中国为共和，怀疑满腹，以为万不可能之事，特来旅馆与予辩论者，数日不能释焉。迨予示以《革命方略》之三时期，彼乃涣然冰释，欣然折服，喟然而叹曰："有如此计画，当然可免武人专制、政客捣乱于民权青黄不接之际也。而今而后，吾当助子鼓吹。"故于武昌起义之后，东方之各西文报皆盛传吾于民国建设之计画，满盘筹备，成竹在胸，不日当可见之施行，凡同情于中国之良友当拭目以观其成也云云，此皆加尔根氏在伦敦各报为吾游扬之言论也。惜予就总统职后，此种计画为同志所格而不行，遂致欧美同情之

---

① 加尔根（Archibald Ross Colquhoun），曾用汉名柯乐洪、葛洪、高奋云；其著作《中国变化》（*China in Transformation*），今译《转变中的中国》，一八九八年在伦敦和纽约出版。

士亦大失所望。而此后欧美学界之知吾计画者，亦不敢再为游扬吾说；而不知者，则多以中国人民知识程度不足，断不能行共和之治矣。此所以美国著名之宪法学者古德诺氏[1]，有劝袁世凯帝制之举也。

中国人对于古德诺氏劝袁帝制一事颇为诧异，以为彼乃共和国之一学者，何以不右共和而扬帝制，多有不明其故者。予廉得其情，惟彼为共和国人，斯有共和国之经验，而美国人尤饱尝知识程度不足之人民之害也。美国之外来人民一入美境数年即享民权，美国之黑奴一释放后立享民权，而美国政客利用此两种人之民权而捣出滔天之乱，为正人佳士所恼煞者。不知若干年，始定有不识字之人不得享国民权利之禁例，以防止此等捣乱。是以彼中学者，一闻知识程度不足之人民欲建设共和，则几有痛心疾首、期期以为不可者，此亦古德诺氏之心理也。

夫中国人民知识程度之不足，固无可隐讳者也。且加以数千年专制之毒深中乎人心，诚有比于美国之黑奴及外来人民知识尤为低下也。然则何为而可？袁世凯之流必以为中国人民知识程度如此，必不能共和，曲学之士亦曰非专制不可也。呜呼！牛也尚能教之耕，马也尚能教之乘，而况于人乎？今使有见幼童将欲入塾读书者，而语其父兄曰"此童子不识字，不可使之入塾读书也"，于理通乎？惟其不识字，故须急于读书也。况今世界人类已达于进化童年之运，所以自由平等之思想日渐发达，所谓世界潮流不可复压者也。故中国今日之当共和，犹幼童之当入塾读书也。然入塾必要有良师益友以教之，而中国人民今日初进共和之治，亦当有先知先觉之革命政府以教之。此训政之时期，所以为专制入共和之过渡所必要也，非此则必流于乱也。

然当同盟会成立之初，则有会员疑《革命方略》之难行者，谓"清朝伪立宪[2]许人民以预备九年，今吾党之方略定以军政三年、训政六年，岂不与清朝九年相等耶？吾等望治甚急，故投身革命，若于革命成功之后犹须九年始得宪政之治，未免太久也"云云。予答以"非此则无望造成完全之民国"。今民国改元已

① 古德诺（Frank Johnson Goodnow），原是纽约哥伦比亚大学教授，被袁世凯聘任总统府顾问，于一九一五年八月三日在北京袁系喉舌《亚细亚日报》上发表《共和与君主论》一文，鼓吹在中国复辟帝制。

② 此指清政府于一九〇八年颁布《钦定宪法大纲》，规定自是年至一九一六年为立宪预备期。

八年于兹矣，不独宪政之治不能期，而欲求如清朝苟且偷生犹不可得，尚何望九年之有完全民国出现耶？或又疑训政六年，得毋同于曲学者所倡之开明专制耶？曰：开明专制者即以专制为目的，而训政者乃以共和为目的，此所以有天壤之别也。譬如今次之世界大战争，凡参加此战争之国，无论共和、君主皆一律停止宪政，行军政，向来人民之行动自由、言论自由、集会自由皆削夺之，甚且饮食营业皆归政府支配，而举国无有异议，且献其身命为国家作牺牲，以其目的在战胜而图存也。人之已行宪政犹且停之，况我宪政尚未发生，方欲由革命之战争以求之，岂可于开战之初即施行宪政耶？此诚幼稚无伦之思想也。今民国成立已八年矣，吾党之士于此八年间应得无量之经验、多少之知识，若能回忆予十数年前之训诲主张，当能恍然大悟，而不再河汉予言以为理想难行矣。

夫以中国数千年专制、退化而被征服亡国之民族，一旦革命光复，而欲成立一共和宪治之国家，舍训政一道，断无由速达也。美国之欲扶助菲岛①人民以独立也，乃先从训政着手，以造就其地方自治为基础，至今不过二十年，而已丕变一半开化之蛮种以成为文明进化之民族。今菲岛之地方自治已极发达，全岛官吏，除总督尚为美人，余多为土人所充任，不日必能完全独立。将来其政治之进步，民智之发达，当不亚于世界文明之国。此即训政之效果也。美国对于菲岛何以不即许其独立，而必经一度训政之时期？此殆有鉴于当年黑奴释放后之纷扰，故行此策也。我中国人民久处于专制之下，奴性已深，牢不可破，不有一度之训政时期以洗除其旧染之污，奚能享民国主人之权利？此袁氏帝制之时而劝进者之所以多也。夫中华民国者，人民之国也。君政时代则大权独揽于一人，今则主权属于国民之全体，是四万万人民即今之皇帝也。国中之百官，上而总统，下而巡差，皆人民之公仆也。而中国四万万之人民，由远祖初生以来，素为专制君主之奴隶，向来多有不识为主人、不敢为主人、不能为主人者，而今皆当为主人矣。其忽而跻于此地位者，谁为为之？孰令致之？是革命成功而破坏专制之结果也。此为我国有史以来所未有之变局，吾民破天荒之创举也。是故民国之主人者，实等于初生之婴儿耳，革命党者即产此婴儿之母也。既产之矣，则当保养之，教育之，方

---

① 菲岛为菲律宾群岛（Philippine Islands）简称。

尽革命之责也。此《革命方略》之所以有训政时期者，为保养、教育此主人成年而后还之政也。在昔专制之世，犹有伊尹、周公者，于其国主太甲、成王不能为政之时，已有训政之事。专制时代之臣仆尚且如此，况为开中国未有之基之革命党，不尤当负伊尹、周公之责，使民国之主人长成，国基巩固耶？惜乎当时之革命党多不知此为必要之事，遂放弃责任，失却天职，致使革命事业只能收破坏之功，而不能成建设之业，故其结果不过仅得一"中华民国"之名也。悲乎！

夫破坏之革命成功，而建设之革命失败，其故何也？是知与不知之故也。予之于破坏革命也，曾十起而十败者，以当时大多数之中国人犹不知彼为满洲之所征服，故醉生梦死，而视革命为大逆不道。其后革命风潮渐盛，人多觉悟，知满清之当革，汉族之当复，遂能一举而覆满清，易如反掌。惟对于建设之革命，一般人民固未知之，而革命党亦莫名其妙也。夫革命事业莫难于破坏，而莫易于建设，今难者既成功，而易者反失败，其故又何也？惟其容易也，故人多不知其必要而忽略之，此其所以败也。何以谓之容易？因破坏已成而阻力悉灭，阻力一灭，则吾人无所不可，来往自由，较之谋破坏时，稍一不慎则不测随之之际，何啻天渊。然吾人知革命排满为救国之必要，则犯难冒险而为之，及夫破坏既成，则以容易、安全之建设可以多途出之，而不必由革命之手续矣，此建设事业之所以坠也。

今以一浅显易行之事证之。吾人之立同盟会以担任革命也，先从事于鼓吹，而后集其有志于天下国家之任者，共立信誓，以实行三民主义为精神，以创立中华民国为目的。其不信仰此信条当众正式宣誓者，吾不承认其为革命党也。其初，一般之志士莫不视吾党宣誓仪文为形式上之事，以为无补于进行。乃数年之间，革命党之势力膨胀，团体固结，卒能推倒满清者，则全赖有此宣誓之仪文，以成一党心理之结合也。一党尚如此，其况一国乎！

常人有言，中国四万万人实等于一片散沙，今欲聚此四万万散沙而成为一机体结合之法治国家，其道为何？则必从宣誓以发其正心、诚意之端，而后修、齐、治、平①之望可几也。今世文明法治之国，莫不以宣誓为法治之根本手续也。故

---

①　即修身、齐家、治国、平天下，语出《大学》。

其对于入籍归化之民，则必要其宣誓表示诚心，尊崇其国体，恪守其宪章，竭力于义务，而后乃得认为国民；否则终身居其国，仍以外人相视，而不得同享国民之权利也。其对于本国之官吏、议员，亦必先行宣誓，乃得受职。若遇有国体之改革，则新国家之政府必要全国之人民一一宣誓，以表赞同，否则且以敌人相待，而立逐出境也。此近世文明法治之通例也。请观今回战后，欧洲之新成国家、革命国家，其有能早行其国民之宣誓者，则其国必治；如有不能行此、不知行此者，则其国必大乱不止也。中国之有今日者，此也。

夫吾人之组织革命党也，乃以之为先天之国家者也，后果由革命党而造成民国。当建元之始，予首为宣誓而就总统之职，乃令从此凡文武官吏、军士、人民当一律宣誓，表示归顺民国，而尽其忠勤。而吾党同志悉以此为不急之务，期期不可，极端反对，予亦莫可如何，姑作罢论。后袁世凯继予总统任，予于此点特为注重，而同人则多漠视。予以有我之先例在，决不能稍事迁就，而袁氏亦以此为不关紧要之事也，故姑惟予命是听，于是乃有宣誓服膺共和、永绝帝制之表示也。其后不幸袁氏果有背盟称帝之举，而以有此一宣誓之故，俾吾人有极大之理由以讨罚之；而各友邦亦直我而曲彼，于是乃有劝告取消之举。袁氏帝制之所以失败者，取消帝制为其极大之原因也。盖以帝制之取消，则凡为袁氏爪牙各具王侯之望者，亦悉成为空想，而斗志全消矣。此陈宦所以独立于四川，而袁氏即以此气绝也。帝制之所以不得不取消者，以列强之劝告也。列强之所以劝告者，以民党之抵抗袁氏有极充分之理由也。而理由之具体而可执以为凭，表示于中外者，即袁氏之背誓也。倘当时袁氏无此信誓，则其称帝之日，民党虽有抵抗，而列强视之必以民党愚而多事，而必无劝告之事，而帝制必不取消，袁氏或不致失败。何也？盖袁氏向为君主之臣仆而不主张共和者也，而民党昧然让总统于袁，已自甘于牺牲共和矣，既甘放弃于前而又争之于后，非愚而多事乎？惟有此信誓也则不然矣，故得列强之主张公道，而维持中国之共和也。由是观之，信誓岂不重哉！乃吾党之士于民国建设之始，则以信誓为不急之务而请罢之，且以予主张为理想者，则多属乎此等浅近易行之事也。夫吾人于结党之时已遵行宣誓之仪矣，乃于开国之初与民更始之日，则罢此法治根本之宣誓典礼，此建设失败之一大原因也。倘革命党当时不河汉予言，则后天民国之进行，亦如先天组党之手续，凡归顺之官吏、新进之国民必当对于民国为正心诚意之宣誓，以表示其拥护民国，扶植民权，励进民生；必照行其宣誓之典礼者，乃得享民国国民之权利，否则仍视为清朝之臣民。其既宣誓而后，有违背民国之行为者，乃得科以叛逆之罪，于法律上始有根据也。如今之中华民国者，若以法律按之，则只有少数之革命党及袁世凯一人曾立有拥护民国之誓，于良心上、法律上皆不得背叛民国，而其余之四万万人原不负何等良心、法律之责任也。而昔日捕戮革命党之清吏，焚杀革命党之武人，与夫反对革命党之虎伥，今则觍然为民国政府之总长、总理、总统，而毫无良心之自责、法律之制裁，此何怪于八年之间而数易国体也！

夫国者人之积也，人者心之器也，国家政治者，一人群心理之现象也。是以建国之基，当发端于心理。故由清朝臣民而归顺民国者，当先表示正心诚意，此宣誓之大典所以为必要也。乃革命党于结党时行之，于建国时则不行之，是以为党人时有奋厉无前之宏愿魄力，卒能成破坏之功，而建国后则失此能力，遂致建设无成，此行与不行之效果也。所以不行者，非不能也，坐于不知其为必要也。故曰"能知必能行"也，理想云乎哉？革命党既以予所主张建设民国之计画为理想太高，而不知按照施行，所以由革命而造成此有破坏、无建设之局，致使中国人民受此八年之痛苦矣。然而民国之建设一日不完全，则人民之痛苦一日不息，而国治民福永无可达之期也。故今后建设之责，不得独委之于革命党，而先知先觉之国民当当仁不让而自负之也。夫革命先烈既舍身流血，而为其极艰极险之破坏事业于前矣，我国民宜奋勇继进，以完成此容易安全之建设事业于后也。国民！国民！当急起直追，万众一心，先奠国基于方寸之地为去旧更新之始，以成良心上之建设也。予请率先行之。誓曰：

> 孙文正心诚意，当众宣誓：从此去旧更新，自立为国民；尽忠竭力，拥护中华民国，实行三民主义，采用五权宪法；务使政治修明，人民安乐，措国基于永固，维世界之和平。此誓。

中华民国八年正月十二日　孙文立誓

此宣誓典礼本由政府执行之，然今日民国政府之自身尚未有此资格，则不得执行此典礼也。望有志之士，各于其本县组织一地方自治会，发起者互相照式宣誓。会成而后，由会中各员向全县人民执行之，必亲笔签名于誓章，举右手向众宣读之。其誓章藏之自治会，而发给凭照，必使普及于全县之成年男女。一县告竣，当助他县成立自治会以推行之。凡行此宣誓之典礼者，问良心，按法律，始得无憾而称为中华民国之国民，否则仍为清朝之遗民而已。民国之能成立与否，则全视吾国人之乐否行此归顺民国之典礼也。爱国之士，其率先行之！

附录：陈英士致黄克强书①

克强我兄足下：

美猥以菲材，从诸公后，犇走国事，于兹有年。每怀德音，谊逾骨肉。去夏征驭东发，美正欬痾在院，满拟力疾走别，握手倾愫，迺莫获我心。足下行期定矣，复以事先日就道，卒无从一面商榷区区之意于足下，缘何悭也！日者晤日友宫崎君②，述及近状，益眷眷国事，弥令美动"榛苓彼美"③、"风雨君子"④ 之思矣。

溯自辛亥以前，二三同志如谭、宋⑤辈过沪上时，谈及吾党健者，必交推足下，以为"孙氏理想，黄氏实行"。夫谓足下为革命实行家，则海内无贤无愚莫不异口同声，于足下无所增损。惟谓中山先生倾于理想，此语一入吾人脑际，遂使中山先生一切政见不易见诸施行，迨至今日犹有持此言以反对中山先生者也。然而征诸过去之事实，则吾党重大之失败，果由中山先生之理想误之邪⑥？抑认中山先生之理想为误而反对之致于失败邪？惟其前日认中山先生之理想为误，皆致失败；则于今日中山先生之所主张，不宜轻以为理想而不从，再贻他日之悔。此美所以追怀往事而欲痛涤吾非者也。爰胪昔日反对中山先生其历致失败之点之有负中山先生者数事以告，足下其亦乐闻之否邪？

---

① 陈其美，字英士，时在东京，为中华革命党总务部长；黄兴，字克强，时居美国。

② 宫崎寅藏，号滔天。

③ 语出《诗》"邶风·简兮"："山有榛，隰有苓。云谁之思？西方美人。"该诗为思念某伶人而作，以榛树与苓草的不同生长环境比喻伶人身份。后人喻以贤智者之作为或处境虽不同，但能各得其所。

④ 亦作"风雨不改"，语出《诗》"郑风·风雨"，该篇序曰："《风雨》，思君子也。乱世则思君子不改其度也。"《风雨》原是爱情诗，后人以此喻身处逆境而节操不变。

⑤ 谭人凤、宋教仁。

⑥ "邪"为"耶"古字，两字于语气词、助词同音同义。

当中山先生之就职总统也，海内风云，扰攘未已，中山先生政见一未实行，而经济支绌更足以掣其肘。俄国借款，经临时参议院之极端反对，海内士夫更藉口丧失利权，引为诟病。究其实，实交九七，年息五厘，即有担保，利权不碍。视后日袁氏五国财团借款之实交八二，盐税作抵，不足复益以四省地丁，且予以监督财政全权者，孰利孰害，孰得孰失，岂可同年语邪？乃群焉不察，终受经济影响，致妨政府行动。中山先生既束手无策，国家更濒于阽危。固执偏见，贻误大局，有负于中山先生者此其一。

及南北议和以后，袁氏当选临时总统。中山先生当时最要之主张，约有三事：一则袁氏须就职南京也。中山先生意谓南北声气未见调和，双方举动时生误会，于共和民国统一前途深恐多生障故，除此障故，非袁氏就职南京不为功。盖所以联络南北感情，以坚袁氏对于民党之信用，而祛民党对于袁氏之嫌疑也。二则民国须迁都南京也。北京为两代所都①，帝王痴梦，自由之钟所不能醒；官僚遗毒，江河之水所不能涮。必使失所凭藉，方足铲锄专制遗孽；迁地为良，庶可荡涤一般瑕秽耳。三则不能以清帝退位之诏全权授袁氏组织共和政府也。夫中华民国乃根据《临时约法》、取决人民代表之公意而后构成，非清帝、袁氏所得私相授受也。袁氏之临时总统乃得国民所公选之参议院议员推举之，非清帝所得任意取以予之也。故中山先生于此尤再三加之意焉。此三事者，皆中山先生当日最为适法之主张，而不惜以死力争之者也。乃竟听袁氏食其就职南京取决人民公意之前言，以演成弁髦约法、推翻共和之后患者，则非中山先生当日主张政见格而不行有以致之邪？试问中山先生主张政见之所以格而不行，情形虽复杂，而其重要原因，非由党人当日识未及此，不表同意有以致之邪？有负于中山先生者此其二。

其后中山先生退职矣，欲率同志为纯粹在野党，专从事扩张教育，振兴实业，以立民国国家百年根本之大计，而尽让政权于袁氏。吾人又以为空涉理想而反对之，且时有干涉政府用人行政之态度。卒至朝野冰炭，政党水火，既惹袁氏之忌，更起天下之疑。而中山先生谋国之苦衷，经世之硕画，转不能表白于天下而一收

---

①　两代指明、清。北京最早为周代燕国都城（名蓟，在今北京城西南隅），唐代辽国置为"南京"（亦称燕京）、南宋时金国迁都于此称"中都"，元朝又以之为都城称"大都"。

其效。有负于中山先生者此其三。

　　然以上之事，犹可曰一般党人之无识，非美与足下之过也。独在宋案发生，中山先生其时适归沪上，知袁氏将拨专制之死灰而负民国之付托也，于是誓必去之。所定计画，厥有两端：一曰联日。联日之举，盖所以孤袁氏之援，而厚吾党之势也。"日国亚东，于我为邻，亲与善邻，乃我之福。日助我则我胜，日助袁则袁胜。"此中山先生之言也。在中山先生认联日为重要问题，决意亲往接洽，而我等竟漠然视之，力尼其行，若深怪其轻身者。卒使袁氏伸其腕臂，孙宝琦、李盛铎东使，胥不出中山先生所料，我则失所与矣。（**文按：民党向主联日者，以彼能发奋为雄，变弱小而为强大，我当亲之师之，以图中国之富强也。不图彼国政府目光如豆，深忌中国之强，尤畏民党得志，而碍其蚕食之谋。故屡助官僚以抑民党，必期中国永久愚弱，以遂彼野心。彼武人政策，其横暴可恨，其愚昧亦可悯也。倘长此不改，则亚东永无宁日，而日本亦终无以倖免矣。东邻志士其有感于世运起而正之者乎？**）[1]　二曰速战。中山先生以为袁氏手握大权，发号施令，遣兵调将，行动极称自由；在我惟有出其不意，攻其无备，迅雷不及掩耳，先发始足制人。且谓："宋案证据既已确凿，人心激昂，民气愤张，正可及时利用，否则时机一纵即逝，后悔终嗟无及。"此亦中山先生之言也，乃吾人迟钝，又不之信，必欲静待法律之解决，不为宣战之预备。岂知当断不断，反受其乱，法律以迁延而失效，人心以积久而灰冷。时机坐失，计画不成，事欲求全，适得其反。设吾人初料及此，何致自贻伊戚耶？有负于中山先生者此其四。

　　无何，刺宋之案率于袁、赵[2]之蔑视国法，迟迟未结；五国借款又不经国会承认，违法成立。斯时反对之声，举国若狂。乃吾人又以为有国会在，有法律在，有各省都督之力争在，袁氏终当屈服于此数者而取消之。在中山先生则以为国会乃口舌之争，法律无抵抗之力，各省都督又多仰袁鼻息，莫敢坚持，均不足以戢予智自雄、拥兵自卫之野心家；欲求解决之方，惟有诉诸武力而已矣。其主张办法，一方面速兴问罪之师，一方面表示全国人民不承认借款之公意于五国财团。五国财团经中山先生之忠告，已允于二星期内停止付款矣。中山先生乃电令广东

---

　　① 以上圆括号内黑体字，为孙文附载本函时所加按语。

　　② 赵秉钧，时任国务总理。

独立，而广东不听；欲躬亲赴粤主持其事，吾人又力尼之，亦不之听；不得已令美先以上海独立，吾人又以上海弹丸地难与之抗，更不听之。当此之时，海军尚来接洽，自愿宣告独立，中山先生力赞其成，吾人以坚持海陆军同时并起之说，不欲为海军先发之计。寻而北军来沪，美拟邀击海上，不使登陆，中山先生以为然矣，足下又以为非计。其后海军奉袁之命开赴烟台，中山先生闻而欲止之，曰："海军助我则我胜，海军助袁则袁胜。欲为我助，则宜留之。开赴烟台，恐将生变。"美与足下则以海军既表同意于先，断不中变于后，均不听之。海军北上，入袁氏牢笼矣。嗣又有吴淞①炮台炮击兵舰之举，以生其疑而激之变，于是海军全部遂不为我用矣。且中山先生当时屡促南京独立，某等犹以下级军官未能一致诿。及运动成熟，中山先生决拟亲赴南京宣告独立，二三同志咸以军旅之事乃足下所长，于是足下遂有南京之役。夫中山先生此次主张政见，皆为破坏借款、推倒袁氏计也，乃迁延时日，逡巡不进，坐误时机，卒鲜寸效。公理见屈于武力，胜算卒败于金钱，信用不孚于外人，国法不加于袁氏。袁氏乃借欺人之语，举二千五百万磅②之外债，不用之为善后政费，而用之为购军械、充兵饷、买议员、赏奸细，以蹂躏南方、屠戮民党、攫取总统之资矣。设当日能信中山先生之言，即时独立，胜负之数尚未可知也。盖其时联军十万，拥地数省，李纯未至江西，芝贵不闻南下③，率我锐师，鼓其朝气以之声讨国贼，争衡天下无难矣。惜乎粤、湘诸省不独立于借款成立之初，李、柏④诸公不发难于都督取消之际，逮借款成立，外人助袁，都督变更，北兵四布，始起而讨之，盖亦晚矣！有负于中山先生者此其五。

夫以中山先生之智识，遇事烛照无遗，先几洞若观火，而美于其时贸贸然反对之，而于足下主张政见则赞成之惟恐不及。非美之感情故分厚薄于其间，亦以识不过人，智阃虑物，泥于"孙氏理想"一语之成见而已。盖以中山先生所提议者，胥不免远于事实，故怀挟成见，自与足下为近。岂知拘守尺寸，动失寻丈，

---

① 即吴淞口，为黄浦江出口处，时属江苏省宝山县，今改隶上海市宝山区。

② 磅（pound），此指英国货币单位，今译镑，或英镑，别称金镑。后文附录二亦作金磅。

③ 李纯，时任陆军第六师师长；段芝贵，时任察哈尔都统。一九一三年七月段芝贵调任第一军军长，会同李纯率兵攻江西。

④ 李烈钧，江西都督；柏文蔚，安徽都督。

贻误国事，罔不由此乎？虽然，"前事不忘，后事之师"；"前车已覆，来轸方遒"；"亡羊补牢，时犹未晚"；"见兔顾犬，机尚不失"。美之所见如此，未悉足下以为何如？自今而后，窃愿与足下共勉之耳。夫人之才识与时并进，知昨非而今未必是，能取善斯不厌从人。鄙见以为理想者，事实之母也。中山先生之提倡革命播因于二十年前，当时反对之者，举国士夫殆将一致，乃经二十年后卒能见诸实行者，理想之结果也。使吾人于二十年前即赞成其说，安见所悬理想，必迟至二十年之久始得收效？抑使吾人于二十年后犹反对之，则中山先生之理想不知何时始克形诸事实，或且终不成效果，至于靡有穷期者，亦难逆料也。故中山先生之理想能否证实，全在吾人之视察能否了解、能否赞同，以奉行不悖是已。夫"观于既往，可验将来"，此就中山先生言之也；"东隅之失，桑榆之收"，此就美等言之也。足下明敏，胜美万万，当鉴及此，何待美之喋喋？

　　然美更有不容已于言者：中山先生之意，谓革命事业旦暮可期，必不远待五年以后者。诚以民困之不苏，匪乱之不靖，军队之骄横，执政之荒淫，有一于此足以乱国，兼而有之，其何能淑？剥极必复，否极必泰，循环之理，不间毫发。乘机而起，积极进行，拨乱反正，殆如运掌。美虽愚阇，愿竭棉薄，庶乎中山先生之理想即见实行，不至如推倒满清之必待二十年以后。故中华革命党之组织，亦时势有以迫之也。

　　顾自斯党成立以来，旧日同志颇滋訾议，以为多事变更，予人瑕隙，计之左者。不知同盟结会于秘密时代，辛亥以后一变而为国民党，自形式上言之，范围日见扩张，势力固征膨胀。而自精神上言之，面目全非，分子复杂，薰莸同器，良莠不齐。腐败官僚，既朝秦而暮楚；龌龊败类，更覆雨而翻云。发言盈庭，谁执其咎；操戈同室，人则何尤？是故欲免败群，须去害马；欲事更张，必贵改弦。二三同志，亦有以谅中山先生惨憺经营、机关改组之苦衷否邪？

　　至于所定誓约有"附从先生，服从命令"等语，此中山先生深有鉴于前此致败之故，多由于少数无识党人误会平等自由之真意。盖自辛亥光复以后，国民未享受平等自由之幸福。临于其上者，个人先有缅规越矩之行为，权利则猎猎以争，义务则望望以去。彼此不相统摄，何能收臂指相使之功；上下自为从违，更难达精神一贯之旨。所谓"既不能令，又不受命"者，是邪非邪？故中山先生于此，欲相率同志纳于轨物，庶以统一事权；非强制同志尸厥官肢，尽失自由行动。美以为此后欲达革命目的，当重视中山先生主张，必如众星之拱北辰，而后星躔不乱其度数；必如江汉之宗东海，而后流派不至于纷歧①。县②目的以为之赴，而视力乃不分；有指车③以示之方，而航程得其向。不然，苟有党员如吾人昔日之反对中山先生者，以反对于将来，则中山先生之政见，又将误于毫厘千里之差、一国三公④之手。故遵守誓约，服从命令，美认为当然天职而绝无疑义者。足下其许为同志而降心相从否邪？

窃维美与足下共负大局安危之责，实为多年患难之交，意见稍或差池，宗旨务求一贯。惟以情睽地隔，传闻不无异词；缓进急行，举动辄多误会。相析疑义，道故班荆⑤，望足下之重来，有如望岁。迢迢水阔，怀人思长；嘤嘤鸟鸣，求友声切。务祈足下尅日命驾言旋，共肩艰钜。岁寒松柏，至老弥坚；天半云霞，萦情独苦。阴霾四塞，相期携手同仇；沧海横流，端赖和衷共济。於乎！长蛇封豕⑥，列强方逞荐食之谋；社鼠城狐⑦，内贼愈肆穿墉之技。飘摇予室，绸缪不忘未雨之思；邪许同舟，慷慨应击中流之楫。望风怀想，不尽依依。敬掬微忱，尚求指示。寒气尚重，诸维为国珍摄。言不罄意。

陈其美顿首

（按：此民国四年春之书也。）

---

　　① "岐"通"歧"，纷岐与纷歧同义。

　　② "縣"（简化字"县"）为"懸"（简化字"悬"）古字，此处通用。

　　③ 即指南车。

　　④ 语出《左传》"僖公三年"云："一国三公，吾谁适从？"三公指春秋时之晋献公及其子夷吾、重耳，谓献公为二子筑城，合国都而三，此成语喻事权不统一，使人无所适从。

　　⑤ 即"班荆道故"，语出《左传》"襄公二十六年"所载，春秋时楚人伍举与声子（即公孙归生）两人"遇之于郑郊，班荆相与食，而言复故"，意谓荆条铺地，坐以共食，相议归楚之事。此成语后常指故友重逢叙旧。

　　⑥ 原作"封豕长蛇"，语出《左传》"定公四年"所载，"封豕"即大野猪，以大猪长蛇喻贪婪凶暴之人。

　　⑦ 原作"城狐社鼠"，语出《晋书》"谢鲲传"，而前此《晏子春秋》"内篇·问上"已譬及"社鼠"。意谓城墙洞穴之狐与土地庙之鼠，因人思掘狐恐毁及城墙、熏鼠恐烧及社庙而有所忌惮。此成语喻仗势作恶而难以驱除之人。

第七章　不知亦能行

或曰："诚如先生所言，今日文明已进于科学时代，凡有兴作，必先求知而后从事于行，则中国富强事业非先从事于普及教育，使全国人民皆有科学知识不可。按以先生之新发明'行之非艰，知之惟艰'，又按之古人之言'十年树木，百年树人'，则教育之普及非百十年不为功。乃先生之论，有一跃而能致中国于富强隆盛之地者，其道何由？"曰：子徒知知之而后能行，而不知"不知亦能行"也。当科学未发明之前，固全属不知而行，及行之而犹有不知者，故凡事无不委之于天数气运，而不敢以人力为之转移也。迨人类渐起觉悟，始有由行而后知者，乃甫有欲尽人事者矣，然亦不能不听之于天也。至今科学昌明，始知人事可以胜天，凡所谓天数气运者，皆心理之作用也。然而科学虽明，惟人类之事仍不能悉先知之而后行之也，其不知而行之事，仍较于知而后行者为尤多也。且人类之进步皆发轫于不知而行者也，此自然之理则，而不以科学之发明为之变易者也。故人类之进化，以不知而行者为必要之门径也。夫习练也，试验也，探索也，冒险也，之四事者乃文明之动机也。生徒之习练也，即行其所不知以达其欲能也。科学家之试验也，即行其所不知以致其所知也。探索家之探索也，即行其所不知以求其发见也。伟人杰士之冒险也，即行其所不知以建其功业也。由是观之，行其所不知者，于人类则促进文明，于国家则图致富强也。是故不知而行者，不独为人类所皆能，亦为人类所当行，而尤为人类之欲生存发达者之所必要也。有志国家富强者，宜黾勉力行也。

夫古今来一跃而致隆盛者不可胜数，即近代之列强，亦多有跻于强盛而后乃从事于教育者。夫以中国现在之地位，现有之知识，已良足一跃而致隆盛，比肩于今世之列强矣。所以不能者，究非在于不知不行也。而向来之积弱退化有如江流日下者，其原因实在政府官吏之腐败，倒行逆施，积极作恶也。其大者，则有欲图一己之私，而至于牺牲国家而不恤；其次者，则以一督军一师长而年中聚敛，动至数百万数十万；又其次者，则种种之作弊，无一不为斲丧国家之元气，伤残人民之命脉。比之他国之政策务在保民而治，奖士、劝农、励工、惠商以图富强者，则我无一不与之相反也。由此观之，若政府官吏能无为而治，不倒行逆施，不积极作恶以害国害民，则中国之强盛已自然可致，而不待于发奋思为。是今日图治之道，兴利尚可缓，而除害尤宜急；倘能除害，则自然之进化，已足登中国于强盛之地矣。何以言之？夫国之贫弱必有一定之由也，有以地小而贫者，有以地瘠而贫者，有以民少而弱者，有以民愚而弱者，此贫弱之四大原因也。乃中国之土地则四百余万方咪之广，居世界之第四，尚在美国之上。而物产之丰，宝藏之富，实居世界之第一。至于人民之数则有四万万，亦为世界之第一。而人民之聪明才智自古无匹，承五千年之文化，为世界所未有，千百年前已尝为世界之雄矣。四大贫弱之原因，我曾无一焉。然则何为而贫弱至是也？曰：官吏贪污、政治腐败之为害也。倘此害一除，则致中国之富强，实头头是道也。在昔异族专制之时，官吏为君主之鹰犬，高居民上，可任意为恶，民无可如何也。今经革命之后，专制已覆，人民为一国之主，官吏不过为人民之仆，当受人民之监督制裁也。其循良者吾民当任用之，其酷劣者当淘汰之而已。为人民者只知除害足矣，为此需要，不必待于普通教育科学知识，而凡人有切身利害，皆能知能行也。国害一除，则国利自兴，而富强之基于是乎立。是中国今日欲富强则富强矣，几有不待一跃之功也。

中国为世界最古之国，承数千年文化，为东方首出之邦。未与欧美通市以前，中国在亚洲之地位，向无有与之匹敌者。即间被外族入寇，如元、清两代之僭主中国，然亦不能不奉中国之礼法。而其他四邻之国，或入贡称藩，或来朝亲善，莫不羡慕中国之文化，而以中国为上邦也。中国亦素自尊大，目无他国，习惯自然，遂成为孤立之性。故从来若欲有所改革，其采法惟有本国，其取资亦尽于本国而已，其外则无可取材借助之处也。是犹孤人之处于荒岛，其所需要皆一人为之，不独自耕而食，自织而衣，亦必自爨而后得食，自缝而后得衣，其劳苦繁难不可思议，然其人亦习惯自然，而不知有社会互助之便利，人类交通之广益也。倘时移势变，此荒岛一旦成为世界航路之中枢，海客接踵而至，有悯此孤人之劳苦者，劝之曰："君不必事事躬亲，只从所长专于一业足矣，其他当有人为君效劳也。"其人必不之信，盖以为一己之才力所不能致者，则为必不可能之事也。此犹今日中国之人，不信中国之富强可坐而致者，同一例也。盖中国之孤立自大由来已久，而向未知国际互助之益，故不能取人之长，以补己之短。中国所不知所不能者，则以为必无由以致之也。虽闭关自守之局为外力所打破者已六七十年，而思想则犹是闭关时代、荒岛孤人之思想，故尚不能利用外资、利用外才以图中国之富强也。夫今日立国于世界之上，犹乎人处于社会之中，相资为用、互助以成者也。中国之为国，拥有广大之土地、无量之富源、众多之人力，是无异一富家翁享有广大之田园、盈仓之财宝、众多之子孙而乃不善治家，田园则任其荒芜，财宝则封锁不用，子孙则日事游荡，而举家则饥寒交迫，朝不保夕，此实中国今日之景象也。呜呼！谁为为之？孰令致之？吾国人果知天下兴亡，匹夫有责，则人人当自奋矣！

夫以中国之人处中国之地，际当今之时，而欲致中国于富强之境，其道固多矣。今试陈其一，即利用今回世界大战争各国新设之制造厂，为开发我富源之利器是也。夫此等工厂专为供给战品而设，今大战已息，此等工厂将成为废物矣，其佣于此等工厂之千百万工人亦将失业矣，其投于此等工厂之数十万万资本将无从取偿矣。此为欧美战后问题之一大烦难，而彼中政治家尚无解决之方也。倘我中国人能利用此机会，藉彼将废之工厂以开发我无穷之富源，则必为各国所乐许也。此所谓天与之机。语曰："天与不取，必受其祸。"① 倘我失此不图，则三五年后欧美工业悉复原状，则其发达必十倍于前，而商战起矣。吾中国手工之工业，必不能与彼之新机械大规模之工业竞争，如此则我工商之失败必将见于十年之内矣。及今图之，则数年之间我之机器工业亦可发达，则此祸可免。此以实业救国之道也，国人其注意之。

今之美国，吾人知其为世界最富最强之国也，然其所以致富强者，实业发达也。当其发展实业之初也，资本则悉借之欧洲，人才亦多聘之欧洲，而工人且有招之中国。其进行则多由冒险试验，而少出于计画统筹，且向未遇各国有投闲置散之全备工厂，为彼取材之机会如我之今日也。而其富源尚不及我之丰盛。然其实业之发达，今已为世界冠矣。试以其钢、铁、炭、油之出产而观其成绩。美国一千九百十六年所产铁四千万顿，钢四千三百四十八万顿，而我国每年所产之钢

---

① 语出《国语》"越语下"范蠡所言，原文是："天予不取，反为之灾。"

铁不过二十余万顿，较之美国不过四百分之一耳。美国同年所产煤炭五万八千七百四十七万顿，等于九千八百万匹马力；所产燃油二万九千二百三十万桶，等于一千九百七十五万匹马力；所产自然汽约三百万匹马力；所发展水力电约六百万匹马力。夫钢铁者，实业之体也；炭、油、汽、电者，实业之用也。统计美国所发展之自然力约一万六千六百七十五万匹马力，以一马力等八人力计之，则美国约有一十三万万有奇之人力以助之生产。其人口一万万，除人力作工之外，每人尚有十三人之机器力为之助，而此十三人之机力乃夜以继日连作二十四时之工而不歇者，而人之作工每日八时耳，机力则每日多作三倍之工，是一机力无异三人也，而十三人之机力则等于三十九人矣。《大学》曰："生之者众，食之者寡，为之者疾，用之者舒，则财恒足矣。"此美国之所以富也。我中国人口四万万，除老少而外，能作工者不过二万万人。然因工业不发达，虽能作工者亦恒无工可作，流为游手好闲而寄食于人者或亦半之，如是有工可作者不过一万万人耳。且此一万万人之中，又不尽作生利之工，而半为消耗之业，其为生产之事业者实不过五千万人而已。由此观之，中国八人中不过一人生产耳。此国之所以贫，尚过于韩愈所云："农之家一而食粟之家六，工之家一而用器之家六，贾之家一而资焉之家六，奈之何民不穷且盗也。"较之美国人口一万万而当有五千万人有工可作，而每人更有三十九人之机器力以助之，即三十九人有半作工以给一人，此其所以不患贫反忧生产之过盛，供过于求，而岌岌向外以觅市场为尾闾之疏泄也。此贫弱富强之所由分，亦商战胜败之所由决也。

然则今日欲求迅速之法，以发展中国之财源，而立救贫弱者，其道为何？倘以中国而言，则本无其法，更无迅速之法也。若欲中国之实业于十年之间而发达至美国现在之程度，则中国人不独不能知、不能行，且为梦想所不能及也。是犹望荒岛之孤人，以一人之力而发展其荒岛，使之田园尽辟，道路悉修，港湾深浚，市场繁盛，楼宇林立，公园宏伟，居宅丽都，生活优逸，如此，虽延长其寿命至万年，彼必无由以成此等之事业也。然若荒岛之孤人，肯出其岩穴所埋藏累累之金块明珠，以与海客谋，将其荒岛发展成为繁盛华丽之海市，而许酬以相当之金块明珠，则必有人焉，为之经营，为之筹画，为之招集人才，为之搜罗资料，不期年而诸事可以毕集矣。荒岛孤人直可从心所欲，坐享其成耳。中国之欲发展其工商事业，其道亦犹是也。故其问题已不在能知不能知、能行不能行也，而直在欲不欲耳。

夫以中国之地位，中国之富源，处今日之时会，倘吾国人民能举国一致，欢迎外资，欢迎外才，以发展我之生产事业，则十年之内吾实业之发达必能并驾欧美矣。如其不信，请观美国工业发达之速率，可以知矣。当十余年前美国之议继凿巴拿玛运河也，初拟以二十年为期以达成功，及后实行施工，不过八年而毕厥事。是比其数年前所知之工程，已加速二倍半矣。及美国对德宣战而后，其战时之工业进步更令人不可思议。往时非数十年所不能成者，而今则一年可成之矣。如造船也，昔需一两年而造成一艘者，今则二十余日可成矣。倘以战时大规模、大组织之工程，施之于建筑巴拿玛运河，则一个月间便可成一运河矣。有此非常速率之工程，若吾国人能晓然于互助之利，交换之益，用人所长，补我所短，则数年之间即可将中国之实业造成如美国今日矣。

中国实业之发达，固不仅中国一国之益也，而世界亦必同沾其利。故世界之专门名家无不乐为中国效力，如海客之欲为荒岛孤人效力者一也。予近日致各国政府《国际共同发展中国实业计画》一书①，已得美国大表赞同，想其他之国当必惟美国之马首是瞻也。果尔，则此后只须中国人民之欲之而已。倘知此为兴国之要图，为救亡之急务，而能万众一心，举国一致，而欢迎列国之雄厚资本，博大规模，宿学人才，精练技术，为我筹画，为我组织，为我经营，为我训练，则十年之内，我国之大事业必能林立于国中，我实业之人才亦同时并起。十年之后，则外资可以陆续偿还，人才可以陆续成就，则我可以独立经营矣。若必俟我教育之普及、知识之完备而后始行，则河清无日，坐失良机，殊可惜也。必也治本为先，救穷宜急，"衣食足而知礼节，仓廪实而知荣辱"②，实业发达，民生畅遂，此时普及教育乃可实行矣。今者宜乘欧战告终之机，利用其战时工业之大规模，以发展我中国之实业，诚有如反掌之易也。故曰"不知亦能行"者，此也。

----

①　此原附录于本章末后，题为《国际共同发展中国实业计画书——补助世界战后整顿实业之方法（原稿英文）》，因与《建国方略之二·实业计画》所载绪论部分重复，故孙文于校订《建国方略》再版本时将之删去。

②　语出《管子》"牧民第一"，原文是："仓廪实则知礼节，衣食足则知荣辱。"按：汉代《史记》、《盐铁论》等书引录时，两"则"字皆作"而"。

第八章　有志竟成①

夫事有顺乎天理，应乎人情，适乎世界之潮流，合乎人群之需要，而为先知先觉者所决志行之，则断无不成者也。此古今之革命维新、兴邦建国等事业是也。予之提倡共和革命于中国也，幸已达破坏之成功，而建设事业虽未就绪，然希望日佳，予敢信终必能达完全之目的也。故追述革命原起，以励来者，且以自勉焉。

夫自民国建元以来，各国文人学士之对于中国革命之著作，不下千数百种，类多道听途说之辞，鲜能知革命之事实。而于革命之原起，更无从追述，故多有本于予之《伦敦被难记》第一章之革命事由。该章所述本甚简略，且于二十余年之前，革命之成否尚为问题，而当时虽在英京，然亦事多忌讳，故尚未敢自承兴中会为予所创设者，又未敢表示兴中会之本旨为倾覆满清者。今于此特修正之，以辅事实也。

兹篇所述，皆就予三十年来所记忆之事实而追述之。由立志之日起至同盟会成立之时，几为予一人之革命也，故事甚简单，而于赞襄之要人皆能一一录之无遗。自同盟会成立以后，则事体日繁，附和日众，而海外热心华侨、内地忠烈志士、各重要人物不能一一毕录于兹篇，当俟之修革命党史时，乃能全为补录也。

予自乙酉中法战败之年，始决倾覆清廷、创建民国之志。由是以学堂为鼓吹之地，借医术为入世之媒，十年如一日。当予肄业于广州博济医学校②也，于同学中物识有郑士良号弼臣者，其为人豪侠尚义，广交游，所结纳皆江湖之士，同学中无有类之者。予一见则奇之，稍与相习，则与之谈革命。士良一闻而悦服，

---

① 本章初拟名"革命缘起"，后改为"有志竟成"，故后人抽印成单行本时有以《革命缘起》为书名者。

② 此指一八三五年美国公理宗美部会（The American Board of Congregationers for Foreign Missions）传教医生伯驾（Peter Parker）在广州创办的 Canton Hospital，中文名初称广济眼科医院，一八六六年改名博济医院；继任院长嘉约翰（John Glasgow Kerr）于一八五五年起在医院内开班授业，一八八六年孙文入院学医。该院于一九三〇年由岭南大学接管，今为中山大学附属第二医院——孙逸仙纪念医院。

并告以彼曾投入会党，如他日有事，彼可为我罗致会党以听指挥云。予在广州学医甫一年，闻香港有英文医校①开设，予以其学课较优，而地较自由，可以鼓吹革命，故投香港学校肄业。数年之间，每于学课余暇，皆致力于革命之鼓吹，常往来于香港、澳门之间，大放厥辞，无所忌讳。时闻而附和者，在香港只陈少白、尤少纨②、杨鹤龄三人，而上海归客则陆皓东而已。若其他之交游，闻吾言者，不以为大逆不道而避之，则以为中风病狂相视也。予与陈、尤、杨三人常住香港，昕夕往还，所谈者莫不为革命之言论，所怀者莫不为革命之思想，所研究者莫不为革命之问题。四人相依甚密，非谈革命则无以为欢，数年如一日。故港澳间之戚友交游，皆呼予等为"四大寇"。此为予革命言论之时代也。

及予卒业之后，悬壶于澳门、羊城两地以问世，而实则为革命运动之开始也。时郑士良则结纳会党、联络防营，门径既通，端倪略备。予乃与陆皓东北游京津，以窥清廷之虚实；深入武汉，以观长江之形势。至甲午中东战起，以为时机可乘，乃赴檀岛③、美洲④，创立兴中会，欲纠合海外华侨以收臂助。不图风气未开，人心锢塞，在檀鼓吹数月，应者寥寥，仅得邓荫南与胞兄德彰⑤二人愿倾家相助，及其他亲友数十人之赞同而已。时适清兵屡败，高丽既失，旅、威⑥继陷，京津亦岌岌可危，清廷之腐败尽露，人心愤激。上海同志宋跃如⑦乃函促归国，美洲之行因而中止，遂与邓荫南及三五同志返国以策进行。欲袭取广州以为根据，遂开乾亨行于香港为干部，设农学会于羊城为机关。当时赞襄干部事务者，有邓荫

---

① 即创办于一八八七年的香港西医书院，原名 The College of Medicine for Chinese, Hongkong，一九〇七年改称 The College of Medicine, Hongkong，一九一三年并入香港大学。

② 尤列，字少纨。按：尤本字为汄，历史上多混用，尤列本人晚年常自书汄，坊间出版物因有改尤为汄者；然据编者多年前曾至其桑梓广东顺德北水乡实地调查，获悉其族人皆世代用尤姓，且孙文的著述亦作尤，故从原文。

③ 檀岛即檀香山岛，檀香山又简称檀山，是当时华人对夏威夷群岛（Hawaii Islands）的通称，原为君主立宪国家，于一八九八年成为美国属地（territory）。当地华侨又习称夏威夷首府火奴鲁鲁（Honolulu）为檀香山正埠，或檀香山大埠（简称檀山正埠或檀山大埠）；现今"檀香山"则通常专指火奴鲁鲁。

④ 此处之美洲及下文美洲大陆者，均指美国。

⑤ 孙眉，谱名德彰。

⑥ 旅顺、威海卫。旅顺今为辽宁省大连市旅顺口区，威海卫今为山东省威海市。

⑦ 宋嘉树，号跃如，亦作耀如。

南、杨衢云、黄咏商、陈少白等；而助运筹于羊城机关者，则陆皓东、郑士良并欧美技师及将校数人也。予则常往来广州、香港之间。惨淡经营已过半载，筹备甚周，声势颇众。本可一击而生绝大之影响，乃以运械不慎，致海关搜获手枪六百余杆，事机乃泄，而吾党健将陆皓东殉焉，此为中国有史以来为共和革命而牺牲者之第一人也。同时被株连而死者则有丘四、朱贵全二人。被捕者七十余人，而广东水师统带程奎光与焉，后竟病死狱中；其余之人，或囚或释。此乙未九月九日①，为予第一次革命之失败也。

　　败后三日，予尚在广州城内。十余日后，乃得由间道脱险出至香港。随与郑士良、陈少白同渡日本，略住横滨。时予以返国无期，乃断发改装，重游檀岛。而士良则归国收拾余众，布置一切，以谋卷土重来。少白则独留日本，以考察东邦国情。予乃介绍之于日友菅原传，此友为往日在檀所识者。后少白由彼介绍于曾根俊虎，由俊虎而识宫崎弥藏，即宫崎寅藏之兄也。此为革命党与日本人士相交之始也。

　　予到檀岛后，复集合同志以推广兴中会，然已有旧同志以失败而灰心者，亦有新闻道而赴义者，惟卒以风气未开，进行迟滞。以久留檀岛无大可为，遂决计赴美，以联络彼地华侨，盖其众比檀岛多数倍也。行有日矣，一日散步市外，忽遇有驰车迎面而来者，乃吾师康德黎②与其夫人也。吾遂一跃登车，彼夫妇不胜诧异，几疑为暴客，盖吾已改装易服，彼不认识也。予乃曰："我孙逸仙也。"遂相笑握手。问以何为而至此，曰："回国道经此地，舟停而登岸流览风光也。"予乃趁车同游，为之指导。游毕登舟，予乃告以予将作环绕地球之游，不日将由此赴美，随将到英，相见不远也。遂欢握而别。

　　美洲华侨之风气蔽塞，较檀岛尤甚。故予由太平洋东岸之三藩市登陆，横过美洲大陆，至大西洋西岸之纽约市，沿途所过多处，或留数日，或十数日。所至皆说以祖国危亡，清政腐败，非从民族根本改革无以救亡，而改革之任人人有责。然而劝者谆谆，听者终归藐藐，其欢迎革命主义者，每埠不过数人或十余人而已。

---

　　①　即一八九五年十月二十六日，阴历九月初九日为重阳节。
　　②　康德黎（James Cantlie），英国人，孙文就读于香港西医书院时曾任该校教务长兼授课教师。

　　然美洲各地华侨多立有洪门会馆。洪门者，创设于明朝遗老，起于康熙时代。盖康熙以前，明朝之忠臣烈士多欲力图恢复，誓不臣清，舍生赴义，屡起屡蹶，与虏拼命，然卒不救明朝之亡。迨至康熙之世，清势已盛，而明朝之忠烈亦死亡殆尽。二三遗老见大势已去，无可挽回，乃欲以民族主义之根苗流传后代，故以"反清复明"之宗旨结为团体，以待后有起者，可藉为资助也。此殆洪门创设之本意也。然其事必当极为秘密，乃可防政府之察觉也。夫政府之爪牙为官吏，而官吏之耳目为士绅，故凡所谓士大夫之类皆所当忌而须严为杜绝者，然后其根株乃能保存，而潜滋暗长于异族专制政府之下。以此条件而立会，将以何道而后可？必也以最合群众心理之事迹，而传民族国家之思想。故洪门之拜会，则以演戏为之，盖此最易动群众之视听也。其传布思想，则以不平之心、复仇之事导之，此最易发常人之感情也。其口号暗语，则以鄙俚粗俗之言以表之，此最易使士大夫闻而生厌、远而避之者也。其固结团体，则以博爱施之，使彼此手足相顾，患难相扶，此最合夫江湖旅客、无家游子之需要也。而最终乃传以民族主义，以期达其反清复明之目的焉。国内之会党常有与官吏冲突，故犹不忘其与清政府居于反对之地位，而"反清复明"之口头语尚多了解其义者。而海外之会党多处于他国自由政府之下，其结会之需要不过为手足患难之联络而已，政治之意味殆全失矣，故"反清复明"之口语亦多有不知其义者。当予之在美洲鼓吹革命也，洪门之人初亦不明吾旨，予乃反而叩之"反清复明"何为者，彼众多不能答也。后由在美之革命同志鼓吹数年，而洪门之众乃始知彼等原为民族老革命党也。然当时予之游美洲也，不过为初期之播种，实无大影响于革命前途也，然已大触清廷之忌矣。故于甫抵伦敦之时，即遭使馆之陷，几致不测。幸得吾师康德黎竭力营救，始能脱险。此则檀岛之邂逅近真有天幸存焉，否则吾尚无由知彼之归国，彼亦无由知吾之来伦敦也。

　　伦敦脱险后则暂留欧洲，以实行考察其政治风俗，并结交其朝野贤豪。两年之中所见所闻，殊多心得，始知徒致国家富强、民权发达如欧洲列强者，犹未能登斯民于极乐之乡也。是以欧洲志士，犹有社会革命之运动也。予欲为一劳永逸之计，乃采取民生主义，以与民族、民权问题同时解决。此三民主义之主张所由完成也。时欧洲尚无留学生，又鲜华侨，虽欲为革命之鼓吹，其道无由。然吾生平所志，以革命为唯一之天职，故不欲久处欧洲，旷废革命之时日，遂往日本。以其地与中国相近，消息易通，便于筹画也。

抵日本后，其民党①领袖犬养毅遣宫崎寅藏、平山周二人来横滨欢迎，乃引至东京相会，一见如旧识，抵掌谈天下事甚痛快也。时日本民党初握政权，大隈②为外相，犬养为之运筹，能左右之。后由犬养介绍，曾一见大隈、大石、尾崎③等，此为予与日本政界人物交际之始也。随而识副岛种臣④及其在野之志士如头山、平冈、秋山、中野、铃木⑤等，后又识安川、犬塚、久原⑥等。各志士之对于中国革命事业，先后多有资助，尤以久原、犬塚为最。其为革命奔走始终不懈者，则有山田兄弟、宫崎兄弟、菊池、萱野⑦等。其为革命尽力者，则有副岛、寺尾⑧两博士。此就其直接于予者而略记之，以志不忘耳。其他间接为中国革命党奔走尽力者尚多，不能于此一一悉记，当俟之革命党史也。

日本有华侨万余人，然其风气之锢塞、闻革命而生畏者，则与他处华侨无异也。吾党同人有往返于横滨、神户之间鼓吹革命主义者，数年之中而慕义来归者，不过百数十人而已。以日本华侨之数较之，不及百分之一也。向海外华侨之传播革命主义也，其难固已如此，而欲向内地以传布，其难更可知矣。内地之人，其闻革命排满之言而不以为怪者，只有会党中人耳。然彼众皆知识薄弱，团体散漫，凭藉全无，只能望之为响应，而不能用为原动力也。由乙未初败以至于庚子，此五年之间，实为革命进行最艰难困苦之时代也。盖予既遭失败，则国内之根据、

---

①　此指成立于一八九六年三月的进步党，领导人为该党总裁大隈重信、常议员犬养毅。一八九八年六月二十二日，日本两大"民党"即进步党与自由党（党魁板垣退助）合并为宪政党。

②　大隈重信，一八九七年秋孙文至东京之时，任日本"松（松方正义）隈内阁"外务大臣兼农商务大臣。一八九八年六月三十日组成"隈板（板垣退助）内阁"，即文中所言"日本民党初握政权"者，大隈任总理大臣兼外务大臣。

③　大石正巳，"隈板内阁"农商务大臣；尾崎行雄，"隈板内阁"文部大臣，该职位于一八九八年十月由犬养毅接替。

④　副岛种臣，时任日本枢密院副议长。

⑤　头山满、平冈浩太郎、秋山定辅、中野德次郎、铃木久五郎。

⑥　安川敬一郎、犬塚信太郎、久原房之助。

⑦　山田良政、山田纯三郎、宫崎弥藏、宫崎寅藏、菊池良一、萱野长知。

⑧　副岛义一、寺尾亨。

个人之事业、活动之地位，与夫十余年来所建立之革命基础，皆完全消灭，而海外之鼓吹又毫无效果。适于其时有保皇党①发生，为虎作伥，其反对革命、反对共和比之清廷为尤甚。当此之时，革命前途黑暗无似，希望几绝，而同志尚不尽灰心者，盖正朝气初发时代也。

随予乃命陈少白回香港创办《中国报》②，以鼓吹革命；命史坚如入长江，以联络会党；命郑士良在香港设立机关，招待会党。于是乃有长江会党及两广、福建会党并合于兴中会之事也③。旋遇清廷有排外之举，假拳党④以自卫，有杀洋人、围使馆之事发生，因而八国联军之祸起矣。予以为时机不可失，乃命郑士良入惠州，招集同志以谋发动；而命史坚如入羊城，招集同志以谋响应。筹备将竣，予乃与外国军官数人绕道至香港，希图从此潜入内地，亲率健儿，组织一有秩序之革命军以救危亡也。不期中途为奸人告密，船一抵港即被香港政府监视，不得登岸，遂致原定计画不得施行。乃将惠州发动之责委之郑士良，而命杨衢云、李纪堂、陈少白等在香港为之接济。予则折回日本，转渡台湾，拟由台湾设法潜渡内地。时台湾总督儿玉⑤颇赞中国之革命，以北方已陷于无政府之状态也，乃饬民政长官后藤⑥与予接洽，许以起事之后，可以相助。予于是一面扩充原有计画，就地加聘军官，盖当时民党尚无新知识之军人也。而一面令士良即日发动，并改原定计画，不直逼省城，而先占领沿海一带地点，多集党众，以候予来乃进行攻取。士良得令，即日入内地，亲率已集合于三洲田⑦之众，出

---

① 一八九九年七月康有为在加拿大创立"保救大清皇帝会"，简称保皇会，时人亦称保皇党。该会在各洲二百余埠华侨中建立总会和支会，拥有会员一百多万人。一九〇七年改名帝国宪政会。

② 原称《中国日报》，创刊后曾同时发行《中国旬报》，当时亦将此两者合称为《中国报》。

③ 一八九九年十月，兴中会邀长江流域的哥老会、南部数省的三合会首领集会于香港，决定成立三会联合组织"兴汉会"，推举孙文为总会长。

④ 指义和拳，后改名义和团。

⑤ 儿玉源太郎。

⑥ 后藤新平。

⑦ 三洲田圩，时属广州府新安县，与惠州府归善县接壤，过去有误为惠州府属者。该圩原址因建水库已不复存在，后另建三洲田新村，现属深圳市。

而攻扑新安深圳①之清兵，尽夺其械。随而转战于龙冈、淡水、永湖、梁化、白芒花、三多祝等处，所向皆捷，清兵无敢当其锋者。遂占领新安大鹏②至惠州平海③一带沿海之地，以待予与干部人员之入，及武器之接济。不图惠州义师发动旬日，而日本政府忽而更换，新内阁总理伊藤氏④对中国方针与前内阁大异，乃禁制台湾总督不许与中国革命党接洽，又禁武器出口及禁日本军官投效革命军者，而予潜渡之计画乃为破坏。遂遣山田良政与同志数人往郑营报告一切情形，并令之相机便宜行事。山田等到郑士良军中时，已在起事之后三十余日矣。士良连战月余，弹药已尽，而合集之众足有万余人，渴望干部、军官及武器之至甚切。而忽得山田所报消息，遂立令解散，而率其原有之数百人间道出香港。山田后以失路为清兵所擒被害。惜哉！此为外国义士为中国共和牺牲者之第一人也。当郑士良之在惠州苦战也，史坚如在广州屡谋响应，皆不得当，遂决意自行用炸药攻毁两广总督德寿之署⑤而歼之。炸发不中，而史坚如被擒遇害，是为共和殉难之第二健将也。坚如聪明好学、真挚恳诚与陆皓东相若，其才貌英姿亦与皓东相若，而二人皆能诗能画亦相若。皓东沉勇，坚如果毅，皆命世之英才，惜皆以事败而牺牲。元良沮丧，国士沦亡，诚革命前途之大不幸也！而二人死节之烈，浩气英风，实足为后死者之模范。每一念及，仰止无穷。二公虽死，其精灵之萦绕吾怀者，无日或间也。庚子之役，为予第二次革命之失败也。

经此失败而后，回顾中国之人心，已觉与前有别矣。当初次之失败也，举国舆论莫不目予辈为乱臣贼子，大逆不道，咒诅谩骂之声不绝于耳；吾人足迹所到，凡认识者几视为毒蛇猛兽，而莫敢与吾人交游也。惟庚子失败之后，则鲜闻一般人之恶声相加，而有识之士且多为吾人扼腕叹惜，恨其事之不成矣。前后相较，差若天渊。吾人睹此情形，中心快慰不可言状，知国人之迷梦已有渐醒之兆。加

---

① 即新安县之深圳圩。新安于民国初恢复宝安旧名（晋代置宝安县），今撤宝安县建深圳市，于市内设宝安区。

② 即新安县之大鹏镇，今属深圳市。

③ 即惠州府归善县之平海镇，今属惠州市惠东县。

④ 伊藤博文。

⑤ 此事发生于一九〇〇年十月底即惠州起义失败之后，史坚如所炸者为广东巡抚、署理两广总督德寿的抚署。

以八国联军之破北京，清后、帝之出走，议和之赔款九万万两而后，则清廷之威信已扫地无余。而人民之生计从此日蹙，国势危急有岌岌不可终日，有志之士多起救国之思，而革命风潮自此萌芽矣。

时适各省派留学生至日本之初，而赴东求学之士，类多头脑新洁，志气不凡，对于革命理想感受极速，转瞬成为风气。故其时东京留学界之思想言论，皆集中于革命问题。刘成禺在学生新年会大演说革命排满，被清公使逐出学校。而戢元成〔丞〕、沈虬斋、张溥泉①等则发起《国民报》，以鼓吹革命。留东学生提倡于先，内地学生附和于后，各省风潮从此渐作。在上海则有章太炎、吴稚晖、邹容等借《苏报》以鼓吹革命，为清廷所控，太炎、邹容被拘囚租界监狱，吴亡命欧洲。此案涉及清帝个人，为朝廷与人民聚讼之始，清朝以来所未有也。清廷虽讼胜，而章、邹不过仅得囚禁两年而已，于是民气为之大壮。邹容著有《革命军》一书，为排满最激烈之言论，华侨极为欢迎，其开导华侨风气为力甚大。此则革命风潮初盛时代也。

壬寅、癸卯之交，安南总督韬美氏②托东京法公使③屡次招予往见，以事未能成行。后以河内开博览会，因往一行。到安南时，适韬美已离任回国，嘱其秘书长哈德安④招待甚殷。在河内时，识有华商黄龙〔隆〕生、甄吉亭、甄璧、杨寿彭、曾齐等，后结为同志，于钦廉、河口等役尽力甚多。河内博览会告终之后，予再作环球漫游，取道日本、檀岛而赴美欧。过日本时，有廖仲恺夫妇、马君武、胡毅生、黎仲实等多人来会，表示赞成革命。予乃托以在东物识有志学生，结为团体，以任国事，后同盟会之成立多有力焉。自惠州失败以至同盟会成立之间，其受革命风潮所感，兴起而图举义者，在粤则有李纪堂、洪全福之事，在湘则有黄克强、马福益之事，其事虽不成，人多壮之。海外华侨亦渐受东京留学界及内地革命风潮之影响，故予此次漫游所到，凡有华侨之处莫不表示欢迎，较之往昔大不同矣。

---

① 戢翼翚，字元丞；沈翔云，字虬斋；张继，字溥泉。

② 韬美（Paul Doumer），今译杜梅，时为法属印度支那总督。印度支那联邦成立于一八八七年，包括越南三圻及柬埔寨，一八九三年又将老挝并入。

③ 即阿尔芒（François Jules Harmand），时为法国驻日本公使。

④ 哈德安（Charles Hardouin），今译阿杜安。

　　乙巳春间，予重至欧洲，则其地之留学生已多数赞成革命。盖彼辈皆新从内地或日本来欧，近一二年已深受革命思潮之陶冶，已渐由言论而达至实行矣。予于是乃揭橥吾生平所怀抱之三民主义、五权宪法以号召之，而组织革命团体焉。于是开第一会于比京①，加盟者三十余人；开第二会于柏林，加盟者二十余人；开第三会于巴黎，加盟者亦十余人。开第四会于东京，加盟者数百人，中国十七省之人皆与焉，惟甘肃尚无留学生到日本，故阙之也。此为革命同盟会成立之始。因当时尚多讳言"革命"二字，故只以同盟会见称，后亦以此名著焉。自革命同盟会成立之后，予之希望则为之开一新纪元。盖前此虽身当百难之冲，为举世所非笑唾骂，一败再败，而犹冒险猛进者，仍未敢望革命排满事业能及吾身而成者也；其所以百折不回者，不过欲有以振起既死之人心，昭苏将尽之国魂，期有继我而起者成之耳。及乙巳之秋，集合全国之英俊而成立革命同盟会于东京之日，吾始信革命大业可及身而成矣。于是乃敢定立"中华民国"之名称而公布于党员，使之各回本省鼓吹革命主义，而传布中华民国之思想焉。不期年而加盟者已逾万人，支部则亦先后成立于各省。从此革命风潮一日千丈，其进步之速，有出人意表者矣！

　　当时外国政府之对于中国革命党，亦多刮目相看。一日予从南洋往日本，船泊吴淞，有法国武官布加卑②者，奉其陆军大臣之命来见，传达彼政府有赞助中国革命事业之好意，叩予"革命之势力如何？"予略告以实情。又叩以"各省军队之联络如何？若已成熟，则吾国政府立可相助"。予答以未有把握，遂请彼派员相助，以办调查联络之事。彼乃于驻扎天津之参谋部派定武官七人，归予调遣。予命廖仲恺往天津设立机关，命黎仲实与某武官③调查两广，命胡毅生与某武官④调查川滇，命乔宜斋⑤与某武官⑥往南京、武汉。时南京、武昌两处新军皆大欢

---

　　①　比利时首都，即布鲁塞尔（Bruxelles）。

　　②　布加卑（Boucabeille），法国陆军上尉，于一九○五年夏奉该国陆军部派遣，至天津设立"中国情报处"（Service des Renseignements de Chine），任该处处长。

　　③　即克洛德（Claudé），法国陆军上尉。

　　④　即沃德斯卡尔（Vaudescal），法国名誉上尉。

　　⑤　乔义生，字宜斋。

　　⑥　即欧极乐（Ozil），法国陆军上尉。

迎。在南京有赵伯先①接洽，约同营长以上各官相见，秘密会议，策画进行。而武昌则有刘家运②接洽，约同同志之军人在教会之日知会开会，到会者甚众，闻新军镇统张彪③亦改装潜入。开会时各人演说，大倡革命，而法国武官亦演说赞成，事遂不能秘密。而湖广总督张之洞乃派洋关员某国人尾法武官之行踪，途上与之订交，亦伪为表同情于中国革命也者。法武官以彼亦西人，不之疑也，故内容多为彼探悉。张之洞遂奏报其事于清廷，其中所言革命党之计画，或确或否。清廷得报，乃大与法使交涉。法使本不知情也，乃请命于政府何以处分布加卑等，政府饬彼勿问，清廷亦无如之何。未几法国政府变更，而新内阁不赞成是举，遂将布加卑等撤退回国。后刘家运等则以关于此事被逮而牺牲也。此革命运动之起国际交涉者也。

同盟会成立未久，发刊《民报》鼓吹三民主义，遂使革命思潮弥漫全国，自有杂志以来可谓成功最著者。其时慕义之士闻风兴起，当仁不让，独树一帜以建义者踵相接也。其最著者，如徐锡麟、熊成基、秋瑾等是也。丙午萍醴之役④，则同盟会会员自动之义师也。当萍醴革命军与清兵苦战之时，东京之会员莫不激昂慷慨，怒发冲冠，亟思飞渡内地，身临前敌，与虏拚命。每日到机关部请命投军者甚众，稍有缓却，则多痛哭流泪，以为求死所而不可得，苦莫甚焉。其雄心义愤，良足嘉尚。独惜萍乡一举为会员之自动，本部于事前一无所知，故临时无所备；然而会员之纷纷回国从军者，已相望于道矣。寻而萍醴之师败，而禹之谟、刘道一、宁调元、胡英〔瑛〕等竟被清吏拿获，或囚或杀者多人。此为革命同盟会会员第一次之流血也。

由此而后，则革命风潮之鼓荡全国者，更为从前所未有，而同盟会本部之在

---

①　赵声，字伯先，时任江苏新军第九镇第十七协第三十三标第二营管带；后文所叙防城之役时，任广东新军混成协第二标统带。

②　应为刘静庵，非刘家运。刘静庵曾投身湖北新军，其时加入基督教，任中华圣公会（The Anglican Church in China，由美国圣公会建立）在武昌所设日知会阅报室司理，并以"日知会"之名创建革命团体，后被诬指为通缉在案的哥老会首领刘家运而遭捕，病死狱中。

③　张彪时为湖北新军第八镇统制，一九一〇年升任湖北提督。

④　即一九〇六年萍浏醴起义。萍乡县属江西省，浏阳、醴陵两县属湖南省，今皆改县为市。

东亦不能久为沉默矣。清廷亦大起恐慌，屡向日本政府交涉，将予逐出日本境外。予乃离日本，而与胡汉民、汪精卫二人同行而之安南，设机关部于河内，以筹画进行。旋发动潮州黄冈①之师，不得利，此为予第三次之失败也。继又命邓子瑜发难于惠州，亦不利，此为予第四次之失败也。

时适钦、廉两府②有抗捐之事发生，清吏派郭人漳、赵伯先二人各带新军三四千人往平之。予乃命黄克强随郭人漳营，命胡毅生随赵伯先营，而游说之以赞成革命。二人皆首肯，许以若有堂堂正正之革命军起，彼等必反戈相应。于是一面派人往约钦廉各属绅士乡团为一致行动，一面派萱野长知带款回日本购械，并在安南招集同志，并聘就法国退伍军官多人，拟器械一到，则占据防城至东兴一带沿海之地，为组织军队之用。东兴与法属之芒街仅隔一河，有桥可达，交通甚为利便也。满拟武器一到，则吾党可成正式军队二千余人，然后集合钦州各乡团勇六七千人，而后要约郭人漳、赵伯先二人所带之新军约六千余人，便可成一声势甚大之军队，再加以训练，当成精锐，则两广可收入掌握之中。而后出长江以合南京、武昌之新军，则破竹之势可成，而革命可收完全之效果矣。乃不期东京本部之党员忽起风潮，而武器购买运输之计画为之破坏。至时防城已破，武器不来，予不特失信于接收军火之同志，并失信于团绅矣。而攻防城之同志至时不见武器之来，乃转而逼钦州，冀郭军之响应。郭见我军之薄弱，加以他军为之制，故不敢来。我军遂进围灵山，冀赵军之响应。赵见郭尚未来，彼亦不敢来。我军以力薄难进，遂退入十万大山。此为予第五次之失败也。

钦廉计画不成之后，予乃亲率黄克强、胡汉民并法国军官与安南同志百数十

① 黄冈镇，时属广东省潮州府饶平县，今县治。

② 钦州，时为广东省直隶州（未设府），辖防城一县，下文叙及的东兴镇属之；廉州府，时属广东省，辖合浦（府治）、灵山二县；钦廉地区之西为广西省上思直隶厅，下文叙及的十万大山在其西南。民国初废廉州府，又改钦州为钦县，改上思直隶厅为上思县。钦廉地区今改属广西壮族自治区，行政区划经调整后与前不同：置钦州市，辖灵山、浦北二县；置防城港市，辖东兴市、上思县；置北海市，辖合浦县，其县治为廉州镇。后文《实业计画》叙及廉州者，即指合浦县；叙及钦州或钦州城者，即指当时的钦县（今钦州市辖区）；论及拟于钦州以西筑海港，则指今防城港。

人袭取镇南关①，占领三要塞②，收其降卒。拟由此集合十万大山之众，而会攻龙州。不图十万大山之众以道远不能至，遂以百余众握据三炮台，而与龙济光、陆荣廷等数千之众连战七昼夜，乃退入安南。予过谅山时为清侦探所察悉，报告清吏，后清廷与法国政府交涉，将予放逐出安南。此为予第六次之失败也。

予于离河内之际，一面令黄克强筹备再入钦廉，以图集合该地同志；一面令黄明堂窥取河口③，以图进取云南，以为吾党根据之地。后克强乃以二百余人出安南，横行于钦、廉、上思一带。转战数月，所向无前，敌人闻而生畏，克强之威名因以大著。后以弹尽援绝而退出。此为予第七次之失败也。

予抵星洲④数月之后，黄明堂乃以百数十人袭得河口，诛边防督办⑤，收其降众千有余人，守之以待干部人员前往指挥。时予远在南洋，又不能再过法境，故难以亲临前敌以指挥之，乃电令黄克强前往指挥。不期克强行至半途，被法官疑为日本人，遂截留之而送之回河内；为清吏所悉，与法政府交涉，乃解之出境。而河口之众以指挥无人，失机进取，否则蒙自必为我有，而云南府⑥亦必无抵抗之力。观当时云贵总督锡良求救之电，其仓皇失措可知也。黄明堂守候月余，人自为战，散漫无纪，而虏四集，其数约十倍于我新集之众，河口遂不守。而明堂率众六百余人退入安南。此为予第八次之失败也。

后党人由法政府⑦遣送出境，而往英属星加坡。到埠之日，为英官阻难，不准登岸。驻星法领事乃与星督⑧交涉，称"此六百余众乃在河口战败而退入法境之革命军，法属政府以彼等自愿来星，故送之至此"云云。星督答以"中国人民而与其本国政府作战，而未得他国承认为交战团体者，本政府不能视为国事犯，

---

① 镇南关，在广西省凭祥县（今改市）西南，关外即为越南谅山，现改名友谊关。

② 三要塞，指右辅山的镇南、镇中、镇北三炮台。

③ 河口镇，时属云南省安平厅治马白关（民国后置马关县），今为该省河口瑶族自治县治所。

④ 星洲是华侨对星加坡（Singapore）的别称，亦译作星嘉坡、新嘉坡、新加坡，又名石叻，今通称新加坡，时为英属海峡殖民地（British Straits Settlements）之一州。

⑤ 即王玉藩。

⑥ 云南府时属云南省，昆明县（今改市）为其府治。后文称"云南府"者多指昆明县。

⑦ 此处"法政府"及下文的"法属政府"，均指设于河内的法属印度支那殖民地政府。

⑧ 指英属海峡殖民地总督，总督府设于星加坡。

而只视为乱民，乱民入境有违本政府之禁例，故不准登岸"。而法国邮船停泊岸边两日。后由法属政府表白："当河口革命战争之际，法政府对于两方曾取中立态度，在事实上直等于承认革命党之交战团体也，故送来星加坡之党人，不能作乱民看待"等语。星政府乃准登岸。此革命失败之后所发生之国际问题也。

由黄冈至河口等役，乃同盟会干部由予直接发动，先后六次失败。经此六次之失败，汪精卫颇为失望，遂约合同志数人入北京与虏酋①拚命，一击不中，与黄复生同时被执系狱，至武昌起义后乃释之。

同盟会成立之前，其出资以助义军者，不过予之亲友中少数人耳，此外则无人敢助，亦无人肯助也。自同盟会成立后，始有向外筹资之举矣。当时出资最勇而多者，张静江也，倾其巴黎之店所得六七万元尽以助饷。其出资勇而挚者，安南提〔堤〕岸之黄景南也，倾其一生之蓄积数千元，尽献之军用，诚难能可贵也。其他则有安南西贡之巨商李卓峰、曾锡周、马培生等三人，曾各出资数万，亦当时之未易多见者。

予自连遭失败之后，安南、日本、香港等地与中国密迩者，皆不能自由居处，则予对于中国之活动地盘已完全失却矣。于是将国内一切计画委托于黄克强、胡汉民二人，而予乃再作漫游，专任筹款，以接济革命之进行。后克强、汉民回香港设南方统筹机关，与赵伯先、倪映典、朱执信、陈炯明、姚雨平等谋，以广州新军举事，运动既熟，拟于庚戌年正月某日发难。乃新军中有热度过甚之士，先一日因小事生起风潮，于是倪映典仓卒入营，亲率一部分从沙河进攻省城，至横枝冈为敌截击，映典中弹被擒死，军中无主，遂以溃散。此吾党第九次之失败也。

时予适从美东行至三藩市，闻败而后，则取道檀岛、日本而回东方。过日本时曾潜行登陆，随为警察探悉，不准留居。遂由横滨渡槟榔屿②，约伯先、克强、汉民等来会，以商卷土重来之计画。时各同志以新败之余，破坏最精锐之机关，失却最利便之地盘，加之新军同志亡命南来者实繁有徒，招待安插为力已穷，而吾人住食行动之资将虞不继，举目前途，众有忧色。询及将来计画，莫不唏嘘太

---

① 此指清摄政王载沣，宣统帝溥仪之父。

② 槟榔屿（Pulau Pinang 或 Pulau Penang），时为英属海峡殖民地之一州；下文所叙槟城（Pinang 或 Penang）为槟榔屿州首府，又译庇能、庇宁、比宁。

息，相视无言。予乃慰以"一败何足馁？吾曩之失败，几为举世所弃，比之今日其困难实百倍。今日吾辈虽穷，而革命之风潮已盛，华侨之思想已开，从今而后，只虑吾人之无计画、无勇气耳！如果众志不衰，则财用一层，予当力任设法。"时各人亲见槟城同志之穷，吾等亡命境地之困，日常之费每有不给，顾安得余资以为活动。予再三言必可设法。伯先乃言："如果欲再举，必当立速遣人携资数千金回国，以接济某处之同志，免彼散去，然后图集合而再设机关以谋进行，吾等亦当继续回香港与各方接洽。如是日内即需川资五千元，如事有可为，则又非数十万大款不可。"予乃招集当地华侨同志会议，勖以大义，一夕之间则酿资八千有奇。再令各同志担任到各埠分头劝募，数日之内已达五六万元，而远地更所不计。既有头批的款，已可分头进行。计画既定，予本拟遍游南洋英、荷各属，乃荷属则拒绝不许予往，而英属及暹罗亦先后逐予出境。如是则东亚大陆之广，南洋岛屿之多，竟无一寸为予立足之地，予遂不得不远赴欧美矣。到美之日，遍游各地，劝华侨捐资以助革命，则多有乐从者矣。于是乃有辛亥三月二十九广州之举。是役也，集各省革命党之精英，与彼虏为最后之一博〔搏〕。事虽不成，而黄花冈①七十二烈士轰轰烈烈之概已震动全球，而国内革命之时势实以之造成矣。此为吾党第十次之失败也。

先是陈英士、宋钝初、谭石屏、居觉生②等既受香港军事机关之约束，谋为广州应援，广州既一败再败，乃转谋武汉。武汉新军自予派法国武官联络之后，革命思想日日进步，早已成熟。无如清吏防范亦日以加严。而端方调兵入川，湖广总督瑞澂则以最富于革命思想之一部分交端方调遣。所以然者，盖欲弭患于未然也。然自广州一役之后，各省已风声鹤唳，草木皆兵，而清吏皆尽入恐慌之地，而尤以武昌为甚。故瑞澂先与某国领事③相约，请彼调兵船入武汉，倘有革命党起事，则开炮轰击。时已一日数惊，而孙武、刘公等积极进行，而军中亦跃跃欲动。忽而机关破坏，拿获三十余人。时胡英〔瑛〕尚在武昌狱中，闻耗，即设法

---

① 亦作黄花岗。该地原名红花冈（亦作红花岗），起义失败数日后，同盟会员潘达微经由善堂收殓烈士遗骸七十二具移葬于此，并易今名。后人因亦称是役为黄花岗起义（或作黄花冈起义）。

② 宋教仁，字遯初，亦作钝初；谭人凤，字石屏；居正，字觉生。

③ 指英国驻汉口代理总领事葛福（Herbert Goffe）。

止陈英士等勿来。而炮兵与工程等营兵士已多投入革命党者，闻彼等名册已被搜获，明日则必拿人等语。于是迫不及待，为自存计，熊秉坤首先开枪发难，而蔡济民等率众进攻，开炮轰击督署。瑞澂闻炮，立逃汉口，请某领事如约开炮攻击。以庚子条约，一国不能自由行动，乃开领事团会议。初意欲得多数表决，即行开炮攻击以平之。各国领事对于此事皆无成见，惟法国领事罗氏①乃予旧交，深悉革命内容；时武昌之起事第一日则揭橥吾名，称予命令而发难者。法领事于会议席上乃力言孙逸仙派之革命党，乃以改良政治为目的，决非无意识之暴举，不能以义和拳一例看待而加干涉也。时领袖领事为俄国，俄领事与法领事同取一致之态度，于是各国多赞成之，乃决定不加干涉，而并出宣布中立之布告。瑞澂见某领事失约，无所倚恃，乃逃上海。总督一逃，而张彪亦走，清朝方面已失其统驭之权，秩序大乱矣。然革命党方面，孙武以造炸药误伤未愈，刘公谦让未遑，上海人员又不能到，于是同盟会会员蔡济民、张振武等乃迫黎元洪出而担任湖北都督，然后秩序渐复。厥后黄克强等乃到。此时湘、鄂之见已萌，而号令已不能统一矣。按武昌之成功乃成于意外，其主因则在瑞澂一逃，倘瑞澂不逃，则张彪断不走，而彼之统驭必不失，秩序必不乱也。以当时武昌之新军，其赞成革命者之大部分已由端方调往四川，其尚留武昌者只炮兵及工程营之小部分耳，其他留武昌之新军尚属毫无成见者也。乃此小部分以机关破坏而自危，决冒险以图功，成败在所不计，初不意一击而中也。此殆天心助汉而亡胡者欤！

武昌既稍能久支，则所欲救武汉而促革命之成功者，不在武汉之一着，而在各省之响应也。吾党之士皆能见及此，故不约而同，各自为战，不数月而十五省皆光复矣。时响应之最有力而影响于全国最大者，厥为上海。陈英士在此积极进行，故汉口一失，英士则能取上海以抵之，由上海乃能窥取南京。后汉阳一失，吾党又得南京以抵之，革命之大局因以益振。则上海英士一木之支者，较他着尤多也。

武昌起义之次夕，予适行抵美国哥罗拉多省之典华城②。十余日前，在途中

① 罗（Ulysse-Raphaël Réau），今译雷奥，时任法国驻汉口总领事。
② 哥罗拉多省（Colorado），今译科罗拉多州；典华城（Denver），今译丹佛市，科罗拉多州首府。

已接到黄克强在香港发来一电，因行李先运送至此地，而密电码则置于其中，故途上无由译之。是夕抵埠，乃由行李检出密码，而译克强之电。其文曰："居正从武昌到港①，报告新军必动，请速汇款应急"等语。时予在典华，思无法可得款，随欲拟电覆之，令勿动。惟时已入夜，予终日在车中，体倦神疲，思虑纷乱，乃止；欲于明朝睡醒精神清爽时，再详思审度而后覆之。乃一睡至翌日午前十一时，起后觉饥，先至饭堂用膳，道经迴廊报铺，便购一报携入饭堂阅看。坐下一展报纸，则见电报一段，曰"武昌为革命党占领"。如是我心中踌躇未决之覆电，已为之冰释矣。乃拟电致克强，申说覆电延迟之由，及予以后之行踪。遂起程赴美东。

时予本可由太平洋潜回，则二十余日可到上海，亲与革命之战，以快生平。乃以此时吾当尽力于革命事业者，不在疆场之上，而在樽俎之间，所得效力为更大也。故决意先从外交方面致力，俟此问题解决而后回国。按当时各国情形：美国政府对于中国则取门户开放、机会均等、领土保全，而对于革命则尚无成见，而美国舆论则大表同情于我。法国则政府、民间之对于革命皆有好意。英国则民间多表同情，而政府之对中国政策则惟日本之马首是瞻。德、俄两国当时之趋势则多倾向于清政府，而吾党之与彼政府、民间皆向少交际，故其政策无法转移。惟日本则与中国最密切，而其民间志士不独表同情于我，且尚有舍身出力以助革命者；惟其政府之方针实在不可测，按之往事，彼曾一次逐予出境，一次拒我之登陆，则其对于中国之革命事业可知。但以庚子条约之后，彼一国不能在中国单独自由行动。要而言之，列强之与中国最有关系者有六焉：美、法二国则当表同情革命者也；德、俄二国则当反对革命者也；日本则民间表同情，而其政府反对者也；英国则民间同情，而其政府未定者也。是故吾之外交关键，可以举足轻重为我成败存亡所系者，厥为英国。倘英国右我，则日本不能为患矣。

予于是乃起程赴纽约，觅船渡英。道过圣路易城②时，购报读之，则有"武昌革命军为奉孙逸仙命令而起者，拟建共和国体，其首任总统当属之孙逸仙"云云。予得此报，于途中格外慎密，避却一切报馆访员，盖恶虚声而图实际也。过

---

① 按：电文有误，到港者为吕志伊，非居正。

② 圣路易（Saint Louis），今又译圣路易斯，属美国密苏里州（Missouri）。

芝加古①时，则带同志朱卓文一同赴英。抵纽约时，闻粤中同志图粤急，城将下。予以欲免流血计，乃致电两广总督张鸣岐，劝之献城归降，而命同志全其性命。后此目的果达。到英国时，由美人同志咸马里②代约四国银行团③主任会谈，磋商停止清廷借款之事。先清廷与四国银行团结约，订有川汉铁路借款一万万元，又币制借款一万万元。此两宗借款，一则已发行债票，收款存备待付者；一则已签约而未发行债票者。予之意则欲银行团于已备之款停止交付，于未备之款停止发行债票。乃银行主干答以"对于中国借款之进止，悉由外务大臣④主持，此事本主干当惟外务大臣之命是听，不能自由作主也"云云。予于是乃委托维加炮厂总理⑤为予代表，往与外务大臣磋商，向英政府要求三事：一、止绝清廷一切借款；二、制止日本援助清廷；三、取消各处英属政府之放逐令，以便予取道回国。三事皆得英政府允许。予乃再与银行团主任开商革命政府借款之事。该主干曰："我政府既允君之请而停止吾人借款清廷，则此后银行团借款与中国，只有与新政府交涉耳，然必君回中国成立正式政府之后乃能开议也。本团今拟派某行长与君同行归国，如正式政府成立之日，就近与之磋商可也。"时以予在英国个人所能尽之义务已尽于此矣，乃取道法国而东归。过巴黎，曾往见其朝野之士，皆极表同情于我，而尤以现任首相格利门梳⑥为最恳挚。

予离法国三十余日，始达上海。时南北和议已开，国体犹尚未定也。当予未到上海之前，中外各报皆多传布谓予带有巨款回国，以助革命军。予甫抵上海之日，同志之所望我者以此，中外各报馆访员之所问者亦以此。予答之曰："予不

---

① 芝加古（Chicago），后文亦作芝加高，今译芝加哥，属美国伊利诺伊州（Illinois）。

② 咸马里（Homer Lea），后人亦译荷马里，美国军事学家。

③ 该团由英、法、德、美四国银行组成，曾与清政府签订两笔贷款合同，一为一九一一年四月的币制实业贷款一千万英镑，一为同年五月的湖广铁路（粤汉、川汉支线）贷款六百万英镑。

④ 即英国外交大臣葛雷（Edward Grey），今又译格雷。

⑤ 维加（Vickers）今译维克斯，维加炮厂实为"维克斯逊斯与马克沁有限公司"（Vickers Sons and Maxim，Limited）属下的兵工厂；受托往见葛雷者为该厂负责人道森（Arthur Trevor Dawson）。

⑥ 格利门梳（Georges Eugène Benjamin Clémenceau），今译克列孟梭，与孙文晤面时为法国参议院议员，曾分别于一九〇六至一九〇九年、一九一七至一九二〇年担任法国总理。

名一钱也，所带回者，革命之精神耳！革命之目的不达，无和议之可言也。"于是各省代表乃开选举会于南京，选举予为临时总统。予于基督降生一千九百十二年正月一日就职，乃申令颁布定国号为中华民国，改元为中华民国元年，采用阳历。于是予三十年如一日之恢复中华、创立民国之志，于斯竟成。

建国方略之二

实业计画（物质建设）①

（英 译 中）

中 文 版 序②

（一九二一年十月十日）

　　欧战甫完之夕，作者始从事于研究国际共同发展中国实业，而成此六种计画。盖欲利用战时宏大规模之机器及完全组织之人工，以助长中国实业之发达，而成我国民一突飞之进步，且以助各国战后工人问题之解决。无如各国人民久苦战争，朝闻和议，夕则懈志，立欲复战前原状，不独战地兵员陆续解散，而后路工厂亦同时休息。大势所趋，无可如何，故虽有三数之明达政治家欲赞成吾之计画，亦无从保留其战时之工业，以为中国效劳也。我固失一速进之良机，而彼则竟陷于经济之恐慌，至今未已，其所受痛苦较之战时尤甚。将来各国欲恢复其战前经济之原状，尤非发展中国之富源，以补救各国之穷困不可也。然则中国富源之发展，已成为今日世界人类之至大问题，不独为中国之利害而已也。惟发展之权操之在我则存，操之在人则亡，此后中国存亡之关键则在此实业发展之一事也。吾欲操此发展之权，则非有此智识不可。吾国人欲有此智识，则当读此书，尤

---

　　①　按：《实业计画》中叙及大量地名，而有不少在当时并不存在。究其原因，主要是由于民国最初两年曾进行全国性行政区域改革（一九一二年在部分行省开始实施，一九一三年一月北京临时政府颁令全国施行），许多地名在废除府州制之后业已更改，孙文著书时却无新的地理工具书可资利用，故沿用清代的一部分旧地名。编者对于凡能查到并经核实的地名，分别注出当时的实际名称及今名（以二〇一六年七月前中国行政区划变更为限）；情况较为特殊或另需解释者，亦加以注明。

　　②　孙文的《建国方略》手书改正本将"自序"改为"序"，原系一九二一年十月上海、民智书局发行《实业计画》中文初版本时所撰。为区别于后面附载的英文版序，故在此处及本册目录标题中增添"中文版"三字，并标出作序日期。

当熟读此书，从此触类旁通，举一反三，以推求众理。庶几操纵在我，不致因噎废食，方能泛应曲当，驰骤于今日世界经济之场，以化彼族竞争之性，而达我大同之治也。

此书为实业计画之大方针，为国家经济之大政策而已。至其实施之细密计画，必当再经一度专门名家之调查，科学实验之审定，乃可从事。故所举之计画，当有种种之变更改良，读者幸毋以此书为一成不易之论，庶乎可。

此书原稿为英文，其篇首及第二、第三计画及第四之大部分为朱执信所译，其第一计画为廖仲恺所译，其第四之一部分及第六计画及结论为林云陔所译，其第五计画为马君武所译。特此志之。

民国十年十月十日　孙文序于粤京①

附一：上海英文版序②
（一九二〇年七月二十日）

欧战甫毕，吾即从事于研究中国实业之国际开发，而成此六种计画。吾之所以如是亟亟者，盖欲尽绵薄之力，以谋世界和平之实现也。夫以中国幅员之广，达四百二十八万九千平方英里，人口之众今有四万万，益以埋藏地下之富饶矿产及资源雄厚之农产，遭受军事资本之列强觊觎，已成俎上肥肉，其争夺之激烈，远甚于彼端之巴尔干。中国问题苟一日不加和平解决，则另一世界战争不可免除，且其战区之广袤与战斗之惨烈，实非甫寝之前役所可比拟。故欲解决此问题，窃以为当拟定方案，实行国际共同开发中国之丰富资源，发展中国之实业，方为上上策也。若此策果能实现，则大而世界，小而中国，莫不受其利。吾理想中之结果，可以打破列强分割之势力范围，消灭现今之国际商战及资本竞争之内讧，最后消除劳资之阶级斗争，如此则关乎中国问题之战端得以永久根除矣。

吾之计画种种，材料单薄，仅就鄙见所及，乃作粗疏之大略而已。故必待专

---

① 广东省省会，即广州。
② 本篇系孙文为《实业计画》英文初版本所撰序言，与中文版序言的内容有所不同，《建国方略》亦未收录，兹附译于此。

门家加以科学之调查，巨细靡遗之实测，变更之改良之，始可遽臻实用也。譬如吾所计画之北方大港拟设于清河①、滦河两河口之间，鄙见以为其港口当位于东边，然经工程师实测之后，则其港口应处西边。是所冀望于众专门家也。

吾之计画著成后，蒙蒋梦麟博士、余日章先生、朱友渔博士、顾子仁先生及李耀邦博士鼎力相助，校阅稿本，例应于此致谢。尤蒙顾子仁先生之厚谊，成书付印时为吾奔波照料，殊为感激。②

一九二〇年七月二十日　孙逸仙序于上海

据 Sun Yat-sen, *The International Development of China*, "Preface", Shanghai: Commercial Press, Ltd., 1920［孙逸仙：《中国的国际开发》序言，上海，商务印书馆一九二〇年出版］（区锳译）

英文原文见本册第 315—318 页

附二：纽约英文版序③

（一九二一年四月二十五日）

世界大战宣告停止之日，余即从事于研究国际共同登〔发〕展中国实业，而次第成此六种计画。余之所以如是其亟亟者，盖欲倾竭绵薄，利用此绝无仅有之机会，以谋世界永久和平之实现也。夫以中国幅员之广，达四百二十八万九千英方里，人口之众号四万万，益以埋藏地下之无量数矿产与夫广大雄厚之各种农产，乃不能雄飞独立，与世界各国互相提携，共同开发，而反以谩藏诲盗，致成列强政治、经济侵略之俎上肉，斯诚不独中国之耻，抑亦世界各国之忧也。不观夫巴尔干之往事乎？暴徒之弹朝发，世界之战夕起。今后中国问题，其严重殆十倍于巴尔干，此问题一日不解决，则世界第二次大战之危机一日不能消除，且其战区

① 原文 Tsingho，即直隶省境内的清河，亦名大清河，旧称会同河、玉带河。下篇纽约英文版序及后面第一计画第一部则译作“青河”，皆误。

② 按：除上举协助校阅英文稿诸人外，打印英文稿时曾深得夫人宋庆龄之助。而在撰写过程中，还有不少人在查阅文献、社会调查等方面为孙文提供帮助。

③ 本篇亦为《实业计画》中文版及《建国方略》所未收，与上一篇序言的撰写时间及来源不同，但内容基本相同而个别文字稍异。此乃早年所译，可与上篇译文相对照。

之扩大及战斗之猛烈，尤非第一次所可比拟。吾人试闭目一思，当有不寒而慄者矣。顾欲解决此问题，其道果安在乎？余以为舍国际共同发展中国实业外，殆无他策。此政策果能实现，则大而世界，小而中国，无不受其利益。余理想中之结果，至少可以打破现在之所谓列强势力范围，可以消灭现在之国际商业战争与资本竞争，最后且可以消除今后最大问题之劳资阶级斗争。如是则关于中国问题之世界祸根可以永远消灭，而世界人类生活之需要亦可得一绝大之供给源流，销兵气为日月之光，化凶厉于祯祥之域，顾不懿欤！

余之所为计画，材料单薄，不足为具体之根据，不过就鄙见所及贡其粗疏之大略而已；增损而变更之，非待专门家加以科学之考查与实测，不可遽臻实用也。譬如余所计画之北方大港将出现于青河、滦河之间者，在余之意见，以为港口必须设于东面，乃一经工程师实行测量之后，则港口应在西方。举此一例，可以证明余之粗疏。弥缝补苴，使成尽美尽善之伟大计画，是所望于未来之专门家矣。

余书著成后，助予校阅稿本者为蒋梦麟博士、余日章先生、朱友渔博士、顾子仁先生、李耀邦博士，例应于此致谢。

中华民国十年四月二十五日　孙文序于广州

据于去疾译：《英文本〈实业计画〉自序》，载南京
《中央党务月刊》第二十三期，一九三〇年六月出版①

英文原文见本册第527—530页

---

① 据其附载原文，可知译自 Sun Yat-sen, *The International Development of China*, "Preface", New York and London: G. P. Putnam's Sons-The Knickerbocker Press, 1922 ［孙逸仙：《中国的国际开发》序言，纽约和伦敦、帕特南之子—尼克博克出版社，一九二二年出版］。又据孙文在一九二一年六月三十日演说时称，已于广东印行《实业计画》英文版，则此序极有可能系为该版本而作，惜该书迄今未见。

绪　　论①

世界大战最后之一年中，各国战费每日须美金二万四千万元。此中以极俭计，必有一半费于药弹及其他直接供给战争之品，此已当美金一万二千万元矣。如以商业眼光观察此种战争用品，则此新工业乃以战场为其销场，以兵士为其消费者，改变种种现存之他种实业以为此供给，而又新建以益之。各交战国民乃至各中立国民，日夕缩减其生活所需至于极度，而储其向日所费诸繁华及安适者，以增加生产此种战争货品之力。今者战事告终，诚可为人道庆，顾此战争用品之销场同时闭锁，吾人当图善后之策。故首当谋各交战国之再造，次则恢复其繁华与安适。此两项事业若以日费六千万元计之，只占此战争市场所生余剩之半额，而所余者每日仍有六千万元尚无所用之地。且此千数百万军人向从事于消费者，今又一转而事生产，则其结果必致生产过多。不特此也，各国自推行工业统一与国有后，其生产力大增，与前此易手工用机器之工业革命相较，其影响更深，吾人欲命以"第二工业革命"之名，似甚正确。若以其增加生产力而言，此次革命之结果实较前增加数倍。然则以世界战争而成此工业统一与国有之现象者，于战后之整理必多纠纷。今夫一日六千万，则一年二百一十九万万也，贸易如是其巨也，以战争而起者，乃忽以和平而止。试问欧美于此世界中将向何处觅销场，以消纳战争时储节所赢之如许物产乎？

如当整理战后工业之际，无处可容此一年二百一十九万万之贸易，则其工业必停，而投于是之资本乃等于虚掷，其结果不惟有损此诸生产国之经济状况，即

---

① 本篇原载于一九一九年三月七日上海《民国日报》第二版，标题《中山先生国际共同发展中国实业计画书》，译自英文；同年八月上海《建设》创刊号转载，称之为《实业计画》的"开篇总论"、"总论"。一九二〇年夏上海、商务印书馆初版发行《实业计画》英文本时，刊该篇原文于卷首，题为"The International Development of China：A Project to Assist the Readjustment of Post-Bellum Industries"（《孙文学说》第七章附载时译为《国际共同发展中国实业计画书——补助世界战后整顿实业之方法》）。《实业计画》中文本及《建国方略》对本篇均未加标题，但于书中曾分别称之为"篇首"、"绪论"、"提前一部"和"弁首之部"。根据上述情况，在此处及本册目录中选用"绪论"二字作为本篇标题。

于世界所失亦已多矣。凡商业国无不觅中国市场，以为消纳各国余货之地。然战前贸易状态太不利于中国，输入超过输出年逾美金一万万。循此以往，中国市场不久将不复能销容大宗外货，以其金钱、货物俱已枯竭，无复可持与外国市易也。所幸中国天然财源极富，如能有相当开发，则可成为世界中无尽藏之市场；即使不能全消费此一年二百十九万万之战争生产剩余，亦必能消费其大半无疑。

中国今尚用手工为生产，未入工业革命之第一步，比之欧美已临其第二革命者有殊。故于中国两种革命必须同时并举，既废手工采机器，又统一而国有之。于斯际中国正需机器，以营其巨大之农业，以出其丰富之矿产，以建其无数之工厂，以扩张其运输，以发展其公用事业。然而消纳机器之市场，又正战后贸易之要者也。造巨炮之机器厂，可以改制蒸汽辗压以治中国之道路；制装甲自动车①之厂，可制货车以输送中国各地之生货。凡诸战争机器，一一可变成平和器具，以开发中国潜在地中之富。此种开辟利源之办法，如不令官吏从中舞弊，则中外利益均沾，中国人民必欢迎之。

欧美人或有未之深思者，恐以战争时之机器、战争时之组织与熟练之技工开辟中国利源，将更引起外国工业之竞争。故予今陈一策，可使中国开一新市场，既以销其自产之货，又能销外国所产，两不相妨。其策如左：

（甲）交通之开发：

　　子　铁路一十万英里。

　　丑　碎石路②一百万英里。

　　寅　修浚现有运河：

　　　　（一）杭州、天津间运河。

　　　　（二）西江、扬子江间运河。

　　卯　新开运河：

　　　　（一）辽河、松花江间运河。

　　　　（二）其他运河。

---

①　装甲自动车，英文本作 tanks，于此处泛指战车。

②　碎石路（macadamroad），即用碎石铺砌的道路，英文名称以其发明者苏格兰人麦克亚当（John Loudon McAdam）命名。

辰　治河：

　　（一）扬子江筑堤、浚水路，起汉口迄于海，以便航洋船直达该港，无间冬夏。

　　（二）黄河筑堤、浚水路，以免洪水。

　　（三）导西江。

　　（四）导淮①。

　　（五）导其他河流。

巳　增设电报线路、电话及无线电等，使遍布于全国。

（乙）商港之开辟：

　　子　于中国中部、北部、南部各建一大洋港口，如纽约港者。

　　丑　沿海岸建种种之商业港及渔业港。

　　寅　于通航河流沿岸建商场、船埠。

（丙）铁路中心及终点并商港地设新式市街，各具公用设备。

（丁）水力之发展。

（戊）设冶铁、制钢并造士敏土②之大工厂，以供上列各项之需。

（己）矿业之发展。

（庚）农业之发展。

（辛）蒙古③、新疆之灌溉。

（壬）于中国北部及中部建造森林。

（癸）移民于东三省④、蒙古、新疆、青海、西藏⑤。

如使上述规画果能逐渐举行，则中国不特可为各国余货消纳之地，实可为吸

---

①　淮指淮河。

②　士敏土（cement），后文又译塞门土，即水泥。

③　内蒙古泛指大漠之南，外蒙古泛指大漠之北，蒙古为两者统称，清代置蒙古特别区，民国成立后沿之。外蒙古原属中国版图，于一九一一年宣布"独立"，一九一九年撤销"独立"，《实业计画》出版时仍受中国政府管辖，至一九二四年成立蒙古人民共和国，今名蒙古国。

④　一九〇七年划置奉天、吉林、黑龙江三个行省，合称东三省。

⑤　当时新疆系行省，青海由甘边宁海镇守使管辖（一九二八年置省），西藏为特别区。

收经济之大洋海，凡诸工业国其资本有余者，中国能尽数吸收之。不论在中国抑在全世界，所谓竞争、所谓商战者可永不复见矣。

近时世界战争，已证明人类之于战争不论或胜或负，均受其殃，而始祸者受害弥重。此理于以武力战者固真，于以贸易争者尤确也。威尔逊总统①今既以国际同盟防止将来之武力战争，吾更欲以国际共助中国之发展以免将来之贸易战争，则将来战争之最大原因庶可从根本绝去矣。

自美国工商发达以来，世界已大受其益。此四万万人之中国一旦发达工商，以经济的眼光视之，何啻新辟一世界！而参与于此开发之役者，亦必获超越寻常之利益，可无疑也。且此种国际协助，可使人类博爱之情益加巩固，而国际同盟亦得藉此以巩固其基础，此又予所确信者也。

欲使此计画举行顺利，余以为必分三步以进：第一，投资之各政府务须共同行动，统一政策，组成一国际团，用其战争时任组织、管理等人材及种种熟练之技师，令其设计有统系，用物有準度，以免浪费，以便作工。第二，必须设法得中国人民之信仰，使其热心匡助此举。如使上述两层已经办到，则第三步即为与中国政府开正式会议，以议此计画之最后契约。而此种契约，吾以为应取法于曩者吾与伦敦波令公司所立建筑广州—重庆铁路合同②，以其为于两方最得宜，而于向来中国与外国所结契约中为人民所最欢迎者也。吾人更有不能不预为戒告者，即往日盛宣怀铁路国有之覆辙，不可复蹈也。当时外国银行家不顾中国之民意，以为但与中国政府商妥，即无事不可为；及后乃始悔其以贿成之契约，终受阻于人民也。假使外国银行先遵正当之途，得中国人民之信仰，然后与政府订契约，则事易行，岂复有留滞之忧？然则于此国际计画，吾人不可不重视民意也。

如资本团以吾说为然，吾更当继此有所详说。

---

①　美国总统威尔逊（Thomas Woodrow Wilson）于一九一八年一月在国会咨文中提出欧战（即第一次世界大战）后和平计划的十四点主张，其中第十四点即为建立国际联盟的建议。

②　波令有限公司（Pauling and Company, Limited），其与以孙文为总理的中国铁路总公司所订契约草案全文，见后《实业计画》（物质建设）附录一。

第 一 计 画

中国实业之开发应分两路进行，（一）个人企业、（二）国家经营是也。凡夫事物之可以委诸个人，或其较国家经营为适宜者，应任个人为之，由国家奖励而以法律保护之。今欲利便个人企业之发达于中国，则从来所行之自杀的税制应即废止，紊乱之货币立需改良，而各种官吏的障碍必当排去，尤须辅之以利便交通。至其不能委诸个人及有独占性质者，应由国家经营之。今兹所论，后者之事属焉。

此类国家经营之事业，必待外资之吸集，外人之熟练而有组织才具者之雇佣，宏大计画之建设，然后能举。以其财产属之国有，而为全国人民利益计以经理之。关于事业之建设运用，其在母财、子利尚未完付期前，应由中华民国国家所雇专门练达之外人任经营监督之责；而其条件，必以教授训练中国之佐役，俾能将来继承其乏，为受雇于中国之外人必尽义务之一。及乎本利清偿而后，中华民国政府对于所雇外人当可随意用舍矣。

于详议国家经营事业开发计画之先，有四原则必当留意：一、必选最有利之途以吸外资；二、必应国民之所最需要；三、必期抵抗之至少；四、必择地位之适宜。

今据右列之原则，举其计画如下：

（一）筑北方大港于直隶湾①。

（二）建铁路统系，起北方大港，迄中国西北极端。

（三）殖民蒙古、新疆。

（四）开浚运河，以联络中国北部、中部通渠及北方大港。

（五）开发山西煤铁矿源，设立制铁、炼钢工厂。

上列五部为一计画，盖彼此互相关联，举其一有以利其余也。北方大港之筑，用为国际发展实业计画之策源地，中国与世界交通运输之关键亦系夫此。此为中枢，自〔其〕余四事傍属焉。

———————————

① 直隶湾，今名渤海湾。

第一部　北方大港

兹拟建筑不封冻之深水大港于直隶湾中。中国该部必需此港，国人宿昔感之，无时或忘。向者屡经设计浚渫大沽口沙，又议筑港于岐河口①；秦皇岛港已见小规模的实行，而葫芦岛港亦经筹商兴筑。今余所策，皆在上举诸地以外。盖前两者距深水线过远而淡水过近，隆冬即行结冰，不堪作深水不冻商港用；后两者与户口集中地辽隔，用为商港不能见利。兹所计画之港，为大沽口、秦皇岛两地之中途，青河、滦河两口之间，沿大沽口、秦皇岛间海岸岬角上。该地为直隶湾中最近深水之一点，若将青河、滦河两淡水远引他去，免就近结冰，使为深水不冻大港，绝非至难之事。此处与天津相去，方诸天津、秦皇岛间少差七八十咪。且此港能藉运河以与北部、中部内地水路相连，而秦皇、葫芦两岛则否。以商港论，现时直隶湾中唯一不冻之港惟有秦皇岛耳，而此港则远胜秦皇、葫芦两岛矣。

由营业上观察，此港筑成，立可获利，以地居中国最大产盐区域之中央故也。在此地所产至廉价之盐只以日曝法产出，倘能加以近代制盐新法，且可利用附近廉价之煤，则其产额必将大增，而产费必将大减，如此中华全国所用之盐价可更廉。今以本计画遂行之始，仅能成中等商港计之，只此一项实业已足支持此港而有余。此外直接附近地域，尚有中国现时已开最大之煤矿（开滦矿务公司），计其产额年约四百万吨。该公司现用自有之港（秦皇岛），藉为输出之路。顾吾人所计画之港距其矿场较近，倘能以运河与矿区相联，则其运费方诸陆运至秦皇岛者廉省多矣。不特此也，兹港将来必畅销开滦产煤，则该公司势必仰资此港为其运输出口之所。今天津一处在北方为最大商业之中枢，既无深水海港可言，每岁冬期，封冻数月，亦必全赖此港以为世界贸易之通路。此虽局部需要，然仅以此计，已足为此港之利矣。

顾吾人之理想，将欲于有限时期中发达此港，使与纽约等大。试观此港所襟带控负之地，即足证明吾人之理想能否实现矣。此地西南为直隶、山西两省与夫

① 岐河口，后文亦作岐口（另称歧河口、歧口）；当地有岐口村，东濒直隶湾，今属河北省黄骅市南排河镇。

黄河流域，人口之众约一万万。西北为热河特别区域①及蒙古游牧之原，土旷人稀，急待开发。夫以直隶生齿之繁，山西矿源之富，必赖此港为其唯一输出之途。倘将来多伦诺尔②、库伦③间铁路完成，以与西伯利亚铁路联络，则中央西伯利亚一带皆视此为最近之海港。由是言之，其供给分配区域当较纽约为大。穷其究竟，必成将来欧亚路线之确实终点，而两大陆于以连为一气。今余所计画之地，现时毫无价值可言。假令于此选地二三百方咪置诸国有，以为建筑将来都市之用，而四十年后发达程度即令不如纽约，仅等于美国费府④，吾敢信地值所涨，已足偿所投建筑资金矣。

中国该部地方，必需如是海港，自不待论。盖直隶、山西、山东西部、河南北部、奉天⑤之一半、陕甘两省之泰半，约一万万之人口，皆未尝有此种海港。蒙古、新疆与夫煤铁至富之山西，亦将全恃直隶海岸为其出海通衢。若夫沿海、沿江各地稠聚人民，必需移实蒙古、天山一带从事垦殖者，此港实为最近门户，且以由此行旅为最廉矣。

兹港所在，距深水至近，去大河至远，而无河流带〔滞〕淤填积港口，有如黄河口、扬子江口时需浚渫之患，自然之障碍于焉可免。又为干燥平原，民居极鲜，人为障碍丝毫不存，建筑工事尽堪如我所欲。至于海港、都市两者之工程预算，当有待于专门技士之测勘，而后详细计画可定。（参观第一图，并观详图一、二）

---

① 热河特别区域于一九一四年划置，一九二八年改省，一九五六年撤销而析其地并入河北、辽宁二省及内蒙古自治区。热河特别区域首府为承德县（即清代直隶省承德府治，民国初废府置县），后文叙及铁路站名"热河"者即指承德县。今河北省除该县外，另析置承德市。

② 多伦诺尔厅在清代原属直隶省口北道，民国初废厅而改名多伦县，今划属内蒙古自治区锡林郭勒盟，其县治为多伦淖尔镇。"多伦诺尔"系蒙语，位于多伦湖南而得名，"多伦"为其简称。后文亦作多伦。

③ 库伦（Urga），今改名乌兰巴托（Ulaanbaatar），蒙古国首都。

④ 费府（Philadelphia），今译费城，即费拉德尔菲亚之简称，属宾夕法尼亚州（Pennsylvania）。

⑤ 奉天省置于清末，别称盛京省，一九二九年改名辽宁省，其辖区与今不尽相同。奉天省省会为沈阳县，清初以之为留都而称盛京，后设承德县为奉天府治（此异于直隶省的承德县），民国时期改称沈阳市。后文叙及铁路站名"奉天"者即指当时的沈阳县。

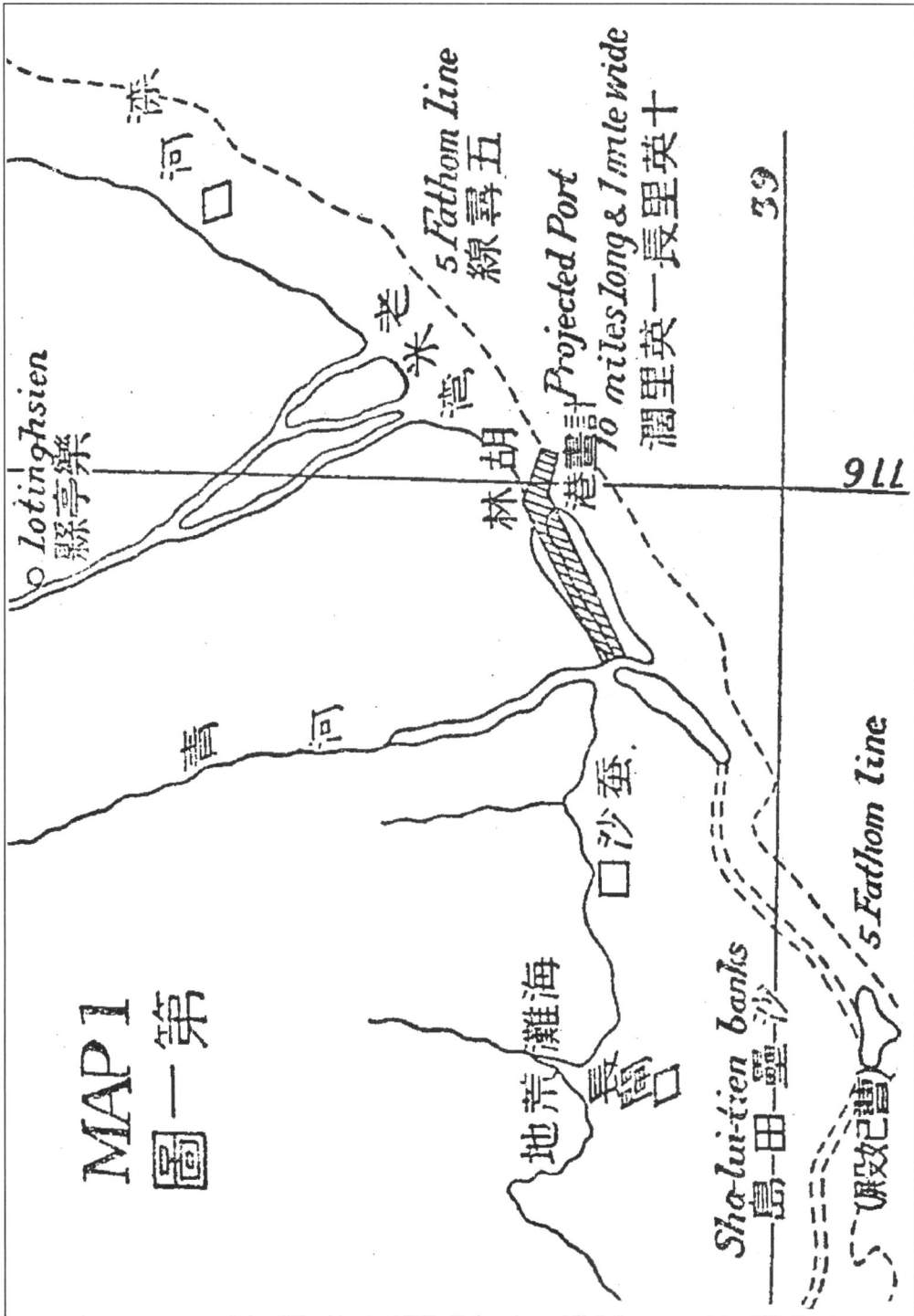

MAP 1
第一圖

lotinghsien
樂亭縣
老米灣
胡林
5 Fathom line
五尋線
Projected Port
計畫港
10 miles long & 1 mile wide
十英里長一英里濶
116
39
青河
沙壘口
海灘荒地
Sha-lui-tien banks
沙壘田島
5 Fathom line

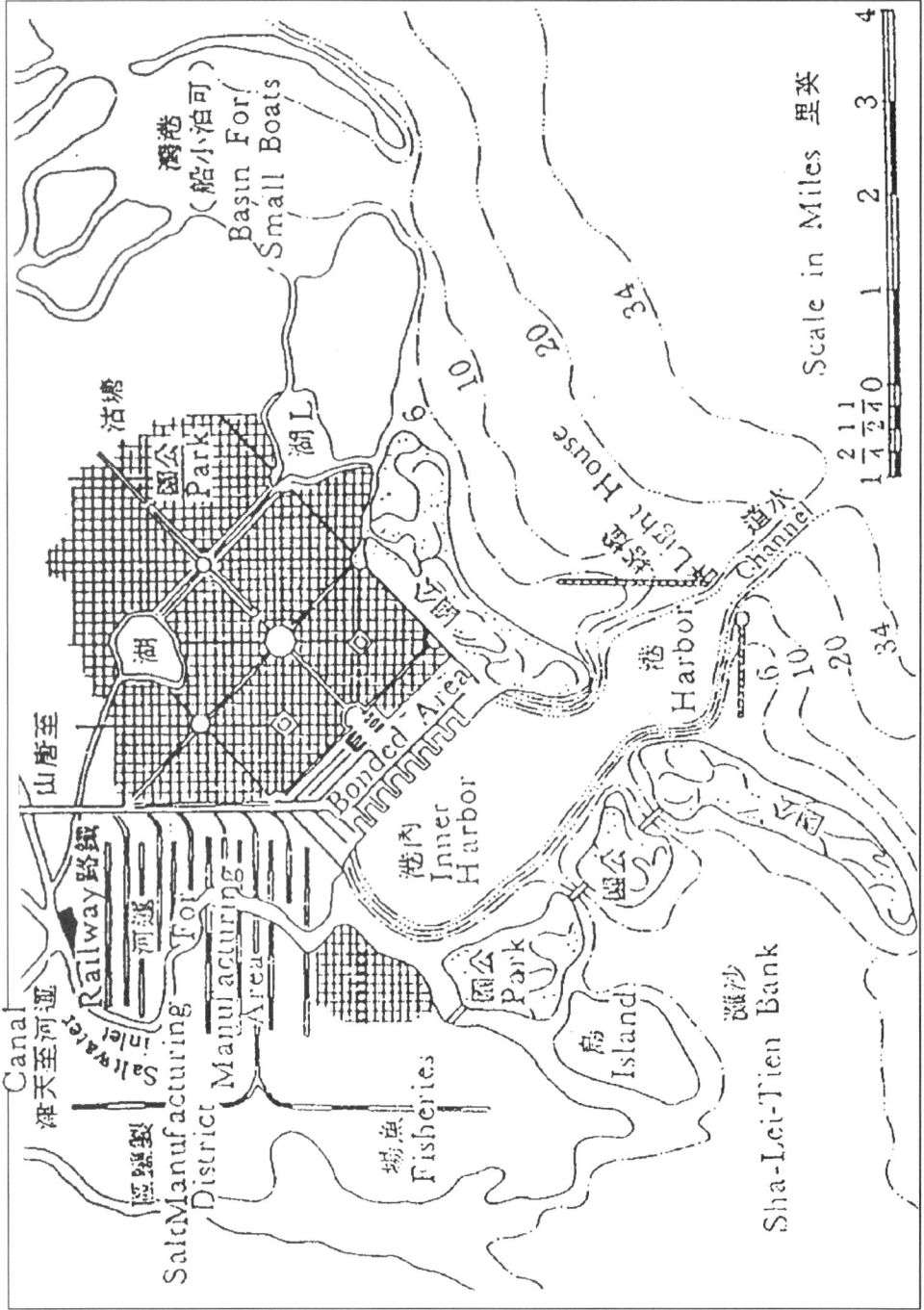

详图一　北方大港全图

详图二　北方大港全景

（详图之说明：自第一计画寄到北京公使馆之后，美使芮恩诗博士即派专门技师①，往作者所指定之北方大港地点实行测量，果发见此地确为直隶沿海最适宜于建筑一世界港之地，惟其不同之点只有港口当位于西边耳。因作者当时无精确之图也。读者一观此两详细图，便可一目了然矣。）

第二部　西北铁路系统②

吾人所计画之铁路，由北方大港起，经滦河谷地以达多伦诺尔，凡三百咪。经始之初即筑双轨，以海港为出发点，以多伦诺尔为门户，以吸收广漠平原之物产，而由多伦诺尔进展于西北。第一线向北偏东北走，与兴安岭山脉平行，经海拉尔③以赴漠河。漠河者，产金区域而黑龙江右岸地也。计其延长约八百咪。第二线向北偏西北走，经克鲁伦④以达中俄边境，以与赤塔城⑤附近之西伯利亚铁路相接，长约六百咪。第三〈线〉以一干线向西北，转正西又转西南，沿沙漠北境以至国境西端之迪化城⑥，长约一千六百咪，地皆平坦，无崇山峻岭。第四线由迪化迤西以达伊犁⑦，约四百咪。第五线由迪化东南超出天山山峡，以入戈壁边境，转而西南走，经天山以南沼地与戈壁沙漠北偏之间一带腴沃之地，以至喀什噶尔⑧；由是更转而东南走，经帕米尔高原以东、昆仑以北与沙漠南边之间一带沃土，以至

---

① 美国驻华公使芮恩诗（Paul Samuel Reinsch），后文附录二亦作芮恩施；专门技师指美国商务部特派员惠瑟姆（Paul P. Whitham），经实地视察后认为另一地点更适宜于建造北方大港。

② 原作"统系"，今据底本目录标题改为"系统"。

③ 海拉尔，呼伦县的别称，在海拉尔河南岸、呼伦湖之东，时属黑龙江省；今划属内蒙古自治区，改为呼伦贝尔市海拉尔区。后文多作呼伦。

④ 克鲁伦，位于克鲁伦河（Herlen Gol，发源于外蒙古）南岸，今名克尔伦苏木（"苏木"为蒙语，相当于乡），属内蒙古自治区新巴尔虎右旗。

⑤ 赤塔（Chita），属俄罗斯。

⑥ 迪化县，时为新疆省省会，今改名乌鲁木齐市，新疆维吾尔自治区首府。

⑦ 清末为新疆省伊犁府，府治绥定县，民国初废府存县，后文叙及铁路站名"伊犁"者即指绥定县。该县今改称霍城县，其县治绥定城（旧称伊犁九城之一）亦改名永定镇，属新疆维吾尔自治区伊犁哈萨克自治州。

⑧ 新疆省喀什噶尔道，此指其道治疏勒县；该县今属新疆维吾尔自治区喀什地区（亦称喀什噶尔地区），另于疏附县析置喀什市。"喀什噶尔"系突厥粟特语，"喀什"为其简称。

于阗①，即克里雅河岸。延长约一千二百咪，地亦平坦。第六线于多伦诺尔、迪化间干线开一支线，由甲接合点出发，经库伦以至恰克图②，约长三百五十咪。第七线由干线乙接合点出发，经乌里雅苏台③，倾北偏西北走以至边境，约六百咪。第八线由干线丙接合点出发，西北走达边境，约四百咪。（参观第二图）

兹所计画之铁路，证以"抵抗至少"之原则，实为最与理想相符合者。盖以七千余咪之路线为吾人计画所定者，皆在坦途。例如多伦诺尔至喀什噶尔之间，且由斯更进之路线延袤三千余咪，所经均肥沃之平野，并无高山大河自然之梗阻横贯其中也。

以"地位适宜"之原则言之，则此种铁路实居支配世界的重要位置。盖将为欧亚铁路统系之主干，而中、欧两陆人口之中心因以联结。由太平洋岸前往欧洲者，以经此路线为最近。而由伊犁发出之支线，将与未来之印度、欧洲线路（即行经伯达以通达马斯加斯及海楼府④者）联络，成一连锁。将来由吾人所计画之港，可以直达好望角城⑤。综观现在铁路，于世界位置上无较此重要者矣。

以"国民需要"之原则言之，此为第一需要之铁路。盖所经地方，较诸本部十八行省⑥尤为广阔。现以交通运输机关阙乏之故，丰富地域委为荒壤，而沿海沿江烟户稠密省分，麋聚之贫民无所操作，其弃自然之惠泽而耗人力于无为者，果何如乎？倘有铁路与此等地方相通，则稠密省区无业之游民，可资以开发此等富足之地。此不仅有利于中国，且有以利世界商业于无穷也。故中国西北部之铁路统系，由政治上、经济上言之，皆于中国今日为必要而刻不容缓者也。

———————

① 新疆省于阗县，今名于田县，属新疆维吾尔自治区和田地区。

② 恰克图（Kyakhta），属俄罗斯。

③ 乌里雅苏台（Uliastay），位于乌里雅苏台河北岸，在外蒙古境内。

④ 伯达（Baghdad），今译巴格达，伊拉克首都；达马斯加斯（Dimashq），今译大马士革，叙利亚（时为法国殖民地）首府；海楼府（El Qâhira），今译开罗，埃及首都。

⑤ 好望角，英文为 Cape of Good Hope；英文本于此处则作 Cape-town，即开普敦。两者不同，但都位于非洲南端，时属英国自治领"南非联邦"。当以英文本为是，因当时开普敦不仅系该联邦的立法首都（三首都之一），而且已成为非洲南部地区的重要港口。

⑥ 清初在汉族聚居地分设十八行省，另置蒙古、西藏二特别区，光绪年间又先后划置新疆、奉天、吉林、黑龙江四省（台湾省因割让于日本未计），共为二十二行省，民国成立后因袭不变；一九一四年增设绥远、热河、察哈尔、川边四个特别区域，并派专使治理青海、西套蒙古。

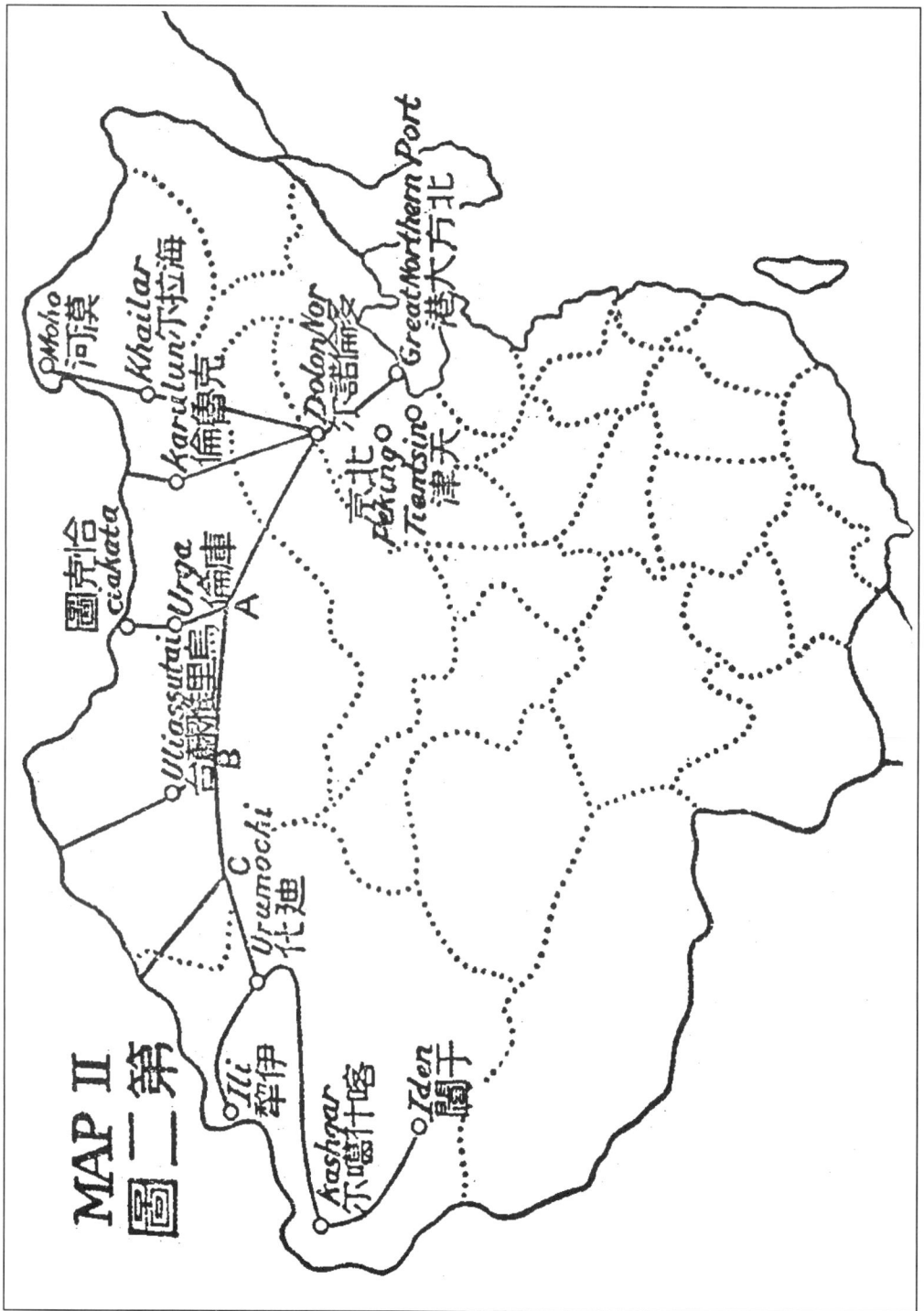

MAP II
第二圖

Moho 莫河

Khailar 海拉尔

Karulun 卡拉浦

偏陽克

Dolon Nor 岱諾爾

Great Northern Port 北方大港

京北 Peking

Tiantsino 天津

恰克圖 Ciakata

Urga 倫庫

Uliassutai 烏里雅蘇台

庫倫

A

B

Urumochi 迪化

C

Ili 伊犂

Kashgar 喀什噶尔

Iden 于闐

　　吾人所以置"必选有利之途"之第一原则而未涉及者，非遗弃之也，盖将详为论列，使读者三致意焉耳。今夫铁路之设，间于人口繁盛之区者其利大，间于民居疏散之地者其利微，此为普通资本家、铁路家所恒信；今以线路横亘于荒僻无人之境，如吾人所计画者，必将久延岁月，而后有利可图。北美合众国政府于五十年前，所以给与无垠之土地于铁路公司，诱其建筑横跨大陆干路以达太平洋岸者，职是之故。余每与外国铁路家、资本家言兴筑蒙古、新疆铁路，彼辈恒有不愿。彼将以为兹路之设，所过皆人迹稀罕，只基于政治上、军事上理由，有如西伯利亚铁路之例，而不知铁路之所布置，由人口至多以达人口至少之地者，其利较两端皆人口至多之地为大。兹之事实，盖为彼辈所未曾闻。请详言其理：夫铁路两端人口至多之所，彼此经济情况大相彷彿，不如一方人口至多、他方人口至少者彼此相差之远。在两端皆人口至多者，舍特种物产此方仰赖彼方之供给而外，两处居民大都生活于自足经济情况之中，而彼此之需要供给不大，贸迁交易不能得巨利。至于一方人口多而他方人口少者，彼此经济情况大相径庭。新开土地从事劳动之人民，除富有粮食及原料品以待人口多处之所需求而外，一切货物皆赖他方之繁盛区域供给，以故两方贸易必臻鼎盛。不特此也，筑于两端皆人口至多之铁路，对于人民之多数无大影响，所受益者惟少数富户及商人而已；其在一方人口多而他方人口少者，每筑铁路一咪开始输运，人口多处之众必随之而合群移住于新地，是则此路建筑之始，将充其量以载行客。京奉、京汉两路比较，其明证也。

　　京汉路线之延长八百有余咪，由北京直达中国商业聚中之腹地，铁路两端之所包括，皆户集人稠之所；京奉路线长仅六百咪耳，然由人口多处之京津开赴人口少处之满洲①。前者虽有收益，则不若后者所得之大。以较短之京奉线，方诸较长之京汉线，每年纯利所赢，其超过之数有至三四百万者矣。故自理则上言之，从利益之点观察，人口众多之处之铁路远胜于人口稀少者之铁路，然由人口众多之处筑至人口稀少之处之铁路其利尤大。此为铁路经济上之原则，而铁路家、资本家所未尝发明者也。

　　据此铁路经济上之新原则，而断吾人所计画之铁路，斯为有利中之最有利者。

---

①　此处原作"满州"，今改为"满洲"，下同。满洲于此为东三省之别称。

盖一方联接吾人所计画之港，以通吾国沿海沿江户口至多省分，又以现存之京汉、津浦两路为此港暨多伦诺尔路线之给养，他方联接大逾中国本部之饶富未开之地；世界他处欲求似此广漠腴沃之地，而邻近于四万万人口之中心者，真不可得矣！

第三部　蒙古、新疆之殖民[①]

殖民蒙古、新疆实为铁路计画之补助，盖彼此互相依倚，以为发达者也。顾殖民政策除有益于铁路以外，其本身又为最有利之事业，例如北美合众国、加拿大、澳洲[②]及阿尔然丁[③]等国所行之结果，其成绩至为昭彰。至若吾人之所计画，不过取中国废弃之人力与夫外国之机械施于沃壤，以图利益昭著之生产。即以满洲现时殖民言之，虽于杂乱无章之中，虚耗人工地力不知凡几，然且奇盛，假能以科学上方法行吾人之殖民政策，则其收效将无伦比。以此之故，予议于国家机关之下，佐以外国练达之士及有军事上组织才者，用系统的方法指导其事，以特惠移民而普利全国。

土地应由国家买收，以防专占投机之家置土地于无用，而遗毒害于社会。国家所得土地应均为农庄，长期贷诸移民。而经始之资本、种子、器具、屋宇应由国家供给，依实在所费本钱，现款取偿，或分年摊还。而兴小此事，必当组织数大机关，行战时工场制度，以为移民运输居处衣食之备。第一年中不取现值，以信用贷借法行之。一区之移民为数已足时，应授以自治特权，每一移民应施以训练，俾能以民主政治的精神经营其个人局部之事业。

假定十年之内移民之数为一千万，由人满之省徙于西北，垦发自然之富源，其普遍于商业世界之利当极浩大。靡论所投资本庞大若何，计必能于短时期中子偿其母。故以"有利"之原则论，别无疑问也。

以"国民需要"之原则衡之，则移民实为今日急需中之至大者。夫中国现时应裁之兵数过百万，生齿之众需地以养，殖民政策于斯两者，固最善之解决方法

---

① "殖"于此处为增殖、移殖之意，"殖民"与下文所用"移民"同义。

② 澳洲（Australia），澳大利亚别一译称，时为英国自治领"澳大利亚联邦"。澳洲另指澳大利亚大陆；又曾是大洋洲（Oceania）的别称，因以澳大利亚大陆为其主体而得名。

③ 阿尔然丁（Argentina），后篇又作阿金滩，今译阿根廷。

也。兵之裁也，必须给以数月恩饷，综计解散经费必达一万万元之巨。此等散兵无以安之，非流为饿莩，则化为盗贼，穷其结果，宁可忍言。此弊不可不防，尤不可使防之无效。移民实荒，此其至善者矣。予深望友好之外国资本家以中国福利为怀者，对于将来中国政府请求贷款以资建设，必将坚持此诣，使所借款项第一先用于裁兵之途；其不然者，则所供金钱反以致祸于中国矣。对于被裁百余万之兵，只以北方大港与多伦诺尔间辽阔之地区，已足以安置之。此地矿源富而户口少，倘有铁路由该港出发以达多伦诺尔，则此等散兵可供利用，以为筑港、建路及开发长城以外沿线地方之先驱者，而多伦诺尔将为发展极北殖民政策之基矣。

第四部　开浚运河以联络中国北部、中部通渠及北方大港

此计画包含整理黄河及其支流、陕西之渭河、山西之汾河暨相连诸运河。黄河出口应事浚渫，以畅其流，俾能驱淤积以出洋海。以此目的故，当筑长堤，远出深海，如美国密西悉比河①口然。堤之两岸须成平行线，以保河辐之画一，而均河流之速度，且防积淤于河底。加以堰闸之功用，此河可供航运，以达甘肃之兰州。同时，水力工业亦可发展。渭河、汾河亦可以同一方法处理之，使于山、陕两省中为可航之河道。诚能如是，则甘肃与山、陕两省当能循水道与所计画直隶湾中之商港联络，而前此偏僻三省之矿材物产，均得廉价之运输矣。

修理黄河费用或极浩大，以获利计，亦难动人。顾防止水灾，斯为全国至重大之一事。黄河之水，实中国数千年愁苦之所寄。水决堤溃，数百万生灵、数十万万财货为之破弃净尽。旷古以来，中国政治家靡不引为深患者。以故一劳永逸之策不可不立，用费虽巨，亦何所惜，此全国人民应有之担负也。浚渫河口，整理堤防，建筑石坝，仅防灾工事之半而已；他半工事，则殖林②于全河流域倾斜之地，以防河流之漂卸土壤是也。

千百年来为中国南北交通枢纽之古大运河，其一部分现在改筑中者，应由首至尾全体整理，使北方、长江间之内地航运得以复通。此河之改筑整理实为大利

---

① 密西悉比河（Mississippi River），《三民主义》亦作密士，今译密西西比河。

② "殖"通"植"，殖林与植林同义。

所在，盖由天津至杭州，运河所经皆富庶之区也。

另应筑一新运河，由吾人所计画之港直达天津，以为内地诸河及新港之连锁。此河必深而且广，约与白河相类，俾供内国〔地〕沿岸及浅水航船之用，如今日冬期以外之所利赖于白河者也。河之两岸应备地以建工厂，则生利者不止运输一事，而土地价格之所得亦其一端也。

至于建筑之计画预算，斯则专门家之责，兹付阙如。

第五部　开发直隶、山西煤铁矿源，设立制铁炼钢工厂

本计画所举诸业，如筑北方大港，建铁路统系由北方大港以达中国西北极端，殖民蒙古、新疆，与夫开浚运河、改良水道以联络北方大港，之四者所需物料当极浩大。夫煤铁矿源在各实业国中累岁锐减，而各国亟思所以保存天惠以遗子孙，如使为开发中国故，凡夫物料所需取给各国，则将竭彼自为之富源，贻彼后代患。且以欧洲战后，各国再造所费，于实业界能供给之煤铁行将吸收以尽。故开发新富源以应中国之特别需求者，势则然也。

直隶、山西无尽藏之煤铁，应以大规模采取之。今假以五万万或拾万万元资本，投诸此事业。当中国一般的开发计画进行之始，钢铁销场立即扩大，殊非现时实业界所能供给。试思铁路、都市、商港等之建筑，与夫各种机械器具之应用，所需果当何若？质而言之，则中国开发，即所以起〔启〕各种物品之新需要，而同时不得不就附近原料，谋相当之供给。故制铁、炼钢工厂者实国家之急需，亦厚利之实业也。

此第一计画，皆依据前此所述之四原则而成。果如世论所云，"一需要即以发生更新之需要，一利益即以增进较多之利益"，则此第一计画可视为其他更大发展中国计画之先导，后当继续论之。

第 二 计 画

东方大港之为第二计画中心，犹之北方大港之为第一计画中心也。故第二计画亦定为五部，即：

（一）东方大港。

（二）整治扬子江水路及河岸。

（三）建设内河商埠。

（四）改良扬子江之现存水路及运河。

（五）创建大士敏土厂。

第一部　东方大港

上海现在虽已成为全中国最大之商港，而苟长此不变，则无以适合于将来为世界商港之需用与要求。故今日在华外国商人有一运动，欲于上海建一世界商港。现经有种种计画提出，即如将现在之布置更加改良，堵塞黄浦江口及上游以建一泊船坞，于黄浦口外、扬子江右岸建一锁口商港，于上海东方凿一船池，并浚一运河到杭州湾①；而预算欲使上海成为一头等商港，必须费去洋银一万万元以上然后可。据第一计画中吾所举之四原则，则上海之为中国东方世界商港也，实不可谓居于理想的位置。在〔而〕此种商港最良之位置，当在杭州湾中乍浦②正南之地。依上述四原则以为观察，论其为东方商港，则此地位远胜上海。是以吾等于下文将呼之为计画港，以别于现在中国东方已成之商港即上海也。

甲　计画港

计画港当位于乍浦岬与澉浦③岬之间，此两点相距约十五英里。应自此岬至彼岬建一海堤，而于乍浦一端离山数百尺之处开一缺口，以为港之正门。此种海堤可分为五段，每段各长三英里。因现在先筑一段，长三英里，阔一英里半，已得三四方英〔英方〕里之港面，足供用矣。至于商务长进，则可以逐段加筑，以应其需用。前面海堤，应以石块或士敏土坚结筑之。其横于海堤与陆地间之堤，则可用沙及柴席叠成，作为暂时建造，以备扩张港面时之移动。此港一经作成，永无须为将来浚渫之计，盖此港近旁，并无挟泥之水日后能填满此港面及其通路

---

① 杭州湾，原称钱塘湾，在钱塘江入海处，位于浙江省东北及上海东南。

② 乍浦镇，属浙江省平湖县（今改市）。

③ 澉浦镇，属浙江省海盐县。

者也。在杭州湾中，此港正门为最深之部分，由此正门出至公海，平均低潮水深三十六尺至四十二尺，故最大之航洋船可以随时进出口。故以此计画港作为中国中部一等海港，远胜上海也。（参观第三图）

以"抵抗最少"之原则言，吾之计画乃在未开辟地规画城市、发展实业皆有绝对自由，一切公共营造及交通计画均可以最新利之方法建设之。即此一层，已为我等之商港将来必须发展至大如纽约者之最重要之要素矣。如使人之远见，在百年前能预察纽约今日人口之多与其周围之广，则此空费之无数金钱劳力与无远见之失误皆可避去，而恰就此市不绝长进之人口及商务，求其适合矣。吾人既知其如此，则中国东方大港务须经始于未开辟之地，以保其每有需用，随时可以推广也。

且上海所有天然利益，如其为中国东部长江商港，为其中央市场，我之计画港亦复有之。更加以由铁路以与大江以南各大都市相交通，此港较之上海为近。抑且如将该地近旁与芜湖之间水路加以改良，则此港与长江上游水上交通亦比上海为近。而上海所有一切人为的繁荣，所以成为一大商埠，为中国此方面商务之中心者，不待多年，此港已能追及之矣。

由吾发展计画之观察点以比较上海与此计画港，则上海较此港遥劣。因其须购高价之土地，须毁除费用甚多之基址与现存之布置，即此一层所费，已足作成一良好港面于我所计画之地矣。是以照我所提，别建一头等港供中国东部之用，而留上海作为内地市场与制造中心，如英国孟遮斯打①之于利物浦，日本大阪之于神户、东京之于横滨，最为得策也。

以其建造将较上海廉数倍，工作亦简单数倍，故此计画港将为可获厚利之规画。乍浦、澉浦间及其附近土地之价每亩当不过五十元至一百元，国家当划取数百英方里之地于其邻近，以供吾等将来市街发展之计画所用。假如划定为二百英方里，每亩价值百元，每六亩当一英亩，而六百四十英亩当一英方里，故二百英方里地价当费七千六百万元。以一计画论，此诚为巨额。但政府可以先将地价照现时之额限定，而仅买取所须用之地，其余之地则作为国有地未给价者留于原主手中，任其使用，但不许转卖耳。如此，国家但于发展计画中需用若干地，即随

① 孟遮斯打（Manchester），后篇又作兰加斯达，今译曼彻斯特，俗称曼城，英格兰的大曼彻斯特郡（Greater Manchester）首府。

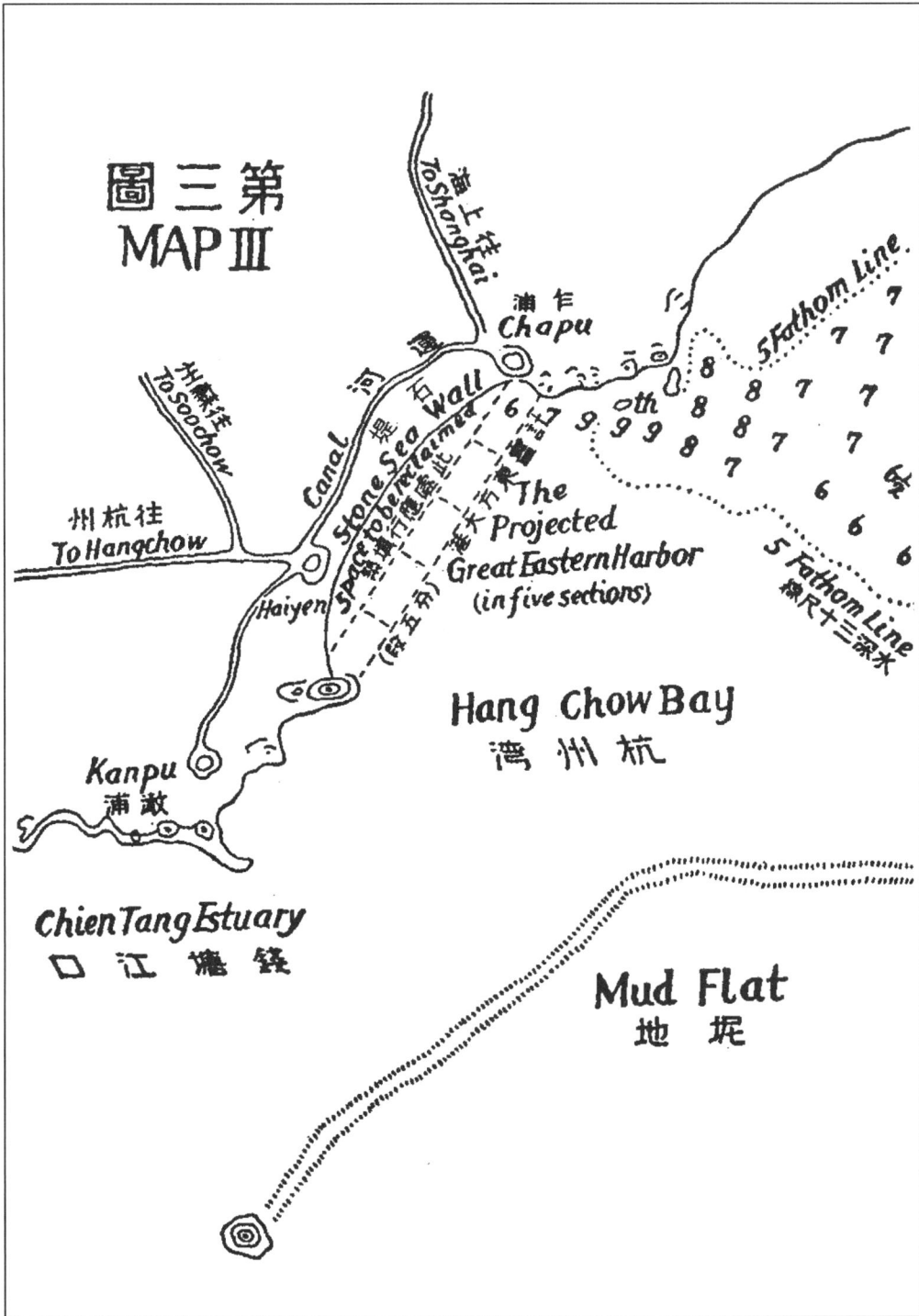

第三圖
MAP III

往上海
To Shanghai

往蘇州
To Soochow

乍浦
Chapu

往杭州
To Hangchow

Canal 河
運 堤 石
Stone Sea Wall
擬築此種石堤海行
Space to be reclaimed

海鹽
Haiyen

（段五分）築大方東擬
The Projected
Great Eastern Harbor
(in five sections)

5 Fathom Line 7

水深三十英尺
5 Fathom Line

Kanpu
澉浦

Hang Chow Bay
杭 州 灣

Chien Tang Estuary
錢塘江江口

Mud Flat
泥 地

时取若干地，而其取之则有永远不变之定价，而其支付地价可以徐徐，国家将来即能以其所增之利益还付地价。如此，惟第一次所用地区之价须以资本金支付之，其余则可以其本身将来价值付之而已足。至港面第一段完成以后，此港发达，斯时地价急速腾贵，十年之内，在其市街界内地价将起自千元一亩至十万元一亩之高价，故土地自体已发生利益矣，而又益之以计画本来之港面及市街之利益。因其所挟卓越之地位，此港实有种种与纽约媲美之可能。而在扬子江流域，控有倍于美国之二万万人口之一地区，想当以此为惟一之深水海港也。此种都市长进之率，将与实行此发展计画全部之率为正比例。如使用战时工作之伟大规模、完密组织之方法，以助长此港面与市街之建造，则此时将有东方纽约崛起于极短时间之中。于是无须更虑其过度扩展与资本之误投，因有无限之富源与至大之人口，正待此港而用之也。

乙　以上海为东方大港

如使我之计画，惟欲以一深水港面供中国此部分将来商务之用，则必取前之计画港而舍上海无疑。任从何点观察，上海皆为僵死之港。然而在我之中国发展计画，上海有特殊地位，由此审度之，于上海仍可求得一种救济法也。

扬子江之沙泥，每年填塞上海通路迅速异常，此实阻上海为将来商务之世界港之罪神也。据黄浦江浚渫局技师长方希典斯担君①所推算，此种沙泥每年计有一万万吨，此数足以铺积满四十英方里之地面，至十英尺之厚。必首先解决此沙泥问题，然后可视上海为能永成为一世界商港者也。幸而在吾计画中，本有整治扬子江水道及河岸一部，将有助于上海通路之解决。故常以此计画置诸心中，即可将沙泥问题作为已解决者，而将整治长江入海口一事让之次部。现在先商上海港面改良一事。

现有诸专门家提出种种计画以图上海港面改良，如前所述，其中有欲将十二年来黄浦江浚渫局用一千一百万两所作之工程，尽行毁弃者。是以吾欲献一常人之规画，以供专门家及一般公众之研究。我之设世界港于上海之计画，即仍留存

---

①　方希典斯担（Von Heidenstam），今译冯·海顿斯坦。

现在自黄浦江口起至江心沙上游高桥河合流点止已成之布置，如此则浚渫局十二年来所作之工程均不虚耗。于是依我计画，当更延长浚渫局所已开成之水道，又扩张黄浦江右岸之湾曲部，由高桥河合流点开一新河直贯浦东，在龙华铁路接轨处上流第二转湾复与黄浦江正流会。如此，则由此点直到斜对杨树浦①之一点，江流直几如绳，由此更以缓曲线达于吴淞。此新河将约三十英方里之地圈入，作为市宅中心，且作成一新黄浦滩；而现在上海前面缭绕潆洄之黄浦江，则填塞之以作广马路及商店地也。此所填塞之地，当然为国家所有，固不待言；且由此线以迄新开河中间之地暨其附近，亦均当由国家收用，而授诸国际开发之机关所支配。如此，然后上海可以追及前述之计画港，其建造能为经济的，可以引致外国资本也。

关于改良上海以为将来世界商港（参观第四图），在杨树浦下游，吾主张建一泊船坞。此坞应就现在黄浦江左岸自杨树浦角起，至江心沙上流转湾处止，跨旧黄浦江面及新开地，而邻于新开河之左岸以建之。坞之面积应有约六英方里，并应于江心沙上游之处建一水闸以通船坞，而坞当凿至四十尺深。新开河之深，亦当以河流之冲刷，而使之至四十尺。惟此冲刷之水，非如专门家所提议于江阴设一长江、太湖间之闭锁运河而引致之，乃由我计画所定之改良此部分地方与芜湖间之水道而引致之，如此乃能得较猛之水力也。

我辈既已见及现在之黄浦江，须由龙华接轨处上面第二转湾起填至杨树浦角，以供市街规画，则如何处分苏州河②之问题又须解决。吾意当导此小河，沿黄浦江故道右岸直注泊船坞之上端，然后合于新开之河，于此小河与泊船坞之间当设一水闸，所以便于由苏州及内地之水运统系直接与船坞联络也。

在我计画，以获利为第一原则，故凡所规画皆当严守之。故创造市宅中心于浦东，又沿新开河左岸建一新黄浦滩，以增加其由此计画圈入上海之新地之价值，皆须特为注意者也。盖惟如此办去，而后上海始值得建为深水海港。亦惟为此垂死之港，新造出有价值之土地，然后上海可以与计画港争胜也。

---

① 杨树浦，指黄浦江以北、杨树浦港附近地带，原属江苏省宝山县，后境域有所扩大，今置为上海市杨浦区。

② 苏州河，吴淞江在上海境内水道的别称，黄浦江支流之一。

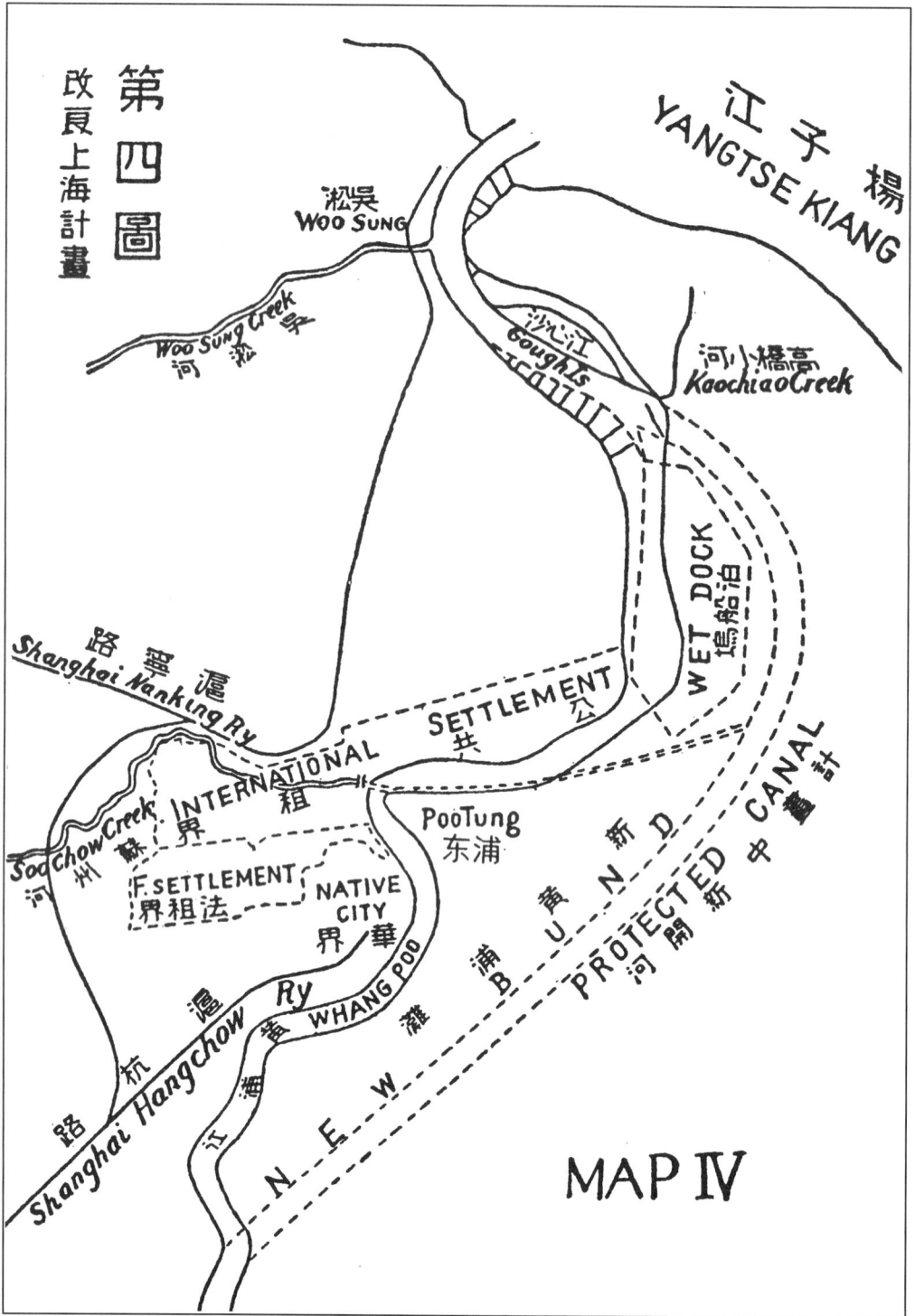

第四图
改良上海計畫

淞吳
WOO SUNG

Woo Sung Creek
河 淞 吳

江子 楊
YANGTSE KIANG

江沈
Gough's

河小橋高
Kaochiao Creek

WET DOCK
泊船塢

路寧滬
Shanghai Nanking Ry

INTERNATIONAL SETTLEMENT
界 租 共

公

Soochow Creek
河 州 蘇 縣

界

F. SETTLEMENT
界租法

NATIVE CITY

PooTung
东浦

BUND 新
黃浦

界華

PROTECTED CANAL
河 開新 中 畫計

路 杭 滬
Shanghai Hangchow Ry

WHANG POO
江海 浦黃 灘浦

N. E. W.

MAP IV

究竟救济上海之最重要要素为解决扬子江口沙泥问题，故整治扬子江水道及河岸一事于此沙泥问题有何影响、有何意义，吾人将于次部论之。

第二部　整治扬子江

整治扬子江一部，当分六节：

甲　由海上深水线起至黄浦江合流点。

乙　由黄浦江合流点起至江阴。

丙　由江阴至芜湖。

丁　由芜湖至东流①。

戊　由东流至武穴。

己　由武穴至汉口。

甲　整治扬子江口自海上深水线至黄浦江合流点

凡河流航行之阻塞，必自河口始，此自然原则也。故凡改良河道以利航行，必由其河口发端，扬子江亦不能居于例外也。故吾人欲治扬子江，当先察扬子江口。扬子江入海有三口：最北为北枝流，在左岸与崇明岛间；中间为中水道，在崇明岛与铜沙坦之间；最南为南水道，在铜沙坦与右岸之间。故为便利计，以后当分别称之为北水道、中水道、南水道。

凡河口所以被沙泥填塞者，以河水将入海汇流，河口宽阔，湍流减其速力，而沙泥因之沉淀也。救之者，收窄其河口，令与上流无异，以保其湍流之速力；由此道，则沙泥被水裹挟，直抵深海。收窄之工程，当筑海堤以成之，或用一连之石坝。如是，其沙泥为水所混，直到深海广阔之处，未及沉淀，复遇回潮冲击，还填入河口两旁附近浅水之洼地，以潮长、潮退之动力与反动力，遂使河口常无淤积。凡疏浚一河之河口，皆以利用此天然力助成之。

欲治扬子江口，吾辈须将构成其口之三水道一一研究，又择出其一道以为入海之口。在方希典斯担君所提议改良上海港面通路策，列有二案：其一，闭塞北、

---

①　安徽省东流县，今并入东至县。

中两水道，独留南水道，以为扬子江口；其二，独修浚南水道，而置余两水道不理。现在彼意以为用第二案已足，此或因经济上目的而然。顾惟修浚南水道，则上海通路将常见不绝提心吊胆之情形，仍如方希典斯担君暨其他专门家现所忧虑者。因扬子江水流之大部，随时可以改灌入他两水道，而令南水道淤塞也。故为使上海通路永久安全、一劳永逸计，必须于三水道之中闭塞其二，独留一股以为上海通路，此又整治扬子江口惟一可得实行之路也。

在我整治扬子江口之计画，本应选用北水道，而闭塞中、南二水道。因北水道为入深海最短之线，又用之以为惟一之扬子江口，则其两旁有更多之沙坦洼地，正待沙泥填堵也。故其费用为较少，而收效为较多。但此本不为上海作计故然耳。如其统筹全局，必须以一箭双雕之法行之，而采中水道以为河口，则于治河与筑港两得其便。盖专谋治扬子江口与单谋上海之通路者，各有所志，其考察自有不同也。在我治扬子江口之计画，所取者有两端：其一，则求深水道以达海洋；其二，则多收其沙泥，以填海为田。惟力所及，中水道具有三堆积场，以受沙泥而成新陆地，即海门坦、崇明坦、铜沙坦是也。此外尚有淳水洼地千数百英方里，循现在之势以往，不过十年至二十年便成陆地。以我之第一原则为获利故，每一举足，不可忘之。即令二十年不能成地，姑倍之为四十年，而所填筑者有约一千英方里之多，其于利益已不菲矣。以至贱计之，填积之地值二十元一亩，如使十年之后，五百英方里之地可备耕作之用，其所得之利已为三千八百四十万元。如使由南水道以通上海，则接受沙泥之地面只在一偏，即惟有铜沙坦在其左方，而右方则为深水之杭州湾，非数百年不能填满，在此数百年间沙泥之半数归于无用矣。夫以上海为海港，故沙泥为之疅神；至于低地，正欢迎沙泥而以福星视之也。

此种企业既有填筑上述海坦洼地为田之利，我等自可建一双石堤，自长江入海之处起直达深海，至离岸四十英里之沙尾山为止。以舟山列岛附近有花冈石岛，廉价之石不难运致。故筑一石堤，高六英尺至三十英尺，使刚与低潮面平，其平均所需当不过每一英里费二十万元；石堤每边长四十英里，统共八十英里，其所费约在一千六百万元左右。而在海门坦、崇明坦暨铜沙坦有二三百英方里地，转瞬之间可变为农田计之，则建此石堤已非不值矣。况其建此石堤，实足以为上海世界港得一永久通路，又为扬子江得一深水出路也耶！（参观第五图）

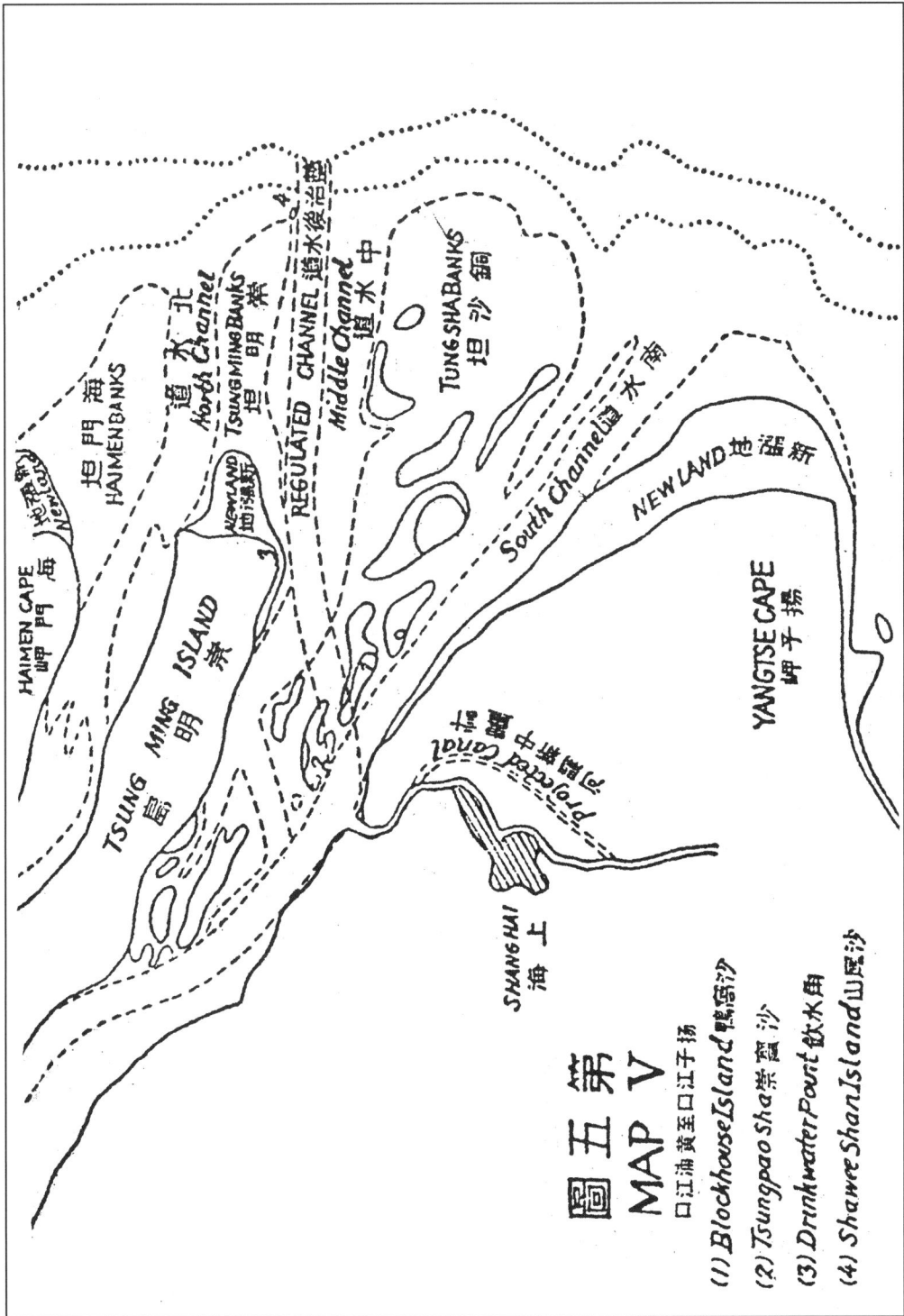

第五圖
MAP V

扬子江口黄浦口

(1) Blockhouse Island 鸡骨沙

(2) Tsungpao Sha 崇宝沙

(3) Drinkwater Point 饮水角

(4) Shawre Shan Island 山阴沙

HAIMEN CAPE 海門岬

HAIMEN BANKS 海門坦

TSUNG MING ISLAND 崇明島

North Channel 北水道

TSUNGMING BANKS 崇明坦

REGULATED CHANNEL 治理後水道

Middle Channel 中水道

TUNG SHA BANKS 铜沙坦

South Channel 南水道

NEWLAND 新涨地

YANGTSE CAPE 杨子岬

Foldied Canal 扬子中段新计画河道

SHANGHAI 上海

右边之石堤，应从黄浦江合流点起延长其右边石坝，画一缓曲线到南水道深处，然后转向对岸，横截鸭窝沙以至中水道，又折向东方直筑至沙尾山东南水深三十尺处。左边之堤，由崇宝沙起直至崇明角，与右堤平行，两堤中间相距约两英里。此堤当在崇明之饮水角附近，稍作曲线，然后直达深海三十尺深之线，恰在沙尾山南端经过。试一览附图，当知将来上海通路当何如，扬子江出路当何如矣。此一双水底石堤断不容高过低潮面，以使潮涨时水流自由通过堤面，如此则潮涨时可将沙泥夹带回两堤之旁，于是填塞两堤旁所括之低地更迅速矣。现在南水道在黄浦江外面已有四五十英尺之深，而新水道以两平行石堤夹成，料必比南水道更深，因其聚三水道入于一流，其水流速力必较现在者为多也，而河身之深亦将较现在为确定且一律。在石堤，虽止于水深三十英尺处，而水流不于是遽停，必过此一点更突入较深之外海而后止。则上海通路常开与扬子江口无阻之两目的，可得同时俱达矣。

乙　由黄浦江合流点起至江阴

扬子江水道中，此一部分为最不规则，又最转变无常者。其江流广处在十英里以上，至其狭处才得四分英里之三，即江阴窄路是也。在此广阔之处，河深不过三十英尺至六十英尺；至于江阴窄路，实有一百二十尺之深。由江阴窄路之水深以判断之，必须有一英里半阔之河身，以缓和此地方湍流之速力，令全河流速始终如一。于是在黄浦口之二英里阔河身，在江阴应阔一英里半。（参观第六图）

此段左岸即北岸筑河堤，起自崇宝沙，与海堤相连，作一凸曲线以至崇明岛，在崇明城西北约六英里处接于滩边。然后沿崇明滩边直至马孙角（译音），然后转而横过北水道，离北岸约三四英里作一平行线直抵金山角（译音）。在此处截断近年新成之深水道，向西南以与靖江县城东北河岸相接。沿此岸再筑七八英里，又挖开陆地以增河身之阔，令其自江阴炮台脚下起算至对岸，常有一英里半之距离。此自崇宝沙至江阴对面之靖江，河堤共长约一百英里。在崇明岛迤南，此河堤之一部及海堤共围有浅滩约一百六十英方里，可以填为实地。其河堤之他一部，自崇明岛上头马孙角起至靖江河岸止，另围有浅滩一百三十英方里。

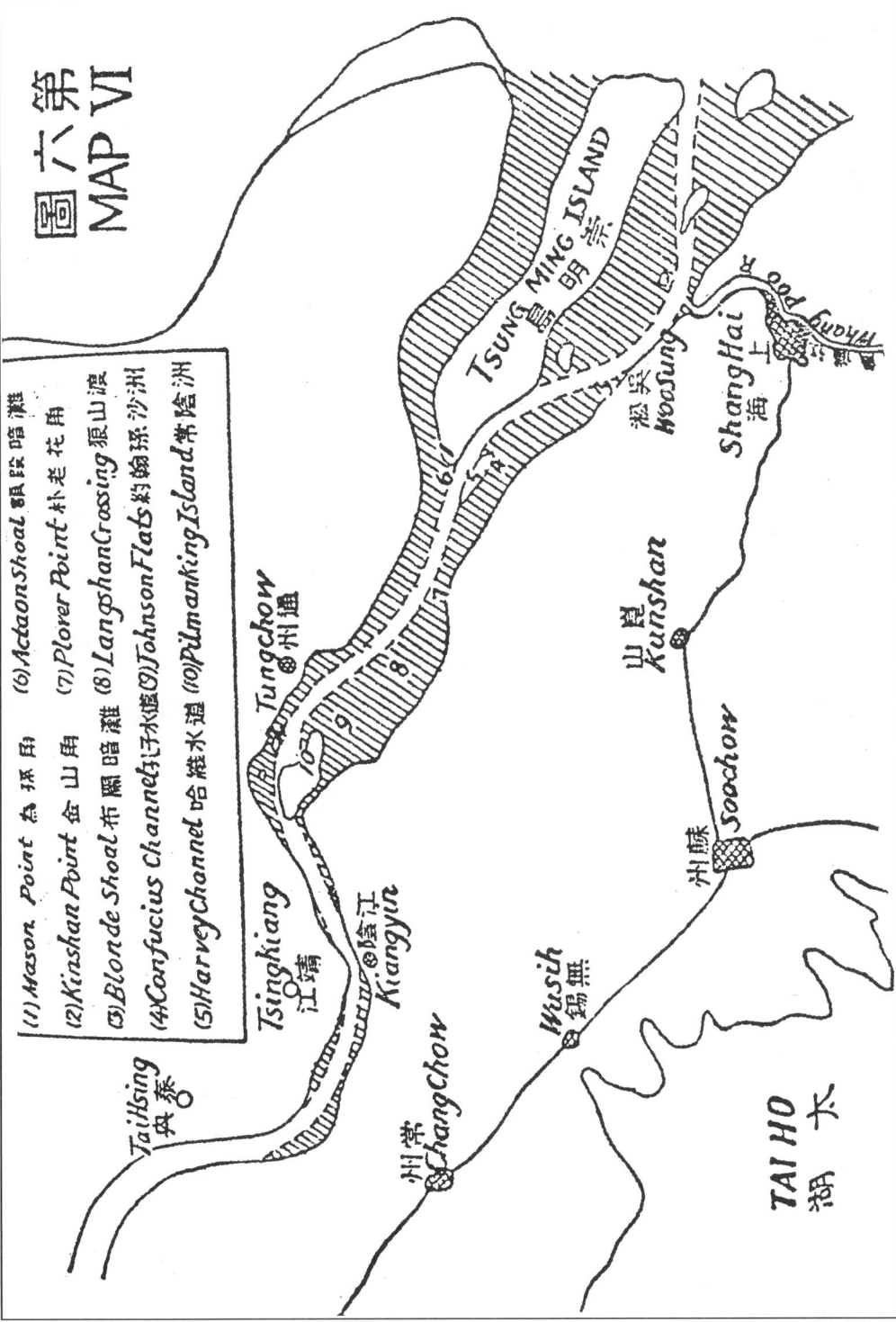

第六图
MAP VI

(1)Mason Point 鱼孫角
(2)Kinshan Point 金山角
(3)Blonde Shoal 布爾暗灘
(4)Confucius Channel千子水煙
(5)Harvey Channel 哈結水道

(6)Actaon Shoal 鎮段暗灘
(7)Plover Point 朴老花角
(8)Langshan Crossing 狼山濱
(9)Johnson Flats 約翰深沙洲
(10)Pilmanking Island 常陰洲

Tai Hsing 泰興
Tsingkiang 江靖
Tungchow 通州
Kiangyin 江陰
Changchow 常州
Wusih 錫無
Soochow 蘇州
Kunshan 昆山
Shang Hai 上海 海上
Woosung 淞吳
Whang Pool 浦黄
TSUNG MING ISLAND 島明崇
TAI HO 湖大

　　右边河堤，自黄浦江口石坝尽处起，循宝山①岸边过布兰暗滩直至深处，横过"孔夫子水道"穿入额段暗滩（译音），随哈维水道（译音）右边沂〔沂〕流筑至朴老花角（译音）。再在狼山渡②横截深水道，穿过约翰孙沙洲（译音）与常阴洲相接续，再循此岸直筑至江阴炮台山脚下。此段河堤围有浅滩两处，一在朴老花角上游，他一则在其下游，共约有一百六十英方里。

　　此两边河堤之所围浅滩，共约四百五十英方里，其中大部分已成陆地，亦有一部已于低潮时露出。此等地方若令不与湍流相遇，则其填塞之进行更速。所以谓二十年之内，此四百五十英方里之地当完全填成实地，可供耕作，亦非奢望也。如使此种新地每亩仅值二十元，则此新填地所生利益已约有二千九百七十六万元矣，而此近三千万之利益固从新地而生。此新地之利益，自起工以后则每年增长，直至其填塞完成而后已者也。

　　以后此二十年间可得三千万元利益而论，此种提案自可采供讨议。今先计须投资本若干，然后我填筑之全计画可以完成。将欲填此四百五十英方里之地，须筑二百英里之河堤。此所计画之河堤，有一部分为沿河岸线者，而大部分须在中流，更有一小部分须筑在深水道之中。沿河岸线者，惟有在凹曲线面之一部须以石建，或用土敏土坚结以保护堤面，此外无须费力。在中流者须用石叠起，至离低潮水面下不及十尺为止，适足以抵抗下层水流，令不轶出正路之外。如此则大股流水，将循此抵抗最少之线，以其自力，从其初级河堤所诱导，开一水道。此种初级河堤所费比之海堤较廉，而海堤所费，依吾前计算为二十万元一英里而已。惟有在马孙角、北水道分流点一处，须将该水道完全闭塞，其费已经专门家估算，当在百万元以外，方能填筑此二三英里之堤。是故由新填地所生利益，必足以回复其所筑河堤所费。可知即此填新地一节，已足令自海口到江阴两段导江工程不致亏本，而又有改良扬子江航路之益也。

丙　自江阴至芜湖

　　此段河流，性质与江阴以下全异。其水道较为巩固，惟有三数处现出急曲线，

河流蚀入凹曲线方面之陆地，因此时时于两岸另开新水道而已。此段长约一百八十英里。（参观第七图）

此处整治之工，比之江阴以下更为困难。盖其泛滥之地，应填筑者仍与长江下游景况正同。其急曲线须修之使直，旁枝水道应行闭塞，中流小岛应行削去，窄隘水路应行浚广，令全河上下游一律。然而此部分原有河堤，大抵可以听其自然，惟其河岸凹曲线面，有数处应用石或土敏土坚结以保护之耳。以力求省费之故，此段水道及河堤整治工程，可以一面用人为之工作，一面助以自然之力。此一段河流工程全部所费，不能于测量未竣以前精密计出，但粗为计算，则四十万一英里之数总相去不远，故全段一百八十英里应费七千二百万元。此外尚有开阔南京、浦口①中间河面之费未计在内，此处有多数高价之产业须全毁去，其费颇多也。

瓜洲②开凿一事，所以令镇江前面及上下游三处急曲线改为一处，使河流较直也。此处沿江北岸约二英里半陆地正对镇江，必须凿开令成新水道，阔一英里有余。其旧道在镇江前面及上下游者，则须填塞之。所填之地，即成为镇江城外沿江市街，估其价值，优足以偿购取瓜洲陆地及开凿工程之费。故此一部分，至少总可认为不亏本之提案。

浦口、下关③间窄处，自此码头至彼码头仅得五分英里之三，即一千二百码④而已。而此处水深最浅处为三十六英尺，最深处为一百三十二英尺。下关一边陆地，时时以水流过急、河底过深之故而崩陷，斯即显然为此部分河道太窄，不足以容长江洪流通过也。然则非易以广路不可矣。为此之故，必以下关全市为牺牲，而容河流直洗狮子山⑤脚，然后此处河流有一英里之阔。以赔还下关之高价财产而论，须费几何，必须提交专门家详细调查乃能决定。要之，此为整治扬子江全计画中最耗费之部分。但亦有附近下关沿岸之地，可以成为高价财产无疑，故此工程或可望得自相弥补也。

---

①　浦口镇属江苏省江浦县，东濒长江，今为南京市浦口区。

②　瓜洲原系长江中沙洲名，瓜洲镇属江苏省江都县，今隶扬州市邗江区。

③　下关属江苏省江宁县，西濒长江，清末辟为商埠，今为南京市鼓楼区辖地。

④　码（yard），长度单位，三英尺为一码。

⑤　狮子山，在安徽省铜陵县境内，今属铜陵市铜官区。

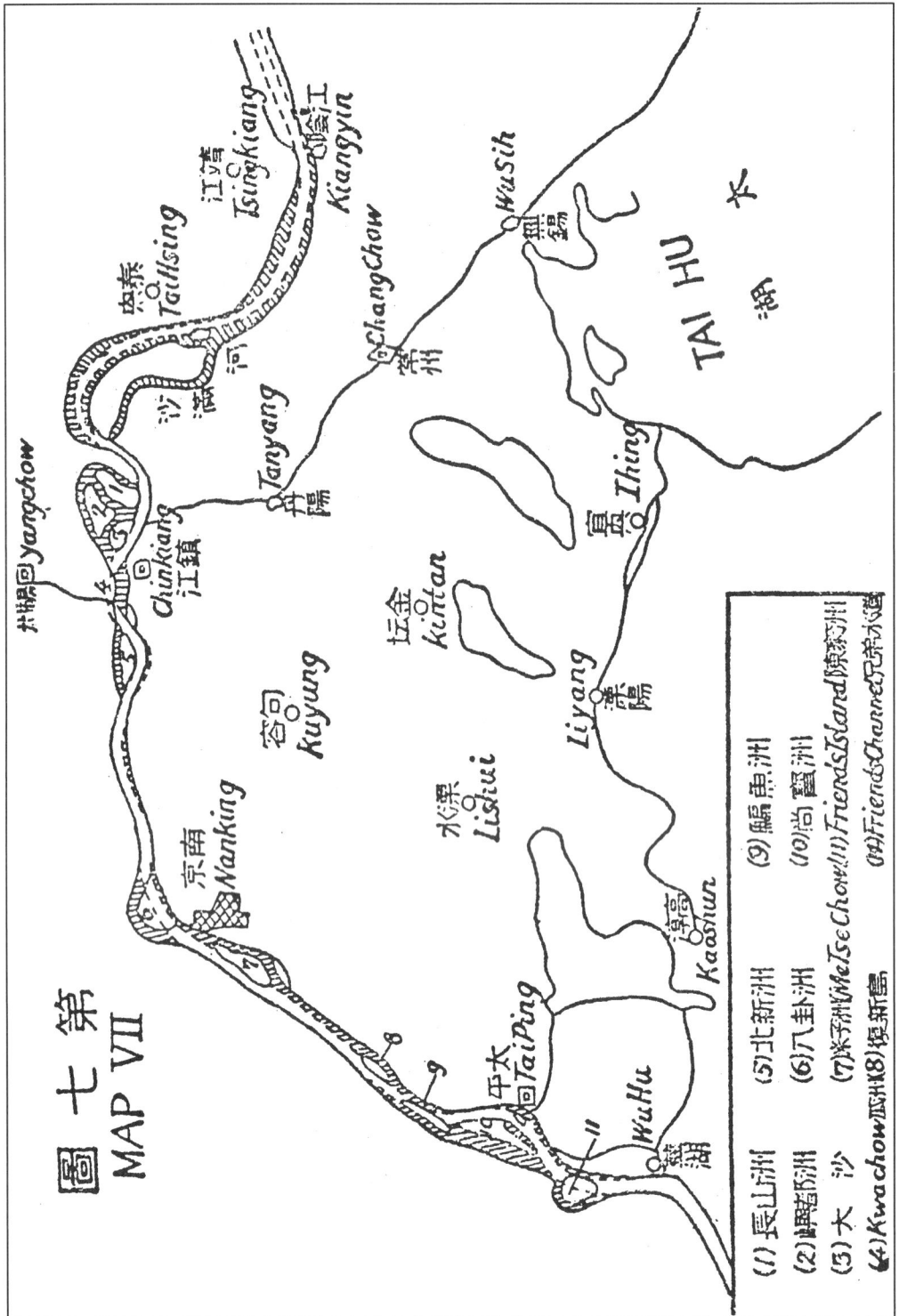

第七圖
MAP VII

(1) 長山洲
(2) 嶼鼠洲
(3) 大　沙
(4) Kwachow瓜洲 (8) 順斯厲
(5) 北新洲
(6) 八卦洲
(7) 某洲 (Me Tse Chow) (11) Friends Island 陳某洲
(9) 鱙鼠洲
(10) 尚醫洲
(4) A Friends Channel 順斯厲水道

南京、浦口间窄路下游之水道，应循其最短线路，沿幕府山①脚以至乌龙山②脚。其绕过八卦洲③后面之干流应行填塞，俾水流直下无滞。

由南京至芜湖一段河流，殆成一直线，其中有泛滥三处，一处刚在南京上游，余二则在东、西梁山④之上下游。其第一泛滥之米子洲上游枝流应行闭塞，另割该洲外面一幅，使本流河幅足用。至欲整治余二泛滥，则应循其右岸深水道作曲线向太平府城⑤，而将左边水道锁闭，此曲线所经各沙洲有须全行削去者，亦有须削其一部者。而在东、西梁山上游之泛滥，须将兄弟水道完全闭塞，并将陈家洲削去一部。而芜湖下游左岸亦须稍加割削，令河流广狭上下一律。

丁　自芜湖至东流

此段大江约长一百三十英里，沿流有泛滥六处。其中最显著者即在铜陵下之泛滥也，此泛滥两岸相距在十英里以上，每一泛滥常分为两三股水道，其间夹有新涨之沙洲。其深水道时时变迁，忽在此股，忽在彼股，有时竟至数股同时淤塞，逼令航行暂时停止，亦非希觏之事也。（参观第八图）

为整治此自芜湖上游十英里至大通下游十英里一段河流，吾拟凿此三泛滥中流之沙洲及岸边之突角，为一新水道直贯其中，使成一较短较直之河身，即附图中点线所示之路是也。此项费用亦须详细测量之后始能算定，但若两边河堤筑定之后，则浚渫工程之大部分将以河流之自然势力行之，故开凿新河之费必较寻常大为减少。大通⑥以上，左岸有急度弯曲两处须行凿开。第一处即大通上游十二英里，现设塔灯水标处之左岸，此处左岸陆地有二三英里须略加刊削。次一处则应在安庆下游，凿至江龙塔灯水标，计长六英里左右。既凿此河，则免去全江口急度之转湾矣。此次开凿工程比之下游叠石为堤之费更多，其旁枝水路虽能填为

---

① 幕府山，亦称莫府山，旧名石灰山，位于长江南岸，在南京北郊。

② 乌龙山，今称乌龙潭，在南京西南郊。

③ 八卦洲系长江中沙洲名，洲上八卦洲镇属江苏省江宁县，今隶南京市栖霞区。

④ 东梁山，在安徽省当涂县东，位于长江南岸；西梁山，亦称梁山，在安徽省和县南，位于长江北岸。两山合称天门山。

⑤ 安徽省太平府于民国初已废，此指原府治当涂县。

⑥ 大通镇属安徽省铜陵县，今为淮南市大通区。

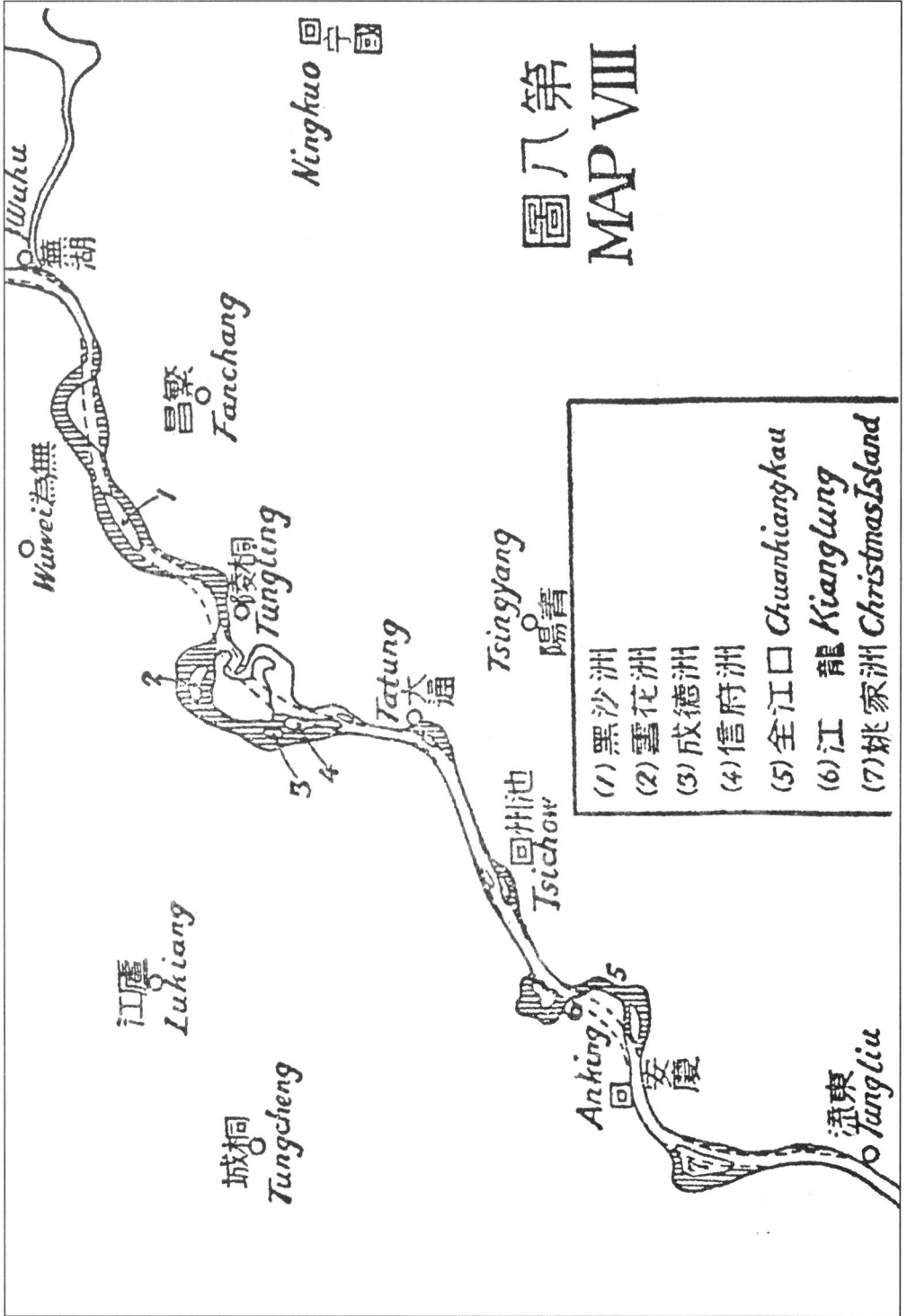

第八圖
MAP VIII

(1) 黑沙洲
(2) 蘆花洲
(3) 成德洲
(4) 信府洲
(5) 全江口 Chuankiangkau
(6) 江　龍 Kianglung
(7) 姚家洲 Christmas Island

耕地，究不能补其开凿所费。是以此一部分整治之工程不免为亏本，但以其通长江航道与保护两岸陆地，又防止将来洪水为患，则此种工程必为有益明也。

戊　自东流至武穴

此段长约八十英里，沿右岸皆山地，左岸则大抵低地也。沿流有泛滥四处，此中有三处以水流之蚀及左岸，成一枝流，复至下游与正流相会，其会合处殆成直角。在此等地方，河岸殊不巩固，而此泛滥各股水道之间正在堆积，将成沙洲矣。（参观第九图）

此段整治工程，比之下游各段施工较易。此三处成半圆形时时转变之枝流，应从其分枝口施以闭塞，仍留其下游会流之口，任令洪水季节之沙泥随水泛入，自然填塞之。其他一处泛滥则须于两边筑坝，束而窄之。更有数处须行削截，而小孤山①上游及粮洲两处尤为重要。江心沙洲有一部分须削去，而河幅阔处亦有须填窄者。总令水道始终一律，期于全航道常有三十六英尺以上之水深也。

己　自武穴至汉口

此段约长一百英里，自武穴而上，夹岸皆山地，河幅常为半英里内外。水深自三十尺至七十二尺，有数处尚在七十二尺以上。（参观第十图）

整理此段，须填塞其宽广之河面三数处。令水道整齐，有三四处枝流须行闭塞。如此，然后冬季节俱有三十六尺至四十八尺水深之水道可得而成也。在戴家洲一段河流，应将埃梨水道（译音）闭塞，独留冬季水道，则此岛上游下游曲线均较缓徐。在鸭蛋洲及罗霍洲之处，其大湾曲水道及两岛间水道均应闭塞，而另开一新水道穿过罗霍洲以成为较短之曲线。在水母洲，其南水道务须闭塞，而此洲之上万八挡口曲处亦须挖成较缓徐之曲线。由此处以至汉口，则须先填右岸，收窄河身，至与右岸向西南曲处相接而止；再从对面左岸填起，直过汉口租界面前，以至汉水口。则汉口堤岸面前，可以常得三十六英尺至四十八英尺深之水道矣。

总计自海中至汉口，治河长约六百三十英里，河堤之长当得其二倍，即一千

---

① 小孤山，亦称小姑山、髻山、海门山，位于江西省东部与安徽省交界的长江中。

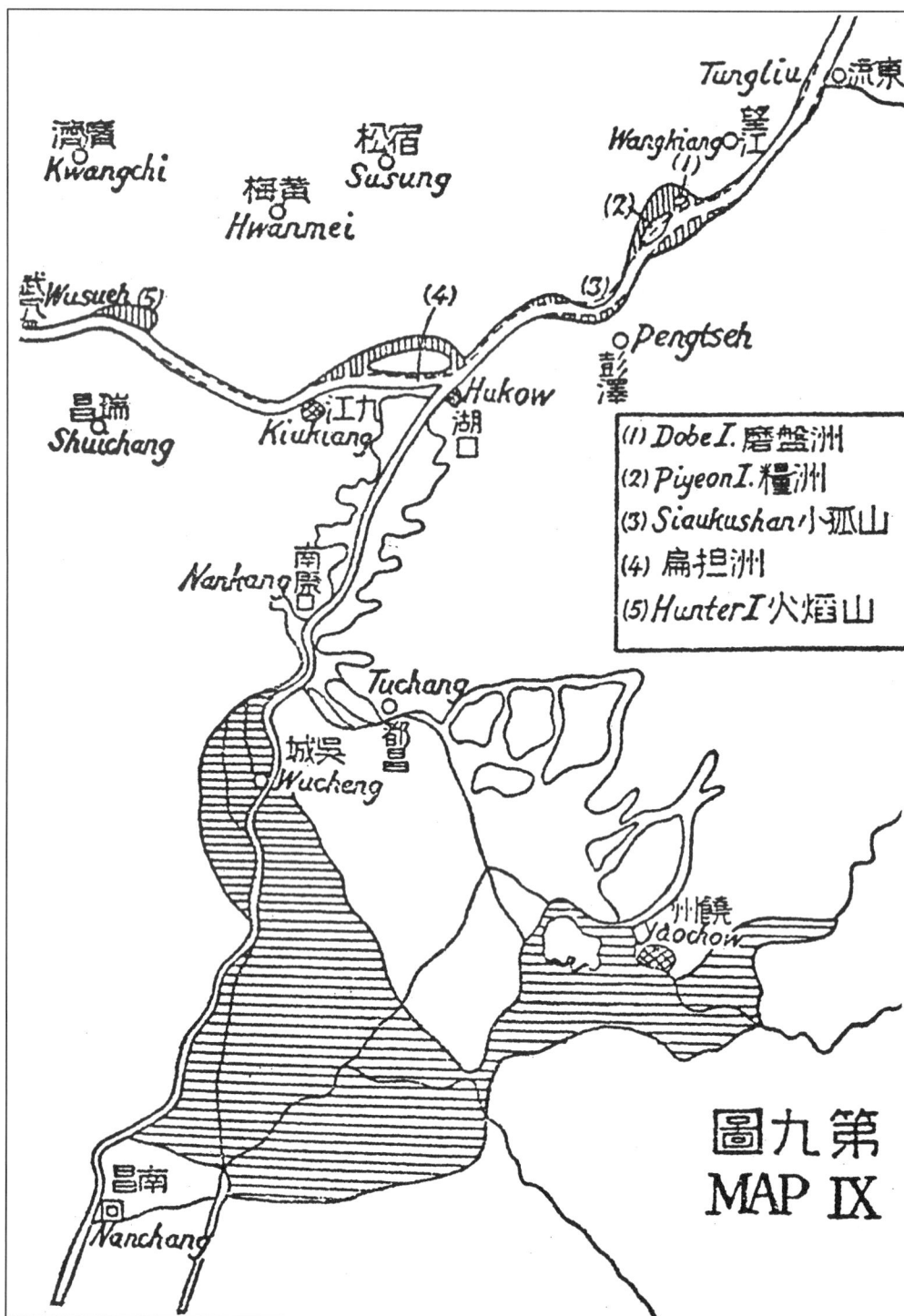

图九第 MAP IX

(1) Dobe I. 磨盘洲
(2) Piyeon I. 檀洲
(3) Siaukushan 小孤山
(4) 扁担洲
(5) Hunter I 火焰山

MAPX

第十图

1 Collison I.　戟矶洲
2 Ayres Channel 梁瑞华河道
3 Winter Channel 冬期水道
4 Gravenor I.　鸭蛋洲
5 Willes I.　罗霜洲
6 Bouncer I.　水母洲
7 Low Point　葛门嘴口

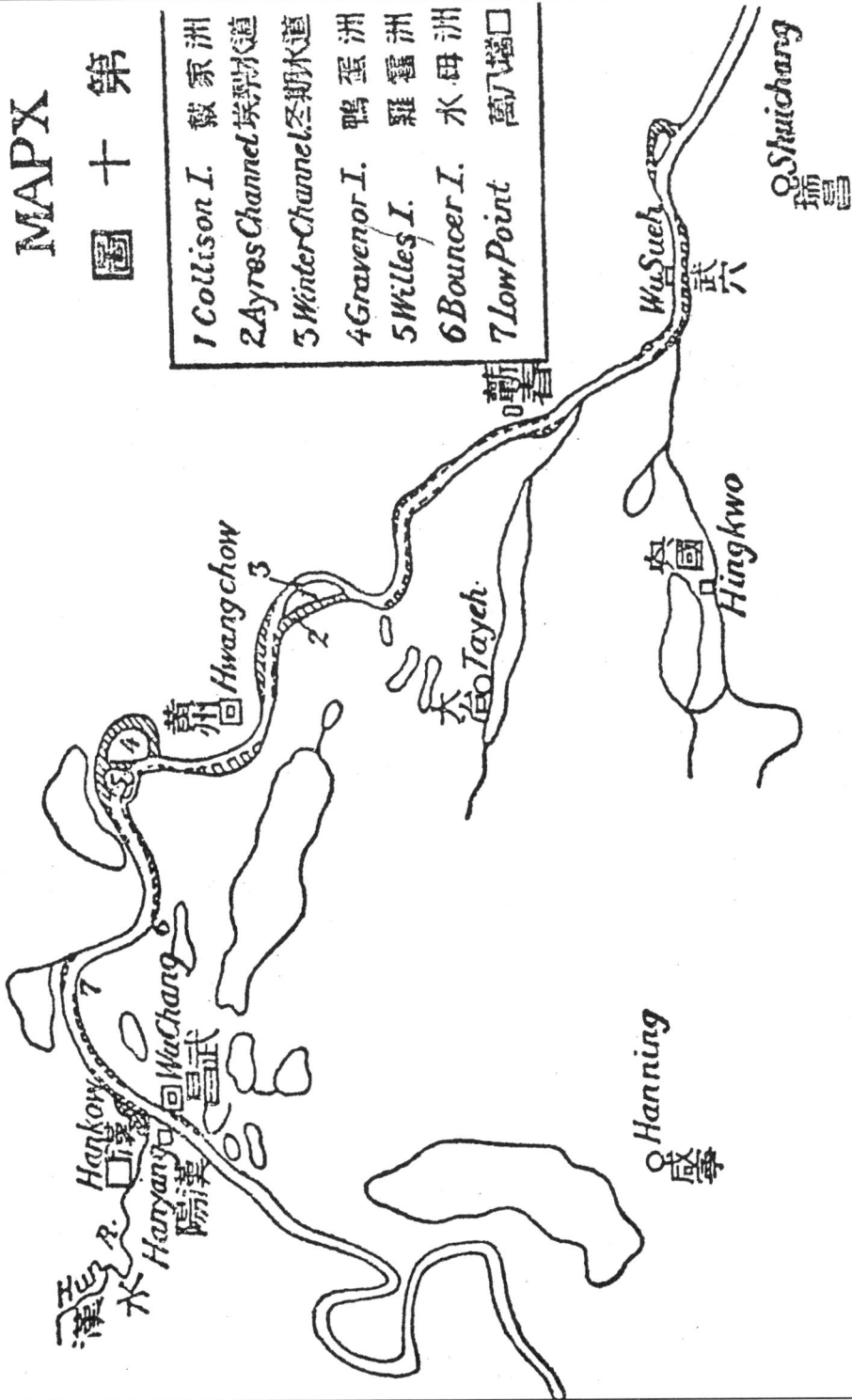

Shuichang 瑞昌

WuSueh 武穴

Hingkwo 兴国

新洲

Tayeh 大冶

Hwangchow 黄州

蘄州

Hanning 咸宁

WuChang 武昌

Hankow 汉口

Hanyang 汉阳

阳逻

Han R. 汉水

嘉鱼

二百六十英里也。在江口之堤，吾尝约计每英里费二十万元，两堤四十万〈元〉。此项数目，自深海以迄江阴一百四十英里均可适用，充足有余。因此部分惟须建两堤，此堤亦惟须于水中堆石，令其坚足以约束河流，使从其所导而行，斯已足矣。此两岸列石既成之后，水道可因于自然之力以成，所以此部工程尚为单简。

然而在上游有数处较为困难，其中有五六十英里之实地，水面上有一二十英尺之高，水面下尚有三四十英尺之深，须行削去，以使河身改直。此凿开及削去之工程，有若干须用人功，有若干可借天然之力，仍须待专门家预算。除此不计外，工程全部每一英里所费不过四十万元，故自海面至汉口相距六百三十英里，所费当不过二万五千二百万元。今姑假定整治扬子江全盘计画并未知之部分算在其内，须费三万万元。由此计画，吾人开一通路深入内地六百英里，容航洋巨船驶至住居二万万人口之大陆中心，而此中有一万万人住居于此最大水路通衢之两旁。以工程之利益而论，此计画比之苏彝士、巴拿马两河更可获利。

虽在江阴以上各段，吾人不能发见不亏本之方法，不如江阴下游各段可以新填之地补其所费，但在竣功之后，仍可在沿江建立商埠，由之以得利益也。此建设商埠之计画，将于次部论之。

结　　论

当结论此二部，吾更须申言关于筑港及整治扬子江之工程数目，仅为粗略之预算，盖事势上自然如此也。

关于在长江出海口及诸泛滥地建筑初步河堤之预算，或者有太低之迹，但吾所据之资料以为计算根源者，在下列各层：第一为吾所亲见，在广东河汉环吾本村筑堤填地之私人企业；第二为廉价之石，可求之于舟山列岛者；第三为海关沿岸视察员泰罗君①之计算，在崇明岛上端闭塞北水道所费。该水道以此处为最狭，约计有三英里，而泰罗君谓所费约须一百万两有余，然则约五十万元一英里也。比之吾所计算已为两倍有半，此其差异可得比较而知。盖此崇明岛上端三英里之水道平均水深二十英尺，而我所计画之海堤江堤建于水中者，平均比此段少三分

---

① 泰罗（Tyler William Ferdinand），通常译作戴理尔，英国人，原供职中国海关巡工司，一度任民国政府交通部顾问。

之二。且闭塞北水道之工程完全与河流成为直角，则其所费较之建此初步河堤与水流成平行线者，纵使长短相同，所差亦应数倍。而五十万元可以建横截深二十尺之河，而闭塞之之一英里工程，则其五分之二之经费，亦必足以供吾所规画之工程之用矣。

当吾草此文之际，《芝加高铁路批评》[1] 五月十七日所出之报，适有一论文道及此事。彼谓用钢铁骨架以筑河堤及坝于浊泥河流，如吾辈今所欲治者，比之用石及用其他材料较佳，而又较廉。然则若采此新法，吾等可以用吾前此未知之更廉材料，以建河堤矣。所以吾前所计算或者不免稍低，而仍离正确之数目不远，决不如骤见所觉之过低也。

第三部　建设内河商埠

在扬子江此一部建设内河商埠，将为此发展计画中最有利之部分，因此部分在中国为农矿产最富之区，而居民又极稠密也。以整治长江工程完成之后，水路运送所费极廉，则此水路通衢两旁定成为实业荟萃之点，而又有此两岸之廉价劳工附翼之，则即谓将来沿江两岸转瞬之间变为两行相连之市镇，东起海边、西达汉口者，非甚奇异之事也。此际应先选最适宜者数点，以为获利的都市发展。依此目的，吾人将从下游起，沂江逐港论之如下：

甲　镇江及其北岸。

乙　南京及浦口。

丙　芜湖。

丁　安庆[2]及其南岸。

戊　鄱阳港。

己　武汉。

---

① 《芝加高铁路批评》（*Chicago Railway Review*），今译《芝加哥铁路评论》，所引文章载于一九一九年五月十七日。

② 安徽省安庆道辖十六县，此处指道治怀宁县；一九二七年析该县城区另置安庆市。

甲 镇江及其北岸①

镇江位于运河与江会之点，在汽机未用以前，为南北内地河运中心重要之地。而若将旧日内地运河浚复，且增浚新运河，则此地必能恢复其昔日之伟观，且更加重要。因镇江为挈合黄河流域与长江流域中间之联锁，而又以运河之南端直通中国最富饶之钱唐〔塘〕江流域，所以此镇江一市，将来欲不成为商业中心亦不可得也。

依吾整治长江计画，则在镇江前面，吾人既以大幅余地在六英方里以上者加入镇江，此项大江南面新填之余地，当利用以为吾人新镇江之都市计画。而江北沿岸之地，亦当由国家收用，以再建一都市。盖以黄河流域全部，欲以水路与江通，惟恃此一口，故江北此一市当然超越江南之市也。镇江、扬州之间须建船坞，以便内地船舶，又当加最新设备，以便内地船只与航洋船之间盘运货物之用。此港既用以为东海岸食盐收集之中心，同时又为其分销之中心，如此则可用新式方法，以省运输之费。江之两岸须以石或士敏土坚结筑成堤岸，而更筑应潮高下之火车渡头，以便联络南北两岸铁路客车、货车之往来。至于商业发达之后，又需建桥梁于江上，且凿地道于江下，以便两岸货物来往。街道须令宽阔，以适合现代之要求。其临江街道及其附近应预定为工商业所用，此区之后面即为住宅，各种新式公共营造均应具备。至于此市镇计画详细之点，吾则让之专门家。

乙 南京、浦口

南京为中国古都在北京之前②，而其位置乃在一美善之地区。其地有高山，有深水，有平原，此三种天工钟毓一处，在世界中之大都市诚难觅如此佳境也。而又恰居长江下游两岸最丰富区域之中心，虽现在已残破荒凉，人口仍有一百万之四分一以上。且曾为多种工业之原产地，其中丝绸特著，即在今日，最上等之

---

① 此处原作"镇江"，今据英文本（原文为 Chinkiang and Northside）及以上目录增"及其北岸"四字。

② 南京最早为三国吴都城，东晋与南朝宋、齐、梁、陈及明初亦都于此；北京则曾为周代燕都城（名蓟，在今北京城西南隅），唐代辽、宋代金及元、明、清亦都于此。

绫及天鹅绒尚在此制出。当夫长江流域东区富源得有正当开发之时，南京将来之发达未可限量也。

在整治扬子江计画内，吾尝提议削去下关全市，如是则南京码头当移至米子洲与南京外郭之间，而米子洲后面水道自应闭塞，如是则可以作成一泊船坞，以容航洋巨舶。此处比之下关，离南京市宅区域更近；而在此计画之泊船坞与南京城间旷地，又可以新设一工商业总汇之区，大于下关数倍。即在米子洲，当商业兴隆之后，亦能成为城市用地，且为商业总汇之区。此城市界内界外之土地，当照吾前在乍浦计画港所述方法，以现在价格收为国有，以备南京将来之发展。

南京对岸之浦口，将来为大计画中长江以北一切铁路之大终点。在山西、河南煤铁最富之地，以此地为与长江下游地区交通之最近商埠，即其与海交通亦然。故浦口不能不为长江与北省间铁路载货之大中心，犹之镇江不能不为一内地河运中心也。且彼横贯大陆直达海滨之干线，不论其以上海为终点，抑以我计画港为终点，总须经过浦口。所以当建市之时，同时在长江下面穿一隧道以铁路联结此双联之市，决非燥急之计。如此，则上海、北京间直通之车立可见矣。

现在浦口上下游之河岸，应以石建或用土敏土坚结，成为河堤，每边各数英里。河堤之内，应划分为新式街道，以备种种目的之建筑所需。江之此一岸陆地，应由国家收用，一如前法，以为此国际发展计画中公共之用。

丙　芜　湖

芜湖为有居民十二万之市镇，且为长江下游米粮市易之中心，故吾择取此点为引水冲刷上海黄浦江底之接水口，而此口亦为通上海或乍浦之运河之上口。

在整治长江工程之内，青弋河①合流点上面之凹曲部分应行填塞，而对岸突出之点则应削去。此所计画之运河，起于鲁港②合流点下游约一英里之处。此运河应向北东走，至芜湖城东南角与山脚中间一点，与青弋河相合。更于濮家店③循此河之支流以行如此，则芜湖东南循此运河左岸得一临水之地。运河两旁应建

---

① 即青弋江，亦名鲁阳江，在安徽省境内。

② 鲁港，在安徽省芜湖县西北。

③ 濮家店属安徽省全椒县，位于滁河东岸，今名濮家集。

新堤，一如长江两岸。且建船坞于运河通大江之处，以容内地来往船只，加以近代之机械，供盘运货物过船之用。自江岸起向内地，循运河之方向规画广阔之街道，其近江者留以供商业之需，其沿运河者则留为制造厂用地。芜湖居丰富铁矿区之中心，此铁矿既得相当开发之时，芜湖必能成为工业中心也。芜湖有廉价材料、廉价人工、廉价食物，且极丰裕，专待现世之学术与机器，变之以为更有价值之财物，以益人类耳。

丁　安庆及南岸

安庆者，安徽之省城，自从经太平天国战争破坏之后，昔日之盛不可复睹矣。现在人口仅有四万。其直接邻近之处，农产、矿产均富。若铁路既成，则六安大产茶区与河南省之东南角矿区，均当以安庆为其货物出入之港。在治江工程中，安庆城前面及西边之江流曲处应行填筑，此填筑之地即为推扩安庆城建新市街之用。所有现代运输机械，均应于此处建之。

在安庆城对面上游江岸最突出之地角应行削去，使江流曲度更为和缓，而全河之广亦得一律。新市街即当在此处建造，因皖南、浙西之大产茶区将于此处指挥掌握之也。如以徽州之内地富饶市镇①，又有产出极盛之乡土环绕之，则必求此地以为其载货出入之中站明矣。以芜湖为米市中心言，则此安庆之双联市将为茶市中心，而此双联市之介在丰富煤铁矿区中心，又恰与芜湖相等，此又所以助兹港使于短期之间成为重要工业中心者也。故在长江此部建此双联市，必为大有利益之企业。

戊　鄱阳港

吾欲于长江与鄱阳湖之间建设一鄱阳港，此港将成为江西富省之惟一商埠矣。江西省每县均有自然水路联络之，若更加以改良，则必成宏伟之水路运输系统。江西有人民三千万，矿源最富，如有一新式商埠以为之工商业中心，以发展此富源饶裕之省分，则必为吾计画中最获利之一部分矣。

---

① 此指清代徽州府所属地区，辖皖南六县。

此港位置应在鄱阳湖入口西端，长江右岸之处。此港应为新地之上所建之新市，其中一部之地须由填筑湖边低地成之。在鄱阳湖水道整治工程之中，应建一范堤，起自大姑塘①山脚，迄于湖口石钟山②对面之低沙角。此范堤之内应建造一有闸船坞，以便内河船舶寄泊。而此港市街则应设在长江右岸、鄱阳湖左侧、庐山山麓合成之三角地，此三角地每边约有十英里以供市街发展，优良已极。景德镇磁器工业应移建之于此地。盖以运输便利缺乏之故，景德之磁常因之大受损坏，而出口换船之际尤常使制成之磁器碰损也。此地应采用最新大规模之设备，以便一面制造最精良之磁器，一面复制廉价之用具。盖此地收集材料，比之在景德镇更为便宜也。以各种制造业集中于一便利之中心，其结果不特使我计画之港长成迅速，且于所以奉给人者亦可更佳良。但以江西一省观之，鄱阳湖已必为世界商业制造之大中心；鄱阳湖非特长江中一泊船港，又为中国南北铁路之一中心。所以从经济上观之，以大规模发展此港者，全然非不合宜者也。

己　武　汉

武汉者，指武昌、汉阳、汉口三市而言。此点实吾人沟通大洋计画之顶水点，中国本部铁路系统之中心，而中国最重要之商业中心也。三市居民数过百万，如其稍有改进，则二三倍之决非难事。现在汉阳已有中国最大之铁厂，而汉口亦有多数新式工业，武昌则有大纱厂。而此外，汉口更为中国中部、西部之贸易中心，又为中国茶之大市场。湖北、湖南、四川、贵州四省，及河南、陕西、甘肃三省之各一部，均恃汉口以为与世界交通惟一之港。至于中国铁路既经开发之日，则武汉将更形重要，确为世界最大都市中之一矣。所以为武汉将来立计画，必须定一规模，略如纽约、伦敦之大。

在整治长江堤岸，吾人须填筑汉口前面，由汉水合流点龙王庙渡头③起，迄于长江向东屈折之左岸一点。此所填之地，平均约阔五百码至六百码。如是，所

---

①　大姑塘，山名，亦称姑塘、孤山，位于鄱阳湖西。

②　石钟山，位于鄱阳湖与长江汇流处。

③　龙王庙所在之地名龙王集，在湖北省襄阳县（今襄樊市襄阳区）境内；此处所称"龙王庙渡头"，疑指龙王集西北距其不远的仙人渡。仙人渡为著名渡口，位于汉水东岸，其地仙人渡镇属湖北省光化县（今改置老河口市）。

以收窄此部分之河，全河身一律有五六链（每链为一海里十分之一）①之阔，又令汉口租界得一长条之高价土地于其临江之处也。此部之价，可以偿还建市所费之一部分。汉水将入江处之急激曲折应行改直，于是以缓徐曲线绕龙王庙角，且使江汉流水于其会合处向同一方面流下。汉阳河岸应密接现在之河边，沿岸建筑毋突过于铁厂渡头之外。武昌上游广阔之空处，当圈为有闸船坞，以供内河外洋船舶之用。武昌下游应建一大堤，与左岸平行，则将来此市可远扩至于现在市之下面。在京汉铁路线于长江边第一转弯处，应穿一隧道过江底，以联络两岸。更于汉水口以桥或隧道，联络武昌、汉口、汉阳三城为一市。至将来此市扩大，则更有数点可以建桥，或穿隧道。凡此三联市外围之地，均当依上述大海港之办法收归国有，然后私人独占土地与土地之投机赌博可以预防。如是则不劳而获之利，即自然之土地增价，利可尽归之公家，而以之偿还此国际发展计画所求之外债本息也。

第四部　改良现存水路及运河

兹将现存水路运河、扬子江相联络者，列举如下：

甲　北运河。

乙　淮河。

丙　江南水路系统。

丁　鄱阳水路系统②。

戊　汉水。

己　洞庭系统。

庚　扬子江上游。

甲　北　运　河

北运河在镇江对岸一点与扬子江联络，北走直至天津，其长逾六百英里。在

---

① 链（cable's length），此指水程长度单位，又译锚链，英制一链为六百零八英尺，十链为一海里。

② 此处原作"鄱阳系统"，今据英文本（原文为 The Poyang Waterway System）及下文标题增"水路"二字。

江北之一部运河，现已著手为详细之测量，改良工事不久可以起工，此吾人所共知者也。在吾计画，吾将以淮水注江之一段，代江北一段运河之用。

乙　淮　河

淮河出河南省西北隅，东南流，又折而东流，至安徽、江苏两省之北部。其通海之口近年已经淤塞，故其水郁积于洪泽湖，全恃蒸发以为消水之路，于是一入大雨期，洪水泛滥于沿湖广大区域，人民受其荼毒者以百万计。所以修浚淮河为中国今日刻不容缓之问题，近年叠经调查，屡有改良之提案。美国红十字会技师长詹美生君[1]曾献议为淮河开两出口，其一循黄河旧槽以达海，其一经宝应、高邮两湖[2]以达扬子江。在此计画，吾赞成詹君通海、通江之方法，但于用黄河旧槽及其经过扬州西面一节有所商榷。在其出海之口，即淮河北枝已达黄河旧槽之后，吾将导以横行入于盐河，循盐河而下，至其北折一处，复离盐河过河边狭地直入灌河，以取入深海最近之路，此可以大省开凿黄河旧路之烦也。其在南枝在扬州入江之处，吾意当使运河经过扬州城东，以代詹君经城西入江之计画。盖如此则淮河流水，刚在镇江下面新曲线，以同一方向与大江会流矣。

淮河此两枝，至少均须得二十英尺深之水流，则沿岸商船自北方赴长江各地，可免绕道经由江口以入，所省航程近三百英里。而两枝既各有二十英尺之深，则洪泽与淮河之水流宣畅，而今日高于海面十六英尺之湖底即时可以变作农田。则以洪泽合之其旁诸湖，依詹美生君之计算，六百万亩之地咄嗟可致也。如此以二十元为其一亩之价，则此纯粹地价已足一万二千万元，此政府之直接收入也。而又有一万七千英方里地向苦水潦之灾者，今既无忧，所以昔日五年而仅两获者，今一年而可再获，是一万七千英〈方〉里者得一千零八十八万英亩（七千余万中亩），各得五倍其〔奇〕收获也。假如总生产额一英亩所值为五十元，则此地所产总额原得五万四千四百万元者，今为二十七万二千万元也。其在国家，岂非超越寻常之利益乎！

---

① 詹美生（Jameson），今译詹姆森。
② 宝应湖位于江苏省中西部，高邮湖位于江苏、安徽两省边界，此两湖均在大运河西侧。

丙　江南水路系统

此项系统包含南运河与黄浦江、与太湖及其与为联络之水路而言。此中吾所欲为最重要之改良，乃在浚广浚深芜湖、宜兴间之水路，以联长江与太湖，而又贯通太湖浚一深水道，以达南运河苏州、嘉兴间之一点。其在嘉兴歧为两支，一支循嘉兴、松江之运河以达黄浦江，他一支则至乍浦之计画港。

此项长江、黄浦间水路，当其未达上海之前，应先行浚令广深至其极限，使能载足流水：一面以洗涤上海港面，不容淤积；一面亦使内河船舶来往于江海之间者经此，大减其路程也。而此水路又可为挟土壤俱来之用，太湖暨旁诸湖沿水路之各区，将来均可因其填塞，成为耕地。故于建此水路之大目的以外，又有此种填筑计画及本地载货之利益可收，于是其获利之性质可以加倍确实。现在太湖暨其他诸湖沼地之精确测量尚无可征，则能填筑为田者当有几亩，今亦未可遽言。但以粗略算之，则填筑江南诸湖所得之地，吾意其亩数必不在江北之田以下。

丁　鄱阳水路系统

此一系统为江西全省排水之用，每县每城乃至每一重要市镇，均可由水路达到。全省交通惟恃水路，此乃未有铁路前中国东南各省所同者也。

江西下游水路系统受不规则之害与长江同，皆以其为低地之故，然则其整治之工亦应与长江相同。鄱阳湖应案各水入湖之路，分为多数水道，然后逐渐汇流，卒至渚溪①附近乃合而为一，度此湖狭隘之部而与长江合于湖口。此深水道两傍应各叠水底石堤为一线，使刚与湖中浅处同高，以是其水道可以于排水之外并作航行之用也。水道以外之浅处，将来于相当时间可填为耕地。于是整治鄱阳湖各水道之计画，可以其填筑而得充足之报酬矣。

戊　汉　水

此水以小舟泝其正流，可达陕西西南隅之汉中，又循其旁流可达河南西南隅

---

① 渚溪亦名渚矶，渚溪镇属江西省星子县（今改庐山市，渚溪现属该市星子镇）。

之南阳及赊旗店①。此可航之水流，支配甚大之分水区域：自襄阳以上，皆为山国；其下以至沙洋②，则为广大开豁之谷地；由沙洋以降，则流注湖北沼地之间以达于江。

改良此水，应在襄阳上游设水闸，此一面可以利用水力，一面又使巨船可以通航于现在惟通小舟之处也。襄阳以下河身广而浅，须用木桩或叠石作为初级河堤，以约束其水道，又以自然水力填筑两岸洼地也。及至沼地一节，须将河身改直浚深。其在沙市③，须新开一运河沟通江汉④，使由汉口赴沙市以上各地得一捷径。此运河经过沼地之际，对于沿岸各湖均任其通流，所以使洪水季节挟泥之水溢入渚湖，益速其填塞也。

己　洞庭系统

此项水路系统，为湖南全省及其上游排水之用。此中最重要之两支流，为湘江与沅江。湘江纵贯湖南全省，其源远在广西之东北隅，有一运河⑤在桂林附近与西江系统相联络。沅江通布湖南西部，而上流则跨在贵州省之东。两江均可改良，以供大河舶航行。其湘江、西江分水界上之运河更须改造，于此运河及湘江、西江各节均须设新式水闸，如是则吃水十尺之巨舶，可以自由来往于长江、西江之间。洞庭湖则须照鄱阳湖例，疏为深水道，而依自然之力以填筑其浅地为田。

庚　长江上游

自汉口至宜昌一段，吾亦括之入于"长江上游"一语之中。因在汉口为航洋船之终点，而内河航运则自兹始，故说长江上游之改良，吾将发轫于汉口。现在以浅水船航行长江上游，可抵嘉定⑥，此地离汉口约一千一百英里。如使改良更进，则浅水船可以直抵四川首府之成都。斯乃中华西部最富之平原之中心，在岷

---

① 赊旗店，清代亦称赊旗镇，今为河南省社旗县治社旗镇。
② 沙洋镇属湖北省荆门县，今改置沙洋县。
③ 沙市镇属湖北省江陵县，今为荆州市沙市区。
④ 江汉镇属湖北省武昌县，今为武汉市江汉区。
⑤ 此指灵渠，亦名湘桂运河、兴安运河。后文作兴安运河。
⑥ 江苏省嘉定县，今为上海市嘉定区。

江之上游，离嘉定仅约六十英里耳。

改良自汉口至岳州①一段，其工程大类下游各部。当筑初步河堤，以整齐其水道。而急湾曲之凹岸，当护以石堤，或用士敏土坚结。中流洲屿均应削去。金口②上游大湾，所谓簰州〔洲〕③曲者，应于簰州〔洲〕地颈开一新河以通航。至后金关之突出地角则应削除，使河形之曲折较为缓徐。

洞庭之北、长江屈曲之部，自荆河④口起以至石首一节，吾意当加闭塞。由石首开新道通洞庭湖，再由岳州水道归入本流，此所以使河身径直，抑亦缩短航程不少。自石首以至宜昌中间有泛滥处，当以木石为堤约束之，其河岸有突出点数处须行削去，而后河形之曲折可更缓也。

自宜昌而上，入峡⑤行，约一百英里而达四川之低地，即地学家所谓"红盆地"也。此宜昌以上迄于江源⑥一部分河流，两岸岩石束江，使窄且深，平均深有六寻⑦（三十六英尺），最深有至三十寻者。急流与滩石，沿流皆是。

改良此上游一段，当以水闸堰其水，使舟得泝流以行，而又可资其水力。其滩石应行爆开除去。于是水深十尺之航路，下起汉口，上达重庆，可得而致。而内地直通水路运输，可自重庆北走直达北京，南走直至广东，乃至全国通航之港无不可达。由此之道，则在中华西部商业中心，运输之费当可减至百分之十也。其所以益人民者何等巨大，而其鼓舞商业何等有力耶！

第五部　创建大士敏土厂

钢铁与士敏土为现代建筑之基，且为今兹物质文明之最重要分子。在吾发展计画之种种设计，所需钢铁与士敏土不可胜计，即合世界以制造著名之各国所产，

---

①　湖南省岳州府于民国初已废，此指将其府治巴陵县改名的岳阳县。今除岳阳县外，另析置岳阳市。

②　金口镇属湖北省武昌县，今隶武汉市江夏区。

③　簰洲镇，亦称簰洲湾镇，属湖北省嘉鱼县。

④　亦作荆江，在湖北、湖南两省境内。

⑤　指西陵峡，长江三峡之一，在湖北省境内。

⑥　江源乡属四川省简阳县，长江上游支流沱江经此。今置为简阳市江源镇。

⑦　寻（fathom），测水深的长度单位，今译㖊，亦作英寻，六英尺为一㖊。

犹恐不足供此所求。所以在吾第一计画，吾提议建一大炼钢厂于煤铁最富之山西、直隶。则在此第二计画，吾拟欲沿扬子江岸建无数士敏土厂。长江谷地特富于士敏土原料，自镇江而上可航之水道，夹岸皆有灰石及煤，是以即为其本地所需要，还于其地得有供给也。今日已有制士敏土之厂在黄石港①上游不远之石灰窑，其位置刚在深水码头与灰石山之间。其山既若是近，故直可由山上以锹锄起石，直移之窑中，无须转运。而在汉口、九江之间，与此相类之便利尚复多有。九江以下，马当②、黄石矶以及九江、安庆间诸地，又有极多之便利相同之灰石山。其安庆以下至南京之间，多为极有利于制士敏土之地区，即如大通、荻港、采石矶③均有丰裕之灰石及煤铁矿，夹江相望也。

筑港、建市街、起江河堤岸诸大工程同时并举，士敏土市场既如斯巨大，则应投一二万万之资本以供给此士敏土厂矣。而此业之进行，即与全盘其他计画相为关连，徐徐俱进，则以一规画奖进其他规画，各无忧于生产过剩与资本误投，而各计画俱能自致其为一有利事业矣。

第 三 计 画

第三计画主要之点为建设一南方大港，以完成国际发展计画篇首所称中国之三头等海港。吾人之南方大港，当然为广州。广州不仅中国南部之商业中心，亦为通中国最大之都市。迄于近世，广州实太平洋岸最大都市也，亚洲之商业中心也。中国而得开发者，广州将必恢复其昔时之重要矣。吾以此都会为中心，制定第三计画如左：

（一）改良广州为一世界港。

（二）改良广州水路系统。

（三）建设中国西南铁路系统。

----

①　黄石港属湖北省大冶县，港上为黄石山，即下文叙及的黄石矶，东濒长江。今为黄石市黄石港区。

②　马当镇，属江西省彭泽县。

③　荻港属安徽省繁昌县，位于长江南岸，今置镇；采石矶属安徽省当涂县，位于长江东岸，今为马鞍山市采石风景区。

（四）建设沿海商埠及渔业港。

（五）创立造船厂。

第一部　改良广州为一世界港

广州之海港地位，自鸦片战争结果，香港归英领后已为所夺。然香港虽有深水港面之利益，有技术之改良，又加以英国政治的优势，而广州尚自不失为中国南方商业中心也。其所以失海港之位置也，全由中国人民之无识，未尝合力以改善一地之公共利益，而又益之以满洲朝代之腐败政府及官僚耳。自民国建立以来，人民忽然觉醒，于是提议使广州成为海港之计画甚多。以此亿兆中国人民之觉醒，使香港政府大为警戒。该地当局用其全力以阻止一切使广州成为海港之运动，凡诸计画稍有萌芽，即摧折之。夫广州诚成为一世界港，则香港之为泊船、载货、站头之一切用处，自然均将归于无有矣。但以此既开发之广州与既繁荣之中国论，必有他途为香港之利，而比之现在仅为一退化贫穷之中国之独占海港，利必百倍可知。试征之英领哥伦比亚域多利港之例，彼固尝为西坎拿大①与美国西北区之惟一海港矣。然而即使有独占之性质，而当时腹地贫穷，未经开发，其为利益实乃甚小。及至一方有温哥华起于同国方面，他方美国又有些路与打金麻②并起为其竞争港，此诸港之距域多利远近恰与香港之距广州相似，而以其腹地开发之故，即使其俱为海港，竞争之切有如是，仍各繁荣非常。所以吾人知竞争海港有如温哥华、些路、打金麻者，不惟不如短见者所尝推测，以域多利埠置之死地，且又使之繁荣有加于昔。然则何疑于既开发之广东、既繁荣之中国，不能以与此相同之结果与香港耶！实则此本自然之结果而已，不必有虑于广东之开发、中国之繁荣伤及香港之为自由港矣。如是，香港当局正当以其全力鼓励此改良广州以为海

---

① 坎拿大（Canada），今译加拿大，时为英国自治领，西坎拿大即加拿大西部；英领哥伦比亚（British Columbia），今译不列颠哥伦比亚，加拿大西部之一省；域多利（Victoria）为当地华侨译称，今又译维多利亚，不列颠哥伦比亚省首府，为太平洋东岸一港市，地处温哥华岛（Vancouver Island）南端；域多利港（Victoria Harbour），今又译维多利亚港。下文叙及的温哥华（Vancouver）亦属不列颠哥伦比亚省，西隔乔治亚海峡（Strait of Georgia）与温哥华岛相望。

② 些路（Seattle），于《三民主义》中亦作舍路，今译西雅图；打金麻（Tacoma），今译塔科马。均属美国华盛顿州（Washington State）。

港一事，不应复如向日以其全力阻止之矣。抑且广州与中国南方之发展，在于商业上所以益英国全体者，不止百倍于香港今日所以益之者。即使此直辖殖民地之地方当局，无此远见以实行之，吾信今日寰球最强之帝国之各大政治家、各实业首领必能见及于此。吾既怀此信念，故吾以为以我国际共同发展广州以为中国南方世界大港之计画布之公众，绝无碍也。

广州位于广州河汊之顶，此河汊由西江、北江、东江三河流会合而成，全面积有三千英方里，而为在中国最肥饶之冲积土壤。此地每年有三次收获，二次为米作，一次为杂粮，如马铃薯或甜菜之类。其在蚕丝，每年有八次之收成。此河汊又产最美味之果实多种。在中国，此为住民最密之区域，广东全省人口过半住于此河汊及其附近。此所以纵有河汊沃壤所产出巨额产物，犹须求多数之食料于邻近之地与外国也。在机器时代以前，广州以东亚实业中心著名者几百年矣。其人民之工作手艺，至今在世界中仍有多处不能与匹。若在吾国际共同发展实业计画之下，使用机器助其工业，则广州不久必复其昔日为大制造中心之繁盛都会矣。

以世界海港论，广州实居于最利便之地位。既已位于此可容航行之三江会流一点，又在海洋航运之起点，所以既为中国南方内河水运之中轴，又为海洋交通之枢纽也。如使西南铁路系统完成，则以其运输便利论，广州之重要将与中国北方、东方两大港相侔矣。

广州通大洋之水路大概甚深，惟有二处较浅，而此二处又甚易范之以堤，且浚渫之，使现代航海最大之船可以随时出入无碍也。海洋深水线直到零丁岛①边，该处水深自八寻至十寻。自零丁以上水道稍浅（其深约三四寻），以达于虎门②，凡十五英里。自虎门起水乃复深，自六寻至十寻。直至莲花山③脚之第二闩洲，其长二十英里；在第二闩洲处，仅有数百码水深自十八英尺至二十英尺而已。过第二闩洲后其水又深，平均得三十英尺者约十英里，以至于第一闩洲，此即吾人所欲定为将来广州港面水界之处也。

---

① 零丁岛，亦作伶仃岛，位于珠江口通南海处，其水面称伶仃洋（即零丁洋）。

② 虎门扼狮子洋外口，为珠江主要出海口之一；虎门村属广东省东莞县，今为东莞市虎门镇。

③ 广东省境内的莲花山有多处，此山在狮子洋西岸，属番禺县（今广州市番禺区）。

　　将改良此通广州之通海路，吾意须在广东河口零丁岛上游左边建两水底范堤，其一由海岸筑至东新坦头，他一则由该坦尾起筑至零丁坦顶上。此第一范堤之顶，应在水面下三四英尺，约与该坦同高。第二范堤一端低于水面四英尺，一端低十六英尺，各按所联之坦之高低（参照第十一图之1及3），此堤须横断两坦间深二十四英尺之水道。合此两堤与此四英尺高之东新坦，将成为一连续海堤之功用，可以导引现在冲过左边海岸与零丁岛之间之下层水流，入于河口当中一部。于是可以在零丁横沙与同名之坦中间开一新水道，而与零丁岛右边深水相接。在广东河口右边须建一范堤，自万顷沙①外面沙坦下面起向东南行，横断二十四英尺深之水道，直穿过零丁横沙至其东头尽处为止（参照第十一图之2）。如是，以此河口两边各水底堤限制下层水流，使趋中央一路，则可得一甚深之水道，自虎门起直通零丁口，约五十英尺深。于是可得创造一自深海直达珠江之第二闩洲之通路矣。

　　合此各水底堤计之，其长约八英里，而其高只须离海底六英尺至十二英尺而已。其所费者应不甚多，而其使自然填筑进行加速之力则甚大。故因此诸堤两岸新成之地，必能偿还筑此诸堤之工程所费，且大有余裕也。

　　整治此广州通海之路，自虎门至黄浦〔埔〕② 一段珠江，吾意须使东江出口集中于一枝，即用其最上之水道于鹿步圩岛③下游一点与珠江合流者。其他在第二闩洲以下与珠江会流各枝，概须筑与寻常水面同高之堰以截塞之，至入雨期则仍以供宣泄洪水之水道之用。此集会东江全流于第二闩洲上面，可以得更强之水，以冲洗珠江上部也。

　　此一段范水工程，吾意须筑多数之坝如下：第一，自江鸥沙之 A 点筑一坝，至撇沙岛低端对面加里吉打滩边。此坝所以堵截江鸥沙与加里吉打滩中间之水流，而转之入于现在三十六英尺深之水道，以其自然之力浚使更深。第二，于此河右岸由海心沙之 B 点起另筑一坝，至中流第二闩洲下端为终点。第三，于此河左岸

---

　　① 万顷沙洲在番禺县南部，今为广州市南沙区万顷沙镇。

　　② 黄埔岛位于珠江与东江汇流处北面，时属番禺县，今合广州市东郊部分辖地扩置为该市黄埔区。

　　③ 鹿步圩岛，亦称鹿步滘，时属番禺县，今隶广州市黄埔区。

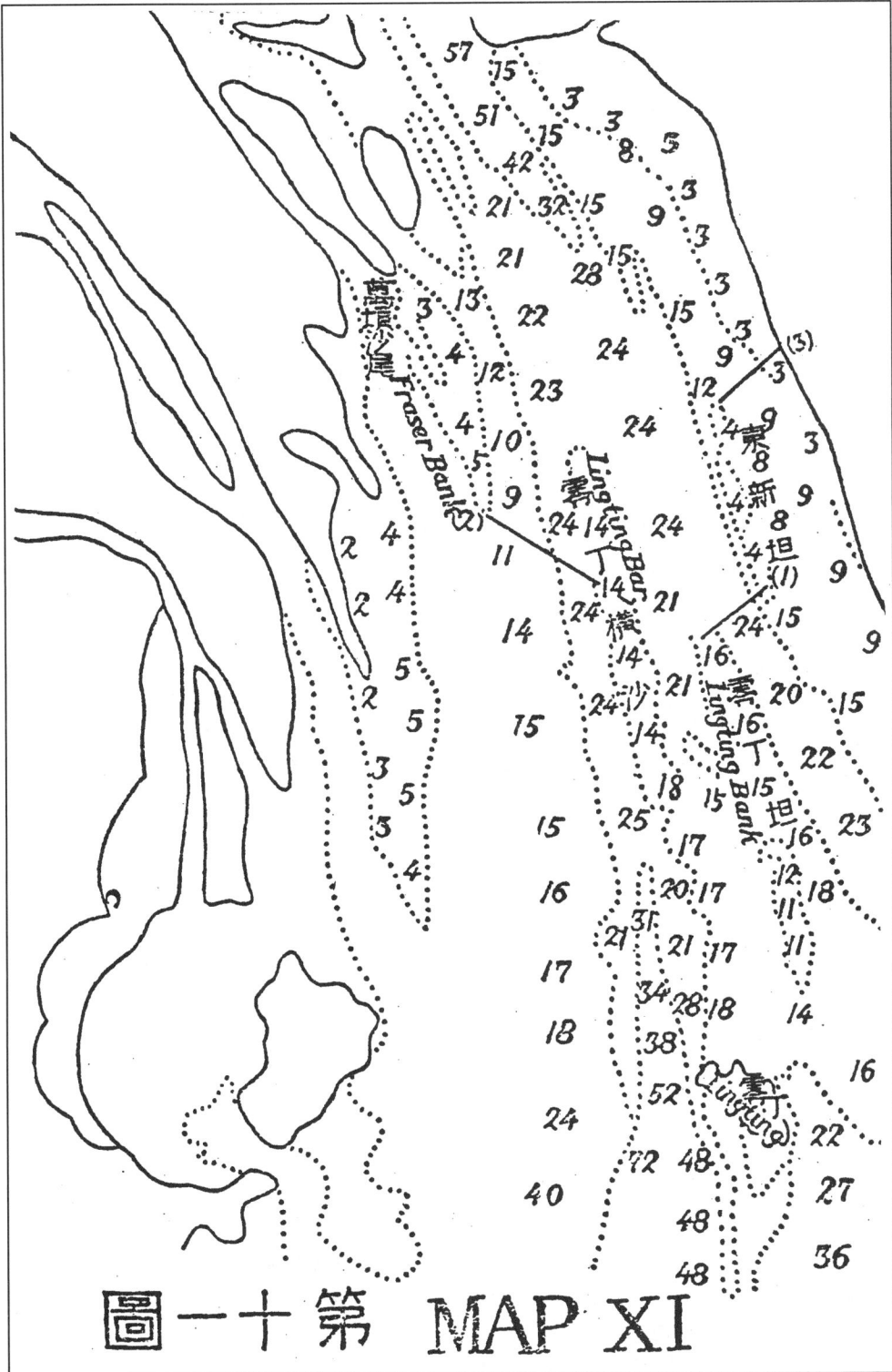

图一十第　MAP XI

自漳澎尾沙下头 C 点筑一坝至中流，亦以第二闩洲下端为终点。以是藉此两坝所束集中水流之力，可以刷去第二闩洲，其两坝上面浅处，则可浚之至得所求之深为止。若发现河底有岩石，则应炸而去之，然后全部通路可得一律之水深也。第四，在此河右岸与海心沙中间之水道，须堵塞之于 D 点（即瑞成围头）。第五，在漳澎常安围上游之 E 点起筑一坝，至第二闩洲坦之上端中流，如是则此河左边水流截断，而中央水道之流速可以增加也。第六，在右岸长洲岛与第二闩洲之间适中之处 F 点起，筑一坝至中流滩之顶上，以截断此河右边之水流。第七，于鹿步圩岛下端 G 点起筑一坝至中流，与前述之 F 坝相对。此 E〔F〕G 两坝所以集中珠江上段水流，而 G 坝同时又导引东江，使其流向与珠江同一也。（参照第十二图）

以此七坝，自黄埔以迄虎门之水流可得有条理，而冲刷河底可致四十英尺以上之深，如是则为航洋巨舶开一通路，自公海直通至广州城矣。合此诸坝，其长当不过五英里，而又大半建于浅水处。自建坝以后，水道两旁各坝之间，以其自然之力，新填地出现必极速。单以所填之地而论，必足以偿还筑坝所费。况又有整治珠江与为海洋运输开一深水道之两大目的，可由此而实现乎！

吾人既为广州通海水路作计，则可次及改良广州城以为世界商港一事矣。广州港面水界应至第一闩洲为止，由此处起，港面应循甘布列治水道（乌涌与大吉沙之间），经长洲①、黄浦〔埔〕两岛之间以入亚美利根水道（深井与仑头之间）。于是凿土华、小洲之间开一新路，以达于河南岛②之南端，复循依里阿水道（沥滘、下滘③之间）以至大尾岛（三山④对面）。于是循佛山旧水道，更凿一新水道，直向西南方与潭洲水道⑤会流。如是，由第一闩洲起以达潭洲水道成一新

---

① 长洲岛在珠江口内，时属番禺县，今为广州市黄埔区长洲镇。

② 珠江北道流经广州城区，当地居民称其南岸地域为"河南"，该地域由珠江南北支流及河汊环绕而成，故亦称"河南岛"，今为广州市海珠区。下文叙及的"省河"，即指广州居民俗称依傍城区的该段珠江水道，以广州为广东省省会之故。

③ "滘"于广东用作水名、地名，多指小河汊或被水环绕的村落。此二处为乡镇名，沥滘在广州南郊（今属海珠区），下滘属南海县（今佛山市南海区）。

④ 三山，在广州城南，濒临珠江。

⑤ 即潭江。后面第十四图内"潭州"误，应为"潭洲"。

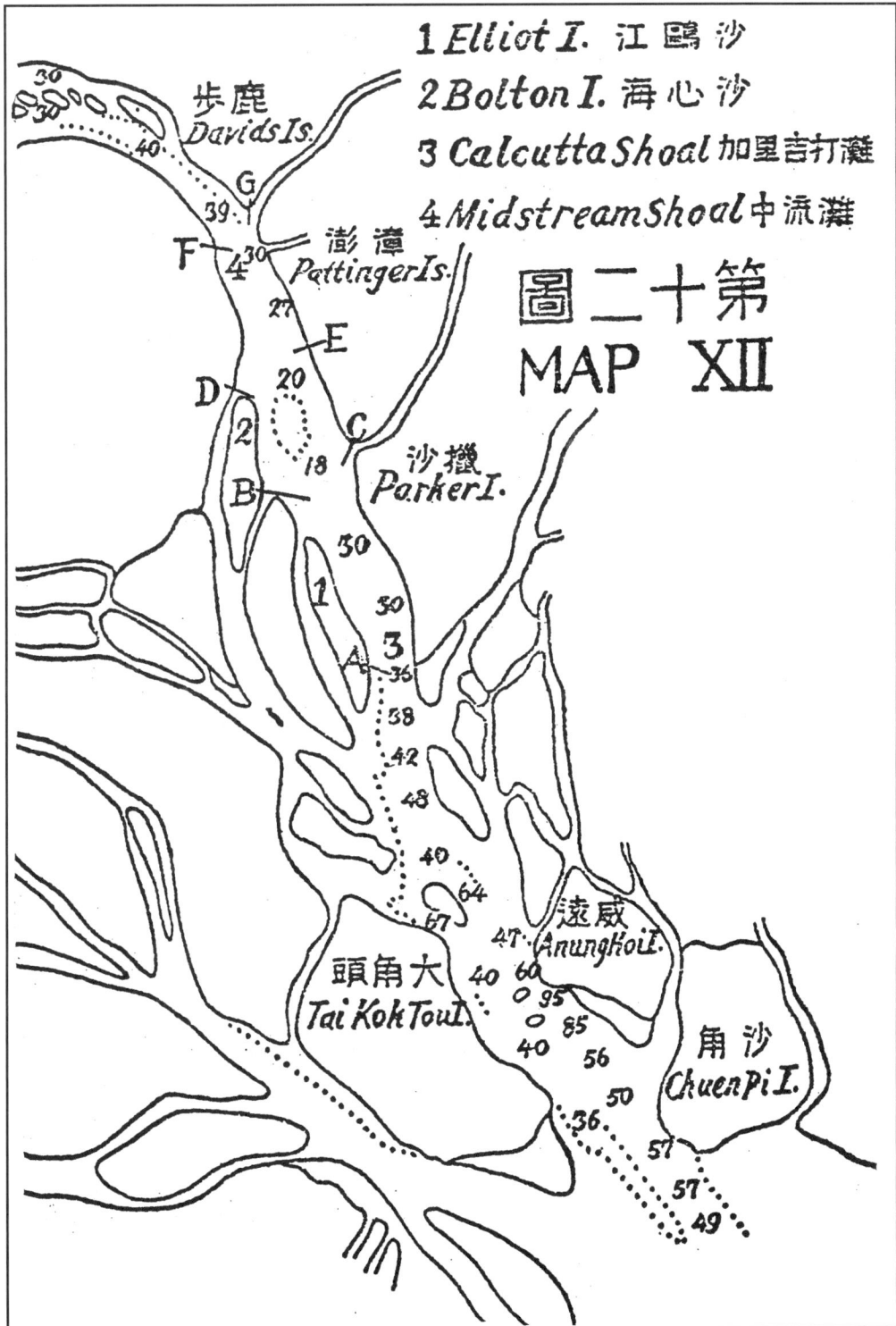

1 Elliot I. 江鸥沙
2 Bolton I. 海心沙
3 Calcutta Shoal 加里吉打滩
4 Midstream Shoal 中流滩

图二十第
MAP XII

水路矣，其长当有二十五英里。此水路将为北江之主要出口，又以与西江相通连；一面又作为广州港面，以北江水量全部及西江水量一部，经此水路以注于海。故其水流之强，将必足以刷洗此港面，令有四十英尺以上之深也。（参观第十三图）

新建之广州市，应跨有黄埔与佛山，而界之以车卖炮台及沙面①水路。此水以东一段地方，应发展之以为商业地段；其西一段，则以为工厂地段。此工厂一区，又应开小运河以与花地②及佛山水道通连，则每一工厂均可得有廉价运送之便利也。在商业地段，应副之以应潮高下之码头与现代设备及仓库，而筑一堤岸。自第一闩洲起，沿新水路北边及河南岛西边，与沙面堤岸联为一起。又另自花地上游起筑一堤岸，沿花地岛东边至大尾，乃转向西南，沿新水路左岸筑之。其现在省城与河南岛中间之水道，所谓"省河"者，应行填塞。自河南头填起，直至黄埔岛，以供市街之用。从利益问题论之，开发广州以为一世界商港，实为此国际共同发展计画内三大港中最有利润之企业。所以然者，广州占商业中枢之首要地位，又握有利之条件，恰称为中国南方制造中心，更加以此部地方之要求新式住宅地甚大也。此河汉内之殷富商民与华人在外国经商致富暮年退隐者，无不切盼归乡，度其余年；但坐缺乏新式之便宜与享乐之故，彼等不免踌躇，仍留外国。然则建一新市街于广州，加以新式设备，专供住居之用，必能获非常之利矣。广州城附近之地，今日每亩约值二百元，如使划定以为将来广州市用之地，即应用前此所述方法收用之，则划定街道加以改良之后，地价立可升高至原价之十倍至五十倍矣。

广州附近景物特为美丽动人，若以建一花园都市，加以悦目之林囿，真可谓理想之位置也。广州城之地势恰似南京，而其伟观与美景抑又过之。夫自然之原素有三，深水、高山与广大之平地也。此所以利便其为工商业中心，又以供给美景以娱居人也。珠江北岸美丽之陵谷，可以经营之以为理想的避寒地，而高岭之巅又可利用之以为避暑地也。

---

① 沙面原是珠江北道流经广州城区冲积而成的沙洲，复经人工填修而成一椭圆形小岛，清末辟为租界，南临白鹅潭，此即该河道最宽、水位最深的江面。

② 花地在珠江中芳村岛，此处与后文叙及的"花地岛"实指芳村岛，时属番禺县，今隶广州市荔湾区。

图三十第
MAP XIII

(1) Cambridge Reach　甘布利治水道
(2) American Reach　亞美利根水道
(3) Actaeon Island　小洲反士華
(4) Elliot Passage　依里阿水道
(5) Mariners Island　大尾島
(6) Macao Fort　車顛砲臺

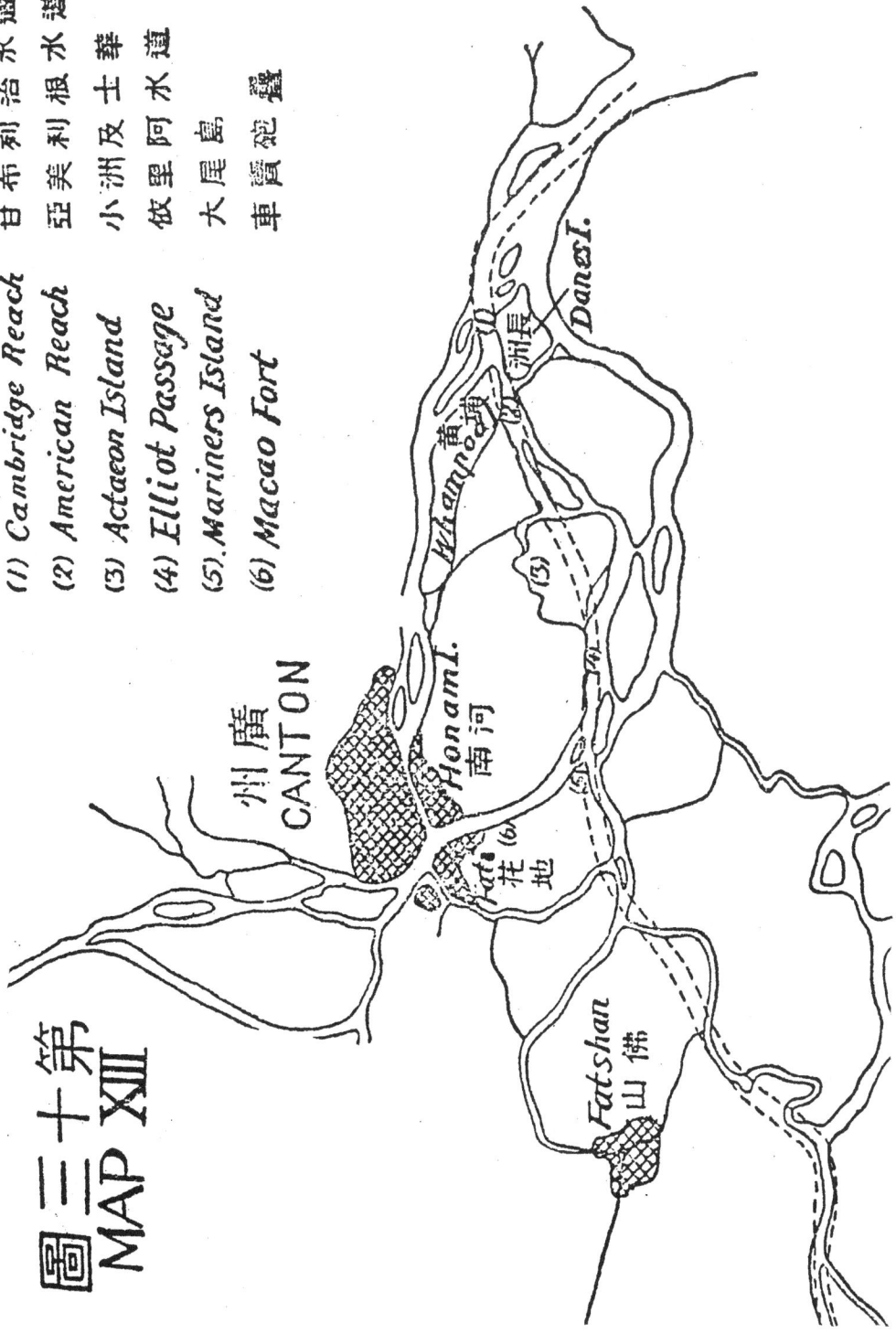

廣州
CANTON

Danes I.

Whampoa
黃埔

長洲

Honam I.
南河

花地

Fati

Fatshan
佛山

在西北隅市街界内，已经发现一丰富之煤矿。若开采之，而加以新式设计，以产出电力及煤气供给市中，则可资其廉价之电力、煤气以为制造、为运输，又使居民得光、得热、得以炊爨也。如是则今日耗费至多之运输，与烦费之用薪炊爨制造，行于此人烟稠密之市中者，可以悉免矣。是此种改良，可得经济上之奇效也。现在广州居民过一百万，若行吾计画，则于极短时期之中将见有飞跃之进步，其人口将进至超过一切都市，而吾人企业之利益亦比例而与之俱增矣。

第二部　改良广州水路系统

中国南部最重要之水路系统，为广州系统。除此以外皆不甚重要，将于论各商埠时附述之。论广州水路系统，吾将分之为下四项：

甲　广州河汉。

乙　西江。

丙　北江。

丁　东江。

甲　广州河汉

吾人论广州河汉之改良，须从三观察点以立议：第一，防止水灾问题；第二，航行问题；第三，填筑新地问题。每一问题皆能加影响于他二者，故解决其一，即亦有裨于其他也。

第一，防止水灾问题。

近年水灾频频发生，于广州附近人民实为巨害，其丧失生命以千计，财产以百万计。受害最甚者，为广州与芦包〔苞〕①　间，其地恰在广州河汉之直北。吾以为此不幸之点，实因西南②下游北江正流之淤塞而成。以此之故，北江须经由三水之短河道以入西江，藉为出路。同时又经由两小溪流，一自西南，一自芦包〔苞〕，以得出路。此二溪者，一向东南行，一向东北行，而再合流于官窑③。自

---

①　芦苞乡属广东省三水县，今为佛山市三水区芦苞镇。

②　西南镇，即下文叙及的三水县城，今为佛山市三水区政府驻地西南街道。

③　官窑乡属南海县，今隶佛山市南海区狮山镇。

官窑起，复东北流至于金利①，又折而东南流，经过广州之西关②。自北江在西南下游淤塞之后，其淤塞点之上游一段亦逐年变浅，现在三水县城上游之处亦仅深四五英尺。当北江水涨之时，常藉冈根河（即思贤滘）以泄其水于西江。但若西江同时水涨，则北江之水无从得其出路，惟有停积，至高过芦苞上下游之基围而后已。如是，自然基围有数处被水冲决，水即横流，而基围所护之地域全区均受水灾矣。欲治北江，须重开西南下面之北江正流，而将自清远至海一段一律浚深。幸而吾人改良广州河汉之航行时，亦正有事于此项浚深，故一举而可两得也。

救治西江，须于其入海处横琴与三灶两岛③之间两岸各筑一堤，左长右短以范之。如是，则将水流集中以割此河床，使成深二十英尺以上之水道；如是则水深之齐一可得而致。盖自磨刀门④以上通沿广州河汉之一段，西江平均有二十英尺至三十英尺之深也。如有全段一律之水深，以达于海，则下层水流将愈速，而洪水时泄去其水更速矣。除此浚深之工程以外，两岸务须改归齐整，令全河得一律之河阔，中流之暗礁及沙洲均应除去。

东江流域之受水灾不如西、北二江之深重，则整治此河以供航行，即可得其救治，留俟该项论之。

第二，航行问题。

广州河汉之航行问题与三江相连，论此问题须自西江始。往日西江流域与广州间往来载货，常经由三水与佛山，此路全长三十五英里。但自佛山水道由西南下游起淤塞之后，载货船只须为大迂回：沿珠江而下以至虎门，转向西北以入沙湾⑤水道，又转向东南入于潭洲水道，西入于大良⑥水路，又南入于黄色水道（自合成围⑦至莺哥嘴）及马宁⑧水路，于此始入西江。西北沂江以至三水西、北

---

① 金利乡，属广东省高要县（今为肇庆市高要区）。
② 西关是民国初年扩建的广州西部城区，今为广州市荔湾区辖地。
③ 横琴岛亦称横琴山，三灶岛亦称三灶山，均位于广东省香山县西南海域；横琴岛今扩置为珠海市横琴新区，三灶岛今为珠海市金湾区三灶镇。
④ 磨刀门，即磨刀岛，位于横琴、三灶两岛之间，为西江主要出海口。
⑤ 沙湾镇，属番禺县（今广州市番禺区）。
⑥ 大良镇，大良旧名大良，原为广东省顺德县治，今称佛山市顺德区大良街道。
⑦ 合成围属广东省鹤山县，今为鹤山市双合镇合成村。
⑧ 马宁圩属顺德县，今为佛山市顺德区杏坛镇马宁村。

江合流之处，此路全长九十五英里，比之旧路多六十英里。而广州与西江流域之来往船只其数甚多，现在广州与近县来往之小火轮有数千艘，其中有大半为载货往来西江者。夫使广州、三水间水道得其改良，则今之每船一往复须行九十五英里者，忽减而为三十五英里也，其所益之大，为何如哉！

在吾改良广州通海路及港面之计画，吾曾提议浚一深水道，自海至于黄埔，又由黄埔以至潭洲水道。今吾人更须将此水道延长，自潭洲水道合流点起，以至三水与西江合流之处。此水道至少须有二十英尺水深，以与西江在三水上游深水处相接。而北江自身亦须保有与此同一之水深，至于三水上游若干里之处，所以便于该河上流既经改良之后大舶之航行也。为广州河汊之航行以改良东江，吾人应将其出口之水流，集中于鹿步圩岛上面之处与珠江合流之最右之一水道。此所以使水道加深，又使异日上流既经改良之日，广州与东江地区路程更短也。

为航行计，广州河汊更须有一改良，即开一直运河于广州与江门①之间，此所以使省城与四邑②间之运输得一捷径也。此运河应先将陈村③小河改直，达于紫泥④，于是横过潭洲水道，以入于顺德小河。循此小河，以直角入于顺德支流。由此处须凿新运河一段，直至大良水道近容奇⑤曲处（竹林）。又循此水道，通过黄水道，至汇流路（南沙、小榄⑥之间起莺哥嘴至冈美之对岸）为止。于此处须更凿一段新运河，以通海洲小河，循古镇⑦水道以达西江正流，横过之以入于江门支流。此即为广州、江门间直达之运河矣。（欲更清晰了解广州河汊之改良，可观附图第十四、第十五）

第三，填筑新地问题。

在广州河汊，最有利之企业为填筑新地。此项进行已兆始于数百年前，于是其所增新地供农作之用者，岁逾百十顷。但前此所有填筑仅由私人尽力经营，非

---

① 江门镇时属广东省新会县，今扩置为江门市（市内设新会区）。
② 四邑指潭江流域新会、新宁（后改名台山）、开平、恩平四县，后三县今皆改市。
③ 陈村属顺德县，今为佛山市顺德区陈村镇。
④ 紫泥圩属番禺县，今为广州市番禺区沙湾镇紫泥村。
⑤ 容奇镇属顺德县，今并置为佛山市顺德区容桂镇。
⑥ 南沙属番禺县，今扩置为广州市南沙区；小榄镇，属香山县（今中山市）。
⑦ 古镇属香山县，今为中山市古镇镇。

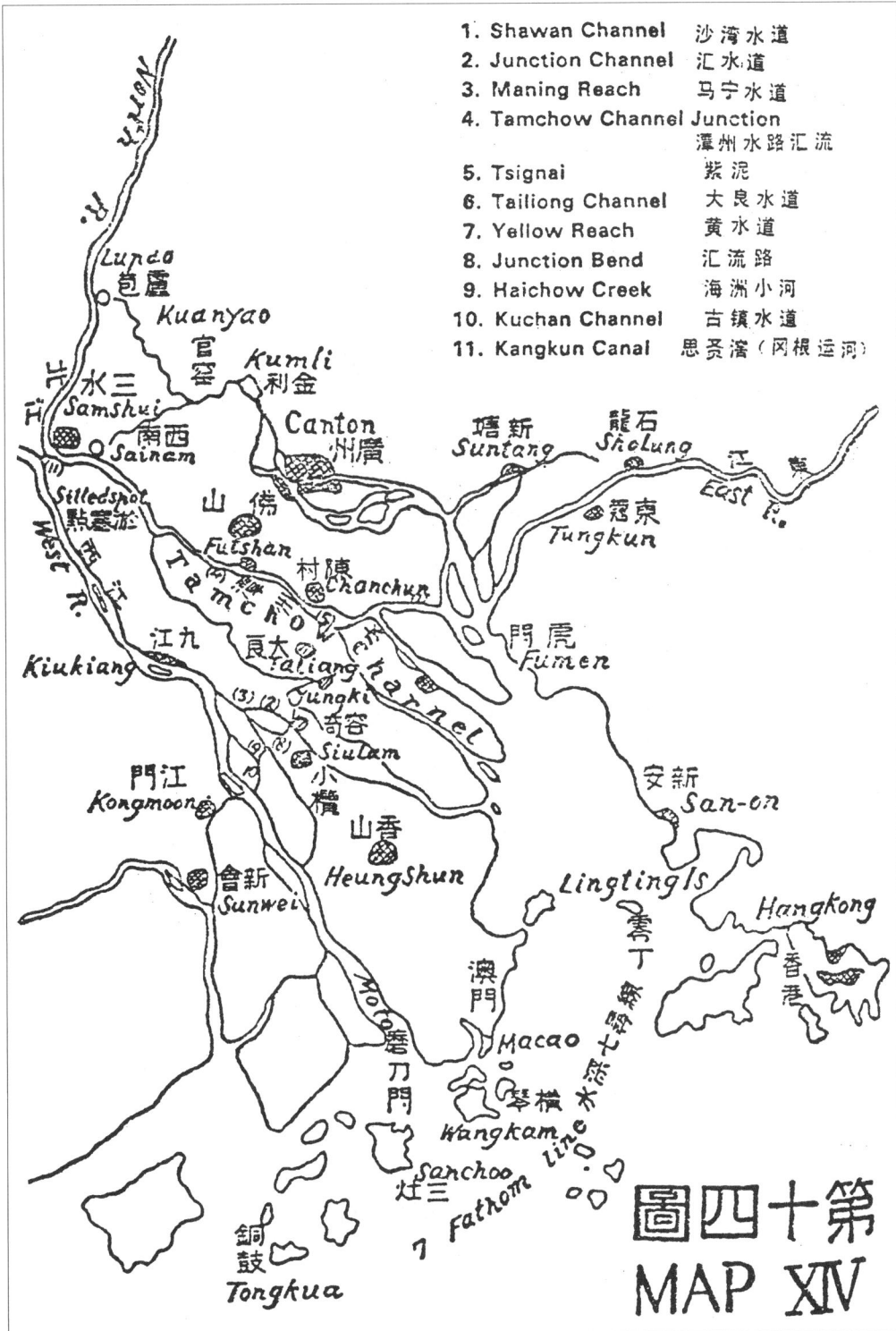

1. Shawan Channel 沙湾水道
2. Junction Channel 汇水道
3. Maning Reach 马宁水道
4. Tamchow Channel Junction
   漳州水路汇流
5. Tsignai 紫泥
6. Tailiong Channel 大良水道
7. Yellow Reach 黄水道
8. Junction Bend 汇流路
9. Haichow Creek 海洲小河
10. Kuchan Channel 古镇水道
11. Kangkun Canal 思贤滘（冈根运河）

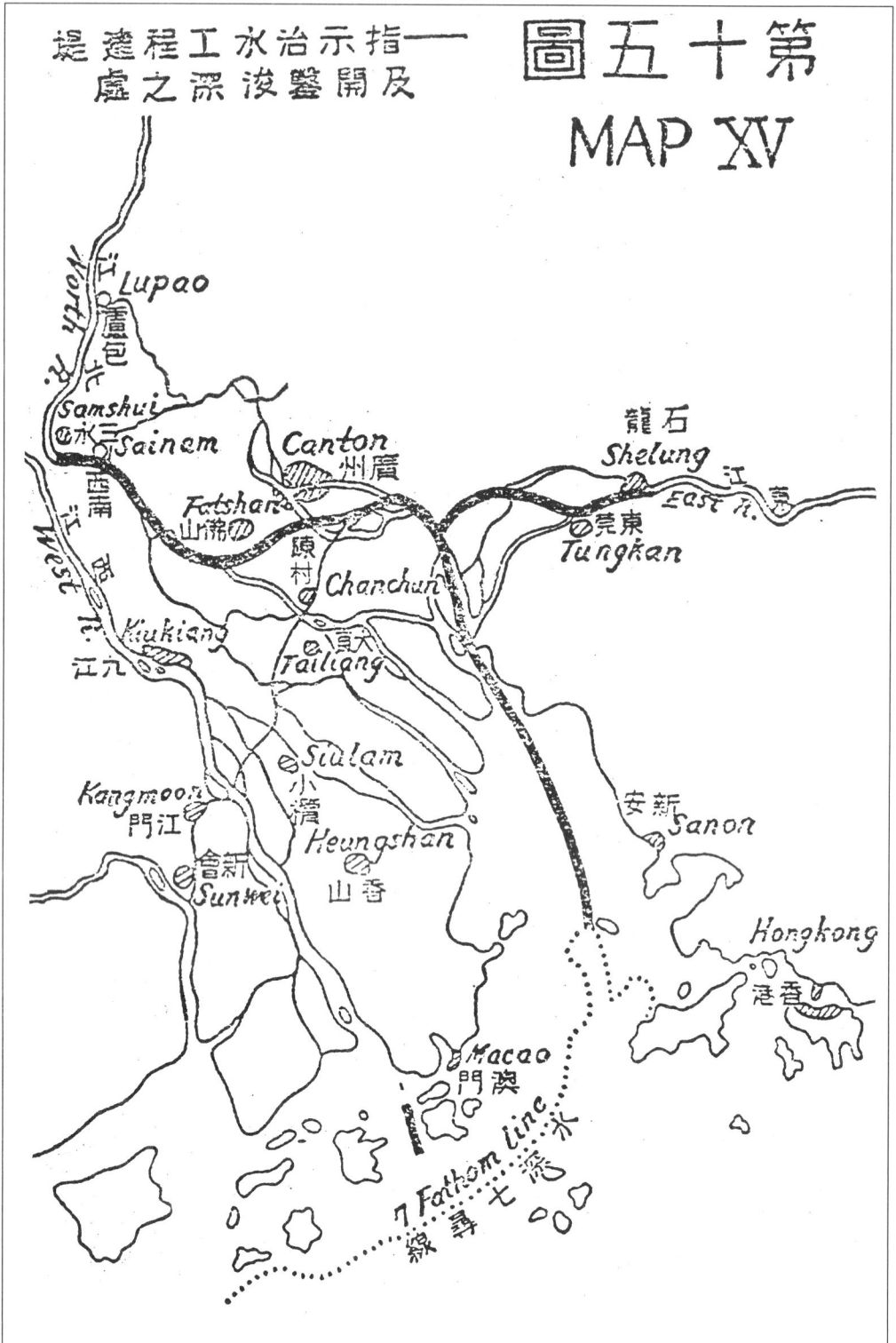

第十五圖

MAP XV

一指示治水工程進堤
及開鑿浚深之處

North R.

Lupao
蘆包

Samshui
三水

Sainem

Canton
廣州

West R.
西江

Fatshan
佛山

陳村

Chanchun

石龍
Shelung

East R.
東江

東莞
Tungkan

Kiukiang
九江

大良
Tailiang

Siulam
小欖

Kangmoon
江門

Heungshan
香山

新安
Sanon

新會
Sunwei

Hongkong

香港

Macao
澳門

7 Fathom line
水深七尋線

有矩矱。于是有时私人经营有阻塞航路、诱致洪水等等事情，危及公安，如在磨刀岛上游之填筑工事，闭塞西江正流水路过半，其最著者也。论整治西江，吾意须将此新坦削去。为保护公安计，此河汊之填筑工作必须归之国家，而其利益，则须以偿因航行及防水灾而改良此水路系统之所费。

现在可徐徐填筑之地区，面积极广。在广州河口左岸可用之地有四十英方里，其右岸有一百四十英方里；在西江河口，东起澳门，西至铜鼓洲，可用之地约二百英方里。此三百八十英方里之中，四分一可于十年之内填筑成为新坦，即十年之内有九十五英方里之地可以填筑，变为耕地也。以一英方里当六百四十英亩而一英亩当六亩计，九十五英方里将等于三十六万四千八百亩。而中国此方可耕之地，通常不止值五十元一亩，假以平均五十元一亩算，则此三十六万四千八百亩已值一千八百二十四万元矣。此大有助于偿还此河汊为航行及防水灾所为改良水路之费也。

乙　西　江

现在西江之航行，较大之航河汽船可至距广州二百二十英里之梧州，而较小之汽船则可达距广州五百〈英〉里之南宁，无间冬夏。至于小船，则可通航于各枝流，西至云南边界，北至贵州边界，东北则以兴安运河通于湖南以及长江流域。

为航行计，改良西江，吾将以其工程细分为四：一、自三水至梧州；二、自梧州至柳江口；三、桂江（即西江之北枝）由梧州起，泝流至桂林以上；四、南枝自浔州①至南宁。

一、自三水至梧州。

西江此段水道常深，除三数处外，为吃水十英尺以下之船航行计，不须多加改良。其中流岩石须行爆去，其沙质之岸及泛滥之部分应以水底堤范之，使水深一律，而流速亦随之。于是有一确实航路，终年保持不替矣。西江所运货载之多，固尽足以偿还吾今所提议改良之一切费用也。

---

① 广西省浔州府于民国初已废，此指原府治桂平县（今为广西壮族自治区桂平市）。黔江与郁江在桂平境内合流，名浔江。

二、自梧州至柳江口。

在柳江口应建一商埠，以联红水江①及柳江之浅水航运与通海之航运。此两江实渗入广西之西北部与贵州之东南部丰富之矿产地区者也。此商埠应设于离浔州五十英里之处，浔州即此江与南宁一枝合流处也。是故，在此项改良所须著力之处只有五十英里，因梧州至浔州一段为南宁商埠计画所包括也。为使吃水十英尺以上之船可以航行，必须筑堰且设水闸于此一部分。而此所设之堰，又同时可借以发生水电也。

三、桂江（即西江之北枝）由梧州起，泝流至桂林以上。

桂江较小较浅，而沿江水流又较速，故其改良比之其他水路更觉困难。然而，此实南方水路规画中极有利益之案。因此江不特足供此富饶地区运输之目的而已也，又以供扬子江流域与西江流域载货来往孔道之用。此项改良应自梧州分岐点起，以迄桂林，由此再泝流至兴安运河，顺流至湘江，因之以达长江。于此当建多数之堰及水闸，使船得升至分水界之运河；他方又须建多数之堰闸，以便其降下。此建堰闸所须之费，非经详细调查不能为预算也。然而吾有所确信者，则此计画为不亏本之计画也。

四、由浔州至南宁。

此右江一部分，上至南宁，可通小轮船。南宁者，广西南部之商业中心也。自南宁起，由右江用小船可通至云南东界，由左江可通至越南东京②之北界。如使改良水道以迄南宁，则南宁将为中国西南隅——云南全省、贵州大半省、广西半省矿产丰富之全地区之最近深水商埠矣。南宁之直接附近又多产锑、锡、煤、铁等矿物，而同时亦富于农产，则经营南宁以为深水交通系统之顶点，必不失为有利之计画也。改良迄南宁之水道，沿河稍须设堰及水闸，使吃水十英尺之船可以通航，并资之以生电力。此项工程所费，亦非经详细测量不能预算，但比之改良自梧州至兴安运河一节桂江所费，当必大减矣。

---

① 亦作红水河，为西江上游南盘江与北盘江合流后的水道，在广西境内。

② 当时越南东京（北圻）的首府系河内。

丙　北　江

北江自三水至韶州①约长一百四十英里，全河中有大部分为山地所夹。但自出清远峡以后，河流入于广豁之区，其地与广州平原相联，此处危险之水灾常见。自西南下游水道淤塞之后，自峡至西南一段河身逐年变浅，左岸靠平原之基围时时崩决，致广州以上之平原大受水灾。所以整治一部分河流，有二事须加考察：第一，防止洪水；第二，航运改良。

关于第一事，无有逾于浚深河身一法者。在改良广州通海路及港面并广州河汊时，吾人应开一深水水路，从深海起直达西南。在改良北江下段时，吾人只须将此工程加长，沂流直至清远峡，拟使有水深自十五〈英〉尺至二十〈英〉尺之深水道。其浚此水道，或用人工，或兼用自然之力。既已浚深此河底矣，则即以今日基围之高言，亦足以防卫此平原不使其遭水患矣。

论及此第二事，则既为防止水灾，将西南至清远峡一节之北江浚深，即航行问题同时解决矣。然则今所须商及者只此上段一部而已，吾欲提议将此北江韶州以下一段改良，令可航行。韶州者，广东省北部之商业中心也，又其煤铁矿之中心也。欲改良此峡上一部令可航行，则须先建堰与水闸于一二处，然后十英尺吃水之船可以航行无碍，直至韶州。虽此江与粤汉铁路平行，然而若此地矿山得有相当开发之后，此等煤铁重货仍须有廉值之运输以达于海，即此水路为不可缺矣。然则于此河中设堰以生水电，设水闸以利航行，固不失为一有利之企业也，况又为发展此一部分地方之必要条件也。

丁　东　江

东江以浅水船航行可达于老龙市②，此地离黄埔附近鹿步圩岛东江总出口处约一百七十英里。沿此江上段，所在皆有煤铁矿田。铁矿之开采于此地也，实在于久远之往昔，记忆所不及之年代。在今日全省所用各种铁器之中，实有一大部

---

① 广东省韶州府于民国初已废，此指原府治曲江县，后析该县城区另置韶关市。北江二源浈水、武水于原曲江即今韶关境内汇合。

② 即老龙埠，为老隆镇旧称，广东省龙川县治。

分为用此地所出之铁制造之者。是故浚一可航行之深水道，直上至于煤铁矿区中心者，必非无利之业也。

改良此东江，一面以防止其水害，一面又便利其航行。吾意欲从鹿步圩岛下游之处著手，于前论广州通海路已述之矣。由此点起，须浚一深水道上至新塘①。自新塘上游约一英里之处，应凿一新水道直达东莞城②，而以此悉联东江左边在东莞与新塘间之各枝流为一。以此新水道为界，所有自此新水道左岸以迄珠江，中间上述各枝流之旧路悉行闭塞。其闭塞处之高，须约与通常水平相同，而以此已涸之河身，供异日雨期洪水宣流之用。如是，东江之他出口已被一律封闭，则所有之水将汇成强力之水流，此水流即能浚河身使加深，又使全河水深能保其恒久不变也。河身须沿流加以改削，令有一律之河幅，上至潮水能达之处；自此处起，则应按河流之量多寡，以定河身之广狭。如是，则东江将以其自力浚深惠州城③以下一段矣。石龙镇④南边之铁路桥，应改建为开合铁桥，使大轮船可以往来于其间。东江有急激转湾数处，应改以为缓徐曲线，并将中流沙洲除去。惠州以上一部江流应加堰与水闸，令吃水十〈英〉尺之船，可以上溯至极近于此东江流域煤铁矿田而后已。

第三部　建设中国西南铁路系统

中国西南一部所包含者：四川，中国本部最大且最富之省分也；云南，次大之省也；广西、贵州，皆矿产最丰之地也；而又有广东、湖南两省之一部。此区面积有六十万英方里，人口过一万万。除由老街⑤至云南府约二百九十英里法国所经营之窄轨铁路外，中国广地众民之此一部，殆全不与铁路相接触也。

于此一地区，大有开发铁路之机会。应由广州起向各重要城市、矿产地引铁

---

① 新塘乡属广东省增城县，今为广州市增城区新塘镇。

② "东莞城"系东莞县治，今在东莞市区分设莞城、南城、东城、万江四街道，市政府驻南城街道。

③ 广东省惠州府于民国初已废，此指将其府治归善县改名的惠阳县；后析该县城区另置惠东县及惠州市，今将该县併设为惠州市惠阳区。

④ 石龙镇，属东莞县（今改市）。

⑤ 老街属云南省西畴县，今为该县兴街镇辖地，南邻越南。

路线，成为扇形之铁路网，使各与南方大港相联结。在中国此部建设铁路者，非特为发展广州所必要，抑亦于西南各省全部之繁荣为最有用者也。以建设此项铁路之故，种种丰富之矿产可以开发，而城镇亦可于沿途建之。其既开之地价尚甚廉，至于未开地及含有矿产之区，虽非现归国有，其价之贱，去不费一钱可得者亦仅一间耳。所以若将来市街用地及矿产地预由政府收用，然后开始建筑铁路，则其获利必极丰厚。然则不论建筑铁路投资多至若干，可保其偿还本息，必充足有余矣。又况开发广州以为世界大港，亦全赖此铁路系统，如使缺此纵横联属西南广袤之一部之铁路网，则广州亦不能有如吾人所预期之发达矣。

西南地方，除广州及成都两平原地各有三四千英方里之面积外，地皆险峻。此诸地者，非山即谷，其间处处留有多少之隙地。在此区东部，山岳之高鲜逾三千英尺；至其西部与西藏交界之处，平均高至一万英尺以上。故建此诸铁路之工程上困难，比之西北平原铁路系统乃至数倍，多数之隧道与凿山路须行开凿。故建筑之费，此诸路当为中国各路之冠。

吾提议以广州为此铁路系统终点，以建左列之七路：

甲　广州—重庆线，经由湖南。

乙　广州—重庆线，经由湖南、贵州。

丙　广州—成都线，经由桂林、泸州①。

丁　广州—成都线，经由梧州、叙府②。

戊　广州—云南府③—大理—腾越④线，至缅甸边界为止。

己　广州—思茅线。

庚　广州—钦州线，至安南界东兴为止。

---

① 泸州原为四川省直隶州，民国初已废，此指将其州治改名的泸县。今除泸县外，另析其城区置泸州市。

② 即四川省叙州府，民国初已废，此指原府治宜宾县，今改市。

③ 此处原作"云南"，今据英文本（原文为 Yunnanfu）及第十六图增一"府"字。以云南府为铁路站名，指昆明县。

④ 云南省腾越厅于民国初已废，此指改置的腾冲县，今改市，治府名腾越镇。

甲　广州—重庆线经由湖南

此线应由广州出发，与粤汉线同方向，直至连江与北江会流之处。自此点起，本路折向连江流域，循连江岸上至连州①以上，于此横过连江与道江之分水界，进至湖南之道州②。于是随道江以至永州③、宝庆④、新化、辰州⑤，泝酉水过川、湘之界入于酉阳，由酉阳横过山脉而至南川⑥，从南川前行渡扬子江而至重庆⑦。此路全长有九百英里，经过富饶之矿区与农区。在广东之北连州之地，已发见丰富之煤矿、铁矿、锑矿、钨矿；于湖南之西南隅，则有锡、锑、煤、铁、铜、银；于四川之酉阳，则有锑与水银。其在沿线之农产物，则吾可举砂糖、花生、大麻、桐油、茶叶、棉花、烟叶、生丝、谷物等等，又复多有竹材、木材及其他一切森林产物。

乙　广州—重庆线经由湖南、贵州

此线约长八百英里。但自广州至道州一段即走于甲线之上，凡二百五十英里，故只有五百五十英里计入此线。所以实际从湖南道州起筑，横过广西省东北突出一段，于全州再入湖南西南境，过城步及靖州。于是入贵州界，经三江⑧及清江⑨两地，横过山脉以至镇远。此线由镇远须横过沅江、乌江之分水界，以至遵义。由遵义则循商人通路直至綦江⑩，以达重庆。此铁路所经，皆为产出木材、矿物

---

① 连州原为广东省直隶州，一九一一年已废，此指将其州治改名的连县，今称连州市。

② 道州原属湖南省永安府，此指民国初废州改名的道县。

③ 湖南省永州府于民国初已废，此指原府治零陵县。今析该县城区另置永州市，市内设零陵区。

④ 湖南省宝庆县，后复旧名邵阳县（西晋置），今除该县外另析置邵阳市。

⑤ 湖南省辰州府于民国初已废，此指原府治沅陵县。

⑥ 四川省南川县，今为重庆市南川区。

⑦ "入于酉阳"之后，原作"又循乌江流域至扬子江边之涪州，循扬子江右岸上至重庆"，孙文亲笔将其涂去，另改写成以上这段文字。但在第十六图中并未作相应修改。

⑧ 三江镇，属贵州省锦屏县。

⑨ 贵州省清江县，今改名剑河县。

⑩ 四川省綦江县，今併置为重庆市綦江区。

极富之区域。

丙　广州—成都线经由桂林、泸州

此线长约一千英里。由广东〔州〕西行，直至三水在此处之绥江口地点，渡过北江。循绥江流域经过四会、广宁，次于怀集入广西。经过贺县①及平乐，由此处循桂江水流上达桂林。于是广东、广西两省省城②之间，各煤铁矿田可得而开凿矣。至〔自〕桂林起，路转而西至于永宁③，又循柳江流域上至贵州边界，越界至古州④。由古州过都江及八寨⑤，仍循此河谷而上，逾一段连山至平越⑥。由平越横渡沅江分水界，于瓮安及岳四城入乌江流域。自岳四城循商人通路逾雷边山至仁怀、赤水、纳溪⑦，于是渡扬子江以至泸州。自泸州起，经过隆昌、内江、资州⑧、资阳、简州⑨，以达成都。此路最后之一段，横过所谓四川省之"红盆地"，有名富庶之区也。其在桂林、泸州之间，此路中段则富于矿产，为将来开发希望最大者。此路将为其两端人口最密之区，开一土旷人稀之域，以收容之者也。

丁　广州—成都线经由梧州与叙府

此路长约一千二百英里。自丙线渡北江之三水铁路桥之西端起，循西江之左岸以入于肇庆峡，至肇庆城。即循此岸，上至德庆、梧州、大湟⑩。在大湟，河

---

① 广西省贺县，今改名广西壮族自治区贺州市。

② 指广州与桂林。

③ 广西省永宁县，今改名广西壮族自治区永福县。

④ 古州厅原属贵州省黎平府，此指民国初废厅而改置的榕江县，其县治今名古州镇。

⑤ 贵州省都江县，后并置为三都县，今名三都水族自治县；贵州省八寨县，今并置为丹寨县。

⑥ 贵州省平越县，今改福泉市。

⑦ 即四川省纳谿县，一九三五年改名纳溪县，今为泸州市纳溪区。

⑧ 资州原为四川省直隶州，民国初已废，此将其州治改名的资中县。

⑨ 简州原属四川省成都府，此指民国初废州改名的简阳县，今改市。

⑩ 即大湟江口（大湟江为浔江支流），其地属广西省桂平县，今为广西壮族自治区桂平市江口镇。

身转而走西南，路转而走西北至象州，渡柳江至柳州及庆远①。于是进至思恩②，过桂、黔边界入贵州，至独山及都匀。自都匀起，此路更折偏西走，至贵州省城之贵阳，次进至黔西及大定③。离贵州界于毕节，于镇雄入云南界。北转而至乐新渡，过四川界入叙府。自叙府起，循岷江而上至嘉定④，渡江入于成都平原，以至成都。此路起自富庶之区域，迄于富庶之区域，中间经过宽幅之旷土未经开发、人口极稀之地，沿线富有煤、铁矿田，又有银、锡、锑等等贵金属矿。

戊　广州—云南府⑤—大理—腾越线

此线长约一千三百英里。起自广州，迄于云南、缅甸边界之腾越。其首段三百英里，自广州至大湟，与丁线相同。自大湟江口分枝至武宣，循红水江常道，经迁江⑥及东兰。于是经兴义县，横过贵州省之西南隅，入云南省至罗平，从陆凉⑦一路以至云南省城。自省城经过楚雄，以至大理。于是折而西南至永昌⑧，遂至腾越，终而缅甸边界。

在广西之东兰近贵州边界处，此路应引一枝线，约长四百英里。此线应循北盘江流域，上至可渡河与威宁，于昭通入云南。在河口过扬子江，即于此处入四川，横截大凉山至于宁远⑨。此路所以开昭通、宁远间有名铜矿地之障碍，此项铜矿为中国全国最丰富之矿区也。

此路本线自东至西，贯通桂、滇两省，将来在国际上必见重要。因在此线缅甸界上，当与缅甸铁路系统之仰光—八莫⑩一线相接，将来此即自印度至中国最捷之路也。以此路故，此两人口稠密之大邦，必比现在更为接近。今日由海路，

---

① 广西省庆远府于民国初已废，此指原府治宜山县，今改名广西壮族自治区宜州市。

② 广西省思恩县，今并入广西壮族自治区环江毛南族自治县，县治思恩镇。

③ 贵州省大定县，今改名大方县。

④ 四川省嘉定府于民国初已废，此指原府治乐山县，今改市。

⑤ 原文作"云南"，今增一"府"字。

⑥ 广西省迁江县，今为广西壮族自治区来宾市兴宾区所辖迁江镇。

⑦ 四川省陆凉县，当时已改名陆良县。

⑧ 四川省永昌县，当时已改名保山县（今改市）。

⑨ 四川省宁远府于民国初已废，此指原府治西昌县；今改西昌市，凉山彝族自治州治所。

⑩ 八莫（Bhamo），今属缅甸克钦邦（Kachin State）。当时缅甸是英国殖民地。

此两地交通须数礼拜者，异时由此新路则数日而足矣。

己　广州—思茅线

此线至缅甸界止，约长一千一百英里。起自广州市西南隅，经佛山、官山，由太平圩渡过西江，至对岸之三洲圩①，于是进入高明、新兴、罗定。既过罗定，入广西界至平河②，进至容县。于是西向，渡左江至于贵县，即循左江之北岸以达南宁。在南宁应设一枝线，约长一百二十英里，循上左江水路以至龙州，折而南至镇南关、安南东京界上止，与法国铁路相接。其本线由南宁循上右江而上，至于百色。于是过省界入云南至剥隘③，经巴门、高甘、东都、普子塘一路至阿迷州④。截老街、云南铁路而过，由阿迷州进至临安府⑤、石屏、元江⑥。于是渡过元江，通过他郎⑦、普洱及思茅，至缅甸边界近澜沧江处为止。此线穿入云南、广西之南部锡、银、锑三种矿产最富之地，同时沿线又有煤、铁矿田至多，复有多地产出金、铜、水银、铅；论其农产，则米与花生均极丰饶，加以樟脑、桂油、蔗糖、烟叶、各种果类。

庚　广州—钦州线

此线从西江铁路桥西首起算，约长四百英里。自广州起，西行至于太平圩之西江铁路，与己线同轨。过江始分枝向开平、恩平，经阳春至高州⑧及化州⑨。于

---

①　太平圩属广东省南海县（今佛山市南海区），在西江东岸；三洲圩属高明县（今改市），在西江西岸。

②　平河乡，属广西省岑溪县（今为广西壮族自治区岑溪市）。

③　剥隘镇，属云南省富州县（今改名富宁县）。

④　阿迷州原属云南省临安府，此指民国初废州改名的阿迷县，今更名开远市。

⑤　云南省临安府于民国初已废，此指原府治建水县，其县治今名临安镇。

⑥　云南省元江县，在元江西岸，今为元江哈尼族彝族傣族自治县。

⑦　云南省他郎县，当时已改名墨江县，今为墨江哈尼族自治县。

⑧　广东省高州府于民国初已废，此指原府治茂名县，后以该县地析置茂名市及高州县（今改市）。

⑨　化州原属广东省高州府，此指民国初废州改名的化县，今更名化州市。

化州须引一枝线至遂溪、雷州①，达于琼州海峡之海安②，约长一百英里，于海安再以渡船与琼州岛③联络。其本线仍自化州西行，过石城④、廉州、钦州，达于与安南交界之东兴为止。东兴对面芒街至海防⑤之间，将来有法国铁路可与相接。此线全在广东省范围之内，经过人口多、物产富之区域，线路两旁皆有煤铁矿，有数处产金及锑，农产则有蔗糖、生丝、樟脑、苎麻、靛青、花生及种种果类。

此系统内各线，如上所述，约六千七百英里。此外须加以联络成都、重庆之两线。又须另设一线，起自乙线遵义之东，向南行至瓮安与丙线接；又一线自丙线之平越起，至丁线之都匀；又一线由丁线贵州界上一点，经南丹、那地⑥以至戊线之东兰，再经泗城⑦以至己线之百色。此联络各线全长约六百英里，故总计应有七千三百英里。

此系统将于下文所举三线经济上大有关系：

（一）法国经营之老街—云南府已成线，及云南府—重庆计画线。此线与己线交于阿迷州，与戊线交于威宁，与丁线交于叙府，与丙线交于泸州，而与甲、乙两线会于重庆。

（二）英国经营之沙市—兴义计画线。此线与甲线交于辰州，与乙线交于镇远，与丙线交于平越，与丁线交于贵阳，而与戊线之枝线交于永定西方之一点。

（三）美国经营之株洲—钦州计画线。此线与甲线交于永州，乙线交于全州⑧，丙线交于桂林，丁线交于柳州，戊线交于迁江，己线交于南宁，而与庚线会于钦州。

---

① 广东省雷州府于民国初已废，此指原府治海康县，今改名雷州市。

② 海安镇，属广东省徐闻县。

③ 琼州岛（亦称琼崖）原名海南岛，因唐宋置琼州、明清置琼州府而得名。该岛北隔琼州海峡与雷州半岛相望，原属广东省，一九八八年析置海南省。后文亦作海南岛。

④ 广东省石城县，当时已改名廉江县（今改市）。

⑤ 东兴镇时属广东省钦县（今为广西壮族自治区东兴市辖地），西隔北仑河与越南芒街（Mong Cai）相望，自芒街西南行至海防（Hai Phong）。

⑥ 那地，在广西省南丹县西南部。

⑦ 广西省泗城府于民国初已废，此指原府治凌云县。

⑧ 全州原属广西省桂林府，此指民国初废州改名的全县（今改置为广西壮族自治区全州县）。

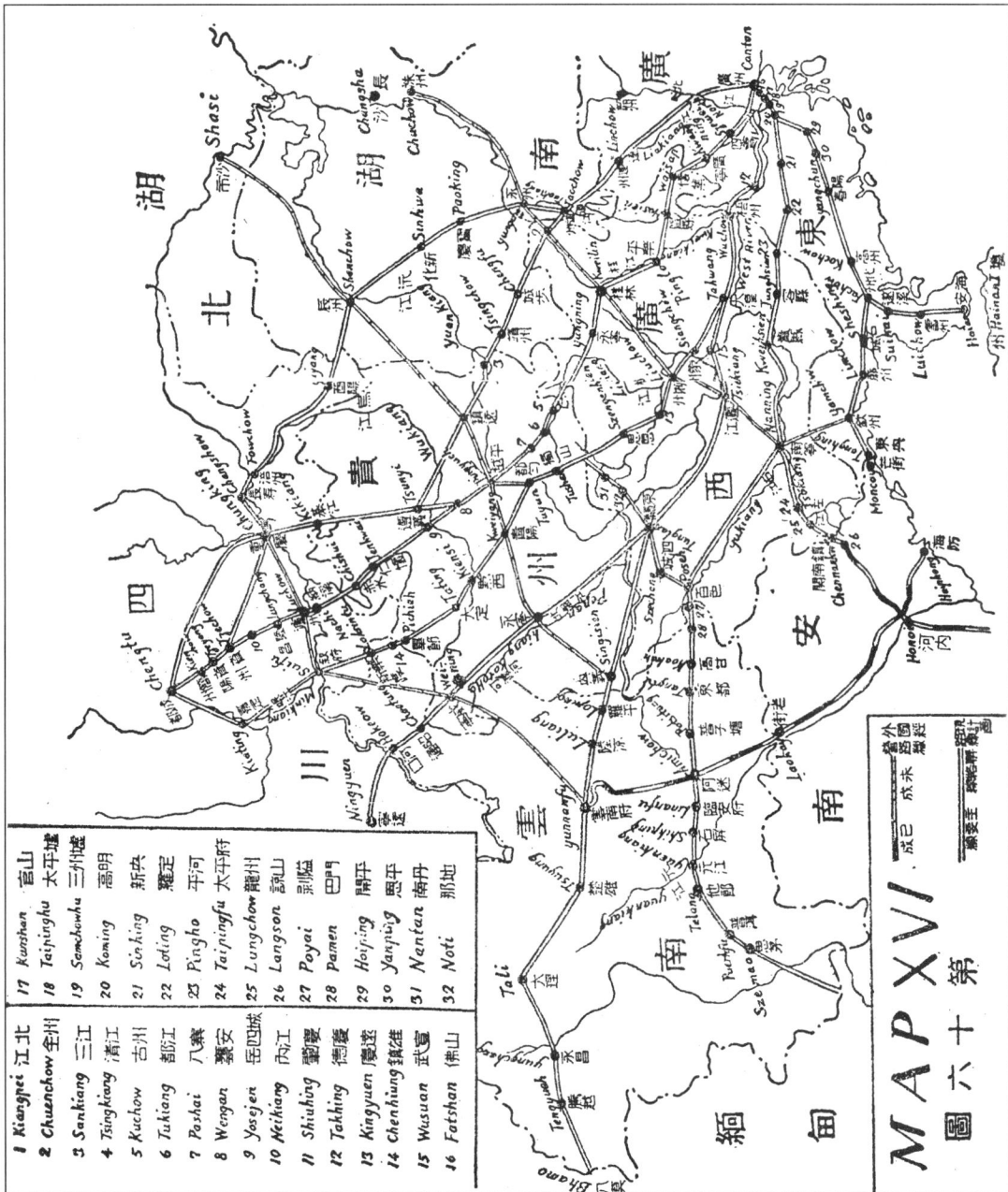

1 Kiangpei 江北	17 Kunshan 昆山
2 Chuenchow 全州	18 Taipinghu 太平墟
3 Sankiang 三江	19 Samchowhu 三州墟
4 Tsingkiang 清江	20 Koming 高明
5 Kuchow 古州	21 Sinhing 新兴
6 Tukiang 都江	22 Loting 罗定
7 Pashai 八寨	23 Pingho 平河
8 Wengan 瓮安	24 Taipingfu 大平府
9 Yoesjen 岳四城	25 Lungchow 龙州
10 Meihiang 内江	26 Langson 谅山
11 Shiuhing 肇庆	27 Poyai 玻缢
12 Takhing 德庆	28 Pamen 巴门
13 Kingyuen 镇雄	29 Hoijing 开平
14 Chenhiung 镇雄	30 Yanjing 恩平
15 Wusuan 武宣	31 Nantan 南丹
16 Fatshan 佛山	32 Noti 那地

MAP XVI 第十六图

　　所以此法、英、美三线与本系统各线一律完成之后，中国西南各省之铁道交通可无缺乏矣。

　　此诸线皆经过广大且长之矿产地，其地有世界上有用且高价之多种金属。世界中无有如此地含有丰富之稀有金属者，如钨、如锡、如锑、如银、如金、如白金等等；同时又有虽甚普通而尤有用之金属，如铜、如铁、如铅。抑且每一区之中，均有丰裕之煤。南方俗语有云："无煤不立城。"盖谓预计城被围时能于地中取炭，不事薪采，此可见其随在有煤产出也。四川省又有石油矿及自然煤气（火井），极为丰裕。

　　是故吾人得知，以西南铁路系统开发西南山地之矿产利源，正与以西北铁路系统开发蒙古、新疆大平原之农产利源同其重要。此两铁路系统于中国人民为最必要，而于外国投资者又为最有利之事业也。论两系统之长短，大略相同，约七千英里。此西南系统，每英里所费平均须在彼系统两倍以上，但以其开发矿产利源之利益言，又视开发农产利源之利益更多数倍也。〈（参照第十六图①）〉

第四部　建设沿海商埠及渔业港

　　既于中国海岸为此三世界大港之计画，今则已至进而说及发展二三等海港及渔业港于沿中国全海岸，以完成中国之海港系统之机会矣。近日以吾北方大港计画为直隶省人民所热心容纳，于是省议会赞同此计画，而决定作为省营事业立即举办，以此目的，经已票决募债四千万元。此为一种猛进之征兆。而其他规画亦必或早或晚，或由省营，或由国营，随于民心感其必要次第采用。吾意则须建四个二等海港、九个三等海港及十五个渔业港。

　　此四个二等海港，应以下列之情形配置之，即一在北极端，一在南极端，其他之港则间在此三世界大港之间。

　　此项港口，案其将来重要之程度，排列之如左：

　　甲　营口。

---

　　①　按：英文本无此图，为《建国方略》新增。

乙　海州①。

丙　福州。

丁　钦州。

甲　营　口

营口位于辽东湾之顶上，昔者尝为东三省之惟一海港矣。自改建大连为一海港以后，营口商业大减，昔日之事业殆失其半。以海港论，营口之不利有二，一为其由海入口之通路较浅，二为冬期冰锢至数月之久。而其胜于大连惟一之点，则为位置在辽河之口，拥有内地交通遍及于南满辽河流域之内。其所以仍保有昔时贸易之半与大连抗者，全以其内地水路之便也。欲使营口将来再能凌驾大连而肩随于前言三世界大港之后，吾人必须一面改良内地水路交通，一面浚深其达海之通路。关于通路改良之工程，当取与改良广州通海路相同之法，既设一水深约二十英尺之深水道，而又同时行填筑之工程。盖以辽东湾头广而浅之沼地，可以转为种稻之田，藉之可得甚丰之利润也。至于内地水路交通，则不独辽河一系，即松花江、黑龙江两系统亦应一并改良。其最重要之工程，则为凿一运河联此各系统，此则吾当继此有所讨论。

辽河与松花江间之运河，于将来营口之繁荣实为最要分子。惟有由此运河，此港始能成为中国二等海港中最重要者，而在将来此北满之伟大森林地及处女壤土丰富矿源，可以以水路交通与营口相衔接也。所以为营口计，此运河为最重要。使其缺此，则营口之为一海港也，最多不过保其现在之位置，人口六七万，全年贸易三四千万元极矣，无由再占中国二等海港首位之位置矣。

此运河可凿之于怀德②以南，范家屯③与四童山之间，与南满铁路平行，其长

---

① 海州原为江苏省直隶州，民国初废州改置东海、灌云二县；下文提出在该地区建海港规划，后于一九三三年在灌云境内筑成连云港，一九三五年置连云市，又经扩充辖地而于一九六一年改称连云港市，市内设有海州区、连云区，另辖东海、灌云等县。

② 奉天省怀德县，今划属吉林省，改置公主岭市。

③ 范家屯属奉天省怀德县，今为吉林省公主岭市范家屯镇。

不及十英里；亦可凿之于怀德以北，青山堡与靠山屯①之间，其长约十五英里。在前一线，所凿者短，而以全水路计则长；在后一线，运河之长几倍前者，而计此两江系统间之全水路则较短。两线均无不可逾越之物质的障碍，二者俱在平原，但其中一线高出海面上之度或较他一线为多，则将来择用于二者间惟一之取决点也。若此运河既经开竣，则吉林、黑龙江两富省及外蒙古之一部，皆将因此与中国本部可以水路交通相接，然则此运河不特营口之为海港大有需要焉也，又与中国全国国民政治上经济上亦大有关系。辽河、松花江运河完成以后，营口将为全满洲与东北、蒙古、内地水路系统之大终点。而通海之路既经浚深以后，彼又将为重要仅亚于三大港之海港矣。

乙　海　州

海州位于中国中部平原东陲，此平原者，世界中最广大肥沃之地区之一也。海州以为海港，则刚在北方大港与东方大港二大世界港之间，今已定为东西横贯中国中部大干线海兰铁路之终点。海州又有内地水运交通之利便，如使改良大运河〈及〉其他水路系统已毕，则将北通黄河流域，南通西江流域，中通扬子江流域。海州之通海深水路，可称较善。在沿江北境二百五十英里海岸之中，只此一点可以容航洋巨舶逼近岸边数英里内而已。欲使海州成为吃水二十英尺之船之海港，须先浚深其通路至离河口数英里外，然后可得四寻深之水。海州之比营口，少去结冰，大为优越；然仍不能不甘居营口之下者，以其所控腹地不如营口之宏大，亦不如彼在内地水运上有独占之位置也。

丙　福　州

福建省城在吾二等海港中居第三位。福州今日已为一大城市，其人口近一百万，位于闽江之下游，离海约三十英里。此港之腹地以闽江流域为范围，面积约三万方英里。至于此流域以外之地区，将归他内河商埠或他海港所管，故此港所管地区又狭于海州。所以以顺位言，二等海港之中，此港应居第三位。福州通海

---

①　青山堡属吉林省洮安县，今为白城市洮北区所辖青山镇；靠山屯属吉林省农安县，今名靠山镇。

之路，自外闩洲以至金牌口①，水甚浅；自金牌口而上，两岸高山夹之，既窄且深，直至于罗星塔②下。

吾拟建此新港于南台岛③之下游一部，以此地地价较贱，而施最新改良之余地甚多也。容船舶之锁口水塘，应建设于南台岛下端，近罗星塔处。闽江左边一枝，在福州城上游处应行闭塞，以集中水流，为冲刷南台岛南边港面之用。其所闭故道，绕南台岛北边者，应留待自然填塞，或遇有必要改作蓄潮水塘（收容潮涨时之水，俟潮退时放出，以助冲洗港内浮沙），以冲洗罗星塔以下一节水道。闽江上段应加改良，至人力所能至之处为止，以供内地水运之用。其下一段自罗星塔以至于海，必须范围整治之，以求一深三十英尺以上之水道达于公海。于是福州可为两世界大港间航洋汽船之一寄港地矣。

丁　钦　州

钦州位于东京湾④之顶，中国海岸之最南端。此城在广州即南方大港之西四百英里。凡在钦州以西之地，将择此港以出于海，则比径〔经〕广州可减四百英里。通常皆知海运比之铁路运价廉廿倍，然则节省四百英里者，在四川、贵州、云南及广西之一部言之，其经济上受益为不小矣。虽其北亦有南宁以为内河商埠，比之钦州更近腹地，然不能有海港之用。所以直接输出入贸易，仍以钦州为最省俭之积载地也。

改良钦州以为海港，须先整治龙门江，以得一深水道直达钦州城。其河口当浚深之，且范之以堤，令此港得一良好通路。此港已选定为通过湘、桂入粤之株钦铁路之终点。虽其腹地较之福州为大，而吾尚置之次位者，以其所管地区，同时又为广州世界港、南宁内河港所管，所以一切国内贸易及间接输出入贸易皆将为他二港所占，惟有直接贸易始利用钦州耳。是以腹地虽广，于将来二等港中欲

---

① 金牌口，亦称金牌寨、金门港，在福州东南的琅岐岛上，属福建省闽侯县。

② 罗星塔，在福州东南马江（闽江下游）中的罗星山上，属福建省闽侯县。

③ 南台岛，即南台山（南台亦名钓台），位于福建省闽侯县南面的闽江中，与中洲隔江相望，山麓南台江（亦名白龙江）流经福州。

④ 东京湾（Gulf of Tonkin），此为越南及西方国家所用名称，而后来中国则名之为北部湾（Beibu Gulf），该海湾位于南海西北部、中国大陆南端与越南东北部之间。

凌福州而上，恐或不可能也。

此三个世界大港、四个二等港之外，吾拟于中国沿海建九个三等港，自北至南①如下：

甲　葫芦岛。

乙　黄河港。

丙　芝罘②。

丁　宁波。

戊　温州③。

己　厦门。

庚　汕头。

辛　电白。

壬　海口。

甲　葫芦岛

此岛为不冻深水港，位于辽东湾顶西侧，离营口约六十英里。论东三省之冬期港，此港位置远胜大连，以其到海所经铁路较彼短二百英里，又在丰富煤田之边沿也。当此煤田及其附近矿产既开发之际，葫芦岛将为三等港中之首出者，为热河及东蒙古之良好出路。此港又可计画之以为东蒙古及满洲全部之商港，以代营口，但须建一运河以与辽河相连耳。将来之营口④惟有由内地水路交通可以成一满洲⑤重要商港，而葫芦岛恰亦与之相同，所以葫芦岛若得内地水路交通，自

---

①　此处原作"南至北"，今据英文本（原文为 from north to south）及下列标题次序，改为"北至南"。

②　此处及后文叙及的芝罘，均为烟台之别称，因与芝罘岛相连而得名，时属山东省福山县；今并置为烟台市，于市内分设芝罘区、福山区。

③　浙江省温州府于民国初已废，此指原府治永嘉县。一九四九年在其城区置温州市，该县今属温州市。

④　此处据英文本（原文有 Yinkow）增"之营口"三字。

⑤　此处据英文本（原文有 Manchuria）增"满洲"二字。

然可代营口而兴。如使确知于此凿长距离运河以通葫芦岛于辽河，比之建一深水港面于营口经济上更为廉价，则葫芦岛港面应置之于此半岛之西北边，不如今之计画置之半岛之西南。盖今日之位置，不足以多容船舶碇泊，除非建一广大之防波堤直入深海中，此工程所费又甚多也。且此狭隘之半岛又不足以容都市规画，若其在他一边，则市街可建于本陆，有无限之空隙容其发展也。

吾意须自连山湾之北角起，筑一海堤至于葫芦岛之北端，以闭塞连山湾，使成为锁口港面。在葫芦岛之颈部开一口，向南方深水处。此闭塞港面应有十英方里之广，但此中现在只有一部分须浚至所求之深。在此港面北方须另留一出口，介于海堤、海岸之间，以通其邻近海湾。并须另建一防波堤，横过第二海湾。由该处起应建一运河，或凿之于海岸线内，或建一海堤与海岸线平行，至与易凿之低地连接为止，再由该地开凿运河与辽河相连。如能为葫芦岛凿此运河，则此岛立能取营口而代之，居二等港首位矣。

乙　黄　河　港

此港将位于黄河河口①北直隶湾之南边，离吾人之北方大港约八十英里。当整治黄河工程已完成之日，此河口将得为航洋汽船所经由，自然有一海港萌芽于是。以是所管北方平原在直隶、山东、河南各省有相当之部分，而又益以内地水运交通，所以此港欲不成为重要三等海港亦不可得矣。

丙　芝　罘

芝罘为老条约港②，位于山东半岛之北侧，尝为全中国北部之惟一不冻港矣。自其北方有大连开发，南方又有青岛兴起，其贸易遂与之俱减。以海港论，如使山东半岛之铁路得其开发，而筑港之工程又已完毕，则此港自有其所长。

丁　宁　波

宁波亦一老条约港也，位于浙江省之东方，甬江一小河之口。此地有极良通

---

① 此指位于山东省北部的黄河口，东濒渤海。

② 条约港，指清代与外国所订条约中规定开放的通商口岸。

海路，深水直达此河之口。此港极易改良，只须范之以堤，改直其沿流两曲处直抵城边。宁波所管腹地极小，然而极富。其人善企业，其以工作手工知名，肩随于广州。中国之于实业上得发展者，宁波固当为一制造之城市也。但以东方大港过近之故，宁波与外国直接之出入口贸易未必能多，此种贸易多数归东方大港。故以宁波计，有一相当港面以为本地及沿岸载货之用，亦已足矣。

戊　温　州

温州在浙江省之南，瓯江之口。此港比之宁波，其腹地较广，其周围之地区皆为生产甚富者，如使铁路发展，必管有相当之地方贸易无疑。现在港面极浅，中等沿岸商船已不能进出。吾意须于盘石卫即温州岛之北（温州岛者，瓯江口之小岛，非温州城）建筑新港。由此目的，须建一堰于北岸与温州岛北端之间，使此岛北之河流完全闭塞，单留一闭锁之入口。至于瓯江，应引之循南水道经温州岛，使其填塞附近浅地之大区，而又以范上段水流也。其自虎头岛南边以至此港之通路，应行浚深。在此通路右，应于温州岛与尾妖岛之间浅处，及尾妖岛与三盘岛各浅处之间建堤。于是成一连堤，可以防瓯江沙泥不令侵入此通路。如此，然后温州新港可以得一恒常深水道也。

己　厦　门

此亦一老条约港也，在于思明岛。厦门有深广且良好之港面，管有相当之腹地，跨福建、江西两省之南部，富于煤铁矿产。此港经营对马来群岛及南亚细亚半岛之频繁贸易，所有南洋诸岛、安南、缅甸、暹罗、马来各邦之华侨大抵来自厦门附近，故厦门与南洋之间载客之业极盛。如使铁路已经发展，穿入腹地煤铁矿区，则厦门必开发而为比现在更大之海港。吾意须于此港面之西方建新式商埠，以为江西、福建南部丰富矿区之一出口。此港应施以新式设备，使能联陆海两面之运输以为一气。

庚　汕　头

汕头在韩江口，广东省极东之处。以移民海外之关系，汕头与厦门极相类似，以其亦供大量之移民于东南亚细亚及马来群岛也。故其与南洋来往船客之频繁，亦不亚厦门。以海港论，汕头大不如厦门，以其入口通路之浅也。然以内地水运论，则汕头为较胜，以用浅水船则韩江可航行者数百英里也。围汕头之地，农产极盛，在南方海岸能追随广州河汉者，独此地耳。韩江上一段，煤铁矿极富。汕头通海之路，只须少加范围浚渫之功，易成为一地方良港也。

辛　电　白

此港在广东省海岸，西江河口与海南岛间当中之点。其周围地区富于农产、矿田，则此地必须有一商港，以供船运之用矣。如使以堤全围绕电白湾之西边，另于湾之东南半岛颈地开一新出入口以达深海，则电白可成一佳港面，而良好通路亦可获得矣。港面本甚宽阔，但有一部须加浚渫，以容巨船，其余空隙则留供渔船及其他浅水船之用。

壬　海　口

此港位于海南岛之北端，琼州海峡之边，与雷州半岛之海安相对。海口与厦门、汕头俱为条约港，巨额之移民赴南洋者，皆由此出。而海南固又甚富而未开发之地也，已耕作者仅有沿海一带地方，其中央犹为茂密之森林，黎人所居其藏矿最富。如使全岛悉已开发，则海口一港将为出入口货辐辏之区。海口港面极浅，即行小船，犹须下锚于数英里外之泊船地，此于载客、载货均大不便。所以海口港面必须改良。况此港面又以供异日本陆及此岛铁路完成之后，两地往来接驳货徵之联络船码头之用也。

于渔业港一层，吾前所述之头二三等海港均须兼为便利适合渔业之设备，即三个头等港、四个二等港、九个三等港皆同时为渔业港也。然除此十六港以外，中国沿岸仍有多建渔业港之余地，抑且有其必要。故吾意在北方奉天、直隶、山东三省海岸，应设五渔业港如左：

一　安东①：在高丽交界之鸭绿江。

二　海洋岛：在鸭绿湾辽东半岛之南。

三　秦皇岛：在直隶海岸辽东湾与直隶湾之间，现在直隶省之独一不冻港也。

四　龙口②：在山东半岛之西北方。

五　石岛湾③：在山东半岛之东南角。

东部江苏、浙江、福建三省之海岸，应建六渔业港如左：

六　新洋港④：在江苏省东陲，旧黄河口南方。

七　吕四港⑤：在扬子江口北边一点。

八　长涂港：在舟山列岛之中央。

九　石浦：浙江之东，三门湾⑥之北。

十　福宁：在福建之东，介于福州与温州之间。

十一　湄州〔洲〕港：福州与厦门之间，湄州〔洲〕岛⑦之北方。

南部广东省及海南岛海岸，应建四渔业港如左：

十二　汕尾：在广东之东海岸，香港、汕头之间。

十三　西江口：此港应建于横琴岛之北侧。西江口既经整治以后，横琴岛将藉海堤以与本陆相连，而有一良好港面地区出现矣。

十四　海安：此港位于雷州半岛之末端，隔琼州海峡与海南岛之海口相对。

十五　榆林港：海南岛南端之一良好天然港面也。

以此十五渔业港，合之前述各较大之港，总三十有一。可以连合中国全海岸线，起于高丽界之安东，止于近越南界之钦州，平均每海岸线百英里而得一港。吾之中国海港及渔业港计画于是始完。

---

①　奉天省安东县，今改名辽宁省丹东市。

②　龙口，属山东省黄县（今改置龙口市）。

③　石岛湾在山东省荣成县（今改市）南，其港口现设石岛镇。

④　新洋港，集镇名，属江苏省盐城县（今改市），现隶射阳县黄沙港镇。

⑤　吕四港，港口设镇，属江苏省崇明县（今上海市崇明区），现隶启东市。

⑥　石浦镇，属浙江省象山县；濒三门湾之处，今置三门县。

⑦　湄洲港，即湄洲湾，濒东海；湾内湄洲岛，亦称湄洲屿，又名鲚山，属福建省莆田县（今改市），岛上现设湄洲镇。

MAP XVII 圖七十第

First Class Port
頭　等　港
Second Class Port
二　等　港
Third Class Port
三　等　港
Fishing Port
漁業港
Foreign Occupied Port
外國占領港

(1) Antang 安牒
(2) Haiyangtao 海洋島
(3) Chihwangtao 秦皇島
(4) Lunghau 龍口
(5) Shitauwan 石島灣
(6) Sinyangkang 新洋港
(7) Luszekang 呂四港
(8) Changtukang 長塗港
(9) Shipu 石浦
(10) Funing 福寧
(11) Meichow 湄州
(12) Sanmei 汕尾
(13) Sikiang Mouth 四江口
(14) Haian 海安
(15) Yulinkiang 榆林港

島廬葫　口營
Hulutao　yingkow
港大方北 (3)
Great Northern P.　大連
(1)
口河黃　Talien 罘芝
HoangHo　Chefoo
(4)　(5)
州海　Tsingtau
Haichow　島青
(6)
港大方東 (7)
Great Eastern P.
(8)
波寧　Ningpo
(9)
州溫　Wenchow
(10)
州福　Foochow
港大方南 (11)
Great Southern P.　Amoy
Yamchow　門廈
Tunpak (12)　Swatow
欽 (13)白龍　頭汕
州 (14)　Hongkong 港香
Hoihou 口海
(15)

瞥见之下，当有致疑于一国而须如是之多海港与渔业港者。然读者须记此中国一国之大与欧洲等，其人则较欧洲为多。如使吾人取西欧海岸线与中国等长之一节计之，则知欧洲海港之多远过中国。欧洲海岸线之长过中国数倍，而以每百英里计，尚不止有一与此相当型式之港。例如荷兰，其全地域不较大于吾人三等港中汕头一港之腹地，而尚有安斯得坦与洛得坦①两头等海港，又有多数之小渔业港附随之。又使与北美合众国较其海港，美国人口仅得中国四分之一，而单就其大西洋沿岸海港而论，已数倍于吾计画中所举之数。所以此项海港之数，不过仅敷中国将来必要之用而已。且吾亦仅择其自始有利可图者言之，以坚守第一计画中所标定之"必选有利之途"一原则也。（参照第十七图）

第五部　创立造船厂

当中国既经按吾计画发展无缺之际，其急要者，当有一航行海外之商船队，亦要多数沿岸及内地之浅水运船，并须有无数之渔船。当此次世界大战未开之际，全世界海船吨数为四千五百万吨；使中国在实业上，按其人口比例，有相等之发达，则至少须有航行海外及沿岸商船一千万吨，然后可敷运输之用。建造此项商船，必须在吾发展实业计画中占一位置。以中国有廉价之劳工与材料，固当比外国为吾人所建所费较廉。且除航海船队以外，吾人尚须建造大队内河浅水船及渔船，以船载此等小船远涉重洋，实际不易，故外国船厂不能为吾建造此等船只，则中国于此际必须自设备其船厂，自建其浅水船、渔船船队矣。然则建立造船厂者，必要之企业，又自始为有利之企业也。

此造船厂应建于内河及海岸商埠，便于得材料、人工之处。所有船厂应归一处管理，而投大资本于此计画，至年可造各种船只二百万吨之限为止。一切船舶当以其设计及其设备定有基准，所有旧式内河浅水船及渔船，当以新式效力大之设计代之。内河浅水船当以一定之吃水基准为基础设计之，如二英尺级、五英尺级、十英尺级之类。鱼拖船（船傍拖网者）应以行一日、行五日、行十日分级为

---

① 安斯得坦（Amsterdam），今译阿姆斯特丹，荷兰首都；洛得坦（Rotterdam），今译鹿特丹，属南荷兰省（Zuid-Holland Province）。

基准。沿海船可分为二千吨级、四千吨级、六千吨级。而驶赴海外之船，则当设定一万二千吨级、二万四千吨级、三万六千吨级为基准。于是今日以万计之内河船及渔艇来往中国各江、各湖、各海岸者，将为基准划一，可使费少功多、较新较廉之船只所代矣。

第 四 计 画

在吾第一、第三两计画，吾已详写吾西北铁路系统、西南铁路系统①两规画矣。前者以移民于蒙古、新疆之广大无人境地，消纳长江及沿海充盈之人口为目的，而又以开发北方大港；后者则所以开中国西南部之矿产富源，又以开发广州之南方大港也。此外仍须有铁路多条，以使全国得相当之开发。故于此第四计画，吾将于国际共同发展计画绪论中所拟十万英里之铁路细加说明，其目如左：

（一）中央铁路系统。

（二）东南铁路系统。

（三）东北铁路系统。

（四）扩张西北铁路系统。

（五）高原铁路系统。

（六）创立机关车、客货车②制造厂。

第一部　中央铁路系统

此系统将为中国铁路系统中最重要者，其效能所及之地区，遍包长江以北之中国本部及蒙古、新疆之一部。论此广大地域之经济的性质，则其东南一部人口甚密，西北则疏；东南大有矿产之富，而西北则有潜在地中之农业富源。所以此系统中每一线，皆能保其能有利如京奉路也。

以此北方、东方两大港为此系统诸路之终点故，吾拟除本区现有及已计画各

---

① 此处原作"西南铁路系统、西北铁路系统"，次序倒置，今据英文本改正。

② 机关车（locomotive），即机车，俗称火车头；客货车（car），即包括客车和货车的火车车厢。

线之外，建筑下列各线，合而成为中央铁路系统：

天　东方大港—塔城①线。

地　东方大港—库伦线。

玄　东方大港—乌里雅苏台线。

黄　南京—洛阳线。

宇　南京—汉口线。

宙　西安—大同线。

洪　西安—宁夏②线。

荒　西安—汉口线。

日　西安—重庆线。

月　兰州—重庆线。

盈　安西州③—于阗线。

昃　婼羌④—库尔勒⑤线。

辰　北方大港—哈密线。

宿　北方大港—西安线。

列　北方大港—汉口线。

张　黄河港—汉口线。

寒　芝罘—汉口线。

来　海州—济南线。

暑　海州—汉口线。

往　海州—南京线。

---

① 塔城县位于新疆省北端，与建立苏维埃的吉尔吉斯（今名哈萨克斯坦）接壤，现为新疆维吾尔自治区塔城市。

② 甘肃省宁夏府于民国初已废，其府治原为宁夏、宁朔二县，此指宁夏县。一九二八年建宁夏省，以该县为省会，后改置银川市（现为宁夏回族自治区首府）。

③ 安西州原为甘肃省直隶州，民国初已废，此将其州治改名的安西县，今更名瓜州县。

④ 新疆省婼羌县，今名若羌县，属新疆维吾尔自治区巴音郭楞蒙古自治州。

⑤ 库尔勒属新疆省阿克苏道，后设县，今并置为库尔勒市，该市系新疆维吾尔自治区巴音郭楞蒙古自治州治所。

秋　新洋港—汉口①线。

收　吕四港—南京线。

冬　海岸线。

藏　霍山—嘉兴线。

天　东方大港—塔城线

此线起自东方大港之海边，向西北直走，至俄国交界之塔城为止，全长约三千英里。如使以上海为东方大港，则沪宁铁路即成为此路之首一段。但若择用乍浦，则此线应沿太湖之西南岸，经湖州②、长兴、漂〔溧〕阳以至南京。于是在南京之南渡长江，至全椒及定远。此时线转而西，经寿州③及颖〔颍〕上，于新蔡入河南界。在确山横截京汉线后，过泌阳、唐县、邓州④，转而西北至浙〔淅〕川及荆紫关⑤，入陕西界。溯丹江谷地而上，通过龙驹寨⑥及商州⑦，度蓝关至蓝田⑧及西安。西安者，陕西之省城，中国之古都也。由西安循渭河而西行，过盩厔、郿县⑨、宝鸡，于三岔⑩入甘肃界，进向秦州⑪、巩昌⑫、狄道⑬，及于甘肃

---

① 此处原作"南京"，今据英文本（原文为 Hankow）及下文标题、所叙内容改为"汉口"。

② 浙江省湖州府于民国初已废，此指将原府治乌程、归安二县合并改名的吴兴县，今更名湖州市。

③ 寿州原属安徽省凤阳府，此指民国初废州改名的寿县。

④ 邓州原属河南省南阳府，此指民国初废州改名的邓县，今改置邓州市。

⑤ 荆紫关，亦称荆子关，在河南省淅川县西北境内，今设荆紫关镇。

⑥ 龙驹寨镇在陕西省商县境内，今划属丹凤县。

⑦ 商州原为陕西省直隶州，民国初已废，此指将其州治改名的商县，今为商洛市商州区。

⑧ 蓝关，亦名蓝田关，在陕西省蓝田县境内，县治青泥坊今名蓝关镇。

⑨ 陕西省盩厔县，今改名周至县；陕西省郿县，今改名眉县。

⑩ 三岔在陕西省凤县南部，今设三岔镇。

⑪ 秦州原为甘肃省直隶州，民国初已废，此指将其州治改名的天水县；今改天水市，于市内设秦州区。

⑫ 甘肃省巩昌府于民国初已废，此指原府治陇西县，县治为巩昌镇。

⑬ 甘肃省狄道县，后改名临洮县。

省城之兰州。自兰州从昔日通路，以至凉州①、甘州②、肃州③、玉门及安西州。由此西北行，横绝沙漠以至哈密，自哈密转而西，达土鲁番④。在土鲁番与西北铁路系统之线会，即用其线路轨以至迪化及绥来⑤。自绥来与该线分离，直向边界上之塔城，途中切断齐尔山而过。此线自中国之一端至于他一端全长三千英里，仅费〔经〕过四山脉，而此四山脉皆非不可逾越者，由其自未有历史以前已成为亚洲贸易通路一事，可以知之矣。

地　东方大港—库伦线

此线自东方大港起，即用天线路轨迄于定远，定远即在南京渡江后第二城也。自定远起始自建其路轨，进向西北，达于淮河上之怀远。于是历蒙城、涡阳及亳州⑥，更转迤北过安徽界，入河南，经归德⑦又出河南界，入山东界。于是经曹县、定陶、曹州⑧，渡黄河入直隶界，通过开州⑨再入河南，至于彰德⑩。自彰德循清漳河谷地西北走，出河南界，入山西界，于是本线通过山西省大煤铁矿田之东北隅矣。既入山西，仍遵此谷地至辽州⑪及仪城⑫，越分水界入洞涡水⑬谷地，至榆次⑭及太原。自太原西北进，入山西省之别一煤铁矿区，至于岢岚。又转而

---

① 甘肃省凉州府于民国初已废，此指原府治武威县；今改武威市，于市内设凉州区。

② 甘肃省甘州府于民国初已废，此指原府治张掖县；今改张掖市，于市内设甘州区。

③ 肃州原为甘肃省直隶州，民国初已废，此指将其州治改名的酒泉县；今改酒泉市，于市内设肃州区。

④ 新疆省土鲁番县，后文亦作吐鲁番，今为新疆维吾尔自治区吐鲁番市。

⑤ 新疆省绥来县，今名玛纳斯县，属新疆维吾尔自治区昌吉回族自治州。

⑥ 亳州原为安徽省直隶州，民国初已废，此指将其州治改名的亳县，今改置亳州市。

⑦ 河南省归德府于民国初已废，此指原府治商丘县，今改市。

⑧ 山东省曹州府于民国初已废，此指原府治荷泽县，今改市。

⑨ 开州原属直隶省大名府，民国初废州改为开县，此指不久改名的濮阳县。一九三六年划属河南省，今除濮阳县外，另析置濮阳市。

⑩ 河南省彰德府于民国初已废，此指原府治安阳县。今除安阳县外，另析置安阳市。

⑪ 辽州原为山西省直隶州，民国初已废，此指将其州治改名的辽县，今称左权县。

⑫ 仪城为山西省古县名，早已并入和顺县，此处似指和顺县，该县原属辽州，与辽县接壤。

⑬ 洞涡水，在山西省境内，自潇河流入汾河。

⑭ 山西省榆次县，今为晋中市榆次区。

西至保德，于此渡黄河至府谷，陕西省之东北隅也。此线自府谷北行，截开万里长城入绥远区①，再渡黄河至萨拉齐②。由萨拉齐起西北行，截过此大平原，至西北干路之甲接合点。在此处与多伦诺尔、库伦间之公线合，以至库伦。此线自中国中部人口最密之地，通至中部蒙古土沃人稀之广大地域，其自定远至甲接合点之间约长一千三百英里。

玄　东方大港—乌里雅苏台线

自东方大港，因用天线路轨至于定远，再用地线路轨至于亳州。由亳州起分枝自筑路轨，西向行越安徽省界，至河南之鹿邑。自此处转向西北，逾太康、通许以及中牟，在中牟与海兰线相会，并行至于郑州、荥阳、汜水③。在汜水渡过黄河至温县，又在怀庆出河南界，入山西界。于是乃过阳城，沁水、浮山以至平阳④，在平阳渡汾水至蒲县、大宁，转而西至省界，再渡黄河入陕西境。于是进至延长，遵延水流域以至于延安、小关⑤、靖边，然后循长城之南边以入甘肃，又渡黄河至宁夏。自宁夏而西北，过贺兰山脉至沙漠缘端之定远营⑥，于此取一直线向西北走，直至西北铁路系统之乙接合点，与此系统合一线以至乌里雅苏台。此线所经之沙漠及草地之部分，均可以以灌溉工事改善之，其自亳州至乙接合点之距离为一千八百英里。

黄　南京—洛阳线

此线走于中国两古都之间，通过烟户极稠、地质极肥之乡落，又于洛阳一端触及极丰富之矿田。此线自南京起，走于天、地两线公共路轨之上，自怀远起始

---

① 即一九一四年划置的绥远特别区域，一九二八年改省，一九五四年撤销而并入内蒙古自治区。绥远特别区域首府为归绥县（旧名归化县），后文叙及铁路站名"绥远"者即指该县。后析归绥县城区另置归绥市，今改名呼和浩特市（自治区首府）；归绥县则并入今土默特左旗。

② 绥远特别区域萨拉齐县，今废县并入内蒙古自治区土默特右旗与仓头市，原县治萨拉齐镇为土默特右旗治所。

③ 河南省汜水县，今并入荥阳市，于市内设汜水镇。

④ 山西省平阳府于民国初已废，此指原府治临汾县，今改市。

⑤ 小关，亦名禁谷，属陕西省潼关县。

⑥ 定远营曾是边陲军事重镇，属甘肃省宁夏县，故址在今宁夏回族自治区平罗县境内。

分枝西行，至太和。既过太和，乃逾安徽界入河南界，又沿大沙河之左岸至周家口①，此一大商业市镇也。自周家口进至于临颍〔颍〕与京汉线交，更进至襄城、禹州②，则河南省大煤矿田所在地也。自禹州而往，过嵩山分水界以逮洛阳，与自东徂西之海兰线相会。此线自怀远至洛阳，凡三百英里。

宇　南京—汉口线

此线应循扬子江岸而行，以一枝线与九江联络。自南京对岸起西南行，至和州③、无为州④及安庆，安庆者安徽省城也。自安庆起，仍循同一方向至宿松、黄梅，自黄梅别开一枝线，至小池口⑤，渡扬子江以达九江。本线则自黄梅转而西至广济⑥，又转而西北至蕲水⑦，卒西向以至汉口。距离约三百五十英里，而所走之路平坦较多。

宙　西安—大同线

此线自西安起，北行至于三原、耀州⑧、同官⑨、宜君、中部⑩、甘泉，以至延安，与东方大港—乌里雅苏台线相会。自延安起转而东北，至于绥德、米脂及黄河右岸之葭州⑪，即循此岸而行至蔚汾河与黄河汇流处（在对岸）。渡黄河至蔚汾河谷地，循之以至兴县、岢岚，在岢岚与东方大港—库伦线相交。过岢岚，至五寨及羊房。在羊房截长城而过，至朔州⑫，乃至大同与京绥线相会。此线约长

---

① 周家口镇，亦称周口镇、周家埠，属河南省商水县，今扩置为周口市。

② 禹州原属河南省开封府，此指民国初废州改名的禹县，今改置禹州市。

③ 和州原为安徽省直隶州，民国初已废，此指将其州治改名的和县。

④ 无为州原属安徽省庐州府，此指民国初废州改名的无为县。

⑤ 小池口，在湖北省黄梅县南端，隔江与江西省九江县（今改市）相望，现置小池镇。

⑥ 湖北省广济县，今废县改置武穴市。

⑦ 湖北省蕲水县，今改名浠水县。

⑧ 耀州原属陕西省西安府，此指民国初废州改名的耀县，今为铜川市耀州区。

⑨ 陕西省同官县，后改名铜川县，今改市。

⑩ 陕西省中部县，今改名黄陵县。

⑪ 葭州原属陕西省榆林府，此指民国初废州改名的葭县，今更名佳县。

⑫ 朔州，亦名北朔州，原属山西省朔平府，此指民国初废州改名的朔县，今为朔州市朔城区。

六百英里，经过陕西有名之煤油矿，又过山西西北煤田之北境，其在终点大同与京绥线合。借大同至张家口一段之助，可与将来西北系统中联络张家口与多伦诺尔之一线相属。

洪　西安—宁夏线

此线应自西安起，西北向行至泾阳县、淳化、三水（今改称枸〔栒〕邑）①。过三水后，出陕西界，入甘肃界，于正宁转而西至宁州②。自宁州始入环河谷地，循其左岸上至庆阳府③及环县，乃离河岸经清平④、平远⑤后与环河相会。仍循该谷地上至分水界，过分水界后至灵州⑥，渡黄河至宁夏。此线长约四百英里，经过矿产及石油最富之地区。

荒　西安—汉口线

此线联络黄河流域最富饶一部与中部长江流域最富饶一部之一重要线路。此线自西安起，用天线路轨过秦岭，进至丹江谷地。直至浙〔淅〕川始分线南行，过省界至湖北，循汉水左岸经老河口，以至襄阳对岸之樊城⑦。由樊城仍循此岸以至安陆，由此以一直线东南至汉川及汉口。全线约长三百英里。

日　西安—重庆线

此线自西安起，直向南行度秦岭，入汉水谷地。经宁陕、石泉、紫阳，进入任河谷地，逾陕西之南界，于大竹河入⑧四川界。于是逾大巴山之分水界以入太

① 栒邑之名始于汉，清代称三水县，原属陕西省邠州，民国后复其旧名，今称旬邑县。
② 宁州原属甘肃省庆阳府，此指民国初废州改名的宁县。
③ 甘肃省庆阳府于民国初已废，此指将其府治改名的庆阳县，今改市。
④ 旧名清平关，在甘肃省环县西北。
⑤ 甘肃省平远县，当时已改名镇戎县。一九二八年划属宁夏省时更名豫旺县，一九三八年又改为同心县。
⑥ 灵州原属甘肃省宁夏府，此指民国初废州改名的灵武县。一九二八年划属宁夏省，今改县为市。
⑦ 樊城在湖北省襄阳县北部，今为襄樊市樊城区。
⑧ 大竹河乃上文所叙任河之别称，系汉水上游支流，在四川、陕西两省境内。

平河谷地，循此谷地而下至绥定及渠县，乃转入此谷地之左边至于邻水，又循商路以至江北①及重庆。此线全长约四百五十英里，经由极多产物之地区及富于材木之地。

月　兰州—重庆线

此线从兰州起西南行，用天线之线路，直至狄道为止。由此分枝进入洮河谷地，过岷山分水界，入黑水谷地沿之而下，至于阶州②及碧口③。自碧口而降，出甘肃界，入四川界，进逮昭化④，黑水河即在昭化与嘉陵江合。自昭化起，即顺嘉陵江降至保宁⑤、顺庆⑥、合州⑦，以及重庆。此线约长六百英里，经过物产极多、矿山极富之地区。

盈　安西州—于阗线

此线贯通于戈壁沙漠与阿勒腾塔格岭中间一带肥沃之地。虽此一带地方本为无数山间小河所灌溉，润泽无缺，而人口尚极萧条，则交通方法缺乏之所致也。此线完全〔成〕之后，此一带地方必为中国殖民最有价值之处。此线起自安西州，西行至敦煌，循罗布泊⑧沼地之南缘端以至婼羌。自婼羌仍用同一方向，经车城⑨以至于阗，与西北系统线之终点相接。藉此系统之助，得一东方大港与中国极西端之喀什噶尔直接相通之线。自安西州以至于阗长约八百英里。

---

① 四川省江北县，其地今分属重庆市渝北区与江北区。

② 阶州原为甘肃省直隶州，民国初已废，此指将其州治改名的武都县，今为陇南市武都区。

③ 碧口镇，属甘肃省文县。

④ 四川省昭化县，今并入广元市，于市内设昭化镇。

⑤ 四川省保宁府于民国初已废，此指原府治阆中县；今改市，治所保宁镇。

⑥ 四川省顺庆府于民国初已废，此指原府治南充县；今改市，于市内设顺庆区。

⑦ 合州原属四川省重庆府，此指民国初废州改名的合川县，今改置重庆市合川区。

⑧ 即罗布淖尔（蒙语），亦名盐泽、蒲昌海，在当时新疆省婼羌县境内，现已干涸。

⑨ 车城（Qarqan），后文亦作车成，另作车尔臣、车尔成，旧名卡墙，即当时新疆省且末县，地濒车尔臣河（旧名卡墙河，亦作且末河、车尔成河），今属新疆维吾尔自治区巴音郭楞蒙古自治州。

戌　婼羌—库尔勒线

此线沿塔里木河之下游，截过沙漠，其线路两旁之地给水丰足，铁路一旦完成，即为殖民上最有价值之地。本线长约二百五十英里，与走于沙漠北缘端之线相联属。沙漠两边肥饶土地之间，此为捷径。

辰　北方大港—哈密线

此线自北方大港西北行，经宝坻①、香河以至北京。由北京起即用京张路轨以至张家口，由此以进入蒙古高原。于是循用商队通路向西北行，以至陈台、布鲁台、哲斯、托里布拉克。自托里布拉克向西取一直线，横度内外蒙古之平原及沙漠以至哈密，以与东方大港—塔城线相联络，而该线则直通于西方新疆首府之迪化。故此线，即为迪化城与北京及北方大港之直通线。此线长约一千五百英里，其中有大部分走于可耕地之上，然则其完成之后必为殖民上最有价值之铁路矣。

宿　北方大港—西安线

此线自北方大港西行，至于天津。由该处西行，经过静海、大城以至河间。由河间更偏西行，至于深泽、无极，又与京汉线交于正定，即于此处与正太线相接。自正定起，即用正太线路，但该线之窄轨应重新建筑，改为标准轨阔〔阔轨〕，此所以便于太原以往之通车也。自太原起，此线向西南行，经交城、文水、汾州②、隰州③以至大宁。由大宁转而西行渡黄河，又西南行至宜川、洛川、中部，在中部与西安—大同线相会，即用其路线以达西安。此线长约七百英里，其所经者则农产物极多之地区，又煤、铁、石油丰富广大之矿田也。

---

① 直隶省宝坻县，今为天津市宝坻区。
② 山西省汾州府于民国初已废，此指原府治汾阳县，今改市。
③ 隰州原为山西省直隶州，民国初已废，此指将其州治改名的隰县。

列　北方大港—汉口线

此线自北方大港起，循海岸而行至北塘、大沽①、岐口，又至盐山出直隶界，入山东界于乐陵。自乐陵而往，经德平②、临邑至禹城与津浦线相交，进至东昌③、范县，于是渡黄河至曹州。既过曹州，出山东界，入河南界与海兰线相交，至睢州④。由此进至太康与玄线相交，经陈州⑤及周家口与黄线相交，又至项城、新蔡、光州⑥及光山。既过光山，逾分界岭入湖北境，经黄安⑦至汉口。此线长约七百英里，自北方大港以至中国中部之商业中心。

张　黄河港—汉口线

此线自黄河港起，西南行至于博兴、新城、长山⑧，乃与胶济线相交，至博山⑨。上至分水界，入于汶河谷地，至泰安与津浦线相交，又至宁阳及济宁。自济宁而进，以一直线向西南，至安徽之亳州、河南之新蔡。自新蔡起与北方大港—汉口线合，以至汉口。自黄河港至新蔡约四百英里。

寒　芝罘—汉口线

此线起于山东半岛北边之芝罘，即横断此半岛，经过莱阳、金家口⑩以至于其南边之即墨。由即墨起，向西南过胶州湾顶之洼泥地，作一直线至于诸城。既

---

①　北塘，因位于塘沽北岸而得名，属直隶省宁河县；大沽，位于大沽口西南岸，属直隶省天津县。今均隶天津市滨海新区。

②　山东省德平县，今已撤销并入德县、临邑、商河、乐陵四县，临邑县内设德平镇。

③　山东省东昌府于民国初已废，此指原府治聊城县，今改市。

④　睢州原属河南省归德府，此指民国初废州改名的睢县。

⑤　河南省陈州府于民国初已废，此指将其府治淮宁县改名的淮阳县。

⑥　光州原为河南省直隶州，民国初已废，此指将其州治改名的潢川县。

⑦　湖北省黄安县，今改名红安县。

⑧　山东省新城县，当时已改名桓台县，今于县内设新城镇；山东省长山县，今并入邹平县，于县内设长山镇。

⑨　山东省博山县，今改置淄博市，于市内设博山区。

⑩　金家口，即金家岭寨，明朝曾置即墨营于此，属山东省即墨县；下文所叙之即墨，指该县治"即墨城"。即墨县今改市，即墨城仍为该市治所。

过诸城，越分水界以入沭〔沭〕河谷地，至莒州①及沂州②，进至徐州③与津浦—海兰线相会。自徐州起，即用津浦路轨直至安徽之宿州④，乃分路至蒙城、颖〔颍〕州⑤，过省界入河南光州，即于此处与北方大港—汉口线相会，由之以至汉口。此线自芝罘至光州长约五百五十英里。

来　海州—济南线

此线发海州，循临洪河至欢墩埠⑥，转西向至临沂。由临沂始转北向，次西北向，经蒙阴、新泰至泰安，在泰安与津浦线会合，取同一轨道而至济南。此线自海州至泰安长约一百一十英里，经过山东南部之煤铁矿场。

暑　海州—汉口线

此线自海州出发，西南行至沭阳与宿迁，或与现在海兰线之预定线路相同。自宿迁而往，经泗州⑦、怀远与东方大港—库伦线及乌里雅苏台线相交。既过怀远，乃向寿州及正阳关⑧，即循同一方向横过河南省之东南角及湖北之分界岭，过麻城，至汉口。长约四百英里。

往　海州—南京线

此线从海州向南至安东，稍南至淮安。既过淮安，渡宝应湖（此湖应按第二计画第四部整治淮河施以填筑）经天长、六合⑨以至南京。全长一百八十英里。

---

① 莒州原属山东省沂州府，此指民国初废州改名的莒县。

② 山东省沂州府于民国初已废，此指原府治兰山县，今为临沂市兰山区。

③ 江苏省徐州府于民国初已废，此指原府治铜山县。一九四五年析其城区另置徐州市，该县今属徐州市。

④ 宿州原属安徽省凤阳府，此指民国初废州改名的宿县，今改置宿州市。

⑤ 安徽省颍州府于民国初已废，此指原府治阜阳县；今改阜阳市，于市内设颍州区。

⑥ 欢墩埠属江苏省赣榆县，今为连云港市赣榆区欢墩镇。

⑦ 泗州原为安徽省直隶州，民国初已废，此指将其州治改名的泗县。

⑧ 正阳关属安徽省寿县，今设正阳镇。

⑨ 江苏省六合县，今併置为南京市六合区。

秋　新洋港—汉口线

此线自新洋港而起，至于盐城，过大纵湖（此亦应填筑）至淮安。自淮安转向西南，渡过洪泽湖之东南角（此湖仍应填筑）至安徽之盱眙。既过盱眙，在明光附近与津浦线相交，又至定远与地、玄两线相会。过定远后，进至六安、霍山，逾湖北之分界岭过罗田，以至汉口。全长约四百二十英里。

收　吕四港—南京线

此线由吕四港而起。吕四港者，将来于扬子江口北端尽处应建之渔业港也。自吕四港起西行至于通州，转西北行至如皋，又西行至泰州、扬州、六合、南京。全长约二百英里。

冬　海　岸　线

此线自北方大港起，循北方大港—汉口线至于岐口。始自开线路，密接海岸以行，过直隶界至山东之黄河港，进至于莱州①。自莱州离海岸，画一直线至招远及芝罘，以避烟潍铁路之计画线。由芝罘转而东南，经过宁海②及文登，自文登引一枝线至荣城，又一线至石岛。其本线转而西南，至海阳及金家口与芝罘—汉口线合，循之直至于胶州湾之西端，折而南至灵山卫③。自灵山卫转而西南，循海岸至日照过山东界，入江苏省经赣榆至海州。于是向西南进至盐城、东台④、通州、海门，以达于崇明岛。此岛以扬子江之治水堤之故，将与大陆联为一气矣。其自崇明赴上海，可用渡船载列车而过。此自岐口迄崇明之线约长一千英里。

藏　霍山—芜湖—苏州—嘉兴线

此线自霍山起至舒城及无为，乃过扬子江至芜湖。又过高淳、溧阳、宜兴，

---

①　江苏省莱州府于民国初已废，此指原府治掖县，今改置莱州市，治所莱州城。
②　山东省宁海县，当时已改名牟平县；今为烟台市牟平区，下设有宁海街道办事处。
③　灵山卫，属山东省胶县（今废县析置胶州市，部分地域并入青岛市黄岛区）。
④　江苏省东台县，今改置东台市，以原县治台城（即东台镇）为治所。

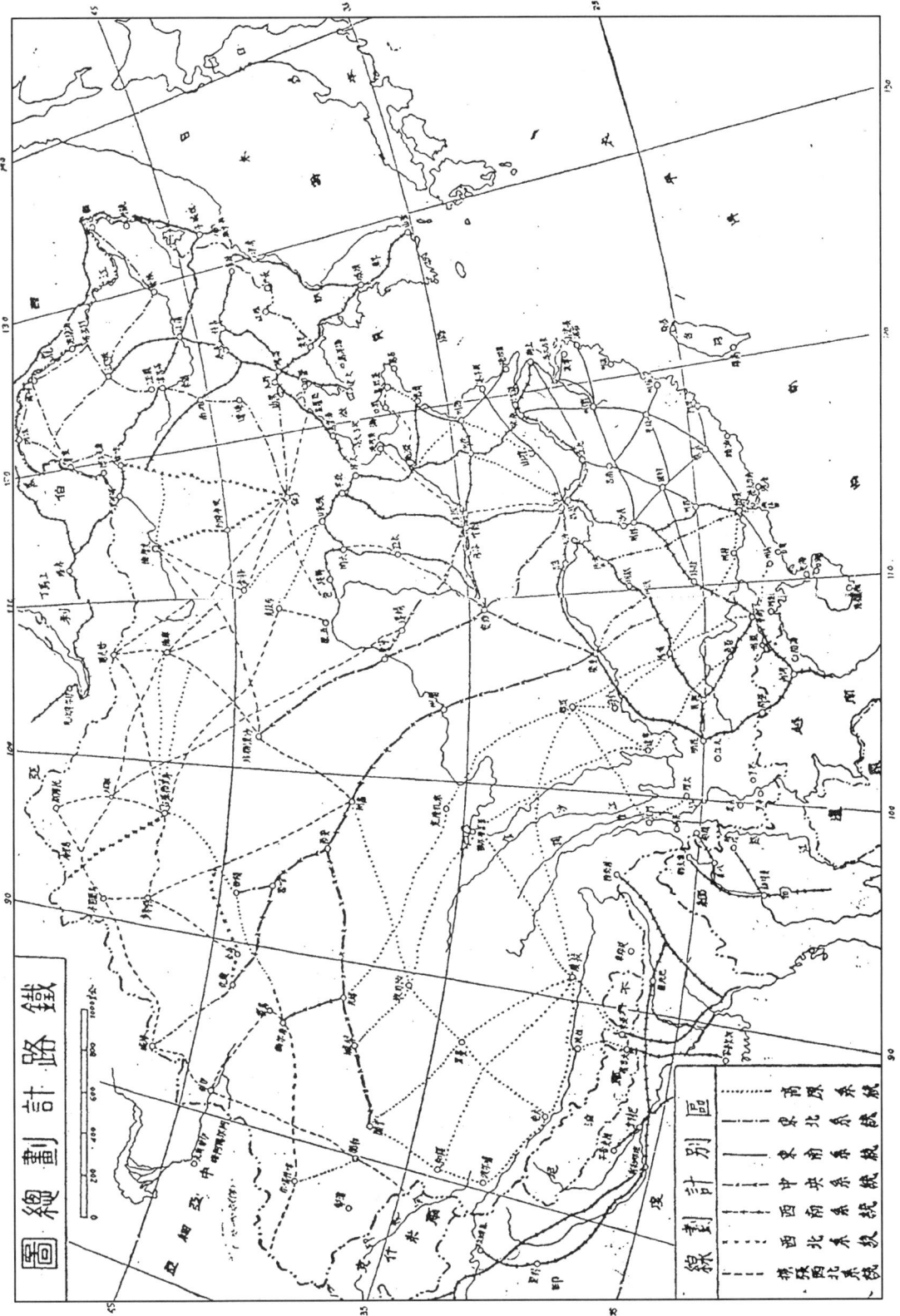

过太湖之北端（将来填筑）至苏州，与沪宁线会。过苏州后，转而南至沪杭线上之嘉兴。此线走过皖、苏两省富庶之区，长三百英里，将成为上海、汉口间之直接路线之大部分。

中央铁路系统各线，全长统共约一万六千六百英里。（见总图）

第二部　东南铁路系统

本系统纵横布列于一不规则三角形之上。此三角形以东方大港与广州间之海岸线为底，以扬子江重庆至上海一段为一边，更以径〔经〕由湖南之广州—重庆甲线为第二边，而以重庆为之顶点。此三角形全包有浙江、福建、江西三省，并及江苏、安徽、湖北、湖南、广东之各一部。此地富有农矿物产，而煤铁尤多，随在有之，且全区人口甚密，故其建铁路必获大利。

以东方大港、南方大港及其间之二三等港为此铁路之终点，可建筑左列之各线：

天　东方大港—重庆线。

地　东方大港—广州线。

玄　福州—镇江线。

黄　福州—武昌线。

宇　福州—桂林线。

宙　温州—辰州线。

洪　厦门—建昌①线。

荒　厦门—广州线。

日　汕头—常德线。

月　南京—韶州线。

盈　南京—嘉应②线。

---

①　此指原江西省建昌府，即其府治南城县，民国初已废府，位于该省东部与福建省接壤处（清代在江西省西北部另有建昌县，属南康府，民国后改名永修县）。

②　嘉应州原为广东省直隶州，民国初已废，此指将其州治改名的梅县。后析梅县部分城区置梅州市，今又废县设梅县区于市内。

戊 东方、南方两大港间海岸线。

辰 建昌—沅州①线。

天 东方大港—重庆线

此线越扬子江以南，殆以一直线联结中国西方商业中心之重庆与东方大港。此线起于东方大港，至杭州，经临安、昌化②以至安徽省之徽州（歙县）③，由徽州进至休宁、祁门。于是越省界入江西境，过湖口至九江。自九江起，循扬子江右岸越湖北界至兴国州④，又进至通山、崇阳，在崇阳逾界至湖南岳州。自岳州起，取一直线贯洞庭湖（此湖将来进行填塞）至于常德，由常德溯溇水谷地而上，过慈利，再逾省界入湖北之鹤峰，于是及于施南⑤与利川。在施南应开一支线向东北界走至宜昌，在利川应另开一支线西北行至万县，此宜昌、万县两地均在长江左岸。自利川而后入四川界，过石砫⑥至涪州⑦，遂过乌江，循扬子江右岸而上，至与广州—重庆乙线会而后已。此后以同一之桥渡江，至对岸之重庆。连枝线，长约一千二百英里。

地 东方大港—广州线

此线由一头等海港，以一直线至他头等海港。自东方大港起，至杭州折而西南行，遵钱塘江左岸过富阳、桐庐，至严州⑧及衢州⑨，更进过浙、赣省界至广信

---

① 湖南省沅州府于民国初已废，此指原府治芷江县，今为芷江侗族自治县。

② 浙江省昌化县，今并入临安市，于市内设昌化镇。

③ 安徽省徽州府于民国初已废，其府治为歙县；该县治今名徽城镇，另于新置的黄山市内设徽州区。

④ 兴国州原属湖北省武昌府，民国初废州改名兴国县，此指不久更名的阳新县，其县治今为兴国镇。

⑤ 湖北省施南府于民国初已废，此指原府治恩施县，今改市。

⑥ 四川省石砫县，今划属重庆市，改名石柱土家族自治县。

⑦ 涪州原属四川省重庆府，此指民国初废州改名的涪陵县，今为重庆市涪陵区。

⑧ 浙江省严州府于民国初已废，此指原府治建德县，今改市。

⑨ 浙江省衢州府于民国初已废，此指将其府治西安县改名的衢县；今析该县城区置衢州市，又在市内将其余城区设为衢江区。

（上饶）①。由广信起，经上清②、金谿③至建昌，然后进至南丰、广昌、宁都。由宁都而往，至雩都④、信丰、龙南，过赣、粤界岭至长宁（新丰）⑤，于是经从化以至广州。长约九百英里。

玄　福州—镇江线

此线起自福州，经罗源、宁德以至福安。于是进而逾闽、浙边界，以至泰顺、景宁、云和、处州⑥。于是进经武义、义乌、诸暨，以达杭州。杭州以后经德清及湖州，逾浙江省界以入江苏，循宜兴、金坛、丹阳之路而进，以至镇江。此线长五百五十英里。

黄　福州—武昌线

此线自福州起，沿闽江左岸过水口及延平，至于邵武。邵武以后过福建界，入于江西，经建昌及抚州⑦以至省城南昌。由南昌而入湖北之兴国，过之，以至湖北省城武昌。全长约五百五十英里。

宇　福州—桂林线

此线自福州起，渡过闽江，进而取永福（永泰）⑧、大田、宁洋⑨、连城一路，以至汀州（长汀）⑩。于是过闽、赣省界入于瑞金，由瑞金进至雩都、赣州⑪，又

---

①　江西省广信府于民国初已废，其府治为上饶县。今除上饶县外，另析置上饶市，于市内设信州区（广信府于唐代名信州）。

②　上清镇，属江西省贵溪县（今改市）。

③　江西省金谿县，今名金溪县。

④　江西省雩都县，今改名于都县。

⑤　广东省长宁县，于民国后改名新丰县。

⑥　浙江省处州府于民国初已废，此指原府治丽水县，今改市。

⑦　江西省抚州府于民国初已废，此指原府治临川县；今改置抚州市，于市内设临川区。

⑧　福建省永福县，于民国后改名永泰县。

⑨　福建省宁洋县，今已撤销并入龙岩、漳平、永安三市县。

⑩　福建省汀州府于民国初已废，其府治为长汀县，县治今名汀州镇。

⑪　江西省赣州府于民国初已废，此指原府治赣县。后析其城区另置赣州市，今又废县设赣县区于市内。

进至上犹及崇义。崇义以后，过赣、湘边界至桂阳县（汝城）①及郴州②，与粤汉线交于郴州，遂至桂阳州③。又进至于新田、宁远、道州，与广州—重庆甲、乙两线相遇。道州以后，转而南，循道江谷地而上至广西边界，过界直至桂林。此线长约七百五十英里。

宙　温州—辰州线

此线由温州新港起，循瓯江左岸而上，至于青田。由青田进向处州及宣平④，转而西出浙江省界，入江西之玉山。自玉山经过德兴、乐平，乃沿鄱阳湖之南岸，经余干至于南昌。由南昌经过瑞州（高安）⑤、上高、万载，逾江西省界入湖南之浏阳，遂至长沙。由长沙经宁乡、安化以至辰州，与广州—重庆甲线及沙市—兴义线会合。长约八百五十英里。

洪　厦门—建昌线

此线自厦门新港起至长泰，沂九龙江而上，至漳平、宁洋、清流及建宁县。自建宁以后，过省界至江西之建昌，与东方大港—广州线、福州—武昌线、建昌—沅州线相会。此线长约二百五十英里。

荒　厦门—广州线

此线自厦门新港起，进至漳州⑥、南靖、下洋⑦，于此出福建界至广东之大埔。由大埔过松口⑧、嘉应、兴宁、五华，于五华过韩江及东江之分水界至龙川。乃遵东江而下至河源，又过一分水界至于龙门、增城，以至广州。长约四百英里。

---

① 桂阳县在清代原属湖南省郴州，此指民国初改名的汝城县。当时同处该省东南部另有桂阳县存在。

② 郴州原为湖南省直隶州，民国初已废，此指将其州治改名的郴县，今为郴州市。

③ 桂阳州原为湖南省直隶州，民国初已废，此指将其州治改名的桂阳县。

④ 浙江省宣平县，今已撤销并入武义、丽水二县。

⑤ 浙江省瑞州府于民国初已废，其府治为高安县，今改市。

⑥ 福建省漳州府于民国初已废，此指原府治龙溪县，今改置漳州市。

⑦ 下洋镇，属福建省永定县（今为龙岩市永定区）。

⑧ 松口镇，属广东省梅县（今为梅州市梅县区）。

日　汕头—常德线

此线自汕头起，进至潮州①、嘉应，出广东界至江西之长宁（寻邬）②。自长宁越分水界入贡江③谷地，循之以下至于会昌、赣州，由赣州以至龙泉（遂川）④、永宁（宁冈）⑤、莲花。在莲花逾江西界入湖南，于是进至洙州〔株洲〕⑥及长沙。由长沙经过宁乡、益阳，终于常德，与东方大港—重庆线及沙市—兴义线相会。此线长约六百五十英里。

月　南京—韶州线

此线自南京起，循扬子江右岸而上，至于太平、芜湖、铜陵、池州⑦、东流。东流以后出安徽界，入江西之彭泽，遂至湖口。在湖口与东方大港—重庆线会，即用该线之桥以至鄱阳港。于是沿鄱阳湖之西岸，经过南康（星子）⑧、吴城⑨以至南昌，与温州—辰州线及福州—武昌线会于南昌。由南昌泝赣江谷地而上，由临江（江渡）⑩至吉安，与建昌—沅州之计画线交于吉安。由吉安至于赣州，复与福州—桂林线交焉。于是进向南康县⑪及南安⑫。南安以后，过大庾岭分界处入广东之南雄。于是经始兴至韶州，与粤汉线会。此线长约八百英里。

---

　　①　广东省潮州府于民国初已废，其府治为海阳县，此指不久改名的潮安县。后析其城区另置潮州市，今又废县设潮安区于市内。

　　②　江西省长宁县，于民国后改名寻邬县，今名寻乌县。

　　③　贡江，亦称贡水、会昌江，为赣江东源，在江西省东南部。

　　④　江西省龙泉县，于民国后改名遂川县。

　　⑤　江西省永宁县，于民国后改名宁冈县，今废县并入井冈山市。

　　⑥　株洲镇时属湖南省湘潭县，今扩置为株洲市及株洲县。

　　⑦　安徽省池州府于民国初已废，此指原府治贵池县；今改置池州市，于市内设贵池区。

　　⑧　江西省南康府于民国初已废，其府治为星子县，今改名庐山市、市内设星子镇。

　　⑨　吴城镇，属江西省永修县。

　　⑩　江西省临江府于民国初已废，其府治为清江县；今改名樟树市，辖临江镇。文中"江渡"疑为"清江"之误。

　　⑪　此指清代原属江西省南安府的南康县（今为赣州市南康区），位于该省西南部，与西北部的南康府毫不相干。

　　⑫　江西省南安府于民国初已废，此指原府治大庾县，今改名大余县。

盈　南京—嘉应线

此线自南京起，进至溧水、高淳。于是出江苏界入安徽之宣城，自宣城进至宁国及徽州（歙县）。徽州以后，出安徽界入浙〔浙〕江界，经开化、常山及江山，出浙江界入福建之浦城。自浦城由建宁（建瓯）[①] 以至延平[②]，与福州—武昌线交。更过沙县、永安以至宁洋，与福州—桂林线及厦门—建昌线会。自宁洋复进至龙岩、永定，至松口与厦门—广州线合，迄嘉应而止。所经之路约七百五十英里。

昃　东方、南方两大港间海岸线

此线自南方大港广州起，与广九铁路采同一方向行至石龙，乃自择路线，取东江沿岸一路以至惠州。由惠州经三多祝[③]、海丰、陆丰，转东北行至揭阳及潮州。潮州以后，经饶平出广东界，入福建之诏安。自诏安经云霄、漳浦、漳州以及厦门，由厦门历泉州[④]、兴化而至福州省城。自福州以后，用与福州—镇江线同一之方向抵福安，乃转而东至福宁[⑤]，又转而北至福鼎。过福鼎后，出福建界入浙〔浙〕江界，经平阳至温州。于温州渡瓯江进至乐清、黄岩、台州[⑥]，又进历宁海，至于宁波以为终点，即用杭甬铁路经杭州以与东方大港相接。此线自广州至宁波长约一千一百英里。

辰　建昌—沅州线

此线自建昌起，行经宜黄、乐安、永丰、吉水以至吉安，即于该地与南京—

[①] 清代建宁府位于福建省北部，民国初已废，其府治为建安、瓯宁二县，旋并置建瓯县，今改市（上文"厦门—建昌线"叙及的建宁县则原属邵武府，在福建省西部、和江西省接壤，与此不同）。

[②] 福建省延平府于民国初已废，此指原府治南平县；今改南平市，于市内设延平区。

[③] 三多祝圩，时属广东省惠阳县，今为惠东县多祝镇。

[④] 福建省泉州府于民国初已废，此指原府治晋江。今除晋江县改市外，另析其城区及近郊置泉州市。

[⑤] 福建省福宁府于民国初已废，此指原府治霞浦县。

[⑥] 浙江省台州府于民国初已废，此指原府治临海县。今除临海县改市外，另置台州市。

韶州线相交。由吉安进而及永新、莲花，与汕头—常德线会。于是出江西界，入湖南于茶陵，乃经安仁至衡州①，遇粤汉线。于是由衡州更进至宝庆，则与广州—重庆甲线交焉。由是西行，至于终点沅州（芷江），与沙市—兴义线相遇。此线长约五百五十英里。

东南铁路系统各线，全长统共约九千英里。（见总图）

第三部 东北铁路系统

此系统包括满洲之全部与蒙古及直隶省之各一部分，占有面积约五十万英方里，人口约二千五百万。其地域三面为山所围绕，独于南部则开放，直达至辽东海湾。在此三山脉②之中，低落成为一广浩肥美之平原，并为三河流所贯注，嫩江位于北，松花江位于东北，辽河位于南。此之境界，中国前时视之等于荒漠，但自中东铁路成立后，始知其为中国最肥沃之地。此地能以其所产大豆，供给日本全国与中国一部分为食料之用。此种大豆为奇美物品，在植物中含有最富蛋白质之物，早为中国人所发明，经用以代肉品不下数千年。由此种大豆可以提出一种豆浆，其质等于牛奶，复由此种豆奶制成各种食品。此种食品为近代化学家所证明，其涵肉质比肉类尤为丰富，而中国人与日本人用之以当肉与奶用者，已不知其始自何时矣。近来欧美各国政府之粮食管理官，对于此项用以代肉之物品甚为注意，所以此种大豆之输出于欧美者亦日见增加。由此观之，满洲平原确可称为世界供给大豆之产地。除此大豆以外，此平原并产各种谷类极多，就麦一类言之，已足供西伯利亚东部需用。至于满洲之山岭，森林、矿产素称最富，金矿之发见于各地者亦称最旺。

敷设铁路于此境域，经已证明其为最有利益之事业。现已成立之铁路贯通于此富饶区域者，已有三干线，如京奉线为在中国之最旺铁路，日本之南满铁路亦为获利最厚路线，中东铁路又为西伯利亚系统之最旺部分。除此以外，尚有数线为日本人所计画经营。如欲依次发展此之富庶区域，即应敷设一网式铁路，乃足

---

① 湖南省衡州府于民国初已废，其府治原为衡阳、清泉二县，废府时撤清泉而并入衡阳，此处叙及铁路站名"衡州"即指衡阳县。今除该县外，另析置衡阳市。

② 指大兴安岭、小兴安岭、长白山。

敷用也。

在未论及此网式铁路之各支线以前，吾意以为当先设立一铁路中区，犹蜘蛛巢之于蜘蛛网也。吾且名此铁路中区曰"东镇"。此东镇当设立于嫩江与松花江合流处之西南，约距哈尔滨之西南偏一百英里，将来必成为一最有利益之位置。此之新镇，不独可为铁路系统之中心，至当辽河、松花江间之运河成立后，且可成为水陆交通之要地。

既以此计画之新市镇"东镇"为中区，吾拟建筑如左之各线：

天　东镇—葫芦岛线。

地　东镇—北方大港线。

玄　东镇—多伦线。

黄　东镇—克鲁伦线。

宇　东镇—漠河①线。

宙　东镇—科尔芬②线。

洪　东镇—饶河③线。

荒　东镇—延吉线。

日　东镇—长白④线。

月　葫芦岛—热河—北京线。

盈　葫芦岛—克鲁伦线。

昃　葫芦岛—呼伦线。

辰　葫芦岛—安东线。

宿　漠河—绥远线。

---

① 黑龙江省漠河县，北隔黑龙江与俄罗斯相望；县境有漠河水道，漠河亦名墨河。

② 科尔芬，今名库尔滨，属黑龙江省乌云县（今并入逊克县），东隔黑龙江与俄罗斯相望；乌云县西有科尔芬河，今名库尔滨河。

③ 吉林省饶河县，东隔乌苏里江与俄罗斯相望，今划属黑龙江省。后文叙及的饶河水道（非直隶省境内的饶河），亦名挠力河，流经饶河县。

④ 吉林省长白县，今称长白朝鲜族自治县，县治长白镇，东南隔鸭绿江与朝鲜相望。

列　呼玛—室韦①线。

张　乌苏里—图们—鸭绿沿海线。

寒　临江—多伦线。

来　节克多博—依兰②线。

暑　依兰—吉林③线。

往　吉林—多伦线。

天　东镇—葫芦岛线

此是由计画中之满洲铁路中区分出之第一线。比较其他直达辽东半岛之不冰口岸之二线为短，路线与南满铁路平行，在两线之北部末尾相距约八十英里。依据与俄前政府所订原约，不能在南满铁路百里以内建筑并行路线，但当施行国际发展计画，为共同利益起见，此等约束必须废除。此线起自东镇，向南延进，经过满洲大平原，由长岭、双山、辽源④、康平而至新民，成为一直线，约有二百七十英里之长。过新民后，即与京奉铁路合轨，约行一百三十英里之长即至葫芦岛。

地　东镇—北方大港线

此是由铁路中区直达不冰之深水港之第二线。起自东镇，向西南方延进，经过广安于东镇与西辽河间之中道。在未到西辽河以前，先须经过无数小村落。当经过辽河之后，即进入热河区域之多山境界，经过一谷地至阜新县城⑤，再经过分水界进入大凌河谷地。当经过大凌河谷地之后，此线即由此河之支流，再经一

---

① 室韦，今称室韦俄罗斯民族乡，属内蒙古自治区额尔古纳市，西隔额尔古纳河与俄罗斯相望。

② 吉林省依兰县，亦名依兰哈拉，据满文原意又称三姓，后划属黑龙江省。后文亦作三姓。

③ 吉林省吉林县，后改名永吉县，另析其城区置吉林市。

④ 奉天省双山县、辽源县，后划属吉林省，两县合并置双辽县（今改市）。

⑤ 热河特别区域阜新县，其县城阜新镇，现为辽宁省阜新蒙古族自治县治所。今除该县外，另置阜新市。

分水界而入于滦河谷地。然后通过万里长城，取道永平①与乐亭而至北方大港。此线共长约五百五十英里，前半截所经过者是平地，后半截所经过者是山区。

玄　东镇—多伦线

此是由铁路中区分出之第三线。向西方直走，经过平原至洮南，由此横过日本之计画爱珲②—热河线，并与长春—洮南及郑家屯③—洮南两计画路线之终点相合。经过洮南后，此线即沿大兴安岭山脉东南方之山脚转向南走，在此一带山脉，发见有最丰盛之森林与富饶之矿产。然后经过上辽河谷地，此谷地即由在北之大兴安岭与在南之热河山所成。再通过林西与经棚④等市镇至多伦，于是由此处与西北铁路系统之干线相合。此线长约有四百八十英里，大半皆在平地。

黄　东镇—克鲁伦线

此由东镇铁路中区分出之第四线。向西北方走，几与中东路之哈尔滨—满洲里线平行，两线相隔之距离由一百英里至一百三十英里不等。此线由嫩江与松花江合流处之东镇北部起，复向西渡嫩江至大赉⑤，转西北向横过平原，进入奎勒河之北支流谷地。当进入此谷地后，即沿此河流直上至河源处，然后横过大兴安岭分水界，进入蒙古平原。于是从哈尔哈河⑥之右岸至贝尔池⑦北之末端，由彼处转向西走至克鲁伦河，即循克鲁伦河南岸至克鲁伦。此线约共长六百三十英里。

---

①　直隶省永平府于民国初已废，此指原府治卢龙县。

②　黑龙江省爱珲县，爱珲为瑷珲旧名，后又改称爱辉县，今为黑河市爱辉区。后文亦作瑷珲。

③　郑家屯镇，奉天省辽源县治，今为吉林省双辽市治所。

④　林西、经棚二县时属热河特别区域，经棚县后撤销并入克什克腾旗，今均划属内蒙古自治区锡林郭勒盟。原经棚县治经棚镇，现为克什克腾旗治所。

⑤　黑龙江省大赉县，今划属吉林省，改名大安市，辖大赉乡。

⑥　哈尔哈河（Chalchyn River），即哈拉哈河，亦译哈勒欣河，发源于内蒙古境内，注入与外蒙古交界的贝尔湖。

⑦　贝尔池（Buir Nuur），即贝尔湖。

宇　东镇—漠河线

此是由铁路中区发出之第五线。起自嫩江与松花江合流处之北部，向西北行，横过满洲平原之北端至齐齐哈尔。在齐齐哈尔与计画之锦瑷线相会，同向西北方，沿嫩江左岸走，至嫩江而后彼此分路。于是再向西北走，进入嫩江上流谷地，至发源处再横过大兴安岭山脉之北部末尾处至漠河，在漠河与多伦—漠河线之末站相会。此线约长六百英里。全线首之四分一行经平原，其次之四分一沿嫩江下流走，第三之四分一行经上流谷地，第四之四分一截经山岭，是为金矿产地，但天然险阻亦意中事也。

宙　东镇—科尔芬线

此是由铁路中区分出之第六线。起至嫩江与松花江合流处之北边，向平原前行，经肇东、青冈等城镇。到青冈后，渡通肯河至海伦，然后上通肯河谷地，横过小兴安岭分水界，由此即向下进入科尔芬谷地，经车陆前行至科尔芬，即黑龙江之右岸也。此线共长约三百五十英里，三分二为平地，三分一为山地。此为由东镇至黑龙江之最短线，黑龙江之对岸即俄境也。

洪　东镇—饶河线

此是由铁路中区分出之第七线。起自嫩江、松花江合流处之北边，经肇州，绕松花江左岸行经平原，而后再横过中东铁路，渡呼兰河而至呼兰①。过呼兰后，向巴彦、木兰、通河等地方前进，再渡松花江至三姓，即今名依兰地方也。于是向前进入倭肯河谷地，过分水界，经七星碣子与大锅盖等地方，进入饶河谷地。于是沿此河边经过无数村落市镇，始至饶河县，以饶河与乌苏里江合流处为终点。此线之距离约有五百英里，所经之处皆为肥美土地。

荒　东镇—延吉线

此是第八线，由铁路中区分出。起自嫩江、松花江会流处之东边，循松花江

---

① 黑龙江省呼兰县，今为哈尔滨市呼兰区。

右岸向东南方前行，至扶余（又名伯都讷）①并经过此江边之镇甚多。至横过哈尔滨—大连铁路后，即转向东行至榆树与五常等地方。到五常后，此线转偏南行，向丰德栈前进，而后依同一方向至额穆②。于是由额穆渡牡丹江，然后向凉水泉③与石头河前行，至此即与日本会宁—吉林线合轨，直达于延吉。此线约共长三百三十英里，经过各农产与矿产极丰富之地方。

日　东镇—长白线

此是由铁路中区分出之第九线。起自嫩江、松花江相会处之南部，向东南方走，横过平原至农安。渡伊通河④，相继向同一方进行，经过此河之各支流至九台站⑤，复由此与长春—吉林线合轨，直行至吉林。迨至吉林后，则由其本路循松花江右岸，向东南行至拉法河合流处。即沿松花江河岸转南行，至桦甸。即再由此溯流而上，至头道沟直达抚松。即转东南行，进入松香河⑥谷地。再溯流前行，经长白山分水界，绕天池⑦湖边南部，然后转向循暖江至长白，即近高丽边界地方也。此线之距离约共三百三十英里。最后之一部分，当经过长白分水界时，须历许多困难崎岖之地。

月　葫芦岛—热河—北京线

由此吾将从而另为计画东北铁路系统之一新组，此组以辽东半岛之不冰口岸葫芦岛为总站。此第一线起自葫芦岛，向西方走进沙河谷地，至新台边门。于是行过海亭、犄牛营子、三十家子之多山境界至平泉，复依同一方向直达热河（又

---

① 吉林省扶余县，县治伯都讷城；今县改市，另析其部分城区置松原市，于市内设宁江区（即原伯都讷城之地）。

② 此指吉林省额穆县治额穆镇，额穆县后改名蛟河县（今改市），额穆镇今则属敦化市。

③ 凉水泉，亦称凉水泉子，位于吉林省图们江北岸；今置凉水镇，属延边朝鲜族自治州图们市。

④ 伊通河在吉林省中部，其支流有那丹伯河、马鞍山河、伊丹河、新凯河等。

⑤ 九台站位于吉林省中部，在当时长春县北、吉林县西，后扩置为九台市，今改设长春市九台区。

⑥ 松香河，今名松江河，在吉林省东南部。

⑦ 亦称长白山天池，在吉林省东南部，东隔鸭绿江与朝鲜相望。

名承德）。到热河后，由旧官路至滦平，然后转西南向至古北口①，通过万里长城，由彼处循通路经密云与顺义②，至北京。此线之距离约有二百七十英里。

盈　葫芦岛—克鲁伦线

此是由葫芦岛分出之第二线。起自葫芦岛口岸，向北直走，经建平与赤峰③行过热河之多山地域后，此线循通道而行，过辽河谷地上部，至间场、西图、大金沟与林西等地方。到林西即进至陆家窝谷地，即由甘珠庙、右府迹经过大兴安岭极南之分水界，然后再进至巴原布拉克、乌尼克特及欢布库列，由此即与多伦—克鲁伦线合轨，直达克鲁伦。此线以达至欢布库列计之，约长四百五十英里，经过丰富之矿产、木材、农业等地方。

昃　葫芦岛—呼伦线

此是由葫芦岛分出之第三线。取道锦州④，循大凌河右边直走至义州⑤，由此渡大凌河至清河边门⑥与阜新。到阜新后，此线即向北直行至绥东⑦，由此渡西辽河至开鲁，再由大鱼湖与小鱼湖之间直达合板与突泉。然后横过大兴安岭进入阿满谷地，沿河流直达呼伦。此线长约六百英里，所经过地方皆富于矿产与农业，并有未开发之森林。

辰　葫芦岛—安东线

此第四线，自葫芦岛起向东北方走，循计画中之辽河—葫芦岛〈线〉运河边

---

①　古北口，亦名虎北口，在直隶省密云县（今北京市密云区）东北，曾为军事重镇。

②　直隶省顺义县，今为北京市顺义区。

③　热河特别区域建平县，今划属辽宁省；热河特别区域赤峰县，今划属内蒙古自治区，改赤峰市。

④　奉天省锦州府于民国初已废，此指原府治锦县。后隶辽宁省，析其城区置锦州市，锦县今又撤销改设凌海市。

⑤　义州原属奉天省锦州府，此指民国初废州改名的义县。

⑥　清河边门时属热河特别区域阜新县，今为辽宁省阜新市清河门区。

⑦　热河特别区域绥东县，原称库伦旗，今撤县而析其地划入内蒙古自治区库伦旗与奈曼旗；原库伦旗及绥东县治所库伦镇（初名库伦街，俗称小库伦），为今库伦旗治所。

直上，而后转东南行至牛庄①与海城，由此再转东南行至析木城②，于是与安东—奉天线合轨，直达近高丽境界之安东。此线约长二百二十英里。此线与葫芦岛—热河—北京线连合，则成为一由安东以外之高丽至北京之至直捷之线矣。

宿　漠河—绥远线

此是别一组铁路系统中之第一线，吾且进而论之。此等为环形线，以东镇中区为轴，成二半圆形，一内一外。此之漠河—绥远线，起自漠河，沿黑龙江边前进至乌苏里、额木尔苹果、奎库堪、安罗、倭西们③等地。过彼处后，此后转折南流，故此线亦循之至安干、察哈颜、望安达、呼玛等处。于是再由呼玛前行，至锡尔根奇、奇拉、满洲屯、黑河、瑷珲，在瑷珲乃与锦瑷线之终点相会。过瑷珲后，此线即渐转而东向，直达霍尔木勒津、奇克勒与科尔芬等处，在科尔芬与东镇—科尔芬线相会。然后由彼处再进至乌云④、佛山⑤与萝北，由萝北直至同江，此即黑龙江与松花江会流之点也。此线即由此处渡松花江，抵同江，再由此向街津口、额图⑥前行至绥远，即黑龙江与乌苏里河之合流处也。此线长约有九百英里，至所经之地方皆系金矿产地。

列　呼玛—室韦线

此本是漠河—绥远线之支线。起自呼玛，循库玛尔河⑦，经过大碇子与瓦巴拉沟等金矿。然后溯库玛尔而上向西行，又西南偏至此河之北源，遂由彼处过分水界进入哈拉尔谷地，于是由此谷地上达室苇。此线约长三百二十英里，经过极

① 牛庄属奉天省海城县，今为辽宁省海城市牛庄镇。

② 析木城属奉天省海城县，今为辽宁省海城市析木镇。

③ 乌苏里、额木尔苹果（在额木尔河发源处）属漠河县，奎库堪（即开库康）、安罗、倭西们属呼玛县（今析置之塔河县境内），均为黑龙江省西北端乡镇，北隔黑龙江与俄罗斯相望。

④ 黑龙江省乌云设治局，今为嘉荫县乌云镇（在该县西北部），东北隔黑龙江与俄罗斯相望。

⑤ 黑龙江省佛山镇，后置县，今改名嘉荫县，东北隔黑龙江与俄罗斯相望。

⑥ 街津口、额图均属黑龙江省同江县（今改市），西北隔黑龙江与俄罗斯相望。

⑦ 库玛尔河，今作呼玛河或呼玛尔河，在黑龙江省北部，该河流经呼玛县境。

丰富之金矿地方。

张 乌苏里—图们—鸭绿沿海线

此是外半圆形之第二线。由绥远①起与第一线相续，沿乌苏里江前行，经过高兰、富有、民康等处至饶河，于是此线与东镇—饶河线之末站相会。由饶河起南行，则与在乌苏里江东边之俄乌铁路成平行线，直达虎林而止。到虎林后即离俄罗斯线转向西方，循穆陵〔棱〕河②至兴凯湖之西北角之密山县。由此再至平安镇，转南向循国界在小绥芬车站横过哈尔滨—海参威〔崴〕③ 线，直至东宁。到东宁后相继南向，循国界而行，至五道沟与四道沟④间之交点。然后转而西行至珲春，再西北走至延吉，于是与日本之会宁—吉林线相会。由延吉循日本线至和龙，离日本线由图们江左岸向西南走，经过分水界进入鸭绿谷地，即在此处与东镇—长白线相会。过长白后即转西向，又西北偏沿鸭绿江右岸至临江。彼时又复西南偏，仍沿鸭绿江右岸前行至辑安县⑤。再相继依同一方向，沿鸭绿江右岸直达安东，由此即与安东—奉天铁路相会。过安东后，向鸭绿江口之大东沟前走，循此海岸线至大孤山与庄河等处，然后转而西向，经西屯、平房店⑥至吴家屯⑦，与南满铁路相会。此线之距离约有一千一百英里，自头至尾皆依满洲东南之国界而行也。

---

① 黑龙江省绥远县，后改名抚远县（今设市），北隔黑龙江、东隔乌苏里江与俄罗斯相望。

② 穆棱河，乌苏里江最大支流，在黑龙江省东南部。

③ 海参崴，西伯利亚东南之海港，濒日本海，原为中国领土，清代属乌拉珲春（今吉林省珲春市）协领管辖，一八六〇年割让于俄国，俄文称 Владивосток，今译符拉迪沃斯托克，俄罗斯滨海边疆区（Primorskiy Krai）首府。

④ 五道沟、四道沟，均属吉林省珲春县（今改市）。

⑤ 吉林省辑安县，今改名集安县。

⑥ 此处原作"平西屯、房店"，今据英文本（原文为 Situn and Pingfangtien）发音改为"西屯、平房店"。但依文中所言运行路线，西屯、平房店似为西郭屯、瓦房店之误。西郭屯时属奉天省日占"关东州"（今隶辽宁省大连市普兰店区），在庄河县（今改市）之西；瓦房店属奉天省复县（今扩置为辽宁省瓦房店市），在西郭屯之西。

⑦ 吴家屯，似为吕家屯之误。自瓦房店西行至南满铁路，傍铁路者系吕家屯，该屯当时亦属奉天省复县。

寒　临江—多伦线

此是东镇铁路中区外半圆之第三线，与在中区南部分出之支线相接。此线起自临江，即鸭绿江之西南转弯处也。由此处向多山地域前进，经过通化、兴京①与抚顺等地方，至奉天横过南满铁路，于是此线由奉天与京奉线合轨，直达新民。由此横过东镇—葫芦岛线，转向西北走，经过新立屯②至阜新。过阜新后，此线进入辽河谷地上部之山地，直向赤峰前行，经过无数小村落与帐幕地，皆大牧场也。此线由赤峰再前行，经三座店、公主陵、大辗子③等处，通过银河谷地至发木谷，然后循吐根河至多伦诺尔。此线长五百英里。

来　节克多博—依兰线

此是内半圆形之第一线，与东镇铁路中区之东北方所分出之各支线相连。起自黑龙江上游之节克多博，向东前行，又东南偏，经过大兴安岭山脉之谷地、山地数处，即至嫩江。过嫩江后，渐转南向至克山，由彼处再至海伦，然后渡松花江至三姓即依兰也。此线长约七百英里，经过农业与金矿地方。

暑　依兰—吉林线

此是内半圆之第二线。起自依兰，向西南方沿牡丹江右岸前行，经过头站、二站、三站、四站至城子④，即由此处横过哈尔滨—海参威〔崴〕线。于是由牡丹江右岸渡至左岸，直往宁古塔⑤。过宁古塔后，复向西方前行，经过瓮城、蓝旗站、搭〔塔〕拉站与凤凰店⑥至额穆，于此与日本之会宁—吉林线相合，向西

---

①　奉天省兴京县，今改名辽宁省新宾县。

②　新立屯，属奉天省黑山县（今设镇），位于阜新、新民两县城之间。

③　三座店、公主陵、大碾子，均属热河特别区域赤峰县，后划属内蒙古自治区，今为赤峰市松山区辖地。

④　城子，似即土城子，在吉林省依兰县西南部，后划属黑龙江省。

⑤　宁古塔，属黑龙江省宁安县（今改市）。

⑥　瓮城、蓝旗站属黑龙江省宁安县；塔拉站（英文本原文为 Talachan）、凤凰店属吉林省额穆县（今名蛟河市），现改隶敦化市。

前行至吉林。此线所行之长度约二百英里，经过牡丹江之肥美谷地。

往　吉林—多伦线

此是在东镇铁路系统中内半圆形之第三线。起自吉林，循旧通路西行至长春，于是在此与中东铁路北来之线及日本南满铁路南来之线之两末站相会。过长春后，即横过平原至双山，又在此与东镇—葫芦岛〈线〉及日本之四平街—郑家屯—洮南线相会。再由双山渡辽河至辽源，复由彼处行经一大平原，经过东镇—北方大港线直达绥东，与葫芦岛—呼伦线相会。过绥东后，循辽河谷地上行，先横过葫芦岛—克鲁伦线，然后过分水界至多伦，是为终站。此线所经之远度约有五百英里。

由以上所举，方能完成吾计画中东北铁路之蜘蛛网系统。就全系统路线之长言之，其总数约有九千英里。（见总图）

第四部　扩张西北铁路系统

西北铁路系统包有蒙古、新疆与甘肃一部分之地域，面积约有一百七十万英方里。此幅土地，大于阿根廷共和国约六十万英方里。阿根廷为供给世界肉类之最大出产地，而蒙古牧场尚未开发，以运输之不便利也。以阿根廷既可代美国而以肉类供给世界，如蒙古地方能得铁路利便，又能以科学之方法改良畜牧，将来必可取阿根廷之地位而代之。此所以在此最大食物之生产地方建筑铁路为最要之图，亦可以救济世界食物之竭乏也。在国际共同发展中国之第一计画中，吾曾提议须敷设七千英里铁路于此境域，以为建筑北方大港之目的，而复可以将中国东南部过密之人民逐渐迁移。但此七千英里之铁路不过为一开拓者，如欲从实际上发展此丰富之境域，铁路必须增筑。故在此扩张西北铁路系统之计画中，吾提议建筑下列之各线：

天　多伦—恰克图线。

地　张家口—库伦—乌梁海①线。

---

①　乌梁海（Tannu-Ola），孙文绘制的《中国铁路全图》译作唐努乌梁，后文亦作唐努乌梁海（今仍通用此译名），此乃清代乌梁海三部之一，位于唐努山（今亦译唐努乌拉山）地区。该地区原属中国领土，清时大部分领地被俄国所侵占，小部分归今蒙古国版图。

玄　绥远—乌里雅苏台—科布多①线。

黄　靖边—乌梁海线。

宇　肃州—科布多线。

宙　西北边界线。

洪　迪化—乌兰固穆②线。

荒　戛什温—乌梁海线。

日　乌里雅苏台—恰克图线。

月　镇西③—库伦线。

盈　肃州—库伦线。

昃　沙漠联站—克鲁伦线。

辰　格合—克鲁伦—节克多博线。

宿　五原—洮南线。

列　五原—多伦线。

张　焉耆④—伊犁线。

寒　伊犁—和阗⑤线。

来　镇西—喀什噶尔线与其支线⑥。

天　多伦—恰克图线

此线起自多伦，向西北方前行，循驿路横过大牧场，至喀特尔呼、阔多、苏叠图等处。过苏叠图后，此线即横过界线至外蒙古，依同一路线至霍申屯、鲁库车鲁、杨图等地方，由彼处渡克鲁伦河，至额都根、霍勒阔进入山地。于是即横

---

① 科布多（Hovd），另有科布多河，在外蒙古境内。

② 乌兰固穆（Ulaangom），今译乌兰固木，在外蒙古境内。

③ 新疆省镇西县，镇西亦称巴里坤（因巴里坤湖而得名），今名新疆维吾尔自治区巴里坤哈萨克自治县，以原县治巴里坤镇为治所。

④ 新疆省焉耆县，焉耆于清代曾名喀喇沙尔，今为新疆维吾尔自治区焉耆回族自治县，县治焉耆镇。后文亦作喀喇沙。

⑤ 新疆省和阗县，今名和田县，另析置和田市，属新疆维吾尔自治区和田地区。

⑥ 此处据英文本（原文有 and its branches）及下文小标题，增"与其支线"四字。

过克鲁伦河分水界与赤奎河①分水界，克鲁伦分水界之水则流入黑龙江而至太平洋，赤奎河分水界之水则流入贝加尔湖，再由彼处至北冰洋。过克奎河分水界后，此路即循赤奎河之支派〔脉〕至恰克图。其线长约八百英里。

地 张家口—库伦—乌梁海线

此线起自万里长城之张家口，向西北前进高原，横过山脉，进入蒙古大草场，走向明安、博罗里治、乌得与格合，即横过多伦—迪化干线。过格合后，此线前行经过穆布伦之广大肥沃牧场，然后依直线再前行，经穆克图、那赖哈、库伦。由库伦此线即进入山地，横过色楞格谷地②至一地点，在库苏古尔泊③南部末端之对面。然后再转北向横过山脉，从库苏古尔之南岸至哈特呼尔④。过哈特呼尔后，此线绕库苏古尔泊边走约一短距离，即再转西北向，又西偏循乌鲁克穆河⑤岸至近国界之出口点，复转西南向直上克穆赤克谷地⑥，至其发源处，通过巴阔洼直达中俄国境交界处而止。此线之距离约有一千七百英里。

玄 绥远—乌里雅苏台—科布多线

此线起自绥远，近于山西省之西北角地方。向西北方前进，经过山地进入蒙古牧场托里布拉克，于是横过北方大港—哈密线与北方大港—库伦线。过托里布拉克后，此线由同一方向依直线前行，通过匝们苏治至土谢图省会⑦。由彼处仍依直线向西北走至霍勒特，再循商路至郭里得果勒。此线即转西向，再西北向前行，通过河流、谷地数处与小市镇，即至乌里雅苏台，于是在乌里雅苏台横过北方大港与乌

---

① 赤奎河（Chikoi Gol），亦作楚库河，今译奇科伊河，在外蒙古与俄罗斯境内。

② 色楞格谷地（Selenge Valley），另有色楞格河，在外蒙古与俄罗斯境内。

③ 库苏古尔泊（Hövsgöl Nuur），即库苏古尔湖，在外蒙古境内。

④ 哈特呼尔（Hatgal），今译哈特嘎勒，在外蒙古境内。

⑤ 乌鲁克穆河（Khuakem Gol），又译华克穆河，另名腾吉斯河，在外蒙古境内。后文亦作乌鲁河。

⑥ 克穆赤克谷地（Kemtshik Valley），另有克穆赤克河（又译克穆齐克河），在外蒙古境内。

⑦ 外蒙古土谢图省，后文亦作土谢图汗，即喀尔喀四部之一，此为喀尔喀北路。该汗部二十旗会盟于土拉河南之汗山（今乌兰巴托之南），亦称汗阿林盟。

鲁木齐线之第二联站边界支线。过乌里雅苏台后，此线即依商路向西方前行，通过呼都克卒尔、巴尔淖尔与匦哈布鲁等处，至科布多。彼时此线转西北向至欢戛喀图与列盖等处，即复西走至别留，以国界为终点。此线约长一千五百英里。

黄　靖边—乌梁海线

此线起自靖边，即在陕西北界与万里长城相接地方也。此线向鄂尔多斯乡落前行，经波罗波勒格孙、鄂托、臣浊等处，然后过黄河至三道河。由三道河再前行，过哈那那林、乌拉岭，即进入在西北方之蒙古大草场直至古尔斑、昔哈特，在此即经过北京—哈密线。然后至乌尼格图、恩京，由恩京即经过北方大港—乌鲁木齐线。过恩京后，此线进入谷地与分水界地，向北前行至西库伦①。于是再转西北行，经过色楞格河流域之各枝流与谷地，即抵沙布克台与粗里庙等处。至粗里庙后，再向同一方向前行，渡色楞格河，沿其支流帖里吉尔穆连河至发源处，经过流入帖里淖尔湖之分水界。然后沿此湖之出口至乌鲁克穆河，即与张家口—库伦—乌梁海线相合，此即终点也。此线之长约有一千二百英里。

宇　肃州—科布多线

此线起自肃州，向西北方走，在尖牛贯通万里长城向煤矿地方前行，即离肃州二百五十里地方也。由彼处即往哈毕尔罕布鲁克与伊哈托里。离伊哈托里不远，此线即经过北京—哈密线，然后前行至伯勒台。过此处后，经过一小块沙漠，即至底门赤鲁。当进此多山与下隰之乡落，再前行至戛什温，即横过北方大港—乌鲁木齐干线。过戛什温向倭伦呼都克、塔巴腾与塔普图，即由塔普图与古城科布多通道相合。于是循此路经伯多滚台、苏台前行至科布多，即此线之末站。约共长七百英里。

宙　西北边界线

比〔此〕线起自伊犁，循乌鲁木齐—伊犁线至三台，即赛里木湖②之东边也。

---

① 西库伦，即额尔德尼招，今名哈拉和林（Karakorum），在外蒙古境内。

② 赛里木湖，亦称赛里木淖尔，又名海子、三台海子、西方净海，在今新疆维吾尔自治区博乐市西南。

此线由此处向东北自〔前〕行，沿艾比湖西方至土斯赛。过土斯赛后向托里前行，横过中央干线，即北方大港—塔城线也。由彼处，此线即往纳木果台与斯托罗盖台，经过最大之森林与最富之煤矿地方。再由斯托罗盖台依通道前行至承化寺，是阿尔泰省之省会①。于是由彼处横过山脉，经乌尔霍盖图山口入至科布多谷地，循科布多河河源至别留，由此与绥远—科布多线〈相合〉，直达乌列盖。由乌列盖依其本路取道乌松阔勒与乌兰固穆行至塔布图，于是与他线再合，同行至在唐努乌梁海境内之乌鲁克穆河。然后转东向沿河流而上，至别开穆与乌鲁河之合流处即再前行，沿前流依东北方溯源直上至境界，是为终点。此线所经之距离约九百英里。

洪　迪化（又名乌鲁木齐）—乌兰固穆线

此线起自迪化，依多伦—迪化干线至阜康。然后循其本路向北前进，经自辟川至霍尔楚台。由此转东北走，经过山地至开车，然后至土尔扈特，于是横过北方大港—乌鲁木齐线之支线第三交点。过土尔扈特后转北行，经巴夏宁格力谷地至斯和硕特，然后过帖列克特山口，由彼处即转东北向前行，经过一新耕种地方即至科布多。再前行经过一肥沃草场，渡数河流，沿经数湖，即至乌兰固穆，在此即与西北边界线相会。此线长约五百五十英里。

荒　戛什温—乌梁海线

此线起自戛什温，向东北前行，横过多山与隰地境界，经哈同呼图克与达兰趣律、博尔努鲁。过博尔努鲁后，此线通过匝盆谷地②，经呼志尔图与博尔霍至乌里雅苏台，在此与绥远—科布多线及北方大港—乌里雅苏台线相会。于是此线

---

①　阿尔泰地区在今新疆北部，与蒙古、俄罗斯、哈萨克斯坦接壤，从未置省。清末设阿尔泰办事大臣，驻承化寺；一九一二年定名阿尔泰区域，一九一九年改称新疆省阿山道，均治承化寺（该地以此喇嘛庙命名）。阿尔泰地区今称新疆维吾尔自治区阿勒泰地区；承化寺于一九二一年改置承化县，后又曾改名阿尔泰县、阿勒泰县，今为阿勒泰地区治所阿勒泰市。

②　匝盆谷地（Dzavhan Valley），亦作札布干谷地，今译扎布汗谷地，另有匝盆河（即札布干河、扎布汗河），在外蒙古境内。

向北方前行于一新境地，先经过色楞格河之正源，然后经过帖斯河①之正源，当在帖斯河谷地中，此线经过一极大未辟之森林。过此森林后即转向西北走，经过分水界进入在唐努乌梨〔梁〕海地方之乌鲁克穆谷地，与西北边界线相会，是为末站。此线共长六百五十英里。

日　乌里雅苏台—恰克图线

此线起自乌里雅苏台，依戛什温—乌梁海线前行，至色楞格河支流之鄂叠尔河止。然后转而东向，由其本线循鄂叠尔河流域前行而下，横过靖边—乌梁海线，至鄂叠尔河与色楞格河合流处而止。于是与张家口—库伦—乌梁海线合轨，向东方前行颇远，待至彼线转东南向而止。当此线转东北向时，即循色楞格河下至恰克图。此线包有之距离约五百五十英里，经过一肥美谷地。

月　镇西—库伦线

此线起自镇西，向东北前行，横过一种植地域，道经图塔古至苓〔乌〕尔格斜〔科〕特。于是由乌尔格科特行过肃州—科布多线，然后行经戈壁沙漠北边之大草场，至苏治与达阑图鲁。由彼处再向北走，横过北方大港—乌里雅苏台〈线〉与多伦诺尔—乌里雅苏台线，至塔顺呼图克。过此处后，此线即在鄂罗盖地方横过绥远—乌里雅苏台线，前行过分水界进入色楞格河谷地。于是在沙布克台行过靖边—乌梁海线，从此即转东向，经过一多山水之境域至库伦。此线所经之距离约八百英里。

盈　肃州—库伦线

此线起自肃州，前行经金塔至毛目。于是随道河（又名额济纳河）② 而行，此河可以之灌注沙漠中之沃地。然后乃沿河流域而至一湖③，复由彼处行经戈壁

---

① 帖斯河（Tesiyn Gol），今译特斯河，在外蒙古与俄罗斯境内。

② 道河或额济纳河，亦名弱水、张掖河、额济纳高勒黑河，为黑河支流，源出甘肃省张掖县（今改市）西南，流入今内蒙古自治区额济纳旗境内。

③ 此指嘎顺淖尔（蒙语），亦名居延海（"居延"为突厥语），该湖由额济纳河下游东西支流汇潴而成，在今内蒙古自治区额济纳旗境内。

沙漠，即与北京—哈密线及北方大港—乌里雅苏台线之相交处相会，成为一共同联站。过此以后，此线向沙漠与草场前行，经过别一铁路交点，此铁路之交点即由绥远—科布多线与靖边—乌梁海线所成，于是此线在此处亦成为共同联站。由彼处前行，进入一大草地，经过哈藤与图里克至三音达赖，于此即横过多伦诺尔—乌鲁木齐线。过三音达赖后，此线前行经乌兰和硕与许多市镇营寨，即至库伦。此线包有之距离约七百英里，三分一路经过沙漠，其余三分之二经过低湿草地。

昃　沙漠联站—克鲁伦线

此线起自沙漠联站，向东方前行至一大草地，于是在鄂兰淖尔湖①南方横过靖边—乌梁海线，由彼处前行至土谢图汗都会，于此经过绥远—科布多线。过土谢图汗都会后，行经大草场至第一联站。由第一联站即前行至乌兰呼图克与尖顶车，然后横过张家口—乌梁海线至车臣汗②。由车臣汗，此线向东北循河流域而下，直达克鲁伦城，于此即横过多伦—克鲁伦线并与克鲁伦—东镇线相会。此线长约八百英里。

辰　格合—克鲁伦—节克多博线

此线起自格合，此即多伦诺尔—乌鲁木齐与张家口—库伦—乌梁海二线之交点也。由彼处向东北前行，经过大草场至霍申屯，于是横过多伦—恰克图线。过霍申屯后，依同一方向前行，又经过一大草场至克鲁伦，即由此横过呼伦—克鲁伦线。然后依克鲁伦河右岸前行，再渡左岸，经过呼伦池③之西北边。过呼伦池后，此线横过中东铁路渡额尔古纳河，然后沿此河右岸直达节克多博，于是与多伦诺尔—漠河与节克多博—依兰二线相会，此即此线之末站也。此线包有之距离约六百英里，上半截经过旱地，下半经过湿地。

---

① 鄂兰淖尔湖（Ulan Nuur），蒙语今译乌兰淖尔，在内蒙古自治区新巴尔虎右旗境内。

② 外蒙古车臣汗，即喀尔喀东路。该汗部诸旗会盟于克鲁伦河北之巴尔和屯。

③ 即呼伦湖（"呼伦"为突厥语），亦名达赉诺尔（蒙语），在今内蒙古自治区满洲里市南郊及新巴尔虎右旗东北部。

宿　五原—洮南线

此线起自黄河西北边之五原地方，向东北前行，横过晒田、乌拉山与大草地即抵托里布拉克，于是与北京—哈密线、绥远—科布多线及北方大港—库伦线之三路交点相会。由托里布拉克，此线再向同一方向前行，经过草地场至格合，在此即与多伦—乌鲁木齐与北京—库伦二线相会，亦即格合—克鲁伦线之首站也。过格合后，此线渐转东向，横过多伦—恰克图〈线〉之中部至欢布库里，于是在此横过多伦—克鲁伦与葫芦岛—克鲁伦之二线。由欢布库里，此线行经界线之南，即循之行至达克木苏马，于是与多伦—漠河线相会。由彼处行向东方，横过兴安岭至突泉，然后转东南向至洮南，此即终站也。此线长约九百英里。

列　五原——多伦线

此线起自五原，向东北前行，横过晒田、乌拉岭至茂名安旗①，即在此经过北方大港—库伦线。然后向一大草场前行，经过绥远—科布多线至邦博图，经过北京—哈密线。过邦博图后，此线转而东向前行，经过张家口—库伦—乌梁海线然后至多伦，与多伦—奉天—临江线相合为终站。此线由黄河上流谷地，成一直接路线至肥美之辽河谷地，包有距离约五百英里。

张　焉耆—伊犁线

此线起自焉耆（又名喀喇沙），向西北前行，横过山岭进入伊犁谷地。然后循崆吉斯河向西下行，绕极肥美谷地至伊宁与绥定（即伊犁城）等，此皆在伊犁地方、近俄罗斯边境之主要城镇也。于是在伊犁与伊犁—乌鲁木齐线相合。此线长约四百英里。

寒　伊犁—和阗线

此线起自伊犁，向南前行渡伊犁河，然后东向沿此河左岸而行，初向东南，

①　即茂明安旗，今并入内蒙古自治区达尔罕茂明安联合旗。

继向南行至博尔台。由此即转西南向，进入帖克斯谷地。然后溯帖克斯河而上，至天桥，再上山道。过此山道后，此线转东南向行，绕过一极大煤矿地方，然后再转西南至札木台，于此即经过吐鲁番—喀什噶尔线。由札木台即转南向，行过塔里木谷地北边之最肥美区域，至巴斯团搭格拉克，再向西南行至和阗。此路经过无数小部落，皆在和阗河之肥沃区域中，此河即流入沙漠。此线在和阗与喀什噶尔—于阗线相会，过和阗后即向此城南方上行至高原，以国界为终站。此线包有距离约七百英里。

来　镇西—喀什噶尔线与其支线

此线起自镇西，向西南行，循天山草场，经延安堡、薛家陇与陶赖子至七个井。然后循天山森林，经过桐窝西盐池与阿朗至鄯善，由此即经过中央干线。过鄯善后，即循塔里木沙漠北边而行，经鲁克沁与石泉至河拉，于此横过车城—库尔勒线。由河拉前行，循塔里木河流域，经过无数新村落肥美地方与未开发之森林，即至巴斯团塔格拉克，在此横过伊犁—和阗线。行经巴楚至喀什噶尔，在此与乌鲁木齐—于阗线相会。过喀什噶尔后，此线即向西北前行至国界，是为终站。至与此线有连续关系者，约有二支线：第一支线由河拉西南方前行，经沙漠中沃地数处至车城；第二支线则由巴楚西南方循叶尔羌河至莎车，然后西南至蒲犁①，即近国界地方也。此线与其各支线合计之，约共长一千六百英里。

如就此系统全部言之，约共长一万六千英里。（见总图）

第五部　高原铁路系统

此是吾铁路计画之最后部分，其工程极为繁难，其费用亦甚巨大，而以之比较其他在中国之一切铁路事业，其报酬亦为至微。故此铁路之工程，当他部分铁路未完全成立后，不能兴筑。但待至他部分铁路完全成立，然后兴筑此高原境域之铁路，即使其工程浩大，亦当有良好报酬也。

---

① 　新疆省蒲犁县，今为新疆维吾尔自治区塔什库尔干塔吉克自治县，西邻阿富汗及克什米尔地区。

此之高原境域包括西藏、青海、新疆之一部，与甘肃、四川、云南等地方，面积约一百万英方里。附近之土地，皆有最富之农产与最美之牧场。但此伟大之境域，外国多有未之知者。而中国人则目西藏为西方宝藏，盖因除金产丰富外，尚有他种金属，黄铜尤其特产，故以"宝藏"之名加于此世人罕知之境域，洵确当也。当世界贵金属行将用尽时，吾等可于此广大之矿域中求之。故为开矿而建设铁路，为必要之图。吾拟左之各线：

天　拉萨—兰州线。

地　拉萨—成都线。

玄　拉萨—大理—车里①线。

黄　拉萨—提郎宗②线。

宇　拉萨—亚东线。

宙　拉萨—来吉雅令③及其支线。

洪　拉萨—诺和④线。

荒　拉萨—于阗线。

日　兰州—婼羌线。

月　成都—宗札萨克⑤线。

盈　宁远—车成线。

昃　成都—门公⑥线。

辰　成都—元江线。

宿　叙府—大理线。

列　叙府—孟定⑦线。

---

①　车里，此指当时云南省普思沿边行政总局（原车里土司辖地）第一区，一九二九年改置车里县，今名景洪市，属西双版纳傣族自治州，南邻缅甸。

②　提郎宗（Dhirangiong），今译德让宗，属西藏自治区错那县，西邻不丹。

③　来吉雅令，今属西藏自治区札达县，西南邻印度。

④　诺和，今属西藏自治区日土县，西邻克什米尔地区。

⑤　即宗札萨克旗，位于柴达木河畔，其地在今青海省海西蒙古族藏族自治州境内。

⑥　门公，当时川边特别区域（后改置西康省）宁静县的别称，今为西藏自治区芒康县。

⑦　孟定镇，今属云南省耿马傣族佤族自治县，西邻缅甸。

张　　于阗—噶尔渡①线。

天　拉萨—兰州线

此线与西藏都会相连，为彼境域之中央干线，足称为此系统中之重要路线。沿此线之起点与终点，现已有少数居民，将来可成为一大殖民地，故即当开办之始，或可成为一有价值之路线也。此线起自拉萨，循旧官路向北前行，经达隆至雅尔，即腾格里池②之东南方也。过雅尔后，此线暂转东向，由藏布谷地③过分水界，经双竹山口至潞江④谷地。然后转而东向渡潞江正源，经过数处谷地、河流及山岭，而至扬子江。于是渡扬子江上流正源之金沙江，过苦苦赛尔桥，过此桥后转东南向，又东向通过扬子江谷地，进入黄河谷地。于是由此经过数小村落与帐幕地，进至札陵湖与鄂陵湖间之星宿海⑤。然后东北向，过柴塔木⑥之东南谷地，再转入黄河谷地，即前进经过喀拉普及数小市镇至丹噶尔（今名湟源，界于甘肃与青海之间）⑦。过丹噶尔后，此线即转东南，循西宁河流之肥美谷地下行，经过西宁⑧、碾伯⑨与数百小市镇、小村落至兰州。此线行经之距离约一千一百英里。

地　拉萨—成都线

此线起自拉萨，东北向依旧官路前行，经德庆、南摩至墨竹工卡，然后转东南向，又东北向至江达。于是由江达转北向，又转东北向前行，经过托拉山

---

① 噶尔渡，亦名噶大克，地处噶尔河东岸，在今西藏自治区噶尔县东南部。

② 即腾格里海（蒙语），亦名纳木错（藏语），位于拉萨西北。

③ 藏布谷地，即雅鲁藏布江谷地，今亦名藏南谷地。下文叙及的藏布江，亦即雅鲁藏布江。

④ 潞江，怒江的别名。

⑤ 星宿海，湖名，在今青海省曲麻莱县东北。

⑥ 柴塔木，后文亦作柴达木，即柴达木盆地。

⑦ 丹噶尔厅原属甘肃省西宁府，民国初废厅而改名湟源县，今划属青海省西宁市。

⑧ 甘肃省西宁县，后划属青海省，改置西宁市，今为该省省会。

⑨ 甘肃省碾伯县，后划属青海省，改名乐都县，今为海东市乐都区。

至拉里①。过拉里后，此线向东行，经边坝硕督与数小市镇至洛龙宗②。然后由嘉裕桥渡潞江，即转东北向至恩达③与察木多④。过察木多后，此线不循东南之官路至巴塘，乃向东北而循别一商路前行至四川省西北角之巴戎⑤，由此前行桥渡金沙江，即札武三土司⑥附近地方也。于是此线转东南向进入依杵谷地，沿鸦龙江⑦下行至甘孜，再前进经长葛、英沟至大金川之倍田，并至小金川之望安。过望安后，此线即横过斑烂山至灌县⑧，进入成都平原，即由郫县至成都。此线行经之距离约一千英里。

玄　拉萨—大理—车里线

此线起自拉萨，与拉萨—成都线同轨，直行至江达。于是由江达循其本路路轨西南向，沿藏布江支流至油鲁，即其河支流与正流会合之点也。过油鲁后即沿藏布江口左岸，经公布什噶城至底穆昭。由底穆昭离藏布江向东前行，至底穆宗城、遗贡、谷巴⑨、刷宗城。过刷宗城后，此线转东南行至力马，再东行至潞江之门公。于是由门公转南向前行，沿潞江右岸经菖蒲桶至丹邬。然后渡潞江，由崖瓦村谷地过分水界至澜沧江（又名美江），乃渡江至小维西。过小维西后，即沿河边至诚心铜厂，然后离河前行，经河西、洱源、邓州、上关至大理。由大理南行至下关、凤仪、蒙化，再行至保甸与澜沧江再会。于是南行沿江之左岸至车里，为此线之终点。其路线之长约九百英里。

---

①　即拉里宗，亦作拉日宗，拉里、拉日或嘉黎为藏语的不同译称，今改置西藏自治区嘉黎县。

②　洛龙宗，藏语亦译洛隆宗，今与硕般多宗合并改置西藏自治区洛隆县。

③　川边特别区域恩达县，今已撤销，其地在西藏自治区昌都市西南境内。

④　川边特别区域察木多县，藏语亦译昌都，今为西藏自治区昌都市。

⑤　甘肃省巴戎县，一九二八年划属青海省时改名巴燕县，后复旧名化隆县（北朝西魏置），今为化隆回族自治县，县治巴燕镇。

⑥　札武三土司，指札武土司、拉达土司、班石土司，其地在今青海省海西蒙古族藏族自治州境内。

⑦　鸦龙江，亦名雅砻江，位于四川省西部。

⑧　四川省灌县，今废县改置都江堰市。

⑨　此处原作"巴谷"，今据《中国铁路全图》及英文本（原文为 Kuba）改为"谷巴"。

黄　拉萨—提郎宗线

此线起自拉萨，向南行，道经德庆①至藏布江。再由藏布江转东向，沿河之左岸至札噶尔总。渡藏布江至泽当，即南向前行，经吹夹坡郎、满楚纳、塔旺至提郎宗。再接续前行，至印度之亚三②边界。此线长约二百英里。

宇　拉萨—亚东线

此线起自拉萨，西南向，由札什循旧官路经僵里至曲水。由曲水过末力桥，渡藏布江南之查夏木，然后至塔马隆、白地、达布隆与浪噶子等地方。过浪噶子后，此线转西向至翁古、拉隆、沙加等地。于是由沙加离官路再转向西南行，道经孤拉至亚东，是哲孟雄③边界。此线约长二百五十英里。

宙　拉萨—来吉雅令及其支线

此线起自拉萨，向西北行，由札什循旧官路前行至小德庆④，再西行至桑驼骆池，转西南行至那马陵与当多汛，即在拉古地方渡藏布江。过拉古后，此线即转西向至日喀则城，是为西藏之第二重要市镇。由此依同一方向，向沿藏布江边右岸前行，经过札什冈、朋错岭与拉子等地方。于是由拉子分一支线向西南行，取道胁噶尔、定日至尼泊尔边界之聂拉木。但其干线则横过藏布江之右边循官路行，取道那布林格喀至大屯。由此再分一支线向西南行，至尼泊尔边界。而其干线仍接续西北行，取道塔木札、卓山至噶尔渡。然后向西前行，至萨特来得河⑤之来吉雅令，以印度边界为终点。此线与其二支线合计之，约共长八百五十英里。

---

①　即德庆宗，今并入西藏自治区达孜县，县治德庆镇，位于拉萨东南。

②　亚三（Assam），今译阿萨姆，现为印度东北部一邦名。当时印度是英国殖民地。

③　哲孟雄，锡金（Sikkim）的旧称，时为英国"保护国"。

④　小德庆，亦作德庆，今属西藏自治区班戈县，析置德庆乡与德庆区，位于拉萨西北（不同于拉萨东南的德庆）。

⑤　萨特来得河（Sutlej River），今译萨特莱杰河，英文本所用为现今巴基斯坦的拼法（印度作 Satluj River），中国则称为朗钦藏布（藏语）或象泉河（汉语）。该河自西藏西部流入印度与巴基斯坦（当时英属印度一部分）。

洪　拉萨—诺和线

此线起自拉萨，与宙线同轨，行至桑驼骆海始循其本线向西北前行，至得贞、桑札宗及塔克东。于是由此处进入西藏之金矿最富地方，再经过翁波、都拉克巴、光贵与于喀尔至诺和，为此线之终点。其距离约长七百英里。

荒　拉萨—于阗线

此线起自拉萨，循宙、洪两线之轨道，至腾格里池之西南角。于是由其本轨向西北前行，经隆马绒、特布直〔克〕托罗海与四五处小地方，至萨里。过萨里后，此线即通过一大幅无人居之地，至巴喀尔与苏格特。横过山岭，遂由高原而下，经索尔克至塔里木河流域之雅苏勒公，在此与西北铁路系统之车尔城—于阗线合轨，前行至于阗。此线共长约七百英里。

日　兰州—婼羌线

此线起自兰州，循拉萨—札州线轨道同行，至青海①之东南角。于是由其本轨绕青海南岸至都兰奇特，即由此转西南走至宗札萨克。由宗札萨克依柴达木低洼地之南边，向西南行，经过屯月、哈罗里与各尔莫至哈自格尔。过哈自格尔后，此线即转西北向，经拜把水泉、那林租哈至阿尔善特水泉。然后暂转北向前行，横过山脉至婼羌，即与安西—于阗线及婼羌—库尔勒线联合，是为终站。此线约长七百英里。

月　成都—宗札萨克线

此线起自成都，循拉萨—成都〈线〉轨道前行至灌县。然后由其本轨向北前行，经汶川至茂州②。于是循泯〔岷〕江河流向西北前行，至松潘。过松潘后，

---

① 即青海湖，又名西海、仙海，亦称库库诺尔（蒙语）或错温布（藏语），位于今青海省东北部。

② 茂州原为四川省直隶州，民国初已废，此指将其州治改名的茂县，今属阿坝藏族羌族自治州。

即入岷山谷地，经过东歪至上勒凹，即由此处横过扬子江与黄河间之分水界，再接续前行至鄂尔吉库舍里。于是由黄河支源西北转至其正流，沿河右边，取道察汉〔汗〕津至布勒拉察布。渡黄河至旧官路西北转，与拉萨—兰州线合轨前行，直达拉尼巴尔。再转西北向，循其本轨前行至宗〈札〉萨克，与兰州—婼羌线相会，是为终站。此线行经之距离约六百五十英里。

盈　宁远—车成线

此线起自宁远，向西北行，取道怀远镇至雅江①。横过江之右岸，循旧驿路前行至西俄落，即离江边循驿路至里塘。由里塘仍依同一方向，从别路前行至金沙江左岸之冈沱，再沿此河边前行至札武三土司，横过拉萨—成都线。过札武三土司后，此线仍依同一方向前行，沿金沙江边取道图登贡巴至苦苦赛尔桥，即在此横过拉萨—兰州线。再循金沙江之北支源至其发源处，过分水界循骆驼路前行，经沁司坎、阿洛共至车城，是为终站。其距离约长一千三百五十英里。此线为此系统之最长路线。

昃　成都—门公线

此线起自成都，向西南行，经双流、新津、名山至雅州②。转西北向前行至天全，复转西行至打箭炉、东俄落、里塘等地方。过里塘后，此线向西南行，经过巴塘、宴尔喀罗至门公。约共长四百英里，所经过地方皆系山岭。

辰　成都—元江线

此线起自成都，循成都—门公线路轨前行至雅州。然后由其本轨依同一方向，取道荣经至清溪③。过清溪后，此线向南行，经越嶲④至宁远，即于此与宁远—车城线之首站相会。过宁远后即至会理，然后渡金沙江至云南府，与广州—大理线

---

① 雅江，即四川省雅江县，在雅砻江西岸（左岸）；而英文本作 Yalung-kiang，则应译为雅砻江（鸦龙江）。此处当指雅江县。

② 四川省雅州府于民国初已废，此指原府治雅安县，今改市。

③ 四川省清溪县，当时已恢复旧名汉源县（隋代置），今于县内仍置原县治清溪镇。

④ 四川省越嶲县，今改名越西县。

相会。于是由云南府循昆明池①西边至昆阳②，经过新兴③、嶍峨④至沅〔元〕江，与广州—思茅线相会，是为终站。其距离约六百英里。

宿　叙府—大理线

此线起自叙府，沿扬子江左岸前行至屏山、雷波。过雷波后即离此河向西南行，过大梁〔凉〕山至宁远，即于此横过成都—宁远线，并与广州—宁远线及宁远—车城线之首站相会。于是再接续依同一方向前行，横过鸦龙江至盐源、永北⑤。过永北后，此线暂转南向，渡金沙江至宾川，然后至大理与广州—大理线及拉萨—大理线相会，是为终站。共长约四百英里。

列　叙府—孟定线

此线起自叙府，循叙府—大理线路轨直行至雷波。即由扬子江上流名曰金沙江横过，沿此江之上流左岸至其湾南处，即横过成都—元江线至元谋。复由元谋前行至楚雄，横过广州—大理线至景东。复向西南前行，横过蘭〔澜〕沧江至云州⑥。然后转西南向，循潞江支脉至孟定，以边界为终站。此线共长约五百英里。

张　于阗—噶尔渡线

此线起自于阗，沿克利雅河向南行至波鲁。由波鲁复转西南行，取道阿拉什东郎至诺和，即与拉萨—诺和线之终站相会。过诺和后，即绕诺和湖之东边至罗多克⑦。复向西南行，沿印度河至碟木绰克。复由碟木绰克东南向，沿印度河上行至噶尔渡，即于此与拉萨—来吉雅令线相会，是为终站。此线长约五百英里。

此高原铁路系统，全部共长一万一千英里。

---

① 即昆明湖，亦称滇池。
② 云南省昆阳县，今并入晋宁县，以原县治昆阳镇为治所。
③ 云南省新兴县，当时已更名玉溪县；今改置玉溪市，以原县治设红塔区为治所。
④ 云南省嶍峨县，今改名峨山彝族自治县。
⑤ 云南省永北县，后改名永胜县，今县治仍为永北镇。
⑥ 云州原属云南省顺宁府，此指民国初废州改名的云县。
⑦ 罗多克，今为西藏自治区日土县。

第六部　设机关车、客货车制造厂

上部第四计画所预定之路线，约共长六万二千英里。至第一、第三计画所预定者，约一万四千英里。除此以外，并有多数干线当设双轨，故合数计画路线计之，至少当有十万英里。若以此十万英里之铁路，在十年内建筑之，机关车与客货车之需要必当大增。现当此战后改造时期，世界之制造厂将难以供应。此所以在中国建设机关车、客货车之制造厂以应建筑铁路之需，为必要之图，且其为有利事业尤不可不注意也。中国有无限之原料与低廉之人工，是为建设此等制造厂之基础，但举办此种事业所必需者为外国资本与专门家耳。至此项之计画应用资本若干，吾当留为对于此种工程有经验者定之。

第　五　计　画

前四种计画既专论关键及根本工业之发达方法，今则进述工业本部之须外力扶助发达。所谓工业本部者，乃以个人及家族生活所必需，且生活安适所由得。当关键及根本工业既发达，其他多种工业皆自然于全国在甚短时期内同时发生，欧美工业革命之后既已如是。关键及根本工业发达，人民有许多工事可为，而工资及生活程度皆增高；工资既增多，生活必要品及安适品之价格亦增加。故发达本部工业之目的，乃当中国国际发展进行之时，使多数人民既得较高工资，又得许多生活必要品、安适品而减少其生活费也。世人尝以中国为生活最廉之国，其错误因为寻常见解以金钱之价值衡量百物；若以工作之价值衡量生活费用，则中国为工人生活最贵之国。中国一寻常劳工，每日须工作十四至十六小时，仅能维持其生活。商店之司书，村乡之学究，每年所得恒在百元以下。农人既以所生产价还地租及交换少数必要品之后，所余已无几何。工力多而廉，惟食物及生活货品虽在寻常丰年亦仅足敷四万万人之用，若值荒年则多数将陷于穷乏死亡。中国平民所以有此悲惨境遇者，由于国内一切事业皆不发达，生产方法不良，工力失去甚多。凡此一切之根本救治，为用外国资本及专门家发达工业，以图全国民之福利。欧、美二洲之工业发达早于中国百年，今欲于甚短时期内追及之，须用其资本，用其机器。若外国资本不可得，至少亦须用其专门家、发明家，以为吾国制造机器。无论如何，必须用机器以辅助中国巨大之人工，以发达中国无限之富源也。

据近世文明言，生活之物质原件共有五种，即食、衣、住、行及印刷是也。吾故定此种计画如下：

（一）粮食工业。

（二）衣服工业。

（三）居室工业。

（四）行动工业。

（五）印刷工业。

第一部　粮食工业

粮食工业又分类如下：

甲　食物之生产。

乙　食物之贮藏及运输。

丙　食物之制造及保存。

丁　食物之分配及输出。

甲　食物之生产

人类食物得自三种来源，即陆地、海水、空气三者。其中最重要、最多量者为空气食物，譬如养气[①]为此中有力元素，惟自然界本具此甚多，除飞行家及潜艇乘员闲时须特备外，不须人工以为生产，故此种食物人人可自由得之，于此不须详论。吾前此论捕鱼海港之建设及捕鱼船舶之构造，已涉及海水食物，故于此亦不更述。惟陆地食物生产之事须国际扶助者，此下论之。

中国为农业国，其人数过半皆为食物生产之工作。中国农人颇长于深耕农业，能使土地生产至最多量。然虽人口甚密之区，依诸种原因，仍有可耕之地流为荒

---

① 养气（oxygen），今译氧气。

废，或则缺水，或则水多，或则因地主投机求得高租善价，故不肯放出也。

中国十八省之土地，现无乃〔乃无〕以养四万万人。如将废地耕种，且将已耕之地依近世机器及科学方法改良，则此同面积之土地，可使其出产更多，故尽有发达之余地。惟须有自由农业法以保护、奖励农民，使其護〔獲〕① 得己力之结果。

就国际发展食物生产计画言之，须为同时有利益之下列二事：一、测量农地；二、设立农器制造厂。

一、测量农地。

中国土地向未经科学测量制图，土地管理、征税皆混乱不清，贫家之乡人及农夫皆受其害。故无论如何，农地测量为政府应尽之第一种义务。然因公款及专门家缺乏之故，此事亦须有外力扶助。故吾以为是当以国际机关行之，由此机关募集公债以供给其费用，雇用专门家及诸种设备以实行其工事。测量费用几何，所需时间几何，机关之大小如何，以飞行机测量亦适用于工事否，是须专门家决定之。

地质探验当与地图测量并行，以省费用。测量工事既毕，各省荒废未耕之地，或宜种植，或宜放牧，或宜造林，或宜开矿，由是可估得其价值，以备使用者租佃，为最合宜之生产。耕地既增加之租税，及荒地新增之租税，将足以偿还外债之本息。除十八省外，满洲、蒙古、新疆有农地牧地极广，西藏、青海有牧地极广，可依移民计画如吾第一计画所述者，以粗广耕法开发之。

二、设立农器制造厂。

欲开放废地，改良农地，以闲力归于农事，则农器之需要必甚多。中国工价甚廉，煤铁亦富，故须自制造一切农器，不必由外国输入。此需资本甚多。此工场直设于煤铁矿所在之邻地，即工力及物料易得之所。

乙　食物之贮藏及运输

此所言当贮藏及运输之重要食物，即谷类。现在中国贮藏谷类之方法不良，

---

① 此因字形近似而误排，"護"的简化字为"护"，"獲"的简化字为"获"。

若所藏之量过多，每不免为虫类所蛀损、气候所伤害，故其量甚少且须非常注意，乃能于一定时期内保存之。又谷类之运输大半皆以人力，故费用甚巨。及各类已达水道，则船舶往来运输漫无定制。若将各类贮藏及运输方法改良，必省费不少。吾意当由国际开发机关于全国内设谷类运转器，且沿河设特别运船。此事所需资本几何，且各类运转器当设于何处，应由专门家调查之。

丙　食物之制造及保存

前此中国之食物制造几全赖手工，而以少数单简器具助之。至于食物保存，则以食盐或日光制造之，至机器及罐头方法为前此所不知。吾意扬子江及南部中国诸大城镇以米为主食者，当设许多磨米房；扬子江以北以小麦、燕麦及米以外之他谷类为主食者，其诸大城镇当设许多磨麦机房。此种机房，当由中央一处管理，以得最省费之结果。是所需资本几何，当俟详细调查。

食物果类、肉类、鱼类之保存，或用锡铁罐，或用冰冷法。若锡铁罐工业发达，则锡铁片之需要必大增，故锡铁片工场之建设为必要，且有利益。此种工场当设于铁矿之近处。中国南部有许多地方皆发见有锡、铁、煤三种，如欲建筑工场，材料最为完备。锡铁片工场及罐工场当合同经营，以得最良之节省结果。

丁　食物之分配及输出

在寻常丰年，中国向不缺乏食物，故中国有常言云："一年耕，则足三年之食。"国内较富部分之人民，大概有三四年食物之积储以对付荒年。若中国既发达，有生计组织，则当预储一年之食物以为地方人民之用，其余运至工业中枢。食物之分配及运出，亦由中央机关管理，与其贮藏及运输无异。每一县余出之谷类送至近城贮藏，每一城镇须有一年食物之贮积，经理部当按人数依实价售主要食物于其民。更有所余，乃以售之于外国需此宗食物且可得最高价者，以隶中央经理部之输出部司之。于是乃不如前此禁止输出法之下，食物多所废坏。输出所得巨资，以之偿还外债本息，固有余也。

于叙论食物工业之部，不能不特论茶叶及黄豆二种工业，以毕所说。茶为文明国所既知已用之一种饮料，科学家及食物管理部今复初认黄豆为一种重要食料。

就茶言之，是为最合卫生、最优美之人类饮料，中国实产出之，其种植及制造为中国最重要工业之一。前此中国曾为以茶叶供给全世界之唯一国家，今则中国茶叶商业已为印度、日本所夺。惟中国茶叶之品质，仍非其他各国所能及。印度茶含有丹宁酸①太多，日本茶无中国茶所具之香味。最良之茶，惟可自产茶之母国即中国得之。中国之所以失去茶叶商业者，因其生产费过高，生产费过高之故在厘金及出口税，又在种植及制造方法太旧。若除厘金及出口税，采用新法，则中国之茶叶商业仍易复旧。在国际发展计画中，吾意当于产茶区域设立制茶新式工场，以机器代手工，而生产费可大减，品质亦可改良。世界对于茶叶之需要日增，美国又方禁酒，倘能以更廉、更良之茶叶供给之，是诚有利益之一种计画也。

以黄豆代肉类，是中国人之所发明。中国人、日本人用为主要食料既历数千年，现今食肉诸国大患肉类缺乏，是必须有解决方法。故吾意国际发展计画中，当以黄豆所制之肉乳、油酪输入欧美，于诸国大城市设立黄豆制品工场，以较廉之蛋白质食料供给西方人民。又于中国设立新式工场，以代手工生产之古法，而其结果可使价值较廉，出品亦较佳矣。

第二部　衣服工业

衣服之主要原料为丝、麻、棉、羊毛、兽皮五种，今分论如下：

甲　丝工业。

乙　麻工业。

丙　棉工业。

丁　毛工业。

戊　皮工业。

己　制衣机器工业。

甲　蚕丝工业

蚕丝为中国所发明，西历纪元前数千年已用为制衣原料，为中国重要工业之

---

① 丹宁酸（tannic acid），亦即鞣酸。

一。直至近日，中国为以蚕丝供给全世界之惟一国家。惟现今日本、意大利、法兰西诸国已起而与中国争此商业，因此诸国已应用科学方法于养蚕制丝之事，而中国固守数千年以来之同样旧法也。世界对于蚕丝之需要既逐日增加，则养蚕制丝之改良，将为甚有利益之事。吾意国际发展计画，应于每一养蚕之县设立科学局所，指导农民，以无病蚕子供给之。此等局所当受中央机关监督，同时司买收蚕茧之事，使农民可得善价。次乃于适宜地方设缫丝所，采用新式机器，以备国内国外之消费。最后乃设制绸工场，以应国内国外之需求。缫丝及制丝工场皆同受一国家机关之监督，借用外资，受专门家之指挥，而其结果可使该物价廉省，品物亦较良较贱矣。

乙　麻工业

是亦为中国之古工业。惟中国所产苎麻，与欧美所产之亚麻异，若以新法及机器制之，其细滑与蚕丝无异。然中国至今尚无以新法及机器制麻者，有名之中国麻布皆依旧法及手工织造。中国南部麻之原料甚富，人工亦廉，故于此区域宜设立许多新式工场也。

丙　棉工业

棉花本外国产物，其输入中国在数百年前，在手工纺织时代是为中国一种甚重要之工业。然自外国棉货输入中国之后，此种本国手工业殆渐归灭绝，于是以许多棉花输出，以许多棉货输入。试思中国工力既多且廉，乃不能产出棉货，岂非大可怪之事。近今乃有少数纺纱织布厂设于通商诸埠，获利极巨。或谓最近二三年内，上海纺织厂分红百分之百至百分之二百，皆因中国对于棉货之需要远过于供给，故中国须设纺织厂甚多。吾意国际发展计画，当于产棉区域设诸大纺织厂，而由中国立中央机关监督之，于是最良节省之结果可得，而可以较廉之棉货供给人民也。

丁　毛工业

中国西北部占全国面积三分之二用为牧地，而羊毛工业则从未见发达，每年由中国输出羊毛甚多，制为毛货又复输入中国。自羊毛商业输出输入观之，可知发达羊毛工业，为在中国甚有利之事。吾意当以科学方法养羊剪毛，以改良其制品，增加其数量。于中国西北全部设立工场以制造一切羊毛货物，原料及工价甚廉，市场复大至无限。此工业之发达，须有外国资本及专门家，是为国际发展计画中最有报酬者，因是属一种新工业，无其他私人竞争也。

戊　皮工业

通商诸埠虽有少数制皮工场，是实为中国之新工业。生皮之输出，熟皮之输入，每年皆有增加。故设立制皮工场，及设立制造皮货及靴鞋类工场，甚为有利益之事。

己　制衣机器工业

中国需要各种制衣机器甚多。或谓中国在欧美所定购纺织机器，须此后三年内乃能交清。若依予计画发展中国，则所需机器当较多于现在数倍，欧美且不足供给之。故设立制造制衣机器〈厂〉为必要，且有利之事。此种工场，当设于附近钢铁工场之处，以省粗重原料运输之费。此事所需资本几何，当由专门家决定之。

第三部　居室工业

中国四万万人中，贫者仍居茅屋陋室，北方有居土穴者。而中国上等社会之居室，乃有类于庙宇；除通商口岸有少数居室依西式外，中国一切居室皆可谓为庙宇式。中国人建筑居室，所以为死者计过于为生者计，屋主先谋祖先神龛之所，是以安置于屋室中央，其他一切部份皆不及。于是重要居室非以图安适，而以合于所谓红白事。红事者，即家族中任何人嫁娶及其他喜庆之事；白事者，即丧葬之事。除祖先神龛之外，尚须安设许多家神之龛位。凡此一切神事，皆较人事为更重要，须先谋及之。故旧中国之居室，殆无一为人类之安适及方便计者。

今于国际发展计画中，为居室工业计画，必须谋及全中国之居室。或谓为四万万人建屋乃不可能，吾亦认此事过巨。但中国若弃其最近三千年愚蒙之古说及无用之习惯，而适用近世文明，如予国际发展计画之所引导，则改建一切居室以合于近世安适方便之式，乃势所必至。或因社会进化于无意识中达到，或因人工建设于有意识中达到。西方民族达到近世文明，殆全由于无意识的进步，因社会经济科学乃最近发明也。但一切人类进步，皆多少以智识即科学计画为基础，依吾所定国际发展计画，则中国一切居室将于五十年内依近世安适方便新式改造，是予所能预言者。以预定科学计画建筑中国一切居室，必较之毫无计画更佳更廉。若同时建筑居室千间，必较之建筑一间者价廉十倍。建筑愈多，价值愈廉，是为生计学定律。生计学唯一之危险为生产过多，一切大规模之生产皆受此种阻碍。自欧美工业进化以来，世界之大战争前所有财政恐慌，皆生产过多之所致。就中国之居室工业论，雇主乃有四万万人，未来五十年中至少需新居室者有五千万，每年造屋一百万间，乃普通所需要也。

居室为文明一因子，人类由是所得之快乐较之衣食更多。人类之工业过半数，皆以应居室需要者。故居室工业为国际计画中之最大企业，且为其最有利益之一部份。吾所定发展居室计画，乃为群众预备廉价居室。通商诸埠所筑之屋，今需万员者，可以千员以下得之，建屋者且有利益可获。为是之故，当谋建筑材料之生产、运输、分配，建屋既毕，尚须谋屋中之家具装置，是皆包括于居室工业之内。今定其分类如下：

甲　建筑材料之生产及运输。

乙　居室之建筑。

丙　家具之装〔制〕造。

丁　家用物之供给。

甲　建筑材料之生产及运输

建筑材料为砖、瓦、木材、铁架、石、塞门土、三合土等，其每一种皆须制造，或与其他原料分离。如制造砖瓦则须建窑，木材须建锯木工场，铁架须建制铁工场，此外须设石工场、塞门土工场、三合土工场等。须择适宜之地，材料与市场相近者为之。且一切须在中央机关监督之下，使材料之制出与需要成比例。材料既制成，则水路用舟，陆路用车，以运至需要之地，务设法减省一切费用。

造船部、造车部于此则造特别之舟车以应之。

乙　居室之建筑

此项建筑事业，包括一切公私屋宇。公众建筑以公款为之，以应公有，无利可图，由政府设专部以司其事。其私人居室，为国际发展计画所建筑者，乃以低廉居室供给人民，而司建筑者仍须有利可获。此类居室之建筑，须依一定模范。在城市中所建屋分为二类，一为一家之居室，一为多家同居室。前者分为八房间、十房间、十二房间诸种；后者分为十家、百家、千家同居者诸种，每家有四房间至六房间。村乡中之居室，依人民之营业而异，为农民所居者当附属谷仓、乳房①之类。一切居室设计皆务使居人得其安适，故须设特别建筑部以考察人民习惯、营业需要，随处加以改良。建造工事务须以节省人力之机器为之，于是工事可加速，费用可节省也。

丙　家具之制造

中国所有居室既须改造，则一切家具亦须改用新式者，以图国人之安适，而应其需要。食堂、书室、客厅、卧室、厨房、浴室、便所，所用家具皆须制造。每种皆以特别工场制造之，立于国际发展机关管理之下。

丁　家用物之供给

家用物为水、光、燃料、电话等。

一、除通商口岸之外，中国诸城市中无自来水，即通商口岸亦多不具此者。许多大城市所食水为河水，而污水皆流至河中，故中国大城市中所食水皆不合卫生。今须于一切大城市中设供给自来水之工场，以应急需。

二、于中国一切大城市供给灯光，设立制造机器发光工场。

三、设立电工场、煤汽工场、蒸气工场，以供给暖热。

四、厨用燃料在中国为日用者。最贫乡村之人，每费年工十分之一以采集柴

---

① 乳房，英文本作 dairies，即榨牛奶棚。

薪；城市之人，买柴薪之费沾〔占〕其生活费十分之二。故柴薪问题为国民最大耗费。今当使乡村中以煤炭代木草，城市用煤汽或电力。然欲用煤炭、煤汽、电力等，皆须有特别设备，即由国际发展机关设制造煤汽、电力、火炉诸工场。

五、无论城乡各家皆宜有电话。故当于中国设立制造电话器具工场，以使其价甚廉。

第四部　行动工业

中国人为凝滞民族，自古以来安居于家，仅烦虑近事者，多为人所赞称。与孔子同时之老子有言曰："邻国相望，鸡犬之声相闻，民至老死不相往来。"中国人民每述此为黄金时代。惟据近世文明，此种状态已全变。人生时期内行动最多，各人之有行动，故文明得以进步。中国欲得近时文明，必须行动。个人之行动为国民之重要部分，每人必须随时随地行动，甚易甚速。惟中国现在尚无法使个人行动容易，因古时大道既已废毁，内地尚不识自动车即摩托为何物。自动车为近时所发明，乃急速行动所必要。吾侪欲行动敏捷，作工较多，必须以自动车为行具。但欲用自动车，必先建造大路。吾于国际发展计画提前一部，已提议造大路一百万英里。是须按每县人口之比率，以定造路之里数。中国本部十八省约有县二千，若中国全国设县制，将共有四千县，每县平均造路二百五十英里。惟县内人民多少不同，若以大路一百万英里除四万万人数，则四百人乃得大路一英里。以四百人造一英里之大路，决非难事。若用予计画，以造路为允许地方自治条件，则一百万英里之大路将于至短时期内造成矣。

中国人民既决定建造大路，国际发展机关即可设立制造自动车之工场。最初用小规模，后乃逐渐扩张，以供给四万万人之需要。所造之车当合于各种用途，为农用车、工用车、商用车、旅行用车、运输用车等。此一切车以大规模制造，实可较今更廉，欲用者皆可得之。

除供给廉价车之外，尚须供给廉价燃料，否则人民不能用之。故于发展自动车工业之后，即须开发中国所有之煤油矿，是当于矿工业中详论之。

第五部　印刷工业

此项工业为以智识供给人民，是为近世社会一种需要，人类非此无由进步。

一切人类大事皆以印刷纪述之，一切人类智识以印刷蓄积之，故此为文明一大因子。世界诸民族文明之进步，每以其每年出版物之多少衡量之。中国民族虽为发明印刷术者，而印刷工业之发达反甚迟缓。吾所定国际发展计画，亦须兼及印刷工业。若中国依予实业计画发达，则四万万人所需印刷物必甚多。须于一切大城乡中设立大印刷所，印刷一切自报纸以至百科全书。各国所出新书以中文翻译，廉价售出，以应中国公众之所需。一切书市，由一公设机关管理，结果乃廉。

欲印刷事业低廉，尚须同时设立其他辅助工业，其最重要者为纸工业。现今中国报纸所用纸张，皆自外国输入。中国所有制纸原料不少，如西北部之天然森林，扬子江附近之芦苇，皆可制为最良之纸料。除纸工场之外，如墨胶工场、印模工场、印刷机工场等皆须次第设立，归中央管理，产出印刷工业所需诸物。

第 六 计 画[①]

矿业与农业，为工业上供给原料之主要源泉也。矿业产原料以供机器，犹农业产食物以供人类。故机器者实为近代工业之树，而矿业者又为工业之根。如无矿业，则机器无从成立；如无机器，则近代工业之足以转移人类经济之状况者，亦无从发达。总而言之，矿业者为物质文明与经济进步之极大主因也。在吾第一计画之第五部中，曾倡议开采直隶、山西两省之煤铁矿田，为发展北方大港之补助计画；但矿业为近代之重要事业，有不可不另设专部以研究之者。中国矿业尚属幼稚，惟经营之权素归国有，几成习惯。此所以发展中国实业，当由政府总其成，庶足称为有生气之经济政策。彼通常人对于矿业多以为危险事业，并谓借用外资以为开采者亦非得计，其所见或未到也。故在此之矿业计画中，择其决为有利者先行举办，兹分别列于左之各种：

（一）铁矿。

（二）煤矿。

（三）油矿。

---

① 此处及本册目录标题中原有"矿业"二字，为使各计画的标题格式一致，故删。

（四）铜矿。

（五）特种矿之采取。

（六）矿业机器之制造。

（七）冶矿机厂之设立。

第一部　铁　矿

在近代工业中，称为最重要之原质者，是为钢铁。钢铁产生于各地者，多见丰富，且易开采。故为国家谋公共利益计，开采铁矿之权，当属之国有。中国除直隶、山西两省经拟开采之铁矿外，其余各地铁矿亦须次第开采。中国内地沿扬子江一带与西北各省皆以铁矿丰富见称，新疆、蒙古、青海、西藏各地亦以铁矿著名。所可惜者，中国经营钢铁事业，现只有汉阳铁厂与南满洲之本溪湖铁厂，其资本又多为日本人所占有，虽云近来获利甚厚，亦不免有利权外溢之叹矣。

广州将开为南方大港，应设立一铁厂。其他如四川、云南等地方之铁矿，亦可次第开采。而后多设钢铁工厂于各处内地，使之便利经营钢铁事业者之需要。至增设之铁厂，应用资本若干，可留为有经验者另行察夺。但以吾之见，因发展中国实业之结果，需铁孔亟，即以相等或加倍于直隶、山西铁厂所用之资本经营之，亦不为多也。

第二部　煤　矿

中国煤矿素称丰富，而煤田之开掘者，不过仅采及皮毛而已。北美合众国每年所采取之煤约六万万吨，如中国能用同一方法采取之，并依其人口之比例以为衡，则产出之煤应四倍于美国。此当为中国将来煤矿之产额，而国际发展实业机关宜注意经营者也。夫煤矿之产于中国各地既多所发见，而其产额亦可以预定，故开采者不特无失败之虞，而利益之厚可断言者。但煤为文明民族之必需品，为近代工业之主要物，故其采取之目的不徒纯为利益计，而在供给人类之用。由此言之，开采煤矿之办法，除摊派借用外资之利息外，其次当为矿工增加工资，又其次当使煤价低落，便利人民，而后各种工业易于发展也。

吾以为当煤矿开采之始，除为钢铁工厂使用外，开始计画当以产出二万万吨备为他项事业之用。沿海岸、河岸各矿交通既便，宜先开采，内地次之。况欧洲各国现思取煤于中国，故吾所定煤之产额，虽当开采之始，亦无过多之虑。待至数年后，当中国工业愈加发达，需煤之数必渐增多，可无疑者。至开采需用之资本若干，与何处矿田应先开采，须留以待专门家用科学之眼光考察之。除煤矿以外，其他一切因煤而产出之工业，可用同一方法经理之。此之新工业，既无人与之竞争，且在中国又有无限之市场，故资本之投放，其利益之大可断言者。

第三部　油　矿

世界中营业公司之最富者，以纽约三达煤油公司①为著，世界中人之最富者，以该公司之创建者乐极非路为最著，于此可以证明开采煤油矿为最有利益之事业。中国亦以富于煤油出产国见称也，四川、甘肃、新疆、陕西等省已发见有油源，虽其分量之多寡，尚未能确实调查。而中国有此种矿产，不能开采以为自用，以至由外国入口之煤油、汽油等年年增加，未免可惜。如待至中国将来汽车盛行之时，煤汽之需用或增至千倍。当此欧美各国煤油正在日渐减缩，由外国输入之煤油、煤汽断不足以供中国之需要，此所以在中国以开采油矿为必要之图也。

此种事业，须由国际发展实业机关为政府经营之。但当经营之始，规模亦当远大。如煤油区域、稠密民居、工业中心以及河岸、海港等地方，皆宜用油管办法互相联络，以使其输送与分配于各地者，更为便利。如此之筹画，须用资本若干方能开办，可留为对于此事业有经验者察夺之。

第四部　铜　矿

中国铜矿亦如铁矿之丰富，经已发见者已有多处。至其矿产之分量，在未开以前均可预计，故办理可无危险。但开采之权须依中国惯例，属之国有，而后由国际发展实业机关投资代为经营。四川、云南与扬子江一带，皆中国铜产最盛之

---

①　三达煤油公司（Standard Oil Company），于《三民主义》亦作三达火油公司，今译标准石油公司；其创办人乐极非路（John Davison Rockefeller），今译洛克菲勒，有煤油大王（石油大王）之称。该公司后改名美孚石油股份公司（Mobil Oil Corporation），不久前又与另一公司合并而成立埃克森美孚公司（Exxon Mobil Companies）。

区。由政府开采之铜矿在于云南北角之昭通者，经已数世纪之久矣。中国向来通用之钱币，几乎全赖云南铜矿以制造之，现今钱币需用之铜仍称大宗。但因云南之铜，输运艰难，价格过高，故多购自外国。非中国缺此种金属，是中国对于此种金属之采取未能发达故也。况铜之为物，除用作钱币外，需用为他种目的者尚多。当中国将来之工业发达，用铜之途必增至百倍。故此种金属，即在中国市场，将必成为需要之大宗。此吾之所以为开采铜矿不可不适用近代机器，而冀其有大宗之出产也。此之事业，应投资若干以为之经营，可留为专门家察夺之。

第五部　特种矿之采取

国际发展实业机关对于各色特种之矿，有可以经营之者。如云南个旧之锡矿，黑龙江之漠河金矿，新疆之和阗玉矿，皆用人力采取，经已数世纪之久矣。此种之矿产皆以丰厚见称，现已开采者不过是矿中之上层，其余大部分因无法排除泉水，尚多埋藏地中。但向来对于此等特种矿产，有为人民采取者，有为政府采取者。如能行用近代机器，并由政府经营，是为最经济之办法也。其他多有已弃置之矿产，如此类者须通行考察，如以为实有利益，即须依国际发展计画再行开采。

至于将来一切矿业，除既为政府经营外，应准租与私人立约办理，当期限既满并知为确有利益者，政府有收回办理之权。如此办法，一切有利益之矿可以从渐收为社会公有，而通国人民亦可以均沾其利益矣。

第六部　矿业机械之制造

各种金属之埋藏于独一地域者不过一小部分，而散产于各地者广狭亦各有不同，故对于各种矿业之经营，有为政府不能自办，当留为私人办之。譬如农业，私人经营者利益常丰，矿业亦如是也。

如欲望矿务之发展，国家必须采用宽大之矿律。政府所雇用之专门技师，应自由予以指导与报告；公司、银行，应予以经济之帮助。此国际发展机关对于普通矿业，只当为之制造各种矿业器具与机械，以供给业矿者之使用。至此器具与机械之出售者，无论其为现金，或为赊借，必须定以最低廉之价，而后能使之遍为分配于中国之多余工人，矿业自日臻发达。矿业既日臻发达，器具与机械之需要必日多。若依此办理，即制造矿业器具机械之利益，已无可限量矣。但此等工厂，在开始时期只宜从小经营，待至矿业日臻发达而后从渐推广。故吾以为此种之第一工厂须设立于广州，盖因广州为西南矿区之口岸，获取原料、延请技师亦较他处为便易也。至其他之工厂，应设立于汉口与北方大港各地。

第七部　冶矿厂之设立

各种金属之冶铸机厂，应遍设于各矿区，使之便于各种金属之化炼。此等冶铸机厂，应仿合作制度组织之。当其始也，生矿之收集，价格必廉。迨后金属之出售，无论其在中国或外国市场。而此种冶铸工夫，可以分享其一分之利益，用以抵偿各种费用、利息与冗费。其他之剩余利益，应按各种工人之工资并各资本家所供给于铸炉之生矿之多寡比例分配之。如此办法，对于私人之经营矿业者，既可以资鼓励，而工业之基础亦可因之以成立。但机厂之设立须依各区之需要，由专门家以定其规模之大小，而设中央机关以管理之。

结　　论

世界有三大问题，即国际战争、商业战争与阶级战争是也。在此国际发展实业计画中，吾敢为此世界三大问题而贡一实行之解决。即如后达文而起之哲学家之所发明人类进化之主动力，在于互助，不在于竞争，如其他之动物者焉。故斗争之性，乃动物性根之遗传于人类者，此种兽性当以早除之为妙也。

国际战争者无他，纯是一简直有组织之大强盗行为耳。此等强盗行为，凡有心人莫不深疾痛恨之。当美国之参加欧战也，遂变欧战而为世界之大战争。美国人民举国一致，皆欲以此战而终结将来之战，为一劳永逸之计焉。世界爱和平之民族之希望莫不为之兴起，而中国人民几信为大同之世至矣。惜乎美国在战场上所获之大胜利，竟被议席间之失败而完全推翻之，遂至世界再回复欧战以前之状况，为土地而争、为食物而争、为原料而争将再出见。因此之故，前之提倡弭兵者，今则联军列强又增加海军，以预备再次之战争。中国为世界最多人口之国，将来当见有最大之代价也。

十余年前列强曾倡瓜分中国，俄罗斯帝国且实行殖民满洲，后因击〔激〕动日本之义愤，与俄战争，得以救中国之亡。今则日本之军国政策，又欲以独力并吞中国。如中国不能脱离列强包围，即不为列国瓜分，亦为一国兼并。今日世界之潮流似有转机矣。中国人经受数世纪之压迫，现已醒觉，将起而随世界之进步，现已在行程中矣。其将为战争而结合乎？抑为和平而结合乎？如前者之说，是吾中国军国主义者与反动者之主张，行将以日本化中国。如其然也，待时之至，拳匪之变①或将再见于文明世界。但中华民国之创造者，其目的本为和平，故吾敢证言曰：为和平而利用吾笔作此计画，其效力当比吾利用兵器以推倒满清为更大也。

吾现所著之《实业计画》经已登载各报、各杂志，流传于中国者不止一次，几于无处无人不欢迎之，并未闻有发言不赞成之者。但彼等所虑者，谓吾所提议之计画过于伟大，难得如此一大宗巨款以实行之耳。所幸者，当吾计画弁首之部寄到各国政府与欧洲和会②之后，巴黎遂有新银行团之成立，思欲协助中国发展天然物产。闻此举之发起人出自美国政府，故吾等即当开办之始，亦不患资本之无着也。

在列强之行动如系真实协力为共同之利益计，而彼之主张军国主义者，欲为物质向中国而战争者，自无所施其伎俩③。此无他，盖为互助而获之利益，当比因竞争而获之利益更为丰厚也。彼日本之武力派，尚以战争为民族进取之利器，彼参谋本部当时计画十年作一战争。一八九四年以一最短期之中日战争，获最丰之报酬，于是因之而长其欲。一九零四年日俄之役获大胜利，所得利益亦非轻小。最后以一九一四年之大战争，复加入联军④以拒德国，而日本以出力最微，费财至少，竟获一领土大如未战前之罗马尼亚、人口众如法国之山东。由此观之，在近三十年间，日本于每一战争之结局即获最厚之报酬，无怪乎日本之军阀以战争

① 指一八九九年至一九〇〇年的义和团运动，义和团原名义和拳，"拳匪"为对其蔑称。

② 欧洲和会系指凡尔赛会议，即一九一九年一月至六月在法国凡尔赛市（Versailles）凡尔赛宫（Chateau de Versaille）举行的战后会议，因凡尔赛宫位于巴黎西南郊，故亦称"巴黎和会"。

③ "伎"通"技"，伎俩原作技俩。

④ "联军"，指第一次世界大战中协约国一方即英、法、俄等国组成的联合军队。日本于一九一四年八月参战。

为最有利益之事业也。

试以此次欧战最后之结果证之，适得其反。野心之德国，几尽丧其资本与利益，与其他难于计算之物。法国虽以战胜称，实亦无所得。今中国已醒觉，日本即欲实行其侵略政策，中国人亦必出而拒绝之。即不幸中国为日本所占领，不论何时何处，亦断非日本所能统治有利。故以吾之见，日本之财政家当比日本之军阀派较有先见之明，此可以满洲、蒙古范围地之争持证之。以财政家得最后之胜利，如是日本即舍弃其垄断蒙古之政策，而与列强相合成立新银团。若此新银团能实行其现所提倡之主义，吾中国人素欲以和平改造中国者，必当诚意欢迎之。故为万国互助者当能实现，为个人或一民族之私利者自当消灭于无形矣。

商业战争，亦战争之一种，是资本家与资本家之战争也。此种战争无民族之区分，无国界之限制，常不顾人道，互相战斗。而其战斗之方法即减价倾轧，致弱者倒败，而强者则随而垄断市场，占领销路，直至达其能力所及之期限而止。故商业战争之结果，其损失、其残酷亦不亚于铁血竞争之以强力压迫也。此种之战争，自采用机器生产之后已日见剧烈。彼司密亚丹派之经济学者，谓竞争为最有利益之主因，为有生气之经济组织；而近代之经济学者则谓其为浪费，为损害之经济组织。然所可确证者，近代经济之趋势适造成相反之方向，即以经济集中代自由竞争是也。美国自有大公司出见，即有限制大公司法律，而民意亦以设法限制为然。盖大公司能节省浪费，能产出最廉价物品，非私人所能及。不论何时何地，当有大公司成立，即将其他小制造业扫除净尽，而以廉价物品供给社会，此固为社会之便利。但所不幸者，大公司多属私有，其目的在多获利益，待至一切小制造业皆为其所压倒之后，因无竞争，而后将各物之价值增高，社会上实受无形之压迫也。大公司之出见系经济进化之结果，非人力所能屈服。如欲救其弊，只有将一切大公司组织归诸通国人民公有之一法。故在吾之国际发展实业计画，拟将一概工业组成一极大公司，归诸中国人民公有，但须得国际资本家为共同经济利益之协助。若依此办法，商业战争之在于世界市场中者，自可消灭于无形矣。

阶级战争，即工人与资本家之战争也。此种之战争现已发见于各工业国家者，极形剧烈。在工人则自以为得最后之胜利，在资本家则决意以为最苦之压迫。故此种之战争，何时可以终局，如何可以解决，无人敢预言之者。中国因工业进步之迟缓，故就形式上观之，尚未流入阶级战争之中。吾国之所谓工人者通称为"苦力"，而其生活只以手为饭碗，不论何资本家若能成一小工店予他等以工作者，将必欢迎之。况资本家之在中国寥若晨星，亦仅见于通商口岸耳。

发展中国工业，不论如何必须进行。但其进行之方，将随西方文明之旧路径而行乎？然此之旧路径，不啻如哥伦布初由欧至美之海程。考其时之海程，由欧洲起向西南方，经加拿利岛至巴哈马群岛之圣沙路华打①，绕程极远，与现行之航线取一直捷方向，路程短于前时数倍者，不可同日而语矣。彼西方文明之路径，是一未辟之路径，即不啻如哥伦布初往美国之海程，犹人行黑夜之景况。中国如一后至之人，可依西方已辟之路径而行之，此所以吾等从大西洋西向而行，皆预知其彼岸为美洲新大陆而非印度矣②，经济界之趋势亦如是也。夫物质文明之标的，非私人之利益，乃公共之利益。而其最直捷之途径不在竞争，而在互助。故在吾之国际发展计画中，提议以工业发展所生之利益，其一须摊还借用外资之利息，二为增加工人之工资，三为改良与推广机器之生产，除此数种外，其余利益须留存以为节省各种物品及公用事业之价值。如此，人民将一律享受近代文明之乐矣。前之六大计画，为吾欲建设新中国之总计画之一部分耳。简括言之，此乃吾之意见，盖欲使外国之资本主义以造成中国之社会主义，而调和此人类进化之两种经济能力，使之互相为用，以促进将来世界之文明也。③

---

①　加拿利岛（Islas Canarias），今译加那利群岛，位于大西洋，属西班牙；巴哈马群岛（Bahama Islands），位于加勒比海，今属巴哈马国；圣沙路华打（San Salvador），今译圣萨尔瓦多岛，又名华特林岛（Watling Island），巴哈马群岛之一岛。

②　此处所言，系指哥伦布（Cristoforo Colombo）于一四九三年发现美洲新大陆时，误以为到达印度（India），故亦称当地居民为印度人（Indian）。后来西方始将这些美洲土著改称为American Indian或Red Indian，而在中国则将美洲的Indian改译为印第安人。

③　自"前之六大计画"起至结尾文字乃经孙文亲笔修改，兹录《建国方略》民智再版本修改前原文以供参阅："前之六大计画，为吾欲建设新中国之总计画之一部分，然亦皆欲对于中国使资本主义变而为社会主义。故此二种人类进化之经济权能，必在将来之文化中相依而行矣。"

附　　录

一、关于广州至重庆与兰州支线
之借款与建筑契约草案①

此之契约，经于中华民国二年七月四日即西历一九一三年七月四日成立于上海。关于此契约之双方当事人，一为中国国家铁路公司，一为波令有限公司（Pauling and Company，Limited②）。中国国家铁路公司经于中华民国元年九月九日即西历一九一二年九月九日由总统命令委任，并于中华民国二年三月三十一日即西历一九一三年三月三十一日经大总统公布公司章程在案③，故即以公司定名。波令有限公司现设立于伦敦城维多利亚街第二号④，为立契约人等。现经双方当事人同意，议定契约条文如下：

第一条

立契约人承诺借巨款与中华民国，年息五厘，专为兴筑广州至重庆之铁路费用。其总额若干，须经双方预为议定。此借款开始所发行之债券，名曰"一九一三年中国国办广州重庆铁路五厘公债券"。

第二条

此借款之用途，专为由广州至重庆铁路之建筑与器具之费用。至其必要之用具，再详细开列于第十七条之详细契约中。

第三条

对于借款之摊还与利息之交付，则由中华民国政府并以广州重庆铁路之监察权为之担保。

---

① 在本标题（包括本册目录标题）及正文中，凡英文本提及 Canton 之处皆被译为"广东"，今由编者改作"广州"以符文意。

② 所附英文名称，据英文本增 Limited 一词。

③ 以上二事，指袁世凯命令授予孙文"筹画全国铁路全权"，以及袁世凯公布经参议院修改通过的《中国铁路总公司条例》。该铁路公司于一九一二年十一月十四日在上海成立，孙文任总理。

④ 据英文本，波令有限公司的地址在维多利亚街（Victoria Street）二十六号。

此之监察权，为契约人对于该路为其债券所有者之援助应享有之第一抵押品。此之抵押品，即如当建筑铁路之时，各种费用与铁路材料、车料与屋宇等之买卖是。

如利息应偿还款项之全数或一部分，不能如所订之期限交付时，立契约人为其债券所有者援助计，有权将该项权利加入于特别抵押品内。

第四条

当铁路尚在建筑时期，凡债券与借款之利息经立契约人订定者，应由借款项下支付。凡由借款所加入之利息，若当建筑时期尚未支出者，与铁路公司已成立之一部分铁路之收入，须移用为补偿应摊还利息之总数。若再有不足，则由借款补足。

当铁路全部建筑完工后，其债券之利息可由该铁路公司之铁路入息或其他项收入支付。但对于此项办法之详细契约，另详于此契约之第十七条。

不论何时，若铁路之收入与借入之存款合计之，尚不足偿还债券之利息与载在详细契约中所借入期单应偿还之资本，中华民国政府为保证此契约起见，应正式承认将此借款之欠负与载在第十七条详细契约所偿还之利息，一并交付。

第五条

发行之债券，即作为中华民国政府之债券。

第六条

债券应分为二次或二次以上发售。第一次所发出之总额，须在金磅一百万至二百万之间，惟须当此契约第十七条之详细契约双方签名之后，即刻实行。此债券之发行价格，应由铁路公司与立契约人协同依同样债券为基础，以议定市面价格。此之价格，因包含债券发行于各国所需用之印花，故比其原定价格略低。此种债券至少须百分之五十在英伦发行。百分之四为立契约人抽收，即每一百金磅可照债券之发行之价抽收四磅。

当十七条详细契约既定、债券亦将发行时候，立契约人须先存贮五万金磅于银行，入为广州重庆铁路公司数目。此之总数，若经铁路总理之命令并总会计与总工程师之签名，可以随时提取作为测量及各种必需之费用。至此五万金磅之总数，订定每年利息五厘，将来由借款项下拨出归还。

第七条

借款须存贮于银行，由立契约人声明并担保作为广州重庆铁路数目。如此办法，可再由第十七条之详细契约中商着办理。

当建筑工程经已开始，一相等于在中国足充六个月用度之数额，须交付存贮于设立在中国之银行，入为广州重庆铁路数目，并可由该铁路公司支用。但须得总会计与总工程师会签方为有效。此六个月用度之总额，可接续依月递交，存贮于中国之银行。

第八条

当详细契约签押之后，此铁路公司即须于广东省城另设一广州重庆铁路事务所。此之事务所，应设中国总理一人，由铁路公司派委；英国总工程师及英国总会计各一人，由铁路公司与立契约人协同择定，而后由铁路公司任命。但所雇用英国职员，若得铁路公司与立契约人之同意，并可以革除。

此项职工应尽之义务，在增进铁路公司与债券所有者之共同利益，故每当有问题发生，必须有铁路公司与立契约人共同秉公处理。英国总工程师与总会计之薪金及期限，由铁路公司与立契约人订定，即由铁路数目项下支出。

凡关于管理铁路之重要人员，如有有经验、有技能之欧洲人与有能干之中国人，均须一体并用。如此等一切之任用与其权限之规定，须由总理与总工程师会商办理，呈请铁路公司核准。至雇用于总会计部之欧人，均须依同一方法办理。如欧洲职员有失德行为或不称职时，总理与总工程师会商呈请公司核准，可将该职员革除。至雇用欧洲职员所订之契约，须与普通所用者相同。

凡在总会计部之收入数目及铁路建筑与管理之支出数目，须用中、英两国文字。总会计须依此办法办理报告，分呈于总理与代表债券所有者之立契约人。但此项数目之收入与支出，必须经总会计承认，并总理核准。

当铁路建筑完工之后，凡关于铁路之通常应办事宜，须由总理与总工程师会商办理，并须随时报告于铁路公司。

总工程师之责任，在使铁路办理妥善，节省经费，至普通事宜须会商总理进行。副工程师当建筑时期，其责任如何，再详示于本契约中第十七条之详细契约。

总工程师须遵奉铁路公司意思与命令。惟此项意思与命令，不论其为直接授予或经总理转达，均须一体照办。并须对于铁路之建筑与维持随时留心料理。

为养成中国铁路人才起见，总理若得铁路公司之核准，可设一铁路专门学校。

第九条

立契约人担认建造与完成此铁路，并得由该铁路所用之建筑物与器具之确实所值价格抽取百分七之数量。"器具"二字之意思，包含铁路用以驾驶之一切器用，如车料、车头为驾驶而用者皆是。

"器具"之名词，若明白解释之，凡对于铁路已建筑完全、经已购器使用之后，所购入之各物不包含在内。更为详明解释之，凡因建筑铁路买入之地价，与总理、总会计、总工程师及各办事人员之薪俸，不能列入建筑与器用之名词之意思内。

立契约人有权依章建筑支路至甘肃省之兰州。如或得双方之同意，并可建筑同长铁路至中国之他部地方。此种之权限，在由铁路兴工之始七年内有效。

其余一切关于建筑铁路与购办器具之事宜，遵照本契约第十七条之详细契约办理。

第十条

一切沿铁路边旁之田地，经测量指定，系依详细计画用为旁路、车站、修理店与车房之用者，可由公司依确定之价值收买，并须由借款内照给。

第十一条

立契约人依照详细契约所规定，须将每段已完工之铁路交出铁路公司，以备使用。

第十二条

立契约人须派董事为债券所有者之代表。至其应领取之薪金，别以详细契约定之。

第十三条

中华民国政府对于现建筑或已驶行之铁路与属于铁路之一切财产，并将雇用中国或外国人员，皆须饬各地方官极力保护。铁路得设立警察队与警察官，其薪金与费用须由铁路建筑费用项下支给。若铁路遇有事故，须要政府兵力时，须由铁路公司呈明，迅速派人驻守。但此等兵队，须由政府供给费用。

第十四条

凡用以建筑铁路之各种材料，无论其由外国购办抑由本省采取，若为铁路使用且在免税限内者，须一律免除厘金与关税。凡债券、票据与铁路之入息，须由中华民国政府免除各种征抽。

第十五条

为奖励中国工业起见，若中国材料之价值与物质均称适宜，须一体劝用。英国制造货物与由他国运来之货物比较，若系同物质并同价值者，英国货物有优先权。

第十六条

立契约人得铁路公司之核准与承诺，可将全部或一部之利益、权利与事权转让与承受人或授予人。

第十七条

当此契约经已画押，即须送呈中华民国政府核夺。若经中华民国政府批准，然后将此契约由双方协定，另订详细契约。

第十八条

此契约既经批准与承诺，中华民国政府须将此事实照会驻京英国公使。但此之批准，必须将第十七条之详细契约统括之。

第十九条

此之契约须按照英、中两国文字缮写四张，一送呈于中华民国政府，一送呈于驻京英国公使，一留存于立契约人。若对于此契约之解释有疑义发生时，英文底本即作为标准。

中华民国二年即一九一三年七月四日①

关于契约双方当事人画押于上海②

---

① 此行原作"中华民国二年七月四日即一九一三年"，今据英文本原意更改。

② 当时由双方负责人，即中国铁路总公司的孙逸仙总理和英国波令有限公司的法伦许勋爵（Lord French）草签。

二、驻京美国公使芮恩施覆函

孙先生大鉴：

来函经于二月一日收到。函内手著《国际共同发展中国实业计画》①，拜读之余，良深钦佩。先生对于此重要问题，能以宏伟精深之政策运用之，可喜可贺。尊意以为发展中国实业，须联合国际共同办理，凡命为中国朋友者，应当竭力赞助。前者列强每当战争告终，即施其所谓势力范围与割让、租借等手段，是不幸事，人皆知之。尊意以为革除彼向来恶习为必要之图，故提倡用一联合政策，由国际机关与中国共同发展中国之实业，所见甚是。若依此办法，中国应享之权利无不可保矣。

吾甚望中国情形有所变更，一切中国人民将利用其钱财为生利之事业，而共襄助此伟大之经营也。吾甚望中国政府奖励其本国工业，使以其本国无限之资本用为生产，其日不远。盖因政府有建设之政策，信用自生也。

若先生许吾进言，吾欲将先生之伟大计画为之介绍，或可使世界原料与资本生一密切之关系。吾人皆知现残余之欧洲亟需资以恢复，而他国又以发展伟大计画而求资，如此之发展中国实业计画，必须认定其最急迫最密切之需要，而后共同联合整顿输运，使在如此之计画中占一永久位置。故为目前计，五万英里之铁路似可最敷需用。如此，可使中国西北部之丰富无人境域，交通利便，移民居住，既可以救济沿海岸一带人居过密之各省不至受经济之压迫，亦可以使中国西、北两部之丰富区域能与中国各部及世界各国有通商之机会也。

中国对于煤铁矿之发展，尤为要图。煤与铁，近代工业主义之两大原料也。如中国欲发展此两项工业，应设法利用外资，为之援助。但不可不注意者，一面当留存煤铁为其本国之需，一面当阻止中国之钢铁事业抵押于外人，如此而后不至危及中国此项伟大之事业。币制之改良与内地税率管理之改良，亦对于中国经济与工业之发展有大关系之大问题也。现在最大出产之土地，而又为中国急迫之

---

① 此指其绪论，下同。芮恩施覆函不久，即将该件复本送交美国国务卿蓝辛（Robert Lansing）。

需要者，是为农业。此无他，农产，一国之所赖以供养也。就现时计之，中国之人口几百分之八十为农业。中国之大问题在使人民衣食丰足，故改良农业、开辟新地、整顿灌溉与保护工人、奖励畜牧、发展棉业、改良丝茶及改良中国种子等事业，尚须注意者甚多。若从此开始，亦可导中国于繁盛，或可使其国人民投资于各项事业。若舍此不顾，欲保证实业之发达，盖亦难矣。

就现时言之，吾之所切望者，注重于改良输运、币制、税则、煤铁、农工等事业。然在先生大计画中所包括者，亦不外上列之各种具体办法也。

试就此发展实业计画言之，吾信以为吾等所应留意者，不在讨论新国家，而在讨论一社会秩序极错综而又为以农工商业立国久有经验之国家。在吾之意，至要者为工业，但工业变用新法不可过急，只可将旧艺术、旧习惯由渐改进。如制造丝与磁等工业之艺术技能，须设法保存，不可以省工廉价求售。如食物出口，若非确知为生产之剩余者，即须禁止。不然，若食物价格之在中国，起而与世界市场之食物价格相等，中国将必大受恐慌，可无疑者。近代机关之组织，中国人有不可不知者，是对于一公司办事员应用何权限，并该公司与股东有何关系是也。若中国人不知适用公司，国债机关之设立亦断无效果。兹更有进者，中国人素以诚实见称，尤不可因改用新法以经营事业，遂弃置其原有性质也。吾上所述之各点，亦不过欲使中国成一更良善之组织，前日之好习惯固当保全，而社会之秩序亦不至因急速改革而受搅扰也。

先生欲整顿中国，因而利用一最适时宜办法，成一国际共同发展实业计画。高言伟论，当为道贺。此亦足见今日为中国人民领袖之心理，已日渐趋重于国家建设之事业。若奋其能力以成此事业，将来中外人民日相亲密，使将来之发展得与世界之发展共同提携，此为最可喜者也。

先生发展实业计画有更详明者，请赐一纸，不胜铭感。

芮恩施敬上

一九一九年三月十七日于北京①

---

① 此处据英文本增"于北京"三字。

三、美国商务总长刘飞尔①覆函

孙逸仙大人阁下：

得奉三月十七日赐函，内附《国际共同发展中国计画》，披阅之下，兴味不穷。而阁下之所谓中国之经济发展将为人类全体最大利益，不特中国人食赐，尤所赞成也。

以阁下所提计画如此复杂，如此溥徧②，即令将其备细之点规画完竣，亦须数年。阁下亦明知书案中一小部分尚须数十万万金元③，而其中多数在初期若干年间，不能偿其所投之利息与经费。是故，其必要之债所需利息如何清付，实为第一须决之问题。以中华民国收入，负担现在国债利息太重，难保新增之息必能清付。则今日似必要将此发展计划限制，以期显有利益足引至私人资本者为度。

合众国政府一致努力以表示无私之友谊于中国人民，并愿由各种正当之途径，以参与增进华人最上利益之计画也。

远承赐教，感谢无已。敬颂勋祺。

商务总长刘飞尔谨启

一九一九年五月十二日于华盛顿④

四、意大利陆军大臣嘉域利亚将军⑤覆函

敬启者：蒙惠赐以关于如何以国际共同组织使用战时所产洋溢之制造能力，而开发中国最大宝藏之〈有〉兴味之计画，不胜感谢。虽在此计画亦有与相附丽之实际困难，稍须顾虑，而以其所造之深与其带有现代精神之活气，使我不禁为

---

① 此处及本册目录标题增"刘飞尔"三字。刘飞尔（William Cox Redfield），今译雷德菲尔德。

② "溥"通"普"，"徧"通"遍"，溥徧与普遍同义。

③ 金元（Dollar），即美金，或称美元。

④ 此处据英文本增"于华盛顿"四字。

⑤ 嘉域利亚（Enrico Caviglia），今译卡维里亚。

最高之代〔评〕价也。

为人道之利益，为贵国之进步，吾愿阁下此计画之完全成功。专此布达悃诚。

嘉域利亚　一九一九年五月十七日于罗马①

五、北京交通部顾问之铁路专门家碧格君②投函

孙逸仙先生阁下：

敬启者：得读《远东时报》六月号所载尊著论文③，敢以一铁路专门家之资格，敬表喜忭之忱。

在阁下所选定路线，仆在此时虽难遽言赞成、反对，但以一铁路联结广大之农业腹地与人口稠密之海岸之理想，感我实深。窃谓阁下于此已于铁路经济理论上致一具体之贡献。即此路线自身，已能蠲解滞积，开辟一生产区，使食料价可较贱，以职业授巨额之退伍兵卒，又能使大量之硬币得有流转，而通货之位置将循之以为于正也。

在仆尤有庆者，则大著正以此时发表，而仆适亦应《横贯太平洋》杂志④社主之求，曾草一论，恰亦触及此种思想径路。此论非至七月不能发表，则阁下之意见，对于现在此点着想，使怀疑我者大足以开悟之矣。

冒昧致书，惟冀鉴原。又信阁下此种启沃思想敏妙之作，必将有继此而宣于世者也。专此，敬颂勋祺。

碧格谨启　一九一九年六月十七日于北京⑤

---

① 此处据英文本增“一九一九年五月十七日于罗马”十三字。

② 碧格（John Earl Baker），今译贝克，美国人，时任北京政府交通部路政司顾问，著有《中国述论》（*Explaining China*）一书。

③ 此指发表于上海英文杂志《远东时报》第十五卷第六期（一九一九年六月出版）的“Dr. Sun Yat-sen's Program for the International Development of China”一文，所载者为《实业计画》第一计画。主办该杂志的美国人李布兰（George Bronson Rea）与孙文熟稔，且曾任他的铁路顾问。

④ 《横贯太平洋》（*Trans-Pacific*）。

⑤ 此处原为“六月十七日”，今据英文本增“一九一九年”、“于北京”共八字。

六、美国名士寓居罗马以世界中都
计画著名之安得生君覆函①

逸仙先生足下：

六月十九日赐书，已由罗马敝事务所转到此处，甚谢，甚谢。并承瑰伟之补助战后整顿实业之案与《国际共同发展中国计画》相贻，尤感。

奉读尊著计画，旁擘附图而及于先生所与理则的且有力的论据，觉其兴味深永。谨此布庆悦之忱。

吾完全确信先生之高尚理想必将实现，非惟以为中国国家人民之福利而已，又以为世界各人种之利益与繁荣计也。

以饶富之贵国，粮食、矿产、煤铁等等天然富源素称丰富，从前虽为各国所忽略，今则不然矣。而先生之活动发展计画与其展开培成，在使此全未触及之广大处女地，以最经济、最实用之方法运其产物于世界市场之前。是先生绝无私心，专为人道求其利益，是为希有②之人，且明晰显出先生深重之国际同情也。

夫发展中国富源者，不特于贵国实业商务与之新刺激、新能力，且为贵国之人民谋其不可胜计之利路而已，又以不可否认且无限之利益付与一切国家之一切人民。此所以政府及外国财政家，对于先生之计画与以最深细之考查及援助，而襄同先生以实现比最大之人道的计画，不应更有所踌躇也。凡此在北直隶建筑北方大港，由此港直通中国西北边陲，建一铁路系统，又浚一运河，构成中国北部、中部与此港联络之内地水路统系，且开发山西煤铁矿区，不仅其所需以作制铁、炼钢工程者使贵国数百万人得其职役，抑且广开门户，随之以利益，以容多数国

---

① 安得生（Hendrick Christian Andersen），今译安德森，寓居意大利的美国雕塑家。他提出的"世界中都计画"，或如下文所译"世界交通中心之计画"，原文为 the plans of "International World Centre of Communication"，意在建立一个世界精神文明中心，即集合各国优秀的文化、艺术、科学、经济成果于一公共都市，进而发展成为政治交流中心，以促进国际和平友谊。他早在一九一三年就将该计画书寄赠孙文，而孙文迟至一九一八年始得阅览，此后双方多次通函。一九一九年二月孙文致函安得生时曾以《实业计画》绪论相赠，过后不久，安得生在巴黎将该件复本递交到访的美国总统威尔逊。

② "希"为"稀"古字，希有与稀有同义。

家组织完美之无数实业也。

先生于我世界交通中心之计画辱予赞助，且将以先生所经营之《建设》杂志绍介此思想于贵国人民①，使我益加奋厉矣。

此都市如建立于中立地区，则立可以应国际联盟之必然的需要，作为其实际之骨干，而能成为受治于国际司法法庭之下最庄严之行政中心矣。

吾已将此世界中都之图及案送与各国之政府及主权者，并拟于十月一日起赴华盛顿，以展览各图原本，并亲自由纯然实际经济的观察点说明此种计画于各国代表之前。此等代表拟于此处集合，以助国际联盟之组织也。

吾又尝致函威尔逊总统，彼接吾图案之后，答吾谓彼视此计画之价值甚高。吾望此世界交通中心之计画，不久能为实现之中都，将以各国最高自然产物与最重要之实业成功致之于集中点，且使之确定意义，显出此种贡献，乃向于友谊的社会及经济关系为最初决定之一步，而建立此种联合之实用无可批难者也。

将纪念于此海上、空中、陆地战场，为求公道之战胜，为人道扫除榛莽以进于和平，为将来不受暴君压迫之自由而抛其生命之数百万人之英雄奋斗与高尚的牺牲，诸国应各有所献纳，共建造维持此和平都市，以为国际之为丰碑也。

对于先生高尚之计画，吾抱有最深厚之同情；而于先生对于我计画有此深切之兴味，尤吾所引以为庆者也。专布悃忱，藉申敬意。

一九一九年②八月三十日

轩特力·安得生启于萨丁诺③

---

① 孙文在上海创办的《建设》杂志，后于第一卷第五号（一九一九年十二月一日发行）刊载朱执信《世界中都计画》（未完）一文予以详细介绍，并赞扬该计画显现"国际主义价值"。

② 此处据英文本增"一九一九年"五字。

③ 萨丁诺（Sardegna）岛，今译撒丁岛，该岛即为意大利撒丁自治区，位于地中海。

建国方略之三

民权初步（社会建设）

序

中华民族，世界之至大者也，亦世界之至优者也。中华土地，世界之至广者也，亦世界之至富者也。然而以此至大至优之民族，据此至广至富之土地，会此世运进化之时、人文发达之际，犹未能先我东邻①而改造一富强之国家者，其故何也？人心涣散，民力不凝结也。

中国四万万之众等于一盘散沙，此岂天生而然耶？实异族之专制有以致之也。在满清之世，集会有禁，文字成狱，偶语弃市，是人民之集会自由、出版自由、思想自由皆已削夺净尽，至二百六十余年之久。种族不至灭绝亦云幸矣，岂复能期其人心固结、群力发扬耶！

乃天不弃此优秀众大之民族。其始也，得欧风美雨之吹沐；其继也，得东邻维新之唤起；其终也，得革命风潮之震荡。遂一举而推覆异族之专制，光复祖宗之故业，又能循世界进化之潮流而创立中华民国。无如国体初建，民权未张，是以野心家竟欲覆民政而复帝制，民国五年已变为洪宪元年矣！所幸革命之元气未消，新旧两派皆争相反对帝制自为者，而民国乃得中兴。今后民国前途之安危若何，则全视民权之发达如何耳。

何为民国？美国总统林肯氏有言曰："民之所有，民之所治，民之所享。"②此之谓民国也。何谓民权？即近来瑞士国所行之制，民有选举官吏之权，民有罢免官吏之权，民有创制法案之权，民有复决法案之权，此之谓四大民权也。必具有此四大民权，方得谓为纯粹之民国也。革命党之誓约曰"恢复中华，创立民国"，盖欲以此世界至大至优之民族，而造一世界至进步、至庄严、至富强、至

---

①　指日本。

②　孙文后于一九二一年三月演讲中又将之译为"民有、民治、民享"。此指林肯（Abraham Lincoln）于一八六三年十一月十九日在葛底斯堡（Gettysburg）发表演说时，所提出的建立"民有、民治、民享政府"（government of the people，by the people，for the people）的著名见解。

安乐之国家，而为民所有、为民所治、为民所享者也。

今民国之名已定矣。名正则言顺，言顺则事成，而革命之功亦以之而毕矣。此后顾名思义，循名课实，以完成革命志士之志，而造成一纯粹民国者，则国民之责也。盖国民为一国之主，为统治权之所出，而实行其权者，则发端于选举代议士。倘能按部就班，以渐而进，由幼稚而强壮，民权发达，则纯粹之民国可指日而待也。

民权何由而发达？则从固结人心、纠合群力始。而欲固结人心、纠合群力，又非从集会不为功。是集会者，实为民权发达之第一步。然中国人受集会之厉禁，数百年于兹，合群之天性殆失，是以集会之原则、集会之条理、集会之习惯、集会之经验皆阙然无有。以一盘散沙之民众，忽而登彼于民国主人之位，宜乎其手足无措，不知所从，所谓集会则乌合而已。是中国之国民，今日实未能行民权之第一步也。

然则何为而可？吾知野心家必曰"非帝政不可"，曲学者必曰"非专制不可"。不知国犹人也，人之初生不能一日而举步，而国之初造岂能一时而突飞？孩提之举步也，必有保母教之，今国民之学步亦当如是。此《民权初步》一书之所由作，而以教国民行民权之第一步也。

自西学之东来也，玄妙如宗教、哲学，奥衍如天、算、理、化，资治如政治、经济，寿世如医药、卫生，实用如农、工、商、兵，博雅如历史、文艺，无不各有专书，而独于浅近需要之议学则尚阙如，诚为吾国人群社会之一大缺憾也。夫议事之学，西人童而习之，至中学程度则已成为第二之天性矣，所以西人合群团体之力常超吾人之上也。

西国议学之书不知其几千百家也，而其流行常见者亦不下百数十种，然皆陈陈相因，大同小异。此书所取材者不过数种，而尤以沙德氏之书①为最多，以其

---

① 沙德（Harriette Robinson Shattuck），今译哈丽雅特·沙特克，美国女作家，曾任马萨诸塞州众议院助理秘书，此指其所著《议会规则的妇女手册：实际例证尤其适用于妇女团体》（*The Woman's Manual of Parliamentary Law：With Practical Illustrations Especially Adapted to Women's Organizations*），一八九一年初版发行，一八九五年在波士顿增订再版。该书系参考前人有关议事规程的多种著作撰成，条理分明，易于领悟，故《民权初步》（初版本名为《会议通则》）的基本内容和章节结构主要是以此为蓝本进行编译，并根据中国国情及孙文本人的见解加以增删取舍。另据蒋梦麟忆述，一九一一年孙文旅美时曾嘱他与刘成禺翻译美国军人罗伯特（Henry Martyn Robert）的同类著作，即一八七六年在芝加哥初版发行的《议事规则袖珍手册》（*Pocket Manual of Rules of Order for Deliberative Assemblies*），后未译出，但在《民权初步》某些段落仍可见到对一九一五年出版的《罗伯特议事规则修订本》（*Robert's Rules of Order Revised*）有所吸收的痕迹。

显浅易明，便于初学，而适于吾国人也。此书条分缕析，应有尽有，已全括议学之妙用矣。自合议制度始于英国，而流布于美欧各国，以至于今，数百年来之经验习惯可于此书一朝而得之矣。

此书譬之兵家之操典，化学之公式，非流览诵读之书，乃习练演试之书也。若以流览诵读而治此书，则必味如嚼蜡，终无所得。若以习练演试而治此书，则将如啖蔗，渐入佳境，一旦贯通，则会议之妙用可全然领略矣。

凡欲负国民之责任者，不可不习此书。凡欲固结吾国之人心、纠合吾国之民力者，不可不熟习此书。而遍传之于国人，使成为一普通之常识。家族也、社会也、学堂也、农团也、工党也、商会也、公司也、国会也、省会也、县会也、国务会议也、军事会议也，皆当以此为法则。

此书为教吾国人行民权第一步之方法也。倘此第一步能行，行之能稳，则逐步前进，民权之发达必有登峰造极之一日。语曰："行远自迩，登高自卑。"吾国人既知民权为人类进化之极则，而民国为世界最高尚之国体，而定之以为制度矣，则行第一步之工夫万不可忽略也。苟人人熟习此书，则人心自结，民力自固。如是，以我四万万众优秀文明之民族，而握有世界最良美之土地、最博大之富源，若一心一德以图富强，吾决十年之后必能驾欧美而上之也。四万万同胞行哉勉之！

民国六年二月二十一日　孙文序于上海

卷一　结　会

第一章　临时集会之组织法

一节　会议之定义

凡研究事理而为之解决，一人谓之独思，二人谓之对话，三人以上而循有一定规则者则谓之会议。无论其为国会立法，乡党修睦，学社讲文，工商筹业，与夫一切临时聚众征求群策、纠合群力以应付非常之事者，皆其类也。

二节　会议之规则

尝见邦人之所谓会议者，不过聚众于一堂，每乏组织，职责阙如，遇事随便发言，彼此交谈接语，全无秩序。如此之会议，吾国社会殆成习惯。其于事体容或有可达到目的之时，然误会之端、冲突之事在所不免，此直谓之为不正式、不完备、不规则之会议可也。有规则之会议则异于是，其组织必有举定之职员，以专责成；其行事必按一定之秩序，有条不紊。如提议一案也，必先请于主座以讨地位，得地位而后发言；既提之案，必当按次讨论，而后依法表决。一言一动，秩序井然，雍容有度。如是乃能收集思广益之功，使与会者亦得练习其经验，加增其智能也。

三节　会议之种类

会议有三种：其一临时集会，为应付特别事件而生者；其二委员会，乃受高级团体之命令而成，以审查所指定之事而为之解决或为之筹备者；其三永久社会，为有定目的而设者。此三者之分别，则如一、二两种为暂时之会，其三为永久之会。又其一、其三为独立之团体，而委员会则为附属之团体。至于组织之不同，则临时集会必当有主座、书记，各专其责；而委员会之书记虽有用之者，然非必要，而主座常可兼之。但永久社会之组织，略同于二者之外，更加以须有正式举定之职员及一切之章程规则，并有定期之会议、标揭之意志、规定之人数。

四节　召集之通式

凡有同声相应、同气相求者，皆可召来会议。其法有以口传，有用帖请，有登广告于报上，有标长红于通衢。其式如下：

敬启者：兹值民国中兴，宜张庆典。谨择于十月二十五日，在新都成功大道民乐园开筹备会。凡我同志，届期务乞光临指示一切！此布。

民国五年十月初十日　发起人甲乙丙丁同启

五节　开会之秩序

届时群贤毕至，少长咸集。而丁君先将议堂预备妥当，设主座于堂上，堂前陈列一案，案前横列众椅。到者随意择座，互道寒暄。少顷，发起人甲君敲案作声，要众注意，遂起而言曰："诸君——开会之时间已至，请众就秩序！"（外国习尚，临开会时只高声号曰："秩序！秩序！！"众则肃然就范矣。）俟众就秩序之后，乃再曰："请诸君指名若人为候选主座。"仍立而候众人之指名。

六节　主座之选举

有己君起而对甲君言曰："我指名乙君当主座。"（己君对于甲君发言而不称曰"主座"者，因彼尚未得为正式主座，不过权行其事耳，故不称也。）己君既坐，庚君即起而言曰："我附和之。"遂亦坐。甲君尚立待，乃曰："乙君已被指名为候选主座，又得附和矣，尚有其他指名者否？"稍待，又曰："尚有言否？"仍立待，乃再曰："如无别意，则乐举乙君为吾人主座者，请曰'可'（众人之赞成者则答曰可），其反对者请曰'否'（众人之反对者则答曰否）。"若"可"者多于"否"，甲君当宣布曰："选举主座之案已得通过，乙君当选为本会之主座。"遂坐。倘答"否"者多于"可"，则其案为否决，而甲君当再请众指名以备选。会中当照前法指名其他之人。

七节　被指名者多人

倘有于乙君之外另指名他人当主座者，当起而言曰："我指名戊君。"又有指名丙君、指名甲君，如是者数人。甲君立待，俟指名者各尽其所喜，而后按次先由乙君起，一一表决之，至得当选之人为止。甲君自身之被指名，亦提出己名于众以表决，一如他人焉。因甲君之职务，为会众之代理，以办选举主座之事，而待其本身亦如待他会员也。若用投票选举，则于指名既齐之后乃能投票（投票法后再详）。

八节　指名之附和

指名宜有附和，为一妥善办法，盖足见被指名者非只一人之乐意也。倘同时有指名多人，则附和一法非所必要。但其事以何为妥便，代行主座者可酌量变通办理。

九节　选举书记等

乙君既被选为主座，起而就座，立于案后，对众人（或敲案要众注意）言曰："现在第一件事为选举书记，请众指名。"仍立而待。戊君起而言曰："主座先生。"（此之谓称呼主座所以讨地位也。）主座答曰："戊先生。"（此之谓承认其发言之地位也。）戊君既得地位，乃进而言曰："我指名己君当书记之选。"遂坐。辛君即起而言曰："主座先生，我附和之。"亦坐。主座略待，或问众曰："更有指名否？"少顷，乃进而照前选举主座之法以表决之。辛〔己〕君当选为书记，即就案坐于主座之傍（案上当先准备文房器具），预备将所经之事、随来之事一一照实记之；不必记众人之所言，但须全录已行之事或表决之案，而不得下一批评。

此时主座则将开会之目的宣布，为一长短适宜之演说，大略如下曰："今日之会，为筹备庆典而设。诸君当知民国开基，甫经四载，则被移于大盗①，几至沦亡。所幸人心不死，义师起于西南，志士应于东北，举国一致，大盗伏诛，天日得以重光，主权依然还我，中华民国从此中兴，四亿同胞永绥福乐。当兹幸运，理合申祝，故拟举行庆典，以表欢忱。诸君对于筹备之事当有指陈，此时则在发言秩序之中，本主座望各畅所欲言，备众采择，俾得速定办法，幸甚！"言毕乃坐。惟一旦有人称呼"主座"，彼当再起立承认之。当人发言时，彼可坐，但于接述动议、呈出表决及详言事实时，当起立。又凡有关于会中秩序及仪式所必要之时，亦当起立。

以上各节，为临时会议组织完备、着手进行之模范也。

十节　委员会

委员会之组织与上同，惟书记一职可以省之耳。若高级团体委任委员之时已选定其主座，则开会时不必再选，否则于开第一会时，当由委员会中自选举之。就事实上而论，先受委之人未必即为委员长，但第一会当由彼召集其他之委员耳。委员会进行规则，后再详之。

第二章　永久社会之成立法

十一节　立　会

发起永久社会之第一回集会，其组织方法与临时集会相同，但须订立章程规则及选举长任职员。

（演明式）譬如庆典会告终之后，与会者兴趣未消，感情愈结，均欲成立一会以助政治改良，而导社会进步。于是再集同人，从新发起，其进行程序一如临时之会焉。

乙君被选为临时主席，己君为临时书记。主座既宣布开会宗旨之后，在会者各随意评谈，有赞成、有反对此计画者。甲君于是起而称呼主座，及得承认，乃

---

① 指窃国大盗袁世凯。

曰："我动议发起一'地方自治励行会'，而在此会中即须从事进行。"主座接述其动议，遂即正式讨论，各尽所言，然后呈出表决。若得多数表决赞成，则为通过，而主座即宣布曰："发起一地方自治励行会之动议，已得可决矣。"斯时也，按法言之虽为临时集会，实则变为永久之团体矣。从此凡与会者，既尽共同所约束之义务，则当然为会员。

主座既将表决之结果宣布之后，乃继而问曰："本会今当如何进行，使团体之组织臻于完备？"庚君如法讨得地位，乃动议委任委员三人，以草立章程规则。此动议既接述，经讨论，乃呈众表决。若得通过，主座当问曰："用何法委任，由众选抑由主座委？"壬君讨得地位动议，或曰"由主座委任"，或曰"由众指名"。若为前之动议，如法呈众通过后，主座乃委任在会之三人，曰："本主座今委任戊先生、壬先生、己先生为起草委员。"若为后之动议，呈众如前通过后，主座乃请众指名，而接之以呈众表决，一如选举主座之法焉。

选举职员亦如前法，可动议交委员审定，备造职员名册，或动议由众指名候选。若交委员审定，则被委者或即退于别室，详细审定，而即报告，或俟下会然后报告，更或饬令将职员名册抄录，或印刷多分备为选票之用。

至于章程规则之起草委员，必待下会而后报告也。

以上各事，为发起一会之所必要，而不能稍为忽略者。如是，暂成组织随而逐步进为永久之团体。第一会当决定下会之开会时间、地位，乃散会。

十二节　章程及规则

第一次会议所委任之起草委员，自行集会，将章程规则草就誊正，准备报告。于下期开会时认可记录之后，第一件事则为起草委员之报告。主座要请之，而委员长宣读之。先读全文，俾会员知主旨之总意，后乃分条而读之。每条当详细讨论，或加修正。第一条议定之后，主座则曰："今开议第二条。"每条皆如是云云，至尽而止。主座随曰："现在问题，在采用此章程为本会之章程，赞成者……"云云（如前之表决法）。规则表决式同此。

有《模范章程规则》一份载于附录，可为各种团体之张本。章程规则之要点，当包涵会名及其目的，职员及常务委员之数及其职务，会员之条件，取法之议则，法定之额数，修改之条例，与夫会中一切之要义。

十三节　职　员

重要之职员，为会长、副会长及记录书记。若有会费，则加理财、核数二职。如事繁则当有通信书记及副书记。倘其事件为集会时所不能办者，则当举董事办之。

至若小团体，而目的在互相资益而不勤外务者，则一切事务当以全体会员办之，于集会时讨论表决其大要，而细务乃授之委员。又此等资益会，其职员宜轮流充当，使各得练习其才干。如是，则全体会员皆得与闻会事，于是感情益密，结力弥坚，而平等公正之精神亦油然而生矣。

十四节　职员之选举

第一回会议所委之职员，指名委员自行开会审定，乃列单预备报告。于第二回开会时，章程规则既采用之后，主座则着指名委员报告。该委员长起而言曰："主座先生，本委员等谨报告如下：当主座者壬先生，当副主座者丙先生，当记录书记者己先生，当通信书记者戊先生，常理财者乙先生，当核数者甲先生"云云（以至章程中应有职员，尽仿此开列）。读毕，将人名单交与主座，遂坐。

会中规则各有不同，有规定于指名委员报告之后同时选举者，有规定于接报告之后下期始选举者。倘为下期开会始选举者，主座于收接指名报告之时，当申言曰："诸君已闻委员报告候选职员之姓名矣，选举之期在于下会某某日，倘有不合意者，此时可另为指名，以备下会附入正式指名者之后而当候选也。"倘为同时选举者，主座当曰："诸君已聆委员报告，意见如何？"云云。此种报告，不必另有动议以收接或采用也。此时在指名秩序中，倘有他指名者，适可行之（详下节）。

选举时至，主座发言曰："今当选检查员。"辛君随而讨得地位，曰："我动议检查员由主座委派。"此动议即呈众表决。得通过，主座即委癸先生及子先生为检查员。彼等受命后，即分派候选人之名单以作票用，或空白条纸亦可。会员各将票准备，勾去不合意之名，而加入其所喜者。检查员以箱或他器收之，退而数之，记其结果。此事既毕，主座当搁置他事，曰："检查员已准备报告矣。"癸君于是将投票之结果宣读如下：

"所投之票总数二十一票，当选必要之数为十一票。会长票：辛先生得一票；

壬先生得二十票，理合当选。副会长票：子先生得一票；庚先生得一票；丙先生得十九票，理合当选。"

读毕，将单交与主座。主座曰："下开各位已得大多数票，当选为本会职员。"彼再宣读职员及被选者之名。经此宣读，则成为决议，而书记即记录其案，此案不能复议。

十五节　其他之选举

倘指名委员须即时报告，则无暇准备名单，而用白票，按职分选会员，随所喜而书名，然后收而按名数之。或用复选之法，初选作为指名，其法如下：（一）凡得票皆作被指名者；（二）以二三得最多票为被指名者；（三）以限得若干票以上皆为被指名者。三者之中采用何法，须先表决。复选之法最为公允，但略费时耳。

十六节　无人当选

若各职之候选者，无人能得所投票之大多数，则谓之无人当选。如是必须再选，至得有当选者为止。则如选举会长，所投票共得十九，壬君得票十，丙君得票七，乙君得票二，此为壬君得大多数为当选。倘壬君所得少于十票，则为不当选，必当再投票。于是主座当曰："候选会长皆无人能得大多数，本会当再投票。"

十七节　大多数与较多数

大多数者，即过半数也；较多数者，即半数以下之最多数也。若只得二份票，或二候补员之竞争，即大多数与较多数实无所别；若过二数以上则大异矣。如所投票为十九数，壬君得九票，丙君得七票，乙君得三票，如是则壬君所得票为较多数，非大多数也。因十票乃为十九票之大多数也。较多数亦有得选者，如此则必于投票之先，已经表决乃可。但一切社会之职员选举，最少须有一票过半乃能当选，庶几合大多数之常例。惟在人民选举官吏，则反乎此者乃为常例。因用大多数法，往往生出不便之事也，故有经验之国家多不行之。

十八节　团体之成立

恒久职员选妥之后，当于下会就职。临时〈职员当服务至散会为止。会长于就职时〉① 可申言感谢会中之信任，并许尽其能力以服务，且当注意于会员之权利及利益，而平等承认之、尊重之。自此彼称为"会长"或"主座"。职员选妥，章程规则订妥，则其会即为成立，而可著手办事矣。此时职员当就职，各司其事。倘无论何时，有当开会时而正式职员全然缺席者，则当宣布秩序时，无论何人皆可将秩序宣布，而使会中另举代理主座并书记以摄行会事，此则犹胜于使会众及演说者久待也。

临时会与永久会皆各有常规，以定其程序。其前者则多尚普通习惯，其后者则采自专家。各商团及公司会议，皆当循会议规则。而无论何家所定之法适于各社会，皆适于各商团、公司也。

第三章　议事之秩序并额数

十九节　循行之事

开场议事，有三件必要之形式：一为唱秩序，二为宣读及认可前会之记录，三为散会。此外更有常务委员之报告，皆可称为循行之事。此等事由全体许可，便可不用动议及表决之形式而施行之。但此等非公式之举动，切不宜施之于此外之事，因虽于循行之事中，亦常容人反对非公式之举动者。

当开会之时，会长起立，稍静待，或敲案而后言曰："时间已到，请众就秩序而听前会记录之宣读。"乃坐。书记于是起而称"主座"，然后宣读记录，读毕亦坐。主座再起而言曰："诸君听悉前会之记录矣，有觉何等错误或遗漏者否？"略待，乃曰："如其无之，此记录当作认可。今当序开议之事，为如此如此"云云。倘有人察觉记录之错误，当起而改正之，发言如下，曰："主座，我记得所决行某案之事乃如此如此。"倘书记以为所改正者合，而又无人反对，书记当照录之，而主座乃曰："此记录及修正案，当作认可成案。"倘有异议，或书记执持原案，任人皆可动议，曰"照所拟议以修正记录"，或删去或加入何字。此动议经讨论及表决，而案之修正与否，当从大多数之可决、否决而定之。主座于是曰："记录如议修正，作为成案。"

---

① 增补以上脱字据孙文《会议通则》稿本，台北中国国民党文化传播委员会党史馆藏。

二十节　议事之公式秩序

凡社会或会长宜采用议事之一种秩序，以为集会之标准；但其式可作通常用，非一成不变者也。其式如下：

（一）请就秩序；

（二）宣读记录及认可之；

（三）宣布要旨；

（四）特务委员之报告；

（五）常务委员之报告；

（六）选举；

（七）前会指定之事；

（八）前会未完之事；

（九）新生事件；

（十）本日计画之事；

（十一）散会。

以上秩序，各会可随其利便及方法以变通之。会长每次当定一日录，书明各件于秩序之下，以备开会时按序提出。次及新生事件之时，会长当问曰："今日有无新生事件?"如其有之，当提出表决之，或临时结束之，然后著手于本日之演说或其他之计画事件。倘本日计画定有一定时间者，到时而诸事尚未完结，除得多数投票表决"继续进行"外，当作默许，立将诸事延搁至下期会议。总之，议事之秩序一经认可记录之后，便可由动议及表决随时停止或变更之，以议特别事件也。

二十一节　额数定义

额数乃会议办事之必需人数。在临时集会，则额数问题不发生，无论到会者多少皆可开会。在委员会，必得过半数乃成额。在长久社会，必当以法定其何数乃成额。如未有规定者，则必以大多数为成额。开会时必得过半数而后乃能办事，不足额则只有散会以待下期而已。

在立法院其事为公共性质，其人员到会为当然之职务，而法院又有强迫到会之能力，则额数以多为允当。至于寻常社会则以少为宜，因其目的在事之能办，所以当定少额，以备开会时必能达足额之数。如社友之数由五十人至百人者，其额数以九人为妙。若更少之会，则五人为额。若数百人以上之社会，亦不过十五人至十七人为额足矣。至于所定人数，又当注意于社会之种类，有种社会其社员非服务者，则人数虽多，而额仍以少为宜也。其要义即在凡会员皆有到会之权利之机会，故无论雨晴皆到者，当然得办事之权利，以偿其劳；而疏忽不到会之会员，当不得更有异议也。

二十二节　额数为开会前之必要

凡一团体既定有额数，则此额为开会办事之必要条件。到开会之时，会长当数到会者几人，连己能足额否。苟缺一人，则不能唱序开会，须待到足方可。倘待过时尚无足额，众可定散会之时，时到则散。下期之会亦如是，则到会者只能谈论事件，而不能动议，不能表决，而无事在秩序之列，此与不开会等。会员或可催请到来以成额，然不能使之必来也。委员会之开会，亦与此同例。

二十三节　开会后缺额之效力

以足额而开会，开会后会员逐渐离席，以至于缺额，则事仍照前进行。此其意盖以为既得足额而开会，则开会后仍为足额也。当此情景，所办之事可视为正当，且可进行至散会之时而止。会长无注意于缺额之必要，而可继续进行。但若有人无论主座或会员欲提出缺额问题，则进行立止。主座可曰：“本主座要众注意于缺额之事，而待动议。”或一会员起曰：“主座，我提出缺额之问题。”此时各事当停止，而数在场人数，倘有不足，即行散会。

二十四节　数额数之法

若额数为少数人，其出席、缺席由主座及书记一数便明，众人亦容易察悉。若额过大，当由检查员或用唱名而数之，登记在场者之多少，便可立即解决额数问题矣。

立法会之议长（其会之额为大多数之议员，或多数之额数），可否由彼一人数在场之人数，尚属一问题。此专断之法，或为程序所规定之政党团体所必要。但在寻常团体，则用唱名之先例以定人员出席、缺席为最允当之法。

无论何事，可发生机会致会长有自然之趋势而成其专断之能力者，宁为限制，而不当奖励之也。

第四章 会员之权利义务

二十五节 会长之义务

会长为全体之公仆，非为一部分或一人而服务，是故彼虽为一会之长，而非一会之主人翁也。彼以事体之秩序，而纠率会众，使一切皆循公正平等而行。彼维持秩序及额数，如遇秩序紊乱之时，当立呼"秩序！"及议则错误，当立起纠正之。彼凭议则及会章以率众，引导之而不驱策之，至达目的而已。会长之义务，当严正无偏，务使大多数之意趣得以施行，而同时又能尊重少数人之权利，俾事件得迅速公当之处分，而讨论得自由不偏之待遇。贤能之会长当具三种特质：（一）果毅之力；（二）诚恳之意；（三）体顺之情。

至于详细之节，主座当行其最宜于维持秩序之时，及适当于处分事件之事。彼于办事，如接述动议，呈问动议，及表决动议时当起立，但讨论时可坐。彼发言时，称本会长或本主座。彼对于会员，当承认应得地位之会员，当接术合序之动议，而使之得机以讨论。对于开会时当候至足额，乃能进行。当依时开会，依时散会。彼当知何时为委员报告，而到时命之报告。彼当注意于特别指定之事，而于适合之时提出之。所有需要事件，必当了结之，或正式延搁之，而后乃能散会。

二十六节 会长之权利

会长为社中或议场中人员之一，故当有发言及投票之权。但除关于必要之事外，此种权利常多放弃者。主座可遇事加以说明，并述布事实而已。至于亲行讨论，则当退让主座曰"请某君代主座"，而暂为一纯素会员，乃从事于讨论。彼不必离其坐位，但当以他人为主座，如他之会员先称呼"主座"而后发言者。言毕，乃复其主座之职。

主座有权以处决谁为应得地位者，并有权以处决秩序之争点；但如有不服者，则二事皆可诉之公决也。彼可不待动议，而将正式事件提出。又倘无人反对，可将循例之案，不待表决而宣布通过。且到时可由彼宣布散会。彼又可使会员将动议缮写成文，又可随意打消不合秩序之动议。

主座非受特别委任，无权参加于委员会，而委员亦无与磋商之必要。彼非受特别委任，亦无监督之权，而此等权亦以不授之为妙。主座之权乃指导会众，而使之能自治，而不在治之也。

二十七节　会员之权利义务

会员之义务，在竭能以助会长维持秩序。而维持之道，则当从自己始。如在会场，须戒出声，戒傍语，戒走动，并戒一切之能扰乱会场而阻人言听者。会员当依正式而动议，当持友恭而讨论，当惟多数之是从。会员地位，彼此皆一体平等。表决之投票乃会员之权利，而投票当本之主张，亦会员之义务也。会员讨论之权利义务，第七章另行详之。

二十八节　副会长并书记之权利义务

副会长乃备以若遇会长缺座或失能而代之者。彼之职务与会长同，故当知会中之目的、之办法与夫一切议事之行为。最妙得会长常请彼帮理一切事务，以资练习，庶不致使之成为废职。

记录书记之职务，乃记录当场之事，不必记录当场之言，除非有特别命〈意〉乃录言，随后将当〔当将〕临场记录缮就正式议案。所有表决票数，须照当时结果抄录，不容稍为更易。所有否决之动议，亦必录之。凡有记录，则作为案据，日后有所争持，悉以记录为准，而不以个人之记忆或主张为准也。故凡前会之记录，必当复读于下会，由众动议，或投票，或默许，以表决认可，然后方能成为正式议案。书记有通告委员被委事之责，并管理各种搁置及延期案件。简而言之，则帮助会长料理一切事务。倘书记于记录中有错误之处，而记录已为众所认可者，则正误之人必要指出其错点为众所满意者乃可。盖以议案一经认可则成立正式案据，故必先修改错误方许认可，是为极要之事。记录经认可之后，书记当签押于记录之后如下："书记某某"。书记记录之时，宜书之于册，则不必再抄。若有改正之处，可于行间加入。如所有表决之事，非得全体所许，不能删之。

其他职员之义务，当由各会之需要；而从会则规定之各职员，当尽本职之义务。彼不当干涉他人，亦不容他人之干涉也。

总而言之，记录书记之义务为专司记录，通信书记之义务为专理文牍，与夫凡属其类者各从而司之。若其他之事件，亦得指委其一以司之；或其务内之事件，亦可由投票或特别规定而分治之。会长当监督一切，但除纠正程序之外，不当干涉之。书记固不当授以重权，然而彼亦当自慎用其应有之权，而毋越分可也。

二十九节 全体之权限并缺席、废置①等之规定

夫一会之权力，第一为章程并规则，第二为各种之表决之专条与章程规则无抵触者，第三为采定之议则，第四为议会之习惯。以上各条，以先后为施行秩序。

职员缺席：倘于会期内职员有缺席者，当早为另选新员以补之。如遇散会期内有缺席者，可待至开会时乃选补之，或于规则中定有专条以处理之。至于董事会之缺席，宜否由董事团中自行选补，殊属疑问。但委员会有缺席，则常可自行选补，因其为临时之团体也。所有缺席职员，宜以他员暂代其职，以待新员之选举，而新员一经选出之时，代员即立终止其职务。

职员废置：职员有放弃责任或有陨越赧羞于一会者，可以多数表决，而废置斯职。其废置之法，当出于有附和之动议，而由投票以表决之如下："动议宣布某某事务之职从此废置"云云。此等废置之事，独关于是非利害之极端者乃行之，其他当待其职务之届期告终为妙。

三十节 特务会议

在永久社会之会员，当知常期会开会之时及集会之地，故通告可以不必。但特务会则异是，必当照会中表决之规定，每会员发给正式通告。此规必当励行。在常期会得足额人数，则各种表决无抵触于章程规则及前时之表决者，皆可施行。惟特务会则反是，所表决之事必先登录于传单，传单所无之事则不能提议。特务会对于修改之事，较常期会格外谨严，而其程序与常会同。若有疑问发生，当就谨严之途以采决。特务会为应非常而设，当以少开为宜。

---

① 此处原有"特别会"三字，因其内容已移至下节，故删。下面第三十节"特务会议"为《会议通则》改名《民权初步》出版时增置。

卷二　动　议

第五章　动　议

三十一节　动　议

议场每行一事，其手续有三：其一动议，其二讨论，其三表决。此三手续乃一线而来，无论如何复杂之程序，皆以此贯之。动议者，为对于事体处分之提案也。欲在议场发生合法之提案，必当行正式之动议；倘随意谈话或随意拟议而得一般之同意者，不得收约束之效力也。如命行一事，必有正式动议，正式表决，始足责成受命者之遵行也。凡随意谈话，只足当动议之先导，而不能代动议之功能。故动议者，实为事体之始基也。

三十二节　处事之手续

以动议及表决而处事，重要之步调有六，其级序如左：

（一）会员起立而称呼"主座"；

（二）主座起立而承认会员；

（三）会员发动议而坐；

（四）主座接述其动议；

（五）主座畀机会以讨论，随而问曰："诸君准备处分此问题否？"

（六）呈动议以表决，并宣布表决之结果。

倘动议有附和，则附和之步调在第三步之后。此步调未括于内者，以此非重要如他也。

三十三节　动议之措词

动议之词，以能达言者之意为主，各种词句皆可用也。但动议当要简明，而限定一题目。此书各章所演明动议之形式，不必强作模范，盖此不过指导动议当如何发耳。发言者之开始当曰："我动议如此如此。"主座呈其动议于众，当复述其言，一如动议者为是。但彼可要求动议者将动议誊诸翰墨，或可令其再言，以期确正。倘动议者有词不达意之处，主座接述之时，可为之修饰，但只能改其词句，而不能稍变其本意；倘主座有变其本意，则动议者当复述原语以纠正之。

三十四节　何时可发动议

各种普通动议，皆可于无他动议待决时发之。惟有特别之议术动议，则虽于他动议待决中，亦可随时而发。此种动议，十四章详之。惟当投票时，或当会员得讨论地位时，则无论何种动议皆不能发。在动议打消之后，则各事复回动议未发前之原来秩序。

三十五节　手续之演明式

设使地方自治励行会适在进行之中，而会长循序开会，记录既宣读及认可之后，照办事秩序以次及新事件矣。

辛君欲在会发起公开演说之议，乃起而言曰："会长先生。"仍立而待承认。主座遂起而承认之，曰："辛先生。"辛君由此得地位，进而言曰："我动议本会公开一演说会。"遂坐。主座乃曰："诸君已听着辛先生之动议为'本会当公开一演说会'，此事当待诸君讨论。"仍立而待众之讨论。如久无人起，主座当请之，仍不应，再勉促之以讨论。当讨论时，主座可坐。讨论既竟，各尽所言，主座再起曰："诸君已预备处分此问题否？"倘无人再起讨论，彼即将动议呈众表决如后，曰："动议为本会公开一演说会，诸君之赞成此动议者请曰'可'（赞成者应曰可），诸君之反对此议者请曰'否'（反对者应曰否）。"若赞成者为大多数，主座曰"可者得之"，或曰"动议已通过"。若否者为大多数，主座曰"否者得之"，或曰"动议已否决"。除有疑点及复议之外，则主座此一宣布便成决案，书记录之以为后日会中行事可作案据也。至其他之动议，如于何时何地开演说会，何人当演说员等等，皆同式发之，同式决之。略而言之，所有动议皆照此手续而行。惟属于议术之动议，则有免却或限制讨论之事。

三十六节　附和动议

附和动议之习惯，常有视之过重。每有于动议尚不能正式发之及正式呈之，而亦力持动议之必需附和而后得付讨论者，此乃以形式小事视为太重也。且近有立法院，如美国国会及马斯朱雪省省会①皆不用附和，于此可见附和之事渐失其用矣。经验老练之团体，已觉免却附和一事较为利便，盖可减省时间，且适于平等之理，使人人在会中能同享发言之权也。

由此观之，虽向来会议法家多主持〔张〕附和为当务之事，而吾人则主张除关于不能讨论之案、非正式之案及偏辟②之案外，则不必太为拘守此旧习，但假权宜与主座，由彼定附和之需否，而后将动议呈之于众也。

按以习惯，无论何人皆可随意附和动议，但附和非属必要之务。如无人附和，主座可以请人附和。除特别之案，主座可不待附和，而直呈动议于众者。又主座觉于事有益，亦可自行附和动议者，此可免于请众附和之烦也。在坚持必需附和之团体，其动议未得附和者，便作打消论。是故公正之主座，往往宁自行附和一正式之动议，而不愿任其打消也。

三十七节　附和之形式

附和动议者，必待动议发后乃从而附和之。附和之事，固有正式行之，即起而称"主座"，得彼承认而后言曰："我附和动议。"但附和本非重要之事，则每多以非公式行之，由坐而言曰："附和动议。"主座遂曰："某动议既发，并得附和"云云。如动议为主座自行附和者，则彼所用之言词与上同，或曰"动议为如此如此"。若在无需附和之时，主座当曰"动议已发"，或"某某君动议如此如此"。若主座欲得场上之附和，当曰："有人附和此动议否？"在坚持有附和之社会，则凡有此动议，议员当立时附和，而不必待主座之请求。此可省时，而免主座之再三复问也。

三十八节　极端之当避

常有两极端为公正之主座所当避者：其一为打消无附和之动议；其二为过促将动议呈众表决，而不假机以讨论。

如第一章所言，职员指名之举当以有附和为善，其故因指名之事，向无讨论也。对于附和规则，欲规定其良善者只属此耳。附和之事，在常务当不必坚持；

---

① 马斯朱雪省（Massachusetts），后文亦作马士朱雪省，今译马萨诸塞州。"省会"指州议会。

② "辟"为"僻"古字，偏辟与偏僻同义。

所可坚持者，则在指名之案，在不能讨论之动议，并在申诉之事件。而在此书之演明式中，附和一事免而不用。各种社会如有以此书为法则者，可任意采择附和之去取也。

第六章　离奇之动议并地位之释义

三十九节　收回动议之公例

动议既发，而未经主座接述者，本人可以随意收回。若既经主座接述之后，则非全体一致，断不能收回也。盖既经主座接述之后，则动议当属之全体，而不属之本人也。且以全体一致而决会众之意旨，实为最直捷了当之法；若不用全体一致，而用大多数以解决此问题，则既决之后，任一人皆可再发同一之动议也。如此倒而复起，徒为费时失事耳。又动议既经修正之后，则虽全体一致亦不能收回，盖此既经他种手续，则自有他种之作用也。倘动议既经附和时，附和亦必要收回。动议既收回，则不必纪录之，以其与未发无异也。

四十节　收回之演明式

事件有至于讨论之际，乃使动议者觉其提案之非要且属无谓，而悔其所为者，于是彼可以收回之。其法如下：彼起称呼"主座"而得承认，乃言曰："我欲收回我之动议。"主座随而接述之曰："某先生欲收回其动议，有反对者否？"略待回答，倘无反对，即宣布曰："动议已收回。"倘有反对者，其人当起而言曰："主座先生，我反对之。"主座遂曰："已有人反对，动议不能收回，仍在诸君之前，请从而讨论之。"

四十一节　例外之事

上节所述动议，未经主座接述之前则动议仍为个人所属，发者可任意收回。然动议者皆有故而发，断未有即发即收者。但间有为事实所关或时势使然之事，为动议者所未知，而主座或他人转主座示意，使动议者知其动议之无谓或不合时宜，倘动议者以为然，可乘时收回动议，而免生后悔。

四十二节　分开动议

一动议具有数段意思者，可于每段分作一动议，而一一呈出以表决。其分开之事可由主座为之，如无反对，则不必表决。或由会员发动议，将动议分开此案呈出表决，与他动议无异。譬有发动议为"由主座委全权委员三人，以审查公开演说会之问题"，此动议可分为四，如下：其一，委员以审查公开演说会事；其二，委员为三人；其三，委员由主座派委；其四，委员授以全权。

此可假机会以便逐段讨论、逐段修正，较之一起而处分一全部之复杂动议，尤能得迅速公平之效果。在级序之列，则分开与修正同等，见一一六节。若主座决意不用动议而行分开事，则可将动议之显明段落一一分之，而呈出表决，便是。分开事之动议法，不过如下曰"我动议将此动议分开"，而不必详其分法也。若此议通过，主座则随而分之，如上所述。

四十三节　对等动议

对等动议者，即两动议同时有背驰效力之谓也。如否决此动议，便是可决彼动议，二者出入于否决、可决之间，毫无疑义，于是表决其一即是表决其他也。演明之式见五十二节。

四十四节　地位释义

地位者，发言之权也。因言者必先起立，故西人议场习惯通称"地位"。此书亦沿之以为一术语，专为议场上有发言之权而说。凡议会办事，必由动议以开其端，而动议者必先得地位而后能发言。本此秩序以集会，虽聚千百人于一堂，各尽所怀，自由畅议，无论事体如何纷纭，问题如何复杂，皆能迎刃而解，泛应典当，决无阻滞难行、哄堂捣乱之事也。

四十五节　地位之讨得

地位既为议事轨道之初步，则动议者必先向主座以讨地位，得地位之后乃能发言。是故地位者，对众交通之枢纽也。握此枢纽者，主座也。是犹乎一城市内之电话机关也，握其枢纽者为中央电话局，凡欲用电话以通消息者，必先向中央电话局以接其枢纽，始能有达言之效。议员之欲发言者，亦犹乎城市内之一家，欲通其消息于他处，必先联络中央电话局之枢纽，而向主座讨其地位也。既得地位，而后对众发言乃为有效，否则视为闲谈，可置不理也。此地位之为用如此，而发言者有讨得之必要也。演明式见三十五节。

第七章　讨　论

四十六节　讨论之权利

一动议既发，及为主座接述之后，会众便可讨论。此时主座之义务，当使之能得完满及公平之讨论，又使会员各得同等讨论权利；而一面又须有以护卫全体，毋使一二会员之讨论时间有侵及全会时间。是以欲维持一适中之准则，一面可防止冗赘或捣乱之讨论，而一面又可防止疏略之处分，则会中对于讨论一事当立专规以指导而调护之。

四十七节　讨论之定义

以狭义言之，讨论即对于一问题具有成见，意趣不同，表决背驰，而下反对之驳议也。但以广义言之，即包括对于问题一切之评论，无论其为反对与赞同也。凡会员于讨得地位后，对于当前之动议有所发抒，而其所言皆当就题论事，不能说及个人。（倘对于动议者有为莫须有之风刺①，或下诛心之论调，便为违秩矣。）又为当场之议论，而非作备之文章，方得谓之讨论也。

四十八节　何时为讨论之秩序

当前有正式动议，即为讨论之秩序；若无动议，而作非公式之谈话，不得谓之为讨论。而正式之讨论，即动议之讨论也。动议既发，一得接述，则讨论开始。反之，动议一旦呈决，则讨论立止。如主座问曰："诸君预备处分此问题否？"若无人起言，则动议便可由讨论之秩序而进于呈决之秩序矣。此时则不能再有讨论也，除非得公众之许可，而由口头或起立或举手表决之，然后乃能回复讨论于呈决之后也。若讨论既经回复，则结尾投票，当分两面而重复投之。若两面已经投票表决之后，则无论如何不得复行讨论。倘于宣布表决之后再有异议，则为无效，盖事已表决也。若有专条，则讨论当为所范。又若停止讨论之令已布，则虽全体一致，亦不能复行讨论矣。

四十九节　讨论法演明式

譬如当地方自治励行会开会时，有人动议"公开一演说会"。此动议已接述

---

① "风"通"讽"，风刺与讽刺同义。

于众前，适次讨论之秩序，而主座请众讨论曰："此动议今在诸君之前，本主座望各将所见详言之。"寅君起称"主座"，被承认得地位，乃进而言其赞成公开演说之意。所言当严限于本题范围之内，而表出良美之理由。彼当避用模棱两可之词，并防止重复冗滞之语。又当注意于讨论之辞势，当先从宽处，然后步步迫紧，不可由紧而放宽也。至于无经验之发言者，虽不能美满以达意，而主座当勉励之，使之尽意。盖意思为重，而言词为轻。言者不必以言词之拙劣而向众道歉，所发何言，由之可也。

若发言者于讨论中偶要说及他会员，则不当提其名，但说"在我左或右之会员"，或曰"我等之书记"，或曰"其他之发言者"，或曰"我之反对者"，或其他不属个人之代名词，以指出所说之人便可。西人议场习尚，会员彼此讨论向不直称姓名，如有称之，视为不合会议规则。发言者言毕，即止而坐。倘无人即行继起发言，主座当请之，曰："此问题当详加讨论，诸君之有所见者，幸勿推宕，宜尽所欲言为望。"主座对于会员，亦宜以不呼姓名为妙，除非有特别之人为专长于此问题者。盖呼名之习惯一生，则有不被请者不敢发言，而欲发言者又必待于请。如是，则自然流露之发挥为讨论之价值者，为之阻碍矣。由此观之，为主座者倘遇人声沉寂之顷，宁为稍待，以候会众精神之活动，而不宜强人讨论，而指定谁当言者。久而久之，会员必有鼓其勇气，起而发言者。由是相习成风，则必能各从其赞成、反对两方面畅所欲言，至各尽其词而已。及地位已空，主座方问曰："诸君准备处决此问题否？"倘仍无人起，便可呈出表决矣。

五十节　限制冗论之例

由上节观之，讨论之事似属毫无限制，各人可随时发言，而言之长短又各随其所欲。此等办法，若为专对于结束之事件及对于会员多不愿发言之会，则诚为尽善尽美，且为一普通办法也。公正贤良之会长，当能引人入胜，而使素来怯弩之人亦敢于讨论。如是则限制之例，可以不必也。

但在于习讨论为目的之会，而会员又属有经验者，或于特别之会期时间为有限，而指定所讨论之事又为众所悦意者，则讨论之时间宜有所限制，免一二人专揽讨论之地〈位〉。其限制之规则，或用之临时，或用之久远，俱随所择。此等规则，当严限言者之时间并秩序。其简单规则，而为讨论会所常用者如左：

（一）非待所有会员轮流讲毕之后，一人不能讲二回；

（二）一人所讲不能过五分钟之久；

（三）讨论领袖于开端时可讲十分钟，结尾时可讲五分钟。

所定之时，可长可短。而结尾之论，不必定为领袖发之，如时间太短则虽不用结论亦可。此数条规则，已足为通常所需，主座当实行之。如有言过其时者，主座当起立敲案或摇铃，且曰"言者之时间已过"，以止之。倘言者仍不止，则以乱秩序视之。每值一人讲完之后，主座当曰："尚有发言者否？"

延长讨论时间之习尚，非有异常之事不宜频行，以其与规则本意冲突也。倘欲延长讨论时间，当有人起讨地位而动议曰："请将言者之时间延长。"若得通过，则讨论者可继续进行。总之，延长时间之事既为势所不免，则不如加采一例如左：

（一）独得全体一致之表决，乃可延长讨论者之时间。

五十一节　演明式

地方自治励行会已进步至非公式之谈话时，遂决意再进一步至正式之讨论会。于是委一会员或数会员订备有趣之论题，如建筑道路、统一圜法、收回租界等论题为议案。而议案又须从正面主张，不可从反面主张，如"当主张建筑道路为有利"，非"主张建筑道路为无利"，方免乱论者及听者之意，而使之有所适从也。论题定后，须选讨论领袖二人至四人，或由众指名，或由主座委任，办法如下：第一正面、第一反面、第二正面、第二反面等。并当注意使之各知其主讨论之何面为要，又宜先行表决，以前节之条例为讨论之准绳。

到时主座曰："今夕之计画讨论问题，为'主张以收回租界为救国之要图'，而寅先生为第一之正面讨论领袖，请先发言。"于是寅君起而称"主座"，得承认乃进而讨论，至主座示以时间已完为止。而主座又曰："戊先生为第一之反面讨论领袖，请继发言。"于是戊君步寅君之后尘，讨论至时终而止。而第二之正面领袖辛君继之，第二之反面领袖再继之。各领袖讨论完毕之后，主座再曰："今为会员讨论之时，每人以五分钟为限。"于是各尽所言。倘有领袖为收束之讨论，则当取他会员之时间而为之。如其无之，则各人讲完之后，便为讨论告终之时也。此外即时间已至及停止讨论之动议，在秩序中，亦皆为讨论告终之时也。讨论既终，主座即呈案表决如下曰："凡赞成'以收回租界为救国之要图'者请起立。"待数完为止（赞成者即起立，而书记乃逐一数之，并记其人数），又曰："凡反对者请起立。"待数完为止（反对者即起立，数之如前），书记遂将记录交与主座。主座宣布曰："三十五人投赞成票，而二十人投反对票，此议通过。"

五十二节　驳论言辞

凡讨论者，对于问题当注重多闻博识、考察无遗，而论点当以诚实、适当、简明为主。发言时当力扬本面主张之优良，而用公平之道，以发露对面主张之过失、之无当、之不公等等，方为妙论。

西人讨论会中，常有表决问题之优良，兼而表决言辞之工妙者；亦有只表决言辞之工妙，而不计问题为如何者。如是则投票者不计意之异己，只审其发言之工妙耳。但此种习尚究非所宜，盖以其为专奖辞华，而不重诚实也。

五十三节　竞争地位

前已言之，会员为主座所承认者为得地位，有发言权。在所定时间之内，若循序而言，无人能阻止之。但常有两人齐起，同时称呼"主座"。遇有此事，除非其一退让，曰"主座，我让与某先生"，遂坐，否则主座当裁决之。其法即呼先起者，或言者之名便是。若主座有所疑，彼宁承认离座最远者，或未曾发言者，或向鲜发言者，而舍其他也。若二人中，其一已起而称"主座"，其一不过甫起或甫发言，则前者当得地位也。

倘未承认者，自信彼为应得地位之人，彼可坚持留立，而言曰"主座先生，我信我先称呼'主座'"，或同效力之语。主座乃随而言曰："某先生（指承认者）肯让位于某先生（指未承认者）否？"倘不肯让，则主座当呈出表决，曰："问题为此两会员中谁为先起者，众赞成某先生（指承认者）得地位，请曰'可'。"若得可决，则未承认之会员当复坐。若得否决，则彼得地位，而承认之会员复坐。此可不必再行表决，因表决其一即表决其他，毫无疑义也。此为"对等动议"之模范。

若竞争者过于二人以上，则表决之次数必至得可决而后止。此等动作名之曰"竞争地位"，常见于立法院，而鲜见于一般社会也。寻常社会之会员，常惯顺从主座之决断，或彼此相让。但此节之规则，对于不公平之主座，以及言者之有急要原因，则甚有用处。

五十四节　逊让地位

在有趣之讨论中，常有会员思欲间止言者，以"问一句话"之语。此容有出于诚意者，然常遇之事则为指出言者之失处。诸如此类者，或允，或不允。此等问话之间断，倘言者允而"逊让地位"以应之，而问之者倘欲连续发言，则彼失却地位矣。如欲复之，必当由正式再讨得乃可。例如寅君正在讨论中，而卯君欲问一事，乃起而言曰："主座，发言者允我问一话否？"主座起而言曰："寅先生允让地位，俾问一话否？"寅君如允，可曰"允之"。仍立而听之，或答，或不答，俱可随意。而卯君坐后，彼可再言。或寅君不欲其语论为人所间断，可曰："主座，我言毕之后，我当乐答所问。"遂进行发言如初，而卯君复坐。倘彼允人问话，彼有失却地位之虑，又有失却思潮之虑，而于事体之决断亦虑为卯君意见所摇动；倘彼之意见与己相左，尤不宜于此时允之也。

在问话时，卯君可出下式："我欲经由主座而一问发言者如此如此……"彼可乘时继进，而自答其问题，而又为驳议，而不理寅君之仍立而待也。卒之，倘卯君言之不已，寅君不耐而坐，则失其地位矣。而欲复之，只从正式讨之，或得一致之许可乃能也。此实为一严厉之习尚，然以既属议规，当慎防之为妙。间断之事，实属骚扰，言者、听者两皆不便，故不宜奖励也。至于地位，非由自由逊让，乃为权宜问题及秩序问题停止之者，则仍属之其人，而不失却也；倘该题解决之后，仍得复之。（见一百五十一节）

五十五节　讨论之友恭

友恭一事，当常在注意之列，然不可施之太过，以致有碍于一己之权利。不逊让地位，非不友恭也，只要以友恭之态而却之耳。受人之让而据其地位，亦非不友恭也，只求由公道而得之耳。

在美国国会有一习惯，允特种议员有优先权，如委员长、发案人等，于讨论时皆假以超众之机会、超众之时间。此于国会或有所必要之处，而在通常社会则大非所宜。假以特别优权于任一会员，而使之凌驾其他会员，则讨论之自由已为之失，而讨论之安全亦为之碍矣。

五十六节　一致许可

有许多程序本非公式，而由一致许可得以进行者。如循行之事得以施行，秩外之讨论得以允许，与夫一切非公式之事得以通过（本书随处皆有引之），诸如此类，倘有一人反对则不能行矣，事件常有赖此全体一致而收其利便者。但此种习惯必须谨防，无使妄用也。又有特别手续非得全体一致不能行者，如收回动议及删除记录等事，凡此等事，其全体一致必当以确凿得之，而不能擅行武断也。主座当进如四十节，或尤善者即曰："此事须全体一致，以表决其赞成者"云云。倘有一人反对，便属不行也。

第八章　停止讨论之动议

五十七节　停止讨论动议之用法

停止讨论之动议，是否属正式程序之一部分，尚无定论。又除各尽所言之外，讨论宜否停止，亦久成一未决问题。在大会场中，此停止讨论之动议，视为不可少之件，盖非此则无以防止缠绵之讨论也。倘有用之非宜，亦易为大多数所打消。在小会场中，此动议以少用为宜，倘有常用之而致生讨论之障碍者，或防止少数人之发挥意见者，宜定条例以限制之。若无专条以限制之，则用之者固视为议场所应尔也。凡社会欲立限制之条件，宜以三分之二表决为妙，此可防范仅仅之大多数以阻止讨论也。美国国会之元老院①、纽约省会之元老院及马士朱雪省会之元老院，皆不用停止讨论之动议，但其内之各附属会用之。凡有社会不喜用此动议者，可规定特别条例如下："本会禁用停止讨论之动议。"

五十八节　停止讨论动议之效力

前已言之，若无条例以限制讨论，则讨论必继续至各尽所言，或至时间已届，而主座发问"诸君准备处分此问题否"之后，方可自然停止。若欲随时停止讨论而行表决，其法当用停止之动议。此动议既发，及经接述之后，虽未得表决，而本题之讨论当立即停止。若停止讨论之动议为表决所打消，则本题之讨论可再复。

---

①　"元老院"指参议院，后文"代表院"则指众议院。

若得可决，则本题当立呈表决。此动议有当注意之要点二，其一为一简单之停止讨论动议而已，其二此动议一发，议场即当立为表决两动议：（甲）独立之动议（即讨论中之本题）；（乙）附属动议（即停止讨论动议）。两动议当各为表决，先行表决停止动议，倘得通过，再行表决本题动议。要之凡能讨论之动议，皆受停止讨论动议之规限。

五十九节　停止讨论动议之讨论

停止讨论之动议自身亦可讨论，但限以时间，常以十分钟为度。或立例以规定之，为不讨论之列。讨论此动议无可多说，不过指明理由，何以本题不可立时表决而已，此可顷刻说毕也。倘言者讨论此动议之时，而支吾入于本题之议论，则为逸出秩序，主座当立止之。

六十节　停止讨论之演明式

地方自治励行会当讨论公开演说会时，己君以为讨论过久而欲速行表决之，适寅君言毕而坐，己君循例讨得地位而言曰：“我动议停止讨论。”主座曰：“停止讨论之议已提出矣，可否呈出本题？”若无异议，彼当继曰：“赞成者……”云云。如有讨论，则讨论亦甚简略，只限于本题之应否即行表决之理由耳。如十分钟已至，或讨论告终，主座当曰：“讨论之限已过，今当表决，赞成者请曰‘可’，反对者请曰‘否’”云云。随宣布曰：“案已通过，停止讨论，当在秩序。”彼随而呈出本题以表决，曰：“诸君赞成本会公开演说会之动议，请曰‘可’”云云。如是则事件告竣矣。倘有人于停止讨论秩序之后仍思讨论，便为犯秩序矣。盖会中已决即行表决本题，则不容再有阻止之者。

若动议否决，主座当曰：“此案否决，讨论当继续进行。”讨论于是复续，至再有停止动议，或至互相许可，或至散会，或至别种动议致本题立当处决而后止。

六十一节　停止动议与本题动议之别

当一动议在讨论之中，遇有发停止讨论动议者，即谓之为“附属动议”。此动议当先行表决，如得通过，立即当呈本题以表决。此两表决相续而行，不容有他事为之间断也。

六十二节　停止动议对于他动议之效力

停止动议既发并接述后，尚有可行者为以下之事：可提起权宜问题或秩序问题之关于本题者，可动议散会，可动议休息，可动议定时开下期之会，可动议搁置本题，及可动议各种有关于本题之修正及表决方法。但停止讨论动议既呈决之后，除不足额问题及表决法问题外，则无可阻挠本题之立决者，而各种问题皆须即行表决，不得再事讨论也。

若有延期动议或付委动议在待决之时，而停止动议通过，则两动议为之打消。其故因会众表决停止讨论之时，则必欲即行表决本题，而延期及付委皆与此意抵触也。惟修正案则不能打消，因此为成全本题也；但皆不得讨论，亦不得增加。其对于复议之效力，七十八、八十二两节详之。

六十三节　停止动议对于本题一部分之效力

停止讨论之动议能否施之于本题之一部分，向为会议学说之一争点。有一说谓停止动议一提，则全部须为之停止，是以不能独施于一部分也。但属于事所必需，则停止动议当能施之于可讨论者，而重要可讨论之附属动议，为延期、付委、修正及无期延期等附属动议。若对于本题一部分而发停止讨论，则必须明白说出，其式如下："我动议停止修正问题之讨论，或付委问题之讨论。"如得通过，则此一部分当立呈表决，而后再从事以讨论他部分也。

六十四节　定时停止讨论

停止讨论动议之外，更有动议以定未来时间之停止讨论也。此动议与他动议同，惟所异者，虽在他议待决中亦可发耳。时间动议最妙能发于开始之前，其用处一面在防止缠绵之讨论，而同时又使能得适度之讨论。此动议之方式如下："我动议限此动议之讨论，至四点钟为止。"其时间之长短，可以讨论而修正之，乃呈表决。倘得可决，则届时讨论须停止，而即行表决本题。此时倘大多数尚欲继续讨论，则此案可以复议如他种动议焉。

第九章　表　决

六十五节　表决方式

表决与动议原不能分离者也，故第五章所述动议，已连带论之矣。今更重复详之。讨论告终之后，主座起而复述动议，呈之表决如下曰："动议为本会公开一演说会，诸君赞成者请曰'可'（可者应之），反对者请曰'否'（否者应之）。"如可者为大多数，彼曰"此案通过"，或曰"此案可决"，或曰"可者得之"。如否者为大多数，彼曰"此案否决"，或曰"此案失败"，或曰"否者得之"。主座最后之言，即为宣布表决，而议案于以成立。此谓之"口头表决法"，或曰"用声表决"。如两方皆无人出声，即为默许通过，盖不反对则公认为赞成也。

六十六节　举手并起立

用声表决之法为最简便，但须数人数，则当用举右手或起立之法为当。主座曰："诸君赞成者请举右手。"或曰："请起立。"待至数毕，赞成者当如法应之。书记乃数之，而报其数于主座。对于反对方面，亦与同法处之。于是主座宣布曰："十五人表决赞成，而二十五人表决反对，此案失败。"独依法表决者，乃数之，不举手、不起立者阙之。

六十七节　采法宜定

以上之表决各法为普通集会所常用者，然开会时当采定其一，不宜同时并用数种，免致混乱耳目也。虽在永久社会中，会员惯用一法，而会长亦当先为指定何法，而后行其表决。若在临时会议及复杂集团，则先事声明用何法以表决更为不可少之事，否则会众无所适从也。

六十八节　拍掌不宜用以表决

我国集会向有厉禁，故人民无会议之经验之习惯。近年西化东渐，吾人始有集会之举，然行之不久，习未成风，讹误多所不免，则如以拍掌为表决是其一端也。拍掌为赞扬称道之谓，中西习尚皆同也。乃吾国集会多用之以为表决，此则西俗所无也。夫既用之为赞扬，而又用之以表决，则每易混乱耳目，使会众无所适从，故稍有经验之议会，洵不宜用拍掌以表决也。

六十九节　两面俱呈

表决必两面俱呈，而主座又宣布结果，乃云决定。若只呈之可决，而未呈之否决，或两面皆已呈，而主座未宣布结果，则不得谓之完妥，不能生合法之效力也。其无经验之主座常忽略之，而呈表决如下"诸君之赞成者请曰'可'，诸君之反对者请曰'否'"而已，随而忽略于宣布，此皆谓之不合法也。其合法之表决秩序如下：（一）主座呈问可决者；（二）可决者应之；（三）主座呈问否决者；（四）否决者应之；（五）主座宣布其结果。

七十节　表决疑问

用声表决，赞成与反对两者之数相差不远，结果难辨，则成疑问。若于两者既应之后，而主座不能定何方为大多数，彼则曰："本主座有疑，请赞成者起立。"待至数毕，其手续悉如六十六节。

又如有会员不以主座之宣布为然，彼可生疑问，演明如下：一动议既呈表决，而主座以为可者多于否者，既而宣布曰："已得可决。"乃有戊君以为不然，于是起而不待承认，言曰："主座，我疑表决之数。"遂坐。主座从而言曰："表决之数已见疑，赞成之者请起立。"待至数毕云云，悉如六十六节。主座可用举手以代起立，但起立则错误较少也。

若在大会场中，则常有令表决者分为两部，一往右边，一往左边。惟此种烦难之法，只宜用之于不得已之时，及临时之会耳。在永久社会之大会，会员皆列入名册，如有见疑时，当按册点名，各随名以应可否。他法倘生疑点，则此为最适当也。

倘用声表决，当时不生疑问，则主座所宣布，便作成案。盖以会员不即起疑问，便作承服主座之决断也。

七十一节　同　数

当表决可者与表决否者之数相同，则谓之曰"同数"。此案赞成与反对两适相抵，故动议则为之打消。其理由为动议之通过必要得大多数，今只得同数，乃大多数之欠一，是以不能通过也。此法有一例外，见一五六节。

七十二节　主座之特权

若遇同数之表决，则为主座行使特权之候。彼可随意左右袒，或加多一数，使案通过，或由之使自打消。倘彼为赞成其案者，当宣布如下曰："二十人赞成，二十人反对，本主座加入赞成方面，案得可决。"倘彼反对，则曰："二十人赞成，二十人反对，而案打消。"

主座又可加入少数以成同数，以打消动议。倘表决为二十人赞成，十九人反对，而主座欲打消其案，则宣布如下曰："二十人赞成，十九人反对，本主座亦加入反对，而案打消。"

七十三节　主座有表决之权利

主座亦为会员之一，有同等表决之权利。但此权利除遇同数时之外，鲜有用之者，惟其存在则一也。而其惟一之例外，则为主座非属会员之一，如美国副总统为元老院之议长，则除同数之外，本无表决之权；但元老院代理议长，本为元老之一，则有表决权也。

若用点名以表决，则主座之名亦按次与会员同时点之，而主座应名与否听之。倘彼既应名，而得同数之表决，则彼不能左右袒矣，盖每会员只得一次之表决权也。倘彼尚未应名，而遇有同数，则彼宣布时可随所喜而加表决也。

七十四节　点名表决

用声表决、起立表决、举手表决及分两部表决，上已论之矣。而点名表决则与各法不同，盖此法非由主座自行采择，乃由动议及表决而定。若遇特种法案欲得记名，以便知谁为赞成谁为反对者，则点名表决为不可少者也。但点名表决，恐难得大多数之赞成者，故宜立例以规定少数（五分一）人有要求之权利。此等条例，凡有集会多采用之，而永久社会亦当采用之。

到表决之时，或表决之前，如有会员欲记名表决，当照常讨地位，动议"用点名表决"。此动议不讨论而呈表决，若得在场五分之一赞成，主座当宣布曰："已得五分之一赞成用点名表决，则点名为刻下秩序矣。"书记遂起执名册逐名高唱，若不见应则再唱之，但不三唱。每会员名字唱出之时，即应曰"可"或"否"。书记按名而记之，可者作一号于其名之右，否者作一号于其名之左。唱毕，将可否各名数之，而交主座宣布之。

七十五节　投票表决

若欲秘密，则当投票表决，其法已详于十四节。此为烦缓手续，多用于选举职员、委员及代表或收接会员等，及用之于关于个人而不便公然讨论、不便公然表决之问题。投票表决之动议，其发起及呈表决，由大多数以决定，一如平常之动议焉。

七十六节　由少数或多于大多数以取决

寻常通例，赞成、反对之表决皆定于大多数，此除少数特别事件之外莫不皆然也。在用点名表决，只需在场者五分之一。在改章程、修宪法及罢免会员等事，当需三分二之数。而停止条例，当需一致之表决。乃其他之事件，由仅仅大多数通过而致大不便者，须立以需更大多数之例以防范之，庶为万全也。

第十章　表决之复议

七十七节　复议之定义

按之常例，凡动议一经表决之后，或通过，或打消，则事已归了结矣。惟预料议员中过后或有变更意见，遂欲改其表决者，故议会习惯有许可"复议之动议"，即推翻表决而复行开议也。其作用，则所以救正草率之表决及不当之行为也。

七十八节　复议动议之效力

此动议若得胜，则其效力有打消表决，而使案复回于未表决前之状况，以得再从事于种种之讨论，然后再行表决也。此动议若失败，则其效力为确定前之表决，而不许再有异议也。盖会议公例，每一表决在一会年内非全体一致，不得有二次之复议也。

七十九节　何时可发复议动议

此动议只可发于同时，或于下会，若过两会期之后则不能再发矣。若发于同时者，可以立即开议，又可由动议及表决延至下期开议。若发于下期者，必当立时开议。但两者皆无立时决断之必要。倘此动议得胜，亦不过重开讨论耳，而其受延期及他种行动之影响，则与他议案同也。倘此动议失败，则表决案便得最终之确定矣。

八十节　何人可发复议动议

复议动议有一重要点与他动议不同者，即他动议在场之人皆可发之，而此奇特动议只有得胜方面之人乃可提出。其限制之理由，则以事既经表决之后，则失败者固欲复议，而得多一次之表决以挽救其失败，故常乘间抵隙，俟得胜方面人数减少之时提出复议，如是则对于得胜方面殊欠公平也。故为公平起见，当加限制于一方，诚为良法美意也。倘表决果有不当，则失败方面之人自易说托得胜方面之人，以提出复议也。

凡一问题既经圆满之讨论、公平之表决，则一次已足矣；独遇有特别重大之理由，乃有提出复议之事。故为之限制者，所以防止不时之复议也。此等限制，立法院及大会场多采之，以其属乎公平适当也。倘有社会不欲用之，当订立专条，规定凡有会员皆可提出复议动议也。

八十一节　折衷办法

于二法之中求一折衷之道，可望解决此奇特问题者，其法如下："复议动议，若发于表决之同日，则两方面之人皆可发之；如发于表决之下期，则只得胜方面之人可发之。"如是乃可防止下期为失败党出其不意之推翻表决案，而于同日又不碍失败方面之人发挥新义也。凡社会之欲折衷办法者，可采此法以为专条也。

八十二节　讨论复议

复议动议之讨论，与停止讨论动议之讨论同，皆限以时间。以此种讨论，除说明因何有复议之必要，则无可再说也。倘此讨论费时太多，致有障碍于本题者，会众便可请主座维持秩序而停止之矣。又停止讨论之动议，亦可施之于复议动议，如他之独立动议焉。如此即立将各种讨论终止。若事已至此，则便知大多数之人已表示其不愿再听，而决意不欲复议矣。

八十三节　得胜方面之释义

得胜方面，非必为可决方面及大多数方面也，若一动议或一问题被打消者，即否决方面之人为得胜者也。若须三分二之数以通过一案，而其案被打消者，即得胜方面乃少数之人也。若两造同数，而最后之人加一否决者，即此否决者为独一之得胜人也。又若须全体一致以通过一事者，而一人梗之，此一人即为得胜方面，倘须复议则只此一人乃能提之也。

八十四节　复议之演明式

设使地方自治励行会已通过之案为"本会公开一演说会"，曾经正式表决而记录在案，则其事当然归于结束矣。乃有甲君以为其事决于仓卒，或欲表示其不合时宜之理由，故于同时或下议期讨得地位而言曰："主座，我动议复议本会表决'公开一演说会'之案。"言毕遂坐。而主座乃曰："复议动议只可由得胜者发之，倘甲君为表决是案之得胜者，其动议方为有效，而在秩序之中。否则非是。"是时书记当翻记录，如为点名表决者，则"可"、"否"必识于名下，一看便知甲君属于何方。若无记名之表决，甲君当答曰："我表决于得胜方面。"或曰："我非表决于得胜方面。"随其所行而言之。若彼不属得胜方面，则彼之动议不入秩序；除有得胜方面会员出于友谊，为之再提其动议，而主座当不为之接述也。最妙莫如甲君于动议时则提明如下曰："主座，我对于某某案乃表决于得胜方面者，今动议复议其表决。"

若甲君为表决于得胜方面者，主座当曰："有提复议'本会公开演说会'之表决案，诸君准备处分之否？（随或为一有限之讨论，各仅将其应否复开讨论之理由陈之而已）赞成复议者请曰'可'，反对者请曰'否'。"若得通过，则曰："复议得通过，请诸君将案复行讨论。"若否者为大多数，主座则曰："否者得之。"或曰："复议之案失败，公开演说会之表决仍然确立。"

八十五节　不能复议之案

以下各案之表决，或通过、或否决皆不能复议者，为散会之表决、搁置之表决、停止讨论之表决、付委之表决（而委员已着手行事者）、复议之表决，及申诉之表决、选举之表决、投票之表决等是也。又表决案之已着手执行者，皆当然不得复议。

八十六节　复议动议宜慎用

复议之动议始自美国，其用处乃以应非常之事。如他法之能力已穷，而仍不能达目的者，然后始用之，方可谓为适当。要之，最善莫若先尽一切必要之讨论，详而议之，使无遗义，然后从事于表决，庶不致会众有所借口于复议也。总而言之，此奇特之动议务宜审慎少用为佳，故只限于得胜方面也。

八十七节　取消动议

取消动议与复议动议甚相似，而两名目常有混用之者，其实大有不同。复议动议，欲将表决之案再加详细之讨论，而后再行表决之。取消动议，乃直将表决之案取消，不复再议。又复议动议当受限制，如前所述，倘得通过则再将问题讨论，而再行表决，如是则受两度之表决。而取消动议为独立之动议，不受限制，人人能发之，倘得通过则直打消全案，而无再行表决之事。简而言之，其前者则将问题复呈于众，其后者则将全案打消。

八十八节　两动议之功效

复议动议之限制条例，不能假取消动议以免除之，其理甚显也，否则其条例之维持作用全然失却矣。且若藉此免除，亦殊欠公允。故事件一过复议期限之后，则不能以取消动议施之矣。惟向无一成不易之例，是以社会习惯以一年为一会期，今年会期所定之事，明年可以取消之。又由全体一致，则复议动议或取消动议皆可随时发之，非此所能限制也。复议之本题，无论由大多数或大多数以下所通过者，而复议动议之表决则必以大多数为定；而取消动议之表决，必要与本题之表决数相同乃可。取消之方式如下：动议者曰"我动议将某某案打消"，随当讨论，而后表决。倘得通过，即取消其案；若得否决，则其案得重行确定于今年之会期矣。

卷三　修　正　案

第十一章　修正之性质与效力

八十九节　修正之性质

以前所论皆单纯动议，始终一成不变，而以原议为表决者也。然动议可随意更改，或增加，或全变为一异式者。其改变方式或意义之手续，名曰"修正"。修正之作用，则以改良所议之事件。然所谓良者，人心各有不同，而修正之实习，乃任意改之。故所改之议案，虽与动议者之本旨及用意相反者，亦常有也。复杂动议之进行程序，与单纯者无异，其提出、接述、呈众、收回、讨论等，皆与单纯动议同一办法也。

九十节　修正案须有关系

修正案只有一限制，即所拟改易必须与本题有关系。所修正者，无论如何冲突，若与本题有关系，则不能不许也。倘另立题目则属无关系，主座可行使维持秩序之权而制止之，会员亦可请主座维持秩序而令之停止。又修正案不得过为琐碎或近乎痴愚也。

演明式如下：地方自治励行会正在讨论一动议，为"委理财员往调查本城各会堂之价值，以备得一地址，为本会永久集会之所"。乙君动议修正，为删去"理财员"之句，而加入"会长"之句；或修正为"会堂"之后加入"房屋"；或删改为删去"委理财员往"以后各句，而加"租一会堂为永久集会之所"。以上各句，虽有交易本题用意，然皆与本题有关，故谓之为有关系之修正案。但若使乙君之提议修正案，为删去"为本会永久集会之所"，而加入"为应酬之地"，此则与本题不相类，可以"无关系不入秩序"打消之，因彼为纯然别一问题也。主座当曰："乙君之修正案，为加入'应酬之地'以代'永久集会之所'，乃轶出秩序之外。盖所拟修正案，与所议之本题无关系。本题乃觅一地为正式集会之所，而非为应酬之地也。"再若乙君动议为"本城"之后当加以"新都"，此当以"琐碎不入秩序"而打消之。对于修正案之普通习惯，美国国会代表院有简明之规定条例，曰："凡动议及问题与议中之本题判然两物者，则不容有托辞修正而加入也。"

九十一节　修正案之效力

修正案之效力，乃呈两动议于会众：一为修正之动议，一为本题。因一问题当结构完备乃呈出表决，故当先议修正案而表决之，然后乃从事于修正之本题也。

（演明式）如八十九节尚在议中，而寅君讨得地位而言曰："我动议修正为'会堂'之后加入'及房屋'三字。"主座曰："诸君听之，动议为'会堂'二字之后加入'及房屋'三字。"于是动议之读法当如下："委理财员往调查各会堂及房屋之价〈值〉……"讨论随之，而只及于修正案，遂付表决，如他案焉。倘得采取，则"及房屋"三字成为本题之一部分矣。而最终之付表决，主座当曰："现在之所事为修正之本题，其案如下……"（彼复述所修正之本题，而后呈之表决。）

九十二节　第一及第二之修正案

一修正案之外，更有修正案之修正案，即将修正之案再加以修正，如修正之对于本题焉。如是则前之修正案谓为"第一修正案"，后之修正案谓为"第二修正案"。前者为对于本题之修正案，后者为对于修正案之修正案也，由此而及于本题焉。其解决之级序，当先从事于第二修正案，因第二之修正案为结构第一之修正案，而使之完备。凡案必先完备，方呈表决也。故此案有三重表决如下：其一表决第二之修正案，其二表决第一之修正案，其三表决本题。

此为修正案之极端，不能再有"修正案之修正案"之修正案矣。有之，必生纷乱之结果。但一修正案表决之后，无论其为通过或打消，则其他之修正案可再提出，如是连接不已，此对于第一、第二修正案皆然也。其理由则因修正案既表决之后，只余一动议（如为第二之修正，则余二动议）于议场，而修正案之限制，本只容三动议同时并立，即一为本题，二为第一修正案，三为第二修正案。其原则为一修正案既通过之后，则便并合于所关系之动议而为一体，此动议则成为一新方式，而新方式则可作本题观也。是以第二修正案既已表决，则其他之第二修正案便可提出；第一修正案既已表决，其他第一修正案亦可提出。如是者屡，以至于原动议结构完备，为大多数所满意者，始呈出表决也。

九十三节　第一第二修正案之演明式

地方自治励行会在议之案，为"本会设一图书杂志库为会员之用"。主座已呈此案于众讨论，而戊君欲提出修正案，其进行手续如下：

戊君起而言曰："会长先生。"主座起答曰："戊先生。"戊君曰："我动议修正此案，加'新闻'二字于'杂志'之后。"遂坐。主座曰："诸君听着，戊君之动议为加'新闻'二字于'杂志'之后，如是则此动议读为'本会设一图书杂志新闻库'。大众准备处分此问题否？"

寅君起而言曰："会长先生。"主座曰："寅先生。"寅君曰："我动议修正此修正案，加'每周'二字于'新闻'之前。"主座曰："寅君动议加'每周'二字于'新闻'之前，大众准备否？"（随而讨论加入"每周"二字。）

主座曰："第一问题为表决加入'每周'之修正修正案，诸君赞成者请曰'可'，反对者请曰'否'。"遂宣布曰："案已通过。其次之问题为修正案加入'每周新闻'四字于'杂志'之后，诸君准备否？（随而讨论修正案）赞成者请曰'可'，反对者请曰'否'。"又宣布曰："已得通过。今之问题为修正之原案即'本会设一图书杂志每周新闻库以便会员之用'，尚有修正否？（若有之则照前法提出）若无之，则赞成所修正之动议者请曰'可'。"

学者须知，修正之讨论皆限于当前之问题，但此限制，间有出入之处。即如修正案或修正之修正案，其关系与本题甚切者，则讨论时每有申论至全题之必要，如是虽议长可限止，然鲜如此苛求者；但两题若判然有别，则议长当立行制止也。

九十四节　同时多过一个之修正案

在有经验之团体之习惯，常许同时多过一个之修正案，各关于本题之不同部分。但无经验之社会，则莫善于照普通习惯，一时只许一修正案，俟解决其一，再从事其他。会议学家有言："一修正案在解决中，则不能接受他修正案，除非后起之案为修正之修正案也。"

（演明式）如上九十三节所引之案，戊君动议修正加"新闻"二字，而此动议当前待众解决；而己君动议修正删去"会员"二字，而加入"公众"二字等语。主座对于此事当曰："同时只能开议一修正案，己君之动议此时不合秩序。现在之问题乃戊君之动议必当先行解决者也，且己君之动议引出一新问题，而此问题又非修正之修正案，是为不合秩序。"

九十五节　先事声明

倘有欲为修正之案，而时不当秩序，彼可先事声明，待机而动，此为准备其动议之路径，而会众得此声明，先知其意，则于表决当前之事当更有酌量也。

（演明式）己君既动议如九十四节所云，而主座以违秩序打消之，但己君可进而言曰："若是，则我欲先事声明，到适可之时我当动议加入'公众'二字，以代'会员'二字。"言毕，乃坐。戊君之议案于是进行，至表决之后，己君乃讨得地位而提其修正之案，因此时已无障碍也。

此先事声明之法，有特殊之妙用。如有第一、第二修正案已发，若再有人欲发其他，非待其前者表决则不能，故先事声明常可使表决者之意为之一变也。假如己君欲以"每日"二字加入以代"每周"于"新闻"之前，但彼不能发此动议，因有第一、第二两修正案尚在议中也。但彼可先事声明曰："我欲先事声明，倘加入'每周'两字之案被打消，我当动议加入'每日'二字。"如是则先示意于欲取"每日"者，使之于表决时可打消"每周"也。

九十六节　接纳修正案

处分修正案之最简便者，莫如本案之原动者接纳所拟之修正案。但倘有人反对，则修正案不能接纳，因主座接纳之后，其案便成为公共之所有。倘无人反对，而修正案得接纳之后，则成为本案之一部分，一若本案提出者之原议不必分开以表决焉。但原动者只接纳彼所同意之修正案耳。倘彼不同意，则当缄默不言，听其正式解决，如他种之问题其得失任之本体之优劣可也。主座无庸问修正案之接纳与否，凡修正案不得接纳，并非失败，不过另呈正式之表决耳。

（演明式）对于图书杂志库之议案（见九十三节）——乙君动议修正案加入"新闻"二字于"杂志"之后——正在讨论中，卯君动议修正修正案加入"每周"二字于"新闻"二字之前。乙君若赞成此修正案，可起而言曰："主座，我接纳此修正案。"若无人反对，则其修正案成为"修正加入每周新闻等"，主座遂接述而表决之也。更有一限制，则凡一案或其案之修正案若已受变更之后，则不能接纳矣。譬如乙君之修正案加入"新闻"已再被修正，加入"小册"，则乙君不能接纳卯君之动议加入"每周"二字也。

第十二章　修正案之方法

九十七节　修正之三法

修正有三法：一加入字句，二删除字句，三删除一分而加入他分以代之。

（演明式）其一加入式："本会设一图书杂志库为会员之用"之动议正在讨论中，酉君动议修正加入"轮贷"二字于"库"字之前，或修正加"及其友"三字于"会员"之后，或修正加入"报纸"二字于"杂志"二字之后，是也。

其二删除式：同前案丙君动议修正删除"杂志"二字，或修正删去"为会员之用"五字，是也。

其三删除及加入式：寅君动议修正删去"会员"二字、加入"公众"二字，或修正删去"图书及杂志"而加入"期刊新闻"，是也。

以上各条皆为第一修正案，而每条可再加修正。

九十八节　宣述修正案之方式

主座呈修正案于表决，不独复述修正案，且当述修正后之本案为如何也。三式之修正案，其宣述如下：

（一）兹有动议修正加入某某字于某某之后，于是修正后之本案，读为如此如此。

（二）兹有修正删去某某下之某某字，于是修正后之本案，读为如此如此。

（三）兹有修正删去某某字而加入某某字，于是修正后之本案，读为如此如此。

九十九节　加入方法

一切语句与本题有关系者，皆可由大多数表决而加入。既加入矣，则以后该语句或一部分之语句，除由复议外不能删去，盖议例凡同一之事件不能加以两次动作也。惟其语句加入之后，若再受修正而加入他语句于其间，则全部可由再一修正案以删去之。

（演明式）其案为"本会设一图书杂志库为会员之用"，正在会议中，而以下之动作生焉。

寅君讨地位后曰："我动议加入'轮贷'二字于'图书库'之前。"主座接述曰："诸君听着，寅君之动议加入'轮贷'二字于'图书库'之前，于是其案读为'本会设一轮贷图书库为会员之用'。"遂曰："诸君准备否？"继曰："赞成者请曰'可'，反对者请曰'否'。"宣布曰："已得可决，尚有修正案否？"

戊君讨地位后曰："我动议加入'免费'二字于'轮贷'二字之前。如是则读为'免费轮贷图书库为会员之用'。"主座曰："诸君听着，动议修正案为加入'免费'句，如是则案读为如此如此，赞成者……"云云。遂曰："此案通过。"

戊君曰："我今动议删去'免费轮贷'四字于'图书'之前。"主座乃复述之，而呈之表决。

戊君发两动议之目的，乃在使寅君之加入"轮贷"二字之修正案再得一次之表决，而意在打消之也。盖修正案一旦通过之后，除复议外则不能再行表决，而复议之结果或无把握，故戊君动议加入"免费"二字以取得多一次之表决；随得通过，则戊君动议删去全部。如是，戊君乃得两次之讨论而行两次之表决，而使彼所反对之案得两次之机会以打消之。但寅君之动议，则殊无成见于中也。其理由以何而见许此重复行动，则因"免费"两新字既采入于修正案之内，则其案已变成一异式问题，故作新案观，而修正之限制不能加之也。

一百节　加入案之否决效力

反之，前节如拟加入之修正案得否决，则同式字句或一部以后，不得再行加入。但既打消之字句，若以其他字句而成不同之案，则可加入。如在议之案，寅君既动议加入"报纸"二字而其案已被打消，彼随后可再提出加入"宗教报纸"或"地方自治之汇〔期〕报"，此虽属于否决之修正案，而今则另含有他语为新问题，而成一不同之案也。

一百零一节　改变意思之必要

最当注意者，所加入之字必变易其打消案之意义或其界限，方得成为一新问题，从事讨论。若只改换其语句而不变其性质，则不成为一新问题，而原有之事件既经打消，不能再从事于动作也。寅君不能动议加入"每日新闻"，因此等之字虽口语不同，而实与"报纸"无异，而此既已打消矣；但关于"地方自治之期报"或"法政宗教报"等件异于报纸，而会众当乐于表决此等有界限之件，而反对泛泛之件也。

一百零二节　删除之法

删除之修正动议与加入之修正动议甚相切合，故从事其一则必牵动其他，二者皆为一法所范围。任何语句皆可删去，但同一事件或其一部分若已删去，则不能再行加入，除非复议乃可。而已删去之语句或其一部，若有他字混合而成一异种问题者，便可加入也。

（演明式）同问题在讨论中，丙君动议修正删去"及杂志"三字。主座接述之，付之表决，而得通过。此三字于是被删去，除复议外不得再加入矣。但有己君反对删去，而欲再行加入，彼可动议修正加入"小册及期报之关系吾人之事者"各句。此中包有杂志，但非纯为加入杂志之句，是以有别于已经处分之件也。

一百零三节　删去修正案否决之效力

反之，前节若一删去之修正案被打消，则所拟删去之各字得以确立，而为原案之一部，除复议外不能加以处分。但如牵入他语，则此部或其一分可再动议修正删去，盖此为一新问题故也。在一百零二节之演明式，如丙君之修正案删去"杂志"二字已被打消，其后彼可动议修正删去"图书及杂志"，因此句虽含有打消之案，其实为一不同之问题也。

一百零四节　删去案呈决之方式

主座于呈动议以表决时，多照述动议者之言而已。乃顾兴氏之《议事规则》①则异于是，其式如下：主座呈动议以表决曰："动议为由'书'字之后删去'及杂志'三字。今请问诸君'及杂志'一句，可否成立为动议之一部分？"此其效力乃与常例相反，常例可者可之，此之可者乃适以否决删去案也。

顾氏之法无甚理由，且易惑初学者之耳目，故多为他家所不主张。而本书所采用之法如下：

主座曰："修正案为删去'设'字后之'图书及杂志'五字，此句可否删去？赞成者……"云云。宣布曰："已得可决，删去'图书及杂志'五字。"

一百零五节　所弃之字可加入他处

既经由删去案而得可决，或由加入案而得否决，所弃之字有时可加入于本题之他处，惟必于本题另经修正，改变性质及其意义而成一新问题之后乃可。

一百零六节　"不"字

一修正案加入删去"不"字，而使动议之意义适成正反对者，乃不能许可之事。如有为之者，则当以违序而制止之。由此而推，则凡有相反之字，使正义成为负义者，则不许加入也。若欲否决一案，当于处分时表决之而已。

一百零七节　删去而加入之法

任何字皆可由一动议删去，而任何字有关系者皆可补入其位。既已加入，则必照一百零二节所释之条件，始可删除。其动议"删去并补入"乃为一案。申而言之，则为动议删去并动议加入，相合而成者也。如删去甲字，补入乙字，则不能分为两案（一删去甲字案，一补入乙字案），既以一案提出，亦当以一案呈表决。其理由则动议者有一表决，以补其字于删去之字之位也。

若此案可分而为二，则删去其字之后，其地位已空白，若他字非动议者之所欲，若加入之则与动议者之用意相左矣。是故"删去而补入"之案不得分而

---

① 　顾兴（Luther Stearns Cushing），今译库欣，美国法学家，曾任马萨诸塞州众议院秘书，所著《议事规则》，即《议事程序与讨论规则》（*Rules of Proceeding and Debate in Deliberative Assemblies*），一八四五年在波士顿初版发行。

为二也。

（演明式）"设立一图书杂志库为会员之用"之案正在讨论中，子君讨得地位而言曰："我动议修正删去'会员'二字，而加入'公众'二字。"主座曰："诸君听着，子君之动议，删去'会员'二字而加入'公众'二字，于是其案读为'设立一图书杂志库为公众之用'，众人准备处分此问题否？"云云。"赞成删去'会员'二字而加入'公众'二字请曰'可'"云云。若得通过，则"公众"代却"会员"二字而为原案之一部分矣。若有人欲删去"公众"二字，则必当提出复议，或用一百零二节之手续乃可。

一百零八节　删去而加入修正案否决之效力

若删去某语而加入他语之案被打消后，则除复议外，原语必当确立。但如有他事加入于原语，使之成为一别种问题，则间接可再受修正之行动。

一百零九节　替　代

一新动议如与在场之议案有相关者，可全部替代之。此简而言之，即为删去全案，而加入他案也。

（演明式）设书库之议正在讨论中，西君起而言曰："我动议修正，将现在议案改为'委会长调查建设书库需费若干，并办理劝捐此费'。"主座曰："已有人动议将议案改为……"云云。

现在问题为以一动议代他动议，所拟之替代题不过一修正案耳。此案可加以修正，又可分之为二，以其含有两问题也。当经过讨论如他案焉，然后乃呈表决。先表决修正案，后表决所修正之本题。此两表决呈出如下：其一，"诸君赞成将案替代者，请曰'可'。"随宣布曰："已得通过。"其二，"诸君赞成所修正之本题者，请曰'可'。"宣布曰："案已通过。"

第十三章　修正案之例外事件

一百一十节　款项及时间之空白

对于两度之修正案不能再加修正之例，有例外之事件即如数目问题，凡有拟改者不限于两度。各会员皆得随意提议，悉当接纳，而一一表决之。而第二修正案当在第一修正案之前以表决之例，亦不施于此。

数目问题多属乎款项及时间，若有一动议含有此两种数目者，遇有他动议改易之，不作为修正案而作为填补数目字之空位论。故所有提出数目者，主座或书记当一一记录之，而后逐一表决。从最大之款项或从最长之时间起，而至表决其一为止。

（演明式）有动议"以两点钟为本会开会之时"。主座既呈此案于会众，寅君得地位而动议："以三点钟为开会之时。"（此非修正删去"两"字，而加入"三"字也。）故主座仍进行接受其他之动议，以填空位焉。

卯君曰："我动议'以两点半钟为开会时'。"乙君曰："我动议'以三点半为开会时'。"癸君曰："我动议'以四点为开会时'。"主座曰："今所议为本会开会之时间，已有动议以两点、三点、两点半、三点半、四点各案者，请诸君讨论之。"

主座曰："诸君准备处分此问题否？赞成四点钟者请曰'可'。"宣布曰："此案失败。赞成三点半钟者请曰'可'。"宣布曰："此案失败。赞成三点钟者请曰'可'。"宣布曰："此案失败。赞成两点半钟者请曰'可'。"宣布曰："此案通过。"于是填写两点半钟入空位。再曰："今赞成此案'以两点半钟为本会开会之时者'请曰'可'，反对者请曰'否'。"宣布曰："已得通过。本会开会之时间为两点半。"

骤观之"两点半钟"一句，得二度之表决似乎不必。但第一度之表决为修正案之表决，如一百零九节所释之义，且表决于"两点半钟"者非必随而表决于本题也。又或有会员不欲限定开会时间者，亦未可定也。

更有显而易见者即如收费问题，会员中有赞成此项而不赞成彼项者。设有动议捐十元为某事经费者，有议捐二十元、十五元及五元者，主座一一呈之表决。先从最大之数，既而曰："十五元得通过，可补入空位。有赞成修正之原案，以捐十五元为某事经费者，请曰'可'。"如是则会员之反对捐款者，可有机会以表决打消原案也。其例第一表决乃为填空位（即一种之修正案）而设也，而第二之表决乃为原案而设也。

一百十一节　人　名

若有数人之名皆受指名为同一之职务，此非照修正案之法办理，乃照前节所详对于款项及时间之法办理。各名照指名之秩序一一呈之表决，先从原案或报告中所列之名起，演明式见第一章。

一百十二节　不受修正之动议

有数种之动议不得加以修正者，其要者如下：一散会，一搁置，一抽出，一停止讨论，一无期延期。其例凡案皆可加修正，惟修正致改变性质者则不得加以修正也。譬如"停止讨论"之案，则不能再以修正为"停止讨论于指定之时"也。

一百十三节　复议案

若一案已得通过之后，而欲复议此案之修正案表决，则必先复议本案之表决，而后乃能导入于修正案之表决也。

一百十四节　修正之秩序

前已论之，若同时有数起第一修正案加于一问题，则当照提出之先后而处分之。若有第一修正案及第二修正案，则先表决第二修正案，而后乃从事于第一也。若为连续之问题合成于一者，如一会之规则等，则宜逐节详议，按序修正，不宜逐条表决，因此有妨碍会众重复再议也。若只逐节修正而暂置之，则于全部规则表决之前可随时再加修正，此常有必要者也。俟各节之修正已齐妥，而会众已准备，乃将全部之规则呈之表决，则必得完满之结果也。

卷四　动议之顺序

第十四章　附属动议之顺序

一百十五节　顺序之定义

在此之"顺序"二字，乃指处分动议之秩序而言。照公例，凡动议之顺序，当以提出之先后为定。其先提出者，得先讨议，得先表决。但有一种之动议出此例外，因其性质之异，其顺序则在当前动议之先。而此种例外之动议，其中顺序亦自有等级。

一百十六节　独立动议、附属动议

动议之不关连于他动议，其效果为呈一新问题于议场者，则谓之独立动议。凡独立动议之顺序，当循公例之范围，即一独立动议只能提出于无动议当前之议场，而一独立动议解决之后，他动议方能入秩序。

附属动议，可提出于他案正在议中而未解决之时。此乃附属于独立动议之下，而使之改变方式，或改变情状。修正案及停止讨论案，即附属动议之张本也。附属动议必当就于其所关连之独立动议上施其效力。附属动议中亦自有顺序定例，有此先于彼者。其当先者虽提出于后，亦能超出前者而得处分也。

一百十七节　七种附属动议及其顺序等级

附属之动议有七，为议场中所常有者。凡学议者必当熟习之。此中二者已论之于其所属之部：其一为修正议，乃最要而最常者，第三卷专论之；其二为停止讨论之议，则关于讨论之案，第八章论之。其余五者，为散会议、搁置议、暂延期议、付委议及无期延期议。其先后之顺序等级如左：

（一）散会议；

（二）搁置议；

（三）停止讨论议；

（四）延期议；

（五）付委议；

（六）修正议；

（七）无期延期议。

凡此附属动议顺序，皆在本题之前。即如当本题在议之时，有提出以上动议之一者，即当间断本题，先从事于讨论附属动议而表决之，然后再从事于所变动之本题焉（见一百五十八节）。在于一问题讨议中，若有两人先后各提出七种附属动议之一，其后所提出者若顺序等级在前，便可即行讨议；若顺序等级在先提出者之后，则不许之。即如有一独立动议正在讨议中，突有提出延期议者，既而此议在讨论之时，其能再提出之议为散会议、搁置议及停止讨论议，其不能提之议为付委议、修正议及无期延期议。其动议顺序列在当议中之附属动议上者，则在超之之阶级；其在当议中之动议下者，则在被超之之阶级。若独立动议即本题与及数修正案俱在当议中，则除第七动议之外，各动议皆可提出。倘各皆就秩序提出，则当一一按顺序以表决，而本题则暂为放下，俟各附属动议解决之后乃再从事也。

一百十八节　议案顺序之演明式

有动议"使地方自治励行会速行筹备注册"者。戊君（略去讨地位式，余仿此）曰："我动议修正加入'在暑假期'句于'备'字之后。"主座曰："诸君听着，修正案加入字句，如是则议案当读如下：'使地方自治励行会速行筹备在暑假期注册。'诸君准备否？"（此案可讨论）

癸君曰："我动议付委筹办。"主座曰："已有动议将案付委筹办，此议顺序在修正议之前，诸君准备为付委之表决否？"（可讨论）

寅君曰："我动议将此事延期一星期。"主座曰："有动议延期矣。"（可讨论）

乙君曰："我动议停止讨论。"主座曰："停止讨论动议已经提出，可否即行表决本题？"（可为限制之讨论）

甲君曰："我动议搁置。"（不能讨论）主座曰："搁置之议已提出，赞成者请……"云云。

卯君（间断之）曰："主座。"主座曰："搁置之议为不能讨论者。"卯君曰："主座，我非欲讨论，乃动议散会也。"主座即改正曰："散会之议今已在秩序，此议顺序驾乎各议之上，今当先行表决散会之议，赞成者请曰'可'"云云。宣布："此案失败。今表决搁置之议，赞成者请曰'可'"云云。宣布："此案失败。今次及停止讨论即表决本题（如得通过，则延期之议及付委之议皆无形失败，而即从事于本题及修正案），赞成者请曰'可'"云云。宣布："已失败矣。诸君准备处分延期一星期之议否？赞成者请曰'可'"云云。宣布："已失败。"

己君曰："我动议无期延期。"主座曰："付委及修正两议尚在场中，无期延期之议未到秩序，诸君准备表决付委之议否？赞成者请曰'可'"云云。宣布："此案失败。今之问题为戊君之修正议加入'在暑假期'，诸君准备否？赞成者……"云云。宣布："此案通过。今赞成修正之本案者，请……"

己君（间断）曰："我今动议无期延期。"主座曰："此议今已到序，诸君欲打消议案者请曰'可'"。宣布："打消案失败。赞成修正之本案即'地方自治励行会速行筹备在暑假期注册'者，请曰'可'。"宣布曰："已得通过。"

以上之演明式，乃表示附属动议除修正案外各皆失败时之效果也。其各皆通过之效果之演明式，后三章详之。若有提出其中任一而因有他案当前不合秩序者，则对付之法，一如己君之无期延期案也。各附属动议既经一次失败，随后可再行提出，惟当间以他事也。例如搁置动议，可再提出于一动议之后，或于两动议之间。所有附属案皆受顺序之范围，而讨论则只就附属动议之本身从事，不牵涉入本题也。

所提之动议，其顺序若在他案之前者，则他案不过暂搁，以俟超级之动议解决而已。若得否决，则其他当照秩序施行，如演明式焉。

一百十九节　七种附属动议之目的

其中三种（散会议、搁置议、延期议）之目的为缓迟行动，其中一种（停止讨论）乃催促行动，其中之二〈种〉（付委议、修正议）乃整备或改变其事体，其余一种为最终之废置。而停止讨论之对于他附属动议之效力，见于六十二、六十三两节。

一百二十节　定秩序之理由

此种秩序乃由经验得来，实为最适合于办事原则，而使之公平迅速也。不能讨论之案居于能讨论案之前，所以防阻滞也；本题之临时变动先得机会以处分，所以速结束也；讨论适序可以停止，所以避生厌也；至于求全备议延期，皆所以免造次也；最后则压止，所以打消积案也。以上秩序，议法家间有出入者，亦有不守者。若社会有不欲采择，可立专条规定其所弃者。总之，此为最简便易行之法，故吾人主张之。凡领率议场者当识之于心，或书之座右，以作津梁可也。

第十五章　散会与搁置动议

一百二十一节　散会动议

附属动议，其在秩序之首者为散会议，其处分顺序超乎各动议之先。所以如是者，因会众凭大多数之意，则有权随时终结议期也。此议一出，当立即决断，不得讨论，并不得修正、不得搁置、不得付委、不得延期、不得压止、不得复议，只有表决而已。

一百二十二节　独立之散会动议

散会动议为附属动议之外，有时亦为独立动议。其在各事完结之时或在无事之间而提出者，则为独立动议也。但其受限制与附属动议同，当得全体一致，乃可讨论其因何不宜散会之理由。常有于会期终结之时，照例提出散会议者。但如有人提出权宜问题，指出尚有当议之事，则提者当即收回也。

一百二十三节　散会议之限制

通常有言："散会动议无时不在秩序。"其实不然也。散会议有不能提出之时如下：（一）在会员得有地位之时；（二）在进行表决之时；（三）在表决停止讨论之时；（四）在一散会动议才否决之后而无他事相间之时。此四条件，所以防止少数人之捣乱也。更有权宜问题及秩序问题，因具急要性质，故虽于散会议提出之时行之，亦合秩序。

除以上之限制外，则散会议当常在秩序之首也。

一百二十四节　散会之效果

一会员照常例讨得地位而言曰："我动议散会。"主座曰："散会之议已提出，赞成者请曰'可'"云云。宣布曰："已得通过，本会散会至某日再集。"表决如有可疑，可提出疑问，如他案焉。

若散会之议失败，则间断之事再行继续。若得通过，则间断之事，下会当接续办之。倘无下会，则散会之议即为打消在议之事也。若有一定之办事秩序，一定之散会时间，则散会所间断之事，下会可按次以未完件提出之；而提出之时，当就其间断之点以开议。

一百二十五节　有定时间

在团体之规定散会时间者，届时主座当止绝各事而言曰："散会之时间已到。"随而稍候（与机会使提议"延长时间"或提议"散会"），再曰："本会散会。"若欲连续继议，则当提出独立动议以延长时间（至有限定或无限定），呈表决而按之以施行也。若无规定散会时间者，则当提议"本会于几点钟散会"。此动议与其他独立动议无异，并无优先顺序也。

与散会动议并列者，为定期开下会之议。其有规定开会日期之团体，则不须此；其无规定者，则为不可少之事。故有谓定下期开会之议，应在散会顺序之前。但此既属可讨论可修正之议，则当不然也。若散会之议既提出，而无下次开会之期者，主应当唤醒提议者，以下次会期尚未曾定，而提议者当自收回其议，俾有提议下次开会期之机会，而留回其优先权以再提散会之议可也。倘彼不肯收回散会之议，则必当立呈表决；若非会众不愿再有下会者，即必否决之也。此动议之方式如下："我动议散会，至下星期二日午后三点钟再开会。"

一百二十六节　搁置动议

第二级之附属动议为搁置议，此议所以延迟最后之动作，而假以再加审察之时也。此议不得讨论，不得修正，不得付委，不得延期，不得打消，不得复议，而只让步于散会之议，并权宜问题及秩序问题而已。若遇失败，可以散会议之同一条件而再提出之。

一百二十七节　搁置议之效力

搁置之议，乃将所议之原案及其附属各动议一齐搁置之。此议不能施于案之一部分；若加于一部分，则当然加于全案也。倘此议得胜，则全案及其所属之修正案，乃至所属之附属动议，皆从而搁置之，而另从事于他事也。

一百二十八节　抽出之动议

抽出之议，可于搁置之后立时提出，或可于稍后之同期提出，或下期提出。抽出之动议并非附属动议，是以无顺序优先之权利，而与一般之动议同列。此议亦不能讨论，其效力则恢复原案于间断之点。若搁置之案以后无提议以抽出之，则当然打消。又搁置之案适遇会期告终，或至会年之末，亦终归打消也。

（演明式）如一百十八节之案正在讨议中，其附属动议付委、延期及停止讨论已经提出，而最后甲君曰："我提出搁置议。"主座曰："搁置之议已经提出，赞成者……"云云。宣布曰："已得通过，而本会筹备注册之问题当搁置。今者会众之意欲为何事？"（中有他事告竣）于是场中适无别案，甲君讨得地位而言曰："我提议抽出'本会筹备注册'案。"主座接述其议，若得通过，则曰："此案复在众前，而第一问题为停止讨论之动议。"彼乃进而表决之。若归失败，则其他之附议动议如延期、如付委、如修正皆一一付之表决，最后则处分本题也。

主座于表决搁置动议，宜唤醒会员，以搁置问题非特搁置本题，而更搁置所附属之动议也。

第十六章　延期动议

一百二十九节　有定时之延期

此动议列在顺序之第四，其前者为散会动议、搁置动议、停止讨论动议。当延期议在议中，如有提出本题停止讨论动议者，则延期议便作截断，而非暂搁。惟若提出散会议或搁置议，则适成相反，盖此不过暂搁而已，而于本题再出现之时，此附属动议当与之复现也。延期动议，其时间可得讨论并得修正，但不得付委、不得搁置、不得压止并不得延期，除即时之外不得复议。此动议之目的，乃将事件延至所定之时，而使之得完满之讨议也。其对本题之效力，见六十三节。

一百三十节　其效力

此议与搁置之议同，皆搁起问题之动作也，惟搁置议则搁起无定期，此则搁起至一定之期而已。延期案至再提出之时，名之曰"特别指定事件"。延期一议乃将全案延期，而不得延期一部分也。若延期议失败，则隔一事之后可以再提出。

若延期议通过，则书记将所延期之事，收管至指定之日。到时则无论于何事在场，此指定之件皆为当序，主座当间断他事而提出之。若主座忘之，则书记或他会员当为之提出也。

（演明式）今设同案在讨议中（如一百十八节），已提出修正及付委矣。寅君讨得地位而言曰："我动议将案由今日起，延期至下星期二日午后三时再议。"主座遂曰："此案已提出延期至下星期二日午后三时。"此议可以讨论，可以修正其日时，然后如常而呈之表决。倘得通过（而非如一百十八节之被打消），则主座曰："延期案已得通过，本会讨论注册之动议，当延期至下星期二日午后三时。"至下星期二日届期之时，主座当停起他事而言曰："指定讨议本会注册之案之时期已至。此事适当特别之秩序，请诸君讨论之。"若有欲将他事先行完结者，则当动议："将特别事件搁置。"若此议得胜，则指定事件搁置，以俟再提。若指定事件不受搁置（或再提出），则主座乃继续曰："此案之第一问题为付委之议。"（因此议正在讨议中，而本题乃延期也。）彼遂进而以付委之议呈表决，及处决其他之附属动议，而后乃及于本题也。

若主座到时忘却提出指定之事件，则任一会员皆可起而言曰："主座，特别指定事件之时间非已到乎？"若指定之件只有日期而无时间，则统归本日指定事件之列。

为指定事件所间断之事，则不待有动议而暂置之。俟指定事件了结之后乃复讨议，或归入下期，作未完事件办理。

一百三十一节 此议之限制

定时延期之议只可作时间之修正，而不能为他种之修正。而有定时之延期议，不能改为无期之延期议，又不能定一非会期之日而为延期，盖此则等于无期之延期动议故也。

一百三十二节 无期延期

质而言之，此动议非延期也，实一打消或压止之动议耳。其作用乃以之为直捷了当处决本题者，而其顺序列于最末，只于无附属动议在前乃能当序。此议可以讨论，但不能修正，不能延期，不能付委，不能搁置。若遇否决，则对于同一本题不能再行提出。

一百三十三节 此议之效力

若此议胜，则直打消其本题耳，其效力等于本题之呈表决而得否决者也。又如以反例以表决一问题，其式如下："诸君之不赞成者请曰'是'。"此以是决之用于反对者，而以否决用于赞成者也。此动议常用之以试反对者之势力如何，若反对者实为大多数，则此为打消议案之捷径。以效力言之，则此议之别名可谓为"打消议"也。

（演明式）一百十八节已演明提出此议之方式矣，若己君之动议不被打消而得通过，则主座当曰："已得通过，而本会注册之问题当延期至无定期。"此除复议外，便为了结其事矣。凡遇此而打消之问题，若欲再提出之，必当于下年开会方可为之也。

第十七章 付委动议

一百三十四节 付 委

付委，即付事件于委员以筹备或审查也。此动议之作用，乃欲将事件措置裕如，或将事件考求详尽者也。其顺序居附属动议之五，只在修正动议及打消动议之前而已。其受前列附属动议之影响，同于一百二十九节之所陈，即为停止讨论动议断绝，而为他附属动议所暂搁耳。此付委之议可以讨论，但不能延期，不能打消，不能搁置，而更不能复付委也。其单纯付委之动议不能修正，但有训令之付委，或指出人数之委员及如何委任之动议，则可修正。此议之复议只可立即行之，若委员已定而开始办事，则决不能复议矣。若付委之动议失败，则隔一事之后可以再行提出也。其受停止讨论动议之影响，同于六十三节。

有同于付委之动议，则以"全体会员为委员"之动议是也。此乃以全体改为委员会，而对于所议之事件一逊公式之谈话也。若欲全体为委员之时，当提出动议"以全体为委员会"。若得通过，则主座请他会员为委员主座，而彼则下场为一委员。于是委员主座请众就秩序，而开议付委之问题焉。在寻常社会，鲜有用全体委员之机会。全体委员会事另详于一百四十节。

一百三十五节　付委议之效力

当事件在议中而有付委议提出，若得通过，则其效力为以在讨议之全案暂由议场抽出，而付托于委员之手。于是而成立委员会及授训令与之，为必要之事矣。委员即接受其事，依训令而行，酌量办理，为各种之准备，而后乃报告于下次之会。至于付委之时，若有修正之议当前而为付委议所收束者，则此修正议委员当照办理，而并报告之。若得赞成则加入本题，否则删之。若为压止之议，则委员当除去之。此外则无他种之附属议矣。盖其余之四者当必先行处决，而后方次及于付委之议也。

（演明式）筹备注册之议正在讨论中（如一百十八节），癸君讨地位而发言曰"我动议付委"，或"将事付托与委员"。主座曰："已动议付委矣，诸君准备处分此问题否？赞成者请曰……"云云。宣布曰："已得通过矣。本会筹备注册之议已付委员筹办矣，但委员会应用几人？"

戊君曰："我动议以五人为率。"众乃从而讨论之。若有他数提出，则照一百零十节式而投票表决之。主座遂曰："委员如何委任，由主座委之，抑由会众委之？"会员于是动议曰："由主座委任。"或曰："由会众指名。"随呈表决。若为前者，则主座当于立时或稍间而委任五人为委员，其首名则为临时主座，至委员会集乃选举其主座。若由众指名之议得胜，则照六节与十五节所详之手续办理。此时委员当授以各种训令，或假以全权。例如有动议如下：其一，"令委员与律师商酌本会注册之事，而下期报告之"，此授训令者也；其二，"委员当授以全权，以筹备本会注册之事"，此付全权者也。（参看一百四十一节）

若有问题当付于常务委员者，其正式之动议为"将问题付某种常务委员"。如此若得通过，则其事归于此种委员。盖付常务委员之议，其顺序在特务委员之议之先也。

对于单纯付委之议，有以定限付委之议代之者，即如"以事件付之于主座所委五人之委员会"。此可以一动议而提出之，但有以之分为三动议（参观四十二节）而每议单独提出之为更妥者。定限动议之提出式及其效力，皆与单纯付委动议无异，而受同一法例之约束，而其讨论与修正可分段行之。

一百三十六节 带训令之付委议

若有提出之付委动议而带有特种训令于委员者，此等训令不能由动议内分开，而必须与付委动议同呈表决。若欲除去训令，即为无训令之付委，则当动议"修正删去训令"。设使有动议"将事件付之主座所委之五委员，而训令赴律师请教"，此动议不能分为四段，只可分作三段：（一）动议付委而训令之使赴律师请教；（二）委员之数为五人；（三）委员由主座委任。而第一动议可提议"修正删去训令"，如是则成为一单纯付委议，而此后其他之训令随便可加或不加也。总之，带有训令之付委议不能分开，实为成例也。

一百三十七节 问题之一部分

问题内之任何一部分皆可付委，其他部分同时仍可继续进行。但最终之处决，当待至付委之部分报告回答之后乃可。

一百三十八节 委选之事宜

向有流行之成见，以为提出议案者为同案之委员，则必当委之为委员长。但近来遵此成见者少，而不遵者恒多，盖以其有碍于自由平等之则，故渐渐不用也。无论由主座委任或由众指名，皆当就会员之留意其事者，或就才干之适于其事者，而兼委一二新手以与有经验者同办事，为最适宜也。若提案者为一适宜之人，固当选为委员，而但不必定为之长。前曾言之，首名委员除召集第一会外，不必定为委员长。而委员之人数当以奇零为妙，以免表决之同数也。受委之人若不在场，当由书记通知。所有被委之人，当由首名委员通告召集第一会。所有付委之案暂时当停止进行，而会中当从事其他问题。委员报告手续，下章另详之。

一百三十九节　独立之付委议

除凡关于各本题之附属动议之外，当无他案再议之时，随就任何时而提出付委之议，此为独立之付委议，而不享受顺序之优先权，且更受各附属动议方法动作之约束，以其自身为一本题也。

第十八章　委员及其报告

一百四十节　委员之性质

委员会为附属团体，只就其训令之范围内行事，而受节制于委之之会。委员既受委任之后，则会集而组织其团体，如四、五、九各节所详者。

委员会之集议，照会议之常规，但可省略各种起立、发言及按序复坐之仪式。所议之事件，可以谈话行之。惟一切动作，当以正式之动议及表决而处分之，当由书记存记作一合式之纪录；若无书记，则委员长当笔记所有表决之事。只有受委之委员，方能与于讨议之列。会长及各职员倘未被委，亦不得参加于其列。而会长无监督委员之权，若彼欲于委员会试其运动或劝诱，则当拒绝之。委员会以大多数为额数。

全数之委员会，即以会员之全体而作一委员之会议而已。其会议之规则，即搁起正式之会期，畅行讨论，不许提出停止动议，与夫委员会所常用之非公式行动，皆准行之而已。至会议告终之时，则全体委员退席，即行事之性质一变耳。会长复其座位，而再令众就秩序，委员长则行正式报告于众。而众之处理此种报告，悉如其处理少数人之委员会之报告焉。

一百四十一节　委员之权限

委员既受训令，其权限只在令行之事范围之内。若付委之事件不带训令者，则委员审查其案之体裁，加入已通过之修正案，并贡献所得而适于会众之讨论及表决者。委员只能照委托所事而行，当小心谨慎，毋得稍出其权限也。

若委员受有全权，则其行事有若一独立之团体焉。会中已表决之事，而欲使此事之成全，则委委员以全权执行之，以竟其功。或在两可之问题，而付委员使以全权处决之，则此处决作为最终之定论。

（演明式）"本会筹备注册"之议在讨论中，有单纯付委之议已得通过，于是委任委员而将事托之。委员讨议如何注册之方法，而调查应办之事宜。到时由委员长报告"本会应要注册"（或不必注册），详其理由及办法。若其议为"将事付委而令委员向律师请教"，委员则照训令而行，往与律师商酌，然后将律师所言报告于众。同时或呈献己意，听众采择。

若动议为"将本会注册之事付之委员全权办理"，如此则委员当将注册各种手续进行办理，而事竣之后，乃报告其效果于众。或审查之后而以注册之事为不适宜，而报告于众曰："本会注册之事为不适宜。"若会中必欲注册，则先表决本会注册之事，而后委委员以全权执行之。若如此，则委员惟有进而执行将本会注册而已。

一百四十二节　报　告

当委员之事务告竣，其主座或其他之受命者当准备一报告，将审查之各点并委员之判断详录之。倘委员中有少数不同意者，亦可另作一报告，谓之"少数之报告"，包括彼等之判断。报告当用简单明白之言辞，有时须陈己见者，则统结以献替之语。即如有委员承命"到街上调查会堂之租价及款式"者，当准备其报告如下："本委员查得本市之各会堂租价如下：民乐会堂每日租价十元，崇德会堂每日租价十二元，自由厅每日租价八元"云云。遂继而曰："本委员谨以第一会堂之价格及地位最为适当也。委员某某谨报。"又委员未带训令而审查一问题者，当报告如下："本委员建议此案之语句，应如以下方式……"云云，或"本委员建议此议不当采用（详其理由）"，并如上为结断之语。至带训令而行事之委员，其报告如下："本委员已照所训而完其责，租得崇德会堂为本会集会之所。"

一百四十三节　报告之呈递

委员或有训令使之报告于一定期之日者，则到期之时次及报告秩序，主座当令之报告。若无如此之训令，则委员准备报告之时，承委报告之员在无议案当前之时，则讨地位而言曰："主座，某某事件，委员之报告已经准备矣。"主座曰：

"今可否接收某某事件委员之报告？赞成者……"云云。若得否决，则委员当俟之迟日，而仍照同一手续以讨地位而后行之。若得通过，则委员之代表曰："承办某事之委员谨呈报如下……"彼乃宣读报告。

报告读后，则委员之事毕矣，并不用表决以解其职，盖其职与呈递报告而俱完结也。从此则委员对于其事，亦犹乎他委员之不相涉也。倘再委之以续行办理，则为另外一委员而已。

委员之报告当缮就成文，报告之后，则将报告文呈交主座。而所报告事件之新方式，则为当秩序而受会众之处分者也。

一百四十四节　要求报告

若到报告之时，而主座及委员俱忽略其事，则会员可动议："请某某事件之委员此时报告。"倘此议通过，则委员必当报告；如不报告，自当详说理由。若委员准备未完，当可请求宽限，如是则当有动议："宽限委员之报告期，而令之于某某日报告。"若委员欲取消其职务，亦当有动议"取消某某事件委员之职务"，而得表决通过乃可。

一百四十五节　少数之报告

此为不同意者之报告，读于正式报告之后，而不能与正式报告同效力，会众可以不理者也。但若其确有见地，则可以之代多数之报告耳。此即与修正报告无异，而当以修正案顺序行之。

一百四十六节　报告之演明式

本会注册之问题经已付委办理，而委员会集讨议准备报告。至值期开会，次及"委员报告"，主座曰："今日有无委员报告？"辰君曰："主座，本委员之注册事，已经准备报告矣。"主座曰："前令注册委员今日报告，请诸君听之。"

辰君遂读报告曰："本委员承命审查本会注册事宜，兹报告如下：所有注册事宜虽复杂，然有熟悉此事之人乐为相助，则进行亦易。而本委员详审各情，注册确于本会大有利便，诚如某会员所言，故献议将本会从速注册也。辰某谨报告。"

主座既接辰君报告之后，乃曰："诸君已听着委员报告及其献议，对于'本会即行注册之问题'已表示极为赞成。诸君之意如何？"此时为讨论秩序，于是各讨论本会宜否即行注册事宜。

一百四十七节　复付委

若委员之报告有不满众意者，并若重新讨论之后生出新问题，则事当复行付委于委员或其他之委员也。"复付委"之动议，与"付委"同受一例之约束。

卷五　权宜及秩序问题

第十九章　权宜问题

一百四十八节　权宜问题之性质

第五章曾经论及，凡议场循规举动，当由正式动议出之。但有时事件发生，有不能待新动议秩序之至者，如遇有破坏议则之事、发生错误之事与夫一切急要之事必当立刻应付，而应付之方，则谓之为权宜问题及秩序问题。此等问题不属动议，而超夫各动议顺序之前，无时不在秩序之中，能间断一切事件，并暂夺去言者地位。须待此问题解决后，当议事件方能复原；而事件复原之时，当由间断之点继续再议。权宜问题之顺序，驾乎秩序问题之前。

此等问题如非遇事即发，则其后不准追发也。然若就事而发，则当散会动议之中亦准发之。凡权宜问题，若非急要者，则提出者既述明之后，主座可以打消之，如是即可减省其烦难也。

至于秩序问题，必当就关于当议之事而发，方能准之（参观一百五十二节及一百五十四节）。此问题对于散会动议，除动议者有犯四规则之一如详于一百二十三节者，则不能间断之也。是故举秩序问题者，乃改正动议者之错误也。

一百四十九节　权宜问题之定义

权宜问题，乃有关于在场之额外事件问题也。此问题之起，乃常起于关乎全会自身之权利，或个人自身之权利。其问题甚罕发生，而亦容易解决者也。

十数年前，在美国元老院发生一好先例：当秘密会议之时，疑有报馆访员藏于院阁之傍听座，此为侵犯元老院秘密会议之权利者也。于是一元老提出权宜问题，而设法驱逐犯者出外。其他之例，如忽而灯光熄灭，或空气不通，或有人扰乱会场秩序，或有会员即有远行而欲速于言事，或报告而求优先权利者是也。又或有会员受不平之事者，或反对职员报告不确者。总之，凡意外之事，须即时应付者皆是。

但起立为事体之说明，则不入权宜问题之列。会员常得许可占有地位而为说明者，非权利之应尔，不过友谊之通融而已。若有反对，则假时以便说明之事，当呈众表决，而取大多数之同意，盖说明不能间断他事也。

一百五十节　效　力

此突起之问题，判其是否确为权宜问题，则主座之特权也。会员欲举此问题者，不必如发动议之先讨地位而后发言，但起而言曰："主座，我提出权宜问题。"主座当请提者述之。述后，主座立即判决是否确为权宜问题。若主座以为否，而提者不服，可诉之于众。若以为是，则随有动议，将事提出于众，以备讨论；或属于特别事件，则不待动议，而主座自行将事处分之。此种动议须即时讨论，但非必即时表决，盖亦犹乎他种动议可以搁置、可以延期也。当此问题发生时，诸般事件当停止进行，待此解决之后乃得复议，而会员之被间断者亦得复其地位也。

一百五十一节　演明式

适寅君正在讨论一事，而午君起而间断之曰："主座，我提出权宜问题。"主座起曰："请该会员述彼权宜问题。"（此时寅君当复坐。）午君曰："我雅不欲言之。但我等之坐在堂后者，实不能闻言者之声，因有人交头接语扰乱会场也。"主座曰："此当然视为一确正权宜问题，盖本会之第一权利，则为畅听所言之权利也。倘吾人有所欲言，请于得地位之时乃畅而言之，则无此烦扰也。本主座请该会员等保守秩序，而归安静。请寅君继续再言。"

甲君起而间断之，曰："主座，我提出权宜问题。"主座曰："请述之。"甲君曰："外间有狂烈敲击之声，可否使守门者或他人一往察之？"主座曰："本主座当接受关于此事之动议。"甲君曰："我动议着守门者往察此扰声之来由。"（此议呈之表决，而守门者受训而行，将事回报，或自处决之。无论继有如何行动，而当处分之中，诸事为之搁起。）

癸君曰："我提出权宜问题。"主座曰："请癸君述之。"癸君曰："我刻有要务他行，我已空候甚久，欲得机缘以一询训令，为我等书库委员之办法也。此事不能再候矣。”主座曰：“此问题起之适当，诸君之意见如何？”己君曰：“我动议当使癸君得尽其言。”（此议呈众表决，而行动随之。待事竣之后，则前所间断之事复其进行。）

第二十章　秩序问题

一百五十二节　秩序问题之定义

秩序问题与权宜问题之别者，在直接关系当议之事件，而有所改正，或完备其进行之手续者。如言语离题，或动议不当其序，或论及个人，或破坏议法，皆其类也。主座亦有出乎范围者，如接其所不当接之事，或不接其所当接之事。以上各种破坏秩序之端，所以常因而生出秩序问题也。此问题除权宜问题之外，超出各顺序之前。

一百五十三节　主座之职务

维持秩序及议额，为主座第一之职务。此非独指全体之风纪而已，各会员有破坏秩序及违背议法者，皆当纠正之。若主座于此稍有忽略，则会员当提出秩序问题。

一百五十四节　秩序问题之效力

当秩序问题发生时，在议之各事皆为之间断，至解决之后乃再复原。若会员在发言中而被搁止，则问题解决之后，彼仍复其位；除非彼自身亦受决而为秩序范围之外者，如此若有反对之者，则彼不能再事进行矣。

秩序问题进行之道，一如权宜问题焉。当时机之至，会员不待正式请得地位，可直起而发言曰：“会长先生，我提出秩序问题。”遂被请述之，述毕则坐。主座当酌断其问题为适当与否，曰：“本主座以为此秩序问题发之适当（或发之不适当）。”此宣布谓之为主座之判决，而问题以之为定。如有不服者，可以申诉。惟此问题初不付讨论，不呈表决，此其所以异于动议者也。

因秩序问题为直接关于当议之事者，是故必须立提出于其事发生之时，倘事过情迁之后则不能再提矣。

一百五十五节　申　诉

若会员有不服主座之判决者，可起而申诉曰：“我将主座判决申诉于众。”此申诉须有附和，如其无之，则主座可以不理。若有人起曰："我附和之。"则此问题由主座之判决，而移归于众人之表决矣。其呈此问题之方式如下："主座之判决可否即为本会之定论？"讨论随之。对于此之讨论，主座有优先权。彼可不必离座而发言，详陈其判决之理由等等而后呈之表决，而宣布之曰"主座之判决成立"，或曰"主座之判决打消"，随事而异。此表决即为最终之决议而不能复议矣。

由此观之，一切事件最终决议之权则在会众，而不在主座也。信乎议法家华氏①之言曰："申诉之权，为一切团体自由行动不可少之物。"必如此，则会长乃会场之公仆而不为主宰也。

一百五十六节　申诉表决之同数票

前一成例，动议之表决得同数票者，则动议为之打消。但在申诉之案，得表决之同数票者，则效力适为相反：此乃维持之而非打消之也。如是则主座之判决，更因之而得成立。其理由为主座之判决，若无推翻之者则作为成立，而同数之表决票实为无效，则不能推翻主座之判决也。如此，则主座不必（多有不欲者）自行投票，以维持其判决之成立者。

兹定此为例如下："对于申诉案之表决同数票，乃成全'主座之判决可否成立'之问题。"

一百五十七节　顺　序

今复统括附属动议之顺序，列之如左：

（一）权宜问题；

（二）秩序问题；

（三）散会动议；

（四）搁置动议；

（五）停止讨论动议；

（六）延期动议；

---

① 华氏（Warrington），今译沃林顿，曾任美国华盛顿州议会秘书，著有阐述议事规则的《沃林顿手册》（*Warrington's Manual*）。

（七）付委动议；

（八）修正动议；

（九）无期延期动议。

除此之外，更有他种事件可于独立动议在议中而提出者，其重要者如下：收回动议及分开议题之动议；举发不足额之问题，规定表决法之动议；限制或申长讨论时间之动议；定时停止讨论之动议；定时散会及定时开会之动议；搁起规则之动议；暂作休息之动议。以上各动议若发于需要之时皆为合秩序，其顺序在当前之独立动议之前。

一百五十八节　秩序问题及申诉之演明式

地方自治励行会适会议之际，序及于新事件，随生如下之行动：

乙君曰："会长先生。"

主座曰："乙先生。"

乙君曰："我动议于会期告终之日，本会举一午餐会，以联吾人友谊，想诸君必乐从也。"

主座曰："诸君听着，有动议本会举一午餐会于会期告终之日。"

己君曰："会长先生。"

主座曰："己先生。"

己君曰："何不称之为早膳？我动议修正删去'午餐'二字，而加入'早膳'二字。"

主座曰："诸君听着……"

乙君曰："会长先生，我欢纳此议，我总求其有耳，如何称谓所不计也。"

主座曰："修正案已得接纳，而今之问题为当举一早膳为会期之结束。"

甲君曰："会长先生。"

主座曰："甲先生。"

甲君曰："我反对此议，因将必多所破费，我知会友中多有力不能胜者，愿本会为城中独一不以饮食为题之会！试观彼之好古会、诗人会、棋客会等常设晚餐会，我知彼等之所欲矣！"

主座起而言曰："请该会员进归秩序。彼之所言出乎题目之外，盖批评他会之行为非在秩序之中也。"

甲君曰："甚善甚善，会长先生。我当勉而进于秩序，但我绝对反对此议！"

丙君曰："会长先生。"

主座曰："丙先生。"

丙君曰："我绝对赞成之！吾人总需多少交际性质之物，乃可联络会友感情，使之亲切如一家焉。盖把盏言欢，每生同气之感，舍此则结会鲜有成功者也。"

辛君曰："会长先生。"

主座曰："辛先生。"

辛君曰："我提议将此问题搁置案上。我个人以为……"

主座曰："搁置之议为不能讨论者，是故该会员为越出秩序矣。诸君准备否？"

寅君曰："会长先生。"

主座曰："请君言之。"

寅君曰："主座既言搁置之议不能讨论，又问吾人准备否，按此则为请人讨论矣！"

主座曰："此足见我会员大为省觉，但出之不甚妥贴耳。本主座所问'诸君准备否'，乃以机缘使散会动议或他秩序问题，顺序在搁置动议之前者可以提出耳！诸君准备否？诸君之赞成搁置动议者，请曰'可'。"续而宣布曰："此议打消。"

戊君曰："会长先生。"

主座曰："戊先生。"

戊君曰："我提议延期此案之讨议至一星期。"

主座曰："已有提议延期一星期，诸君准备否？"

癸君曰："会长先生。"

主座曰："癸先生。"

癸君曰："我提议将此事付委。其委员会由……"

戊君曰："会长先生，我起秩序问题。付委之议此时不在秩序，因延期之案尚在议中也。"

主座曰："此举出之甚当。付委之议此时不在秩序，以延期之议之顺序在前也。诸君准备表决延期之议否？赞成者……"云云。宣布曰："此议打消。"

癸君曰："会长先生。"

主座曰："癸先生。"

癸君曰："我今再提出付委动议，其委员会由会长、理财、书记三人组织之。"

主座曰："诸君听着此动议，本主座当从而分开之。先呈付委动议，诸君预备否？"

子君坐而言曰："我以为吾人当在会中结束此事。"

未君曰："我起秩序问题。"

主座曰："请未先生述其问题。"

未君曰："最后之发言者未曾起立而称呼主座！"

主座曰："本主座为之断定此点举得甚当。务望一切讨论，必当以正式出之。"

子君曰："我起而就正之！会长先生，我反对付委案，因过于假权与少数人也。"

主座曰："会众当可训其委员于被委之后。诸君预备否？"

戊君、寅君同时并起曰："会长先生。"

主座曰："戊先生。"

戊君曰："我提议……"

申君曰："我起秩序问题。"

主座曰："请述其秩序之点。"

申君曰："会长先生，寅先生先戊先生而起，或以彼坐位太远，而主座不之觉也。彼岂不应先于戊君而得地位乎？"

主座曰："本主座当断定此秩序之点提之不适当。本主座见两会员同时并起，而已以地位与戊先生，今除非戊先生退让耳。"

戊君曰："我既得地位，则不欲让之。会长先生，我动议……"

申君曰："我将主座之判决诉之于众。"

主座曰："申先生诉主座之判决。今之问题为主座之判决可否成立为会中之定论（讨论可随之），诸君赞成主座之判决者请曰'可'。"宣布曰："已得可决，主座之判决成为确立。戊先生请复发言，所议问题为付委动议。"

戊君曰："我动议本会此时散会。"

主座曰："散会之议已提出，诸君赞成者……"云云。宣布曰："此议打消。诸君赞成付委动议者……"云云。宣布曰："此议打消。今本会欲再办何事？"

酉君曰："会长先生，我见得本会有等会员专图打消彼所不乐之议案，而毫不假以讨论之余地，有一发言者为达此目的几于无所不至也。"

戊君曰："我起秩序问题。"

主座曰："请详之。"

戊君曰："最后之发言者侈言个人之事，殊出范围！"

主座曰："此秩序之点，举之适当。请酉先生就本题范围！"

酉君曰："会长先生，我诉此判决！我已慎重不提名字，则并未有毫厘违及秩序也。"

主座曰："申诉提出矣，主座之判决能成立否？赞成者……"云云。宣布曰："不成立。酉先生已得表决为合秩序，可继续言之。"

酉君曰："我只欲重要问题能得公平之讨论，而我以为……"

亥君曰："会长先生。"

主座曰："亥先生。"

亥君曰："我动议散会。"

主座曰："有动议……"

寅君曰："我起秩序问题。"

主座曰："请详之。"

寅君曰："会员发言之地位，不能由散会动议夺去也。"

主座曰："本主座断定此点提出甚当，而散会之议为违反秩序。酉先生请复言。"

酉君曰："我动议将全案由今天起延期两星期。"

卯君曰："会长先生，我起秩序问题。吾人岂非已经表决不延期乎？岂第二之延期议在秩序乎？"

主座曰："新事件已中间之矣，第二延期议当合秩序也。诸君预备否？赞成者……"云云。宣布曰："此议通过。而举一早膳会之问题，延期作为两星期开会日之指定事件。本主座望各会员到时当黾勉齐集，以得详为讨论为是。兹已次及散会时矣。"

西君曰："我提出散会。"

主座曰："赞成者请曰'可'。"宣布曰："本会散会。至下星期此日午后二时半再开。"

结　　论

以上各章所详论之原理方式，足为领率议场者作指南之用矣。然欲为良议员者，徒诵读之、研究之犹未足臻其巧妙也，必须习练成熟，而后乃能左右逢源，泛应曲当也。欲议场之步调整齐，秩序不紊，则非常时开会演习议法不可。其演习之道，有假设议场以专行习练者，然不若乘开会之期而兼习练之，则更为一举两得也。凡社会，其事由少数董事或委员办理者，则会员鲜有机会以习练；倘另行随时开执行会，使全体会员在场，而将事件提出加之讨论与修正，而后处以最终之动作，则会员一年之所得，必胜于五年之研究及假习也。此书可备为个人研究及会场参考之用，且可备为同好者常时集合玩索而习练之。一社会中，其会员人人有言论表决权于大小各事，则知识能力必日加而结合日固，其发达进步实不可限量也。

凡团体欲以此书为津梁者，可于其规则加定一条如下："本会集议规则以《民权初步》为准。"如是则有疑点，皆以此书为折衷也。若有团体不欲全照本书所定之规则，便可另立专条，规定其会所欲行者，如是则关于此种事件可不必照此书所定也。此等专条不必包括于规则之内，一记录之表决案亦已足矣。譬如一会已采择本书之规定为例，而又欲以动议须有附和，或以复议动议不当加以限制为适宜者，便可立例如下："本会定以所有动议须得附和，而后能接述之。"或："本会定以凡会员皆能提出复议动议。"但凡欲成为一纯粹议范之社会，则不当舍去普通认定之议事规则也。

凡社会采定一书为范围者，则凡于未规定之事，皆当遵守之。而其为专条所规定之事，则皆以专条为定衡。各会对于其所事或方法，当采专条以规定之。此等专条或具于规则中，或立特别条例均可。惟须注意，切不可订立条例与通行议场公例抵触者，方为妥善。

附　录

章程并规则之模范

章　程

第一条　会名：本会名为地方自治励行会。

第二条　职员：本会举会长一人，副会长一人，记录书记一人，通信书记一人，理财员一人，核数员一人，董事若干人，演说委员若干人。每年选举一次，如规则所定。

第三条　会议：本会每年三月某某日开周年大会一次，每月某某日开常期会议一次。会中一切要务，当在常期会议决之。除规则所定者之外，只有会员方能到场会议。议场额数，至少七人。凡常期会，当由某某报登广告通知。而特别会议可由会员五人申请，会长即得召集，但每会员当专牒通知。

第四条　经费：每年某月某日起为预算年期，会员经费每人若干圆，限入会或预算期一月之内交足。如得过期，通告犹不交者，则停止会员资格。

第五条　会员：凡入会者，须得满一年资格之会员二人介绍，于常期会议时报名。待一星期后，乃按名投票，如不过三票之反对者则为当选。如有落选之人，则本年之内不得再报名。本会会员以若干名为限。

规　则

第一条　职员之义务：

一节　会长、副会长：会长当主持一切会议，并领率会员就事体之正式秩序，当担任周年大会之演说，并办理属于其职务之各事。若遇会长有事不能到会，则副会长代理其职务；而副会长须随时助会长办理各事。

二节　书记：记录书记办理开会事宜，并记录所议决各事，作一议事录。通信书记当收会中各信，开会时向众读之；并答复一切信函，保存会中文件，通知会员得被举者，函催会员欠费，署名给发会员凭票，编掌会员名册居址，并管理一切关于会员事件及文件。到周年大会之期，彼当将一年所经过之事及现在情形作一详细报告，向众宣读。以上各事，亦可责成记录书记分任之。议事录及文件，可随时与会众察阅。如会中有与他会及团体常通书信者，可多设一交际书记，专理与他团体交际之事。

三节　理财员：理财员当接收、催收、管理、出支一切会中银钱，并当将所有收支银钱开列详细数目，作一报告，呈报于周年大会之期。

四节　核数员：核数员当查核一切单据及理财员之帐目符合否，作一报告，呈报于周年大会之期。

（若有董事会者，则董事规则列于此。）

五节　演说员：演说员分三部，每部设一演说员长。第一部，各国地方自治之历史规模；第二部，关于地方自治之科学及经济学；第三部，中国地方自治应办事宜。某月某日为第一部之期，某月某日为第二部之期，某月某日为第三部之期。各演说员长当将其部一年之经过作一报告，呈报于年会之期。

六节　选举：在某月之常务会期，会长当于职员之外，委派委员三人为指名委员，将来年职员指名造册。指名委员当通告被指名者，如有辞却，则当另指名以代之。于后三期会议，当将完备指名册呈报于众。至周年大会之期，当行投票选举。倘有被指名而不得选者，当另选至职员满数而止。凡入会不满一年者，无被选资格。

七节　任期：除书记及理财两职外，其他任期不得连任两年，而一人不得同时兼两职。惟隔任期一年之后，则可再得复其被选之资格。所有职员任期，至周年大会之日为满。

第二条　会员：凡被选为会员者，签名于章程并缴会费之后，则可领受本会之凭票而为会员，得享本会一切之权利，至年期末为止。此后再纳年费，便可继续为会员。每期会议，会员须当呈票，方得入场。

名誉会员可由会中酌量选择。旧会员居于远方者，可得为通信会员；倘来本城欲与会议者，可纳临时费便得入场。

凡会员欲除名会籍者，当致书通告通信书记便可。

第三条　来宾：凡会员可领朋友同来会议，但须纳临时费若干，而每会员每次会议只得许领二人。演说员每人给免票六条，不收临时费。

第四条　会议法则：地方自治励行会一切会议，皆以《民权初步》为法则。书记之外，非有本会特别命令，不得将本会会议报告发印。

第五条　本会章程及规则，在正式常务会议可以到场会员三分之二之表决而修改之。但至少须于一会期前将欲修改之条正式通告，使众周知方可。

第六条　搁起条例：本会之章程、规则内之条例，其可暂时停止者，遇有需要时可由全体一致而临时搁起之，以便他事之进行；但不能搁起过于一会期以上。

议　事　表

（说明）有、无者，有可、无可之谓也。如申诉，有可讨论、无可分开是也。数目者，例外之符号也。符号之说明，另列于表下。

议案＼动作	权宜问题一	秩序问题一	申诉	散会	搁置及抽出	停止讨论	延期	付委	修正	无期延期	收回动议	分开议题	表决法问题	复议	休息	搁起规则	独立动议
讨　论	无	无二	有	无四	无	有五	有	有	有	有	无	无	无	有	无	无	有
分　开	无	无	无	无	无	无	无	有七	有十	无	无	无	无	有	无	无	有
搁　置	无	无	无三	无	无	无	无	无	无	无	无	无	无	有十二	无	无	有
停止讨论	无	无	有	无	无	无	有	有	有	有	无	无	无	有	无	无	有
延　期	无	无	无二	无	无	无	无	有	有	无	无	无	无	有	无	无	有
付　委	无	无	无三	无	无	无	无	无	无十一	无	无	无	无	有	无	无	有
修　正	无	无	有	无	无	有六	无八	有	有	无	无	无	无	有	无	无	有
无期延期	无	无	有	无	无	无	无	无	无	无	无	无	无	有	无	无	有
复　议	无	无	有	无	无	有	有	有九	有	无	无	无	无	无	无	无	有

符号之说明：

一、凡出此两问题外所发生之急要动议，则处分之动作与独立动议同。

二、得主座之许可可作评议，但除申诉事外，不能有讨论之权利。

三、申诉问题之自身，无可付委、无可延期、无可搁置者也。惟可随申诉之本题，一同受此三种之动作。

四、若在不定下会开会之期而散会等于终止者，则此议有可讨论。

五、得为有限时之讨论，而其讨论只范围于停止讨论之自身，不能牵入于本题。

六、只有属于时日者，乃有可修正。

七、只有属于有附训令之付委，为无可分开者也。

八、只有属于有训令之付委及委员之人数，有可修正者也。

九、委员已开始进行，则无可复议。

十、只有删去而加入之修正案，为无可分开。

十一、有种修正案，其本题尚悬而未决者，有可付委者也。

十二、复议已受搁置者，不能抽出其问题作为终结。

据孙文著《建国方略》手书改正本，上海孙中山故居纪念馆藏①。《实业计画（物质建设）》插图则自各版本中选用

《实业计画》英文原文见本册第 315—526 页

---

①　该本乃据上海民智书局一九二二年六月再版的《建国方略》修订，全书修改文字八十九处及调整四页插图位置，部分是孙文笔迹，排印错字则多为助手所改，修订时间不详。再者，堪培拉（Canberra）的澳大利亚国家图书馆（Australian National Library）收藏别一《建国方略》改正本，原为孙文赠予英国剑桥大学汉文教授翟理思（Herbert Allen Giles）者，孙文在《建国方略》民智再版本上亲笔修改二十七处，所改地方与上海故居藏本基本相同（上海故居藏本对其个别文字又加润饰），修订时间显然更早。

附：英文版本

THE

INTERNATIONAL DEVELOPMENT

OF CHINA

By

Sun Yat-sen

SHANGHAI
Printed by the Commercial Press, Ltd.

1920

This work is affectionately dedicated

to

SIR JAMES and LADY CANTLIE,

My revered·teacher and devoted friends,

to whom I once owed my life.

PREFACE

As soon as Armistice was declared in the recent world war, I began to take up the study of the International Development of China, and to form programs accordingly. I was prompted to do so by the desire to contribute my humble part in the realization of world peace. China, a country possessing a territory of 4,289,000 square miles, a population of 400,000,000 people, and the richest mineral and agricultural resources in the world, is now a prey of militaristic and capitalistic powers—a greater bone of contention than the Balkan Peninsula. Unless the Chinese question could be settled peacefully, another world war greater and more terrible than the one just past will be inevitable. In order to solve the Chinese question, I suggest that the vast resources of China should be developed internationally under a socialistic scheme for the good of the world in general and the Chinese people in particular. It is my hope that as a result of this, the present spheres of influence can be abolished; the international commercial war can be done away with; the internecine capitalistic competition can be got rid of, and last, but not least, the class struggle between capital and labor can be avoided. Thus the root of war will be forever exterminated so far as the case of China is concerned.

Each part of the different programs in this International Scheme, is but a rough sketch or a general policy produced from a layman's thought with very limited materials at his disposal. So alterations and changes will have to be made after scientific investigation and detailed survey. For instance, in regard to the projected Great Northern Port, which is to be situated between the mouths of the Tsinho and the Lwanho, the writer thought that the entrance of the harbor should be at the eastern side of the port but from actual survey by technical engineers, it is found that the entrance of the harbor should be at the western side of the port instead. So I crave great indulgence on the part of experts and specialists.

I wish to thank Dr. Monlin Chiang, Mr. David Yui, Dr. Y. Y. Tsu, Mr. T. Z. Koo, and Dr. John Y. Lee, who have given me great assistance in reading over the manuscripts with me. Special thanks are due to Mr. T. Z. Koo, who has undertaken to see the book through the press for me.

SUN YAT-SEN.

SHANGHAI, July 20, 1920.

THE INTERNATIONAL DEVELOPMENT OF CHINA

A Project to assist the Readjustment of Post-Bellum Industries

It is estimated that during the last year of the World War the daily expenses of the various fighting nations amounted to two hundred and forty millions of dollars gold. Take it for granted in a most conservative way that only one half of this sum was spent on munitions and other direct war supplies, that is, one hundred and twenty millions of dollars gold. Let us consider these war supplies from a commercial point of view. The battle-field is the market for these new industries, the consumers of which are the soldiers. Various industries had to be enlisted and many new ones created for the supplies. In order to increase the production of these war commodities day by day, people of the warring countries and even those of the neutral states had to be content with the barest necessities of life and had to give up all former comforts and luxuries.

Now the war is ended and the sole market of these war supplies has closed, let us hope, forever, for the good of Humanity. So, henceforth, we are concerned with the problem as to how a readjustment might be brought about. What is to be considered first is the reconstruction of the various countries, and next the supply of comforts and luxuries that will have to be resumed. We remember that one hundred and twenty million dollars were spent every day on direct war supplies. Let us then suppose that the two items mentioned will take up one half of this sum, that is, sixty millions of dollars a day which will still leave us a balance of sixty million dollars a day to be utilized. Besides, the many millions of soldiers who were once consumers will from now on become producers again. Furthermore, the unification and nationalization of all the industries, which I might call the Second Industrial Revolution, will be more far-reaching than that of the first one in which Manual Labor was displaced by Machinery. This second industrial revolution will increase the productive power of man many times more than the first one. Consequently, this unification and nationalization of industries on account of the World War will further complicate the readjustment of the post-war industries. Just imagine sixty million dollars a day or twenty one billions and nine hundred millions of dollars a year of new trade created by the war suddenly have to stop when peace is concluded! Where in this world can Europe and America look for a market to consume this enormous saving from the war?

If the billions of dollars worth of war industries can find no place in the post-bellum readjustment, then they will be a pure economic waste. The result will not only disturb the economic condition of the producing countries, but will also be a great loss to the world at large.

All the commercial nations are looking to China as the only "dumping ground" for their over-production. The pre-war condition of trade was unfavorable to China. The balance of imports over exports was something over one hundred million dollars gold annually. The market of China under this condition could not expand much for soon after there will be no more money or commodities left for exchanging goods with foreign countries. Fortunately, the natural resources of China are great and their proper development would create an unlimited market for the whole world and would utilize the greater part, if not all of the billions of dollars worth of war industries soon to be turned into peace Industries.

China is the land that still employs manual labor for production and has not yet entered the first stage of industrial evolution, while in Europe and America the second stage is already reached. So China has to begin the two stages of industrial evolution at once by adopting the machinery as well as the nationalization of production. In this case China will require machinery for her

THE INTERNATIONAL DEVELOPMENT OF CHINA   iii

vast agriculture, machinery for her rich mines, machinery for the
building of her innumerable factories, machinery for her extensive
transportation systems and machinery for all her public utilities.
Let us see how this new demand for machinery will help in the
readjustment of war industries. The workshops that turn out
cannon can easily be made to turn out steam rollers for the
construction of roads in China. The workshops that turn out
tanks can be made to turn out trucks for the transportation of
the raw materials that are lying everywhere in China. And all
sorts of warring machinery can be converted into peaceful tools
for the general development of China's latent wealth. The
Chinese people will welcome the development of our country's
resources provided that it can be kept out of Mandarin corruption
and ensure the mutual benefit of China and of the countries
coöperating with us.

It might be feared by some people in Europe and America
that the development of China by war machinery, war organiza-
tion and technical experts might create unfavorable competition
to foreign industries. I, therefore, propose a scheme to develop
a new market in China big enough both for her own products
and for products from foreign countries. The scheme will be
along the following lines:

I.   The Development of a Communications System.
    (a)   100,000 miles of Railways.
    (b)   1,000,000 miles of Macadam Roads.
    (c)   Improvement of Existing Canals.
        (1)   Hangchow-Tientsin Canals.
        (2)   Sikiang-Yangtze Canals.
    (d)   Construction of New Canals.
        (1)   Liaoho-Sunghwakiang Canal.
        (2)   Others to be projected.
    (e)   River Conservancy.
        (1)   To regulate the Embankments and Channel
           of the Yangtze River from Hankow to the
           Sea thus facilitating Ocean-going Ships to
           reach that port at all seasons.

iv　　THE INTERNATIONAL DEVELOPMENT OF CHINA

(2) To regulate the Hoangho Embankments and Channel to prevent Floods.

(3) To regulate the Sikiang.

(4) To regulate the Hwaiho.

(5) To regulate various other Rivers.

(f) The Construction of more Telegraph Lines and Telephone and Wireless Systems all over the Country.

II. The Development of Commercial Harbors.

(a) Three largest Ocean Ports with future capacity equalling New York Harbor to be constructed in North, Central and South China.

(b) Various small Commercial and Fishing Harbors to be constructed along the Coast.

(c) Commercial Docks to be constructed along all navigable Rivers.

III. Modern Cities with public utilities to be constructed in all Railway Centers, Termini and alongside Harbors.

IV. Water Power Development.

V. Iron and Steel Works and Cement Works on the largest scale in order to supply the above needs.

VI. Mineral Development.

VII. Agricultural Development.

VIII. Irrigational Work on the largest scale in Mongolia and Sinkiang.

IX. Reforestation in Central and North China.

X. Colonization in Manchuria, Mongolia, Sinkiang, Kokonor, and Thibet.

If the above program could be carried out gradually, China will not only be the " Dumping Ground " for foreign goods but actually will be the " Economic Ocean " capable of absorbing all the surplus capital as quickly as the Industrial Nations can possibly produce by the coming Industrial Revolution of

THE INTERNATIONAL DEVELOPMENT OF CHINA   V

Nationalized Productive Machinery. Then there will be no more competition and commercial struggles in China as well as in the world.

The recent World War has proved to Mankind that war is ruinous to both the Conqueror and the Conquered, and worse for the Aggressor. What is true in Military Warfare is more so in trade warfare. Since President Wilson has proposed a League of Nations to end Military War in the future, I desire to propose to end the trade war by coöperation and mutual help in the Development of China. This will root out probably the greatest cause of future wars.

The world has been greatly benefited by the development of America as an industrial and a commercial Nation. So a developed China with her four hundred millions of population, will be another New World in the economic sense. The nations which will take part in this development will reap immense advantages. Furthermore, international coöperation of this kind cannot but help to strengthen the Brotherhood of Man. Ultimately, I am sure, this will culminate to be the keystone in the arch of the League of Nations.

In order to carry out this project successfully I suggest that three necessary steps must be taken: First, that the various Governments of the Capital-supplying Powers must agree to joint action and a unified policy to form an International Organization with their war work organizers, administrators and experts of various lines to formulate plans and to standardize materials in order to prevent waste and to facilitate work. Second, the confidence of the Chinese people must be secured in order to gain their coöperation and enthusiastic support. If the above two steps are accomplished, then the third step is to open formal negotiation for the final contract of the project with the Chinese Government. For which I suggest that it be on the same basis as the contract I once concluded with the Pauling Company of London, for the construction of the Canton-Chungking Railway, since it was the fairest to both parties and

vi   THE INTERNATIONAL DEVELOPMENT OF CHINA

the one most welcomed by the Chinese people, of all contracts that were ever made between China and the foreign countries.

And last but not least, a warning must be given that mistakes such as the notorious Sheng Shun Hwai's nationalized Railway Scheme in 1911 must not be committed again. In those days foreign bankers entirely disregarded the will of the Chinese people, and thought that they could do everything with the Chinese Government alone. But to their regret, they found that the contracts which they had concluded with the Government, by heavy bribery, were only to be blocked by the people later on. Had the foreign bankers gone in the right way of first securing the confidence of the Chinese people, and then approaching the Government for a contract, many things might have been accomplished without a hitch. Therefore, in this International Project we must pay more attention to the people's will than ever before.

If my proposition is acceptable to the Capital-supplying Powers, I will furnish further details.

THE INTERNATIONAL DEVELOPMENT OF CHINA

PROGRAM I.

The industrial development of China should be carried out along two lines: (1) by private enterprise and (2) by national undertaking. All matters that can be and are better carried out by private enterprise should be left to private hands which should be encouraged and fully protected by liberal laws. And in order to facilitate the industrial development by private enterprise in China, the hitherto suicidal internal taxes must be abolished, the cumbersome currency must be reformed, the various kinds of official obstacles must be removed, and transportation facilities must be provided. All matters that cannot be taken up by private concerns and those that possess monopolistic character should be taken up as national undertakings. It is for this latter line of development that we are here endeavoring to deal with. In this national undertaking, foreign capital have to be invited, foreign experts and organizers have to be enlisted, and gigantic methods have to be adopted. The property thus created will be state owned and will be managed for the benefit of the whole nation. During the construction and the operation of each of these national undertakings, before its capital and interest are fully repaid, it will be managed and supervised by foreign experts under Chinese employment. As one of their obligations, these foreign experts have to undertake the training of Chinese assistants to take their places in the future. When the capital and interest of each undertaking are paid off, the Chinese Government will have the option to employ either foreigners or Chinese to manage the concern as it thinks fit.

2 THE INTERNATIONAL DEVELOPMENT OF CHINA

Before entering into the details of this International development scheme, four principles have to be considered:

(1) The most remunerative field must be selected in order to attract foreign capital.

(2) The most urgent needs of the nation must be met.

(3) The lines of least resistance must be followed.

(4) The most suitable positions must be chosen.

In conformity with the above principles, I formulate PROGRAM I as follows:

I. The construction of a great Northern Port on the Gulf of Pechili.

II. The building of a system of railways from the Great Northern Port to the Northwestern extremity of China.

III. The Colonization of Mongolia and Sinkiang (Chinese Turkestan).

IV. The construction of canals to connect the inland waterway systems of North and Central China with the Great Northern Port.

V. The development of the Iron and Coal fields in Shansi and the construction of an Iron and Steel Works.

These five projects will be worked out as one program, for each of them will assist and accelerate the development of the others. The Great Northern Port will serve as a base of operation of this International Development Scheme, as well as a connecting link of transportation and communication between China and the outer world. The other four projects will be centered around it.

PART I.

The Great Northern Port

I propose that a great deep water and ice free port be constructed on the Gulf of Pechili. The need of such a port in that part of China has been keenly felt for a long time. Several

THE GREAT NORTHERN PORT   3

projects have been proposed such as the deepening of the Taku Bar, the construction of a harbor in the Chiho estuary, the Chinwangtao Harbor which has actually been carried out on a small scale and the Hulutao Harbor which is on the point of being constructed. But the site of my projected port is in none of these places for the first two are too far from the deep water line and too near to fresh water which freezes in winter. So it is impossible to make them into deep water and ice free ports, while the last two are too far away from the center of population and are unprofitable as commercial ports. The locality of my projected port is just at midway between Taku and Chinwangtao and at a point between the mouths of the Tsingho and Lwanho, on the cape of the coast line between Taku and Chinwangtao. This is one of the points nearest to deep water in this Gulf. With the fresh water of the Tsingho and Lwanho diverted away, it can be made a deep water and ice free port without much difficulty. Its distance to Tientsin is about seventy or eighty miles less than that of Chinwangtao to Tientsin. Moreover, this port can be connected with the inland waterway systems of North and Central China by canal, whereas in the case of Chinwangtao and Hulutao this could not be done. So this port is far superior as a commercial harbor than Hulutao or Chinwangtao which at present is the only ice free port in the Gulf of Pechili.

From a commercial standpoint this port will be a paying proposition from the very beginning of its construction, owing to the fact that it is situated at the center of the greatest salt industry in China. The cheapest salt is produced here by sun evaporation only. If modern methods could be added, also utilizing the cheap coal near by, the production could increase many times more and the cost could thus be made much cheaper. Then it can supply the whole of China with much cheaper salt. By this industry alone it is quite sufficient to support a moderate sized harbor which must be the first step of this great project. Besides, there is in the immediate neighborhood the greatest coal mine that has yet been developed in China, the Kailan Mining Co. The output

4   THE INTERNATIONAL DEVELOPMENT OF CHINA

of its colliery is about four million tons a year. At present the company uses its own harbor, Chinwangtao, for shipping its exports. But our projected port is much nearer to its colliery than Chinwangtao. It can be connected with the mine by canal thus providing it with a much cheaper carriage than by rail to Chinwangtao. Furthermore, our projected port will in future consume much of the Kailan coal. Thus eventually the Company must use our port as a shipping stage for its exports. Tientsin the largest commercial center in North China, has no deep harbor and is ice bound several months a year in winter, and so has to use our projected port entirely as an outlet for its world trade. This is the local need only but for this alone it is quite sufficient to make our projected port a paying proposition.

But my idea is to develop this port as large as New York in a reasonable limit of time. Now, let us survey the hinterland to see whether the possibility justifies my ideal or not. To the southwest are the provinces of Chili and Shansi, and the Hoangho valley with a population of nearly a hundred millions. To the northwest are the undeveloped Jehol district and the vast Mongolian Prairie with their virgin soil waiting for development, Chili with its dense population and Shansi with its rich mineral resources have to depend upon this port as their only outlet to the sea. And if the future Dolon Nor and Urga Railway is completed with connection to the Siberian line then Central Siberia will also have to use this as its nearest sea-port. Thus its contributing or rather distributing area will be larger than that of New York. Finally, this port will become the true terminus of the future Eurasian Railway System, which will connect the two continents together. The land which we select to be the site of our projected port is now almost worth next to nothing. Let us say two or three hundred square miles be taken up as national property absolutely for our future city building. If within forty years we could develop a city as large as Philadelphia, not to say New York, the land value alone will be sufficient to pay off the capital invested in its development.

THE NORTHWESTERN RAILWAY SYSTEM 5

The need of such a port in this part of China goes without saying. For the provinces of Chili, Shansi, Western Shantung, Northern Honan, a part of Fengtien and the greater part of Shensi and Kansu with a population of about 100 millions are lacking of a sea port of this kind. Mongolia and Sinkiang as well as the rich coal and iron fields of Shansi will also have to depend on the Chili coast as their only outlet to the sea. And the millions of congested population of the coast and the Yangtze valley need an entrance to the virgin soil of the Mongolian Prairie and the Tienshan Valley. The port will be the shortest doorway and the cheapest passage to these regions.

The locality of our projected port is nearest to deep water line, and far away from any large river which might carry silt to fill up the approach of the harbor like those of the Hoangho entrance and the Yangtze estuary which cause great trouble to conservancy work. So it has no great natural obstacle to be overcome. Moreover, it is situated in an arid plain with few people living on it, so it has no artificial hindrance to be overcome. We can do whatever we please in the process of construction.

As regards the planning and estimation of the work of the harbor construction and city building, I must leave them to experts who have to make extensive surveys and soundings before detailed plan and proper estimation could be made. Whereas for rough reference see Map I, and figures 1 and 2.*

PART II.

The Northwestern Railway System

Our projected Railway will start at the Great Northern Port and follow the Lwan Valley to the prairie city of Dolon

---

*As soon as this first program reached the American Legation in Peking, the former Minister, Dr. Paul S. Reinsch, immediately sent an expert to survey the site which the writer indicated, and found that it is really the best site on the Chili Coast for a world harbor, excepting that the entrance of the port should be at the west side instead of the east side as the writer proposed. Detailed plans have been made as figures 1 and 2.

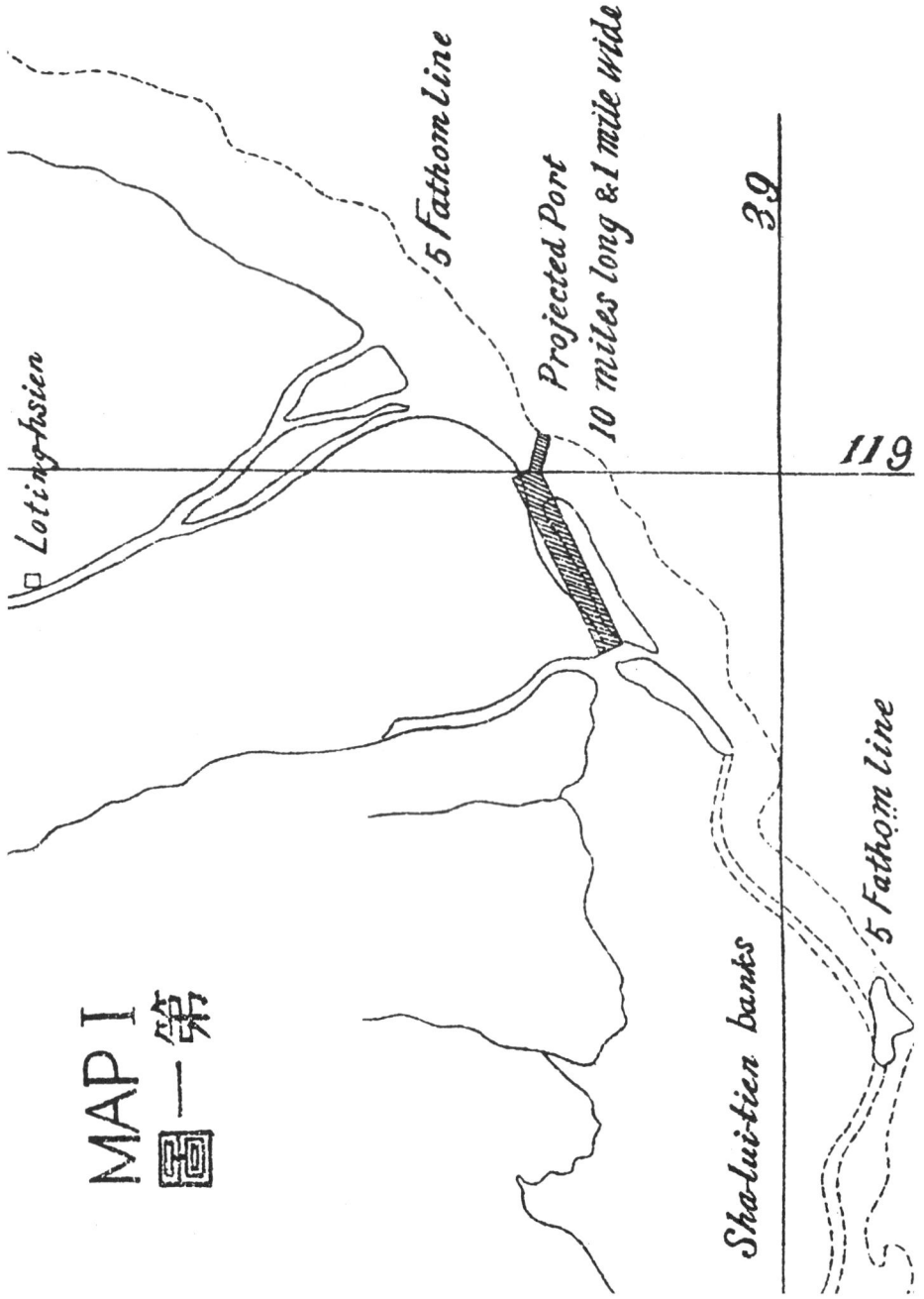

MAP I
第一图

Loting-hsien

5 Fathom Line

Projected Port
10 miles long & 1 mile wide

39

119

Sha-lui-tien banks

5 Fathom Line

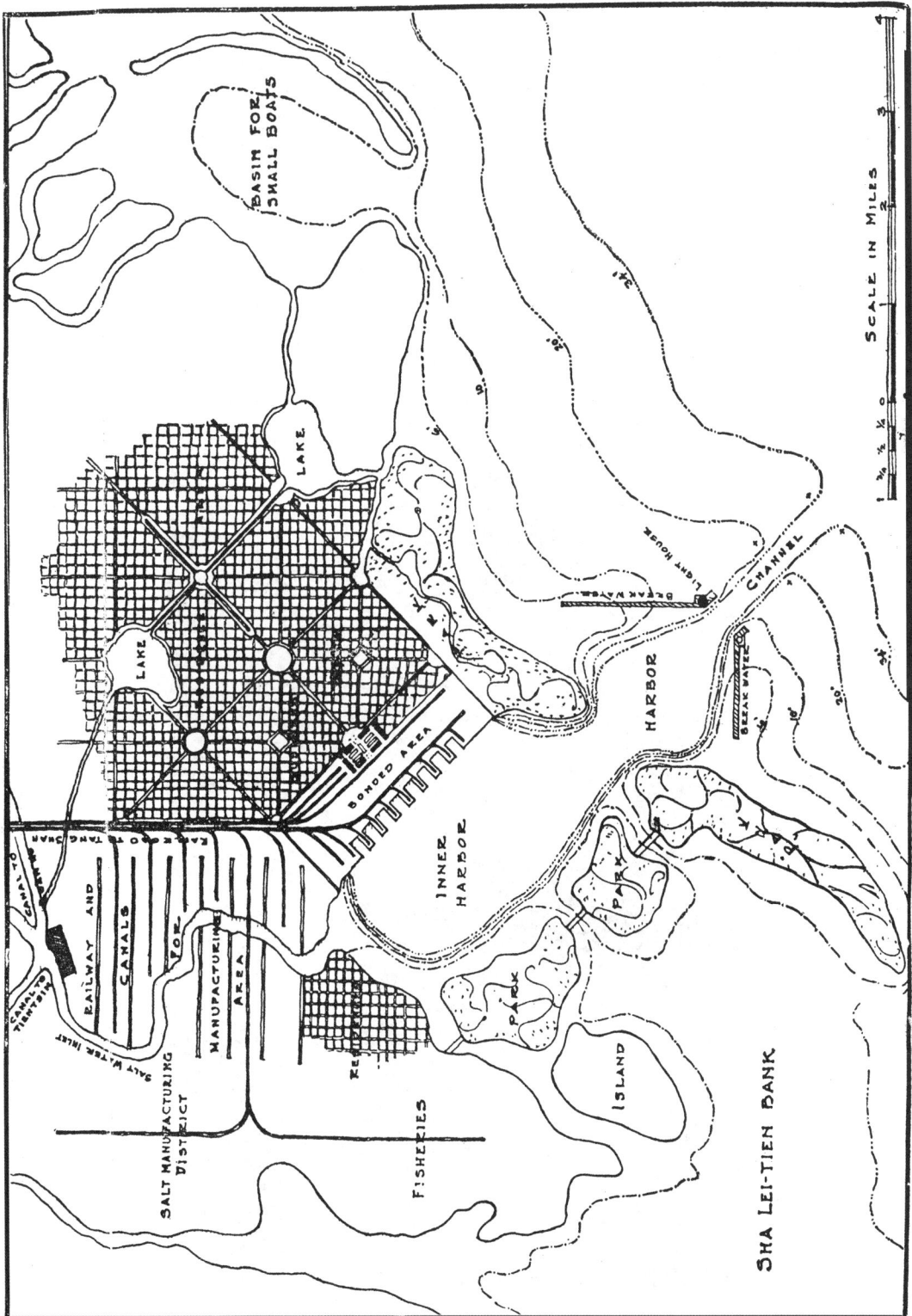

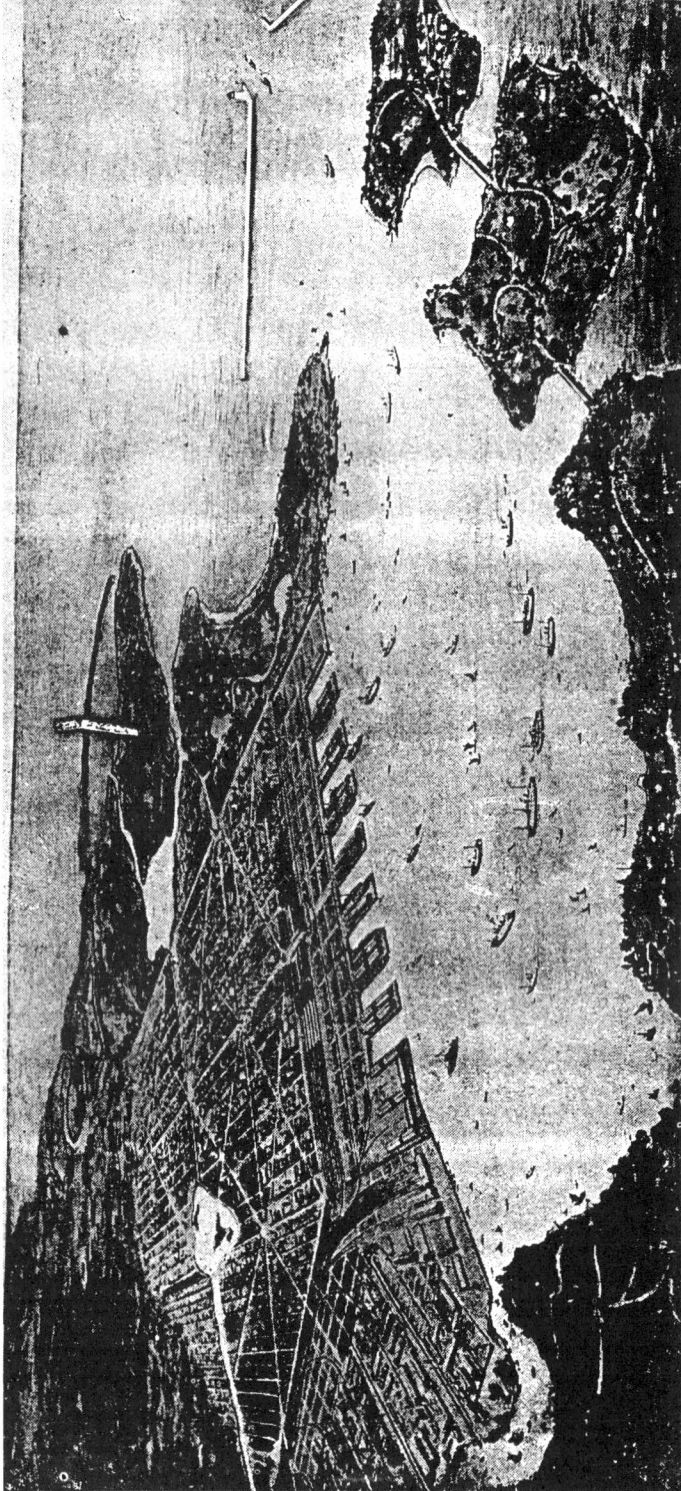

6   THE INTERNATIONAL DEVELOPMENT OF CHINA

Nor, a distance of three hundred miles. This railway should be built in double tracks at the commencement. As our projected Port is a starting point to the sea, so Dolon Nor is a gate to the vast prairie which our projected Railway System is going to tap. It is from Dolon Nor our Northwestern Railway System is going to radiate. First, a line N. N. E. will run parallel to the Khingan Range to Khailar, and thence to Moho, the gold district on the right bank of the Amur River. This line is about eight hundred miles in length. Second, a line N.N.W. to Kurelun, and thence to the frontier to join the Siberian line near Chita. This line has a 'distance of about six hundred miles. Third, a trunk line northwest, west, and southwest, skirting off the northern edge of the desert proper, to Urumochi at the western end of China, a distance of about one thousand six hundred miles all on level land. Fourth, a line from Urumochi westward to Ili, a distance of about four hundred miles. Fifth, a line from Urumochi southeast across the Tienshan gap into the Darim basin, then turning southwest running along the fertile zone between the southern watershed of the Tienshan and the northern edge of the Darim Desert, to Kashgar, and thence turning southeast to another fertile zone between the eastern watershed of the Pamir, the northern watershed of the Kuenlun Mountain and the southern edge of the Darim Desert, to the city of Iden or Keria, a distance of about one thousand two hundred miles all on level land. Sixth, a branch from the Dolon Nor Urumochi Trunk Line, which I shall call Junction A, to Urga and thence to the frontier city 'Kiakata, a distance of about three hundred fifty miles. Seventh, a branch from Junction B to Uliassutai and beyond N. N. W. up to the frontier, a distance of about six hundred miles. And eighth, a branch from Junction C northwest to the frontier, a distance of about four hundred fifty miles. See Map 2.

Regarded from the principle of "following the line of least resistance" our projected railways in this program is the most ideal one. For most of the seven thousand miles of lines under

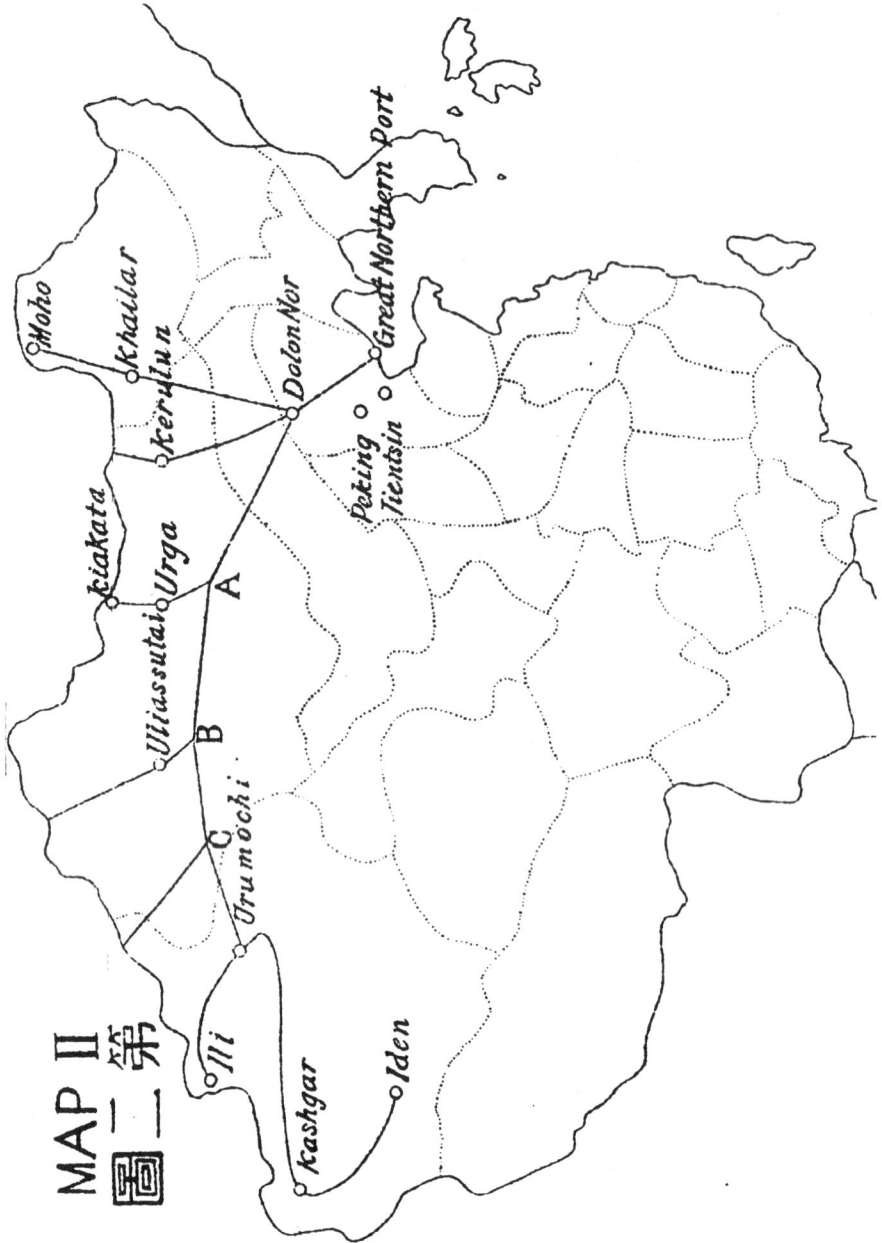

THE NORTHWESTERN RAILWAY SYSTEM   7

this project are on perfectly level land.   For instance, the Trunk Line from Dolon Nor to Kashgar and beyond, about a distance of three thousand miles right along is on the most fertile plain and encounters no natural obstacles, neither high mountains nor great rivers.

Regarded from the principle of "the most suitable position," our projected railways will command the most dominating position of world importance. It will form a part of the trunk line of the Eurasian system which will connect the two populous centers, Europe and China, together.   It will be the shortest line from the Pacific Coast to Europe.   Its branch from Ili will connect with the future Indo-European line, and through Bagdad, Damascus and Cairo, will link up also with the future African system.   Then there will be a through route from our projected port to Capetown. There is no existing railway commanding such a world important position as this.

Regarded from the principle of the "most urgent need of the Nation," this railway system becomes the first in importance, for the territories traversed by it are larger than the eighteen provinces of China Proper.   Owing to the lack of means of transportation and communication at present these rich territories are left undeveloped and millions of laborers in the congested provinces along the Coast and in the Yangtse Valley are without work.   What a great waste of natural and human energies.   If there is a railway connecting these vast territories, the waste labor of the congested provinces can go and develop these rich soils for the good not only of China but also of the whole commercial world.   So a system of railways to the northwestern part of the country is the most urgent need both politically and economically for China to-day.

I have intentionally left out the first principle—"the most remunerative field must be selected"—not because I want to neglect it but because I mean to call more attention to it and treat it more fully.   It is commonly known to financiers and railway men that a railway in a densely populated country from end to

8   THE INTERNATIONAL DEVELOPMENT OF CHINA

end is the best paying proposition, and a railway in a thinly settled country from end to end is the least paying one. And a railway in an almost un-populated country like our projected lines will take a long time to make it a paying business. That is why the United States Government had to grant large tracts of public lands to railway corporations to induce them to build the Transcontinental lines to the Pacific Coast, half a century ago. Whenever I talked with foreign railway men and financiers about the construction of railways to Mongolia and Sinkiang, they generally got very shy of the proposition. Undoubtedly they thought that it is for political and military reasons only that such a line as the Siberian Railway was built, which traversed through a thinly populated land. But they could not grasp the fact which might be entirely new to them, that a railway between a densely populated country and a sparsely settled country will pay far better than one that runs from end to end in a densely populated land. The reason is that in economic conditions the two ends of a well populated country are not so different as that between a thickly populated country and a newly opened country. At the two ends of a well populated country, in many respects, the local people are self-supplying, excepting a few special articles which they depend upon the other end of the road to supply. So the demand and supply between the two places are not very great, thus the trade between the two ends of the railway could not be very lucrative. While the difference of the economic condition between a well populated country and an un-populated country is very great. The workers of the new land have to depend upon the supplies of the thickly populated country almost in everything excepting foodstuffs and raw materials which they have in abundance and for disposal of which they have to depend upon the demand of the well populated district. Thus the trade between the two ends of the line will be extraordinarily great. Furthermore, a railway in a thickly populated place will not affect much the masses which consist of the majority of the population. It is only the few well-to-do and the merchants and tradesmen

THE NORTHWESTERN RAILWAY SYSTEM   9

that make use of it. While with a railway between a thickly populated country and a sparsely settled or unsettled country, as soon as it is opened to traffic for each mile, the masses of the congested country will use it and rush into the new land in a wholesale manner. Thus the railway will be employed to its utmost capacity in passenger traffic from the beginning. The comparison between the Peking-Hankow Railway and the Peking-Mukden Railway in China is a convincing proof.

The Peking-Hankow Railway is a line of over eight hundred miles running from the capital of the country to the commercial center in the heart of China right along in an extraordinarily densely settled country from end to end. While the Peking-Mukden line is barely six hundred miles in length running from a thickly populated country to thinly populated Manchuria. The former is a well paying line but the latter pays far better. The net profit of the shorter Peking-Mukden Line is sometimes three to four millions more yearly than that of the longer Peking-Hankow line.

Therefore, it is logically clear that a railway in a thickly populated country is much better than one that is in a thinly populated country in remuneration. But a railway between a very thickly populated and a very thinly populated or un-populated country is the best paying proposition. This is a law in Railway Economics which hitherto had not been discovered by railway men and financiers.

According to this new railway economic law, our projected railway will be the best remunerative project of its kind. For at the one end, we have our projected port which acts as a connecting link with the thickly populated coast of China and the Yangtse Valley and also the two existing lines, the Kinghan and the Tsinpu, as feeders to the projected port and the Dolon Nor line. And at the other end, we have a vast and rich territory, larger than China Proper, to be developed. There is no such vast fertile field so near to a center of a population of four hundred millions to be found in any other part of the world.

PART III.

The Colonization of Mongolia and Sinkiang

The Colonization of Mongolia and Sinkiang is a complement of the Railway scheme. Each is dependent upon the other for its prosperity. The colonization scheme, besides benefitting the railway, is in itself a greatly profitable undertaking. The results of the United States, Canada, Australia, and Argentina are ample proofs of this. In the case of our project, it is simply a matter of applying waste Chinese labor and foreign machinery to a fertile land for production for which its remuneration is sure. The present Colonization of Manchuria, notwithstanding its topsy turvy way which caused great waste of land and human energy, has been wonderfully prosperous. If we would adopt scientific methods in our colonization project we could certainly obtain better results than all the others. Therefore, I propose that the whole movement be directed in a systematic way by state organization with the help of foreign experts and war organizers, for the good of the colonists particularly and the nation generally.

The land should be bought up by the state in order to prevent the speculators from creating the dog-in-the-manger system, to the detriment of the public. The land should be prepared and divided into farmsteads, then leased to colonists on perpetual term. The initial capital, seeds, implements and houses should be furnished by the state at cost price on cash or on the instalment plan. For these services, big organizations should be formed and war work measures should be adopted in order to transport, to feed, to clothe and to house every colonist on credit in his first year.

As soon as a sufficient number of colonists is settled in a district, franchise should be given for self-government and the colonists should be trained to manage their own local affairs with perfect democratic spirit.

If within ten years we can transport, let us say, ten millions of the people, from the congested provinces of China, to the

THE COLONIZATION OF MONGOLIA AND SINKIANG II

Northwestern territory to develop its natural resources, the benefit to the commercial world at large will be enormous. No matter how big a capital that shall have been invested in the project it could be repaid within a very short time. So in regard to its bearing to " the principle of remuneration " there is no question about it.

Regarded from " the principle of the need of the Nation " colonization is the most urgent need of the first magnitude. At present China has more than a million soldiers to be disbanded. Besides, the dense population will need elbow room to move in. This Colonization project is the best thing for both purposes. The soldiers have to be disbanded at great expense and hundreds of millions of dollars may be needed for disbandment alone, in paying them off with a few months pay. If nothing more could be done for these soldiers' welfare, they will either be left to starve or to rob for a living. Then the consequences will be unimaginable. This calamity must be prevented and prevented effectively. The best way for this is the colonization scheme. I hope that the friendly foreign financiers, who have the welfare of China at heart, when requested to float a reorganization loan for the Chinese Government in the future, will persist on the point—that the money furnished must first be used to carry out the colonization scheme for the disbanded soldiers. Otherwise, their money will only work disasters to China.

For the million or more of the soldiers to be disbanded, the district between our projected port and Dolon Nor is quite enough to accomodate them. This district is quite rich in mineral resources and is very sparsely settled. If a railway is to start at once from the projected port to Dolon Nor these soldiers could be utilized as a pioneer party for the work of the port, of the railway, of the developing of the adjacent land beyond the Great Wall, and of preparing Dolon Nor as a jumping ground for further colonization development of the great northern plain.

PART IV.

The Construction of Canals to connect the Inland Water_way systems of North and Central China with the Great Northern Port.

This scheme will include the regulation of the Hoangho and its branches, the Weiho in Shensi, and the Fenho in Shansi and connecting canals. The Hoangho should be deepened at its mouth in order to give a good drawing to clear its bed of silt and carry the same to the sea. For this purpose, jetties should be built far out to the deep sea, as those at the mouths of the Mississippi in America. Its embankments should be parallel in order to make the width of the channel equal right along, so as to give equal velocity to the current which will prevent the deposit of silt at the bottom. By dams and locks, it could be made navigable right up to Lanchow, in the province of Kansu, and at the same time water power could be developed. The Weiho and the Fenho can also be treated in the same manner so as to make them navigable to a great extent in the provinces of Shensi and Shansi. Thus the provinces of Kansu, Shensi, and Shansi can be connected by waterway with our projected port on the Gulf of Pechili, so that cheap carriage can be provided for the rich mineral and other products from these three hitherto secluded provinces.

The expenses of regulating the Hoangho may be very great. As a paying project, it may not be very attractive but as a flood preventive measure, it is the most important task to the whole nation. This river is known as " China's Sorrow " for thousands of years. By its occasional overflow and bursting of its embankments, millions of lives and billions of money have been destroyed. It is a constant source of anxiety in the minds of all China's statesmen from time immemorial. A permanent safe-guard must be effected, once for all, despite the expenses that will be incurred. The whole nation must bear the burden of its expenses. To deepen its mouth, to regulate its embankments and to build extra

THE COLONIZATION OF MONGOLIA AND SINKIANG   13

dykes are only but half of the work to prevent flood. The entire reforestation of its watershed to prevent the washing off of loess is another half of the work in the prevention of flood.

The Grand Canal, the former Great Waterway of China between the North and the South for centuries, and now being reconstructed in certain sections, should be wholly reconstructed from end to end, in order to restore the inland waterway traffic from the Yangtse Valley to the North. The reconstruction of this canal will be a great remunerative concern for it runs right along from Tientsin to Hangchow in an extremely rich and populous country.

Another new canal should be constructed from our projected port to Tientsin to link up all the inland waterway systems to the new port. This new canal should be built extra wide and deep, let us say, similar to the present size of the Peiho, for the use of the coasting and shallow-draft vessels which the Peiho now accomodates for other than the winter seasons. The banks of this canal should be prepared for factory sites so as to enable it to pay not only by its traffic but also from the land on both sides of its banks.

As for planning and estimating these river and canal works, the assistance of technical experts must be solicited.

PART V.

The Development of the Iron and Coal Fields in Chili and Shansi, and the Construction of Iron and Steel Works.

Since we have in hand in this program the work of the construction of the Great Northern Port, the work of the building of a system of railways from the Great Northern Port to the North Western Extremity of China, the work of the Colonization of Mongolia and Sinkiang, and the work of the construction of canals and improvement of rivers to connect with the Great Northern Port, the demand for materials will be very great. As the iron and coal resources of every industrial country are

14   THE INTERNATIONAL DEVELOPMENT OF CHINA

decreasing rapidly every year, and as all of them are contemplating the conservation of their natural resources for the use of future generations, if all the materials for the great development of China were to be drawn from them, the draining of the natural resources of those countries will be detrimental for their future generations. Besides, the present need of the post-bellum reconstruction of Europe has already absorbed all the iron and coal that the industrial world could supply. Therefore, new resources must be opened up to meet the extraordinary demand of the development of China.

The unlimited iron and coal fields of Shansi and Chili should be developed on a large scale. Let us say a capital of from five hundred to a thousand million dollars Mex. should be invested in this project. For as soon as the general development of China is started we would have created a vast market for iron and steel which the present industrial world will be unable to supply. Think of our railway construction, city building, harbor works, and various kinds of machineries and implements that will be needed! In fact, the development of China means the creation of a new need of various kinds of goods, for which, we must undertake to create the supply also, by utilizing the raw materials near by. Thus a great iron and steel works is an urgent necessity as well as a greatly profitable project.

In this FIRST PROGRAM, we have followed the four principles set forth at the outset pretty closely. As needs create new needs and profits promote more profits, so our first program will be the fore-runner of the other great developments, which we will deal with shortly.

PROGRAM II.

As the Great Northern Port is the center of our first program, so the Great Eastern Port will be the center of our second program. I shall formulate this program as follows:

    I.   The Great Eastern Port.

    II.   The regulating of the Yangtse Channel and embankments.

    III. The Construction of River Ports.

    IV. The Improvement of Existing Waterways and Canals in connection with the Yangtse.

    V.   The Establishment of large Cement Works.

PART I.

The Great Eastern Port

Although Shanghai is already the largest port in all China, as it stands it will not meet the future needs and demands of a world harbor. Therefore there is a movement at present among the foreign merchants in China to construct a world port in Shanghai. Several plans have been proposed such as to improve the existing arrangement, to build a wet dock by closing the Whangpoo, to construct a closed harbor on the right bank of the Yangtse outside of Whangpoo, and to excavate a new basin just east of Shanghai with a shipping canal to Hangchow Bay. It is estimated that a cost of over one hundred million dollars Mex. must be spent before Shanghai can be made a first-class port.

According to the four principles I set forth in Program I, Shanghai as a world port for Eastern China is not in an ideal position. The best position for a port of that kind is at a point just south of Chapu on the Hangchow Bay. This locality is far superior to Shanghai as an eastern port for China from the standpoint of our four principles as set forth in our first program.

Henceforth, in our course of discussion, we shall call this the "Projected Port" so as to distinguish it from Shanghai, the existing port of Eastern China.

The Projected Port

The "Projected Port" will be on the Bay which lies between the Chapu and the Kanpu promontories, a distance of about fifteen miles. A new seawall should be built from one promontory to the other and a gap should be left at the Chapu end, a few hundred feet from the hill as an entrance to the harbor. The seawall should be divided into five sections of three miles each. For the present, one section of three miles in length and one and a half miles in width should be built and a harbor of three or more square miles so formed would be sufficient. With the growth of commerce one section after another could be added to meet the needs. The front seawall should be built of stone or concrete, while the transverse wall between the seawall and the landside should be built of sand and bush mattress as a temporary structure to be removed in case of the extension of the harbor. Once a harbor is formed there need be no trouble regarding the future conservancy work, for there is no silt-carrying water in the vicinity by which the harbor and its approaches may be silted up afterwards. The entrance of our harbor is in the deepest part of the Hangchow Bay, and from the entrance to the open sea there is an average depth of six to seven fathoms at low water. The largest ocean liner could therefore come into port at any hour. Thus as a first-class seaport in Central China our Projected Port is superior to Shanghai. See Map III.

From the viewpoint of the principle of the line of least resistance, our Projected Port will be on new land which will offer absolute freedom for city planning and industrial development. All public utilities and transportation plants can be constructed according to the most up-to-date methods. This point alone is an important factor for a future city like ours

圖 三 第
MAP Ⅲ

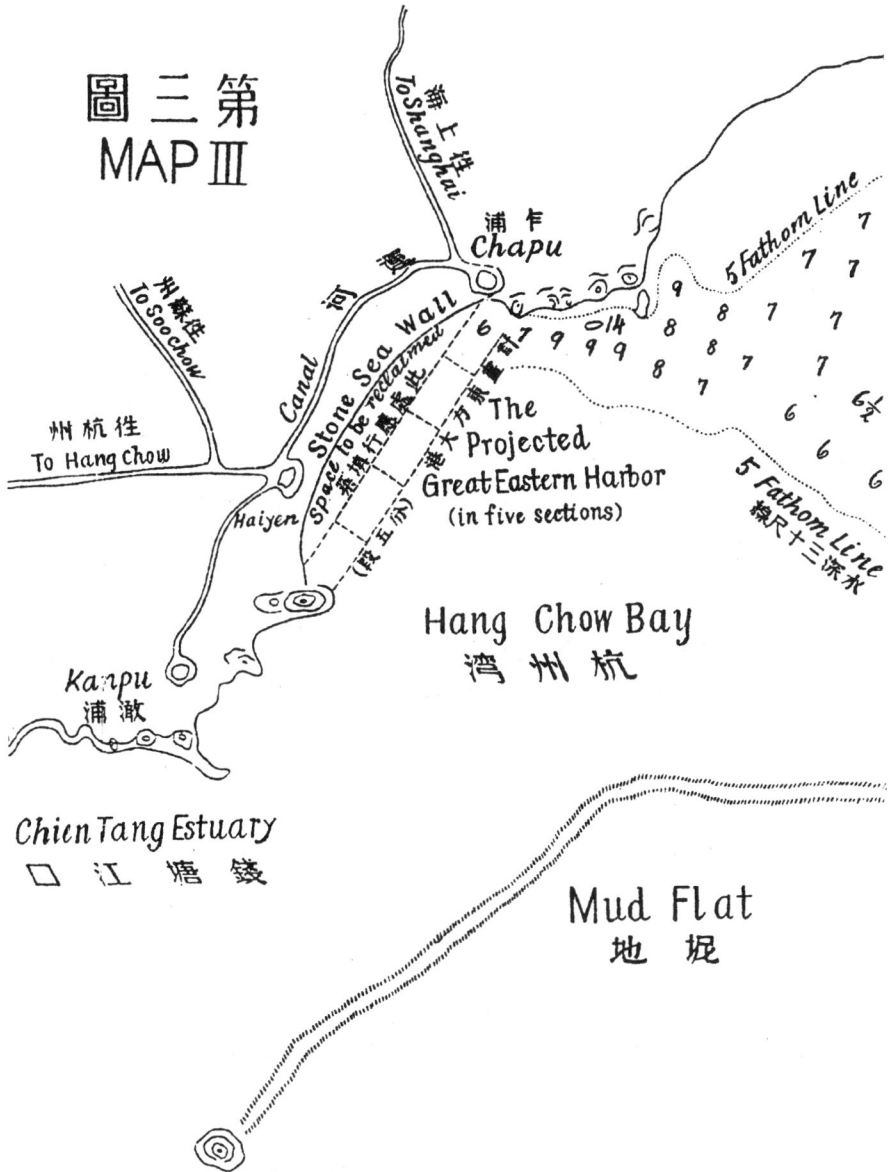

To Shanghai
海上往

卡 浦
Chapu

To Soochow
往蘇州

河 運
Canal

Stone Sea Wall

Space to be reclaimed
此係填充之地

州杭往
To Hang Chow

Haiyen
海鹽市

The
Projected
Great Eastern Harbor
(in five sections)
港大方東畫計
(段五分)

5 Fathom Line
7 7
7
9
6 8 7 7
8 8 7
14 8 7
9 9 8 7
9 8 7
6
7

6½
6
6
6

5 Fathom Line
水深三十尺標

Hang Chow Bay
灣 州 杭

Kanpu
澉浦

Chien Tang Estuary
口 江 塘 錢

Mud Flat
地 坭

which in time is bound to grow as large as New York City. If one hundred years ago human foresight could have foreseen the present size and population of New York, much of the labor and money spent could have been saved and blunders due to shortsightedness avoided in meeting conditions of the ever-growing population and commerce of that city. With this in view a Great Eastern Port in China should be started on New Ground to insure room for growth proportionate to its needs.

Moreover, all the natural advantages which Shanghai possesses as a central mart and Yangtse Port in Eastern China are also possessed by our Projected Port. Furthermore, our Projected Port in comparison with Shanghai is of shorter distance, by rail communication, to all the large cities south of the Yangtse. And if the existing waterway between this part of the country and Wuhu were improved then the water communication with the upper Yangtse would also be shorter from our Projected Port than from Shanghai. And all the artificial advantages possessed by Shanghai as a large city and a commerical center in this part of China can be easily attained by our Projected Port within a short time.

Comparing Shanghai with our Projected Port from a remunerative point of view in our development scheme, the former is much inferior in position to the latter, for valuable lands have to be bought and costly plants and existing arrangements have to be scrapped the cost of which alone is enough to construct a fine harbor on our projected site. Therefore, it is highly advisable to construct another first-class port for Eastern China like the one I here propose, leaving Shanghai to be an inland mart and manufacturing center as Manchester is in relation to Liverpool, Osaka to Kobe, and Tokyo to Yokohama.

Our Projected Port will be a highly remunerative proposition for the cost of construction will be many times cheaper than Shanghai and the work simpler. The land between Chapu and Kanpu and farther on will not cost more than fifty to one

18   THE INTERNATIONAL DEVELOPMENT OF CHINA

hundred dollars a mow.   The State should take up a few
hundred square miles of land in this neighborhood for the scheme
of our future city development.   Let us say two hundred square
miles of land at the price of one hundred dollars a mow be taken
up.   As six mows make an acre and six hundred and forty acres
a square mile, two hundred square miles would cost 76,000,000
dollars Mex.   An enormous sum for a project indeed!   But the
land could be fixed at the present price and the State could buy
only that part of land which will immediately be taken up and
used.   The other part of the land would remain as State land
unpaid for and left to the original owners' use without the right
to sell.   Thus the State only takes up as much land as it could
use in the development scheme at a fixed price which remains
permanent.   The payment then would be gradual.   The State
could pay for the land from its unearned increment afterwards.
So that only the first allotment of land has to be paid for from
the capital fund; the rest will be paid for by its own future
value.   After the first section of the harbor is completed and the
port developed, the price of land then would be bound to rise
rapidly, and within ten years the land value within the city limits
would rise to various grades from a thousand to a hundred
thousand dollars per mow.   Thus the land itself would be a
source of profit.   Besides there would also be the profit from
the scheme itself, i.e., the harbor and the city.   Because of its
commanding position, the harbor has every possibility of becom-
ing a city equal to New York.   It would probably be the
only deep-water seaport for the Yangtse Valley and beyond,
an area peopled by two hundred million inhabitants, twice
the population of the whole United States.   The rate of
growth of such a city would be in proportion to the rate of
progress of the working out of the development scheme.   If
war work methods, that is, gigantic planning and efficient
organization, were applied to the construction of the harbor
and city, then an Oriental New York City would spring up in a
very short time.

Shanghai as the Great Eastern Port

If only to provide a deep-water harbor for the future commerce in this part of China is our object then there is no question about the choice between Shanghai and our Projected Port. From every point of view Shanghai is doomed. However, in our scheme of development of China, Shanghai has certain claims for our consideration which may prove its salvation as an important city. The curse of Shanghai as a world port for future commerce is the silt of the Yangtse which fills up all its approaches rapidly every year. This silt, according to the estimation of Mr. Von Heidenstam, Engineer-in-chief of the Whangpoo Conservancy Board, is a hundred million tons a year and is sufficient to cover an area of forty square miles ten feet deep. So before Shanghai can be considered ever likely to become a world port this silt problem must first be solved. Fortunately, in our program, we have the regulation of the Yangtse Channels and Embankments, which will coöperate in solving the problem of Shanghai. Thus with this scheme in mind we might just as well consider that the silt question of Shanghai has been solved and let us go ahead, while leaving the regulation of the Yangtse Estuary to the next part, to deal with the improvement of the Shanghai Harbor.

There are many plans proposed by experts for improving the Shanghai Harbor as stated before, and some of them will necessitate the scrapping of all the work which have been done by the Whangpoo Conservancy Board for the last twelve years, at the cost of eleven million taels. Here I wish to present a layman's plan for the consideration of specialists and the public.

My project for the construction of a world harbor in Shanghai is to leave the existing arrangement intact from the mouth of the Whangpoo to the junction of Kao Chiao Creek above Gough Island. Thus all the work hitherto done by the Whangpoo Conservancy Board for the last twelve years will be saved. The plan then is to cut a new canal from the junction of Kao Chiao

Creek right into Pootung to prolong that part of the channel which has been completed by the Conservancy Work, and to enlarge the curve along the right side of the Whangpoo River and join it again, at the second turn above Lunghwa Railway Junction, so as to make the river from that point to a point opposite Yangtsepoo Point almost in a straight line and thence a gentle curve to Woosung. This new canal would encircle nearly thirty square miles of land which would form the civic center and the New Bund of our future Shanghai. Of course the present crooked Whangpoo right in front of Shanghai would have to be filled up to form boulevards and business lots. It goes without saying that the reclaimed lots from the Whangpoo would become State property and the land between this and the new river and beyond should be taken up by the State and put at the disposal of the International Development Organization. Thus it may be possible for Shanghai to compete with our Projected Port economically in its construction and therefore to attract foreign capital, to the improvement of Shanghai as a future world port. See Map IV.

Below Yangtsepoo Point I propose to build a wet dock. This dock would be laid between the left bank of the present Whangpoo, from Yangtsepoo Point to the turn above Gough Island and the left bank of the new river. The space of the dock would be about six square miles. A lock entrance is to be constructed at the point above Gough Island. The wet dock would be forty feet deep and the new river can also be made the same depth by flushing with the water, not as proposed by experts, from a lock canal between the Yangtse and the Taihu, at Kiang-yin, but from our improved waterway between this part of the country and Wuhu so that a much stronger current could be obtained.

As we see that the present Whangpoo has to be reclaimed from the second turn above Lunghwa Railway Junction to Yangtsepoo Point for city planning, then the question of how to dispose of the Soochow Creek must be answered. I propose that

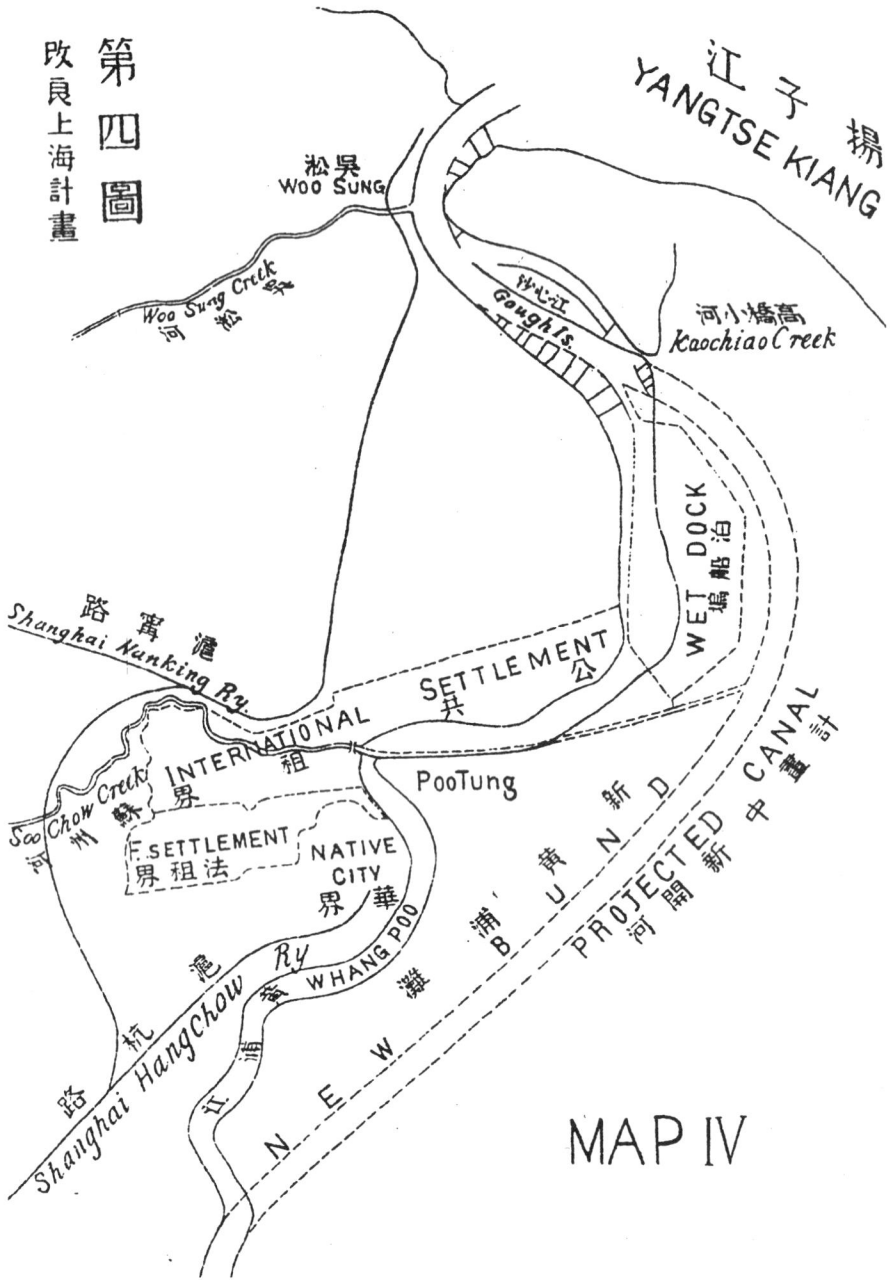

this stream should be led alongside the right bank of the future defunct river and straight on to the upper end of the wet dock, thence joining the new canal. At the point of contact of the Creek and the wet dock a lock entrance may be provided in order to facilitate water traffic from Soochow as well as the inland water system directly with the wet dock.

As the first principle in our program was remuneration, all our plans must strictly follow this principle. To create Pootung Point, therefore, as a civic center and to build a new Bund farther on along the left bank of the new canal in order to increase the value of the new land which would result from this scheme must be kept in mind. Only by so doing would the construction of Shanghai as a deep harbor be worth while. And only by creating some new and valuable property in this fore-doomed port that Shanghai could be saved from the competition of our Projected Port. After all, the most important factor for the salvation of Shanghai is the solution of the silt question of the Yangtse Estuaries. Now let us see what effect and bearing the regulating of the Yangtse Channel and Embankments have upon the question, and this we are going to deal with in the next part.

PART II.

The Regulating of the Yangtse River

The regulating of the Yangtse River may be divided as follows:

    a. From the deep-water line of the sea to Whangpoo Junction.

    b. From Whangpoo Junction to Kiangyin.

    c. From Kiangyin to Wuhu.

    d. From Wuhu to Tungliu.

    e. From Tungliu to Wusueh.

    f. From Wusueh to Hankow.

22   THE INTERNATIONAL DEVELOPMENT OF CHINA

a. Regulating of the Estuary from Deep-water Line Up to the Junction of Whangpoo

It is a natural law that the obstruction to navigation in all rivers is begun at their mouths, therefore the improvement of any river for navigation must start from the estuary. The Yangtse River is no exception to this rule, therefore to regulate the Yangtse, we must begin by dealing with its estuaries.

The Yangtse has three estuaries, namely: The North Branch lying between the left bank and the Island of Tsung-ming, the North Channel lying between the Tsungming Island and the Tungsha Banks and the South Channel lying between the Tungsha Banks and the right bank. Henceforth for the sake of convenience I shall call them the North, Middle, and South Channels.

The silting up of a river's mouth is due to the loss of velocity in its current when the water gets into the wide opening at its junction with the sea and causes the silt to deposit there. The remedy is to maintain the velocity of the current by narrowing the mouth of the river so that it equals that of the upper part. In this way the silt is suspended in the water moving on into the deep sea. The narrowing process may be accomplished by walls or training jetties. And thus the silt may be carried by the water into the deepest part of the open sea and before it settles down upon the bottom a returning tide will carry it from the approach into the shallow parts on both sides of the river's mouth. The mouth of a river can be kept clear from deposit of silt by the action and reaction of the ebb and flow tide. The conservancy of an estuary of any river is accomplished by utilizing these natural forces.

In order to regulate the estuary of the Yangtse we have to study the three channels which form its mouth and to find out which of these channels is to be selected as the regulated entrance into the sea. In Mr. Von Heidenstam's proposal for the improvement of the approach of Shanghai Harbor, he recommends two alternatives, viz., either to block up the North and Middle Channels and to leave the South Channel only for the mouth of the Yangtse, or to train the South Channel only and leave the other two alone. For the present, he thinks, perhaps for the sake of economy, the latter scheme would be enough. But the training of the South Channel alone as the approach to Shanghai would leave it in a state of perpetual anxiety as has been apprehended by Mr. Von Heidenstam and other experts, for the main volume of the water of the Yangtse may be diverted into either of the other two channels and leave the Southern one to be silted up at any time. Therefore to make the approach of Shanghai once for all safe and permanent, it is necessary to block up two of the three channels, leaving only one as an approach to the port. This is also the only feasible way of regulating the estuary of the Yangtse.

In our scheme of regulating the Yangtse Estuary I should recommend using the North Channel only and to block the other two. Because the North Channel is the shortest way to the deep-sea line and by using it as the only mouth of the Yangtse, we have on both sides of it more shallow banks to be reclaimed by its silt. Thus the expenditure would be less and the results greater. But this would leave Shanghai in the lurch. Therefore in a coöperative scheme like this I would apply the theory of killing two birds with one stone by using the Middle Channel, since it would suit both of our purposes. The reason for this is because the regulating of the Yangtse Estuary and the securing of a Shanghai approach have different purposes, hence we must consider them differently.

In my project of regulating the Yangtse Estuary I have two aims, namely, to secure a deep channel to the open sea and to save as much silt as possible for the purpose of reclamation of land. The Middle Channel provides three ready receptacles for the deposit of the silt for the formation of new land: the Haimen, the Tsungming, and the Tungsha Banks. Besides these banks there are many hundreds of square miles of shallow bottom which in the course of ten or twenty years will also form land. As remuneration is our first principle we must consider it in every step of our progress. The reclamation of about a thousand square miles of land even in forty not to say twenty years would be ample profit. At the lowest estimate the reclaimed land would be worth twenty dollars per mow. If after ten years five hundred square miles would be ready for cultivation purposes then we would gain a profit of 38,000,000 dollars. Whereas to make an approach by the South Channel the receptacle ground will be on one side only, that is, the Tungsha Banks, while on the right of the approach is the deep Hangchow Bay which would take hundreds of years to fill up, and in the meanwhile half of the silt would be wasted. To Shanghai as a seaport the silt is a curse but to the shallow banks the silt would be a blessing.

Since it is a profitable undertaking to reclaim the above-mentioned banks and the neighboring shallows, we can quite well afford to build a double stone wall from the shore end of the Yangtse right out into the deep sea far beyond Shaweishan Island which has a distance of about forty miles. A stone wall from one fathom to five fathoms in height at low-water level would likely not exceed an average cost of two hundred thousand dollars a mile as cheap stone can easily be obtained from the granite islands nearby, in the Chusan Archipelago. A wall of forty miles on each side that is eighty miles in all will cost sixteen million dollars or thereabouts. And considering that 200 or 300 square miles of Haimen, Tsungming, and the Tungsha Banks would be converted into arable land within a short time, the expense of building the wall is well justified. Furthermore, the construction of this wall means that there will be a safe and permanent approach for a world port in Shanghai as well as a deep outlet for the Yangtse. See Map V.

The regulating wall on the right side should be built from the junction of the Whangpoo by prolongation of its right jetty describing a gentle curve into the depths of the South Channel and turning toward the opposite side and cutting through the

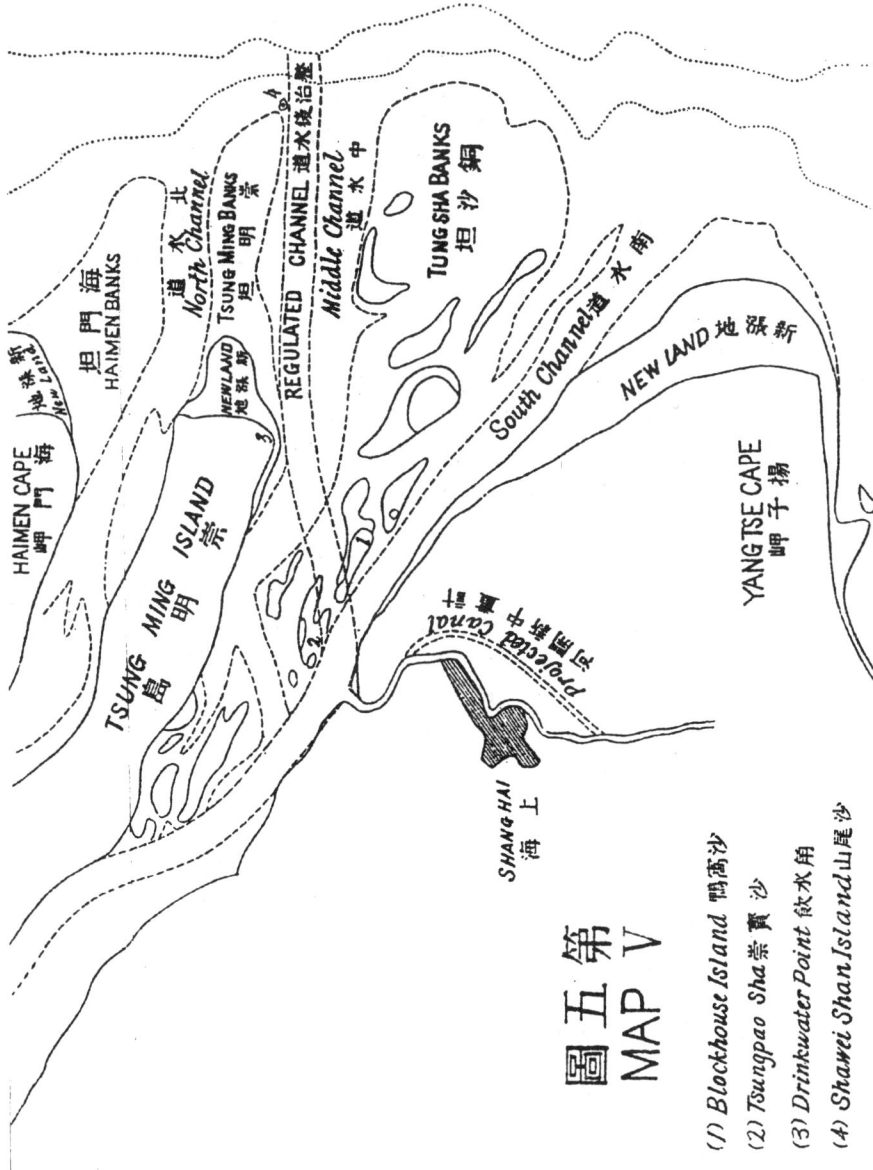

圖五第
MAP V

(1) Blockhouse Island 鴨窩沙
(2) Tsungpao Sha 崇寶沙
(3) Drinkwater Point 飲水角
(4) Shawei Shan Island 山尾沙

Blockhouse Island into the Middle Channel, then running eastward right into the five-fathom line southeast of Shaweishan Island. The left wall would be a continuation from that of Tsungming at Tsungpaosha Island parallel with the right wall by a distance of about two miles. This wall should curve to a point at or near Drinkwater Point at Tsungming Island, then project into the five-fathom line at the open sea passing by just at the south side of the Shaweishan Island. A glance at the map here attached would be sufficient to show how the future outlet of the Yangtse as well as the future approach of Shanghai should be. The two regulating submerged walls on both sides would be as high as low-water level so as to give a free passage of the water over the top at flood tide. This will serve the purpose of carrying back the silt from the sea when the tide comes in, thus to reclaim the shallow spaces inclosed behind the walls on both sides of the river more quickly than otherwise. The new channel formed by these two parallel walls would likely be deeper than the present South Channel outside the Whangpoo, which is forty to fifty feet deep because the velocity of the current will be greater than the present one, due to the concentration of three channels into one. Furthermore, the depth would be more uniform and stable than at present. Although the regulating walls end at the five-fathom line, the momentum of the current would continue beyond that point, and so would cut into the deep water outside. This would serve the double purpose of draining the Yangtse Estuary as well as keeping open the approach to Shanghai.

b.　From Whangpoo Junction to Kiangyin

This part of the channel of the Yangtse River is most irregular and changeable. The widest part is over ten miles while the Kiangyin Narrow is only but three quarters of a mile. The depth of the channel at the open part is from five to ten fathoms while that of Kiangyin Narrow is twenty fathoms. Judging by the depth of the water at this point a width of one and a half miles must be provided for the channel in order to

26   THE INTERNATIONAL DEVELOPMENT OF CHINA

slow down the current and to give a uniform velocity right along the river. So the two-mile wide channel at Whangpoo Junction has to be tabulated into one mile and a half at Kiangyin. See Map VI.

The north or left embankment commencing at Tsungpao Sha continues with the sea wall and makes a convex curve up to Tsungming Island at a point about six miles northwest from Tsungming city. Then it follows along the shore of Tsungming right up to Mason Point and transversing across the north channel parallel to the north shore at a distance of three or four miles right up to Kinshan Point, thence it cuts across the deep channel which was formed in recent years and curves southwestward to join the shore northeast of Tsingkiang and follows the shoreline for a distance of about seven or eight miles, then cuts into the land side to give this part of the river a width of one and a half miles from the fort at the Kiangyin side. This embankment from Tsungpao Sha to Tsingkiang Point opposite Kiangyin fort is about one hundred miles in length.

South of Tsungming Island a part of this embankment and a part of the wall that projects into the sea together inclose a shallow space of about 160 square miles good for reclamation purposes. The other part of the embankment, which runs from Mason Point at the head of Tsungming Island to Tsingkiang shore, incloses another space of about 130 square miles.

The right embankment starts at the end of the left jetty of Whangpoo Junction and, skirting along the Paoshan shore and passing the Blonde Shoal into the deep, crosses the Confucius Channel on into Actaon Shoal and follows the right side of Harvey Channel on to Plver Point. Then it turns northwest across the deep channel into Langshan Flats, thence recrosses the deep channel at Langshan crossing into Johnson Flats, then joins the Pitman King Island, and thence skirts along the shore right into the foot of the hills at Kiangyin forts. This embankment incloses two shallow spaces: one above and the other below Plover Point, together about 160 square miles. Alongside of both of these

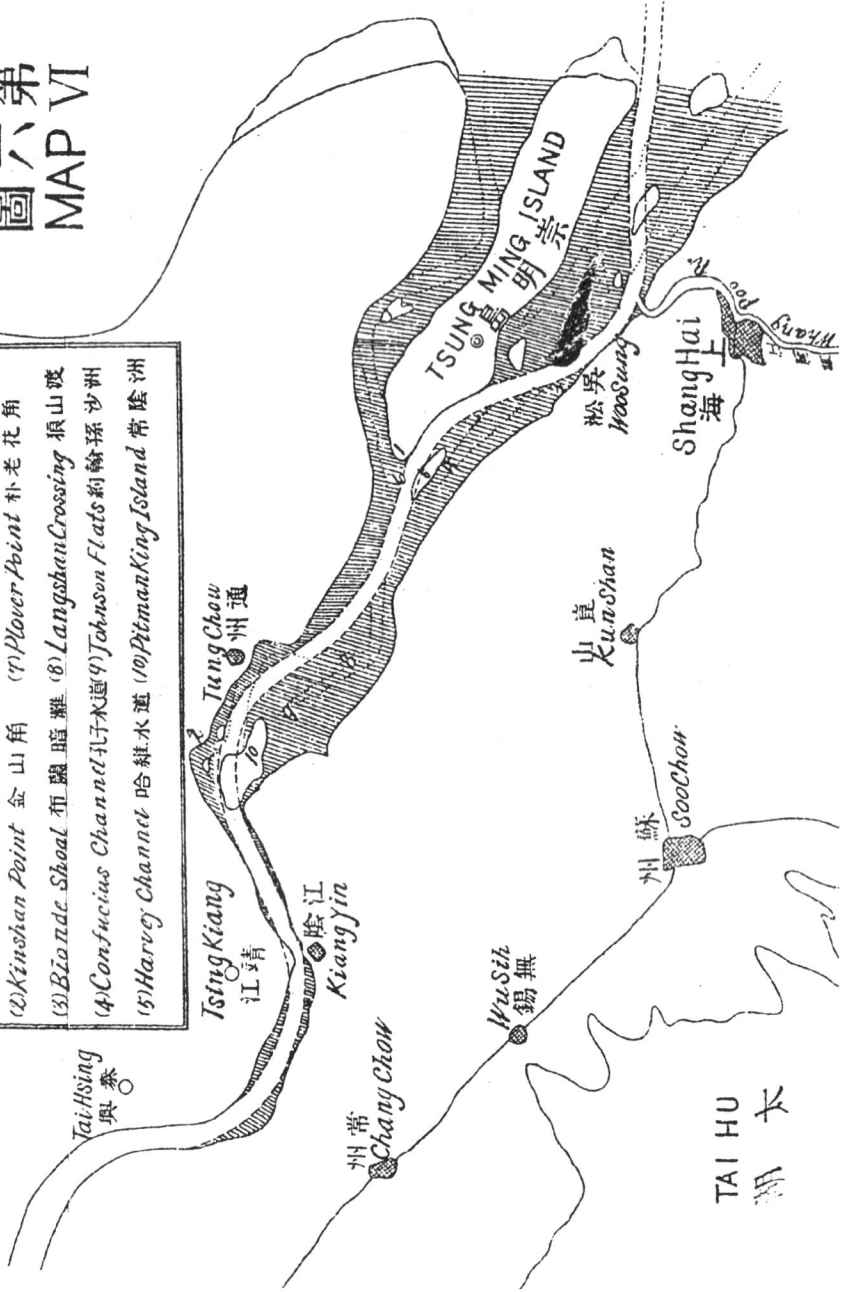

第六圖
MAP VI

(1) Mason Point 馬孫角
(2) Kinshan Point 金山角
(3) Bisnde Shoal 布戀暗灘
(4) Confucius Channel 孔子水道
(5) Harvey Channel 哈耕水道
(6) Actaon Shoal 艨段暗灘
(7) Plover Point 朴老花角
(8) Langshan Crossing 狼山渡
(9) Johnson Flats 約翰孫系沙州
(10) Pitman King Island 常陰洲

embankments there are shallow spaces amounting to about 450 square miles, a great part of which having already formed land and a part already appearing in low water. When these spaces are cut off from the moving current the process of reclamation would be made to work more rapidly so it is not extravagant to hope that within the course of twenty years the whole of these 450 square miles would be completely reclaimed and ready for cultivation. The profits from the new lands thus reclaimed would amount to about $29,760,000 if only taken at $20 per mow. The profits from the new lands will be netted from the beginning of the work and will increase every year up to the completion of the reclamation process.

With a profit of $30,000,000 in the course of twenty years before us, it is a worth-while proposition to take up. Now let us see what amount of capital should be invested before the whole project of our reclamation work could be completed. In order to reclaim this 450 square miles of land two hundred miles of embankments have to be built. Part of these projected embankments will be along the shoreline, a greater part will be in midstream, and a small part in deep channel. Those along the shoreline need not be bothered with except that the concave surface must be protected with stone or concrete work. Those in midstream should be filled up with stone ten feet or less below low-water level just enough to give a resistance to the undercurrent in order to prevent it from running sideward. Thus the main current would follow the line of least resistance and cut the channel, as directed by the rudimental embankment, by its own force. This rudimental embankment would cost less than the sea wall which I estimated at 200,000 dollars per mile. Except at one point, that is, the junction of the North Channel at Mason Point, which has to be blocked up entirely, the cost for which, as has been estimated by experts, would amount to over a million dollars for a distance of two or three miles. Thus the profits accruing from the reclaimed lands would be quite sufficient to pay for the embankments. So far we see that the regulating of the Yangtse from the sea to Kiangyin is a self-paying prop-osition from the reclamation of land alone, aside from the improvement of the navigation of the Yangtse River.

c. From Kiangyin to Wuhu

This part of the river is quite different in nature from that below Kiangyin. Its channel is more stable and only in a few places sharp curves occur and the water has cut into the concave sides of the land, thus occasionally making new channels along the sides of the two shores. This section of the river is about 180 miles in length. See Map VII.

The regulating works here would be more complicated than those below Kiangyin. For besides the dilated parts which have to be reclaimed in the same manner as those of the lower part of the river, the sharp curves have to be straightened and side channels have to be blocked, and midstream islands have to be removed, and narrows have to be widened to give uniform width to the river. However, most of the existing embankments in this part could be left as they are except some of the concave surfaces of the shores have to be protected by either stone or concrete work. The regulating works of the channel and the embankments can be done by artificial means as well as by natural processes so as to economize as much as possible, The cost of the whole works of this part of the river cannot be accurately estimated until a detail survey is made; but in a rough guess $400,000 per mile may not be very far from the mark. Thus 180 miles will cost $72,000,000 exclusive of the expenses for the widening of the point between Nanking and Pukow, in which case valuable properties will have to be removed.

The Kwachow cut is tost raigh en the three sharp curves in front of and above Chinkiaing by converting them into one. Two and a half miles of the land in the northern shore opposite Chinkiang will have to be cut into in order to form a new channel of a mile or more in width. The part of the river in front of,

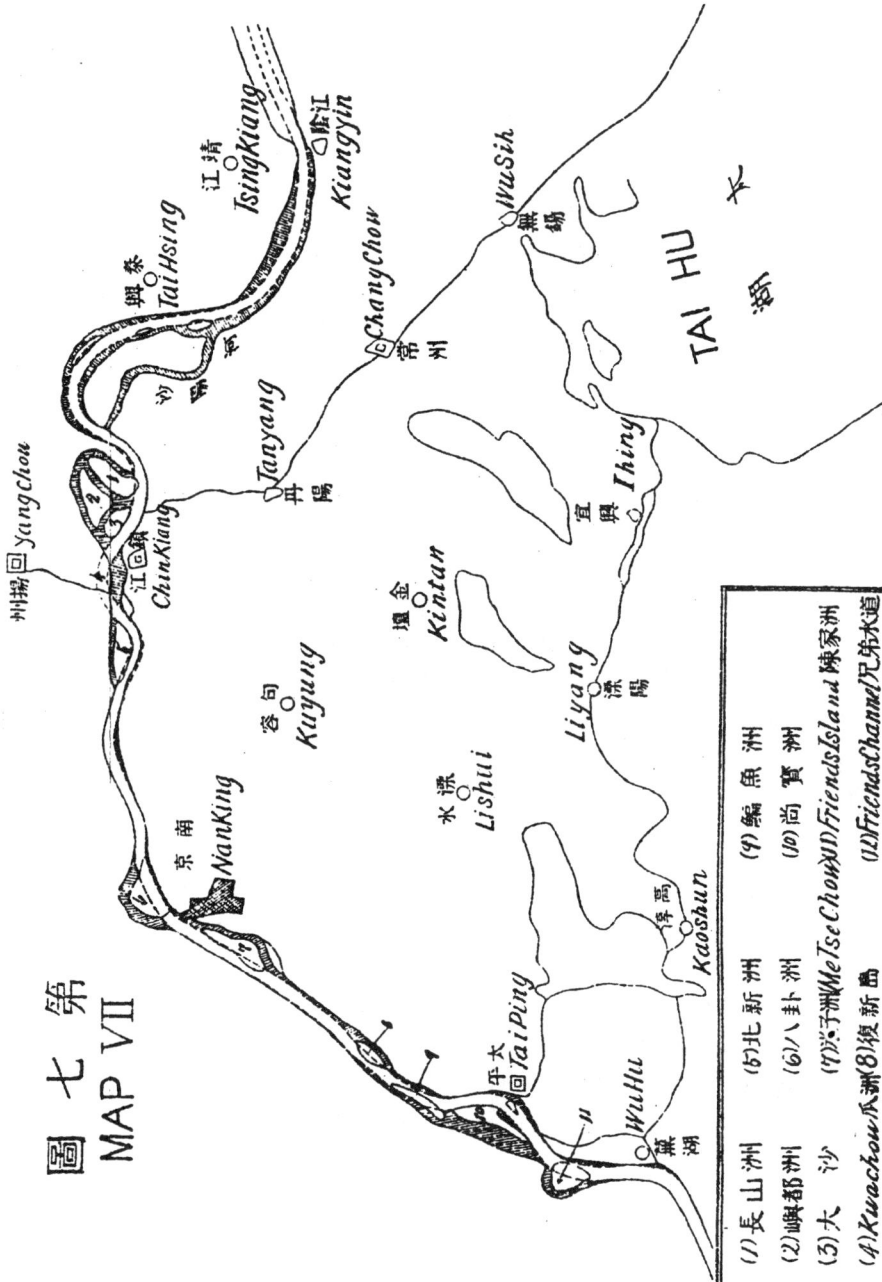

第七圖
MAP VII

揚州 Yangchow

江都 TaiHsing
興泰

江靖 TsingKiang

鎮江 Kiangyin

常州 ChangChow

無錫 WuSih

TAI HU 太湖

丹陽 Taoyang

沙 Chunkiang
江鎮

宜興 Ihing

句容 Kuyung

埝金 Kintan

溧陽 Liyang

南京 NanKing

溧水 Lishui

高 Kaoshun

太平 TaiPing

蕪湖 WuHu

(1) 長山洲   (7) 北新洲   (9) 編魚洲
(2) 峽都洲   (6) 八卦洲   (10) 尚賀洲
(3) 大 沙   (11) 浮子洲 WeTseChow(1)) Friends Island 陳家洲
(4) Kwachow瓜洲 (8) 復新島   (12) Friends Channel 兄弟水道

and above and below Chinkiang has to be reclaimed. The new land thus reclaimed would form the water front of Chinkiang city, the value of which may be sufficient to defray the cost of the work and compensate for the land taken away on the northern shore, to form the new channel. So the works of this part will be at least a self-paying proposition.

The narrow between Pukow and Hsiakwan from pier to pier is barely six cables wide. The depth of the water in this narrow from the shallowest to the deepest is six to twenty-two fathoms. The land of the Hsiakwan side had occasionally sunk away on account of the too rapid current and the depth of the water. This indicates that this part is too narrow for the volume of the Yangtse water to pass. Therefore a wider passage must be provided for. In order to do so, the whole town of Hsiakwan must be sacrificed as the river must be widened right up to the foot of the Lion Hill, so as to provide a passage of a mile wide at this point. What the cost for the compensation of this valuable property of Hsiakwan will be will have to be submitted to the experts for a careful investigation before it can be determined. This will be the most costly part of the whole project for the regulating of the Yangtse. But undoubtedly some equally valuable property can be created along the riverside near by in place of Hsiakwan, so that a balance may be realized by the work itself.

The channel below the Nanking Pukow Narrow will follow the short passage alongside of the foot of the Mofushan to Wulungshan. The loop around the island north of Nanking will have to be blocked up in order to straighten the course of the river.

The section of the river from Nanking to Wuhu is almost in a straight line with three dilatations along its course: one just above Nanking the other two just above and below the East and West Pillars. To regulate the first dilatation the channel above Me-tse-chow should be blocked up and the island outside of it should be partly cut to widen the proper channel. To regulate the other two dilatations the river should be made to curve toward Taiping Fu to follow the deep channel on the right bank. The left channel should be blocked up. The islands along this curve should be partly or wholly removed. To regulate the dilatation above the Pillars, the Friends Channel should be blocked up and Friends Island should be partly cut away. And the left bank below Wuhu should also be cut to give the channel a uniform width.

d.   From Wuhu to Tungliu

This part of the river is about 130 miles in length. Along its course there are six dilatations, the most prominent of which is the one that lies immediately below Tungling, which extends over ten miles from side to side. In each of these dilatations there are usually two or three channels with newly formed islands between them. The deep passage often changes from one side to the other, and it is not uncommon that all of the channels are filled up at the same time, thus stopping navigation altogether for a considerable period. See Map VIII.

In regulating the part of the river from ten miles above Wuhu to ten miles below Tatung, I propose to cut a new channel through the midstream islands formed by the three dilatations and the sharp corners of the shore, in order to straighten as well as to shorten the river, as marked by the dotted lines in the map attached here. The cost of the cut could not be estimated uutil a detail survey is made. But as soon as the embankments are laid out the natural force of the river's own current will do a great part of the dredging work, so that the expenses of the cutting for the new channel will be much less than usual. Above Tatung there are two sharp turns of the left shore to be cut. One is on the left shore at the point where the beacon now stands about twelve miles from Tatung. In this place a few miles of the left shore will have to be cut away. The other cut is just below the city of Anking hence to Kianglung beacon, a distance of about six miles. By this cut we do away with the sharp turns of the river

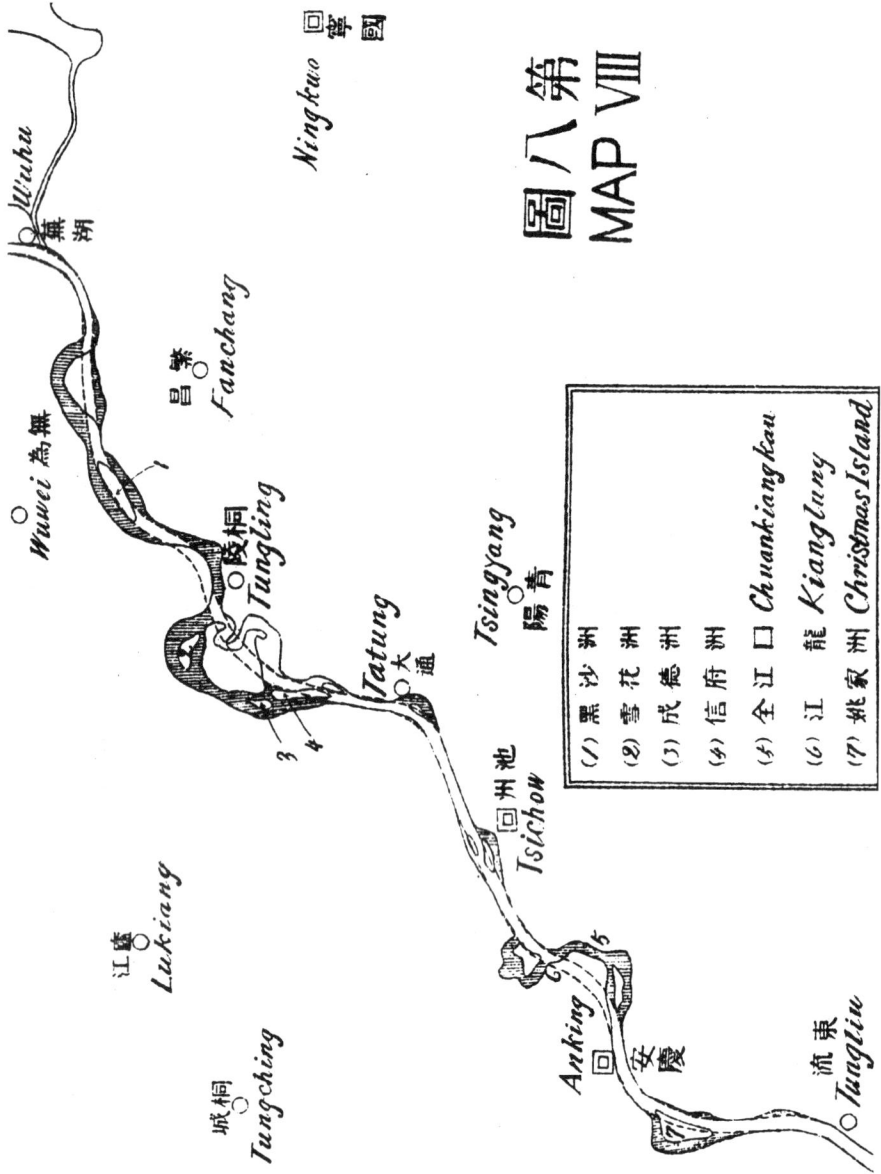

第八圖
MAP VIII

(1) 黑沙洲
(2) 雪花洲
(3) 成德洲
(4) 信府洲
(5) 全江口 Chuankiangkau
(6) 江龍 Kianglung
(7) 姚家洲 Christmas Island

Wuhu 蕪湖

Ningkuo 寧國

Fanchang 繁昌

Wuwei 無為

Tungling 銅陵

Tatung 大通

Tsingyang 青陽

Tsichow 池州

Lukiang 廬江

Tungching 桐城

Anking 安慶

Tungliu 東流

at Chuan Kiang Kau. These cuttings would cost much more than the piling of stone at the lower reach of the river. It is quite certain that the reclamation of the side channels of this part will not cover the cost of the cuttings. Therefore this part of the regulating work will not be self-paying, but the navigation of the Yangtse, the protection it gives to both sides of the land, and the prevention of floods in the future will amply compensate for such work.

e.   From Tungliu to Wusueh

This part of the river is about eighty miles in length. The land along the right bank is generally hilly while that along the left is low. Along its course there are four dilatations. In three of these dilatations the current has cut into the left or northern bank of the river and then turns back into its main course again almost at right angles. At such points the bank is very unstable. Between the channels of these dilatations islands are being formed. See Map IX.

The regulating works of this part are much easier to construct than those of the lower part. The three diverting semicircular channels have to be blocked up at the upper ends, and the lower openings left open for silt to go into at flood seasons in order to reclaim them by the natural process. The other dilatations should be narrowed in from both sides by jetties. A few places will have to be cut, the most important being the Pigeon Island and the turn above Siau Ku Shan. Some of the midstream islands will have to be removed, and a few wide places filled up in order to make the channel uniform, so as to give a regular minimum depth of six fathoms right along the whole course.

f.   From Wusueh to Hankow

This part of the river is about one hundred miles long. Above Wusueh we enter into the hilly country on both sides. The river here is generally about half a mile wide, with a depth

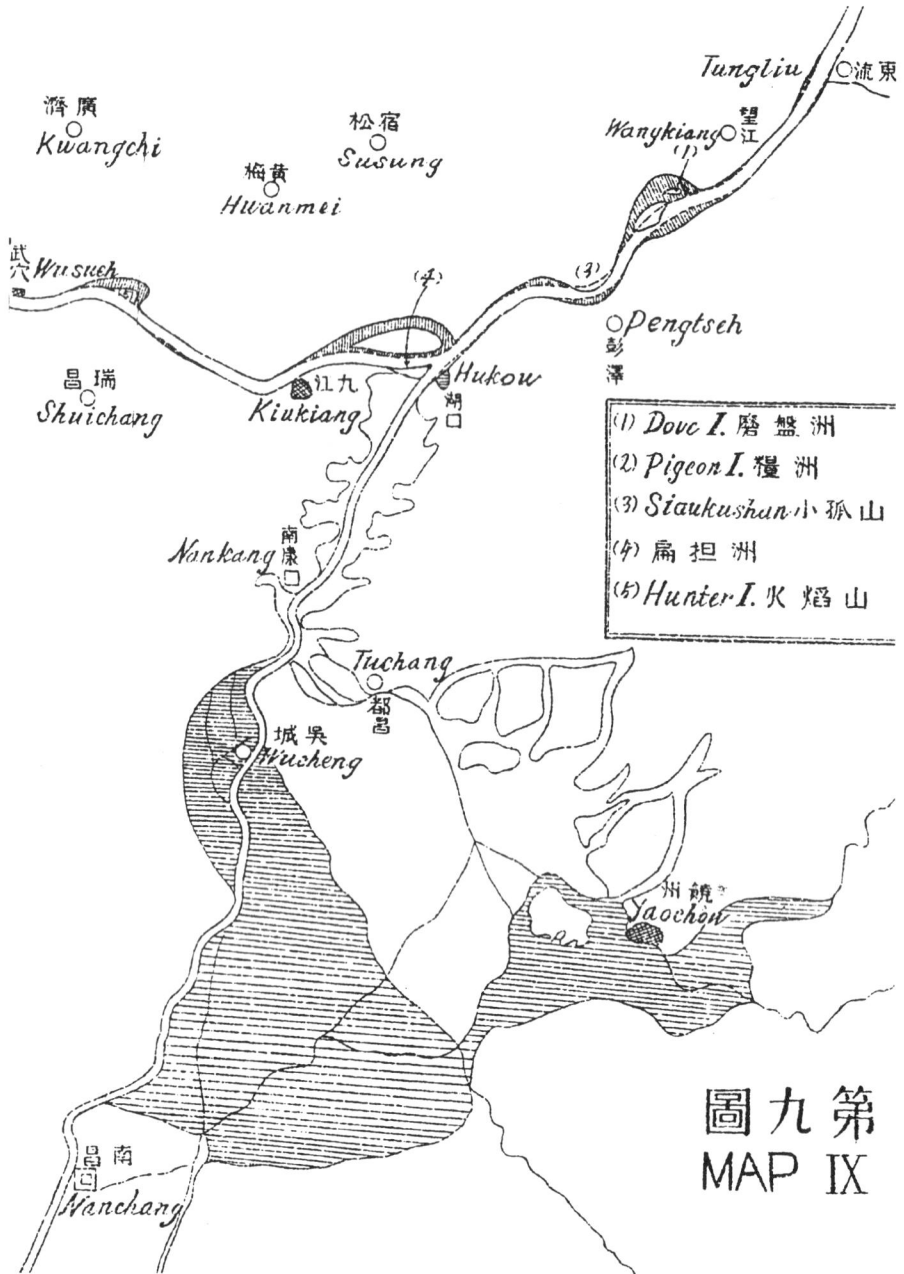

東流
Tungliu ○

望江
Wanykiang
(1)

廣濟
Kwangchi ○

松宿
Susung ○

黃梅
Hwanmei ○

武穴
Wusueh

(4)

(3)

彭澤
Pengtseh ○

瑞昌
Shuichang ○

九江
Kiukiang

湖口
Hukow

(1) *Dove I.* 磨盤洲
(2) *Pigeon I.* 鸞洲
(3) *Siaukushan* 小孤山
(4) 扁担洲
(5) *Hunter I.* 火焰山

南康
Nankang

都昌
Tuchang

吳城
Wucheng ○

饒州
Jaochow

第九圖
MAP IX

南昌
Nanchang

of from five to twelve fathoms or sometimes more in certain places. See Map X.

To regulate this part of the river a few wide spaces have to be reclaimed to give a uniform channel, and the side channels at three or four places closed up. Then we can make a channel with a uniform depth of from six to eight fathoms at all seasons. At Collison Island section of the river the Ayres Channel has to be closed up, leaving the winter channel alone so as to give a gentle curve above and below this island. At Willes Island and Gravenor Island point the Round Channel and the channel between these two islands must be blocked up. The river must be made to cut through Willes Island to make a shorter curve. At Bouncer Island the South channel must be blocked up and above this the Low Point turn must be cut away to form a gentler curve. From this point to Hankow the river should be made narrower first by reclaiming the right side as far as the meeting of the southwest curve with the right bank then the reclamation should start at the opposite side of the left bank and right up along the front of Hankow Settlement until the Han River Mouth is reached. Thus a depth of six to eight fathoms can be secured right up to the Bund of Hankow.

To sum up, the whole length of the regulating course of the river from the deep sea to Hankow is about 630 miles. The embankments will be twice this length; that is, 1,260 miles. I have estimated that the sea wall at the mouth of the river could be built at 200,000 dollars a mile, thus for both sides $400,000 a mile will be sufficient for the 140 miles from the deep sea to Kiangyin. For, in this part we have only the two embankments to deal with, which merely requires the tumbling of stones into the water until the pile is strong enough to hold the current to a directed course. As soon as these stone ridges on both sides of the river are formed, nature will do the rest to make the channel deep. The work for this part, therefore, is simple.

But the work for certain sections of the upper part of the river is more complicated as about fifty or sixty miles of solid

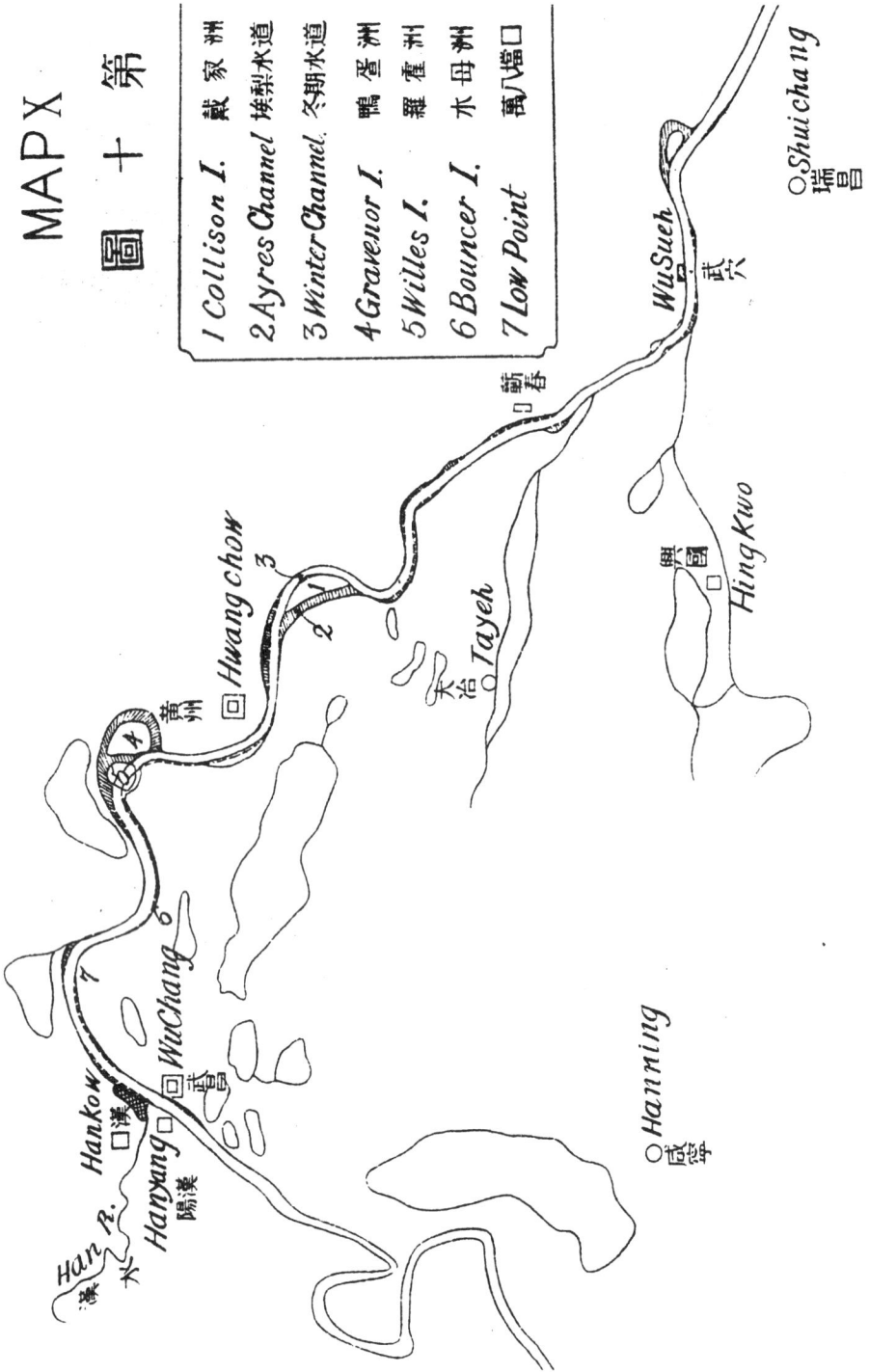

MAP X

第十圖

1 Collison I.　戴冢洲
2 Ayres Channel　埃梨染水道
3 Winter Channel.　冬期水道
4 Gravenor I.　鴨蛋洲
5 Willes I.　羅產洲
6 Bouncer I.　水毋洲
7 Low Point　萬八壋口

THE REGULATING OF THE YANGTSE RIVER   33

land of from ten to twenty feet above water level and thirty to forty feet below have to be cut in order to straighten the river's course. Of this cutting and removing work, how much will have to be done artificially and how much can be done by nature, I leave to the experts to estimate. Excepting this, the other parts of this work, I think, cannot cost much more than 400,000 dollars a mile. So that the whole work from the sea to Hankow, a distance of 630 miles will cost about 252,000,000 dollars, or let us say, including the unknown part, $300,000,000 for the completion of the entire project for the regulating of the Yangtse River. By this regulating of the Yangtse River, we secure an approach of 600 miles inland for ocean-going vessels into the very center of a continent of two hundred millions of people of which half or 100,000,000 is located immediately along the 600 miles of the great water highway. As regards remuneration for the work, this project will be more profitable than either the Suez or Panama Canal.

Although we could not find means whereby the works above Kiangyin may be made self-paying as those of the sections below by the reclamation of land, but profit from city building along the course of the river can be realized after the regulating work is completed.

In conclusion, I must say that the figures given concerning the harbor works and the Yangtse regulation are merely rough estimates which must be in the nature of the case. As regards the costs of building the rudimental dikes at the estuary of the Yangtse as well as along the dilating parts of the river, the estimation may seem too low. But the data on which I base my estimate are as follows: First, my own observation of the private enterprise of reclamation by building dikes at the Canton delta around my native village; second, the cheap stone that can be obtained at the Chusan Archipelago; third, the estimation of Mr. Tyler, Coast Inspector of the Maritime Customs for the blocking up of the North Channel at the upper end of Tsungming Island, where the narrowest part is about three miles. He says that a million taels or more is necessary for the work. Or, let us say, in round figures, five hundred thousand dollars (Mex.) a mile. This is two and a half times my estimate. Now, let us compare the difference. The three-mile channel at the upper end of Tsungming has an average depth of twenty feet of water, while in my project the sea wall or dikes will be built in water having an average of less than two thirds of this depth. Moreover, the work of blocking up the North Channel entirely at a right angle is many times more costly than that of building a rudimental dike of the same length in a parallel line with the current. Since five hundred thousand dollars are enough to block up cross-wise a mile of river twenty feet deep, two fifths of that sum should be quite sufficient to finance the work that I have projected. While writing this, I came across an article in the *Chicago Railway Review*, May 17, 1919, dealing with the same subject, which states that steel skeleton is a better and cheaper substitute for stone or other materials for building dikes and jetties in a muddy river like ours. Thus, by this new method, we may be able to construct embankments, with cheaper material than I have hitherto known. So, although the estimate which I have made may be somewhat low, yet it is not so far from correct as it seems at first sight.

PART III.

The Construction of River Ports

The construction of river ports along the Yangtse between Hankow and the sea will be one of the most remunerative propositions in our development scheme. For this part of the Yangtse Valley is richest in agricultural and mineral products in China, and is very densely populated. With the cheap water transportation provided by the completion of the regulating work both sides of this water highway will surely become industrial beehives. And with cheap labor near-by, it will not be a surprise if in the near future both banks will become two continuous cities, as it were, right along the whole extent of the river from

THE CONSTRUCTION OF RIVER PORTS   35

Hankow to the sea. In the meantime a few suitable spots should be chosen for profitable city development. For this purpose I will start from the lower part of the river as follows:

        a. Chinkiang and Northside.
        b. Nanking and Pukow.
        c. Wuhu.
        d. Anking and Southside.
        e. Poyang Port.
        f. Wuhan.

a. Chinkiang and Northside

Chinkiang is situated at the junction of the Grand Canal and the Yangtse. It was an important center of inland water traffic between the north and the south before the steam age. But it will resume its former grandeur and become more important when the old inland waterway is improved, and new ones are constructed. For it is the gateway between the Hoangho and Yangtse valleys. Besides, by the southern portion of the Grand Canal, Chinkiang is connected with the Tsientang valley— the richest part of China. Thus, this city is bound to grow into a great commercial center in the near future.

In our regulation work of the Yangtse, we shall add a piece of new land, over six square miles, in front of Chinkiang. This land on the south side of the river will be utilized for city-planning for our new Chinkiang. On the northside, land should also be taken up by the state to build another city. The north-side will be bound to outgrow that of the south for the whole of Hoangho Valley could only emerge into the Yangtse by waterway through this point. Docks should be built between here and Yangchow for accommodation of inland vessels, and modern facilities should be provided for transhipment between inland vessels and ocean-going steamers. This port should be made as a distributing center as well as a collecting center for the salt of the eastern coast. This, with the help of modern methods, will reduce transportation expenses. Stone or concrete bunds or quays should be built on both sides of the river and tidal jetties should be provided for train ferries. In time, when commerce grows, tunnels or bridges may be added to facilitate traffic of the two sides. The streets should be wide so as to meet modern demands. The water front and its neighborhood should be planned for industrial and commercial uses and the land beyond should be planned for residential purpose. Every modern public utility should be provided In regard to the details of planning the city, I must leave them to the expert.

b. Nanking and Pukow

Nanking was the old capital of China before Peking, and is situated in a fine locality which comprises high mountains, deep water and a vast level plain—a rare site to be found in any part of the world. It also lies at the center of a very rich country on both sides of the lower Yangtse. At present, although ruined and desolate, it still has a population of over a quarter of a million. Once it was the home of many industries especially silk and now the finest satin and velvet are still produced here. Nanking has yet a greater future before her when the resources of the lower Yangtse Valley are properly developed.

In the regulation of the Yangtse I propose to cut away the town of Hsiakwan, so that the wharf of Nanking could be removed into the deep channel between Metsechow and the outskirt of Nanking. This channel should be blocked up, thereby a wet dock could be formed to accommodate all ocean-going vessels. This point is much nearer the inhabited parts of the city than Hsiakwan. And the land between this projected wet dock and the city could form a new commercial and industrial quarter which will be many times larger than Hsiakwan. Metsechow in time, when commerce grows, may also be developed into city lots and business quarters. For the future development of Nanking the land within and without the city should be taken up at the present price under the same principle which I have proposed for the Projected Port at Chapu.

THE CONSTRUCTION OF RIVER PORTS   37

Pukow, opposite Nanking, on the other side of the river, will be the great terminus of all the railways of the great northern plain to the Yangtse.   It will be the nearest river port for the rich coal and iron fields of Shansi and Honan, giving access to the lower Yangtse district and hence to the sea.   As the great transcontinental trunk line to the sea whether terminating at Shanghai or at our Projected Port, would pass through this point, the construction of a tunnel under the Yangtse to connect Nanking and Pukow by rail at the same time when the cities are being constructed, will not be at all premature.   This will at once make possible a through train journey from Shanghai to Peking.

Concrete or stone embankment should be built along the shore above and below the present Pukow point many miles in each direction.   Modern streets should be laid out on the land within the embankment so as to be ready for various building purposes. The land on the north side of the river should be taken up by the state for public uses of this international development scheme on the same basis as at our Projected Ports.

c.   Wuhu

Wuhu is a town of 120,000 inhabitants and is the center of the rice trade in the lower part of the Yangtse.   It is at this point that I propose to make an intake of the water which will go to flush the Whangpoo River at Shanghai, and which will form the upper end of a canal to the sea at Chapu.   In the regulating work of the Yangtse the concave part above the junction of the Yangki Ho has to be filled up and the convex part of the opposite side has to be cut away.   The junction of the projected canal and the river will be at about a mile or so below the Lukiang junction. The projected canal will run northeast to a point between the southeast corner of Wuhu city and the foot of the hill.   There it joins the Yangki Ho and, following the course as far as Paichiatien, branches off in the northeastern direction.   This gives Wuhu a southeast waterfront along the left side of the canal.   New bunds should be built along both sides of the canal as well as alongside the Yangtse and at the junction of the canal docks for inland vessels should be constructed with modern plants for transhipment of goods. Wide streets should be laid out from the Bund of the Yangtse far into the inland following the direction of the canal. The bund alongside the Yangtse should be reserved for commercial purposes and those alongside the canal for factories. Wuhu is in the midst of a rich iron and coal field, so it will surely become an industrial center when this iron and coal field is properly developed. Cheap materials, cheap labor, and cheap foodstuffs are abundant at the spot waiting for modern science and machinery to turn them into greater wealth for the benefit of mankind.

d. Anking and Southside

Anking, the capital of Anhwei, was once a very important city but since its destruction by the Taiping war it has never recovered its former greatness. Its present population is about 40,000 only. Its immediate neighborhood is very rich in mineral and agricultural products. The great tea district of Liu-an and the rich mineral district in the southeastern corner of Honan province will have to make Anking their shipping port when railways are developed. In the Yangtse Conservancy work, the concave turn of the river in front and west of the city has to be filled up. This reclaimed land should be for the extension of a new city, where modern transportation plants should be built.

Eagle Point, on the southside opposite Anking, should be cut away to make the river curve more gently and to give the channel a uniform width. A new city should be laid out at this point, for from here we command the vast tea districts of southern Anhwei and western Chekiang. The rich inland city of Hweichow, with the highly productive country around it, will have to make this port its shipping station. As Wuhu is the center of the rice trade these twin cities of Anking will be the centers of the tea trade. Like Wuhu, these twin cities are also situated in the midst of rich iron and coal fields which will assist them to become important industrial centers in the near future. So to build twin cities at this point of the river will be a very profitable undertaking.

e. The Poyang Port

I propose to construct a port at a point between the Poyang Lake and the Yangtse River. This will be the sole port of the Kiangsi province. Every city of this province is connected by natural waterways which, if improved, will become a splendid water transportation system. The province of Kiangsi has a population of 30,000,000 and is extremely rich in mineral resources. A modern port acting as a commercial and industrial center for the development of this resourceful province would be a most remunerative proposition in our project.

The site of the port will be on the west side of the entrance to the Poyang Lake and the right bank of the Yangtse. It will be an entirely new city built on new ground, part of which will be reclaimed from the shallow side of the lake. In the regulating work of the Poyang Channel, a training wall should be built from the foot of the Taku Tang Hill to Swain Point opposite to Stone Bell Hill of Hukow. A closed dock should be constructed within this training wall for the accommodation of inland water vessels. The city should be laid out on the triangular space formed by the right bank of the Yangtse, the left side of the Poyang Lake and the foot hill of the Lushan Mountain. This triangle is about 10 miles on each side, excellent for city development. The porcelain industry should be established here instead of at Kingteh Chen, for great damages often occur owing to the lack of transportation facilities, and to the necessity of transhipment for the export of the finished articles from the latter place. Modern plants on a large scale should be adopted for the manufacturing of cheap wares as well as fine articles in our projected Poyang Port, for here we shall have the greater advantage of collecting raw materials than at Kingteh Chen. Thus the concentrating of the various manufactures in an advantageous center will result in quickening the growth of our

40   THE INTERNATIONAL DEVELOPMENT OF CHINA

new city. This Poyang Port is bound to grow into one of the great commercial and manufacturing centers in China, judging from the possibilities of Kiangsi alone. It will not only be a great shipping port of the Yangtse but will also be a railway center between North and South China. Thus to develop this port on a large scale is quite justifiable from an economic point of view.

f. Wuhan

Wuhan signifies the three cities of Wuchang, Hankow, and Hanyang. This point is the headwater of our projected ocean passage, the pivot of the railway system of China Proper, and will become the most important commercial metropolis in the country. The population of these three cities is over a million and could be easily doubled or trebled if improvements would be made. At present, Hanyang possesses the largest iron works in China, and Hankow, many modern industries, while Wuchang is becoming a great cotton manufacturing city. Besides, Hankow is the trade center of Central and West China, and the greatest tea market we have. The provinces of Hupeh, Hunan, Szechuen, and Kweichow and a part of Honan, Shensi, and Kansu all depend upon Hankow as their only port to the outside world. When railways are developed in China, Wuhan will be still more important and will surely become one of the greatest cities in the world. So in planning the future city of Wuhan we must adopt for its development a scale as large as that of New York or London.

In the regulation of the Yangtse embankments, we have to reclaim the front of Hankow from the jetty of Lungwangmiao at the junction of the Han River right along the left bank to the point where the Yangtse turns eastward. This reclaimed space will be at an average of about 500 to 600 yards wide. This will narrow down the river at this part to give a uniform channel of 5 to 6 cables in width and to give the Hankow settlement a strip of valuable land along its waterfront. This will also help to pay a

THE IMPROVEMENT OF THE EXISTING WATERWAYS AND CANALS 41

part of the expenses for city construction. The sharp bend of the Han River just before it joins the Yangtse should be straightened so as to make a gentler curve around Lungwangmiao Point and thus enable the currents of both rivers to flow in the same direction at their junction. The Hanyang embankment will follow pretty closely the present shore line but not beyond the iron works jetty. The wide space of the river above Wuchang city should be walled in to make a closed dock for inland water as well as ocean going vessels. Below Wuchang, an embankment parallel to that of the left side should be built so as to make the future city extend far below the present one. A tunnel should be constructed to connect both embankments at a point where the Kinghan railway makes its first turn when it comes to the Yangtse River. And another tunnel or bridge should be constructed between Hankow and Hanyang on one side and Wuchang on the other at the junction of the Han River and the Yangtse. Additional tunnels or bridges may be constructed at different points when the city grows larger in the future. All the outlying land of these trio-cities should be taken up on the same basis as at our projected seaports, so that private monopoly and speculation in land may be prevented, and that the unearned increment will go to the State to help the payment of capital and interest on the foreign loans which are to be made in this international development scheme.

PART IV.

The Improvement of the Existing Waterways and Canals

The existing waterways and canals in connection with the Yangtse may be enumerated as follows:

    a. The Grand Canal.
    b. The Hweiho.
    c. The Kiangnan Waterway System.
    d. The Poyang Waterway System.
    e. The Han River.
    f. The Tungting System.
    g. The Upper Yangtse.

a. The Grand Canal

The Grand Canal connects with the Yangtse at a point opposite Chinkiang and runs northward right up to Tientsin, a distance of over 600 miles. We understand that a detailed survey of the Kiangpeh part of the canal has begun and the work of improving it will commence soon. In our project, I propose to substitute the Kiangpeh portion of the Grand Canal by the Yangtse outlet of the Hweiho.

b. The Hweiho

The Hweiho rises in the northwest corner of Honan and runs southeast and east to the north of Anhwei and Kiangsu. Its outlets have been sealed up in recent years so its water has accumulated in the Hungtse Lake and it depends upon evaporation as its only means of disposing the water. Thus in the heavy rainy season, it floods a vast extent of the country surrounding the lake and causes great misery to millions of people. So the conservancy of the Hweiho is a very urgent question of China to-day. Recently many investigations have been made and many plans proposed. Mr. Jameson, chief engineer for the American Red Cross Society, has proposed two outlets for the Hweiho: one following the old course of the Yellow River to the sea and another through Paoying and Kao-yu Lakes to the Yangtse. In this project I propose to follow Mr. Jameson's plan for the sea outlet only as far as the old Yellow River and for the Yangtse outlet only as far as Yangchow. When the sea outlet or north branch reaches the old Yellow River I will lead it across into the Yenho and follow the Yenho to its northern turn. From there, we cut across the narrow strip of land into the Kuanho which enters the sea at the nearest deep water line. This saves a great deal of work of excavating the old course of the Hoangho. When the southern branch reaches Yangchow, I propose to make the canal pass east of that city instead of west as Mr. Jameson proposed, so that its current will join the Yangtse in the same direction at the new curve below Chinkiang city.

Both of these outlets or branches of the Hweiho should be made at least twenty feet deep right along, so that coastal vessels from the north to the Yangtse could use them as passage instead of going round the Yangtse estuary, thus shortening the distance by about 300 miles. And with twenty feet depth for both outlets, the Hweiho and the Hungtse Lake would be well drained and the present bottom of the lake, which is sixteen feet above sea level would be converted into agricultural land at once. Thus 6,000,000 mow of land could be reclaimed according to the estimate of Mr. Jameson, from the Hungtse and the neighboring lakes. If twenty dollars a mow be taken for its value, a sum of $120,000,000 could be netted. Besides this direct profit to the Government, there is an area of some 17,000 square miles of occasionally flooded land which would be made flood-proof so that normally we shall have two crops a year instead of two only in five years. That is to say, the 17,000 square miles or 10,880,000 acres will be made to produce five times more than at present. For instance, if the value of the gross production be estimated at fifty dollars an acre, then the total value would be $544,000,000 Mex. and five times this sum would amount to $2,720,000,000 Mex. What an enormous profit to the country!

c. The Kiangnan Waterway System

This system comprises the South Grand Canal, the Whangpoo, the Taihu, and its connections. The most important improvement I intend to make here is to widen and deepen the Wuhu—Ihsing Waterway between the Yangtse and the Taihu, and from there to dredge a deep channel right through the Taihu to a point midway of the Grand Canal between Suchow and Kashing. At Kashing, divide it into two branches:—one following the Kashing Sunkiang Canal to Whangpoo, and the other, to the Projected Port at Chapu. This waterway between the Yangtse and the Whangpoo, before it reaches Shanghai, should be made as wide and deep as possible so as to make it carry sufficient water to flush the Shanghai harbor as well as to provide a shorter passage for inland water vessels between the Yangtse and the sea ports. This waterway will act as silt carrier by which the Taihu and the various lakes along-side of it may be reclaimed in the future. Besides the main object for which this canal is assigned, the reclamation scheme and the local traffic would also add profit to it. This makes its remuneration doubly sure. As no accurate surveys of the shallow Taihu and other lakes and swamps could be obtained, the exact number of mow to be reclaimed, could not be given here. But in a rough estimate I should say that the reclaimed space of the Kiangnan Lakes would be about the same in extent as those of Kiangpeh (the North of the Yangtse).

d. The Poyang Waterway System

This system drains the entire area of Kiangsi province. Every hsien, city, and important town is reached by waterway. Waterways are the only means of communication in this province as well as in all the provinces of Southeastern China, before the advent of railways. The lower part of the Kiangsi waterway system suffers the same irregularities as those of the lower Yangtse as both are on low land. So, to regulate it, a similar work as that for the Yangtse should be applied. The Poyang Lake should be divided by deep channels from the junction of each river, and these should join together to form larger channels and finally unite into one main channel at a point near Chuki and, running through the narrow part of the lake, join the Yangtse at Hukow. The sides of the deep channels should be lined with submerged stone ridges as high as the shallow part of the lake, whereby the channels would serve the purpose of draining as well as of navigation.

The shallow space beside those channels will be reclaimed into arable land in due time. So the work of regulating the Poyang channels will be well paid by reclamation.

THE IMPROVEMENT OF THE EXISTING WATERWAYS AND CANALS 45

e. The Han River

This river is navigable for small crafts through its main body up to Hanchung in the southwest corner of Shensi; and through its branches up to Nanyang and Shekichen in the southwest corner of Honan. This navigable stream commands quite a large area of watershed. The upper part, that is above Siangyang, is in mountainous country. From Siangyang to Shayang it is in a wide, open valley and below Shayang it runs into the Hupeh swamp.

To improve this river dams should be built above Siangyang in order to utilize water power as well as to make locks for larger crafts to ascend to the navigable point now navigable only for small crafts. Below Siangyang, where the river is very wide and shallow, rudimental dikes should be constructed of stones or piles in order to restrict its channel and to reclaim the shallow space on both sides by natural process. In the swamp, the river should be straightened and deepened. A new canal between the Han and the Yangtze at Shasi should be constructed to provide a shorter passage between Hankow and Shasi and beyond. This canal in the swamp should be open to the lakes along its course so as to let the silt-carrying water enter into them in the flood season, thus filling them up quicker.

f. The Tungting System

This system of waterway drains the whole province of Hunan and beyond. The most important branches are the Siangkiang and the Yuankiang. The former runs through Hunan into the northeast corner of Kwangsi province and connects with the Sikiang system by a canal near Kweilin. The latter runs across the west border of Hunan into the eastern part of Kweichow province. Both could be improved for the navigation of larger crafts. The canal between the Yangtse and the Sikiang watersheds should be reconstructed and modern locks should be provided in it as well as along the two waterways. Thus, vessels of ten feet draught may freely pass between the Yangtse and the Sikiang. The Tungting Lake should be drained by deep channels in the same manner as the Poyang Lake, and its shallow space reclaimed by natural process.

g.　The Upper Yangtse

I include the part from Hankow to Ichang also in the Upper Yangtse, because it is at Hankow that the ocean navigation ends, and the inland water communication begins. So, in dealing with the improvement of the Upper Yangtse, I will begin at Hankow. At present the Upper Yangtse is navigable for shallow draught steamers up to Kiating, a point about 1,100 miles above Hankow by river. If improvement be made farther on, then shallow draught steamers could navigate right up to Chengtu, the capital of Szechuen province, and the center of the richest plain in West China, about sixty miles up the Min River.

To improve the Upper Yangtse from Hankow to Yochow, the work is much similar to that of the lower part. The channel should be regulated by rudimental dikes. The concave embankments in sharp bends should be protected by stone or concrete; obstacles midstream should be removed. The great loop, called the Farmer Bend, above Kinkow, should be cut through at the neck of Paichow, and the sharp point of Hanchin Kwang should be cut away to make the curve of the river more gentle.

The tortuous part of the Yangtse, north of the Tungting Lake, between Kinho Kow and Skipper Point, should be blocked up altogether and a new channel made through Tungting Lake, returning to the Yangtse by the Yochow Channel. This avoids the crooked passage and shortens the river course considerably. From Skipper Point to Ichang the dilatations should be restricted by dikes of stone or piling, and some sharp points of the shores should be cut away to make the curves more gentle.

The Yangtse River above Ichang enters the Gorges which run about a hundred miles up to the Szechuen depression, known as the Red Basin. This part of the river from Ichang right along to its source is confined by rocky banks, very narrow and deep, having an average depth of six fathoms and at some particular points even thirty fathoms. Many rapids and obstructions occur along its course.

To improve the Upper Yangtse, the rapids should be dammed up to form locks to enable crafts to ascend the river as well as to generate water power. Obstructions should be blasted and boulders removed. Thus, a ten-foot channel right along from Hankow to Chungking could be obtained so that through inland water transportation could be established from Chungking to Peking in the north and to Canton in the south, as well as to all navigable points in China Proper all the year round. In this way, transportation expenses to the richest emporium in West China could be reduced hundredfold. The benefit to the people will be enormous and the encouragement to commerce will indeed be great.

PART V.

The Establishment of Large Cement Works

Steel and cement are the basis of modern construction, and the most important factors of the material civilization of the present age. In the various projects of our development scheme, the demand for steel and cement will be so enormous that all manufacturing countries combined will not be able to supply the needs. Therefore, in our first program, I have proposed to establish large steel works in the rich iron and coal fields in the provinces of Shansi and Chihli; so in this second program I propose to establish large cement works along the shores of the Yangtse River. The Yangtse Valley is exceptionally rich in materials for cement,—limestone and coal lying side by side at the water edge along the navigable channel from Chinkiang upward. Thus, local supplies could be created for local needs.

At present, there is one cement-works at Shihuiyau near Hoangshikang at the upper reach. It is situated between a deep

48　THE INTERNATIONAL DEVELOPMENT OF CHINA

water wharf and a limestone hill. The limestone is so near by that it can be cut and shoveled into the kilns immediately. Between Hankow and Kiukiang there are many places possessing the same advantage. Below Kiukiang, there are also many such advantageous positions as Matang, Wushiki and many others between Kiukiang and Anking. Between Anking and Nanking there are exceptionally good locations for putting up cement works such as Tatung, Tikang, and Tsaishisze, all these places being provided abundantly with limestone and coal and iron, lying side by side.

With the huge harbor works, city building, and embankment construction, the market for cement will be so great that a capital of one to two hundred million dollars should be invested for the supply. This work should be started gradually in accord with the acceleration of the other works of the general development so that one project will further the other, and over-production and waste of capital individually in any of the general scheme will be guarded against. This will help make each of them a profitable business by itself.

PROGRAM III.

The main feature of the third program will be the construction of a great southern port which will complete the plan for three first-class seaports in China as proposed in the preliminary part of this International Development Scheme. Our Great Southern Port will naturally be Canton, which is not only the center of commerce in South China but also the largest city in all China. Until recent times it was the largest city on the coasts of the Pacific, and the center of commerce of Asia. With the development of China, Canton will surely resume its former importance, Around this southern metropolis I formulate the third program as follows:

    I.   The Improvement of Canton as a World Port.

    II.   The Improvement of the Waterway System of Canton.

    III.   The Construction of the Southwestern Railway System of China.

    IV.   The Construction of Coast Ports and Fishing Harbors.

    V.   The Establishment of Shipbuilding Yards.

PART I.

The Improvement of Canton as a World Port

Canton's position as a seaport has been taken away by Hongkong since its cession to England after the Opium War. But as a commercial center of South China, Canton still holds its own, despite the advantages of deep-water harbor, the artificial improvements of Hongkong, and the political dominance of England. The loss of its position as a seaport is entirely due to the ignorance of the Chinese people who never made any combined effort to improve the welfare of the country, and also to the corrupt government and officials of the Manchu dynasty.

50   THE INTERNATIONAL DEVELOPMENT OF CHINA

Since the establishment of the Republic, the people have begun to awake very rapidly and many schemes have been suggested to make Canton a seaport. This awakening of the millions of Chinese has caused much apprehension to the Hongkong Government. The authorities of that colony have been doing their utmost to hinder every move to restore Canton as a seaport and try to nip every scheme in the bud. Of course, if Canton is improved and made into a world port, then all the services that Hongkong performs for her as a shipping stage would be dispensed with altogether. But a developed Canton and a prosperous China will recompense Hongkong in various ways a hundred times more than its present position as the monopolized ocean port of a backward and poor China. Just look at the port of Victoria in British Columbia, which was once the only seaport of West Canada as well as the Northwestern region of the United States, but it prospered very little then with an undeveloped hinterland despite its monopolistic character. Whereas as soon as the rival ports arose Vancouver on its own side, and Seattle and Tacoma on the American side, all within the same distance as Hongkong is to Canton, all of them because of a developed hinterland prospered wonderfully, despite the keen competition between them as seaports. Thus, we see that competitive seaports like Vancouver, Seattle, and Tacoma instead of killing Victoria, as was once supposed by shortsighted people, have made it more prosperous than ever. Then, why doubt that a prosperous Canton and a developed China would not give the same result to Hongkong? This is but a natural outcome. Therefore, there should be no fear that a prosperous Canton and a developed China would be harmful to Hongkong as a free port. So, instead of doing the utmost as hitherto to hinder the development of Canton as a seaport, the Hongkong authorities should do their utmost to encourage such a project. Besides, the development of Canton and South China will benefit the English as a whole commercially a hundred times more than Hongkong can do at present. Although the local authorities of that crown colony do

THE IMPROVEMENT OF CANTON AS A WORLD PORT   51

not see far enough to realize it, however, I believe that the great statesmen and captains of industries in the now mightiest empire of the world would surely see it. With this belief in my mind I feel quite safe in giving publicity to the scheme of my international development of Canton as a world port in South China.

Canton is situated at the head of the Canton Delta, which is formed by the junction of three rivers—the Sikiang or West River, the Peikiang or North River, and the Tungkiang or East River. The area of this delta is about 3,000 square miles and has the most fertile alluvial soil known in China. The land yields three crops a year—two crops of rice and one crop of other products such as potatoes or beets. In silk culture, it gives eight crops every year. The most delicious fruits of many varieties are produced in this delta. This is the most thickly populated district of all China. Within this delta and its immediate neighborhood, more than half of the population of Kwangtung province is found. This is the reason why, despite the great productivity of this fertile delta, large quantities of foods have to be supplied by the surrounding country as well as by foreign imports. Before the age of machinery Canton for centuries was well known as an industrial center of Eastern Asia. The workmanship and handicraft of its people are still unequaled in many parts of the world. If machinery will be introduced in its industries under our international development scheme, Canton will soon recover its former grandeur as a great manufacturing center.

As a world port, Canton is in a most advantageous position. Being situated at the junction of three navigable rivers and at the head of the ocean navigation it is a pivot of inland water as well as ocean communication in South China. If the Southwestern railway system is completed, then Canton will be equal in importance to the two great ports in North and East China, in regard to transportation facilities. The ocean approach of Canton is generally deep excepting at two points which can be easily trained and dredged to enable modern liners to pass in and out at any hour. The deep water line of the ocean reaches up to Lingting Island, where the depth is from 8 to 10 fathoms. Above Lingting, the channel gets shallower (about 3 or 4 fathoms) and runs about 15 miles up to the Fumen Entrance. From this point the water becomes deep again (between 6 and 10 fathoms) right up to the Second Bar—a distance of 20 miles. At the Second Bar, the water is about 18 to 20 feet deep for only a few hundred yards. After crossing the Second Bar, the water becomes deep again for a distance of 10 miles averaging about 30 feet deep up to the First Bar which will be the city limit of our future Canton.

To improve the Approach to Canton, I suggest that two submerged training walls be built at the left side of Canton Estuary above Lingting Island—one from the shore to the head of the Kongsu Bank, and another from the end of the same bank to the head of the Lingting Bank. The first training wall will be 3 to 4 feet under water just at the same level of the bank. The second wall will be from 4 feet at one end to 16 feet at the other, which are the levels of the respective banks which it connects. (See (1) (3) Map XI.) It will cross a channel of 24 feet deep between them. These two walls together with the four-foot Kongsu Bank will act as one continuous wall and will direct the undercurrent which now runs between the left shore and Lingting Bank, into the middle part of the estuary, thus cutting a channel between the bar and the bank of the same name to meet the deep water on the west side of Lingting Island. On the right side of the Canton Estuary, a training wall should be built from the lower part of Fraser Bank in a southeasterly direction across the 24-foot channel into the Lingting Bar ending at the east edge of that bar. (See (2) Map XI.) Thus, with these submerged walls on both sides of the estuary to confine the undercurrent in the middle, a very deep channel can be formed to connect with the Fumen Entrance at one end and the Lingting trough at the other both of which are about 50 feet deep so that a thoroughfare from deep sea right up to the Second Bar of the Pearl River will be created.

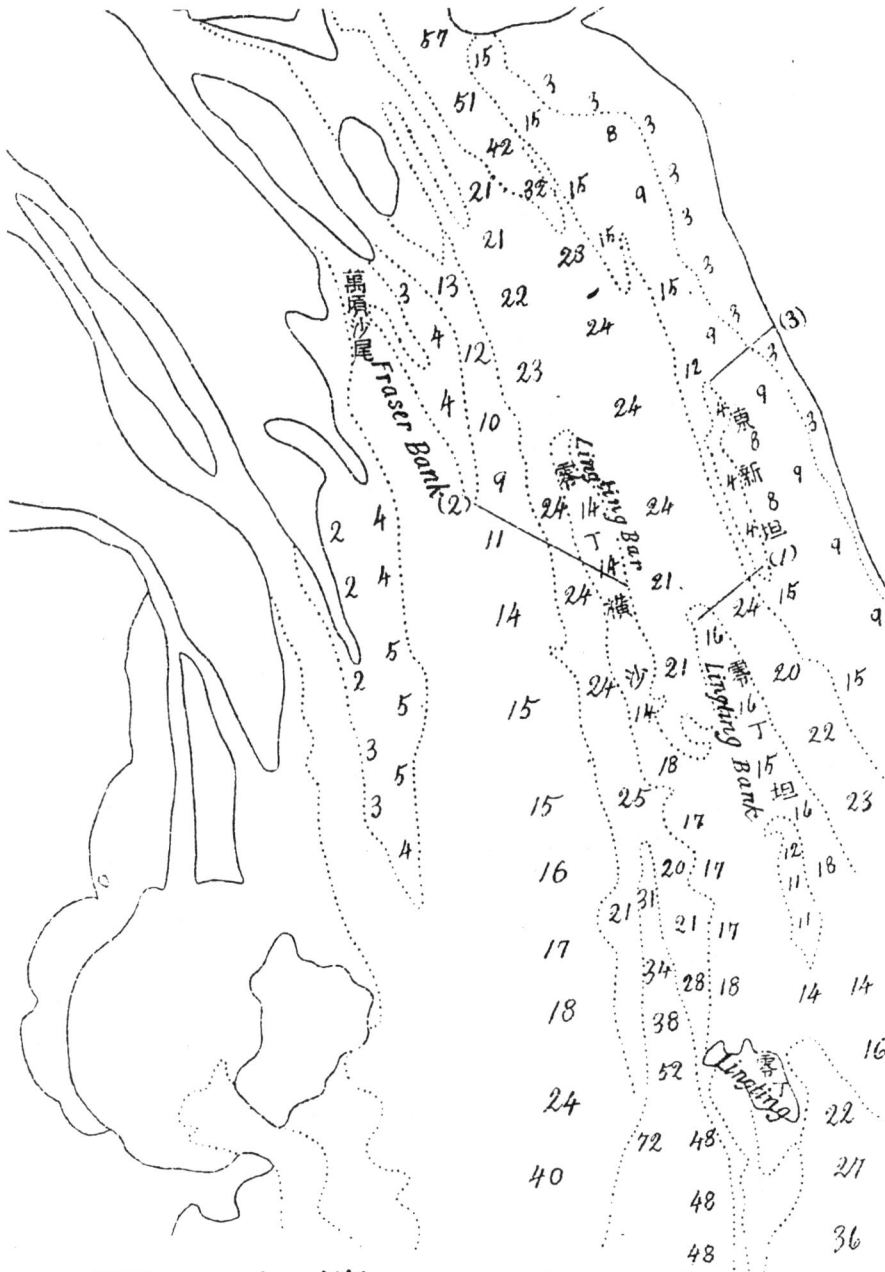

圖一十第　MAP XI

These submerged sea walls taken together are about 8 miles in length and will be built only 6 to 12 feet from the bottom of the sea. The expenses will not be much while the acceleration of the natural reclamation process will be very great. Thus, the lands that will be formed on both sides by these walls will far more than repay the expenses of the work of building these walls.

To regulate the Approach of Canton, in that part of the Pearl River from the Fumen Entrance to Whampoa, I suggest that the East River Estuaries be concentrated in a single outlet by using the uppermost channel which joins the Pearl River at the lower point of Davids Islands. The other outlets of the East River, which joins the Pearl River below the Second Bar, should be closed up by dams built to the height of the normal water level so as to permit them to serve as flood channels in the rainy season. By concentrating the whole volume of water of the East River above the Second Bar, a stronger current could be obtained to flush the upper part of this section of the river.

In the training works of this section, I propose that several jetties should be built as follows: First, a jetty from Elliot Island at point (A) to the farther side of Calcutta Shoal opposite the lower point of Parker Island. This will block the current between Elliot Island and Calcutta Shoal and divert it into the present 36-foot channel thus making it deeper by its natural force. Second, another jetty from Bolton Island, at point (B) to mid-stream terminating at the lower side of the Second Bar, on the right side of the river. Third, a jetty from the lower point of Pattinger Island at (C) to midstream terminating at the lower side of the same bar on the left side of the river. Thus the Second Bar would be flushed by the concentrated current created by these two jetties. The shallow bottom above these jetties should be dredged to the required depth. If a rocky bottom is found at this bar it should be blasted and removed, so as to give a uniform depth to the whole approach. Fourth, the channel between the right bank of the river and Bolton Island should be blocked up at (D). Fifth, a jetty from Pattinger Island at (E)

54   THE INTERNATIONAL DEVELOPMENT OF CHINA

to the head of the Second Bar Bank in midstream so as to cut off the current at the left side of the river and to increase the velocity in the middle channel. Sixth, a jetty from the right shore at (F) about midway between Danes Island and the Second Bar, should be built to the head of the Midstream Shoal so as to cut off the current at the right side of the river. And seventh, another jetty from the lower point of Davids Island at (G) to midstream opposite to the end of jetty (F). Jetties (G) and (F) will concentrate the current of the upper Pearl River while at the same time Jetty (G) will also turn the East River current into the same direction as that of the Pearl River. (See Map XII.)

By these seven jetties, the current between Whampoa and Fumen could be controlled and the bottom of the river flushed to a depth of 40 feet or more, thus creating a thoroughfare for ocean-going steamers from the open sea right up to the city of Canton. These jetties taken together will be not more than 5 miles in length and mostly in very shallow water. After the building of these jetties, land will be rapidly formed between jetties along both sides of the channel by natural process. The reclaimed land alone will be quite enough to pay the expenses of constructing these jetties, aside from the fact that the main object of regulating the river and opening up a deep channel for ocean transportation will have been realized.

Having dealt with the approach to Canton, we may now take up the improvement of Canton City itself as a world port. The harbor limit of Canton will be at the First Bar. From there, the harbor will follow the deep water of Cambridge Reach and the water between Whampoa and Danes Island into American Reach. At this point it will cut through Actaeon Island to the south of Honam Island and follow the Elliot Passage to Mariners Island. From Mariners Island following the Fatshan Creek, a straight channel should be cut in a southwesterly direction to the Tamchow Channel. Thus, a new waterway will be made from the First Bar to Tamchow Channel, a distance of about 25 miles. This

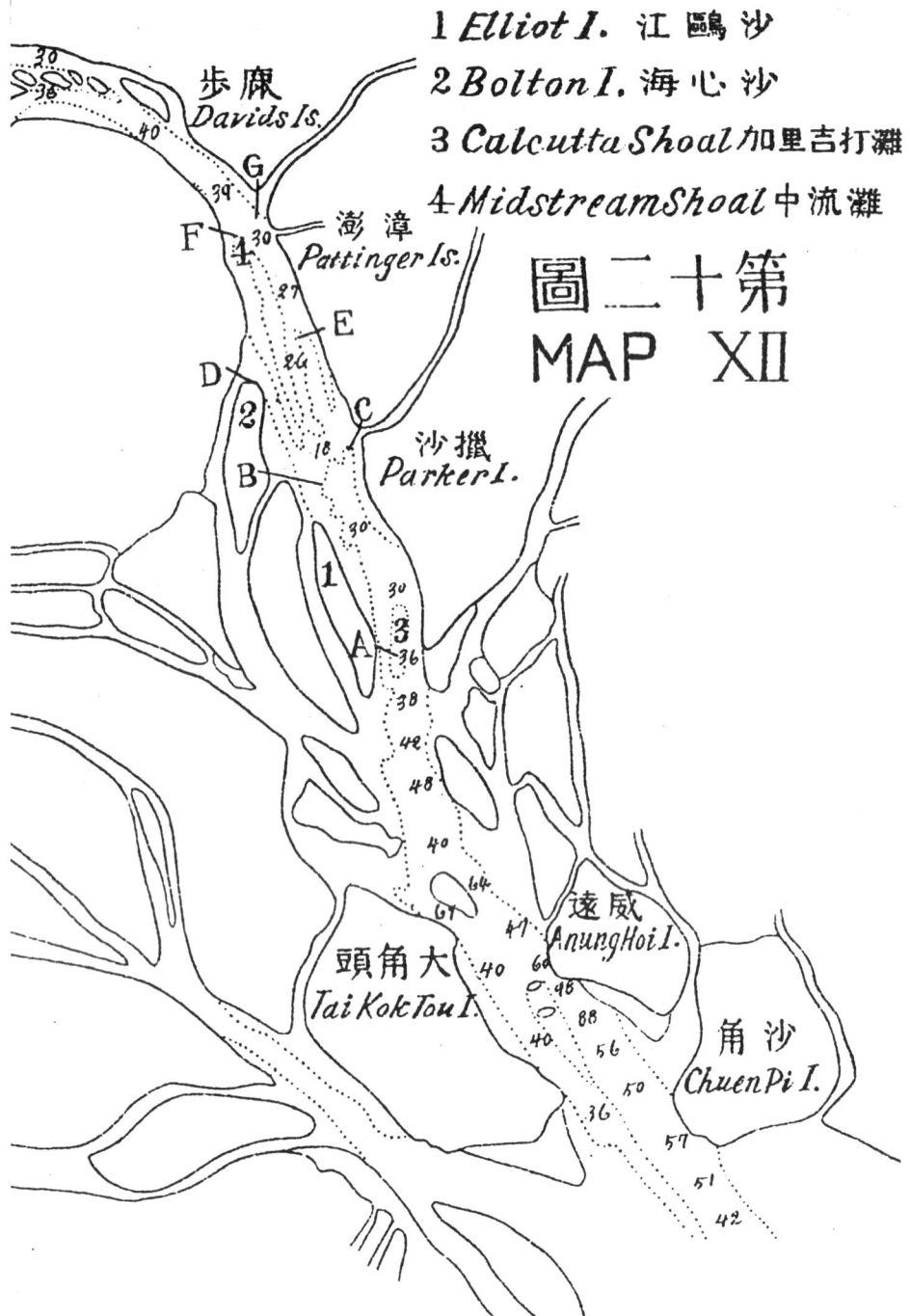

1 *Elliot I.* 江鷗沙
2 *Bolton I.* 海心沙
3 *Calcutta Shoal* 加里吉打灘
4 *Midstream Shoal* 中流灘

第十二圖
MAP XII

THE IMPROVEMENT OF CANTON AS A WORLD PORT   55

waterway will be the main outlet of the North River as well as a thoroughfare for the West River, and will also serve as the harbor of Canton. By conveying all the water of the North River and a part of that of the West River through this waterway, the current will be strong enough to flush the harbor to a depth of 40 feet or more. (See Map XIII.)

The new city of Canton will be extended from Whampoa to Fatshan, separated by the Macao Fort and Shameen Reaches. The section that lies east of this water should be developed into commercial quarters and that west of it into factory quarters. The factory section should be transected by canals connecting with the Fati and Fatshan creeks so as to give cheap transportation facilities to every factory. In the commercial section, tidal wharves with modern plants and warehouses should be provided. A bund should be built from the First Bar Island along the north side of the new waterway, the west side of Honam to connect with the bund of Shameen, and the northwestern side of Canton city. Another bund should be built from above Fati along the east side of Fati Island to Mariners Island thence turning southwest along the left bank of the new waterway. The Front Reach, that is, the river between the present Canton city and Honam Island should be filled up from the upper point of Honam to Whampoa for city building.

In regard to the question of remuneration, the development of Canton as a world port will be the most profitable undertaking of the kind in the International Development Scheme. Because, besides its commanding position as a commercial metropolis and its possession of advantageous facilities as a manufacturing center of South China, a modern residential city is in great demand in this part of the country. The well-to-do people and merchants of this rich delta as well as those retired Chinese merchants and millionaires abroad all over the world are very eager to spend their remaining days at home. But owing to the lack of modern conveniences and comforts they reluctantly remain in foreign countries. Thus to build a new city with modern equipments for

第三十圖
MAP XIII

(1) Cambridge Reach　甘布列治水道
(2) American Reach　亞美利根水道
(3) Actaeon Island　小洲及土華道
(4) Elliot Passage　依里阿水道
(5) Mariners Island　大尾島
(6) Macao Fort　車貢砲臺

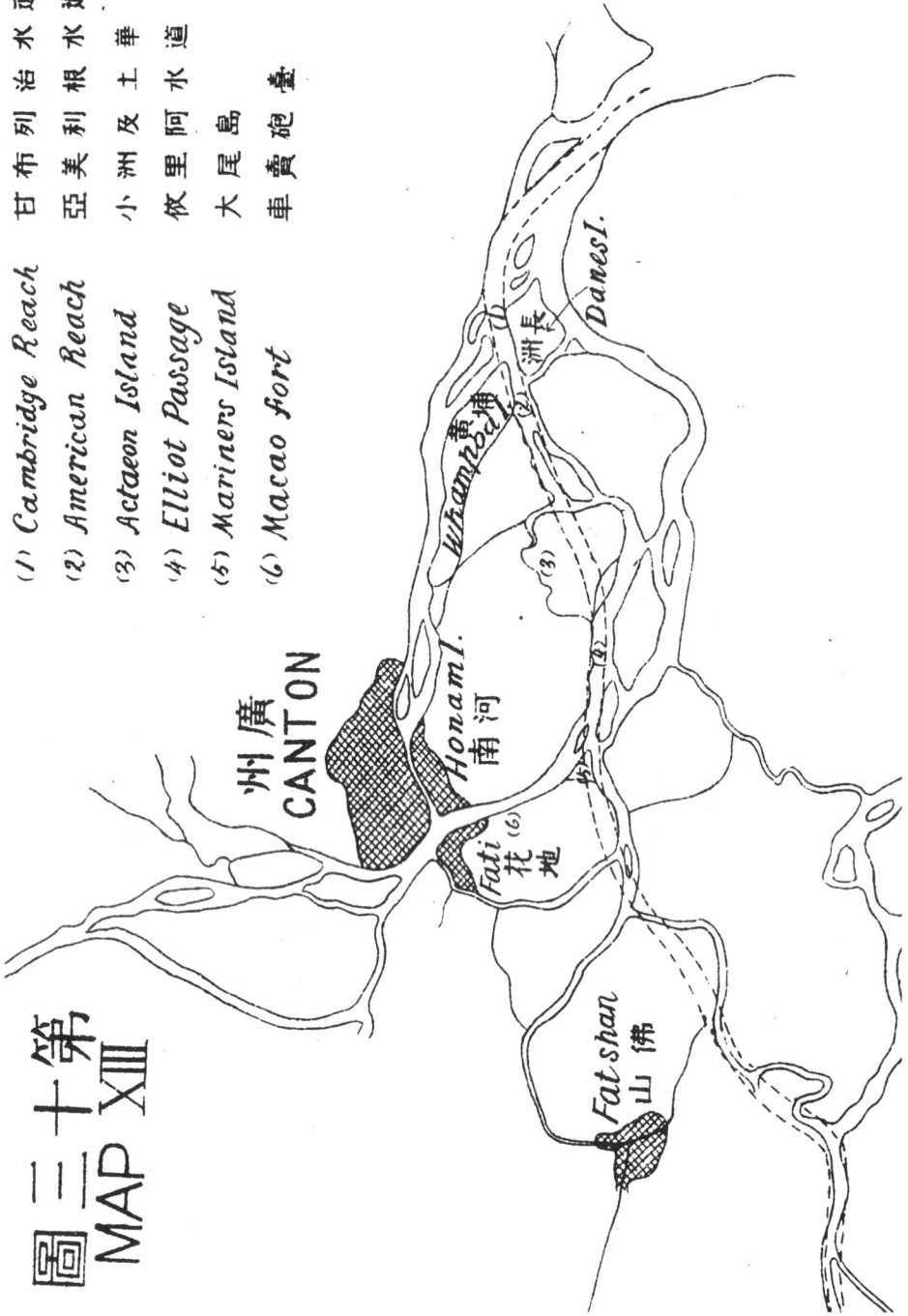

廣州
CANTON

Honam I.　河南

Fati　花地

Fatshan　佛山

Whampoa　黄埔

長洲

Danes I.

residential purposes alone, in Canton, would pay splendidly. The land outside of Canton is at present about 200 dollars a mow. If the land marked off for the future city of Canton should be taken up by the State on the same basis as elsewhere in this International Development Scheme, immediately after the streets are laid out and improvements made, the price of land would rise from ten to fifty times its original value.

The landscape of the environment of Canton is exceptionally beautiful and charming. It is an ideal place for planning a garden city with attractive parks. The location of the city of Canton resembles that of Nanking but is of greater magnitude and beauty. It possesses three natural elements—deep water, high mountains, and vast extent of level land which furnish facilities for an industrial and commercial center and provide as well natural scenery for the enjoyment of men. The beautiful valleys and hills of the northern shore of the Pearl River could be laid out for ideal winter resorts and the high mountain tops could be utilized for summer resorts.

Within the city limits at the northwest corner, a rich coal field has been found. When the coal is mined and modern plants for generating electricity and producing gas are provided, then cheap electricity and gas could be had for transportation, for manufacturing, for lighting, heating, and cooking purposes. And so the present wasteful methods of transportation, and expensive fuels for manufacturing and cooking for the populous city of Canton can be done away with entirely. Thus great economic wonders could be wrought by such improvements. The present population of Canton is over a million and if our development plan is carried out, this city would grow in leaps and bounds within a very short time. The population will become greater than any other city and the profit of our undertaking will become correspondingly large.

PART II.

The Improvement of the Waterway System of Canton

The most important waterway system in South China is the Canton system. Besides this the others are not of much

importance and will be dealt with else-where with their ports.
In dealing with the Canton system of waterways, I have to divide
it as follows:

        a. The Canton Delta.
        b. The West River.
        c. The North River.
        d. The East River.

a. The Canton Delta

To improve the Canton Delta we have to consider the
proposition from three points of view: First, the problem of
flood prevention; second, the problem of navigation; and third,
the problem of reclamation. Each of these problems affects the
others so the solution of one will help that of the others.

First, the problem of flood prevention. The frequent
repetition of floods in recent years has wrought great disasters to
the people in the neighborhood of Canton. It has destroyed lives
by the thousands and property by the millions. The part which
suffers most is the country between Canton and Lupao, lying
just immediately north of the Canton Delta. This fatal spot is,
I think, created by the silting up of the main outlet of the North
River immediately below Sainam. On account of this, the North
River has to find its outlets through the West River by the short
canal at Samshui and through two small streams one from
Sainam, and another from Lupao. The former runs in a
northeasterly direction and the latter in a southeasterly direction
and they join at Kuanyao. From this point, the river takes a
northeasterly course as far as Kumli, thence, turning southeast,
passes the west suburb of Canton. Since the North River is
silted up below Sainam, its channel above that spot is also
getting shallower every year. At present the river above
Samshui city is only about four or five feet deep. When the
North River rises its water generally finds its way into the West
River through the Kongkun Canal. But if the West River should

rise at the same time, then there would be no outlet for the North River and its water would accumulate until it overflows its dikes above and below Lupao. This would naturally cause the dikes to break at some point and allow the water to rush out and flood the whole country that is meant to be protected by these dikes. The remedy for the North River is to reopen the main outlet below Sainam and have the whole channel dredged deep from Tsingyuen to the sea. Fortunately, in our improvement of the navigation of the Canton Delta, we have to do the same thing; so this one work will serve two purposes.

The remedy for the West River is that the shallow part just at its junction with the sea between Wangkum and Sanchoo Islands should be trained by walls on both sides—a long one on the left, and a short one on the right—so as to concentrate the current to cut the river bed here to a depth of twenty feet or more. In this way, a uniform depth is secured, for after passing the Moto Entrance the West River has an average depth of 20 to 30 feet right along its whole course through this delta. With a uniform depth all the way to the sea, the undercurrent will run quicker and drain off the flood water more rapidly. Besides the deepening process, both shores should be regulated so as to give a uniform width to the channel. Midstream shoals and islands should be removed.

The East River Valley does not suffer so severely from floods as those of the other two rivers, the West and the North, and its remedy will be provided in the regulation of the river for navigation. This will be dealt with in that connection.

Second, the problem of navigation in the Canton Delta in connection with the three rivers. In dealing with this question we commence with the West River. In former days the traffic between the West River Valley and Canton always passed through Fatshan and Samshui, a distance of about 35 miles. But since the silting up of the Fatshan Channel below Sainam, the traffic has to take a great detour by descending the Pearl River southeastward as far as Fumen, then turn northwest into the

Shawan Channel, then southeast into the Tamchow Channel, and then west into the Tailiang Channel and south into the Junction Channel and Maning Reach.   Here it enters into the West River and runs a northwesterly direction up to Samshui Junction on this river.   The whole journey covers a distance of about 95 miles, which compared with the old route is longer by 60 miles. The traffic between Canton and the West River Valley is very great.   At present there are many thousands of steam launches plying between Canton city and the outlying districts, and more than half of that number are carrying traffic to and fro on the West River.   Every boat has to run 95 miles on each trip whereas if the channel between Samshui and Canton is improved, the distance would be only 35 miles.   What a great saving it will be!

In our project to improve the Canton Approach and Harbor, I suggested the draining of a deep channel from the sea to Whampoa and from Whampoa to Tamchow Channel.   We now have to prolong this channel from its Tamchow Junction up to Samshui Junction on the West River.   This channel should be made at least 20 feet deep so as to join the deeper water of the West River above the Samshui Junction.   And the same depth should be maintained in the North River itself some distance above Samshui, so as to give facility for the navigation of larger vessels up the river when the whole waterway is improved.

To improve the East River for navigation in the Canton Delta we should concentrate the current of its estuaries into one single outlet by using the right channel which joins the Pearl River at Davids Island, thus deepening the channel as well as shortening the distance between Canton and the East River districts when the upper part of the river is improved.

Another improvement in the Canton Delta for navigation is the opening of a straight canal between Canton city and Kongmoon so as to shorten the passage of the heavy traffic between this metropolis and the Szeyap districts.   This canal should begin by straightening the Chanchun Creek south of Canton as far as Tsznai.   Then crossing the Tamchow Channel it should enter into the Shuntuck Creek and follow this creek to its end emerging into the Shuntuck Branch at right angles. From there, a new canal must be cut straight to the turn of the Tailiang Channel near Yungki, then the canal should follow this channel through Yellow Reach as far as the Junction Bend. Here another new canal must be cut through to the Hoichow Creek, then it should follow Kuchan Channel to the main channel of the West River, and crossing it enter into the Kongmoon Branch. Thus, a straight canal can be formed between Canton and Kongmoon. In order to understand the improvement of the Canton Delta more clearly see Maps XIV and XV.

Third, the problem of reclamation. A very profitable undertaking in the Canton Delta is the reclamation of new land. This process has been going on for centuries. Many thousands of acres of new land are thus being added to cultivation from year to year. But hitherto all the reclamation has been effected by private enterprise only, and there are no regulations for it. So sometimes this private enterprise causes great detriment to public welfare such as blocking up navigable channels and causing floods. A glaring case is the reclamation work just above the Moto Islands, which blocks more than half of the Main Channel of the West River. In the regulation of the West River, I propose to cut this new land away. In order to protect the public welfare, the reclamation work in this Delta must be taken up by the State and the profits must go to defray the expenses of improving this waterway system for navigation, as well as for the prevention of floods. At present, the area that can be gradually reclaimed is large in extent. On the left side of the Canton Estuary, the available area is about 40 square miles, and on the right side, about 140 square miles. On the estuaries of the West River from Macao to Tongkwa Island, there is an available area of about 200 square miles. Of the three hundred eighty square miles, about one fourth would be ready for reclamation within the next ten years. That is to say about 95 square miles could be reclaimed and put to cultivation within a decade. As one square mile

第十四圖

MAP XIV

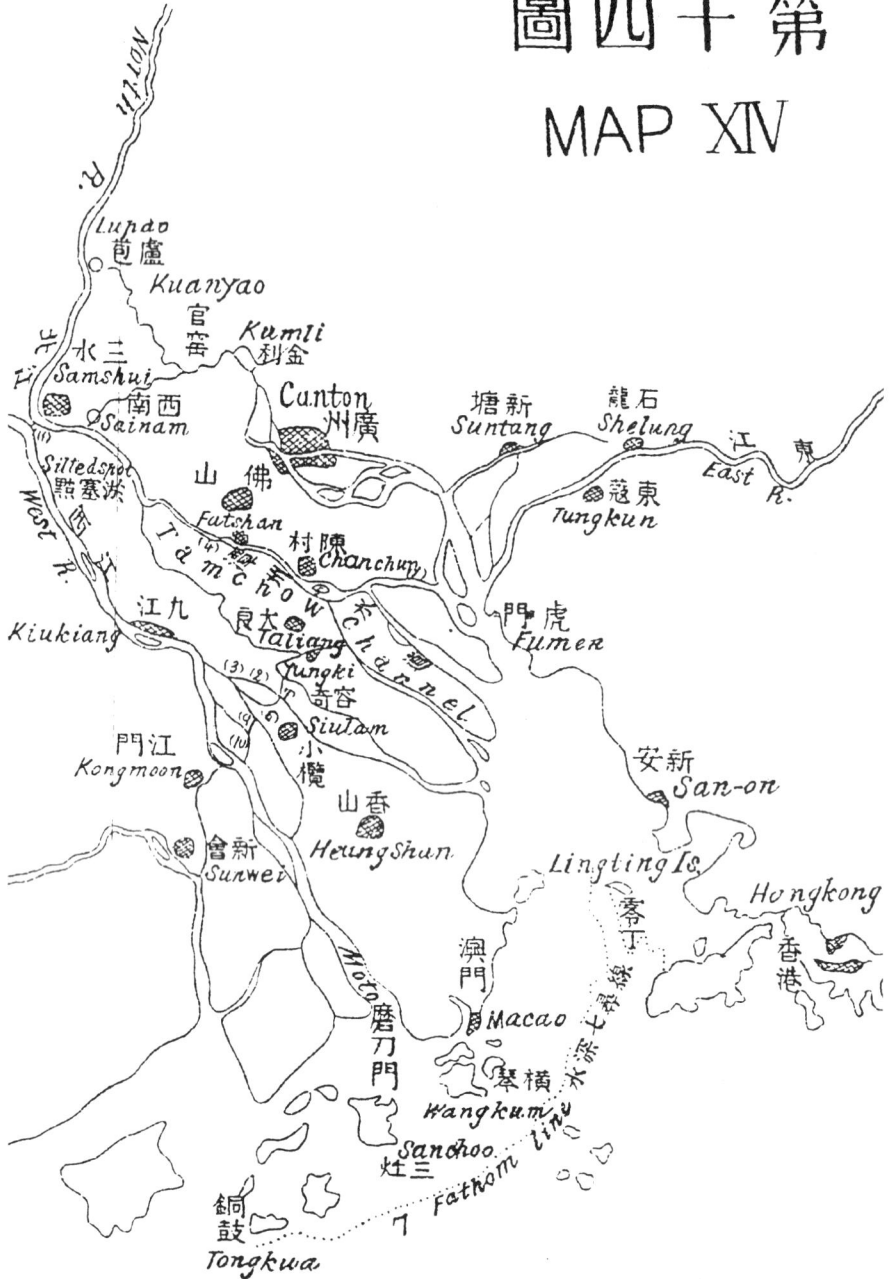

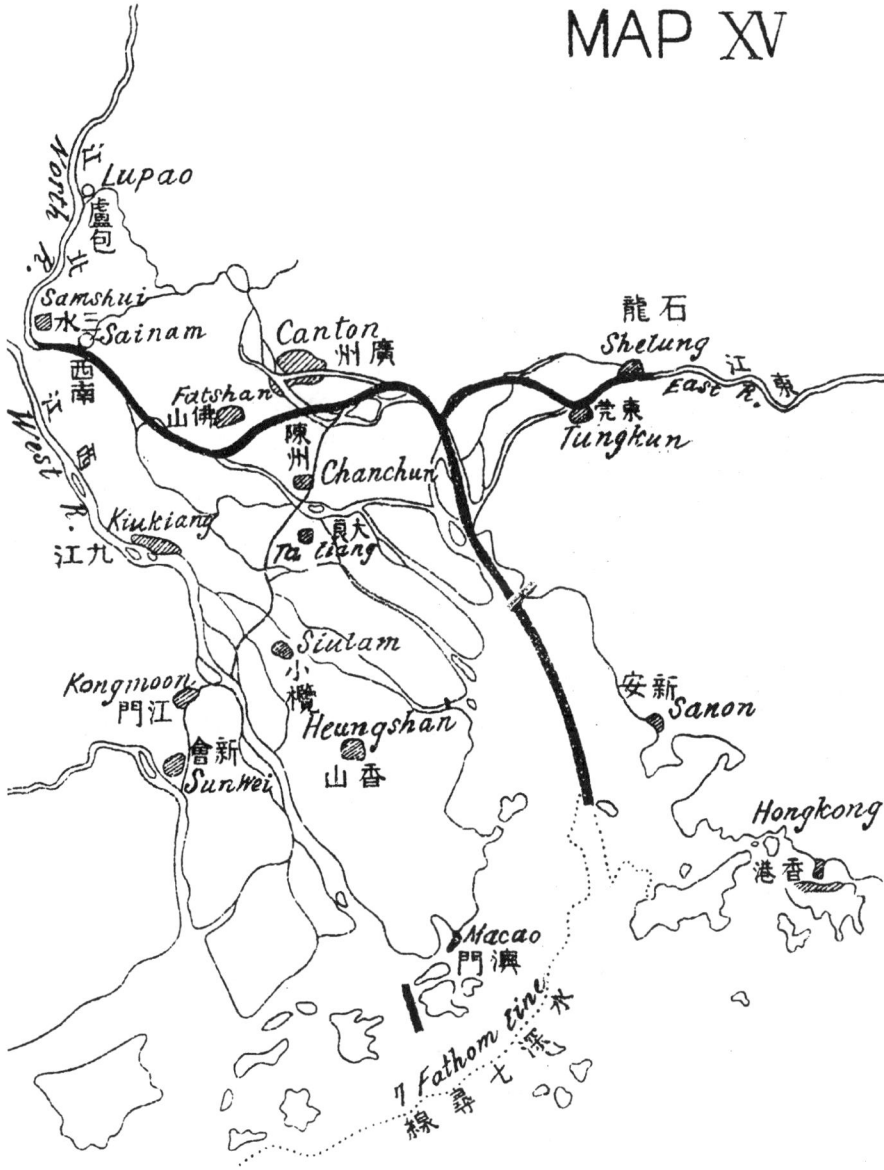

一指示治水工程建堤
及開鑿浚深之處

第十五圖
MAP XV

contains 640 acres and one acre six mow, so 95 square miles will be equal to 364,800 mow. As cultivated land in this part of China generally costs more than fifty dollars a mow, so, if fifty dollars be taken as the average rate, the value of these 364,800 mow would amount to $18,240,000. This will help a great deal to defray the expenses of improving the waterway for navigation and for preventing floods in this Delta.

b. The West River

The West River is at present navigable for comparatively large river steamers up to Wuchow, a distance of 220 miles by water from Canton, and for small steamers up to Nanning, a distance of 500 miles from Canton, at all seasons. As for small crafts, the West River is navigable in most of its branches, west to the Yunnan frontier, north to Kweichow, northeast to Hunan and the Yangtze Valley by the Shingan Canal.

In improving the West River for navigation I shall divide the work into subsections as follows:

(1)　From Samshui to Wuchow.

(2)　From Wuchow to the junction of the Liukiang.

(3)　Kweikiang or the North Branch of the West River from Wuchow to Kweilin and beyond.

(4)　The South Branch from Shunchow to Nanning.

(1)　From Samshui to Wuchow. This part of the West River is generally deep and does not need much improvement for vessels up to ten-foot draught excepting at a few points. The midstream rocks should be blasted and removed and sand banks and dilating parts should be regulated by submerged dikes to secure a uniform channel and to make the velocity of the current even, so that a stable fairway could be maintained all the year round. The traffic of this river would be sufficiently great to pay for all the improvements which we propose to make.

(2)　From Wuchow to the Junction of the Liukiang. At this junction, a river port should be built to connect the deep naviga-

62   THE INTERNATIONAL DEVELOPMENT OF CHINA

tion from the sea and the shallow navigation of Hungshui Kiang and the Liukiang which penetrate the rich mineral districts of Northwest Kwangsi and Southwest Kweichow. This port will be about fifty miles from Shunchow which is the junction of the Nanning branch of the river. So here we have only to improve a distance of fifty miles, for the improvement of the river between Shunchow and Wuchow will be included in the plan for the Nanning Port. Dams and locks would be necessary to make this part of the river navigable for ten-foot draught vessels. But these dams at the same time would serve the purpose of producing water power.

(3) Kweikiang or the North Branch of the West River from Wuchow to Kweilin and beyond. As Kweikiang is smaller, shallower and has more rapids along its course, so its improvement will be more difficult than that of the other parts of the waterway. But this will be a very profitable proposition in this Southern waterway project, for this river not only serves the purpose of transportation in this rich territory but will also serve as a passage for through traffic between the Yangtze and the West River valleys. The improvement should commence from the junction at Wuchow up to Kweilin, and thence upward to the Shingan Canal, then downward to the Shang River, and thereby connecting with the Yangtze River. A series of dams and locks should be built for vessels to ascend to the inter-watershed canal and another series should descend on the other side. The expenses of building these two series of dams and locks could not be estimated until accurate surveys are made. But I am sure this project will be a paying one.

(4) From Shanchow to Nanning. This portion of the Yuhkiang is navigable for small steamers up to Nanning, the center of commerce in South Kwangsi. From Nanning small crafts can navigate through the Yuhkiang as far as the east border of Yunnan, and through Tsokiang as far as the north border of Tongking. If this waterway be improved up to

Nanning, then it would be the nearest deep river port for the rich mineral districts of the whole southwest corner of China, which includes the whole province of Yunnan, a greater part of Kweichow and half of Kwangsi. The immediate neighborhood of Nanning is also very rich in minerals, such as antimony, tin, iron, coal and also in agricultural products. So to make Nanning the head of a deep water communication system will be a paying proposition. To improve the waterway up to Nanning, a few dams and locks along its course will have to be built for vessels of ten-foot draught to go up as well as for water power. The expense for this work cannot be estimated without detailed surveys but it would probably be much less than the improvement of Kweikiang from Wuchow to the Shingan Canal.

c.　The North River

The North River from Samshui to Shiuchow is about 140 miles long. The greater part of its course is confined in the hilly districts, but after it emerges out of the Tsingyuen Gorge it comes into a wide, open country, which connects with the plain of Canton. Here the dangerous floods occur most often. Since the silting up of its proper outlet below Sainam, the North River from that point up to the gorge has become shallower every year, so the dikes at the left side, that is, on the side of the plain, often break thus causing the inundation of the whole plain above Canton. Thus the regulation of the river at this part has two aspects to be considered: First, the prevention of floods and second, the improvement for navigation. In dealing with the first aspect nothing could be better than deepening the river by dredging. In the improvement of the Canton Approach and Harbor and also of the Canton Delta, we have to cut a deep channel right from the deep sea up to Sainam. In the improvement of the lower part of the North River, we have simply to continue the cutting process higher up until we have a deep channel, say 15 to 20 feet as far as the Tsingyuen Gorge, either by artificial or natural means. By this deepening of the

64   THE INTERNATIONAL DEVELOPMENT OF CHINA

bottom of the river, the present height of the dikes will be quite enough to protect the plains from being flooded.

In dealing with the second aspect, as we have already deepened the part of the river from Sainam to the Tsingyuen Gorge for flood prevention, we have at the same time solved the navigation question. It has now only the upper part to be dealt with. I propose to make this river navigable up to Shiuchow, the center of commerce as well as the center of the coal and iron fields of Northern Kwangtung. To improve the part above the gorge for navigation, dams and locks should be built in one or two places before a ten-foot draught vessel can ascend up to that point. Although this river is parallel with the Hankow-Canton Railway, yet if the coal and iron fields of Shiuchow are properly developed, a deep waterway will still be needed for cheap transportation of such heavy freight as iron and coal to the coast. So to build dams for water power and to construct locks for navigation in this river will be a profitable undertaking as well as a necessary condition for the development of this part of the country.

d. The East River

The East River is navigable for shallow crafts up to Laolung Sze, a distance of about 170 miles from the estuary at the lower point of Davids Island near Whampoa. Along its upper course, rich iron and coal deposits are found. Iron has been mined here since time immemorial. At present most of the utensils used in this province are manufactured from the iron mined. So to make a deep navigable waterway up to these iron and coal fields will be most remunerative.

To improve the East River for navigation as well as for flood prevention, I propose to start the work at the lower point of Davids Island as stated in the improvement of the Canton Approach. From here, a deep channel should be dredged up to Suntang, and a mile above that point a new channel should be opened in the direction of Tungkun city, by connecting the various arms of water between these two places and joining the left branch of the East River immediately above Tungkun city. All other channels leading from this new channel to the Pearl River should be closed up to normal water level so as to make these closed-up channels serve as flood outlets in rainy seasons. Thus by blocking up the rest of the estuaries of the East River, all the water would form one strong current which will dredge the river bottom deeper, and maintain the depth permanently. The body of the river should be trained to a uniform width right along its course up to tidal point, and above this point, the river should be narrowed in proportion to its volume of water. Thus the whole river would dredge itself deep far up above Waichow city. The railway bridge at the south side of Shelung should be made a turning bridge so as to permit large steamers to pass through it. Some sharp turns of the river should be reduced to gentle curves and midstream obstacles should be removed. The portion of the river above Waichow should be provided with dams and locks so as to enable ten-foot draught vessels to ascend as near as possible to the iron and coal fields in the valley.

PART III.

The Construction of the Southwestern Railway System of China

The southwestern part of China comprises Szechwan, the largest and richest province of China Proper, Yunnan, the second largest province, Kwangsi and Kweichow which are rich in mineral resources, and a part of Hunan and Kwangtung. It has an area of 600,000 square miles, and a population of over 100,000,000. This large and populous part of China is almost untouched by railways, except a French line of narrow gauge from Laokay to Yunnanfu, covering a distance of 290 miles.

There are great possibilities for railway development in this part of the country. A network of lines should radiate fan-like from Canton as pivot to connect every important city and rich

66   THE INTERNATIONAL DEVELOPMENT OF CHINA

mineral field with the Great Southern Port. The construction of railways in this part of China is not only needed for the development of Canton but also is essential for the prosperity of all the southwestern provinces. With the construction of railways rich mines of various kinds could be developed and cities and towns could be built along the lines. Developed lands are still very cheap and undeveloped lands and those with mining possibilities cost almost next to nothing even though not state owned. So if all the future city sites and mining lands be taken up by the government before railway construction is started, the profit would be enormous. Thus no matter how large a sum is invested in railway construction, the payment of its interest and principal will be assured. Besides, the development of Canton as a world port is entirely dependent upon this system of railways. If there be no such network of railways traversing the length and breadth of the southwestern section of China, Canton could not be developed up to our expectations.

The southwestern section of China is very mountainous, except the Canton and Chengtu plains, which have an area of from 3,000 to 4,000 square miles each. The rest of the country is made up almost entirely of hills and valleys with more or less open space here and there. The mountains in the eastern part of this section are seldom over 3,000 feet high but those near the Tibetan frontier generally have an altitude of 10,000 feet or more. The engineering difficulties in building these railways are much greater than those of the northwestern plain. Many tunnels and loops will have to be constructed and so the construction costs of the railway per mile will be greater than in other parts of China.

With Canton as the terminus of this system of railroads, I propose that the following lines be constructed:
    a. The Canton-Chungking line via Hunan.
    b. The Canton-Chungking line via Hunan and Kweichow.
    c. The Canton-Chengtu line via Kweilin and Luchow.

d.　The Canton-Chengtu line via Wuchow and Suifu.

e.　The Canton-Yunnanfu-Tali-Tengyueh line ending at the Burma border.

f.　The Canton-Szemao line.

g.　The Canton-Yamchow line ending at Tunghing, on the Annam border.

a.　The Canton-Chungking Line via Hunan

This line will start from Canton and follow the same direction as the Canton-Hankow line as far as the junction of the Linkiang with the North River. From that point the railroad turns into the valley of Linkiang, and follows the course of the river upward above the city of Linchow. There it crosses the watershed between the Linkiang and the Taokiang and proceeds to Taochow, Hunan. Thence it follows the Taokiang to Yungchow, Paoking, Sinhwa, and Shenchow, and up to Peiho across the boundary of Hunan into Szechwan by Yuyang. From Yuyang the line proceeds across the mountain to Nanchuen, thence to Chungking after crossing the Yangtse. This railway which has a total length of about 900 miles passes through a rich mineral and agricultural country. In the Linchow district north of Kwangtung, rich coal, antimony, and wolfram deposits are found; in southwestern Hunan, tin, antimony, coal, iron, copper and silver; and at Yuyang, east of Szechwan, antimony and quicksilver. Among agricultural products found along this line we may mention sugar, ground-nuts, hemp, tung oil, tea, cotton, tobacco, silk, grains, etc. There is also an abundance of timber, bamboo and various kinds of forest products.

b.　The Canton-Chungking Line via Hunan and Kweichow

This line is about 800 miles in length, but as it runs in the same track with line (a) from Canton to Taochow, a distance of about 250 miles, it leaves only 550 miles to be accounted for. This line, therefore, actually begins at Taochow, Hunan, and goes through the northeastern corner of Kwangsi passing by Chuanchow, and then through the southwestern corner of Hunan passing by Chengpu and Tsingchow. Thence it enters into Kweichow by Sankiang and Tsingkiang and crosses a range of hill to Chengyuan. From Chengyuan this line has to cross the watershed between Yuan Kiang and Wukiang to Tsunyi. From Tsunyi it will follow the trade route which leads to Kikiang and then crosses the Yangtse by the same bridge as line (a) to Chungking. This railway will also pass through rich mineral and timber districts.

c. The Canton-Chengtu Line via Kweilin and Luchow

This line is about 1,000 miles long. It runs from Canton directly west to Samshui, where it crosses the North River to the mouth of Suikong. Then, it ascends the valley of the same name to Szewui and Kwongning. Next, it enters into Kwangsi at Waisap, thence to Hohsien and Pinglo. From there it follows the course of the Kweikiang up to Kweilin. Thus the rich iron and coal fields that lie between these two provincial capitals, Canton and Kweilin, will be tapped. From Kweilin the road turns west to Yungning and then proceeds to follow the Liukiang valley into Kweichow province at Kuchow. From Kuchow it goes to Tukiang and Pachai and following the same valley it crosses a range of hills into Pingyueh, thence it goes across the Yuankiang watershed into the Wukiang valley at Wengan and Yosejen. From Yosejen it follows the trade route through Luipien hills to Jenhwai, Chishui, and Nachi. Then it crosses the Yangtzekiang to Luchow. From Luchow, it runs through Lungchang, Neikiang, Tzechow, Tseyang and Kienchow to Chengtu. The last part of the line traverses very rich and populous districts of the famous Red Basin of Szechwan province. The middle portion of this line between Kweilin and Luchow lies in a very rich mineral country which possesses great possibilities for further development. This line will open up a thinly populated part for the crowded districts at both ends of the line.

d. The Canton-Chengtu Line via Wuchow and Suifu

This line is about 1,200 miles in distance. It commences at the west end of the Samshui bridge which crosses the North River at that point for line (c), and following the left bank of the West River enters the Shiuhing Gorge to the Shiuhing city. It passes Takhing, Wuchow, and Tahwang along the same bank. While the river here turns southwestwards the line turns northwestwards to Siangchow and then crosses Liukiang to Liuchow and Kingyuan. Then it goes to Szegenhsien and across the Kwangsi and Kweichow border to Tushan and Tuyun. From Tuyun the line turns more westerly to Kweiyang, the capital of Kweichow Province. Next, it proceeds to Kiensi and Tating and then leaving the Kweichow border at Pichieh it enters Yunnan at Chenhiung. Turning northward to Lohsintu and crossing the Szechwan border at that point, it proceeds to Suifu. From Suifu the road follows the course of the Minkiang, passes by Kiating and enters the Chengtu plain to Chengtu, the capital of Szechwan. This line runs from one densely populated district to another and passes through a wide strip of thinly populated and undeveloped country in the middle. Along its course many rich iron and coal fields, silver, tin, antimony, and other valuable metal deposits are found.

e. The Canton-Yunnanfu-Tali-Tengyueh Line

This line is about 1,300 miles in length from Canton to the Burma border at Tengyueh. The first 300 miles of the line from Canton to Tahwang will be the same as line (d). From the Tahwang junction this line branches off to Wusuan and following in a general way the course of the Hungshui Kiang passes through Tsienkiang and Tunglan. Then it cuts across the southwestern corner of Kweichow province passing by Sinyihsien and thence enters Yunnan province at Loping and by way of Luliang to Yunnanfu, the capital of the province. From Yunnanfu this line runs through Tsuyung to Tali, then turns southwestwards to Yungchang and Tengyueh ending at the Burma border.

At Tunglan, near the Kweichow border in Kwangsi, a branch line of about 400 miles should be projected. This line should follow the Pepan Kiang valley, up to Kotuho, and Weining. Thence it enters Yunnan at Chaotung, and crosses the Yangtze River at Hokeow, where it enters Szechwan. Crossing the Taliang mountain, it goes to Ningyuan. This branch line taps the famous copper field between Chaotung and Ningyuan, the richest of its kind in China.

The main line running through the length of Kwangsi and Yunnan from east to west, will be of international importance, for at the frontier it will join the Rangoon Bhamo line of the Burmese Railway System. It will be the shortest road from India to China. It will bring the two populous countries nearer to each other than now. By the new way the journey can be made in a few days, whereas by the present sea-route it takes as many weeks.

f.   The Canton-Szemao Line

This line to the border of Burma is about 1,100 miles long. It starts from south of Canton, passes Fatshan, Kunshan, and crosses the West River from Taipinghü to Samchowhü. Thence it proceeds to Koming, Sinhing, and Loting. After passing Loting it crosses the Kwangsi border at Pingho, and proceeds to Junghsien and then westward, crossing the Yukiang branch of the West River, to Kweihsien. Thence it runs north of Yukiang to Nanning. At Nanning a branch line of 120 miles should be projected. Following the course of the Tsokiang it goes to Lungchow where it turns southward to Chennankwan on the Tongking border to join the French line at that point. The main line from Nanning proceeds in the same course as the upper Yukiang to Poseh. Then it crosses the border into Yunnan at Poyai, and by way of Pamen, Koukan, Tungtu and Putsitang to Amichow, where it crosses the French Laokay-Yunnan line.

From Amichow it proceeds to Linanfu, Shihping and Yuankiang where it crosses the river of the same name. Thence it passes through Talang, Puerhfu and Szemao and finally ends at the border of Burma near the Mekong River. This line taps the rich tin, silver, and antimony deposits of south Yunnan and Kwangsi, while rich iron and coal fields are found right along the whole line. Gold, copper, mercury, and lead are also found in many places. As regards agricultural products, rice and groundnuts are found in great abundance, also camphor, cassia, sugar, tobacco, and various kinds of fruits.

g. The Canton-Yamchow Line

This line is about 400 miles long measuring from the west end of the Sikiang bridge. Starting from Canton it runs on the tracks of line (f) as far as the farther side of the bridge over the West River. Thence it branches off to the southwest to Hoiping and Yanping, and by way of Yeungchun to Kochow and Fachow. At Fachow, a branch line of 100 miles should be projected to Suikai, Luichow and Haian on the Hainan Straits where, by means of a ferry, it connects with Hainan Island. The mainline continues from Fachow westward to Sheshing, Limchow, Yamchow and ends on the Annam border at Tunghing, where it may connect with a French line to Haiphong. This line is entirely within the Kwangtung province. It passes through a very populous and productive country. Coal and iron are found along the whole line while gold and antimony, in some parts. Agricultural products, as sugar, silk, camphor, ramie, indigo, groundnuts, and various kinds of fruits are raised here.

The total length of this system as outlined above is about 6,700 miles. In addition there will be two connecting lines between Chengtu and Chungking; another from east of Tsunyi on line (b) southward to Wengan on line (c); another from Pingyueh on line (c) to Tuyun on line (d); another from the border of Kweichow on line (d) through Nantan and Noti to Tunglan on line (e), thence through Szecheng to Poseh on line

72   THE INTERNATIONAL DEVELOPMENT OF CHINA

(f). These connecting lines total about 600 miles. So the grand total will be about 7,300 miles.

This system will be intersected by three lines. First, the existing French line from Laokay to Yunnanfu with a projected line from Yunnanfu to Chungking crosses line (f) at Amichow, line (e) at Weining, line (d) at Suifu, line (c) at Luchow, and meets lines (a) and (b) at Chungking. Second, the projected British line from Shasi to Sinyi crosses line (a) at Shenchow, line (b) at Chenyuen, line (c) at Pingyueh, line (d) at Kweiyang and a branch of line (e) at a point west of Yungning. Third, the projected American line from Chuchow to Yamchow crosses line (a) at Yungchow, line (b) at Chuanchow, line (c) at Kweilin, line (d) at Liuchow, line (e) at Tsienkiang, line (f) at Nanning, and meets line (g) at Yamchow. Thus, if this system and the three projected French, British, and American lines are completed, Southwestern China would be well provided with railway communications.

All these lines will run through the length and breadth of a vast mineral country, in which most of the essential and valuable metals of the world are found. There is no place in the world which possesses as here so many varieties of rare metals, such as wolfram, tin, antimony, silver, gold, and platinum and at the same time so richly provided with the common but essential metals, such as copper, lead, and iron. Furthermore, almost every district in this region is abundantly provided with coal, so much so that there is a common saying: "Mu mei pu lih cheng," that is, "Nobody would build a city where there is no coal underneath." The idea was that in case of a siege those within the city might obtain fuel from under the ground. In Szechwan, petroleum and natural gas are also found in abundance.

Thus, we see that this Southwestern Railway System for the development of mineral resources in the mountainous regions of Southwestern China is just as important as the Northwestern Railway System is for the development of agricultural resources in the vast prairies of Mongolia and Turkestan. These railway systems are a necessity to the Chinese people and a very profitable undertaking to foreign capitalists. They are of about equal length, viz.—about 7,000 miles. The cost per mile of the Southwestern system will be at least twice that of the Northwestern System, but the remuneration from the development of mineral resources will be many times that from the development of agricultural resource.

PART IV.

The Construction of Coast Ports and Fishing Harbors

After planning the three world ports on the coast of China, it is time for me to go on and deal with the development of second and third class seaports and fishing harbors along the whole coast in order to complete a system of seaports for China. Recently, my projected plan of the Great Northern Port was so enthusiastically received by the people of Chihli Province that the Provincial Assembly has approved the project and decided to carry it out at once as a provincial undertaking. For this object, a loan of $40,000,000 has been voted. This is an encouraging sign and doubtless the other projects will be taken up sooner or later by either the provinces or the Central Government, when the people begin to realize their necessity. I propose that four second class seaports and nine third class seaports and numerous fishing harbors should be constructed.

The four second class seaports will be arranged so as to be placed in the following manner: one on the extreme north, one on the extreme south, and the other two midway between the three great world ports.

I shall deal with them according to the order of their future importance as follows:

a. Yingkow.
b. Haichow.
c. Foochow.
d. Yamchow.

74   THE INTERNATIONAL DEVELOPMENT OF CHINA

a. Yingkow

Yingkow is situated at the head of the Liaotung Gulf and was once the only seaport of Manchuria. Since the improvement of Talien as a seaport, the trade of Yingkow has dwindled and lost half of its former business. As a seaport, Yingkow has two disadvantages, first, the shallowness of its approach from the sea and second, the blocking up by ice for several months in winter. Its only advantage over Talien is that it is situated at the mouth of the Liaoho and has inland water communication throughout the Liao valley in south Manchuria. The half of the former trade that it still holds at present against Talien is entirely due to the inland water facility. To make Yingkow outmatch Talien again in the future and become first in importance after the three great world ports, we must improve its inland water communication, as well as deepen its approach from the sea. In regard to the improvement of the approach work similar to the improvement of the Canton Approach should be adopted. Besides the construction of a deep channel, about twenty feet in depth, reclamation work should be carried out at the same time. For, the shallow and extensive swamp at the head of the Liaotung Gulf could be turned into rice-producing land from which great profit could be derived. Regarding the inland water communication, not only the water system in the Liao valley but also the Sungari and the Amur Systems have to be improved. The most important work is the construction of a canal to connect these systems and this I shall now discuss in the next paragraph.

The Liaoho-Sungari Canal is the most important factor in the future prosperity of Yingkow. It is by this canal only that this port can be made the most important of the second class seaports in China and further the vast forest lands, the virgin soil and the rich mineral resources of North Manchuria can be connected by water communication with Yingkow. So this canal is all important for Yingkow, without which Yingkow as a seaport could at most hold her present position, a town of

60,000 to 70,000 inhabitants and an annual trade of $30,000,000 to $40,000,000 only and could never gain a place as the first of the second class seaports in China. This canal can be cut either south of Hwaiteh in a line parallel to the South Manchurian Railway between Fan Kia Tun and Sze Tung Shan, a distance of less than ten miles, or, north of Hwaiteh in a line between Tsing-shan-pao and Kaw-shan-tun, a distance of about fifteen miles. In the former case the canal is shorter but it makes the waterway as a whole longer, while in the latter case, the canal is about twice as long but it makes the waterway as a whole shorter between the two systems. In either line, there are no impassable physical obstacles. Both lines are on the plain but the elevation of the one may be higher than that of the other, which is the only factor that will determine the choice between the two. If this canal is constructed, then the rich provinces of Kirin and Heilungkiang and a portion of Outer Mongolia will be brought within direct water communication with China Proper. At present, all water traffic has to go by way of the Russian Lower Amur, then round a great detour of the Japan Sea before reaching China Proper. This canal will not only be a great necessity to Yingkow as a seaport, but will also have a great bearing on the whole Chinese nation economically and politically. With the Liaoho-Sungari Canal completed Yingkow will be the grand terminus of the inland waterway system of all Manchuria and Northeastern Mongolia; and with the approach from the sea deepened it will also be a seaport next in importance only to the three first class world ports.

b. Haichow

Haichow is situated on the eastern edge of the central plain of China. This plain is one of the most extensive and fertile areas on earth. As a seaport, Haichow is midway between the two great world ports along the coast line, namely the Great Northern and the Great Eastern Ports. It has been made as the terminus of the Hailan railway, the trunk line of central China from east to west. Haichow also possesses the facility of inland water communication. If the Grand Canal and the other waterway systems are improved, it will be connected with the Hoangho Valley in North China, the Yangtse Valley in Central China, and the Sikiang Valley in South China. Its deep sea approach is comparatively good, being the only spot along the 250 miles of the North Kiangsu coast that could be reached by ocean steamers to within a few miles of the shore. To make Haichow a seaport for 20 feet draught vessels, the approach has to be dredged for many miles from the mouth of the river before the four fathom line could be reached. Although possessing better advantages than Yingkow, in being ice free, Haichow, as a second class seaport, has to be content to take a second place after Yingkow, because she does not have as vast a hinterland as Yingkow, nor such a monopolistic position in regard to inland water communication.

c. Foochow

Foochow, the capital of Fukien Province, ranks third among our second class seaports. Foochow is already a very large city, its inhabitants being nearly a million. It is situated at the lower reach of the Min River, about 30 miles from the sea. The hinterland of this port is confined to the Min Valley with an area of about 30,000 square miles. The territory beyond this valley will be commanded by other coast or river ports, so the area commanded by this port is much smaller than that by Haichow. Consequently, it could be given only the third place in the category of second class seaports. The Foochow approach from the Outer Bar to Kinpei Entrance is very shallow. After this Entrance is passed, the river is confined on both sides by high hills and becomes narrow and deep right up to Pagoda Anchorage.

I propose that a new port should be constructed at the lower part of Nantai Island. For here land is cheap and there will be plenty of room for modern improvement. A locked basin for shipping could be constructed at the lower point of Nantai

Island, just above Pagoda Anchorage. The left branch of the Min River above Foochow City should be blocked up so as to concentrate the current to flush the harbor at the south side of Nantai. The blocked-up channel on the north side of that island should be left to be reclaimed by natural process or may be used as a tidal basin to flush the channel below Pagoda Anchorage, if it is found necessary. The upper Min River must be improved as far as possible for inland water traffic. Its lower reach from Pagoda Anchorage to the sea must be trained and regulated to secure a through channel of 30 feet or more to the open sea. Thus Foochow could also be made a calling port for ocean liners that ply between the world ports.

d.　Yamchow

Yamchow is situated at the head of Tongking Gulf in the extreme south of the China Coast. This city is about 400 miles west of Canton—the Great Southern Port. All the districts lying west of Yamchow will find their way to the sea by this port 400 miles shorter than by Canton. As sea transportation is commonly known to be twenty times cheaper than rail transportation, the shortening of a distance of 400 miles to the sea means a great deal economically to the provinces of Szechuan, Yunnan, Kweichow, and a part of Kwangsi. Although Nanning, an inland water port, lying northwest of Yamchow, is much nearer to the hinterland than Yamchow, yet it could not serve this hinterland as a seaport. So all the direct import and export trade will find Yamchow the cheapest shipping stage.

To improve Yamchow as a seaport the Lungmen River should be regulated in order to secure a deep channel to the city, and the estuary should be deepened by dredging and training to provide a good approach to the port. This port has been selected as the terminus of the Chuchow Yamchow Railway (Chu-Kin line) which will run from Hunan through Kwangsi into Kwangtung. Although the hinterland of this port is much larger than that of Foochow, yet I still rank it after that city because the area commanded by it is also commanded by Canton, the southern world port, and by Nanning, the river port, and so all internal as well as indirect import and export trade must go to the other two ports. It is only the direct foreign trade that will use Yamchow. Thus, in spite of its extensive hinterland it is very improbable that it could outmatch Foochow in the future as a second-class port.

Besides the three great world ports, and the four second-class ports, I propose to construct nine third-class ports along the China coast, from north to south, as follows:

a. Hulutao.	d. Ningpo.	g. Swatow.
b. Hoangho Port.	e. Wenchow.	h. Tienpak.
c. Chefoo.	f. Amoy.	i. Hoihou.

a. Hulutao

Hulutao is an ice-free and deep-water port, situated on the west side of the head of Liaotung Gulf, about 60 miles from Yingkow. As a winter port for Manchuria, it is in a more advantageous position than Talien for it is about 200 miles shorter by rail to the sea than the latter and is on the edge of a rich coal field. When this coal field and the surrounding mineral resources are developed, Hulutao will become the first of the third-class ports and a good outlet for Jehol and Eastern Mongolia. This port may be projected as an alternative to Yingkow, as the sole port of Manchuria and Eastern Mongolia, if a canal could be constructed to connect it with the Liaoho. It is only by inland water communication that Yinkow could be made the important port of Manchuria in the future and it will be the same in the case of Hulutao. So if inland water communication could be secured for Hulutao it will entirely displace Yinkow. If it is found to be economically cheaper in the long run to construct a Hulutao-Liaoho Canal than to construct a deep harbor at Yingkow, the Hulutao harbor will have to be placed on the north-west side of the peninsula instead of on the southwest as at present projected. For the present site has not enough room for anchorage without building an extensive breakwater into the deep sea, which will be a very expensive work. Furthermore, there would not be room enough for city planning on the narrow peninsula, whereas on the other side, the city could be built on the mainland with unlimited space for its development.

I suggest that a sea wall be built from the northern point of Lienshanwan to the northern point of Hulutao to close up the Lienshan Bay and make it into a closed harbor, and an entrance be opened in the neck of Hulutao to the south side where deep water is found. This closed harbor will be over 10 square miles in extent but only some parts need to be dredged to the required depth at present. On the north side of the harbor, another entrance into the neighboring bay should be left open between the sea wall and the shore, and another breakwater should be built across the next bay. From there, a canal should be constructed either by cutting into the shore or by building a wall parallel with the coast line until it reaches the lowland from where a canal should be cut to connect with the Liaoho. If a canal is thus constructed for Hulutao, then it will at once take the place of Yingkow and become the first of the second-class ports.

b. The Hoangho Port

The Hoangho Port will be situated at the estuary of the Hoangho on the southern side of the Gulf of Pechihli, about 80 miles from our Great Northern Port. When the Hoangho regulation is completed its estuary will be approachable by ocean steamers, and a seaport will naturally spring up there. As it commands a considerable part of the northern plain in the provinces of Shantung, Chihli, and Honan and possesses the facility of inland water communication, this port is bound to become an important third-class port.

c. Chefoo

Chefoo is an old treaty port situated on the northern side of the Shantung Peninsula. Once it was the only ice-free port in the whole of North China. Since the development of Talien in the north and the development of Tsingtau in the south its trade has dwindled considerably. As a seaport, it will undoubtedly hold its own when the railroads in the Shantung Peninsula are developed, and the artificial harbor is completed.

d. Ningpo

Ningpo is also an old treaty port, situated on a small river, the Yungkiang, in the eastern part of Chekiang province. It has a good approach, deep water reaching right up to the estuary of the river. The harbor can be easily improved by simply training and straightening two bends along its course up to the city. Ningpo commands a very small but rich hinterland. Its people are very enterprising, and are famed for their workmanship and handicrafts second only to those of Canton. Thus Ningpo is bound to become a manufacturing city when China is industrially developed. But owing to the proximity of the Great Eastern Port, Ningpo will not likely have much import and export trade directly with foreign countries. Most of its trade will be carried on with the Great Eastern Port. So a moderate harbor for local and coast-wise traffic will be quite sufficient for Ningpo.

e.   Wenchow

Wenchow is situated near the mouth of the Wukiang in south Chekiang. This seaport has a wider hinterland than Ningpo, its surrounding districts being very productive. If railroads are developed it will undoubtedly command considerable local trade. At present the harbor is very shallow, unapproachable by even moderate-sized coastal steamers. I suggest that a new harbor at Panshiwei, north of Wenchow Island be constructed. For this purpose, a dike should be built between the northern bank and the head of Wenchow Island to block up the river entirely on the northern side of that island leaving only a lock entrance. The Wukiang should be led through the channel on the south side of the island for the purpose of reclaiming the vast expanse of the near-by shallows as well as for draining the upper stream. The approach from the southern side of Hutau Island to the port should be dredged. On the right side of the approach, a wall should be built in the shallow between Wenchow Island and Miau Island and in the shallows between Miau Island and Sanpam Island so as to form a continuous wall to prevent the silt of Wukiang from entering into the approach. Thus a permanent deep channel will be secured for the new port of Wenchow.

f. Amoy

Amoy, an old treaty port, is situated on the island of Siming. It has a great, deep, and fine harbor, commanding a considerable hinterland in southern Fukien and Kiangsi, very rich in coal and iron deposits. This port carries on a busy trade with the Malay Archipelago and the Southeastern Asian Peninsula. Most of the Chinese residents in the southern islands, Annam, Burma, Siam, and the Malay States are from the neighborhood of Amoy. So the passenger traffic between Amoy and the southern colonies is very great. If railways are developed to tap the rich iron and coal fields in the hinterland, Amoy is bound to develop into a much larger seaport than it is at present. I suggest that a modern port be constructed on the west side of the harbor to act as an outlet for the rich mineral fields of southern Fukien and Kiangsi. This port should be equipped with modern plants in order to connect land and sea transportation together.

g. Swatow

Swatow is situated at the mouth of the Hankiang at the extreme east of Kwangtung. In relation to emigration, Swatow is much similar to Amoy, for it also supplies a great number of colonists to southeastern Asia and the Malay Archipelago. So its passenger traffic with the south is just as busy as Amoy. As a seaport Swatow is far inferior to Amoy, on account of its shallow approach. But in regard to inland water communication, Swatow is in a better position as the Hankiang is navigable for many hundreds of miles inland by shallow crafts. The country around Swatow is very productive agriculturally, being second only to the Canton Delta along the Southern seaboard. In the upper reaches of the Hankiang there are very rich iron and coal deposits. The approach to the port of Swatow can be improved easily by a little training and dredging, thus making it a fine local port.

h. Tienpak

Tienpak is situated at a point on the coast of Kwangtung province between the estuary of the West River and the island of Hainan. Its surrounding districts are rich in agricultural products and mineral deposits. So a shipping port in this part is quite necessary. Tienpak can be made into a fine harbor by entirely walling in the bay from its west side and by opening a new entrance into the deep water in the neck of the peninsula southeast of the bay. Thus a good approach could be secured. The harbor is very wide but only a part need be dredged for large vessels and the rest of the space could be used by fishing boats and other shallow crafts.

i. Hoihou

Hoihou is situated on the north side of Hainan Island on the strait of the same name, opposite Haian on the Luichow Peninsula. Hoihou is a treaty port, similar to Amoy and Swatow, supplying a great number of colonists to the south; Hainan is a very rich but undeveloped island. Only the land along the coast is cultivated, the central part being still covered by thick forests and inhabited by aborigines, and it is very rich in mineral deposits. When the whole island is fully developed, the port of Hoihou will be a busy harbor for export and import traffic. The harbor of Hoihou is very shallow, and so even small vessels have to anchor miles away in the roadstead outside. This is very inconvenient for passengers and cargoes, so the improvement of the Hoihou harbor is a necessity. Furthermore this harbor will be the ferry point between this island and the mainland for railway traffic when the railway systems of the mainland and the island are completed.

Fishing Harbors

As regards fishing harbors all our first-, second-, and third-class ports must also furnish facilities and accommodations for fishery. Thus all of these, i. e., three first-class ports, four second-class ports, and nine third-class ports, will be fishing harbors as well. But besides these sixteen ports there is still room and need to construct more fishing harbors along the coast of China. I propose, therefore, that five fishing harbors be constructed along the northern coast, that is, along the coast of Fengtien, Chihli, and Shantung, as follows:

(1) Antung, on Yalu River, on the border of Korea.

(2) Haiyangtao, on the Yalu Bay, south of Liaotung Peninsula.

(3) Chinwangtao, on the coast of Chihli, between the Liaotung and Pechihli gulfs, the present ice-free port of Chihli province.

(4) Lungkau, on the northwestern side of Shantung Peninsula.

(5) Shitauwan, at the southeastern point of the Shantung Peninsula.

Six fishing harbors should be constructed along the eastern coast, that is, along the coasts of Kiangsu, Chekiang, and Fukien, as follows:

(6) Shinyangkang, on the eastern coast of Kiangsu, south of the old mouth of the Hoangho.

(7) Luszekang, at the northern point of the Yangtze Estuary.

(8) Changtukang, in the midst of Chusan Archipelago.

(9) Shipu, north of Sanmen Bay, east of Chekiang.

(10) Funing, between Foochow and Wenchow, east of Fukien.

(11) Meichow Harbor, north of Meichow Island, between Foochow and Amoy.

84   THE INTERNATIONAL DEVELOPMENT OF CHINA

Four fishing harbors should be constructed on the southern coast, that is, along the seaboard of Kwangtung and Hainan Island, as follows:

(12)   Sanmei, on the eastern coast of Kwangtung, between Hongkong and Swatow.

(13)   Sikiang Mouth.   This harbor should be on the northern side of Wangkum Island.   When the Sikiang Mouth is regulated, the Wangkum Island will be connected with the mainland by a sea wall, so a good harbor site could thus be provided.

(14)   Haian, situated at the end of the Luichow Peninsula opposite to Hoihou, on the other side of Hainan Strait.

(15)   Yulinkiang, a fine natural harbor at the extreme south of the Hainan Island.

These fifteen fishing harbors with the greater ports, numbering 31 in all, will link up the whole coast line of China from Antung, on the Korean border to Yamchow, near the Annam border, providing, on an average, a port for every 100 miles of coast line. This completes my project of seaports and fishing harbors for China.

At first sight objections might be raised that too many seaports and fishing harbors are provided for one country.   But I must remind my readers that this one country, China, is as big as Europe and has a population larger than that of Europe.   If we take a similar length of the coast line of western Europe we would see that there are many more ports in Europe than in China.   Besides, the coast line of Europe is many times longer than that of China, and in every hundred miles of the European coast line there are more than one considerable-sized port.   Take Holland, for instance.   Its whole area is not larger than the hinterland of Swatow, one of our third-class seaports, yet it possesses two first-class ports, Amsterdam and Rotterdam, and numerous small fishing ports.   Let us also compare our country with the United States of America in regard to seaports. America has only one fourth the population of China yet the number of ports on her Atlantic coast alone is many times more than the number provided in my plan. Thus, this number of ports for China for the future is but a bare necessity. And I have considered only those that will pay from the beginning so as to adhere strictly to the principle of remuneration that was laid down at the outset of my first program. See map XVI.

PART V.

The Establishment of Shipbuilding Yards

When China is well developed according to my programs, the possession of an oversea mercantile fleet, of ships for coastal and inland water transportation, and of a large fishing fleet will be an urgent necessity. Before the outbreak of the late World War, the world's seagoing tonnage was 45,000,000 tons. If China is equally developed industrially, according to the proportion of her population, she would need at least 10,000,000 tons of oversea and coastal shipping for her transportation service. The building of this tonnage must be a part of our industrial development scheme. For cheap materials and labor can be obtained in the country, and so we could build ships for ourselves much cheaper than any foreign country could do for us. And besides the building of a seagoing fleet, we have to build our inland water crafts and fishing fleets. Foreign shipping yards could not do this service for us on account of the impracticability of transporting such numerous small crafts across the ocean. Thus, in any case, China has to put up her own yards to build her inland water crafts and fishing fleets. So the establishment of shipbuilding yards is a necessary as well as a profitable undertaking from the beginning. The shipping yards should be established at such river and coastal ports that have the facility of supplying materials and labor. All the yards should be under one central management. Large capital should be invested in the project so as to procure a yearly output of 2,000,000 tons of various kinds of vessels.

MAP XVI 第十六圖

◎ **First Class Port** 頭 等 港
◎ **Second Class Port** 二 等 港
⊙ **Third Class Port** 三 等 港
● **Fishing Port** 漁 業 港
⊕ **Foreign Occupied Port** 外 國 占 領 港

(1) *Antung* 安東
(2) *Haiyangtao* 海洋島
(3) *Chinwangtao* 秦皇島
(4) *Lungkau* 龍口
(5) *Shitauwan* 石多灣
(6) *Sinyangkang* 新洋港
(7) *Luszekang* 呂四港
(8) *Changtukang* 長塗港
(9) *Shipu* 石浦
(10) *Funing* 福寧
(11) *Meichow* 湄州
(12) *Sanmei* 汕尾
(13) *Sikiang Mouth* 西江口
(14) *Haian* 海安
(15) *Yulinkiang* 榆林港

島蘆胡 口營
Hulutao *Yingkow*
港大方北 (3) (1)
Great Northern P. 大連
口河黃 *Talien* 罘芝
Hoang Ho (2)
(4) *Che Foo*
州海 (5)
Haichow *Tsingtau*
島青
(6)
(7)
港大方東
Great Eastern P. (8) 8
波寧 *Ningpo*
(9)
州温 *Wenchow*
(10)
州福 *Foochow*
港大方南 (11)
Great Southern P. *Amoy*
門廈
Yamchow (12) *Swatow*
Tienpak 頭汕
欽 白電 (13)⊕
州 (14) *HongKong* 港香
Hoihou 口海
(15)

86   THE INTERNATIONAL DEVELOPMENT OF CHINA

All types of vessels should be standardized both in design and equipment. The old and wasteful types of inland water crafts and fishing boats should be replaced by modern efficient designs. The inland water crafts should be designed on the basis of certain standard draughts such as the 2-foot, 5-foot, and 10-foot classes. The fishing trawlers should be standardized into the one-day, the five-day, and the ten-day service class. The coastal transports should be standardized into the 2,000-, the 4,000-, and the 6,000-ton class, and for oversea transports we should have standardized ships of 12,000-, 24,000-, and 36,000-ton classes. Thus, the many thousands of inland water crafts and fishing junks that now ply the rivers, lakes, and coasts of China may be displaced by new and cheaper crafts of a few standard types which could perform better service at less expense.

PROGRAM IV.

In my first and third programs, I have described my plans for the Northwestern Railway System and the Southwestern Railway System. The former is for the purpose of relieving the congestion of population in the coast districts and the Yangtze Valley by opening up for colonization the vast unpopulated territory in Mongolia and Sinkiang, as well as of developing the Great Northern Port. The latter is for the purpose of exploiting the mineral resources of Southwestern China, as well as of developing the Great Southern Port—Canton. More railroads will be needed for the adequate development of the whole country. So in this fourth program, I shall deal entirely with railroads which will complete the 100,000 miles proposed in my introductory part of this International Development Scheme. The program will be as follows:

I.   The Central Railway System.
II.   The Southeastern Railway System.
III.   The Northeastern Railway System.
IV.   The Extension of the Northwestern Railway System.
V.   The Highland Railway System.
VI.   The Establishment of Locomotive and Car Factories.

PART I

The Central Railway System

This will be the most important railway system in China. The area which it serves comprises all of China Proper north of the Yangtze and a part of Mongolia and Sinkiang. The economic nature of this vast region is that the southeastern part is densely populated while the northwestern part is thinly populated, and that the southeastern part possesses great mineral wealth while

88   THE INTERNATIONAL DEVELOPMENT OF CHINA

the northwestern part possesses great potential agricultural resources. So every line of this system will surely pay as the Peking-Mukden line has proved.

With the Great Eastern Port and the Great Northern Port as termini of this system of railroads, I propose that, besides the existing and projected lines in this region, the following be constructed, all of which shall constitute the Central Railway System.

a.   The Great Eastern Port-Tarbogotai line.

b.   The Great Eastern Port-Urga line.

c.   The Great Eastern Port-Uliassutai line.

d.   The Nanking-Loyang line.

e.   The Nanking-Hankow line.

f.   The Sian-Tatung line.

g.   The Sian-Ninghsia line.

h.   The Sian-Hankow line.

i.   The Sian-Chungking line.

j.   The Lanchow-Chungking line.

k.   The Ansichow-Iden line.

l.   The Chochiang-Koria line.

m.   The Great Northern Port-Hami line.

n.   The Great Northern Port-Sian line.

o.   The Great Northern Port-Hankow line.

p.   The Hoangho Port-Hankow line.

q.   The Chefoo-Hankow line.

r.   The Haichow-Tsinan line.

s.   The Haichow-Hankow line.

t.   The Haichow-Nanking line.

u.   The Sinyangkang-Hankow line.

v.   The Luszekang-Nanking line.

w.   The Coast line.

x.   The Hwoshan-Kashing line.

a.   The Great Eastern Port-Tarbogotai Line

This line begins at the Great Eastern Port on the seaboard, and runs in a northwesterly direction to Tarbogotai on the

THE CENTRAL RAILWAY SYSTEM   89

Russian frontier, covering a distance of about 3,000 miles. If Shanghai be the Great Eastern Port, the Shanghai-Nanking Railway will form its first section. But if Chapu be chosen, then this line should skirt the Taihu Lake on the southwest through the cities of Huchow, Changhing, and Liyang to Nanking, then crossing the Yangtze at a point south of Nanking, to Chiantsiao and Tingyuen. Thence, the line turns westward to Showchow and Yingshang, and enters Honan province at Sintsai. After crossing the Peking-Hankow line at Kioshan, and passing Piyang, Tanghsien, and Tengchow, it turns northwestward to Sichwan and Kingtsekwan, and enters the province of Shensi. Ascending the Tan Kiang Valley, it passes through Lungkucha and Shangchow, and crosses the Tsinling Pass to Lantien and Sian, the capital of Shensi, formerly the capital of China. From Sian, it goes westward, following the valley of the Weiho. It passes through Chowchih, Meihsien, and Paoki and enters the province of Kansu at Sancha, thence proceeding to Tsinchow, Kungchang, Titao, and Lanchow, the capital of Kansu. From Lanchow it follows the old highway which leads into Liangchow, Kanchow, Suchow, Yumen, and Ansichow. Thence it crosses the desert in a northwesterly direction to Hami, where it turns westward to Turfan. At Turfan this line meets the Northwestern Railway System and runs on the latter's track to Urumochi and Manass where it leaves that track and proceeds northwesterly to Tarbogotai on the frontier, crossing the Shair Mountain on the way. This line runs from one end of the country to the other encountering in its entire length of 3,000 miles only four mountain passes, all of which are not impassable for they have been used from time immemorial, as trade highways of Asia.

b.   The Great Eastern Port-Urga Line

This line starts from the Great Eastern Port and uses the same track as line (a) as far as Tingyuen, the second city after crossing the Yangtze River at Nanking. From Tingyuen, its own track begins and .the line proceeds in a northwesterly direction to Hwaiyuan, on the Hwai River, thence to Mongcheng, Kwoyang, and Pochow. Turning more northward, it crosses the Anhwei border into Honan, and passing through Kweiteh it crosses the Honan border into Shantung. After passing through Tsaohsien, Tingtao, and Tsaochow, it crosses the Hoangho and enters Chihli province. Passing through Kaichow it re-enters Honan to Changteh, thence it follows the Tsingchangho valley, in a northwesterly direction, across the Honan border into Shansi. Here the line enters the northeastern corner of the vast iron and coal field of Shansi. After entering Shansi, the line follows the river valley to Liaochow and Yicheng, and crosses the watershed into the Tungkwoshui Valley to Yutse and Taiyuan. From Taiyuan, it proceeds northwestward through another rich iron and coal field of Shansi to Kolan. Thence, it turns westward to Poate, where it crosses the Hoangho to Fuku, in the northeastern corner of Shensi. From Fuku, the line proceeds northward, cuts through the Great Wall into the Suiyuan District and crosses the Hoangho to Saratsi. From Saratsi, the line runs in a northwesterly direction across the vast prairie to Junction A of the Northwestern Trunk Line, where it joins the common track of the Dolon Nor-Urga line to Urga. This line runs from a thickly populated country at one end in Central China to the vast thinly populated but fertile regions of Central Mongolia, having a distance of about 1,300 miles from Tingyuen to Junction A.

c. The Great Eastern Port-Uliassutai Line

Starting from the Great Eastern Port, this line follows line (a) as far as Tingyuen, and line (b) as far as Pochow. At Pochow, it branches off on its own track and proceeds westward across the border to Luye, in Honan. Thence it turns northwestward to Taikang, Tungsu, and Chungmow where it meets the Hailan line and runs in the same direction with it to Chengchow, Jungyang, and Szeshui. From Szeshui it crosses the Hoangho to Wenhsien, thence to Hwaiking and over the Honan border into Shansi. It now passes through Yangcheng, Chinshui, and Fowshan to Pingyang where it crosses the Fen River and proceeds to Puhsien and Taning, then westward to the border where it crosses the Hoangho into Shensi. Thence it proceeds to Yenchang, and follows the Yenshui Valley to Yenan, Siaokwan, and Tsingpien. Then running along the south side of the Great Wall, it enters Kansu, and crosses the Hoangho to Ninghsia. From Ninghsia, it proceeds northwestward across the Alashan Mountain to Tingyuanying at the edge of the desert. Thence it proceeds in a straight line northwestward to Junction B of the Northwestern Railway System, where it joins that system and runs to Uliassutai. This part of the line passes through desert and grassland both of which could be improved by irrigation. The distance of this line from Pochow to Junction B is 1,800 miles.

d. The Nanking-Loyang Line

This line runs between two former capitals of China, passes through a very populous and fertile country, and taps a very rich coal field at the Loyang end. It starts from Nanking, running on the common track of lines (a) and (b) and branches off at Hwaiyuan westward to Taiho. After passing Taiho, it crosses the Anhwei border into Honan. Thence it runs alongside the left bank of the Tashaho to Chowkiakow, a large commercial town. From Chowkiakow, it proceeds to Linying where it crosses the Peking-Hankow line thence to Hiangcheng and Yuchow where the rich coal field of Honan lies. After Yuchow it crosses the Sungshan watershed to Loyang where it meets the Hailan line running from east to west. This line is about 300 miles from Hwaiyuan to Loyang.

e. The Nanking-Hankow Line

This line will run alongside the left bank of the Yangtsekiang, connecting with Kiukiang by a branch line. It starts on the opposite side of Nanking and goes southwest to Hochow,

Wuweichow and Anking, the capital of Anhwei province. After Anking, it continues in the same direction to Susung and Hwang-mei, where a branch should be projected to Siaochikow, thence across the Yangtze River to Kiukiang. After Hwangmei, the line turns westward to Kwangchi, then northwestward to Kishui, and finally westward to Hankow. It covers a distance of about 350 miles through a comparatively level country.

f. The Sian-Tatung Line

This line starts from Sian and runs northward to Sanyuan, Yaochow, Tungkwan, Yichun, Chungpu, Fuchow, Kanchuan, and Yenan, where it meets the Great Eastern Port-Uliassutai line. From Yenan, it turns northeastward to Suiteh, Michih, and Kiachow on the right bank of the Hoangho. Thence it runs along the same bank to the junction of the Weifen River with the Hoangho (on the opposite side), where it crosses the Hoangho to the Weifen Valley and proceeds to Singhsien and Kolan, there crossing the Great Eastern Port-Urga line. From Kolan, it proceeds to Wuchai and Yangfang, where it crosses the Great Wall to Sochow and then Tatung there meeting the Peking-Suiyuan line. This line is about 600 miles long. It passes through the famous oil field in Shensi, and the northern border of the northwestern Shansi coal field. At Tatung, where it ends, it joins the Peking-Suiyuan line and through the section from Tatung to Kalgan it will connect with the future North-western System which will link Kalgan and Dolon Nor together.

g. The Sian-Ninghsia Line

This line will start from Sian in a north-westerly direction to Kingyanghsien, Shunhwa, and Sanshui. After Sanshui, it crosses the Shensi border into Kansu at Chengning and then turns west to Ningchow. From Ningchow, it follows the Hwan Valley along the left bank of the river up to Kingyangfu and Hwanhsien, where it leaves the bank and proceeds to Tsingping and Pingyuan, where it meets the Hwan River again and follows that valley up to the watershed. After crossing the watershed, it proceeds to Lingchow, then across the Hoangho to Ninghsia. This line covers a distance of about 400 miles and passes through a rich mineral and petroleum country.

h.   The Sian-Hankow Line

This is a very important line connecting the richest portion of the Hoangho Valley with the richest portion of the central section of the Yangtze Valley. It starts from Sian on the track of line (a), crosses the Tsingling and descends the Tankiang Valley as far as Sichwan. At this point, it branches off southward across the border into Hupeh, and following the left bank of the Han River, passes Laohokow to Fencheng, opposite Siangyang. After Fencheng, it follows continuously the same bank of the Han River to Anlu, thence proceeding in a direct line southeastward to Hanchwan and Hankow. This line is about 300 miles long.

i.   The Sian-Chungking Line

This line starts from Sian almost directly southward, crosses the Tsingling Mountain into the Han Valley, passes through Ningshen, Shihchuan, and Tzeyang, ascends the Jenho Valley across the southern border of Shensi into the province of Szechwan at Tachuho. Then crossing the watershed of the Tapashan into the Tapingho Valley, it follows that valley down to Suiting and Chuhsien. Thence it turns to the left side of the valley to Linshui and follows the trade road to Kiangpeh and Chungking. The entire distance of this line is about 450 miles through a very productive region and rich timber land.

j.   The Lanchow-Chungking Line

This line starts from Lanchow southwestward and follows the same route as line (a) as far as Titao. Thence, it branches off and ascends the Taoho Valley across the Minshan watershed into the Heishui Valley following it down to Kiaichow and Pikow. After Pikow, it crosses the Kansu border into Szechwan and proceeds to Chaohwa, where the Heishuiho joins the Kialing. From Chaohwa, it follows the course of the Kialing River down to Paoning, Shunking, Hochow, and Chungking. The line is about 600 miles long, running through a very productive and rich mineral land.

k. The Ansichow-Iden line

This line passes through the fertile belt of land between the Gobi Desert and the Altyntagh Mountain. Although this strip of land is well watered by numerous mountain streams yet it is very sparsely populated, owing to the lack of means of communication. When this line is completed, this strip of land will be most valuable to Chinese colonists. The line starts from Ansichow westward to Tunhwang, and skirts the southern edge of the Lobnor Swamp to Chochiang. From Chochiang, it proceeds in the same direction via Cherchen to Iden where it connects with the terminus of the Northwestern System. With this System, it forms a continuous and direct line from the Great Eastern Port to Kashgar at the extreme west end of China. This line from Ansichow to Iden is about 800 miles in length.

l. The Chochiang-Koria Line

This line runs across the desert alongside the lower part of the Tarim River. The land on both sides of the line is well watered and will be valuable for colonization as soon as the railroad is completed. This line is about 250 miles in length and connects with the line that runs along the northern edge of the desert. It is a short cut between fertile lands on the two sides of the desert.

m. The Great Northern Port-Hami Line

This line runs from the Great Northern Port in a north-westerly direction by way of Paoti and Siangho to Peking. From Peking it runs on the same track with the Peking-Kalgan Railway to Kalgan, where it ascends the Mongolian Plateau. Then it follows the caravan road northwestward to Chintai, Bolutai, Sessy, and Tolibulyk. From Tolibulyk, it takes a straight line westward crossing the prairie and desert of both the Inner and Outer Mongolia to Hami where it connects with the Great Eastern Port-Tarbogotai line which runs almost directly west to Urumochi, the capital of Sinkiang. Thus, it will be the direct line from Urumochi to Peking and the Great Northern Port. This line is about 1,500 miles in length, the greater part of which will run through arable land and so when it is completed it will form one of the most valuable railways for colonization.

n.   The Great Northern Port-Sian Line

This line will run westward from the Great Northern Port to Tientsin. From here it runs southwestward to Hokien, passing through Tsinghai and Tachen. From Hokien, it runs more westerly to Shentseh, Wuki, and Chengting where it joins the Chengtai line as well as crosses the Kinhan line. From Chengting it takes the same road as the narrow gauge Chengtai line which has to be reconstructed into standard gauge so as to facilitate through trains to Taiyuan and farther on. From Taiyuan it runs southwestward to Kiaocheng, Wenshui, Fenchow, Sichow, and Taning. After Taning it turns westward and crossing the Hoang-ho, it turns southwestward to Yichwan, Lochwan, and Chungpu where it joins the Sian-Tatung line and runs on the same track to Sian. Its length is about 700 miles over very rich and extensive iron, coal, and petroleum fields, as well as productive agricultural lands.

o.   The Great Northern Port-Hankow Line

This line starts from the Great Northern Port skirting the coast to Petang, Taku, and Chikow, thence to Yenshan and crosses the Chihli border into Shantung at Loling. From Loling, it goes to Tehping, Linyi, and Yucheng where it crosses the Tientsin-Pukow line, proceeds to Tungchang and Fanhsien, and then crosses the Hoangho to Tsaochow. After Tsaochow it passes the

Shantung border into Honan, crossing the Hailan line to Suichow. From Suichow it proceeds to Taikang where it crosses line (c), then to Chenchow and Chowkiakow where it crosses line (d) and thence to Siangcheng, Sintsai, Kwangchow, and Kwangshan. After Kwangshan it crosses the boundary mountain into Hupeh, passing through Hwangan to Hankow. This line is about 700 miles long, running from the Great Northern Port to the commercial center of central China.

p. The Hoangho Port-Hankow Line

This line starts from the Hoangho Port in a southwesterly direction to Pohsing, Sincheng, and Changshan, then across the Kiauchow-Tsinan line to Poshan. Thence it ascends the watershed into the Wen Valley to Taian where it crosses the Tientsin-Pukow line to Ningyang and Tsining. From Tsining it proceeds in a straight line southwestward to Pochow in Anhwei, and Sintsai in Honan. At Sintsai it joins the Great Northern Port-Hankow line to Hankow. The distance of this line from the Hoangho Port to Sintsai is about 400 miles.

q. The Chefoo-Hankow Line

This line starts at Chefoo on the northern side of the Shantung Peninsula and crosses that Peninsula to Tsimo, on the southern side, via Laiyang and Kinkiakow. From Tsimo it proceeds southwestward across the shallow mud flat at the head of Kiauchow Bay in a straight line to Chucheng. After Chucheng it crosses the watershed into the Shuho Valley to Chuchow and Ichow, then proceeds to Hsuchow where it meets the Tientsin-Pukow line and the Hailan line. From Hsuchow it runs on the same track with the Tientsin-Pukow line as far as Suchow in Anhwei, then branches off to Mongcheng and Yinchow, and crosses the border into Honan at Kwangchow, where it meets the Great Northern Port-Hankow line and proceeds together to Hankow. This line from Chefoo to Kwangchow is about 550 miles in length.

r. The Haichow-Tsinan Line

This line starts from Haichow following the Linhung River to Kwantunpu, then turns westward to Ichow. From Ichow it turns first northward then northwestward, passing by Mongyin and Sintai to Tai-an. At Tai-an it joins the Tsinpu line and proceeds in the same track to Tsinan. This line covers a distance, from Haichow to Tai-an, of about 110 miles, tapping the coal and iron fields of southern Shantung.

s. The Haichow-Hankow Line

This line starts at Haichow in a southwesterly direction, goes to Shuyang and Sutsien, probably in the same route as the projected Hailan line. From Sutsien it proceeds to Szechow and Hwaiyuan, where it crosses the Great Eastern Port Urga and Uliassutai lines. After Hwaiyuan it goes to Showchow and Chenyangkwan, thence continuing in the same direction across the southeastern corner of Honan and the boundary mountain into Hupeh, proceeds to Macheng and Hankow, covering a distance of about 400 miles.

t. The Haichow-Nanking Line

This line goes from Haichow southward to Antung, then inclining a little south to Hwaian. After Hwaian it crosses the Paoying Lake (which will be reclaimed according to the regulation of the Hwaiho in Part IV, Program II) to Tienchang and Luho, thence to Nanking. Distance, about 180 miles.

u. The Sinyangkang-Hankow Line

This line starts from Sinyangkang to Yencheng, then crossing the Tasung Lake (which will be reclaimed) to Hwaian. From Hwaian it turns southwestward passing over the southeastern corner of the Hungtse Lake (which will also be reclaimed) to Suyi, in Anhwei. After Suyi, it crosses the Tientsin-Pukow line near Mingkwang, to Tingyuen, where it meets lines (b) and (c). After Tingyuen, it proceeds to Lu-an and Hwoshan, then crosses the boundary mountain into Hupeh passing through Lotien to Hankow, a distance of about 420 miles.

v. The Luszekang-Nanking Line

This line starts at Luszekang, a fishing harbor to be constructed at the extremity of the northern point of the Yangtze Estuary. From Luszekang it proceeds westward to Tungchow where it turns northwestward to Jukao, and then westward to Taichow, Yangchow, Luho, and Nanking. This line is about 200 miles long.

w. The Coast Line

This line starts at the Great Northern Port, and follows the Great Northern Port-Hankow line as far as Chikow, where it begins its own line. Keeping along the coast, it crosses the Chihli border to the Hoangho Port, in Shantung, then proceeds to Laichow where it takes a straight cut away from the coast to Chaoyuan and Chefoo, thus avoiding the projected Chefoo-Weihsien line. From Chefoo it proceeds southeastward through Ninghai to Wenteng, where one branch runs to Jungcheng and another to Shihtao. The main line turns southwestward to Haiyang and Kinkiakow, where it joins the Chefoo-Hankow line, and follows it as far as the western side of Kiauchow Bay, thence southward to Lingshanwei. From Lingshanwei the line proceeds southwestward along the coast to Jichao, and crosses the Shantung border into Kiangsu, passing Kanyu to Haichow. Thence it proceeds southeastward to Yencheng, Tungtai, Tungchow, Haimen, and Tsungming Island which will be connected with the mainland by the regulation works of Yangtze embankment. From Tsungming trains can be ferried over to Shanghai. This line from Chikow to Tsungming is about 1,000 miles in length.

x. The Hwoshan-Wuhu-Soochow-Kashing Line

This line starts from Hwoshan to Shucheng and Wuwei, then across the Yangtze River to Wuhu. After Wuhu it goes to

Kaoshun, Liyang, and Ihing, then crosses over the northern end of Taihu (which will be reclaimed) to Soochow, where it meets the Shanghai-Nanking line. From Soochow it turns southward to Kashing on the Shanghai-Hangchow line. This line runs over very populous and rich districts of Anhwei and Kiangsu provinces, covering a distance of about 300 miles, which will form the greater part of the shortest line from Shanghai to Hankow.

PART II.

The Southeastern Railway System

This system covers the irregular triangle which is formed by the Coast line between the Great Eastern and the Great Southern Ports, as the base, by the Yangtze River from Chungking to Shanghai, as one side, and by line (a) of the Canton-Chungking Railway as the other side, with Chungking as the apex. This triangle comprises the provinces of Chekiang, Fukien, and Kiangsi, and a part respectively of Kiangsu, Anhwei, Hupeh, Hunan, and Kwangtung. This region is very rich in mineral and agricultural products, especially iron and coal deposits which are found everywhere. And the whole region is thickly populated. So railway construction will be very remunerative.

With the Great Eastern Port and the Great Southern Port and the second- and third-class ports that lie between the two as termini of this system of railroads, I propose that the following lines be constructed:

    a. The Great Eastern Port-Chungking Line.
    b. The Great Eastern Port-Canton Line.
    c. The Foochow-Chinkiang Line.
    d. The Foochow-Wuchang Line.
    e. The Foochow-Kweilin Line.
    f. The Wenchow-Shenchow Line.
    g. The Amoy-Kienchang Line.

h. The Amoy-Canton Line.

i. The Swatow-Changteh Line.

j. The Nanking-Siuchow Line.

k. The Nanking-Kaying Line.

l. The Coast Line between the Great Eastern and the Great Southern Ports.

m. The Kienchang-Yuanchow Line.

a. The Great Eastern Port-Chungking Line

This line connects the commercial center of western China—Chungking—with the Great Eastern Port in almost a straight route south of the Yangtze River. It starts from the Great Eastern Port and goes to Hangchow, then through Linan, Changhwa, to Hweichow, in Anhwei. From Hweichow it proceeds to Siuning and Kimen, then crosses the border into Kiangsi and passing Hukow reaches Kiukiang. From Kiukiang it follows the right bank of the Yangtze, crosses the Hupeh border to Hingkwochow and then proceeds to Tungshan and Tsungyang, where it passes over the border to Yochow in Hunan. From Yochow it takes a straight line across the Tungting Lake (which will be reclaimed) to Changteh. From Changteh it proceeds up the Liu Shui Valley, passing through Tzeli, and crossing the Hunan border to Hofeng, in Hupeh and then to Shinan and Lichwan. At Shinan a branch should be projected northeastward to Ichang, and at Lichwan another branch should be projected northwestward to Wanhsien, both on the left side of the Yangtze River. After Lichwan it crosses the Hupeh border into Szechwan, passing Shihchu to Foochow, then passes the Wukiang and proceeds along the right side of the Yangtze River as far as lines (a) and (b) of the Canton-Chungking Railway and then crosses together on the same bridge to Chungking on the other side of the river. The length of this line including branches, is about 1,200 miles.

b. The Great Eastern Port-Canton Line

This is a straight line from one first-class seaport to another.
It starts from the Great Eastern Port and goes to Hangchow,
then turning southwestward, follows the left bank of the Tsien
Tang River through Fuyang, Tunglu to Yenchow and Chuchow.
Then it proceeds across the Chekiang-Kiangsi border to Kwangsin.
From Kwangsin it goes through Shangtsing and Kinki to Kien-
chang, then proceeds to Nanfeng, Kwangchang, and Ningtu.
After Ningtu it proceeds to Yutu, Sinfeng, Lungnan, and cross-
ing the boundary mountain of Kiangsi and Kwangtung, to
Changning. Thence via Tsungfa it goes to Canton, covering a
distance of about 900 miles.

c. The Foochow-Chinkiang Line

This line starts from Foochow, goes by way of Loyuan and
Ningteh to Fuan, and then proceeds across the Fukien-Chekiang
border to Taishun, Kingning, Yunho, and Chuchow. Thence it
proceeds to Wuyi, Yiwu, Chukih, and Hangchow. After Hang-
chow it goes to Tehtsing and Huchow and then crosses the
Chekiang border into Kiangsu. Then it proceeds by way of
Ihing, Kintan, and Tanyang to Chinkiang. This line is about 550
miles in length.

d. The Foochow-Wuchang Line

This line starts from Foochow and following the left bank of
the Min River and passing Shuikow and Yenping reaches Shaowu.
After Shaowu, it proceeds across the Fukien border into Kiangsi
and then passes through Kienchang and Fuchow to Nanchang,
the capital of Kiangsi. From Nanchang it proceeds to Hingkwo,
in Hupeh, and passes on to Wuchang, the capital of Hupeh. It
covers a distance of about 550 miles.

e. The Foochow-Kweilin Line

This line starts from Foochow, crosses the Min River and
proceeds by way of Yungfu, Tatien, Ningyang, and Liencheng

to Tingchow. Thence it crosses the Fukien-Kiangsi border to Shuikin. From Shuikin it proceeds to Yutu and Kanchow and then to Shangyiu and Chungyi. After Chungyi it crosses the Kiangsi-Hunan border to Kweiyanghsien and Chenchow, where it crosses the Canton-Hankow line to Kweiyangchow. Thence it continues to Sintien, Ningyuan, and Taochow, where it meets lines (a) and (b) of the Canton-Chungking Railway. After Taochow it turns southward following the Taoho Valley to the Kwangsi border and then crossing it, proceeds to Kweilin. This line covers a distance of about 750 miles.

f.　The Wenchow-Shenchow Line

This line begins from the new Wenchow Port and follows the left bank of the Wukiang as far as Tsingtien. From Tsingtien it proceeds to Chuchow and Suenping and turning westward across the Chekiang border to Yushan in Kiangsi. After Yushan it goes to Tehsing, Loping, and then skirting the southern shore of Poyang Lake goes through Yukan to Nanchang, the capital of Kiangsi. From Nanchang it proceeds to Juichow, Shangkao, and Wantsai, then crosses the Kiangsi border to Liuyang in Hunan, and Changsha, the capital of Hunan. After Changsha it goes to Ningsiang, Anhwa, and Shenchow where it connects with line (a) of the Canton-Chungking Railway, and with the Shasi-Singyi line. This line covers a distance of about 850 miles.

g.　The Amoy-Kienchang Line

This line starts from the new port of Amoy and goes to Changtai, then following the Kiulungkiang to Changping, Ningyang, Tsingliu, and Kienning. After Kienning it proceeds across the Kiangsi border to Kienchang, where it connects with the Great Eastern Port-Canton line, the Foochow-Wuchang line, and the Kienchang-Yuanchow line. This line covers a distance of about 250 miles.

h. The Amoy-Canton Line

This line starts at the new port of Amoy, and proceeds to Changchow, Nantsing, and Siayang, where it crosses the Fukien border to Tapu, in Kwangtung. From Tapu it goes to Tsung-kow, Kaying, Hinning, and Wuhwa. After Wuhwa it crosses the watershed between the Hankiang and the Tungkiang rivers to Lungchün, then following the Tungkiang down to Hoyun, it crosses another watershed to Lungmoon, Tsengshin and Canton. This line covers a distance of about 400 miles.

i. The Swatow-Changteh Line

This line starts from Swatow, proceeds to Chaochow, Kaying, and then crosses the Kwangtung border to Changning in Kiangsi. From Changning it crosses the watershed into Kungkiang Valley and follows that river down to Hweichang and Kanchow. From Kanchow it proceeds to Lungchuan, Yungning, and Lienhwa, where it crosses the Kiangsi border into Hunan. After that, it proceeds to Chuchow and Changsha, the capital of Hunan. From Changsha it goes to Ningsiang, Yiyang, and Changteh where it ends, connecting with the Great Eastern Port-Chungking line, and the Shasi-Singyi line. This line covers a distance of about 650 miles.

j. The Nanking-Siuchow Line

This line starts from Nanking and runs along the right bank of the Yangtze to Taiping, Wuhu, Tungling, Chichow, and Tungliu. After Tungliu it passes over the Anhwei border into Kiangsi, at Pengtseh, and goes to Hukow. At Hukow it meets the Great Eastern Port-Chungking line and crosses the bridge together with that line to the projected Poyang Port. From the Poyang Port it runs along the west shore of the Poyang Lake through Nankang and Wucheng to Nanchang, where it meets the Wenchow-Shenchow and Foochow-Wuchang lines. From Nanchang it proceeds up the Kan Kiang Valley, via Linkiang to Kian, where it crosses the projected Kienchang-Yuanchow line. After Kian, it proceeds to Kanchow where it crosses the Foochow-Kweilin line. Thence it goes to Nankanghsien and Nanan. After Nanan it crosses the boundary mountain, Tayuling, into Kwangtung at Nanyung, thence passes through Chihing to Siuchow, where it meets the Canton-Hankow line. This line covers distance of about 800 miles.

k. The Nanking-Kaying Line

This line starts from Nanking, proceeds to Lishui and Kaoshun and then crosses the Kiangsu border into Anhwei at Suencheng. From Suencheng it proceeds to Ningkwo and Hweichow. After Hweichow it crosses the Anhwei border into Chekiang, passing through Kaihwa, Changshan, and Kiangshan, and leaving Chekiang enters Fukien at Pucheng. From Pucheng it proceeds via Kienningfu to Yenping where it crosses the Foochow-Wuchang line and then goes through Shahsien and Yungan to Ningyang, where it meets the Foochow-Kweilin and Amoy-Kienchang lines. From Ningyang it proceeds to Lungyen and Yungting, then joining the Amoy-Canton line at Tsungkow proceeds together to Kaying, its terminus. This line runs over a distance of about 750 miles.

l. The Coast Line Between the Great Eastern and the Great Southern Ports

This line starts from the Great Southern Port—Canton—proceeds in the same direction as the Canton-Kowloon line as far as Shelung and then goes its own way following the course of the Tungkiang River to Waichow. From Waichow it proceeds to Samtochuck, Haifung, and Lukfung, then turning northeastward goes to Kityang and Chaochow. After Chaochow it goes to Jaoping, then crossing the Kwangtung-Fukien border to Chaoan. Thence it proceeds to Yunsiao, Changpu, Changchow, and Amoy. From Amoy it proceeds to Chuanchow, Hinghwa, and Foochow, the capital of Fukien. After Foochow it proceeds in the same direction as the Foochow-Chinkiang line, as far as Fuan, then turns eastward to Funing, and northward to Futing. After Futing it crosses the Fukien border into Chekiang and proceeds through Pingyang to Wenchow. At Wenchow it crosses the Wukiang and proceeds to Lotsing, Hwangyen, and Taichow. Thence, it proceeds through Ninghai to Ningpo, its own terminus, where it connects with the Ningpo-Hangchow line, thus linking it up with the Great Eastern Port via Hangchow. This line covers a distance from Canton to Ningpo of about 1,100 miles.

m. The Kienchang-Yuanchow Line

This line starts from Kienchang and runs through Yihwang, Loan, Yungfeng, and Kishui to Kian, where it crosses the Nanking-Siuchow line. After Kian it proceeds to Yungsin and Lienhwa where it meets the Swatow-Changteh line. Thence it crosses the Kiangsi border into Hunan, at Chaling, then through Anjen to Hengchow where it crosses the Canton-Hankow line. From Hengchow the line proceeds to Paoking where it crosses line (a) of the Canton-Chungking Railway then westward to Yuanchow, its terminus, where it joins with the Shasi-Singyi line. This line covers a distance of about 550 miles. The total length of this Southeastern Railway System is about 9,000 miles.

PART III.

The Northeastern Railway System

This system will cover the whole of Manchuria, a part of Mongolia, and a part of Chihli province—an area of nearly 500,000 square miles, with a population of 25,000,000. This region is surrounded by mountains on three sides and opens on the south to the Liaotung Gulf. Amidst these three mountain ranges lies a vast and fertile plain drained by three rivers—the Nonni on the north, the Sungari on the northeast, and the Liaoho on the south. This part of China was once regarded as a desert, but since the completion of the Chinese Eastern Railway it has been found to be the most productive soil in China. It supplies the whole of Japan and a part of China with nitrogenous food in the form of soya bean. This bean, the wonderful properties of which were early discovered by the Chinese, contains the richest nitrogenous substance among vegetables and has been used as a meat substitute for many thousand years. Vegetable milk is extracted from this bean, and from this milk various kinds of preparations are made. The extraction from this bean has been proved by modern chemists to be richer than any kind of meat. The Chinese and the Japanese have used this kind of artificial meat and milk from time immemorial. Recently food administrators in Europe and America have paid great attention to this meat substitute, while the export of soya bean to Europe and America has steadily increased. This Manchu-Mongolian plain is destined to be the source of the world's supply of soya bean. Besides soya bean, this plain also produces a great quantity of various kinds of grains, and supplies the entire Eastern Siberia with wheat. The Manchurian mountains are exceedingly rich in timber and minerals—gold being especially found in great quantities in many localities.

Railway construction in this region has proved to be a most profitable undertaking. At present there are already three railway systems tapping this rich country, viz., the Peking-Mukden line, the best paying railroad in China, the Japanese South-Manchurian Railway, also a very remunerative line, and the Chinese Eastern Railway, the best paying portion of the whole Siberian system. Besides these, there are many lines projected by the Japanese. In order to develop this rich region properly a network of railways should be projected.

Before dealing with the separate lines of this network of railways, I should like to propose a center for them, just as the spider's nest is to a cobweb. I shall name this central city "Tungchin," the Eastern Mart, which should be situated at a point southwest of the junction of the Sungari and Nonni rivers, about 110 miles west by south from Harbin, and will be in a more advantageous position than the latter. This new city will be the center not only of the railway system but also of the inland water communication when the Liaoho-Sungari Canal is completed.

With the projected city of Tungchin as a center, I propose the following lines:

a. The Tungchin-Hulutao line.
b. The Tungchin-Great Northern Port line.
c. The Tungchin-Dolon Nor line.
d. The Tungchin-Kerulen line.
e. The Tungchin-Moho line.
f. The Tungchin-Korfen line.
g. The Tungchin-Yaoho line.
h. The Tungchin-Yenchi line.
i. The Tungchin-Changpeh line.
j. The Hulutao-Jehol-Peking line.
k. The Hulutao-Kerulen line.
l. The Hulutao-Hailar line.
m. The Hulutao-Antung line.
n. The Moho-Suiyuan line.
o. The Huma-Chilalin or Shihwei line.
p. The Ussuri-Tumen-Yalu-Coast line.
q. The Linkiang-Dolon Nor line.
r. The Chikatobo-Sansing or Ilan line.
s. The Sansing or Ilan-Kirin line.
t. The Kirin-Dolon Nor line.

a. The Tungchin-Hulutao Line

This is the first line that radiates from this projected Manchurian railway center, and is the shorter of the two direct lines that lead to the ice-free ports on the Liaotung-Chihli Gulf. It runs almost parallel to the South Manchurian Railway, the distance between the two lines being about 80 miles at the northern end, converging to 40 miles at Sinmin, and diverging again after that point. According to the original agreement with the former Russian Government, no parallel line within 100 miles was allowed to be built. But such restriction must be abolished under this new International Development Scheme for the benefit of all concerned. This line starts from Tungchin, and proceeds southward across the vast Manchurian plain by Changling, Shuangshan, Liaoyuan, and Kangping, to Sinmin in a straight line covering a distance of about 270 miles. After Sinmin, the line joins the Peking-Mukden Railway and runs on the same track for a distance of about 130 miles to Hulutao.

b. The Tungchin-Great Northern Port Line

This line is the second that radiates from this railway center direct to a deep water ice-free seaport. It starts from Tungchin, proceeding in a southwesterly direction, passes Kwangan, midway between Tungchin and the West Liaoho, and many other small settlements before it crosses the Liaoho. After crossing the Liaoho, it enters the mountainous regions of the Jehol district by a valley to Fowsin, a hsien city, and crosses the watershed into the Talingho Valley. After passing through the Talingho Valley, the line crosses another watershed into the Luan Valley by a branch of the same river. Then it penetrates the Great Wall and proceeds to the Great Northern Port by way of Yungping and Loting. The whole length of this line is about 550 miles, the first half of which is on level land and the second half in mountainous country.

c. The Tungchin-Dolon Nor Line

This is the third line that radiates from the railway center and proceeds nearly in a westerly direction across the plain to Taonan where it crosses the projected Aigun-Jehol line (Japanese), and also meets the termini of two other projected lines, the Changchun-Taonan and the Tsengkiatun-Taonan (Japanese). After Taonan, the line turns more southward by skirting along the foothills of the southeastern side of the Great Khingan range where vast virgin forests and rich minerals are found. Then it passes through the upper Liaoho Valley formed by the Great

Khingan Mountain on the north, and the Jehol Mountain on the south and through the towns of Linsi and Kingpang to Dolon Nor, where it meets the trunk line of the Northwestern Railway system. This line covers a distance of about 480 miles, a greater part of which is on level land.

d. The Tungchin-Kerulen Line

This is the fourth line that radiates from the Tungchin Railway center. It runs in a northwesterly direction almost parallel with the Harbin-Manchuli line of the Chinese Eastern Railway, the distance between the two lines varying from 100 to 130 miles. The line starts from Tungchin on the north side of the junction of the Nonni and Sungari rivers and proceeds westward across the Nonni River to Talai, and then turns northwestward across the plain into the valley of the north branch of the Guileli River. After entering the valley, it follows the stream up to its source, then crosses the Great Khingan Mountain watershed into the Mongolian Plain by the Khalka River, and follows the right bank of this river to the north end of Bor Nor Lake. Thence it turns directly westward to the Kerulen River, and follows the south bank of the river to Kerulen. This line covers a distance of about 630 miles.

e. The Tungchin-Moho Line

This is the fifth line that radiates from this railway center. It starts from the north side of the junction of the Nonni and Sungari rivers, and proceeds northwestward across the northern end of the Great Manchurian Plain to Tsitsiha. At Tsitsiha, it joins the projected Kinchow-Aigun line and proceeds together north-westward alongside the left bank of the Nonni River as far as Nunkiang where it separates from the other. Thence it resumes the northwesterly direction and proceeds into the upper Nonni Valley until the headwater is reached. Then it crosses the northern extremity of the Great Khingan Range to Moho, where it joins the terminus of the Dolon Nor-Moho line. This line is about 600 miles long. About a quarter of this length runs on the plain, the second quarter runs along the lower Nonni Valley, the third along the Upper Valley, and the fourth runs in mountainous but gold-bearing region, where only physical difficulties are to be expected.

f.   The Tungchin-Korfen Line

This is the sixth line from the railway center. It also starts on the northern side of the Nonni-Sungari junction, and proceeds across the plain by the cities Chaotung and Tsingkang. After Tsingkang it crosses the Tungkun River, proceeds to Hailun, and then, ascending the Tungkun Valley, crosses the watershed of the Little Khingan Mountain. Thence it descends into the Korfen Valley and proceeds by Chelu to Korfen on the right bank of the Amur River. This line covers a distance of 350 miles, two thirds of which run on comparatively level land and one third in mountainous district. This is the shortest line from Tungchin to the Amur River and the Russian territory on yonder side.

g.   The Tungchin-Yaoho Line

This is the seventh line that radiates from this railway center. It starts from the northern side of the Nonni-Sungari junction and traverses the plain on the left of the Sungari River by Chaochow, then crosses the Chinese Eastern Railway, and the Hulan River to Hulan. After Hulan, it proceeds to Payen, Mulan, and Tungho, then crosses the Sungari River to Sansing, now called Ilan. Thence it proceeds into the Wokan Valley and crosses the watershed by Chihsingshitse and Takokai into the Noloho Valley and passing by various villages and towns along this river to Yaohohsien, ends at the junction of the Noloho and the Ussuri River. This line covers a distance of 500 miles in very fertile country.

h. The Tungchin-Yenchi Line

This is the eighth line that radiates from this railway center. It starts from the eastern side of the Nonni-Sungari junction and proceeds in a southeasterly direction on the right side of the Sungari River to Fuyu or Petunai and various towns along the road on the same side of the river until it comes across the Harbin-Talien Railway, then turns away from the road and proceeds eastward to Yushu and Wuchang. After Wuchang, the line turning more southward, proceeds to Fengtechang and then follows the same direction to Omu. At Omu, it crosses the Mutan River, then proceeds to Liangshuichuan and Shehtauho, where it joins the Japanese Hweining-Kirin line and proceeds together to Yenchi. This line covers a length of about 330 miles through very rich agricultural and mineral country.

i. The Tungchin-Changpeh Line

This is the ninth line that radiates from the Tungchin railway center. It starts from the south side of the Nonni-Sungari junction and proceeds in a southeasterly direction across the plain to Nungan. After Nungan, it crosses the Itung River and proceeds continuously in the same direction across several branches of the same river to Kiudaichan, where it joins the Changchun-Kirin line and proceeds together as far as Kirin. After Kirin, it goes its own way following the right bank of the Sungari River in a southeasterly direction to the junction of Lafaho River and turns southward along the same bank of the Sungari to Huatien. After Huatien, it continues in the same course up to Toutaokiang, as far as Fusung, then turns southeastward into the Sunghsiangho Valley and proceeds upward to the Changpeh Shan watershed by skirting the south side of the Celestial Lake, then turns southward following the Aikiang River to Changpeh on the Korean frontier. This line covers a distance of about 330 miles. Some great difficulties are to be overcome in the last portion of the line where it crosses the Changpeh watershed.

j.　The Hulutao-Jehol-Peking Line

With this line I shall begin to deal with a new group of the Northeastern Railway System which will make Hulutao, the ice-free port on the Liaotung Gulf as their center and terminus. This, the first line, starts from Hulutao and proceeds westward up the Shaho Valley to Sintaipienmen. Thence it crosses the mountainous district through Haiting, Mangniuyingtse, and Sanshihkiatse to Pingchuan, and continues in the same direction to Jehol or Chengteh. After Jehol, it proceeds by the old imperial highway to Lwanping, then turns southwestward to Kupehkow where it penetrates the Great Wall. Thence it follows the same highway through Miyun and Shunyi to Peking. This line covers a distance of about 270 miles.

k.　The Hulutao-Kerulen Line

This is the second line of the Hulutao radiation. It starts from this seaport and proceeds northward through the mountainous region of Jehol by Kienping and Chihfeng. Thence, the line follows the highway across the Upper Valley of Liaoho to Chianchang, Sitoo, Takinkou, and Linsi. After Linsi, it proceeds up the Lukiako Valley and crosses the watershed at the southern extremity of the Great Khingan Mountain, through Kanchumiao and Yufuchih. Then it proceeds to Payenbolak, Uniket, and Khombukure where it joins with the Dolon Nor-Kerulen line and proceeds together to Kerulen. This line up to Khombukure covers a distance of about 450 miles, tapping a very rich mineral, timber, and agricultural country.

l.　The Hulutao-Hailar Line

This, the third line, starts from Hulutao and proceeds by way of Chinchow along the west side on the Talingho River to Yichow, where it crosses the Talingho to Chinghopienmen and Fowsin. After Fowsin, the lines goes northward to Suitung, thence, crossing the Siliaoho to Kailu, it proceeds between the Great and Little Fish Lakes to Kinpan and Tachuan. Then it proceeds across the Great Khingan Mountain into the Oman Valley and follows the same river to Hailar. This line covers a distance of about 600 miles passing through rich mineral and agricultural land and virgin forests.

m. The Hulutao-Antung Line

This, the fourth line, starts from Hulutao and proceeding northeastward, follows the course of the projected Liaoho-Hulutao Canal, and then goes eastward to Newchwang and Haicheng. From there it proceeds southeastward to Simuchen, where it joins the Antung-Mukden line and proceeds together to Antung on the Korean border. This line covers a distance of about 220 miles. This together with the Hulutao-Jehol-Peking line will make the shortest line from Antung and beyond, i. e., Korea, to Peking.

n. The Moho-Suiyuan Line

With this as the first I am going to deal with another group of lines in this system. These will be the circumferential lines which link up the radii from the Tungchin center in two semicircles, the outer and the inner. This Moho-Suiyuan line starts from Moho and proceeds along the right bank of the Amur River to Ussuri, Omurh, Panga, Kaikukang, Anlo, and Woshimen. After this point, the river bends more southward and the line follows the same bend to Ankan, Chahayen, Wanghata, and Huma. From Huma, it proceeds to Sierhkenchi, Chila, Manchutun, Heiho, and Aigun where it meets the terminus of the Chinchow-Aigun line. After Aigun, the line turns more eastward to Homolerhchin, Chilirh, and Korfen where it meets the terminus of the Tungchin-Korfen line. Thence it proceeds to Wuyun, Foshan, and Lopeh. After Lopeh, it goes to Hokang at the junction of the Amur and Sungari. At this point, the line crosses the Sungari River to Tungkiang and proceeds to Kaitsingkow, Otu, and Suiyuan where it ends. This line covers a distance of 900 miles running all its way through the gold-producing region.

o. The Huma-Chilalin or Shihwei Line

This is merely a branch of the Moho-Suiyuan line. It starts from Huma and follows the Kumara River passing by the Taleitse Gold Mine and Wapalakow Gold Mine. Then it proceeds up the Kumara River in a westerly and southwesterly direction to its southern source and there it crosses the watershed into the Halarh Valley, thence descending the valley to Chilalin or Shihwei. This line covers a distance of about 320 miles running in an extremely rich gold district.

p. The Ussuri-Tumen-Yalu-Coast Line

This, the second line of the outer semicircle, starts by continuing the first line at Suiyuan, and proceeds along the left bank of the Ussuri River, passing Kaulan, Fuyeu, and Minkang, to Yaoho, where it meets the terminus of the Tungchin-Yaoho line. From Yaoho, it runs parallel to the Russian Ussuri Railway on the east side of the river as far as Fulin. After Fulin, it parts from the Russian line by turning westward following the Mulingho River to Mishan on the northwestern corner of the Hanka Lake. Thence it goes to Pinganchin, turns southward alongside the boundary line and crosses the Harbin-Vladivostok line at Siusuifen Station to Tungning. After Tungning, it continues the same southward course alongside the boundary line to a point between Szetaukow and Wutaukow, then turns westward to Hunchun, and northwestward to Yenchi where it meets the projected Japanese Hweining-Kirin line. From Yenchi, it follows the Japanese line to Holung, and proceeds southwestward by the left side of the Tumen River across the watershed into the Yalu Valley, where it meets the Tungchin-Changpeh line. After Changpeh it turns westward and northwestward following the right bank of the Yalu to Linkiang, thence southwestward, still following the right bank of the Yalu, to Tsianhsien and then continues in the same direction, along the Yalu bank, to Antung, where it meets the Antung-Mukden Railway. After Antung, it proceeds to Tatungkow at the mouth of the Yalu, thence along the coast to Takushan and Chwangho, then westward through Situn and Pingfangtien to join the South Manchurian Railway at Wukiatun. This line covers a distance of 1,100 miles, which runs from end to end right along the southeastern boundary of Manchuria.

q. The Linkiang-Dolon Nor Line

This is the third line of the outer semicircle of the Tungchin railway center, and connects the radiating lines south of the center. It starts from Linkiang at the southwestward turn of the Yalu River, and proceeds across the mountainous region passing by Tunghwa, Hingking, and Fushun, to Mukden, where it crosses the South Manchurian Railway. From Mukden, it goes together with the Peking-Mukden line as far as Sinmin, where it crosses the Tungchin-Hulutao line and proceeds northwestward through Sinlihtun to Fowsin. After Fowsin the line enters the hilly district of the upper Liaoho Valley, and proceeds to Chihfeng, after passing through numerous small villages and camping places in this vast pasture. After Chihfeng the line proceeds through the Yinho Valley by Sanchotien, Kungchuling, and Tachientse, to Famuku, thence follows the Tulakanho to Dolon Nor, covering a distance of about 500 miles.

r. The Chikatobo-Sansing or Ilan Line

This is the first line of the inner semicircle which connects the radiating lines from the Tungchin railway center on the northeast. It starts from Chikatobo on the upper reach of the Amur, and proceeds eastward and southeastward through many valleys and mountains of the Great Khingan Range to Nunkiang. After Nunkiang, it goes in a more southerly direction to Keshan, thence to Hailun, and then crosses the Sungari to Sansing or Ilan. This line covers a distance of about 700 miles, passing through an agricultural and gold-producing country.

s.　The Sansing or Ilan-Kirin Line

This is the second line of the inner semicircle. It starts from Sansing and proceeds southwestward along the right bank of the Mutan River through Tauchan, Erchan, Sanchan, and Szuchan, to Chengtse where it crosses the Harbin-Vladivostok line. Then it goes to Ninguta, after crossing over the Mutan River from right to the left bank. After Ninguta it proceeds southwestward passing through Wungcheng, Lanchichan, Talachan, and Fungwangtien, to Omu. From Omu it joins the Japanese Hweining-Kirin line and proceeds westward to Kirin. This line covers a distance of about 200 miles, along the fertile Mutan Valley.

t.　The Kirin-Dolon Nor Line

This is the third line of the inner semicircle in the Tungchin system. It starts from Kirin and follows the old highway westward to Changchun where it meets the termini of the Chinese Eastern Railway from the north and the Japanese South Manchurian Railway from the south. After Changchun, it proceeds across the plain to Shuangshan where it meets the Tungchin-Hulutao line and the Japanese Szupingkai-Chengkiatun-Taonan line. From Shuangshan, it crosses the Liao River to Liaoyuan, thence it traverses the vast plain, crossing the Tungchin-Great Northern Port line and goes to Suitung where it meets the Hulutao-Hailar line. After Suitung, it proceeds up the Liao Valley where it comes across the Hulutao-Kerulen line and then crosses the watershed to Dolon Nor where it ends. This line covers a distance of 500 miles. This completes the cobweb system of the projected North-Eastern Railway. The total length of this entire system is about 9,000 miles.

PART　IV.

The Extension of the Northwestern Railway System

The Northwestern Railway System covers the region of Mongolia, Sinkiang, and a part of Kansu, an area of 1,700,000

THE EXTENSION OF THE NORTHWESTERN RAILWAY SYSTEM   117

square miles. This territory exceeds the area of the Argentine Republic by 600,000 square miles. Argentina is now the greatest source of the world's meat supply, while the Mongolian pasture is not yet developed, owing to the lack of transportation facilities. As Argentina has superseded the United States in supplying the world with meat, so the Mongolian pasture will some day take the place of Argentina, when railways are developed and cattle raising is scientifically improved. Thus the construction of railroads in this vast food-producing region is an urgent necessity as a means of relieving the world from food shortage. In the first program of this International Development Scheme, I proposed 7,000 miles of railways for this vast and fertile region, for the purpose of developing the Great Northern Port, and relieving the congested population of southeastern China. But this 7,000 miles of railways form merely a pioneer line. In order to develop this virgin continent properly, more railways have to be constructed. Therefore in this plan, namely, the Extension of the Northwestern Railway System, I propose the following lines:

a. The Dolon Nor-Kiakata line.
b. The Kalgan-Urga-Tannu Ola line.
c. The Suiyuan-Uliassutai-Kobdo line.
d. The Tsingpien-Tannu Ola line.
e. The Suchow-Kobdo line.
f. The Northwestern Frontier line.
g. The Tihwa or Urumochi-Ulankom line.
h. The Gaskhiun-Tannu Ola line.
i. The Uliassutai-Kiakata line.
j. The Chensi or Barkul-Urga line.
k. The Suchow-Urga line.
l. The Desert Junction-Kerulen line.
m. The Khobor-Kerulen-Chikatobo line.
n. The Wuyuan-Taonan line.
o. The Wuyuan-Dolon Nor line.
p. The Yenki-Ili line.
q. The Ili-Hotien line.
r. The Chensi-Kashgar line and its branches.

a. The Dolon Nor-Kiakata Line

This line starts from Dolon Nor and proceeds in a north-westerly direction, following the caravan road across the vast pasture to Khorkho, Kuoto, and Suliehto. After Suliehto, it crosses the boundary line into Outer Mongolia by the same road to Khoshentun, Lukuchelu, and Yangto. Thence it crosses the Kerulen River to Otukunkholato, and enters the hilly region where it crosses the Kerulen watershed and the Chikoi watershed. The water from the Kerulen watershed flows into the Amur, and thence into the Pacific Ocean, while the water from the Chikoi watershed flows into Lake Baikal, and thence to the Arctic Ocean. After crossing the Chikoi watershed, it follows a branch of the Chikoi River to Kiakata. This line covers a distance of about 800 miles.

b. The Kalgan-Urga-Tannu Ola Line

This line starts from Kalgan at the Great Wall, and proceeds northwestward up the plateau, crosses a range of hills into the Mongolian prairie, and goes to Mingan, Boroldshi, Ude, and Khobor, where it crosses the Dolon Nor-Urumochi trunk line. After Khobor, it proceeds across the vast and rich pasture of Mubulan, then proceeds in a straight line through Mukata and Nalaiha to Urga. From Urga, it goes into the hilly district crossing Selenga Valley to a point opposite the southern end of Lake Kos Gol, and then turns northward across a range of mountains to Khatkhyl on the southern shore of Kos Gol. After Khatkhyl, it skirts Kos Gol Lake along the western shore for some distance, then turns northwestward and westward, following the course of the Khua Kem River to a point near its exit at the frontier line, then turns southwestward up the Kemtshik Valley to its headwater, passes through Pakuoshwo, and ends at the boundary line between the Russian and Chinese territories. This line covers a distance of about 1,700 miles.

c.   The Suiyuan-Uliassutai-Kobdo Line

This line starts from Suiyuan in the northwestern corner of Shansi, and proceeds in a northwesterly direction across the hilly country into the Mongolian pasture to Tolibulyk, where it crosses the Great Northern Port-Hami line, and the Great Eastern Port-Urga line.   After Tolibulyk, it proceeds in a straight line in the same direction passing through Barunsudshi to the capital of Tuchetu.   Thence it continues in the same straight line north-westward to Gorida.   After Gorida, it follows the caravan road to Kolitikolik where it crosses the Great Northern Port-Urumochi trunk line.   From Kolitikolik, the line turns northwestward, then westward and proceeds across many streams and valleys and passes by many small towns to Uliassutai.   At Uliassutai, it crosses the B. Junction-Frontier branch of the Great Eastern Port-Urumochi line.   After Uliassutai, the line proceeds westward following the trade road, passes through Khuduku, Bogu, Durganor, and Sakhibuluk to Kobdo.   Thence the line turns northwestward to Khonga, Ukha, and Clegei, then westward to Beleu and ends at the frontier.   This line is about 1,500 miles long.

d.   The Tsingpien-Tannu Ola Line

This line starts from Tsingpien at the Great Wall, on the northern border of Shensi, proceeds through the Ordos country by Bonobalgasun, Orto, and Shinchao, and then crosses the Hoangho to Santaoho.   From Santaoho, it proceeds across Charanarinula Mountain into the Mongolian prairie in a north-westerly direction to Kurbansihata where it crosses the Peking-Hami line, then it goes to Unikuto and Enkin, where it crosses the Great Northern Port-Urumochi line.   After Enkin, the line enters into a valley and watered district, proceeds northward to Karakorum, and then turns northwestward across various streams and valleys of the tributary of the Selenga River by Sabokatai and Tsulimiau.   After Tsulimiau, it proceeds in the same direction across the Selenga River, follows its branch, the Telgir Morin River, up to its source and crosses the watershed into Lake Teri Nor. Then it follows the outlet of the Teri Nor to the Khua Kem River, where it ends by joining the Kalgan Urga-Tannu Ola line. This line covers a distance of about 1,200 miles.

e. The Suchow-Kobdo Line

This line starts from Suchow in a northwesterly direction penetrating the Great Wall at Chiennew, and proceeds to the coal field, about 150 miles from Suchow. Then it goes to Habirhaubuluk and Ilatoli. A short way from this place the line comes across the Peking-Hami line and then proceeds to Balaktai. After this the line passes a bit of pure desert to Timenchi. After entering the hilly and watered country it proceeds to Gaskhiun where it crosses the Great Northern Port-Urumochi trunk line. After Gaskhiun, it proceeds to Wolanhutok, Tabateng, and Tabutu where it joins the Kucheng and Kobdo highway and following it, proceeds to Kobdo, through Batokuntai and Sutai. Here the line ends, covering a distance of about 700 miles.

f. The Northwestern Frontier Line

This line starts from Ili following the Urumochi-Ili line to Santai, on the eastern side of Zairam Lake, then proceeds northeastward by itself to Tuszusai on the west side of Ebi Lake. After Tuszusai it proceeds to Toli where it crosses the Central Trunk line, that is, the Great Eastern Port-Tarbogotai line. Thence it goes to Namukotai and Stolokaitai by passing through a vast forest and a rich coal field. From Stolokaitai, the line follows the highway and proceeds to Chenghwaszu, the capital of Altai province. Thence it crosses a mountain range by the Urmocaitu Pass into the Kobdo Valley, and follows the course of the Kobdo River to Beleu where it joins the Suiyuan-Kobdo line and proceeds to Clegei. From Clegei, it proceeds by itself to Tabtu via Usungola and Ulamkom. At Tabtu, it joins the other line again and proceeds together to the Khua Kem River in the

THE EXTENSION OF THE NORTHWESTERN RAILWAY SYSTEM   121

Tannu Ola district. It then turns eastward ascending the river to the junction of the Bei Kem and Khua Kem rivers, then starts again on its own course, following the former river and proceeds up to its source in a northeasterly direction ending at the frontier. This line covers a distance of about 900 miles.

g. The Tihwa or Urumochi-Ulankom Line

This line starts from Tihwa following the Dolon Nor trunk line to Fowkang, then proceeds by its own route almost northward through Chipichuan to Khorchute. From Khorchute, it turns northeastward and proceeds across a hilly district to Kaiche, then to Turhuta, where it crosses a branch line from Junction C. of the Great Northern Port-Urumochi line. After Turhuta, it turns northward, proceeds up the Pakaningale Valley to Zehoshita, and then crosses the Tilikta Pass. Thence it turns northeastward proceeding across the newly cultivated country to Kobdo. After Kobdo, it proceeds through a fertile plateau, by crossing many rivers and skirting many lakes to Ulankom, where it ends by joining the Northwestern Frontier line. It covers a distance of about 550 miles.

h. The Gaskhiun-Tannu Ola Line

This line starts fram Gaskhiun and proceeds northeastward across a hilly and watered country through Hatonhutuk and Talangjoleu, to Pornulu. After Pornulu, the line proceeds across the Sapkhyn Valley by Huchirtu and Porkho to Uliassutai where it meets the Suiyuan-Kobdo, and the Great Eastern Port-Uliassutai lines. After Uliassutai, the line proceeds northward to a quite new country by first crossing the headwaters of Selenga, then the headwaters of the Tess River. In the Tess Valley the line crosses a vast virgin forest. After emerging from this forest it proceeds northwestward across the watershed into the Khua Kem Valley in Tannu Ola and ends by joining the Northwestern Frontier line. This line covers a distance of about 650 miles.

i. The Uliassutai-Kiakata Line

This line starts from Uliassutai and runs on the track of the Gaskhiun-Tannu Ola line, until it reaches the Eder River, a branch of the Selenga.   Then, turning off eastward, it begins its own course and proceeds downward following the course of the Eder River, crossing the Tsingpien-Tannu Ola line, to the junction of this river with the Selenga.   There it joins the Kalgan-Urga-Tannu Ola line and proceeds together eastward in the common track for some distance until the other line turns southeastward, when this line turns northeastward following the Selenga down to Kiakata.   This line covers a distance of about 550 miles, running through a fertile valley.

j.   The Chensi or Barkul-Urga Line

This line starts from Chensi or Barkul and proceeds northeastward across a cultivated region through Tutaku to Urkesiat. After Urkesiat, it crosses the Suchow-Kobdo line, then traverses the vast pasture on the north side of the Gobi Desert to Suchi and Dalantura.   Thence it turns more northward across the Great Eastern Port-Uliassutai line, and the Dolon Nor-Urumochi line to Tashunhutuk.   After this point the line crosses the Suiyuan-Uliassutai line at Ologai and proceeds over the watershed into the Selenga Valley where it crosses the Tsingpien-Tannu Ola line at Sabokatai.   From here it turns eastward across a hilly and watered region to Urga.   This line covers a distance of about 800 miles.

k.   The Suchow-Urga Line

This line starts from Suchow and proceeds by Kinta to Maumu, and then follows the Taoho or Edsina River, which waters this strip of oasis, to the lakes.   Thence it crosses the Gobi Desert, where it meets the crossing lines of the Peking-Hami and the Great Eastern Port-Uliassutai railways and with them forms a common junction.   From this junction it proceeds across desert and pasture lands to another railway crossing which is formed by the Suiyuan-Kobdo and Tsingpien-Tannu Ola lines, also forming a common junction together. Thence it proceeds into pasture land through Hatengtu and Tolik to Sanintalai, where it crosses the Dolon Nor-Urumochi line. After Sanintalai, the line proceeds through Ulanhoshih and many other small towns and encampments to Urga. This line covers a distance of about 700 miles. One third of this length is through the desert and the other two thirds through watered pasture land.

1. The Desert Junction-Kerulen Line

This line starts from the Desert Junction, proceeds northeastward to the pastural land and crosses the Tsingpien-Tannu Ola line south of Ulan Nor Lake. Thence it proceeds to the Tuchetu Capital where it crosses the Suiyuan-Kobdo line. After the Tuchetu Capital it goes across a pasture to Junction A. From Junction A. it proceeds to Ulanhutuk and Chientingche, then crosses the Kalgan-Tannu Ola line to Zesenkhana. From Zesenkhana, the line follows the course of the Kerulen River down in a northeasterly direction to the city of Kerulen, where it crosses the Dolon Nor-Kerulen line, and meets the Kerulen-Tungchin line. This line covers a distance of about 800 miles.

m. The Khobor-Kerulen-Chikatobo Line

This line starts from Khobor, the crossing junction of the Dolon Nor-Urumochi, and the Kalgan-Urga-Tannu Ola lines, and proceeds northeastward across a vast pasture to Khoshentun, where it crosses the Dolon Nor-Kiakata line. After Khoshentun, it proceeds in the same direction across a similar pasture to Kerulen, where it crosses the Dolon Nor-Kerulen line. Then it proceeds first along the right bank of the Kerulen River, then crosses to the left side, and passes along the northwestern side of Hulan Lake. After Hulan Lake, the line crosses the Chinese Eastern Railway, and the Arguna River, then proceeds along the right bank of the river to Chikatobo, where the line ends by joining the Dolon Nor-Moho and the Chikatobo-Sansing lines. This line covers a distance of about 600 miles. The first half of it runs on dry land and the second half on watered land.

n. The Wuyuan-Taonan Line

This line starts from Wuyuan at the northwest bend of the Hoangho and proceeds northeastward across the Sheiten Ula Mountain and pasture to Tolibulyk, where it meets the crossing junction of three lines—the Peking-Hami line, the Suiyuan-Kobdo line, and the Great Eastern Port-Urga line. From Tolibulyk the line proceeds continuously in the same direction across a pasture to Khobor where it meets the crossing junction of the Dolon Nor-Urumochi and the Peking-Urga lines, and also the terminus of the Khobor-Kerulen line. After Khobor the line turns more eastward and runs across the Dolon Nor-Kiakata line midway to Khombukure, where it crosses the Dolon Nor-Kerulen and the Hulutao-Kerulen lines. From Khombukure the line proceeds to Dakmusuma, where it crosses the Dolon Nor-Moho line. Thence it goes eastward across the Great Khingan Mountain to Tuchuan, then turns southeastward to Taonan, where it ends. This line covers a distance of about 900 miles

o. The Wuyuan-Dolon Nor Line

This line starts from Wuyuan and proceeds northeastward across the Sheiten Ula Mountain to Maomingan, where it crosses the Great Eastern Port-Urga line. Then it proceeds across the vast pasture and the Suiyuan-Kobdo line to Bombotu, where it passes over the Peking-Hami line. After Bombotu, the line turns eastward and proceeds across the Kalgan-Urga-Tannu Ola line, then goes to Dolon Nor, where it ends by joining the Dolon Nor-Mukden-Linkiang line, which forms a direct route from the upper Hoangho Valley to the rich Liaoho Valley. This line covers a distance of about 500 miles.

THE EXTENSION OF THE NORTHWESTERN RAILWAY SYSTEM 125

p. The Yenki-Ili Line

This line starts from Yenki or Karashar, and proceeds north-westward across the mountain pass into the Ili Valley. It then follows the Kunges River downward, in a westerly direction, traversing a most fertile valley, to Ining and Kuldja or Ili, the principal city of the Ili district near the Russian border, where it joins the Ili-Urumochi line. This line covers a distance of about 400 miles.

q. The Ili-Hotien Line

This line starts from Ili or Kuldja, proceeds southward across the Ili River, then eastward along the left side of the river and then southeastward and southward to Bordai. From here it turns southwestward into Tekes Valley and proceeding upward crosses the Tekes River to Tienchiao and then ascends the mountain pass. After the mountain pass the line turns southeastward, traverses a vast coal field and then turns southwestward to Shamudai, where it crosses the Turfan-Kashgar line. From Shamudai it turns southward across the fertile zone of the north side of the Tarim Valley, to Bastutakelak. Then it proceeds southwestward to Hotien passing by on the way many small settlements in the fertile zone of the Hotien River which flows across the desert. At Hotien the line meets the Kashgar-Iden line. After Hotien the line proceeds upward to the highland south of the city and ends at the frontier. This line covers a distance of about 700 miles.

r. The Chensi-Kashgar Line and Its Branches

This line starts from Chensi and proceeds southwestward along the Tienshan pasture through Yenanpoa, Shihkialoong, and Taolaitse to Chikoching, then along the Tienshan forest through Wutungkwo, Tungyenchi, Siyenchi, and Olong to Sensien, where it crosses the Central Trunk line. After Sensien it proceeds along the northern edge of the Tarim Desert through Lakesun

City and Shehchuan to Hora, where it crosses the Cherchen-Koria line. From Hora the line proceeds along the course of the Tarim River, passing by many new settlements, fertile regions, and virgin forests, to Bastutakelak, where it crosses the Ili-Hotien line. Thence it goes through Pachu to Kashgar where it meets the Urumochi-Iden line. After Kashgar it proceeds northwestward to the frontier where it ends. Attached to this line are two branches. The first branch proceeds from Hora southwestward through many oases to Cherchen. The second proceeds from Pachu southwestward along the Yarkand River to Sache and then westward to Puli near the frontier. This line including the branches covers a distance of about 1,600 miles. The total length of this entire system is about 16,000 miles. See general map.

PART V.

The Highland Railway System

This, the last part of my railway program, is the most difficult and most expensive undertaking of its kind; consequently, it must be the least remunerative of all the railway enterprises in China. So no work should be attempted in this part until all the other parts are fully developed. But when all the other parts are well-equipped with railways then railway construction in this highland region will also be remunerative, despite the difficulties and the highly expensive work in construction.

The highland region consists of Tibet, Kokonor, and a part of Sinkiang, Kansu, Szechwan, and Yünnan, an area of about 1,000,000 square miles. Tibet is known to be the richest country in the world for gold deposits. Furthermore the adjacent territories possess rich agricultural and pastural lands. This vast region is little known to the outside world. The Chinese call Tibet "the Western Treasury," for, besides gold, there are other kinds of metals especially copper, in great quantities. Indeed the name of the Western Treasury is most appropriately applied to this unknown region. When the world's supply of precious metals are exhausted, we have to resort to this vast mineral bearing region for supply. So railways will be necessary at least for mining purposes. I therefore propose the following lines:

a. The Lhasa-Lanchow line.
b. The Lhasa-Chengtu line.
c. The Lhasa-Tali-Cheli line.
d. The Lhasa-Taklongshong line.
e. The Lhasa-Yatung line.
f. The Lhasa-Laichiyaling line.
g. The Lhasa-Nohho line.
h. The Lhasa-Iden line.
i. The Lanchow-Chochiang line.
j. The Chengtu-Dzunsasak line.
k. The Ningyuan-Cherchen line.
l. The Chengtu-Menkong line.
m. The Chengtu-Yuankiang line.
n. The Suifu-Tali line.
o. The Suifu-Mengting line.
p. The Iden-Gortok line.

a.   The Lhasa-Lanchow Line

This is the most important line of this system for it connects the capital city of Tibet—a vast secluded region with several millions of people—with the central trunk line of the country. The route which it passes through is inhabitable and is already slightly inhabited in the region between the ends of the proposed line. So it will probably be a paying line from the beginning. This line starts from Lhasa, following the old imperial highway in a northward direction and proceeds by Talong to Yarh, which lies on the southeastern side of Tengri Nor Lake. After Yarh, the line turns more eastward and proceeds across the watershed from the Sanpo Valley to the Lukiang Valley by the Shuangtsu Pass. Thence turning more eastward the line proceeds across the headwater of the Lukiang to that of the Yangtze by passing many valleys, streams, and mountain passes. Then it crosses the main body of the Upper Yangtze, which is here known as the Kinshakiang, over the Huhusair Bridge. After crossing the bridge, it turns southeastward, then eastward across the Yangtze Valley into the Hoangho Valley, where it passes through many small towns and encampments into the Starry Sea region. At the Starry Sea, the line passes between the lakes of Oring Nor and Tsaring Nor. Thence it turns northeastward across the southeast valley of the Zaidam region, and returns into the Hoangho Valley again. Then it proceeds through Katolapo and various towns to Dangar, now called Hwangyuan, situated near the border between Kansu and Kokonor. After Dangar, the line turns southeastward following the course of the Sining River, proceeds downward through a very rich valley and passes through Sining, Nienpai, and hundreds of small towns and villages to Lanchow. This line covers a distance of 1,100 miles.

b.　The Lhasa-Chengtu Line

This line starts from Lhasa and proceeds northeastward on the former imperial highway by Teking and Nanmo to Motsukungchia. Thence it turns southeastward and northeastward to Giamda. From Giamda, the line turns northward, then northeastward where it proceeds through the Tolala Pass to Lhari. After Lhari the line goes in an easterly direction and passes Pianpa, Shihtuh, and many small towns to Lolongchong. Thence it crosses the Lukiang by the Kayu Bridge and then turns northeastward to Kinda and Chiamdo. After Chiamdo, the line instead of following the imperial highway southeastward to Batang, turns northeastward, following another trade route, and proceeds to Payung at the northwestern corner of Szechwan. From Payung, it proceeds across the Kinshakiang over the bridge near Sawusantusze. The line then turns southeastward, enters the Ichu Valley and proceeds downward to Kantzu on the Yalung River. Thence it proceeds to Chango and Yinker, to Badi on the Great Golden River, and Mongan on the Little Golden River. After Mongan, the line goes through the Balan Pass to Kwanhsien, and entering the Chengtu Plain, reaches Chengtu by Pihsien. This line covers a distance of about 1,000 miles.

c. The Lhasa-Tali-Cheli Line

This line starts from Lhasa by the same track as the Lhasa-Chengtu line as far as Giamda. From Giamda, it proceeds by its own track southeastward, following a branch of the Sanpo River to Yulu, where this branch joins its main stream. After Yulu, it follows the left bank of the Sanpo River passing by Kongposaga to Timchao. From Timchao, the line turns away from the Sanpo River and proceeds in an eastward direction to Timchong city, Ikung, Kuba, and Shuachong. After Shuachong, the line proceeds southeastward to Lima, thence eastward to Menkong on the Lukiang. From Menkong, the line turns southward and goes along the right bank of the Lukiang passing Samotung to Tantau. Then crossing the Lukiang, it proceeds across the watershed through Gaiwa village to the Lantsang (or Mekong) River, and to Hsiaoweisi beyond it. After Hsiaoweisi, it follows the river bank to the Chenghsin Copper Mine, thence it turns away from the river and proceeds by Hosi, Erhyuan, Tengchow, and Shangkwang to Tali. From Tali, the line proceeds to Hsiakwang, Fengyi, Menghwa, and then meets the Lantsang River again at Paotien. Thence it follows the left bank southward right through to Cheli, where it ends. This line covers a distance of 900 miles.

d. The Lhasa-Taklongshong Line

This line starts from Lhasa and proceeds southward by way of Teking to the Sanpo River where turning eastward it follows the left bank of the river to Sakorshong. After crossing the Sanpo River to Chetang, it proceeds southward by Chikablung, Menchona, Tawang, Dhirangjong to Taklongshong and continues farther on until it reaches the Assam frontier. This line covers a distance of 200 miles.

e.　The Lhasa-Yatung Line

This line starts from Lhasa and proceeds southwestward by Chashih following the former imperial highway by Yitang and Kiangli to Chushui.　At Chushui, it crosses to Sanpo River over the Mulih Bridge to Chakamo on the south side, thence to Tamalung, Paiti, Tabolung, and Nagartse.　After Nagartse, the line turns westward to Jungku, Lhaling, and Shachia.　At Shachia, the line leaves the former imperial highway and turns southwestward again and proceeds via Kula to Yatung at the Sikkim border. This line covers a distance of 250 miles.

f.　The Lhasa-Laichiyaling Line and Branches

This line starts from Lhasa and proceeds northwestward by Chashih following the former imperial road to Little Taking, and westward to Yangpachin and Sangtolohai.　Thence turning southwestward, it proceeds to Namaling and Tangto, and crosses the Sanpo River at Lhaku.　After Lhaku, the line turns westward to Shigatse, the second important city in Tibet whence it proceeds in the same direction to Chashihkang, Pangcholing, and Lhatse all on the right side of the Sanpo River.　From Lhatse, a branch line starts southwestward via Chayakor and Dingri to Niehlamuh on the Nepal border.　The main line, however, crosses to the left side of the Sanpo River and proceeds on the same highway via Nabringtaka to Tadum where another branch line proceeds southwestward to the Nepal border.　The main line continues northwestward via Tamusa and Choshan to Gartok, thence turning westward it proceeds to Laichiyaling on the Sutlej River and ends on the Indian border.　This line, including the two branches, covers a distance of 850 miles.

g.　The Lhasa-Nohho Line

This line starts from Lhasa and runs in the same track as line (f) to Sangtolohai where it proceeds by its own line northwestward to Teching, Sangchashong, and Taktung.　Thence, it enters into the richest gold field in Tibet and through Wengpo, Tulakpa, Kwangkwei, and Ikar reaches Nohho, where the line ends. It covers a distance of 700 miles.

h.   The Lhasa-Iden Line

This line starts from Lhasa, following the common track of lines (f) and (g) to the southwestern corner of Tengri Lake, whence it proceeds by its own track northwestward by Lungma-jing, Tipoktolo and four or five other small places to Sari. After Sari, the line penetrates a vast tract of uninhabited land to Pakar and Suketi.   Thence crossing the mountain passes and descending from the highland to the Tarim Basin through Sorkek to Yasulakun, the line joins the Cherchen-Iden railway of the Northwestern System and proceeds on the same track to Iden. This line covers a distance of 700 miles.

i.   The Lanchow-Chochiang Line

This line starts from Lanchow, on the same track of the Lhasa-Lanchow line as far as the southeastern corner of the Lake Kokonor.   Thence it proceeds on its own track by skirting along the southern shore of Lake Kokonor to Dulankit, where it turns southwestward to Dzunsasak. From Dzunsasak, the line proceeds in a westerly course along the southern side of the Zaidam Swamp, and passes Tunyueh, Halori, and Golmot to Hatikair. After Hatikair, the line turns northwestward by Baipa, Nolinjoha, to Orsinte.   Thence turning more northward, it proceeds across the mountain range by Tsesinvitusuik and Tuntunomik to Chochiang, where it ends by joining the Ansi-Iden and Chochiang-Koria lines, covering a distance of 700 miles.

j.   The Chengtu-Dzunsasak Line

This line starts from Chengtu and proceeds to Kwanhsien on the track of the Lhasa-Chengtu line, thence northward on its own track by Wenchuan, to Mauchow. Then, it proceeds northwest-ward following the course of the Minkiang to Sungpan. After

Sungpan, it ascends the Min Valley passing Tungpi to Shangleyao, where it crosses the watershed from the Yangtze River side to that of the Hoangho. Thence the line proceeds to Orguseri, and following a branch of the Hoangho to the northwestern turn of its main stream, it proceeds along its right bank via Chahuntsin to Peilelachabu. There it crosses the Hoangho to the northwest turn of the old imperial road, where it joins the Lhasa-Lanchow line and proceeds as far as Lanipar. Then turning northwestward, it proceeds by its own line to Dzunsasak, where it ends by joining the Lanchow-Chochiang line. This line covers a distance of 650 miles.

k. The Ningyuan-Cherchen Line

This line starts from Ningyuan and proceeds in a northwestward direction via Hwaiyuanchen to the Yalungkiang. Then it ascends along the left side of that river to Yakiang, and crossing to the right side of that river it proceeds by the old post road to Siolo, where it turns away from the river and follows the same post road to Litang. From Litang it proceeds in the same direction but follows another road to Kangtu, on the left side of the Kinshakiang. Following the same side of the river, it proceeds to Sawusantusze, where it crosses the Lhasa-Chengtu line. After Sawusantusze, the line continues in the same direction and follows the same side of the Kinshakiang via Tashigompa, to the Huhusair Bridge, where it crosses the Lhasa Lanchow line. Then following a northern branch of the Kinshakiang to its source and crossing the watershed, it proceeds along the caravan road by Hsinszukiang and Olokung to Cherchen, where it ends, covering a distance of about 1,350 miles. This is the longest line of this system.

l. The Chengtu-Menkong Line

This line starts from Chengtu and proceeds southwestward by Shuangliu, Hsintsin, Mingshan, to Yachow. From Yachow, it turns northwestward and proceeds to Tienchuan, then westward to Tatsienlu, Tunyolo, and Litang. After Litang, the line proceeds southwestward through Batang and Yakalo, to Menkong, covering a distance of about 400 miles of very mountainous country.

m. The Chengtu-Yuankiang Line

This line starts from Chengtu on the same track of the Chengtu-Menkong line, proceeds to Yachow and thence by its own track in the same direction via Jungching, to Tsingliu. After Tsingliu, the line proceeds southward through Yuehsi to Ningyuan, where it meets the head of the Ningyuan-Cherchen line. After Ningyuan, it goes to Kwaili, then crosses the Kinshakiang to Yünnanfu where it crosses the Canton-Tali line. From Yünnanfu, it proceeds along the west side of the Kunming Lake to Kunyang, and through Hsinshing, Hsingo, to Yuankiang, where the line ends by joining the Canton-Szemo line. It covers a distance of about 600 miles.

n. The Suifu-Tali Line

This line starts from Suifu and proceeds along the left bank of the Yangtze River to Pingshan and Lupo. After Lupo, it turns away from the river in a southwesterly direction and scales the Taliangshan Mountains to Ningyuan, where it crosses the Chengtu-Yuankiang line and meets the termini of the Canton-Ningyuan line and the Ningyuan-Cherchen line. Thence continuing in the same direction, it crosses the Yalungkiang to Yenyuan and Yungpeh. After Yungpeh, the line turns more southward, across the Kinshakiang to Sincheng and thence to Tali, where it ends by meeting the Canton-Tali line and the Lhasa-Tali line. It covers a distance of about 400 miles.

o. The Suifu-Mengting Line

This line starts from Suifu on the same track as the Suifu-Tali line as far as Lupo. From Lupo, it goes on its own track across the Yangtze River here known as the Kinshakiang, and follows the right side of that river upward to its southward bend where it crosses the Chengtu-Yuankiang line, to Yuanmow. From Yuanmow, it proceeds to Tsuyung, where it crosses the Canton-Tali line, thence to Kingtung. After Kingtung, it proceeds southwestward across the Lantsangkiang or Mekong River, to Yunchow, thence turning southwestward, it follows a branch of the Lukiang River to Mengting and ends on the frontier. This line covers a distance of about 500 miles.

p. The Iden-Gartok Line

This line starts from Iden, and proceeds southward along the Keriya River to Polu, thence following the caravan road up the highland to Kuluk. From Kuluk, it proceeds southwestward via Alasa and Tunglong to Nohho, where it meets the terminus of the Lhasa-Nohho line. After Nohho, it skirts around the eastern end of the Noh-tso Lake to Rudok and proceeds southwestward to Demchok, on the Indus River. From Demchok, it proceeds southeastward following the Indus River up to Gartok, where it ends by joining the Lhasa-Laichiyaling line. This line covers a distance of about 500 miles. This highland system totals about 11,000 miles.

PART VI.

The Establishment of Locomotive and Car Factories

The railways projected in the Fourth Program will total about 62,000 miles; and those in the First and the Third Programs about 14,000 miles, Besides these, there will be double tracks in the various trunk lines, which will make up a grand total of no less than 100,000 miles, as stated in the preliminary part of these programs. With this 100,000 miles of railways to be constructed in the coming ten years, the demands for locomotives and cars will be tremendous. The factories of the world will be unable to supply them, especially at this juncture of reconstruction after the great world war. So the establishment of locomotive and

THE ESTABLISHMENT OF LOCOMOTIVE AND CAR FACTORIES 135

car factories in China to supply our own demands of railway equipment will be a necessary as well as a profitable undertaking. China possesses unlimited supplies of raw materials and cheap labor. What we need for establishing such factories is foreign capital and experts. What amount of capital should be invested in this project, I have to leave to experts to decide.

I suggest that four large factories should be started simultaneously at the beginning—two on the coast and two on the Yangtze. Of those on the coast, one should be at the Great Northern Port, and the other at the Great Southern Port—Canton. Of those on the Yangtze, one should be at Nanking and the other at Hankow. All four are in centers of both land and water communication, where skilled labor can easily be obtained. They are also near our iron and coal fields. Besides these four great factories, others should be established at suitable centers of iron and coal fields when our railways will be more developed.

All the factories should be under one central control. The locomotives and cars of our future railways should be standardized so as to make possible the interchange of parts of machinery and equipment. We should also adopt the standard gauge, that is, the 4 feet 8½ inch gauge, which has been adopted by most of the railways of the world. In fact, almost all the railways hitherto built in China are of this gauge. The purpose of the proposed standardization is to secure the highest efficiency as well as the greatest economy.

PROGRAM V.

In the preceding four programs, I dealt exclusively with the development of the key and basic industries. In this one, I am going to deal with the development of the *main* group of industries which need foreign help. By the main group of industries, I mean those industries which provide every individual and family with the necessaries and comforts of life. Of course, when the key and basic industries are developed, the various other industries will spontaneously spring up all over the country, in a very short time. This had been the case in Europe and America after the industrial revolution. The development of the key and the basic industries will give plenty of work to the people and will raise their wages as well as their standard of living. When wages are high, the price for necessaries and comforts of life will also be increased. So the rise in wages will be accompained by the rise in the cost of living. Therefore, the aim of the development of some of the main group of industries is to help reduce the high cost of living when China is in the process of international development, by giving to the majority of the people plenty of the essentials and comforts of life as well as higher wages.

It is commonly thought that China is the cheapest country to live in. This is a misconception owing to the common notion of measuring everything by the value of money. If we measure the cost of living by the value of labor then it will be found that China is the most expensive country for a common worker to live in. A Chinese coolie, a muscular worker, has to work 14 to 16 hours a day in order to earn a bare subsistence. A clerk in a shop, or a teacher in a village school cannot earn more than a hundred dollars a year. And the farmer after paying their rents and exchanging for a few articles of need with their produce have to live from hand to mouth. Labor is very cheap and plentiful but food and commodities of life are just enough to go round for the great multitude of the four hundred millions in China in an ordinary good year. In a bad year, a great number succumb to want and starvation. This miserable condition among the Chinese proletariat is due to the non-development of the country, the crude methods of production and the wastefulness of labor. The radical cure for all this is industrial development by foreign capital and experts for the benefit of the whole nation. Europe and America are a hundred years ahead of us in industrial development; so, in order to catch up in a very short time we have to use their capital, mainly their machinery. If foreign capital cannot be gotten, we will have to get at least their experts and inventors to make for us our own machinery. In any case, we must use machinery to assist our enormous man-power to develop our unlimited resources.

In modern civilization, the material essentials of life are five, namely: food, clothing, shelter, means of locomotion, and the printed page. Accordingly I will formulate this program as follows:

    I.   The Food Industry.
    II.   The Clothing Industry.
    III.   The Housing Industry.
    IV.   The Motoring Industry.
    V.   The Printing Industry.

PART I.

The Food Industry

The food industry should be treated under the following headings:

    a.   The Production of Food.
    b.   The Storage and Transportation of Food.
    c.   The Preparation and Preservation of Food.
    d.   The Distribution and Exportation of Food.

138 THE INTERNATIONAL DEVELOPMENT OF CHINA

a. The Production of Food

Human foods are derived from three sources: the land, the sea and the air. By far the most important and greatest in quantity consumed is aerial food of which oxygen is the most vital element. But this aerial food is abundantly provided by nature, and no human labor is needed for its production except that which is occasionally needed for the airman and the submariner. So this food is free to all. It is not necessary for us to discuss it here. The production of food from the sea which I have already touched upon when I dealt with the construction of fishing harbors and the building of fishing crafts, will also be left out here. It is the specific industries in the production of food from land, which need foreign help that are to be discussed here.

China is an agricultural country. More than half of its population is occupied in the work of producing food. The Chinese farmer is very skillful in intensive cultivation. He can make the land yield to its utmost capacity. But vast tracts of arable lands are lying waste in thickly populated districts for one cause or other. Some are due to lack of water, some to too much of it and some to the " dog in the manger " system,—the holding up of arable land by speculators and land sharks for higher rents and prices.

The land of the eighteen provinces alone is at present supporting a population of four hundred millions. Yet there is still room for development which can make this same area of land yield more food if the waste land be brought under cultivation, and the already cultivated land be improved by modern machinery and scientific methods. The farmers must be protected and encouraged by liberal land laws by which they can duly reap the fruits of their own labor.

In regard to the production of food in our international development scheme, two necessary undertakings should be carried out which will be profitable at the same time.

THE FOOD INDUSTRY   139

(1)   A scientific survey of the land.

(2)   The establishment of factories for manufacturing agricultural machinery and implements.

(1)   A scientific survey of the land.   China has never been scientifically surveyed and mapped out.   The administration of land is in the most chaotic state and the taxation of land is in great confusion, thus causing great hardships on the poor peasants and farmers.   So, under any circumstance, the survey of land is the first duty of the government to execute.   But this could not be done without foreign help, owing to lack of funds and experts.   Therefore, I suggest that this work be taken up by an international organization.   This organization should provide the expenses of the work by a loan, and should carry out the work with the required number of experts and equipment. How much will be the expenses for the survey and what is the amount of time required and how large an organization is sufficient to carry on the work, and whether aerial survey by aeroplanes be practical for this work are questions which I shall leave to experts to decide.

When the topographical survey is going on a geological survey may be carried out at the same time so as to economize expenses.   When the survey work is done and the land of each province is minutely mapped out, we shall be able to re-adjust the taxation of the already cultivated and improved land.   As regards the waste and uncultivated lands we shall be able to determine whether they are suitable for agriculture, for pasture, for forestry, or for mining.   In this way, we can estimate their value and lease them out to the users for whatever production that is most suitable.   The surplus tax of the cultivated land and the proceeds of waste land will be for the payment of the interest and principal of the foreign loan.   Besides the eighteen provinces, we have a vast extent of agricultural and pastural lands in Manchuria, Mongolia, and Sinkiang, and a vast extent of pastural land in Tibet and Kokonor.   They will have to be developed by extensive cultivation under the colonization scheme, which is alluded to in the first program.

(2) The establishment of factories for manufacturing agricultural machinery and implements. When the waste land is reclaimed, cultivated land improved and waste labor set to work on the land, the demands for agricultural machinery and implements will be very great. As we have cheap labor and plenty of iron and coal, it is better and cheaper for us to manufacture than to import the implements and machinery. For this purpose, much capital should be invested, and factories should be put up in industrial centers or in the neighborhood of iron and coal fields, where labor and material could be easily found.

b. The Storage and Transportation of Food

The most important foodstuff to be stored and transported is grain. Under the present Chinese method, the storage of grain is most wasteful for if kept in large quantities it is often destroyed by insects or damaged by weather. It is only in small quantities and by great and constant care that grains can be preserved for a certain period of time. And the transportation of grains is also most expensive for the work is mostly done on man's shoulders. When the grains reach the waterway it is carried in a most makeshift way, without the least semblance of system. If the method of storing and transporting of grain be improved, a great economic saving could be accomplished. I propose that a chain of grain elevators be built all over the country and a special transport fleet be equipped all along the waterways by this International Development Organization. What will be the capital for this project and where the elevators should be situated have yet to be investigated by experts.

c. The Preparation and Preservation of Food

Hitherto the preparation of food is entirely by hand with a few primitive implements. The preservation of food is either by salt or sun heat. Mills and cannery method are scarcely known.

I suggest that a system of rice mills should be constructed in all the large cities and towns in the Yangtse Valley and South China where rice is the staple food. Flour mills should be put up in all large cities and towns north of the Yangtse Valley, where wheat, oats, and cereals other than rice are the staple food. All these mills should be under one central management so as to produce the best economic results. What amount of capital should be invested in this mill system by this international development scheme should be subjected to detailed investigation.

In regard to the preservation of food, fruits, meats and fishes should be preserved by canning or by refrigeration. If the canning industry is developed there will be created a great demand for tinplates. Therefore the establishment of tinplate factories will be necessary and also profitable. Such factories should be situated near the iron and tin fields. There are many localities in south China where tin, iron, and coal are situated near each other, thus providing ready materials for the factories. The tinplate factories and the canneries should be combined into one enterprise so as to secure best economic results.

d. The Distribution and Exportation of Food

In ordinary good years, China never lacks food. There is a common saying in China that " One year's tilling will provide three years' wants." In the richer sections of the country, the people generally reserve three or four years food supply in order to combat a bad year. But when China is developed and organized as an economic whole, one year's food reserve should be kept in the country for the use of the local people and the surplus should be sent out to the industrial centers. As the storage and transportation of food will be under a central management so the distribution and exportation of food should be under the same charge. All surplus grains of a country district should be sent to the nearest town for storage and each town or city should store one year's food. All the staple food should be sold only at cost price to the inhabitants according to their number, by the distributing department. And the surplus food should be exported to foreign countries where it is wanted and where the highest price can be obtained by the export department under the central management. Thus the surplus food will not be wasted as hitherto under the prohibition law. The proceeds of this export will surely amount to a huge sum which will be used in the payment of the interest and principal of the foreign loan invested in this undertaking.

We cannot complete this part of the food industry without giving special consideration to the Tea and Soya industries. The former, as a beverage, is well known throughout and used by the civilized world and the latter is just beginning to be realized as an important foodstuff by the scientists and food administrators. Tea, the most healthy and delicious beverage of mankind, is produced in China. Its cultivation and preparation form one of the most important industries of the country. Once China was the only country that supplied the world with tea. Now, China's tea-trade has been wrested away from her by India and Japan. But the quality of the Chinese tea is still unequalled. The Indian tea contains too much tannic acid, and the Japanese tea lacks the flavor which the Chinese tea possesses. The best tea is only obtainable in China—the native land of tea. China lost her tea-trade owing to the high cost of its production. The high cost of production is caused by the inland tax as well as the export duty and by the old methods of cultivation and preparation. If the tax and duty are done away with and new methods introduced, China can recover her former position in this trade easily. In this International Development Scheme, I suggest that a system of modern factories for the preparation of tea should be established in all the tea districts, so that the tea should be prepared by machinery instead of, as hitherto, by hand. Thus the cost of production can be greatly reduced and the quality improved. As the world's demand for tea is daily increasing and will be more so by a dry United States of America, a project to supply cheaper and better tea will surely be a profitable one.

Soya bean as a meat substitute was discovered by the Chinese and used by the Chinese and the Japanese as a staple food for many thousands of years. As meat shortage has been keenly felt in carnivorous countries at present, a solution must be found to relieve it. For this reason I suggest that in this International Development Scheme we should introduce this artificial meat, milk, butter and cheese to Europe and America, by establishing a system of soya bean factories in all the large cities of those countries, so as to provide cheap nitrogenous food to the western people. Modern factories should also be established in China to replace those old and expensive methods of production by hand, so as to procure better economic results as well as to produce better commodities.

PART II.

The Clothing Industry

The principal materials for clothes are silk, linen, cotton, wool and animal skins. I shall accordingly deal with them under the following headings:

    a.　The Silk Industry.
    b.　The Linen Industry.
    c.　The Cotton Industry.
    d.　The Woolen Industry.
    e.　The Leather Industry.
    f.　The Manufacturing of Clothing Machinery.

a.　The Silk Industry

Silk is a Chinese discovery and was used as a material for clothes for many thousands of years before the Christian Era. It is one of the important national industries of China. Up to recent times, China was the only country that supplied silk to the world. But now this dominant trade has been taken away from China by Japan, Italy and France, because those countries have adopted scientific methods for silk culture and manufacture, while China still uses the same old methods of many thousands years ago. As the world's demand for silk is increasing daily, the improvement of the culture and manufacture of silk will be a very profitable undertaking. In this International Development Scheme, I suggest first that scientific bureaus be established in every silk district to give directions to the farmers and to provide healthy silk-worm eggs. These bureaus should be under central control. At the same time, they will act as collecting stations for cocoons so as to secure a fair price for the farmers. Secondly, silk filiatures with up-to-date machinery should be established in suitable districts to reel the silk for home as well as for foreign consumption. And lastly, modern factories should be put up for manufacturing silk for both home and foreign markets. All silk filiatures and factories should be under a single national control and will be financed with foreign capital and supervised by experts to secure the best economic results and to produce better and cheaper commodities.

b. The Linen Industry

This is an old Chinese industry. In southern China there is produced a kind of very fine linen in the form of ramie, known as China-grass. This fiber if treated by modern methods and machinery becomes almost as fine and glossy as silk. But in China, so far as I know, there is not yet such new method and machinery for the manufacturing of this linen. The famous Chinese grass-cloth is manufactured by the old method of hand-looms. I propose that new methods and machinery be introduced into China by this International Development Organization to manufacture this linen. A system of modern factories should be established all over the ramie-producing districts in south China where raw materials and labor are obtainable.

c. The Cotton Industry

Cotton is a foreign product which was introduced into China centuries ago. It became a very important Chinese industry during the hand-loom age. But after the import of foreign cotton goods into China, this native handicraft industry was gradually killed by the foreign trade. So, great quantities of raw cotton are exported and finished cotton goods are imported in large quantities into China. What an anomaly when we consider the enormous, cheap labor in China! However a few cotton mills have been started recently in treaty ports which have made enormous profits. It is reported that during the last two or three years most of the Shanghai cotton mills declared a dividend of 100 per cent and some even 200 per cent! The demand for cotton goods in China is very great but the supply falls short. It is necessary to put up more mills in China for cotton manufacturing. Therefore, I suggest in this International Development Scheme to put up a system of large cotton mills all over the cotton-producing districts under one central national control. Thus the best economic results will be obtained and cotton goods can be supplied to the people at a lower cost.

d.   The Woolen Industry

Although the whole of Northwestern China—about two-thirds of the entire country is a pastural land yet the woolen industry has never been developed. Every year, plenty of raw materials are exported from China on the one hand and plenty of finished woolen goods imported on the other. Judging by the import and export of the woolen trade the development of woolen industry in China will surely be a profitable business. I suggest that scientific methods be applied to the raising of sheep and to the treatment of wool so as to improve the quality and increase the quantity. Modern factories should be established all over northwestern China for manufacturing all kinds of finished woolen goods. Here we have the raw materials, cheap labor and unlimited market. What we want for the development of this industry is foreign capital and experts. This will be one of the most remunerative projects in our International Development Scheme, for the industry will be a new one and there will be no private competitors on the field.

e. The Leather Industry

This will also be a new industry in China, despite the fact that there are a few tanneries in the treaty ports. The export of hides from and the import of leather goods into China are increasing every year. So, to establish a system of tanneries and factories for leather goods and foot-gear will be a lucrative undertaking.

f. The Manufacturing of Clothing Machinery

The machinery for the manufacturing of various kinds of clothing materials is in great demand in China. It is reported that the orders for cotton mill machinery have been filled up for the next three years from manufacturers in Europe and America. If China is developed according to my programs, the demand for machinery will be many times greater than at present and the supply in Europe and America will be too short to meet it. Therefore to establish factories for the manufacturing of clothing machinery is a necessary as well as a profitable undertaking. Such factories should be established in the neighborhood of iron and steel factories, so as to save expenses for transportation of heavy materials. What will be the capital for this undertaking should be decided by experts.

PART III.

The Housing Industry

Among the four hundred millions in China the poor still live in huts and hovels, and in caves in the loess region of north China while the middle and the rich classes live in temples. All the so-called houses in China, excepting a few after western style and those in treaty ports are built after the model of a temple. When a Chinese builds a house he has more regard for the dead than for the living. The first consideration of the owner is his ancestral shrine. This must be placed at the center of the house, and all the other parts must be complement and secondary to it. The house is planned not for comfort but for ceremonies, that is, for "the red and white affairs," as they are called in China. The "red affair" is the marriage or other felicitous celebrations of any member of the family, and the "white affair" is the funeral ceremonies. Besides the ancestral shrine there are the shrines of the various household gods. All these are of more importance than man and must be considered before him. There is not a home in old China that is planned for the comfort and convenience of man alone. So now when we plan the housing industry in China in our International Development Scheme, we must take the houses of the entire population of China into consideration. "To build houses for four hundred millions, it is impossible!" some may exclaim. This is the largest job ever conceived by man. But if China is going to give up her foolish traditions and useless habits and customs of the last three thousand years and begin to adopt modern civilization, as our industrial development scheme is going to introduce, the remodelling of all the houses according to modern comforts and conveniences is bound to come, either unconsciously by social evolution or consciously by artificial construction. The modern civilization so far attained by western nations is entirely an unconscious progress, for social and economic sciences are but recent discoveries. But henceforth all human progress will be more or less based upon knowledge, that is upon scientific planning. As we can foresee now, within half a century under our industrial development, the houses of all China will be renewed according to modern comfort and convenience. Is it not far better and cheaper to rebuild the houses of all China by a preconceived scientific plan than by none? I have no doubt that if we plan to build a thousand houses at one time it would be ten times cheaper than to plan and build one at a time, and the more we build the cheaper terms we would get. This is a positive economic law. The only danger in this is

148   THE INTERNATIONAL DEVELOPMENT OF CHINA

over-production. That is the only obstacle for all production on a large scale. Since the industrial revolution in Europe and America, every financial panic before the world war was caused by over-production. In the case of our housing industry in China, there are four hundred million customers. At least fifty million houses will be needed in the coming fifty years. Thus a million houses a year will be the normal demand of the country.

Houses are a great factor in civilization. They give men more enjoyment and happiness than food and clothes. More than half of the human industries are contributing to household needs. The housing industry will be the greatest undertaking of our International Development Scheme, and also will be the most profitable part of it. My object of the development of the housing industry is to provide cheap houses to the masses. A ten thousand dollar house now built in the treaty port can be produced for less than a thousand dollars and yet a high margin of profit can be made. In order to accomplish this we have to produce, transport, and distribute the materials for construction. After the house is finished, all household equipment must be furnished. Both of these will be comprised in the housing industry which I shall formulate as follows :

a. The Production and Transportation of Building Materials.
b. The Construction of Houses.
c. The Manufacturing of Furniture.
d. The Supply of Household Utilities.

a. The Production and Transportation of Building Materials

The building materials are bricks, tiles, timber, skeleton iron, stone, cement and mortar. Each of these materials must be manufactured or cut out from raw materials. So kilns for the manufacture of tiles and bricks must be put up. Mills for timbers must be established, also factories for skeleton irons. Quarries must be opened and factories for cement and mortar must be started.   All these establishments must be put up at suitable districts where materials and markets are near one another.   All should be under one central control so as to regulate the output of each of these materials in proportion to the demand.   After the materials are ready they must be transported to the places where they are wanted by special bottoms on waterways, and by special cars on railways so as to reduce the cost as low as possible.   For this purpose special boats and cars must be built by the shipbuilding department and the car factory.

b.   The Construction of Houses

The houses to be built in China will comprise public buildings and private residences.   As the public buildings are to be built with public funds for public uses which will not be a profitable undertaking, a special Government Department should therefore be created to take charge.   The houses that are to be built under this International Development Scheme will be private residences only with the object to provide cheap houses for the people, as well as to make profit for this International concern.   The houses will be built on standardized types.   In cities and towns the houses should be constructed on two lines: the single family and the group family houses.   The former should again be sub-divided into eight-roomed, ten-roomed and twelve-roomed houses, and the latter into ten-family, hundred-family and thousand-family houses, with four or six rooms for each family.   In the country districts the houses should be classified according to the occupation of the people, and special annexes such as barns and dairies should be provided for the farmers.   All houses should be designed and built according to the needs and comfort of man; so a special architectural department should be established to study the habits, occupations and needs of different people and make improvements from time to time.   The construction should be performed as much as possible by labor-saving machinery so as to accelerate work and save expenses.

c.　The Manufacturing of Furniture

As all houses in China should be remodelled all furniture should be replaced by up-to-date ones, which are made for the comfort and needs of man. Furniture of the following kinds should be manufactured: the library, the parlor, the bedroom, the kitchen, the bathroom and the toilet. Each kind should be manufactured in a special factory under the management of the International Development Organisation.

d.　The Supply of Household Utilities

The household utilities are water, light, heat, fuel and telephones. Except in treaty ports, there is no water-supply system in any of the cities and towns of China. Even many treaty ports possess none as yet. In all the large cities, the people obtain their water from rivers which at the same time act as sewage. The water supply of the large cities and towns in China is most unsanitary. (1) It is an urgent necessity that water supply systems should be installed in all cities and towns in China without delay. Therefore special factories for equipping the water system should be established in order to meet the needs. (2) Lighting plants should be installed in all the cities and towns in China. So factories for the manufacture of the machinery lighting plants should be established. (3) Modern heating plants should be installed in every household, using either electricity, gas, or steam. So the manufacturing of heating equipment is a necessity. Factories should be established for this purpose. (4) Cooking fuel is one of the most costly item in the daily needs of the Chinese people. In the country the people generally devote ten per cent of their working time to gathering fire woods. In town the people spend about twenty per cent of their living expenses for fire wood alone. Thus this fire wood question accumulates into a great national waste. The fire wood and grass as a cooking fuel must be substituted by coal in the country districts, and by gas or electricity in towns and cities. In order to use coal, gas and electricity, proper equipment must be provided. So factories for the manufacturing of coal gas, and electricity, stoves for every family must be established by this International Development Organization. (5) Telephones must also be supplied to every family in the cities as well as in the country. So factories for manufacturing the equipment must be put up in China, in order to render them as cheap as possible.

PART IV.

The Motoring Industry

The Chinese are a stagnant race. From time immemorial a man is praised for staying at home and caring for his immediate surroundings only. Laotse—a contemporary of Confucius—says: "The good people are those who live in countries so near to each other that they can hear each other's cock crow and dog bark and yet they never have had intercourse with each other during their life time." This is often quoted as the Golden Age of the Chinese people. But in modern civilization the condition is entirely changed. Moving about occupies a great part of a man's life time. It is the movement of man that makes civilization progress. China, in order to catch up with modern civilization, must move. And the movement of the individual forms an important part of the national activity. A man must move whenever and wherever he pleases with ease and rapidity. However, China, at present, lacks the means of facility for individual movement, for all the old great highways were ruined and have disappeared, and the automobile has not yet been introduced into the interior of the country. The motor car, a recent invention, is a necessity for rapid movement. If we wish to move quickly and do more work, we must adopt the motor car as a vehicle. But before we can use the motor car, we have to build our roads. In the preliminary part of this International Development Scheme, I proposed to construct one million miles of roads. These should be apportioned according to the ratio of population in each district for construction. In the eighteen provinces of China Proper, there are nearly 2,000 hsiens. If all parts of China are to adopt the hsien administration, there will be nearly 4,000 hsiens in all. Thus the construction of roads for each hsien will be on an average of 250 miles. But some of the hsiens have more people and some have less. If we divide the million miles of roads by the four hundred million people, we shall have one mile to every hundred. For one hundred people to build one mile of road is not a very difficult task to accomplish. If my scheme of making road-building as a condition for granting local autonomy is adopted by the nation, we shall see one million miles of road built in a very short time as if by a magic wand.

As soon as the people of China decide to build roads, this International Development Organization can begin to put up factories for manufacturing motor cars. First start on a small scale and gradually expand the plants to build more and more until they are sufficient to supply the needs of the four hundred million people. The cars should be manufactured to suit different purposes, such as the farmers' car, the artisan's car, the business man's car, the tourists' car, the truck car, etc. All these cars, if turned out on a large scale, can be made much cheaper than at present, so that every body who wishes it, may have one.

Besides supplying cheap cars, we must also supply cheap fuel, otherwise the people will still be unable to use them. So the development of the oil fields in China should follow the motor car industry. This will be dealt with in more detail under the mining industry.

PART V.

The Printing Industry

This industry provides man with intellectual food. It is a necessity of modern society, without which mankind cannot progress. All human activities are recorded, and all human knowledge is stored in printing. It is a great factor of civilization. The progress and civilization of different nations of the world are measured largely by the quantity of printed matter they turn out annually. China, though the nation that invented printing, is very backward in the development of its printing industry. In our International Development Scheme, the printing industry must also be given a place. If China is developed industrially according to the lines which I suggested, the demand for printed matter by the four hundred millions will be exceedingly great. In order to meet this demand efficiently, a system of large printing houses must be established in all large cities in the country, to undertake printing of all kinds from newspapers to encyclopædia. The best modern books on various subjects in different countries should be translated into Chinese and published in cheap edition form for the general public in China. All the publishing houses should be organized under one common management, so as to secure the best economic results.

In order to make printed matter cheap, other subsidiary industries must be developed at the same time. The most important of these is the paper industry. At present all the paper used by newspapers in China is imported. And the demand for paper is increasing every day. China has plenty of raw materials for making paper, such as the vast virgin forests of the north-western part of the country, and the wild reeds of the Yangtse and its neighboring swamps which would furnish the best pulps. So, large plants for manufacturing papers should be put up in suitable locations. Besides the paper factories, ink factories, type foundries, printing machine factories, etc. should be established under a central management to produce everything that is needed in the printing industry.

PROGRAM   VI.

The Mining Industry

Mining and farming are the two most important means of producing raw materials for industries. As farming is to produce food for man, so mining is to produce food for machinery. Machinery is the tree of modern industries, and the mining industry is the root of machinery. Thus, without the mining industry there would be no machinery, and without machinery there would be no modern industries which have revolutionized the economic conditions of mankind. The mining industry, after all, is the greatest factor of material civilization and economic progress. Although in the fifth part of the first program I suggested the development of the iron and coal fields in Chihli and Shansi as an auxiliary project for the development of the Great Northern Port, still, a special program should be devoted to mining in general. The mineral lands of China belong to the state, and mining in China is still in its infancy. So to develop the mining industry from the outset as a state enterprise would be a sound economic measure. But mining in general is very risky and to enlist foreign capital in its development in a wholesale manner is unadvisable. Therefore, only such mining projects which are sure to be profitable will be brought under the International Development Scheme. I shall formulate this mining program as follows :

    I.   The Mining of Iron.

    II.   The Mining of Coal.

    III.   The Mining of Oil.

    IV.   The Mining of Copper.

    V.   The Working of Some Particular Mines.

    VI.   The Manufacture of Mining Machinery.

    VII.   The Establishment of Smelting Plants.

PART I.

The Mining of Iron

Iron is the most important element in modern industries. Its deposits are found in great quantities in certain areas and can be easily mined. The iron mines should be worked absolutely as a state property. Besides the Chihli and Shansi iron mines, the other iron fields must also be developed. There are very rich deposits in the southwestern provinces, the Yangtse Valley and the northwestern provinces in China Proper. Sinkiang, Mongolia, Manchuria, Kokonor, and Tibet also possess large deposits of iron. We have the Han Yeh Ping Iron and Steel Works in the Yangtse Valley and the Pen Chi Hu Iron and Steel Works in South Manchuria, both of which are largely capitalized by Japan and are working very profitably lately. There should be similar works in the vicinity of Canton, the Great Southern Port, and also in Szechuen, and Yünnan, where iron and coal are found side by side. The iron deposits in Sinkiang, Kansu, Mongolia etc., must also be developed one after the other, according to the needs of the locality. Iron and Steel Works must be put up in each of these regions to supply the local demand for manufactured iron. What amount of capital should be invested in these additional iron and steel works must be thoroughly investigated by experts. But I should say that a sum equal to or double the amount to be invested in the Chihli and Shansi iron and steel works will not be too much, because of the great demand which will result in the development of China.

PART II.

The Mining of Coal

China is known to be the country most rich in coal deposits, yet her coal fields are scarcely scratched. The output of coal in the United States is about six hundred million tons a year. If China is equally developed she should, according to the proportion of her population, have an output of four times as much coal as the United States.　This will be the possibility of coal mining in China for which the International Development Organization is to undertake.　As coal deposits are found in great quantities in certain areas so its output can be estimated quite accurately beforehand.　Thus, the risk is of no consideration and the profit is sure.　But as coal is a necessity of civilized community and the sinews of modern industries, the principal object for mining should not be for profit alone, but for supplying the needs of mankind.　After the payment of interest and capital of the foreign loans for its development, and the securing of high wages for the miners, the price of coal should be reduced as low as possible so as to meet the demands of the public as well as to give impetus to the development of various industries.　I suggest that besides the mining of coal for the iron and steel works, a plan for producing two hundred million tons of coal a year for other uses should be formed at the start.　Mines should be opened along the seaboard and navigable rivers.　As Europe is now seeking coal from China this amount will not be over-production from the beginning.　A few years later when the industries of China will be more developed more coal will be needed.　How much capital will be required and what mines are to be worked, have to be submitted to scientific investigation under expert direction.

Besides coal mining, the coal products industry must be developed under the same management.　This is a new industry without any competition and has an unlimited market in China. Great profits will be assured on the capital invested.

PART III.

The Mining of Oil

It is well-known that the richest company in the world is the Standard Oil Company of New York, and that the richest man in the world is Rockefeller, organizer of this company.　This proves that oil mining is a most profitable business.　China is known to be a very rich oil-bearing country. Oil springs are found in the provinces of Szechuen, Kansu, Sinkiang, and Shensi. How vast is the underground reservoir of oil in China is not yet known. But the already known oil springs have never been worked and made use of, while the import of kerosene, gasoline, and crude oil from abroad is increasing every year. When China is developed as a motoring country, the use of gasoline will be increased a thousand-fold, then the supply from the foreign fields will not be able to meet the demands, as shortage of oil is already felt in Europe and America. The mining of oil in China will soon become a necessity. This enterprise should be taken up by the International Development Organization for the state. Production on a large scale should be started at once. Pipe line systems should be installed between oil districts and populous and industrial centers in the interior and also river and sea ports. What amount of capital should be invested in the project will have to be investigated by experts.

PART IV.

The Mining of Copper

The copper deposits, like iron ores, are found in great quantities in different places. So the quantity of ores in each mine can be accurately estimated before it is opened and its working generally runs no risk. Thus, the mining of copper should be taken up as a government enterprise, as was always the case in China, and financed and worked by the International Development Organization. The richest copper deposits in China are found along the border of Szechuen and Yunnan on the Yangtse River. The government copper mine in Chaotung, in the northeastern corner of Yunnan, has been working for many centuries. Cash, the standard currency of China, were made mostly of the copper from Yunnan province. The currency still absorbs an enormous quantity of copper. Owing to the difficulty of transporting the Yunnan copper, most of the metal for currency is being imported from foreign countries. Besides currency, copper is very commonly used for many other purposes and when the industries in China are developed the demand will increase a hundred times. So the demand for this metal will be very great in the market of China alone. I suggest that production on a large scale should be adopted and modern plants should be installed in copper mines. How much capital to be invested in this enterprise should be decided by experts after careful investigation.

PART V.

The Working of Some Particular Mines

In regard to the mining of various kinds of metals, some particular mines should be taken up by the International Development Organization. There are many famous mines in China which have been worked for many centuries by hand, such as the Kochui tin mine in Yunnan, the Moho gold mine in Heilungkiang, and the Khotan jade mine in Sinkiang. All these mines are known to have very rich deposits,—the deeper the richer. Hitherto only the surface parts of those mines have been worked and the larger deposits are still untouched, owing to the lack of means of getting rid of the water. Some of the mines are still in the hands of the Government, while others have been given up to private concerns. If modern machinery is adopted the mines should revert to the Government so as to secure economy in working. Many discarded mines of this kind should be thoroughly investigated, and if found profitable, work should be resumed under the International Development scheme. All future mining, other than government enterprise, should be leased to private concerns on contract, and when the term is up, the government has the option to take them over, if found profitable as a state property. Thus all profitable mines will be socialized in time and the profit will be equally shared by all the people in the country.

PART VI.

The Manufacture of Mining Machinery

Most of the metal deposits of the earth are in small quantities and scattered far and wide in various places. Most of the mining enterprises resemble farming in that it is more profitable to work by individuals and small parties. As such is the case, most of the mining enterprises have to be worked out by private concerns. In order to accelerate the development of mining, more liberal laws should be adopted; education and information should be given freely by experts employed by the state; and encouragement and financial assistance should be given by the state and private banks. The part that the International Development Organization should take in general mining enterprises is to manufacture all kinds of mining tools and machinery, and to supply them to the miners at low cost, either on cash or on credit. By distributing tools and machinery to the surplus workers in China, the mining industry would be developed by leaps and bounds. And the more the mining industry is developed the more will be the demand for tools and machinery. Thus the profits for the manufacturing concerns would be limitless, so to speak. Of course, the factories should be started on a small scale and be extended gradually according to the ratio of the development of the mining industry. I suggest that the first factory of this kind should be established at Canton, the seaport of the south-western mining region, where raw materials and skilled labor can be easily obtained. The other factories should be established in Hankow and the Great Northern Port afterwards.

PART VII.

The Establishment of Smelting Plants

Smelting plants for various kinds of metals should be put up in all mining districts to turn ore into metals. These smelting plants should be conducted under the coöperative system. At first, a reasonable price should be paid to the miner when the ore is collected. Afterwards, when the metal is sold, either at home or in foreign markets, the smelting works will take a share of the profit to cover the expenses, the interest, the sinking fund, etc. The surplus profit should be divided among the workers according to their wages, and among the capitalists according to the proportion of ore they contribute to the furnace. In this way we can encourage private mining enterprise which forms the root of other industries. All smelting works should be put up according to local needs and their scale should be determined by experts, and managed under a central control.

Conclusion

In this International Development Scheme, I venture to present a practical solution for the three great world questions which are the International War, the Commercial War and the Class War. As it has been discovered by post-Darwin philosophers that the primary force of human evolution is coöperation and not struggle as that of the animal world, so the fighting nature, a residue of the animal instinct in man, must be eliminated from man, the sooner the better.

International war is nothing more than pure and simple organized robbery on a grand scale, which all right-minded people deplore. When the United States of America turned the recent European conflict into a world war by taking part in it, the American people to a man determined to make this war end war forever. And the hope of the peace-loving nations in the world was raised so high that we Chinese thought that the "Tatung" or the Great Harmony Age was at hand. But unfortunately, the United States has completely failed in peace, inspite of her great success in war. Thus, the world has been thrown back to the pre-war condition again. The scrambling for territories, the struggle for food, and the fighting for raw materials will begin anew. So instead of disarmament there is going to be a greater increase in the armies and navies of the

CONCLUSION   161

once allied powers for the next war. China, the most rich and populous country in the world, will be the prize. Some years ago there was great inclination among the Powers to divide China and Imperial Russia actually took steps to colonize Manchuria. But the then chivalrous Japan went to war with Russia and thus saved China from partition. Now the militaristic policy of Japan is to swallow China alone. So long as China is left to the tender mercy of the militaristic powers she must either succumb to partition by several powers or be swallowed up by one power.

However, the tide of the world seems to be turning. After centuries of sound slumber, the Chinese people at last are waking up and realizing that we must get up and follow in the world's progress. Now we are at the parting of the way. Shall we organize for war or shall we organize for peace? Our militarists and reactionaries desire the former, and they are going to Japanize China, so that when the time comes they will start another Boxer Movement once more to defy the civilized world. But as the founder of the Chung Hwa Min Kuo—the Chinese Republic—I desire to have China organized for peace. I, therefore, begin to utilize my pen, which I hope would prove even mightier than the sword that I used to destroy the Manchu Dynasty, to write out these programs for organizing China for peace.

During the course of my writing, these programs have been published in various magazines and newspapers time after time and are being spread all over China. They are welcome everywhere and by everyone in the country. So far there is not a word expressed in disfavor of my proposition. The only anxiety ever expressed regarding my scheme is where we can obtain such huge sums of money to carry out even a small part of this comprehensive project. Fortunately, however, soon after the preliminary part of my programs has been sent out to the different governments and the Peace Conference, a new Consortium was formed in Paris for the purpose of assisting China in developing her natural resources. This was initiated by the

American Government. Thus we need not fear the lack of capital to start work in our industrial development. If the Powers are sincere in their motive to coöperate for mutual benefit, then the military struggle for material gain in China could eventually be averted. For by coöperation, they can secure more benefits and advantages than by struggle. The Japanese militarists still think that war is the most profitable national pursuit, and their General Staff keeps on planning a war once in a decade. This Japanese illusion was encouraged and strengthened by the campaign of 1894 against China, a cheap and short one but rich in remuneration for Japan; also by the campaign of 1904 against Russia which was a great success to the Japanese, and its fruit of victory was no less in value; finally by the campaign of 1914 against Germany which formed her part in the world war Japan took. Although Japan took the smallest part in the world war and expended the least in men and money, yet the fruit of her victory was Shantung, a territory as large as Roumania before the war, with a population as numerous as that of France. With such crowning results in every war during the last thirty years no wonder the Japanese militarists think that the most profitable business in this world is War.

The effect of the last war in Europe proves, however, just the contrary. An aggresive Germany lost entirely her capital and interest, plus something more, while victorious France gained practically nothing. Since China is awake now, the next aggression from Japan will surely be met by a resolute resistance from the Chinese people. Even granted that Japan could conquer China, it would be an impossibility for Japan to govern China profitably for any period of time. The Japanese financiers possess better foresight than their militarists as was proved during the dispute of the Manchurian and the Mongolian reservations when the former prevailed over the latter thus causing the Japanese Government to give up her monopoly of these territories to the new Consortium, in order to coöperate with the other powers. We, the Chinese people, who desire to

CONCLUSION   163

organize China for peace will welcome heartily this new Consortium provided it would carry out the principles which are outlined in these programs. Thus, coöperation of various nations can be secured and the military struggle for individual and national gain will cease forever.

Commercial war, or competition, is a struggle between the capitalists themselves. This war has no national distinction. It is fought just as furiously and mercilessly between countries as well as within the country. The method of fighting is to undersell each other, in order to exhaust the weaker rivals so that the victor may control the market alone and dictate terms to the consuming public as long as possible. The result of the commercial war is no less harmful and cruel to the vanquished foes than an armed conflict. This war has become more and more furious every day since the adoption of machinery for production. It was once thought by the economists of the Adam Smith school that competition was a benificent factor and a sound economic system, but modern economists discovered that it is a very wasteful and ruinous system. As a matter of fact, modern economic tendencies work in a contrary direction, that is, toward concentration instead of competition. That is the reason why the trusts in America flourish inspite of the anti-trust law and the public opinion which aim at suppressing them. For trusts, by eliminating waste and cutting down expenses can produce much cheaper than individual producers. Whenever a trust enters into a certain field of industry, it always sweeps that field clean of rivals, by supplying cheap articles to the public. This would prove a blessing to the public but for the unfortunate fact that the trust is a private concern, and its object is to make as much profit as possible. As soon as all rivals are swept clean from the field of competition, the trust would raise the price of its articles as high as possible. Thus the public is oppressed by it. The trust is a result of economic evolution, therefore it is out of human power to suppress it. The proper remedy is to have it owned by all the people of the country. In my International

164　THE INTERNATIONAL DEVELOPMENT OF CHINA

Development scheme, I intend to make all the national industries of China into a Great Trust owned by the Chinese people, and financed with international capital for mutual benefit. Thus once for all, commercial war will be done away with in the largest market of the world.

Class war is a struggle between labor and capital. The war is at present raging at its full height in all the highly developed industrial countries. Labor feels sure of its final victory while capitalists are determined to resist to the bitter end. When will it end and what will be the decision no one dares to predict. China, however, owing to the backwardness of her industrial development, which is a blessing in disguise, in this respect, has not yet entered into the class war. Our laboring class, commonly known as coolies, are living from hand to mouth and will there-fore only be too glad to welcome any capitalist who would even put up a sweat shop to exploit them. The capitalist is a rare specimen in China and is only beginning to make his appearance in the treaty ports.

However, China must develop her industries by all means. Shall we follow the old path of western civilization ? This old path resembles the sea route of Columbus' first trip to America. He set out from Europe by a south-westerly direction through the Canary Islands to San Salvador, in the Bahama Group. But nowadays navigators take a different direction to America and find that the destination can be reached by a distance many times shorter. The path of western civilization was an unknown one and those who went before groped in the dark as Columbus did on his first voyage to America. As a late comer, China can greatly profit in covering the space by following the direction already charted by western pioneers. Thus we can foresee that the final goal of the westward-ho in the Atlantic is not India but the New World. So is the case in the economic ocean. The goal of material civilization is not private profit but public profit. And the shortest route to it is not competition but co-operation. In my International Development Scheme, I propose that the

CONCLUSION   165

profits of this industrial development should go first to pay the
interest and principal of foreign capital invested in it; second to
give high wages to labor; and third to improve or extend the
machinery of production. Besides these provisions the rest of
the profit should go to the public in the form of reduced prices in
all commodities and public services. Thus, all will enjoy, in the
same degree, the fruits of modern civilization. This industrial
development scheme which is roughly sketched in the above six
programs is a part of my general plan for constructing a New
China. In a nutshell, it is my idea to make capitalism create
socialism in China so that these two economic forces of human
evolution will work side by side in future civilization.

APPENDIX I.

Preliminary Agreement Providing for the Financing and Construction of the Railway from Canton to Chungking with Extension to Lanchow

This Agreement is made at Shanghai on the fourth day of the seventh month of the second year of the Republic of China being the fourth day of July, 1913, and the contracting parties are: The Chinese National Railway Corporation (hereinafter termed "the Corporation") duly authorized in virtue of the Presidential Mandate of the ninth day of the ninth month of the Republic of China being the ninth day of September, 1912, and in virtue of the Charter of the Corporation duly promulgated by a Presidential Mandate of the thirty-first day of the third month of the second year of the Republic of China being the thirty-first day of March, 1913, on the one part and Messrs. Pauling and Company, Limited, of 26 Victoria Street, London, S. W. (hereinafter termed "the Contractors") on the other part.

Now it is Hereby Agreed by and between the parties hereto as follows:

ARTICLE I.

The Contractors, or their Assigns, agree to issue on behalf of the Government of the Republic of China a sterling Loan, bearing interest at the rate of five per cent per annum, (hereinafter referred to as "the Loan") for such an amount as may be mutually estimated to be necessary for the completion of the Railway from Canton to Chungking.

The Loan shall be of the date on which the first series of Bonds are issued and shall be called "The Chinese National Railways Government five per cent Gold Loan of 1912 for the Canton Chungking Railway."

ARTICLE II.

The proceeds of the Loan are designed for the construction and equipment of the Railway from Canton to Chungking (hereinafter called "the Railway") and for all necessary expenditure appertaining thereto as may be arranged in the Detailed Agreement, referred to in Article 17.

ARTICLE III.

The payment of the interest and the redemption of the Capital of the Loan are guaranteed by the Government of the Republic of China and by a special lien upon the Canton Chungking Railway.

This special lien constitutes a first mortgage in favour of the Contractors, acting on behalf of the Bondholders, upon the Railway itself, as and when constructed, and on the revenue of all descriptions derivable therefrom, and upon all materials, rolling stock and buildings of every description purchased or to be purchased for the Railway.

Should there be default in payments on the dates fixed of all or part of the half yearly interest or amortization payments, the Contractors shall have the right to exercise on behalf of the Bondholders all the rights of action which accrue to them from the special mortgage.

ARTICLE IV.

During the time of construction of the Railway the interest on the Bonds and on any advances made by the Contractors shall be paid from the proceeds of the Loan. The accruing interest from any proceeds of the Loan not used during the period of construction, and the earnings derived by the Corporation from the working of any sections of the Railway as they are built, are to be used to make up the amount required for the payment of the said interest, and if any deficiency remains it is to be met from the proceeds of the Loan.

When the construction of the Railway is wholly completed, the interest on the Bonds is to be paid from the income or earnings of the Railway received by the Corporation, in such manner and on such dates as may be provided for in the Detailed Agreement provided for in Article 17 of this Agreement.

If, at any time, the earnings of the Railway, together with the funds available from the proceeds of the Loan, are not sufficient to meet the interest on the Bonds and the repayment of the capital in accordance with the Amortization Schedule to be attached to the Detailed Agreement, the Government of the Republic of China, in approving of this Agreement, unconditionally undertakes and promises to pay the principal of the Loan and the interest of the Loan on the due dates to be fixed therefor in the Detailed Agreement provided for in Article 17 of this Agreement.

ARTICLE V.

The Bonds shall be Bonds of the Government of the Republic of China.

ARTICLE VI.

The Loan shall be issued to the public in two or more series of Bonds, the first issue to be made to the amount of from one to two million pounds sterling as soon as possible after the signature of the Detailed Agreement referred to in Article 17 of this Agreement. The issue price of the Bonds shall be fixed by the Corporation and the Contractors sometime before the issue, taking the last price of similar Bonds as a basis for fixing the market price. The price payable to the Corporation shall be the actual rate of issue to the public less a sufficient amount to cover the cost of stamps on the Bonds in the various countries of issue, provided always that at least fifty per cent of the Bonds shall be issued in England, plus floatation charges of four per cent retainable by the Contractors (that is to say, a charge of four pounds for every one hundred pound Bond issued).

APPENDIX I.

After the Detailed Agreement referred to in Article 17 is settled, and pending the issue of the Loan, the Contractors shall deposit the sum of fifty thousand pounds with the issuing Bank to the Canton Chungking Railway account, and this amount can be drawn on by the Corporation for survey and other necessary expenses authorized by the Managing Director against certificates signed by the Chief Accountant and Chief Engineer. This sum of fifty thousand pounds shall bear interest at the rate of five per cent per annum and shall be refunded out of the proceeds of the Loan.

ARTICLE VII.

The proceeds of the Loan shall be deposited with the issuing Bank, to be nominated and guaranteed by the Contractors, to the credit of a Canton Chungking Railway Account on such terms as may be mutually arranged in the Detailed Agreement referred to in Article 17.

When the work of construction is ready to begin a sum equal to the estimated expenditure in China for six months shall be transferred to a Bank in China to be mutually agreed upon and there placed to the credit of a Canton Chungking Railway Account to be operated upon by the Corporation under certificates signed by the Chief Accountant and the Chief Engineer. This amount of estimated expenditure for six months shall be maintained by subsequent monthly transfers so that, as far as possible, there shall always be six months estimated expenditure in China on deposit in a Bank in China to be mutually agreed upon.

ARTICLE VIII.

Immediately after the signing of the Detailed Agreement, the Corporation will establish a Head Office at Canton for the Canton Chungking Railway. This Office will be under the direction of a Chinese Managing Director to be appointed by the Corporation, with whom will be associated a British Engineer-in-Chief and a

British Firm of Public Accountants, of recognized standing, whose representative shall be Chief Accountant (hereinafter called " the Chief Accountant "). These British Employes shall be nominated by the Corporation and the Contractors, jointly, and shall be appointed by the Corporation. Their dismissal shall take place, only, with the joint approval of the Corporation and the Contractors.

It is understood that the duties to be performed by these employes are intended to promote the mutual interests of the Corporation and the Bondholders respectively, and it is therefore agreed that all cases of difference arising therefrom shall be referred for amicable adjustment between the Corporation and the Representative of the Contractors. The salaries and other terms of Agreement of the Engineer-in-Chief and the Chief Accountant shall be arranged between the Corporation and the Contractors; and the amount of their salaries, etc., shall be paid out of the general accounts of the Railway.

For all important technical appointments for the operation of the Railway, Europeans of experience and ability shall be engaged and wherever competent Chinese are available, they shall be employed. All such appointments shall be made, and their functions defined, by the Managing Director and the Engineer-in-Chief in consultation, and shall be submitted for the approval of the Corporation; similar procedure shall be followed in the case of Europeans employed in the Chief Accountant's department. In the event of the misconduct, or the incompetancy of these European employes, their services may be dispensed with by the Managing Director, after consultation with the Engineer-in-Chief, and subject to the sanction of the Corporation. The form of Agreements made with these European Employes shall conform to the usual practice.

The accounts of the receipts and the disbursements of the Railway's construction and operation, shall be in Chinese and English in the department of the Chief Accountant, whose duty it shall be to organize and supervise the same, and to report thereon for the information of the Corporation through the Managing Director, and of the Contractors as representing the Bondholders. All receipts and payments shall be certified by the Chief Accountant and authorized by the Managing Director.

For the general technical staff of the Railway, after completion of construction, the necessary arrangements shall be made by the Managing Director in consultation with the Engineer-in-Chief, and reported to the Corporation in due course.

The duties of the Engineer-in-Chief shall consist in the efficient and economical maintenance of the Railway, and the general supervision thereof in consultation with the Managing Director. The duties of the Chief Engineer during construction shall be set forth in the Detailed Agreement, referred to in Article 17 of this Agreement.

The Engineer-in-Chief shall always give courteous consideration to the wishes and instructions of the Corporation, whether conveyed directly or through the Managing Director, and shall always comply therewith, having at the same time due regard to the efficient construction and maintenance of the Railway.

A school for the education of Chinese in Railway matters shall be established by the Managing Director subject to the approval of the Corporation.

ARTICLE IX.

The Contractors shall construct and equip the Railway and shall receive as remuneration a sum equal to seven per cent on the actual cost of the construction and equipment of the Railway. The term " Equipment " shall be held to include in its meaning all requirements necessary for the operation of the Railway and shall therefore include Rolling Stock and Locomotives sufficient for operation.

It is clearly understood that the term "Equipment" does not include any purchases made for the Railway after it has been completely constructed and equipped and handed over ready for operation.

It is further clearly understood that the cost of land purchased for the Railway, the salaries of the Managing Director, Chief Accountants, Chief Engineer, and the cost of their offices and staff shall not be included in the meaning of the terms "construction and equipment."

The Contractors shall have the option of constructing on the same terms the proposed extension of the Railway to Lanchow in the Province of Kansu, or a Railway of similar mileage in some other part of China to be mutually agreed upon, and this option shall be for seven years from the commencement of construction.

All other arrangements in connection with the construction and equipment of the Railway shall be settled in the Detailed Agreement referred to in Article 17.

ARTICLE X.

All land that may be required along the whole course of the Railway within survey limits, and for the necessary sidings, stations, repairing shops and car sheds, to be provided for in accordance with the detailed plans, shall be acquired by the Corporation at the actual cost of the land, and shall be paid for out of the proceeds of the Loan.

ARTICLE XI.

The Contractors shall hand over to the Corporation each section of the Railway, when completed, for operation in accordance with the provisions of the Detailed Agreement.

ARTICLE XII.

The Contractors shall be appointed Trustees for the Bondholders and shall receive such remuneration as may be fixed in the Detailed Agreement.

ARTICLE XIII.

The Government of the Republic of China, whenever necessary, will provide protection for the Railway while under construction or when in operation, and all the properties of the Railway as well as Chinese and foreigners employed thereon, are to enjoy protection from the local Officials.

The Railway may maintain a force of Chinese Police with Chinese officers, their wages and maintenance to be wholly defrayed as part of the cost of the construction and maintenance of the Railway. In the event of the Railway requiring further protection by the military forces of the Government, the same shall be duly applied for by the Head Office and promptly afforded, it being understood that such military forces shall be maintained at the expense of the Government.

ARTICLE XIV.

All materials of any kind that are required for the construction and working of the Railway, whether imported from abroad or from the Provinces to the scene of work, shall be exempted from Likin or other duties so long as such exemption remains in force in respect of other Chinese Railways. The Bonds of the Loan, together with their coupons and the income of the Railway shall be free from imposts of any kind by the Government of the Republic of China.

ARTICLE XV.

With a view to encouraging Chinese industries, Chinese materials are to be preferred, provided price and quality are suitable.

At equal rates and qualities, goods of British manufacture shall be given preference over other goods of foreign origin.

ARTICLE XVI.

The Contractors may, with the approval of the Corporation, and subject to all their obligations, transfer or delegate all or any of their rights, powers, and discretions, to their successors or assigns.

ARTICLE XVII.

As soon as this Preliminary Agreement is signed it shall be forwarded to the Government of the Republic of China for approval. When it has met with the approval of the Government of the Republic of China, a necessary Detailed Agreement shall be made embodying the principles of this Agreement with such amplifications and additions as may be mutually agreed upon between the parties hereto.

ARTICLE XVIII.

On its approval of this Agreement, and acceptance of the obligations set forth herein, the Government of the Republic of China shall officially notify the British Minister at Peking of the fact, and this approval shall be taken as covering the Detailed Agreement referred to in Article 17.

ARTICLE XIX.

This Agreement is executed in quadruplicate in English and Chinese, one copy to be retained by the Corporation, one to be forwarded to the Government of the Republic of China, one to be forwarded to the British Minister at Peking, and one to be retained by the Contractors, and should any doubt arise as to the interpretation of the Agreement the English text shall be accepted as the standard.

Signed at Shanghai by the contracting parties on this fourth day of the seventh month of the second year of the Republic of China being the fourth day of July nineteen hundred and thirteen.

APPENDIX II.

Legation of the United States of America

Peking, March 17, 1919.

Dr. Sun Yat Sen,
29 Rue Moliere,
Shanghai, Kiangsu.

DEAR DR. SUN:

I have read with great interest your sketch project for the international development of China as embodied in your letter of February first to me. I congratulate you upon the broad and statesmanlike attitude with which you treat this very important subject. Your suggestion of united international participation in the development of China's resources deserves the support of all friends of China. It would be unfortunate indeed if the old regime of spheres of influence, struggles for concessions and activities flavoring of selfish exploitation should not, with the conclusion of the war, be relegated to the past. You are right in recognizing the necessity of a substitute for the old order and your proposal of a unified policy under international organization with Chinese participation for the larger development in China, naturally assuming that the inalienable rights of the Chinese people are to be amply safeguarded, meets this demand admirably.

We are hopeful that conditions in China may become such that the Chinese people themselves may be encouraged to put their money into productive enterprise and participate in the larger developments. We are hopeful that the day is not far distant when the Chinese Government may be able actively to interest itself in the encouragement of native industry to the end that native capital of which there is a very considerable quantity, may be induced to lend itself to productive enterprises, because of a confidence in constructive policy on the part of the government.

If you will permit a suggestion, I would be inclined to reduce your admirable program to one which would be in closer keeping with the limits of the present world's resources in capital. As we all know devastated Europe is calling for capital for rehabilitation and other nations want capital for development programs of considerable proportions. Thus it would seem that China's program of development must of necessity take cognizance of her most immediate and most pressing needs. We are all united in that transportation occupies a prominent place in such a program. 50,000 miles of railways and 100,000 miles of good roads would seem to be sufficient to engage our attention for any plans for the immediate future. This would allow ample opportunity to penetrate the great rich unoccupied regions in the North and West, which should be opened to colonization and development as soon as possible in order to relieve the economic pressure of over population in sections along the coasts and water-ways, and to accord opportunities to bring the rich regions of West China into contact with the trade of the rest of China and the world at large.

Along with transportation, China needs to develop its resources in iron and coal, the two great essentials to modern industrialism. Arrangements should be made whereby foreign capital can come to China's assistance in these two important industries, but care should be exercised so as to preserve to China the iron and coal necessary for its own uses, and prevent China's steel industry being mortgaged to foreign interests, in a way so as to jeopardize China's future in this important industry.

The reform of the currency and reforms in internal tax administrations are questions of immediate importance to China's economic and industrial development.

One of the greatest fields of potentiality in the immediate demands of the New China, is agriculture. The country depends in its final analysis upon the prosperity of its agriculture. At present probably as much as 80% of China's population is agricultural. China's greatest problem is the proper feeding and clothing of its vast population. Improved conditions in agriculture, opening of new lands to cultivation, irrigation and conservancy works, the encouragement of the cattle and sheep industries, the development of the cotton industry and the improvement of tea, silk and the seed crops of China, are timely subjects in any program of developments. There is a vast work to be done in agriculture in China, which will lead to prosperity generally, and make possible developments with native capital in other fields of activity, whereas if agricultural improvements are neglected, it will be difficult to insure prosperity in other directions.

Thus for the present, I hope the main thought may be centered on improvements in transportation, in currency and tax administrations, in the development of coal and iron industries, and in agriculture. Many of the suggested activities included in your very extensive program will follow as a corollary to the above.

In thinking of all these developments, I believe that we should always give thought to the fact that we are not dealing with a new country but with one in which social arrangements are exceedingly intricate and in which a long-tested system of agricultural and industrial organization exists. It is to my mind most important that the transition to new methods of industry and labor should not be sudden but that the old abilities and values should be gradually transmuted. It is important that the artistic ability existing in the silk and porcelain manufacture, etc. should be maintained and fostered, and not superseded by cheaper processes. It is also highly important that no export of food should be permitted, except as to clearly ascertained surpluses of production. It would produce enormous suffering were the food prices in China suddenly to be raised to the world market level. The one factor in modern organization which the Chinese must learn better to understand is the corporation, and the fiduciary relationship which the officers of the corporation ought to occupy with respect to the stock-holders. If the Chinese cannot learn to use the corporation properly, the organization of the national credit cannot be effected. Here, too, it is necessary that the capital of personal honesty which was accumulated under the old system should not be lost but transferred to the new methods of doing business. So at every point where we are planning for a better and more efficient organization, it seems necessary to hold on to the values created in the past and not to disturb the entire balance of society by too sudden changes.

I wish again to congratulate you upon the statesmanlike view with which you consider the whole question of the development of your country, and the very timely suggestions you have to make in regard to a united policy of international participation in these developments. I am glad to note that the minds of the leaders among the Chinese people to-day are being centered more and more upon the constructive needs of the country and efforts are being made to meet these needs, in full appreciation of China's relations with the people of other nations, to the end that China's developments in the future may work in harmony with the world developments generally.

I should be glad to hear from you further and more in detail concerning development plans.

Believe me, with the highest regard,

Sincerely yours,

(Signed)

Paul S. Reinsch.

APPENDIX III.

DEPARTMENT OF COMMERCE
Office of the Secretary
Washington

May 12, 1919.

Hon. Sun Yat Sen,
29 Rue Moliere,
Shanghai, China.

YOUR EXCELLENCY:

I have read with the greatest interest the project for the International Development of China enclosed in your letter of March 17th, and agree with you that the economic development of China would be of the greatest advantage, not only to China, but to the whole of mankind.

The plans you propose, however, are so complex and extensive that it will take many years to work them out in detail. You doubtless are fully aware that it would take billions of dollars to carry out even a small portion of your proposals and that most of them would not be able to pay interest charges and expenses of operation for some years. The first question to be decided, therefore is how the interest charges on the necessary loans could be met. The revenues of the Chinese Republic are already too heavily burdened with the interest charges on existing Government loans to warrant further charges, and hence it would seem necessary for the present to limit the projects for development to those which seem sufficiently remunerative to attract private capital. The government of the United States has consistently endeavored to manifest its disinterested friendship for the people of China and will undoubtedly coöperate in every proper way in proposals to advance their best interests.

Please accept my thanks for your kindness in submitting your proposals.

Respectfully,
(Signed)
WILLIAM C. REDFIELD,
Secretary.

(xiv)

APPENDIX IV.

Il Ministro Della Guerra

Rome, 17 Maggio, 1919.

Most Honorable
Sun Yat Sen,
29 Rue Moliere,
Shanghai, China.

HONORABLE SIR:

I thank you for having so kindly communicated to me the interesting project regarding how to employ through an International Organization the exuberant industrial activities created by the war, in order to exploit the great hidden riches of China.

Though aware of the practical difficulties which present themselves in the accomplishment of this project, it meets with my utmost appreciation, I assure you, for the modern spirit by which it is animated and for the depth of its conception.

Accept my best wishes for complete success, in the advantage of your noble country and for the interest of humanity.

Believe Me,

Faithfully yours,

(Signed)

GENERAL CAVIGLIA.

APPENDIX V.

Peking, June 17, 1919.

Hon. Sun Yat Sen,
c/o Far Eastern Review,
Shanghai.

DEAR SIR:

Permit me as a professional railway man to express my pleasure with your article appearing in the Far Eastern Review for June.

I will not at this time express approval or disapproval of the route which you have chosen but the idea of a line to connect up the great agricultural interior with the densely populated coast appeals to me strongly. I feel that you are making a definite contribution to railway economic theory in this respect, whereas the line itself would relieve congestion, open up a production area which would lower food costs, furnish employment to large numbers of soldiers to be disbanded, and put in circulation a large amount of hard money which would go far to correct the currency situation.

I am especially pleased to have your article appear at this time for I had already written one at the request of the publishers of the forthcoming " Trans-Pacific " magazine in which I touched upon the same line of thought. This will not appear until July and your opinions will have done much to prepare the minds of sceptics upon the subject by that time.

I trust that this intrusion of an entire stranger may be pardoned, and that you will continue to support the thought which you have so ably presented.

Very truly yours,
(Signed)
J. E. BAKER.

(xvi)

APPENDIX VI.

3, Piazza Del Popolo

Roma

August 30, 1919.

Dr. Sun Yat Sen,
29 Rue Moliere,
Shanghai, China.

MY DEAR DR. SUN YAT SEN:

I thank you for your very kind letter of June 19th which has just been forwarded to me from my office in Rome, also for your kindness in sending me your splendid project " To assist the Re-adjustment of Post-bellum Industries," and the program for "The International Development of China."

I assure you I read your proposals and studied the maps in connection with your able and logical argument with the deepest interest.   And I beg you to accept my hearty congratulations.

I am entirely convinced that your noble *ideals will be* realised, not only for the benefit of China and the welfare of your own people, but for the benefit and prosperity of the whole human race.

The Nations cannot continue to deny in the future as they have in the past, the unlimited natural resources of your rich fertile country, in foods, minerals, coal and iron, etc.; and your plans for development and activity, as well as your methods of communication for expanding and cultivating almost untouched miles of virgin soil, and bringing these products to the doors of the 'World Market' by a practical and economic plan, scientifically studied out, places you at once among the very rare few unselfish humanitarian benefactors, and reveals so clearly your profound international sympathies.

The development of China's natural resources will give a new impetus and vitality to industry and commerce in your

xviii   APPENDIX VI.

country and will not only be of incalculable benefit to your own people, but offer undeniable and unlimited advantages to all people in all nations. Therefore Governments and foreign financiers should not hesitate in giving your plans their most careful consideration and support, and come to your assistance in the realisation of your grand humanitarian project.

The construction of a great ' Northern Port' on the Gulf of Pechili, and the building of a system of railways from this great Northern Port to the northwestern extremity of China, as well as the construction of canals to connect the inland waterways systems of North and Central China with the great ' Northern Port,' and the development of coal and iron fields in Shans which would necessitate the construction of iron and steel works would not only offer employment to millions of your country people, but would open wider, and advantageously, the doors of thousands of well organised industries in many nations.

It is very encouraging to me, dear Dr. Sun Yat Sen, to know that you look upon my plans of an "International World Centre of Communication" with favor, and that you will further the idea among your countrymen by writing about it in your magazine ' The Construction.'

This city, erected upon neutral grounds would offer at once the practical framework for the essential needs of a League of Nations and could become its dignified ' Administrative Centre' crowned by an International Court of Justice.

I have presented the plans and proposals of this World Centre to the Rulers and governments of all nations, and hope to be able to go to Washington in October to exhibit the large original drawings and personally explain the project from a practical and economic point of view before the foreign delegates who may meet there to assist in the formation of a League of Nations, and I have written to President Wilson, who after receiving the volumes containing the proposals and plans, wrote that 'he valued them very highly.'

APPENDIX VI.　　　　　　　　　　xix

I hope that in the very near future this International World Centre of communication may become a reality. It would be the means of clearly defining and bringing into focus the highest natural products as well as the most important industrial achievements of all countries. This accomplishment would be one of the first definite steps toward more friendly social and economic relations, and the practicability of establishing such coöperation cannot be disputed.

This City of Peace should rise and stand as an International Monument, erected by international contribution to commemorate the heroic struggle and noble sacrifice of millions who gave their lives on the battle-fields, in the air and on the sea, that justice should triumph and open the ways for humanity to progress in peace, and free from tyranny in the future.

With the assurance, dear Dr. Sun Yat Sen, of my most profound sympathies for your noble project, and with my deep gratitude for your keen interest in my plans,

I beg to remain, with high esteem
　　　　Faithfully yours,
　　　　　　(Signed)
　　　　　　　HENDRIK CHRISTIAN ANDERSEN.

The International
Development of China

By

Sun Yat-sen

*With 16 Maps in the Text and a
Folding Map at end*

G. P. Putnam's Sons
New York and London
The Knickerbocker Press
1922

This work is

affectionately dedicated

to

Sir James and Lady Cantlie

My revered teacher and devoted friends

to whom I once owed my life

PREFACE

As soon as Armistice was declared in the recent World War, I began to take up the study of the International Development of China, and to form programs accordingly. I was prompted to do so by the desire to contribute my humble part in the realization of world peace. China, a country possessing a territory of 4,289,000 square miles, a population of 400,000,000 people, and the richest mineral and agricultural resources in the world, is now a prey of militaristic and capitalistic powers—a greater bone of contention than the Balkan Peninsula. Unless the Chinese question can be settled peacefully, another world war greater and more terrible than the one just past will be inevitable. In order to solve the Chinese question, I suggest that the vast resources of China be developed internationally under a socialistic scheme, for the good of the world in general and the Chinese people in particular. It is my hope that as a result of this, the present spheres of influence can be abolished; the international commercial war can be done away with; the internecine capitalistic competition can be got rid of, and last, but not least, the class struggle between capital and labor can be avoided. Thus the root of war will be forever exterminated so far as China is concerned.

v

vi PREFACE

Each part of the different programs in this International Scheme, is but a rough sketch or a general policy produced from a layman's thought with very limited materials at his disposal. So alterations and changes will have to be made after scientific investigation and detailed survey. For instance, in regard to the projected Great Northern Port, which is to be situated between the mouths of the Tsingho and the Lwanho, the writer thought that the entrance of the harbor should be at the eastern side of the port but from actual survey by technical engineers, it is found that the entrance of the harbor should be at the western side of the port instead. So I crave great indulgence on the part of experts and specialists.

I wish to thank Dr. Monlin Chiang, Mr. David Yui, Dr. Y. Y. Tsu, Mr. T. Z. Koo, and Dr. John Y. Lee, who have given me great assistance in reading over the manuscripts with me.

SUN YAT-SEN.

CANTON, April 25, 1921.